海外中国研究文库

LA CIVILISATION CHINOISE

[法] 葛兰言 著
杨 英 译

中国文明

中国人民大学出版社
· 北京 ·

目　录

插图目录

引言
（中国的文明）

中国文明的起源完全应值得人们去深感兴趣，而不仅仅是有好奇心。它可能显得很离奇，但事实上，在这一文明的发端，有大量人类经验的记载。多年以来，没有任何其他个案是这样的——如此众多的人群凝聚成一个整体。没有人胆敢要求拥有至高无上的名号，因为这样做简直就是无视这一如此引力巨大、积淀深厚的传统，而这传统又持续得如此悠久，影响如此深远。

这一传统早在公元纪年以前就形成了——在向大帝国迈进的过程中。它最终实现了广袤土地的统一，形成了巨大的帝国。这一文明在中国滥觞，很快它的光芒辐射到了整个东亚。这要感谢在这一过程中各种各样人群的彼此接触，最终让它自己得到滋养，更加茁壮。然而，古代中国人却致力于缔造和认可一种传统的历史观，在这种历史观中有很多事先限定了基调的概念，并且，日益严格的条条框框在其中不断增加。

古代中国的历史学家是如此积极地投身于此，以至于他们自己在陈述这漫长历史时，自己就成了他们种族这种最优良传统的卫道士。在公元前好几千年，他们的祖先（他们对此毫无怀疑）便由圣贤训导，开始走上那么一种严格规范化了的生活，而这种生活恰是他们力量的所在。起初最淳的中国文明，开始于某种完美凝聚力的形成过程。而最伟大的中国，则可从最远古的时候算起。它的统一被打破了，或者暂时中断，因为这取决于这一文明的秩序（这秩序的原则是不可改变的）是熠熠闪光还是黯淡微弱。

这些早就系统化的观点在形成信条方面是有价值的，它跟某种对本民族的积极信仰完全一致。这些信条是所有古代中国历史学家心底的信仰，它激起种种火花，企图建立富有历史意义的假设。好几个世纪以来，他们致力于在历史资料的诠释、保存乃至传承方面，建立起一种决定性的影响。其实，我们根本不拥有任何确认无疑、而且没有经过任何篡改的第一手资料。历史学家、考古学家、经典诠释学家和训诂学家，仍然保持着全身心浸淫于传统的历史学信仰那般虔诚，即便他们仅仅作为饱学之士时也是如此。甚至某项“错误的发现”也会激起他们的兴奋。他们考据着这一历史传统中的史实，乃至具体日期，建立起与之合拍的教材，砍掉不相符合的插入环节，并将记述中的典籍分门别类。他们这样做并不是带有任何怀疑的抵触，而只是为了造就更加精确、更加纯净的史学格局，无论在他们自己心目中还是在读者心里，这一理念都下意识地产生着影响，历史无法解释它的存在，因为它先于历史记载而存在。

然而，我们将从另一种完全不同的视角来审视资料并得出结论。

先前，西方历史学家按照中国人叙述他们历史的方法（或是非常接近于此的方法）叙述中国历史，没有注意到其中某种教条的存在。今天，西方历史学家则致力于从往昔这种纠缠般的错误旧传统中摆脱，以得出正确的结论。他们利用了中国本土批评历史学家①的工作成果。他们经常忘记拿出传统久远的信条来，但是，他们大部分都几乎不去注意纯粹的文字训诂和解释方面的向来不足。他们除了持一种对传统史观的批评态度外，很少下决心去承认这样做是不可能抓住史实真相的。

为了让文献记载的确可以被认真严谨地运用——是否考证其中按日期记载的真实性就足够了？比如，在我们决心利用中国古代文献中关于土地私有的年代记载之际，我们又掌握了什么有关的真实史料呢？假如我们根据文献记载，并没有获知土地私有化的部分、比例，当时分配给每个耕

① 作者所云的“中国本土批评历史学家”指20世纪20年代开始出现，后来影响深远的古史辨派。——译者注

作者的土地比我们今天每个耕作者所耕种的要大五到六倍，因为必须按土地养活一个人的产出能力计算。但在土地最肥沃、耕种得最好的地方，是否也是这个面积呢？我们从中国古代的文献记载中得不出这个结论。文献记载的各种礼典及它们的历史发展令人怀有极大兴趣，但假如一个人根本没有参加过或亲眼目睹过这样的礼典，是否可能将它写出来？我们可以这么认为：（1）在这些礼典提到的物品中，几乎没有什么实物是在实际考古发掘中被发现证实了的。①（2）在考古发掘②出的实物中，几乎没有什么能提供当时礼典举行情况的信息。③

进行考古发掘的可能领域到目前为止还几乎未被碰触。中国考古学只是停留在纸上谈兵的想象所营造的热情中。④ 因此，其实有必要在一开始就给予忠告——我们所知的文献记载承载的是某种乌托邦式的特质。它们是否确真无疑，是否有价值，仍然悬而未决。

要想从这样的文献记载中发现哪怕一星半点的真实，那是不可能的，也不可能以这样的文献记载为基础描述出古代中国文明中物质和技术层面的精确内容。我们对于战争的细枝末节和政治生活中的阴谋诡计同样地一无所知，同样，行政管理方面的风俗习惯、经济生活的实践方式、衣着的款式和风貌等等，我们也几乎一无所知。为了弥补这些缺漏，我们必须展开大量的精确证明，但正如各种各样感性的、或是理论上的态度可能会

---

① 作者此看法并不正确。这跟作者写作此书的年代有关。当时大规模的考古发掘尚未开始，作者并没有机会亲眼目睹后来半个多世纪的考古发现成果，后来的考古发掘（整个20世纪）在古器物学上证实了文献记载的礼典确有所据，基本可信。——译者注

② 我同意这个意见，在伯希和（Pelliot）那里，这一结论是如此肯定，劳费尔（Laufer）也持同样的观点。

③ 作者此看法并不正确。俞伟超、高明《周代用鼎制度研究》［载《北京大学学报》，1978（2）］说明周代是存在过实际礼典的。这方面的研究，目前学术界还在进行中，比较晚近的研究成果有：邱德修：《商周用鼎制度之理论基础》（台北，五南图书出版公司，1989）；吴十洲：《两周礼器制度研究》（台北，五南图书出版公司，2004）；曹玮：《周原遗址与西周铜器研究》（北京，科学出版社，2004）等等，以上可以参看。——译者注

④ 作者没有看见新中国考古学的成果，是限于时代条件，相信读者对原文作者的“纸上谈兵”一词能做出正确判断。——译者注

渗入到有关古代中国的衣着服饰、健康状况、行政管理方式、政治生活乃至战争等种种内容的环境背景中去一样，我们需格外注意这种研究时的态度，因为基于正统信仰的描述充斥了所有有关以上各领域的记载内容。但是中国人不情愿错过古代生活的任何内容，即便当他们小心翼翼地准备重述某种理想建构之际也是如此。他们早就下意识地允许大量信息来支撑自己的论点，尽管他们的论点跟古代以来的正统史观是相抵触的。

我们暂时（假如我们反对传统文献记载中虚构的那种精确）无意写一部古代中国各种遗物的书，然而，这并不意味着我们不可能开始了解中国，甚至在知识方面取得可观的进展。这一点限制了我们工作的开展，我们难以明确地认定一种联系——这种联系足以成为古代中国的社会结构个性化、形象化的外在证据。

我构思和写作本书的思路是这样的：我此前已致力于探求古代中国的社会结构，探求它与众不同的特征——在政治生活领域，在社会生活的礼貌和细节上，在思想上，以及在构建历史的思路和方式上；我也试图通过分析显而易见的清晰事实，以更深刻地揭示在以上种种的背后深藏着什么样的深刻智慧，因为从一种文明到另一种文明，这些不同点经常只是所表现出的外在特征，最终，我想揭示出这套行为准则以及在它的存在和运动特征中所蕴涵的一般自然属性。我已出版了一部分这样的作品①，在这一系列互有联系的研究中致力于指出它们的特质，与此同时，我还想一点点地介绍对于古代史实、理念以及文献记载批判性的研究和探索。今天我不得不开始这一连续性的叙述，因为古代史实、理念及文献记载采取了一种教条般的态度，并且这一态度已深入人心，这使我必须从记载政治生活、社会生活史实的历史中，把已深入其中的教条化观念去掉。虽然这教条化观念将提供更多的、更完整的系统化资料，它将展现出那么一种情形——古代中国的思想（这种思想建立在“礼”的系统化演进过程基础上，并与之紧密联系着）似乎从汉代开始，朝着一种学究主义（在古代中国社会生活中，这种学究主义是正统史学思想的忠实伴侣）的倾向发展，然

① 这些使我仍然想出版一本有关中国古代家庭和乡饮酒礼的书，以及一部与中国古代皇权这一理念中神秘因素相关的书。

而，这一思想保持了值得注意的自然倾向——它如诗歌一般将各种逸事逐渐凝聚成一体，且这凝聚成的一体极具可塑性，它简直就是一种随心所欲地欺骗自己的演出，非常自由，且似乎并没有任何面纱掩盖着，但它的确处在一种强大传统力量构成的外壳之下。这样得出的结论将会加强和完善那些目前的文献记载力图将我们引入的倾向。这一态度的逐渐演进造就了层层递增的目证，对于原先不同来源和体系的资料和记载而言，这层层递增造就的系统化尤其具有意义。它似乎倾向于（正如某种逝去文明的中心那样）展现一种内容格外一致、体系格外严格的辉煌。这样，在这个民族的生活中由官员阶层承担的、格外显眼的生活内容（它开始于大帝国的形成时期）就要格外强调。这个阶层，也就是官员阶层，在任何方面都居于显而易见的统治地位，因为在这个前提下，国家的角色以及管理职能被削弱到（理论上）仅仅有关道德的、证明知识的存在足以让人之所以成为人的那个层面，这也同样是官员品格水准的资格。古代中国的历史，在通过保存下来的资料（往往经由种种劫难和缘由）来诠释它自身这方面，是并不自由的；而通过仅仅记录在册的那些延存、复活乃至中兴等史实来了解史实，则更不自由。然而，在传统史观那不容置疑的、号称从无异议的权威信条的虚饰下生存，毕竟是安全的。虽然如此，精神生活仍然继续自由自在地发展，某些有价值的迹象揭示了它从未停止过从古代理念中汲取灵光，并一点点贮存着，没有过真正意义上的思想匮乏和理念贫穷。它同样有能力在事实上的不断高压下不断更新自己的理念，因为统一大帝国的建立伴随这种社会活力的新型积淀。

帝国时代，在政治史上，正如在社会史上一样，似乎是种分水岭。我写作此书，断代大致在汉代临近之前的古代时期。

第一部分阐述政治史。我分析了古代中国的传统的史观，并以此为基础展开论述。古代中国这种传统史观开始于汉武帝统治时期（前140年—前87年），古老的史学传统给它投下了辉光，即便不是在史实记载上，至少也在中国人的观念上深深留下了烙印。从明确有年代记载的编年史开始（公元前8世纪），批判主义就试图树立起一些事实，但非常稀少。这些事实必须被格外强调，它们经常仅仅只有梗概，且彼此之间毫无联系。即便是在探究古代中国政治演进最终导致大帝国出现这一主线上，也需要相当一批大胆研究者的投身而入。为了清晰地阐述这一演进过程，我斗胆作了一些大幅度的跳跃。我并不致力于通过众所周知的文献记载描述出一些人物的肖像，我也并不描述战争的史实，当我掌握的仅有资料不过是些史诗、文赋、英雄事迹等等的复述之际，我仅仅只想把握住最真实的史实，也并不打算重新建构起某种有关当时政治家的全方面战略和计划。我处处都引用例子来佐证，我也只将注意力放在有决定性意义的那些时刻上。秦皇汉武的统治众所周知，然而只是在并不完整和并不可靠的文献记载下众所周知，但有些史料极其重要，那就是当时的批评家对于持不同政见之后的必然命运毫无恐惧。我并不在任何通常的问题上提出任何假设，比如说，古代中国的人口数这样的问题。这些假设是在事先构想的语言学逻辑基础上形成的，或是建立在大框架历史的某些假定基础上，至少它们带来了种种不便——在我的眼中是很严重的不便——它们限制了研究的领域。在这些领域，史前考古学工作必须展开，我因此将自己的研究领域局限于勾画出与疆土的统一、政治生活的演进相平行的这些内容；我还试图将目光投于某项重要的事实之上——那就是，一旦兼容并蓄了那些小国，并将势力扩展到蛮夷定居的那些点上，这广大的国家便凸显出来，郡县制建立了，统一共同体的情感决定了古代中国人保护他们自己，防御来自蛮族联盟的侵略，这促使他们以建立大帝国的方式来接受统一这一事实。这样，他们的文明便达到了我称之为“一种渐进组合形成了的文明”。这文明是一种强大、活跃的组合，被它卷进去的人们并没有任何觉得是被迫乃至受高压不得不承认这一文明的感觉，并且这一文明处在统一国家的观念之下。假如用西方观念之中的国家声望和权威观察，会看见它被所有人欣然接受——武装防御和保卫国家是所有人政治生活中不可分割的部分。

正如古代中国的政治生活只能在西方“政治国家”（state）观念下才能得到解释一样，涉及社会史方面（也是本书的第二个话题），我们必须把自己的思想从罗马法给予我们的理念和严格定义中解放出来，以理解“法律”这一理念。在古代中国社会，在连续存在的法律和制度体系下，并不曾发生过什么社会变化，社会变化发生在道德和价值观某些点的倾向改变上。这些变化伴随着社会主要秩序的变化而变化，根据乡村生活的活力——或者说是封建秩序的活力，这活力从要塞般的都邑辐射到许多占有统治地位的小都邑和为富商们建造的城堡中去。显而易见的事实是：在这些星罗棋布的小都邑和城堡中，编年史记载没有提供任何社会生活的印记，更别说内容。我们不知道有关这些小都邑和城堡起建过程的任何确凿的东西，而正是它们的起建导致了乡村思想观念落到实处——季节性的节奏和平衡可以用道德和声望的变易来衡量。最初适合于早期军营的那种生活方式，在大家族庭院式生活的影响下，变成一整套动作正确、仪式精致的礼仪。同样，有关手工业、财富、奢侈品以及城市如何扩张这些内容和细节，我们也一无所知。我们只有通过间接的资料才能瞥见一些最终促使危机爆发的精确内容。这种记载历史的方式，正如社会准则一般，形成了一种模式、一种礼貌，它被一种传统精神和古老的象征主义所激发，只有一种方式能研究这种社会的历史，那就是试图建立起另一种材料层累的建构。这就是我为什么没有首先开始学院式研究的原因——西方理念下的学院式研究，限定于宗教、法律、居住环境和生活习惯等等，我开始了一个整体的各个方面的研究。假如不是瞄准整体性的话，我或许将自己限定在某个局部特征或行为的研究上了。

我在这部书里所说的所有内容，都来自对材料的直接分析。[①] 我必须一次性地指出：只有通过这些资料，才可能找到这个国家、这个民族的理念，这是我的研究工作教给我的。我曾经仅仅为了隐藏自己的这个论断忍受了许多麻烦，我也曾经经历许多痛苦才构成了比较精确的体系——无论研究到哪里，只要我感觉我可以做到。我仍然在展开许多工作，只为了消除仅仅灵机一动的假设。而且，最重要的是，要消除那些含有错误引导倾向的所谓“正确”。假如这个国家有足够的文献记载，有足够长时间的前期调查研究，之后再去说这些可能得出的“正确”结论并不是自古以来的历史学家主观臆断的结果。然而事实并非如此，如果在这种情况下还不敢说这些匆匆得出的结论并非完美无缺，甚至还存在着某种程度上的肤浅，就显得幼稚可笑。假如还要为这样的论调寻找借口，那就更可笑了。我们足以解释这么一种希望的存在——那些有价值的史料将引导读者认

① 然而，我在小注中尽可能多地抹去了所有只有专家才用的参考资料。

识到对中国古代史实进行一番深刻而彻底的研究是何等必要。这一研究将提供一种将这个伟大民族的价值观和经验与其他个案相比较的机会，还将为我们提供分层的情况和论断的事实，这些都是我们坚实地从事研究的动因，并是我们渴望获知的。

第一部分

政治演进史

第一编
传统史料记载下的历史

第一章 五 帝

中国古代史学传统中的正统历史从五帝时代开始，五帝是三皇之后的古帝王。

五帝的前三位黄帝、颛顼和高辛，浮现在与儒家传统有关的著作中，但是，他们更像是圣贤，而不像是历史人物。①《尚书》被归于儒家，但它只提到五帝中的最后两位：尧和舜。司马迁，这位生活在公元之前两个世纪的历史学家，撰写了第一部鸿篇巨制的综括性史书《史记》，将五帝时代作为"本纪"列入该书，作为起始。这样，他撰写下的历史就从黄帝开始，而黄帝，在汉朝那个比较淳古的朝代，是被当做道家的重要人物的。尽管司马迁在这一节上因为非正统而受到指责②，但后来的正统史学

---

① 参见《史记·太史公自序》。葛兰言此书引用的《史记》乃是法国著名汉学家沙畹1895—1905年翻译的法文5卷本，为了国内读者阅读方便，除了有几条引用到沙畹译本中的注释的外，本书译者将作者援引的《史记》均改作中华书局1959年版。其他典籍如《左传》、《吕氏春秋》等，亦换成国内读者熟悉的版本，《左传》采用杨伯峻《春秋左传注》（北京，中华书局，1981），《吕氏春秋》用《诸子集成》本。为节省篇幅，作者所引原书卷号、页码亦略去，下同。——译者注

② 指班固批评司马迁不够正统。裴骃《集解序》："其（《史记》）是非颇谬于圣人，论大道则先黄、老而后六经。"对"圣人"一条，司马贞《索隐》："圣人谓周公、孔子也。言周、孔之教皆宗儒尚德，今太史公乃先黄、老，崇势利，是谬于圣人也。"张守节《正义》："太史公《史记》各显六家之宗，黄、老道家之宗，六经儒家之首，序游侠则退处士，述货殖则崇势利，处士贱贫，原、宪非病。夫作史之体，务涉多时，有国之规，备陈臧否，天人地理咸使该通，而迁天纵之才，述作无滞，故异周、孔之道。班固诋之，裴骃引序，亦通人之蔽也。"——译者注

著作继续认可并历数着五帝的统治。一种至少可以追溯到东汉时期的画像石材料说五帝在三皇（伏羲、女娲结为夫妇，祝融、神农）之后。① 而这几位“皇”，正如五帝中前三位那样，在大部分早期文献中都被提及，无论是正统的还是非正统的记载。

为了撰写正统王朝出现之前的五帝乃至更古的三皇的历史，并让它冠冕堂皇，博学多识的中国古人描摹出了一幅太平盛世的图景——那时，人性纯粹无私，统治因此井井有条。然而，这些中国上古英雄人物存在着一系列神的特征。不过，《尚书》记载的头两位主角——尧和舜，他们身上的神的特征几乎完全被抹掉了，他们两个人的时代混合在一起，演了一出戏剧性的、治理巨大洪水的历史。在这场洪水中，第一个王朝夏朝的建立者——大禹，担当了主要角色，与此同时，其他以别的人神（女娲、祝融）为主角的故事亦一一登上舞台。上古时期洪水泛滥这一主题蕴涵着某种神秘信息——让这个世界走向秩序。而且，在某些特定方面，这种神秘信息表明跟具有非常明显萨满特征的农业仪式有联系，那就是：在追逐、处理并因循因洪水汹涌泛滥所形成的地形地貌的过程中，才日益形成他们后来得以蕃息生存的温床。但是，在《尚书》里，有关这一主题的重要演进过程变成了一场纯粹的关于治水方式的争论：筑堤拦水和开沟疏导，哪一种方式更好？②据说尧“贤明如日”，这个解释只能理解成是个比喻。传承古老神话的历史学家并没有保存下来任何这样的一些说法：尧完全臣服于太阳，或他本人就是太阳的化身。③ 假如我们不满足于仅仅深究《尚书》提到的那些英雄人物，还希望发现更多的、未曾被修饰过的神秘英雄人物，我们将必须在真正有文字记载的历史的空白上孜孜努力。比如，司马迁，他谨慎地叙述着：黄帝通过让旱魃从天而降来建

① 参见沙畹《两汉画像石研究》（*La sculpture sur pierre temps des deux dynasties Han*, Paris, 1893）的有关章节。

② 《国语·周语下》：“昔共工弃此道也……欲壅防百川，堕高堙庳，以害天下。……其在有虞，有崇伯鲧……尧用殛之于羽山。其后伯禹念前之非度，厘改制量，象物天地……高高下下，疏川导滞……合通四海。”

③ 《史记·五帝本纪》：“帝尧者，放勋。其仁如天，其知如神。就之如日，望之如云。”

立起他的统治权力，旱魃是他的女儿，是一位女神。① 历史学家以同样的方式谨慎地叙述着：神农，这位三皇中的最后一“皇”，长着牛首，还有，伏羲和女娲通过让他们的尾巴交缠在一起而结为夫妇。正统的历史学只能大体上拥有这些故事般的内容。

这里还要涉及五行理论。五行理论在重筑历史并让历史形成自然演进的过程中担当的角色是如此重要，以至中国早就进入文明。尧和舜毫无疑问是五行理论中中国最起初的君主。五行理论无疑是渊源古老的，在公元前4—前3世纪的百家争鸣中，这一理论成为诸子施展政治抱负的借口，所有学派都认为宇宙的秩序乃至时间本身都被五行的嬗替预设着，这嬗替化身为五行之帝（“五帝”）相继的统治。有一种意见更是在此基础上演进，它认为五帝中的每一帝开始都有自己的合法性，这合法性是通过其所属的五行克过前一“帝”所属的五行来实现的。这一理论将历史史实编织在五行相胜的体系下。于是，历史史实、往古人们在神话中保有的一星半点记忆残骸都被罗织成一个体系。在这个体系中，上古英雄人物看上去就像好几个造物主，他们彼此征战，接续奋斗。编年史采纳和记录了他们中的一些人——因为要凑足一个有效的数字来组成与五德终始说的完美秩序相应的历史的第一阶段。②

每一朝代的统治都与五行之一相应。即，这一朝代拥有完整的某一种“德”，而且，每一种德，对这一朝代的统治者而言，都是自然而然的文明的缔造者。它比仅仅的科学发现者或研究者还要意义重大，这一意义对于三皇而言更为重大。例如，伏羲和女娲，他们一起发明了结婚和馈赠礼物的仪式；而神农，那位人身牛首的首领，则发明了犁，教给人们耕种的方法。③与此同时，黄帝，也被赋予发明武器、铸造青铜器等功绩，黄帝的功绩比

---

① 《山海经·大荒北经》：“有系昆之山者，有共工之台，射者不敢北乡。有人衣青衣，名曰黄帝女魃。”

② 《史记·太史公自序》：“自获麟以来四百有余岁，而诸侯相兼，史记放绝。”《史记·三代世表》：“余读谍记，黄帝以来皆有年数。稽其历谱谍终始五德之传，古文咸不同，乖异。”

③ 《史记·五帝本纪》裴骃《集解》：“皇甫谧曰：‘《易》称庖牺氏没，神农氏作，是为炎帝。’班固曰：‘教民耕农，故号曰神农。’”

伏羲与女娲

（山东嘉祥武梁祠东汉画像石，沙畹 1907 年拓）

大禹治水

（山东嘉祥武梁祠东汉画像石，沙畹 1907 年拓）

他的臣子蚩尤（我们可以发现锻造兵器这一功绩是被归于蚩尤）的要多。神话故事还告诉我们舜是如何制作陶罐，如此等等。于是，这些伟大的发明，使帝尧的时代显得那么与众不同，帝尧的时代，臣子齐心协力，力图将世界治理得井井有条——羲、和计算回归年的长度，弃教人们播殖百谷，皋陶创造出刑罚。① 这些英雄人物本身就是各种各样的专家，而君主，那个对某种统治秩序有着最完美理解的人，则无为而治。在一种更完整的、从某方面看更抽象的“德”的赐予下，他们播撒着文明，让集权的力量源源不断地辐射到远方，并忘我地工作着。

这一建立在集权基础上的文明种子播撒着。它的地域不断扩大，并持续亘历着久远的时间。当这一切都完成之后，统一的帝国便建立了，并划定了宇宙间中国所拥有的疆界。当君主带领臣下四处“巡守”，并将自己的恩德播撒到边裔之际，疆土扩大、文明远播这一良性结果继续显出它的辉光。正是因为要采用“巡守”这种方式，黄帝才发明了指南车，他到了名叫“空桐”② 的极西之处，还到了极东的“蟠木”③ 之处。但是，尧对于委派代表（“四岳”）到四面边裔感到满意了，更好一点就是在都城四门举行一个简单仪式，允许舜顺从他希望遵从的宇宙秩序。④ 君主统治着整个世界，因为他主宰着时间。黄帝“建立起任何地方太阳、月亮和星辰的秩序”⑤，“高辛氏观察日月，为了遵从它们显示的秩序”⑥，尧命

---

① 《史记·五帝本纪》：“皋陶为大理，平，民各伏得其实；伯夷主礼，上下咸让；垂主工师，百工致功；益主虞，山泽辟；弃主稷，百谷时茂；契主司徒，百姓亲和；龙主宾客，远人至。”

② 《史记·五帝本纪》：“西至于空桐，登鸡头。南至于江，登熊、湘。北逐荤粥，合符釜山，而邑于涿鹿之阿。”

③ 原文音译应为“蟠木”。但“蟠木”为颛顼所行之东，并非黄帝所行，源出《史记·五帝本纪》：“帝颛顼高阳者……北至于幽陵，南至于交阯，西至于流沙，东至于蟠木。”——译者注

④ 《史记·五帝本纪》：“（舜）乃遍入百官，百官时序。宾于四门，四门穆穆，诸侯远方宾客皆敬。”

⑤ 《史记·五帝本纪》：“（黄帝）顺天地之纪，幽明之占，死生之说，存亡之难。……淳化鸟兽虫蛾，旁罗日月星辰水波……”

⑥ 《史记·五帝本纪》：“（高辛氏）历日月而迎送之”。

令羲与和“顺着天穹运行规律，按日月星辰运行之数制定立法”①，君主举动合乎季节，是为了跟天协调一致；让季节的影响规律化，是为了引导季节的变易和演进。他自己将“遍及宇宙的自由播撒到苍生身上”，他拥有卓越的天赋，一种神灵才有的能力。（“灵”和“神”拥有同等的美德，他们水乳交融，或者可以称呼他们“神灵”。）黄帝“生而神灵，弱而能言”②，这些圣贤的品质立竿见影地产生了效验，“动静之物，大小之神，日月所照，莫不砥属”③。在这一稳定的国度，大地滋润，川泽平和，植被欣欣向荣，神灵、人类和动物，无不繁荣昌盛，互不侵犯各自的领地，这被称为“太平”。君主拥有所有以上这些美德，这些美德根植于一种特别的哲学背景。这种哲学背景跟造物主义概念完全相反，它能影响造物主，赋予造物主以能力。

正统历史所记载的这些君主的史迹大部分被后人粉饰过了，他们被描述成圣贤，而不是英雄的历史人物。他们最初的功绩就是在人间建立起有秩序的统治。帝尧，这位有神般智慧的君主，因为至孝和作为“人”的纯粹美德而继承统治。他生活着，统治着，以后的舜也是如此这般（夏朝的建立者大禹在美德的程度上比他们稍逊），全副身心地为了百姓的利益，从来不考虑他自己。因此，舜从来没有梦想过要建立一个家传天下的王朝。他被尧招为女婿，并提拔为臣子，后来尧认为他的品德足比圣贤，能够君临天下，便让他继尧之后即位。舜的美德被尧这位主宰和判断智慧的先辈认可并公布，于是也受到臣民的承认。尧惩罚了自己的儿子丹朱，“是为了不显示对整个帝国有害无益的那个人的钟爱”，还有，尧死后，臣子效忠的不是丹朱，而是舜。舜说“此乃天意”，继承了权力。④

---

① 《史记·五帝本纪》：“（帝尧）乃命羲、和，敬顺昊天，数法日月星辰，敬授民时。”

②③ 《史记·五帝本纪》。

④ 《史记·五帝本纪》：“尧崩，三年之丧毕，舜让辟丹朱于南河之南。诸侯朝觐者不之丹朱而之舜，狱讼者不之丹朱而之舜，讴歌者不讴歌丹朱而讴歌舜。舜曰‘天也’，夫而后之中国而践天子位焉，是为帝舜。”

第二章 夏、商、周三代

夏、商、周三代的历史建立在《尚书》（它由“诗歌的经典”《诗经》补充）、《竹书纪年》的材料之上。

对于舜，这最后的古“帝”而言，他的继承者是夏王朝的建立者——禹。当后来夏朝统治者昏暴之际，殷（或商，或殷商）推翻了夏，取而代之。最后，当殷人变成罪恶的作俑者之际，周人赶走殷人，建立周朝。

夏、商、周每一王朝统治的起始都由于一种“美德”（中国文献说的“德”），或说是“声望”（“德”，或“德音”），它要经历一段时间的鼎盛时期（“成”，或“盛”），随后衰落（“衰”），而后经历昙花一现的复苏（“兴”），而后气运终于衰竭，随之灭亡（“灭”）。王朝此时理应灭亡（“灭”），或完全萧条（“绝”，或“灭绝”，即终结），因为它再也不拥有“天”的福佑。“天”再也不像对自己的儿子一样对待这一王朝的君主（“子”）。在这一王朝享有“天”的授权（“天命”）的时期，一个王室家族存在的任务充其量只是为中国提供君王——天的儿子（“天子”）而已。这种“天命”，是由冥冥之中“天”的意志决定的，它永远是暂时的，可更替的。“天”是可变的，无情的，它对这一王朝的热情降低了甚至失去了，“大福”就不会再次来临。

每一王朝在拥有“天命”时都保持威势，直到它的气运不再。每到此时它仅仅维持名义上的统治，按理论，此时会出现一位篡位者，即下一个拥有“天命”之王朝的建立者，以推翻不合时宜的、倒行逆施的现有王朝来履行天赋予的使命。他们执行着天罚，他们的胜利则证明了“天”信任他们，赐予他们天命。

这不可抗拒性赋予一个王朝进行统治的合法的“天命”，表现为王朝开创者的伟大功绩（“功”）。夏、商、周三代的三位伟大创建者（“三王”），据说都是舜的臣子。他们在最贤明的最后古“帝”的麾下，各以治理一方而闻名。他们因各自不同的美德而赢得不同的声名。禹，他建立了夏王朝的权威，是“司空”（公共事务的领袖）；商的始祖契，是管理人民的大臣；周的始祖弃则掌管农业。更进一步说，禹、契与弃是人文始祖黄帝的第五代后裔（包括建立者在内）。（从第五代开始，一些并行的分支开始从已变得较远的世系分离。）最终，每一朝代的建立者诞生的过程都变得神乎其神，他们的起源变得神圣，所有王朝的帝王——天子，都可以追溯到天的一位儿子。

从公元前 8 世纪初开始，周朝显出了衰落的迹象，一直到公元前 3 世纪。不过，周朝终于经过了这一劫，保住了“天命”。然而，这一重要历史时刻的开始并没有任何细节给予证明，尔后，有确切纪年的编年史开始了。周平王，正是在他统治之下编年史开始，被迫放弃了都城，当提及他的父亲周幽王（在一场动乱中死去）之际，被称做“周室中衰”，他们的“德”即将衰竭。自然灾害频频发生也证实了这一点。正如夏、殷王朝最后显出的那些无序那样，最后的统治者几乎都是昏君暴君，他们盲目骄傲，为所欲为，而不是按“德”行事，以符合天所显现的自然秩序（“道”）。他们再也不能承担起天所委任的统治了，天抛弃了他们，因为再也不能像对待自己的儿子一样对待他们。

王朝的“德”是通过顺从天意才获得的，当暴君骄横地实施暴政之际，“德”便毁于一旦。夏、商、周三代历史仅仅是这一原则的三次循环。这一历史以编年记录的方式记录着，诉说着，这编年记录仅仅包含了从王朝建立到灭亡的层累故事，对于所有的中间时期而言（除了这一正统王朝获得短暂的那些复苏时期），编年史记录空洞无物，像是一个简单的统治者名单单据。这一故事开始展示某种规律，这规律表现为统治者王宫的屡次起建和废弃。在王朝建立者的“德”显现出辉煌的曙光之际，营建宫室的任务便开始了，而致命的暴君出现时，宫室则遭到毁灭成为废墟。

一、夏朝

夏朝的建立者大禹具有所有统治者必备的优秀素质，事实上，没有一位君主比这位开创夏朝的统治者更像个造物主。为了纪念他，一些零星的诗句被缀合，这些诗句凸现出大禹曾驯服广大神圣的山陵川泽，疏导大川使它们通向海洋，“就像一位缓缓走向朝廷之收纳的主人”，这个世界一旦有了秩序，就能有序地栽培、耕种、收获。人们可以吃上新鲜的肉食、稻米和粟黍。多亏禹的辛劳，整个世界才从洪水的灾难中被拯救出来。但是这些——从来没有历史学家怀疑过——都是纯粹的人力劳动，他们只是需要一种超级丰富的为公共之事服务的美德。大禹“能干，甘愿付出，勤勉努力……他衣食简朴，同时，他对神圣的权力以全身心的虔诚投入。他只有一处卑陋的宫室，但他在开沟筑渠方面花了大量精力”①。

于是，自大禹开始，便有了一种“德”统一天下。“他的声音即是天籁的标准，而他的身体尺寸则是度量的单位。”这样，他就可以丈量时空，获得相关的准确数字，同时确定出让世界和谐一体的音律的数值。他制定了贡赋的品级规格，“使六方领土处在完美的秩序和条理之下”，他还将华夏和蛮夷置于合适的地理分布状态，这样帝国便享有太平。他在自己的国土上长途跋涉，为的是跟指南针所指的四方之极相符，也为的是以自己的双脚丈量出华夏世界的边界。所有这些工作都是他身为舜的臣子时做的。而后，舜向上天提拔他，他最终继承舜即位，正如舜继承尧即位那样，大禹除了继续统治之外就没什么事情可做了。于是，正如每一位君主那样，他的角色就是扮演天所委派的统治者。

他荐举皋陶、益（或伯益，有时被描述成皋陶的儿子）。禹死了，但是许多诸侯不支持益，他们支持启，说“我们的君王是统治天下的君主大禹的儿子——启”，这样，在夏王朝的宫室矗立起来之际，王朝父死子继的法则建立了。②

对禹这样一位文明开化的君主而言，由启这样一位尚武的君主继位，历史所知道的所有有关他的统治，是一场胜利。多亏这场胜利，他巩固了他父亲有关和平的努力。直到我们看到夏朝最后一位君主夏桀，有关夏朝的简单史实记载只是简短地提到一对龙，是上天派下来给帝孔甲的，帝孔甲将雌的那只吃了。有人将这上天赐给帝孔甲的礼物看做夏王室享有“德”的表现，他们将孔甲当做圣人，他的任何意志都是天的意志。其余

① 《史记·夏本纪》：“卑宫室，致费于沟淢。陆行乘车，水行乘船，泥行乘橇，山行乘檋。左准绳，右规矩，载四时，以开九州，通九道，陂九泽，度九山。……禹乃行相地宜所有以贡，及山川之便利。”

② 《史记·夏本纪》：“及禹崩，虽授益，益之佐禹日浅，天下未洽。故诸侯皆去益而朝启，曰‘吾君帝禹之子也’。于是启遂即天子之位，是为夏后帝启。”

夏桀坐在他的两位宠臣的肩膀上

（山东嘉祥武梁祠东汉画像石，沙畹 1907 年拓）

人没有把他的统治看成因具有伟大天才而出现的“中兴”，而是从他身上看出了业余巫师的特质。这特质使得夏朝秩序紊乱，“夏后氏德衰”。①

夏桀的行为继续削弱着夏朝的“德”。他其实不是个无能的君主，但他是个暴君。他赢得过多种胜利，“他吓唬住了数百氏族”，他骄奢淫逸。他对远征带回的俘虏为所欲为，他放逐犯颜直谏提醒他的臣下，他冷淡并疏远他的王后，并且将最贤明有为的一位诸侯关进一座高台。于是，星辰陨落，大地震动，伊水干涸。最后，两日并出。一个是既有的太阳，它象征夏朝诸王帝德的衰落；另一个是冉冉升起的太阳，象征着汤，就是被夏桀关进高台的那位夏朝的诸侯。在这种天象并现的情况下只好放汤出来。汤一旦获得自由，立刻召集归顺他的诸侯和到他那里寻求庇护的、暴君夏桀的各地诸侯，在他们之中还有夏朝的史官。而后，汤（这轮冉冉升起的太阳）带领军队出发，从东边行军到西边。夏桀此时还盲目自傲地说：“直到太阳陨落那天，你我将都消萎。”然而他被打败了，于是，这成为夏王朝的终结。②

二、商

成汤，这位商朝的建立者，是商朝的开国之君，他同样是契（契是天的儿子）的后人。契的母亲是个处女，这一点使契跟舜的其他臣子不同。他的祖先中有一位是冥，冥治理黄河并因之殉职。“成汤的美德泽及飞禽走兽”，因为遵从天的意志，他待在条件简陋到仅满足生活最最必需的、像是野兽穴居的屋子里，他将天下贤才网罗尽收在自己身边。他找到一位贤相伊尹，伊尹懂得君主膳食应有的正确口味，还说古论今，对王朝的“德”有丰富见解。一开始，汤惩罚葛伯，因为他“没有进献任何牺牲”。而后汤征伐昆吾，因为他们是制造麻烦的挑唆者。最后，汤拿起武器反抗夏朝，借口是夏朝没有善待自己的子民。对汤自己来说，“因为天

① 《史记·夏本纪》：“夏后氏德衰，诸侯畔之。天降龙二，有雌雄，孔甲不能食，未得豢龙氏。……龙一雌死，以食夏后。夏后使求，惧而迁去。”

② 《史记·殷本纪》：“夏王率止众力，率夺夏国。有众率怠不和，曰‘是日何时丧？予与女皆亡’！”

原书作者理解有误。因为“是日曷丧？予与女皆亡”并非夏桀所说，而是众人所说。——译者注

降神圣的使命，他不敢不去改正夏桀的错误……因为这是上天的旨意，必须让夏桀灭亡”。他的胜利使他“抚平海内”。“他改变了历法，改变了一年中一个月和一日的起始”①，他宣称他的秩序从春天、东方开始。② 汤这样统治着，直到逝世。

成汤的统治是无为而治。他的直接嗣位者只要根据嗣位制度，由伊尹——汤的辅相辅政就可以了。这嗣位制度已经大致明确地建立起来了，是父死子继。此后，编年史记载了一系列不稳固的短暂统治，这期间还迁徙过好几次都城，仅有一些少量的著名事件。比如，在太戊时，两棵巨大的桑树仅仅一天就长大到足以环抱那么粗。③ 而武丁时期，一只雉鸡飞临在祭祀的大鼎之耳上。这些妖异之象成了促使商王修德理政的原因，商朝的“德”因此改进，焕发出生机。然而，这些良好迹象到商王武乙时再次终结。武乙用箭射盛满鲜血的皮囊，说皮囊是“天”，射皮囊即象征射天。于是，天雷下劈，武乙被天降的大火烧死。④

商朝在纣王时终于衰微了，据说纣王同样用弓箭瞄准天⑤，他最终跟美女、财宝一起被烧死。纣王是暴君中最可恶的一位，他虽然能力过人，雄心勃勃，然而正因此造下无数罪孽。“他膂力过人，空手能跟猛兽格斗。他的多闻足以使他拒绝那些试图劝谏的臣下……他的天才所显示的淫威使大臣退缩。他在帝国高高地树立起他的权威，并且让任何东西都对自己臣服。”他赢得了致命的胜利。他喜欢纵情声色的歌舞。他沉湎于女色，并且宠爱一名女俘。那些责怪他的人被处死，他还杀死了他的王后。他发明了以烧红的烙铁烫死活人的刑罚，他将周的国君西伯关进监狱，而

---

① 即正朔。——译者注

② 《史记·殷本纪》：“汤征诸侯。葛伯不祀，汤始伐之。……汤乃改正朔，易服色，上白，朝会以昼。”

③ 《史记·殷本纪》：“亳有祥桑穀共生于朝，一暮大拱。……太戊从之，而祥桑枯死而去。”

④ 《史记·殷本纪》：“帝武乙无道，为偶人，谓之天神。……为革囊，盛血，卬而射之，命曰‘射天’。武乙猎于河渭之间，暴雷，武乙震死。”

⑤ 《论衡·感类》：“或曰：‘纣父帝乙，射天殴地，游泾渭之间，雷电击而杀之。’”

西伯是他的诸侯中最贤明的。此时发生的怪事有：山崩，一个女子化身成了男子，两个太阳同时并现。而后，西伯姬昌被商纣王释放，他受到诸侯的尊敬。商代太史也到他那里避难。而且，商朝最主要的乐师（大师）及其助手也来了，带来了纣王这个暴君的钟鼎乐器。最后，周人集结他们的军队，殷商的统治结束。①

三、周朝

周人既是黄帝、又是弃的后裔。弃是天生地成之子，他的母亲也是处女。在舜统治的时期，弃是掌管农业和收割的大臣。周人获得胜利并经过文王、武王两代巩固了这种胜利。首先是文王，从字面看即文治之王；后是武王，从字面看是武功之王。文王起初的称号是西伯，他并没有因为商纣王把自己关起来而打算为自己复仇。相反，他牺牲了部分自己的领地，来恳请免除那令人胆寒的炮烙之刑，“他悄悄地做着好事”。在他的领地内，在他的天才和美德的影响下，所有的争讼之心都消失了，“男子在阡陌上互相礼让，所有人都给老者让路”。贵族意识到这是周将享有天命的预兆。西伯将贤才招揽到自己身边。有一次他准备去打猎，他的网罟里捕获的不是一只野兽，他带来的是一个足以辅佐真命天子的圣贤，这位圣贤跟文王交谈，教文王如何“散播美德，推翻殷商”，他只有在对付未开化的戎狄时才拿起武器教训他们，比如密须族。最后，他决定称王。而后他“改变度量衡，改易正朔”。②

他的儿子武王所要完成的唯一使命便是赢得实质性胜利。他拿起武器，为了“行天之罚”，而且因为纣王“对数百氏族施展他的残忍”。一旦武王征服成功，“他解散军队，分封诸侯”，武王的嗣位者是成王，主要由周公进行摄政统治。周公是成王的叔父，也是成王的臣下。成王的其他叔父们在纣王残余势力支持下发动了叛乱，叛乱被平息下去，最终，周

---

① 《史记·殷本纪》：“殷之大师、少师乃持其祭乐器奔周。周武王于是遂率诸侯伐纣。”《史记·周本纪》：“太师疵、少师强抱其乐器而奔周。……乃遵文王，遂……以东伐纣。”

② 《史记·周本纪》：“西伯阴行善，诸侯皆来决平。于是虞、芮之人有狱不能决，乃如周。入界，耕者皆让畔，民俗皆让长。……西伯盖即位五十年。……后十年而崩，谥为文王。改法度，制正朔矣。”

王朝正式确立了父死子继的王位世袭制度，虽然当时离有确切纪年的日子已经比较近了，然而，成王的直接继嗣统治的岁月几乎跟夏、殷一样是一片历史记载的空白。我们所知道的就是昭王时期西周衰落了，“王道衰微”。

到昭王的孙子穆王时期，周朝稍稍振作。穆王的出生带着神奇色彩。他跟他的祖先一样是诗歌吟咏的主角，他还进行过一场奇妙的远征，并且，传说中他曾经“灵异神游”。他最重要的被颂扬之事是进行过往遥远西方的巡游，还有就是往不同的仙境进行过一系列的朝圣。传统正史将之当做一场军事远征记录下来，并且暗暗讽刺这件事。这归咎于一位诸侯的长长的讽谏。这讽谏的主题是：试图用武力征服不向王廷纳贡的诸侯或蛮夷是不对的。唯一的喜剧性结果是：不要将人们（军队）送到遥远的边地受罪了，只要“实践他的美德”就可以了。穆王时期的历史正如标准的美德故事一般，他实际上没有什么文治武功，只是朝西方远征，防御戎狄，获得了四白狼，四白鹿。从那时起，远方荒服的诸侯就不再到周朝进贡了。对穆王而言，这导致他再次颁布惩治罪行的法典。他发现确有必要这么做，因为“在贵族中，确有些人不去保守太平”①。

穆王时期周德开始衰微，到他的继嗣那里，周德继续衰微。与之相关的是，“诗歌充满了讽谏之意”。到厉王时期，滑坡的倾向更是加剧。厉王是如此愚蠢，因为他居然为自己敛财，而“一位天子理应分散他的财富，让上上下下、尊者卑者都享受到，这样，人、神、万物生灵均达到最自由、最和谐的状态”。除了敛财之外，厉王还任用巫师，让人民在愤怒和恐惧中缄口。尽管没有什么比“让人民闭嘴”更重要了（“防民之口，甚于防川”）。后来厉王被国人放逐。而后是一段过渡时期（前841—前828），在这段时期，由两位大臣共同执政（“共和”）。② 厉王死后，两位执政大臣将权力交给宣王（前828—前782在位）。历史提到宣王时，说他不耕种王室的田亩（“不籍千亩”），并且继续执行对人民的一项禁令。

---

① 《史记·周本纪》：“诸侯有不睦者，甫侯言于（周穆）王，作脩刑辟。”

② “共和”一词有时也被解释成一个叫“共伯和”的大臣独自执政。“共”意味着“共同”，“和”意味着“和谐”。“共和”在现代汉语中的意思是民主（与帝制相对）。

而且历史记载更多的是，因为他太喜欢享乐，于是天降旱灾惩罚他。但他承认并改正了错误，并从此行为比较人道。从某种角度上说，这一切是周德中兴的表现。与此相反，到宣王统治末年，其他方面则继续走下坡路，文献记载了他如何被一位鬼魂射杀（这位鬼魂是被他杀死的无辜冤臣杜伯的），因为对（鬼神）的不虔敬牵涉到好多人。这一后果终于转嫁到他儿子幽王（前781—前771在位）的身上。幽王被犬戎打败并杀死。先前他宠爱褒姒，褒姒是个美丽而聪慧的女子，她的咯咯笑声为周朝带来了灾难，她还是个比猫头鹰更凶恶的噩兆，因为是她毁坏了周朝的藩屏。据说褒姒出生在龙的涎沫里，这涎沫将她滋养到七岁。幽王对她的爱招致了自然灾害——岐山崩塌了，三条大江枯竭。① 此时周朝的德已经衰微，但还没有完全死灭，是因为那时中国没有出现任何足以代周，建立一个新王朝的圣贤。

第三章　春秋、战国时期

在周天子的宫廷里，周天子总算保有了自建国以来就享有的天子的名号。但公元前8—前3世纪，是一个由周朝封建的诸侯争夺名望、互相征战的时代。这一阶段的历史记录建立在各诸侯国所记载的历史资料基础上。公元前8—前5世纪的历史，主要资料是《春秋》。《春秋》是鲁国（孔子的故乡）的编年史，它只是一部史实的简略纲要，由三部注解记录之书来补记。② 其中最主要的一部是《左传》（它的材料同样来源于一国或几国的编年记录），它记录了华夏领域中各地的史实、逸事，内容跟《国语》基本一致。《国语》是一部按国别编排的谈话记录（“语”）的总

---

① 《史记·周本纪》：“是岁也，三川竭，岐山崩。”“昔自夏后氏之衰也，有二神龙止于夏帝庭而言曰：‘余，褒之二君。’……龙亡而漦在，椟而去之。夏亡，传此器殷。殷亡，又传此器周。比三代，莫敢发之，至厉王之末，发而观之。漦流于庭，不可除。厉王使妇人裸而噪之。漦化为玄鼋，以入王后宫。后宫之童妾既龀而遭之，既笄而孕，无夫而生子，惧而弃之。……弃女子出于褒，是为褒姒。当幽王三年，王之后宫见而爱之……太史伯阳曰：‘祸成矣，无可奈何！’”

② 即《春秋公羊传》、《春秋穀梁传》、《春秋左氏传》。——译者注

集。随后的年代，资料很少，除了一部体例跟《国语》类似的国别体史书——《战国策》之外。司马迁亦描述了这一时期的历史，他的描述则将史实反映到大一统的纪传体体例之下，按主要编年将每国史实分类。司马迁还是将最后的周天子的统治视做正统。通过纪传体体例，这位历史学家没有在他的《史记》中描述出任何分裂的迹象。在古老的正统历史学传统存在的前提下，（根据材料）春秋时期和战国时期是试图被区分开的，因为战国时期其实应该被描述成“无共主的天下混战时期”，但是被描述成“战国”，因为此时几个诸侯都称了王。其中有几个还当了他们的领袖。正统历史一般将公元前 7 世纪以来存在过的几位诸侯国君称为“五霸”，并将五帝、三代、五霸摆成一个序列，并将他们相提并论。五霸中起初的领袖们试图统治广袤的华夏，给予华夏一个新的正统王朝，直到后来，他们的继任者在战国时期都担任了重要的角色。这几位诸侯国君，以及他们的继任者和效仿者试图取代已经衰落的周朝，但历史在描述他们时，把他们中最初的一位当做对周王室半敬畏的保护者，剩下的几位则是他（齐桓公）的竞争者。①

一、春秋五霸

“霸”通常被用来表达两个意思，中国历史学家经常变换地使用这两个意思。“霸”这个字被用来描述因拥有崇高声望和强大势力而显得与一般贵族判然有别的人。而从天子那里继承了显而易见的卓越权势的国君往往被称为“伯”，三代的传统允许天子有升迁或削夺诸侯贵族爵位的权力。这些贵族拥有以下各种爵位中的一种——公、侯、伯、子、男，这些荣誉头衔表现着理想的精力或卓越的武功。所有这些贵族，在他们自己的国家都被称为“公”（公爵），但他们的爵位实际上是有差别的。通常这些爵位会被译成以下一些词：公、侯、伯、子、男。公和侯构成五等爵制的上层，其余的则是五等爵制的下层。但“伯”同样被用来指代诸侯

---

① 《国语·晋语二》：“葵丘之会，献公将如会，遇宰周公，曰：‘君可无会也。夫齐侯好示……三属诸侯，存亡国三，以示之施。是以北伐山戎，南伐楚，西为此会也。譬之如室，既镇其甍矣，又何加焉？……’公乃还。”这里的献公是晋献公。

（“方伯”），他们的任务是保护天下某一方的平安。同样的术语“伯”还描述了男子特有的责任和神性，它表示着嫡长子继承权。① 周天子跟这些拥有爵位的贵族判然有别，这些诸侯有的是他的同姓，有的则是异姓。周天子称呼同姓诸侯为“父”（父系的祖父、叔祖），称呼出自自己母系的诸侯为“舅”（母系的舅父、从舅）。这些称谓组成了一种拥有特权的既定世系（领袖身份或霸权），这一特权在“伯父”或“伯舅”的称谓下展开。

司马迁记载了周幽王的儿子周平王（前770—前720在位）被迫将都城东迁，以避免戎人（西边的野蛮部落）的入侵。于是在周平王的统治上，史书加上了“周室衰微，诸侯强并弱，齐、楚、秦、晋始大，政由方伯”的记载。齐、楚、秦、晋（还有宋）诸国，每国都出了五霸中的一个霸主。司马迁《史记》的记载到处都透出这个意思：“此时（周惠王时期，前676—前652），周室益衰，无威势。齐、楚、晋、秦各自益强。秦（陕西的诸侯）公受封，跻身于诸侯之列，但在秦宁公死后，秦国陷于内乱，秦出子被架空并被杀。② 秦不参加华夏（‘中国’）诸侯的会盟，楚成王（楚国的‘王’是僭越的称号，他是湖北的子爵）则开始召集‘南蛮’（南方的未开化民族）的会盟，并统治他们……只有齐国（山东的诸侯）有能力召集、组织华夏诸国的会盟，并主持天下同盟。因为齐桓公有证据证明自己有‘德’，诸侯贵族纷纷参加他主持的会盟。”③

齐桓公（前683—前643在位）是春秋五霸中的第一位，而五霸中最著名的一位是晋文公（前636—前628在位）。齐桓公可以宣称自己拥有“伯舅”（母系中舅父的首领）的称号。他是姜太公的后裔，太公是辅佐周朝建立者周文王武王的贤人，他的女儿嫁给了周武王。太公有崇高的声

---

① 马伯乐认为周代爵位的世袭有一个明确限定的内涵，这一内涵能被解读。（参见马伯乐：《古代中国》，99页小注2）

② 原著这里的秦君名字和作者的理解都有偏差，作者将秦国国君误作“秦献公”和“秦穆公”，据《史记·秦本纪》改为秦宁公、秦出子，并且原著说秦出子“被放逐”，但根据《史记·秦本纪》应是被杀。——译者注

③ 《史记·周本纪》：“平王之时，周室衰微，诸侯强并弱，齐、楚、秦、晋始大，政由方伯。”“釐王三年，齐桓公始霸。”《史记·鲁仲连邹阳列传》：“齐桓公用其仇，而一匡天下。何则，慈仁殷勤，诚加于心，不可以虚辞借也。”

望，他有这么一项特权：“为藩屏周室，可以征伐九土之内、五等爵之间的任何诸侯！”晋文公跟周天子出自同一姓氏，历史记载他事实上拥有“伯父”（父系中叔父的首领）的称号。“啊，伯父！杰出的文王、武王懂得如何运用他们从上天那里得到的光芒普照、遍及天下的美德，这就是上帝选中文王和武王前后相继的原因。这使我继承祖先之祚，我，作为天子，保佑我（和我的一系）永享王位！”五霸里的另外三位则没有跟周王室有关的家族传统，也没有以王权的力量为他们加上的地位和名望。如宋襄公（河南的公爵，前650—前637在位）是殷商后裔。他怀有跟自己国家的实力不相称的野心，但是，“伟大的快乐不可能在同一家族降临两次”①。司马迁没有将宋襄公列入五霸之中，然而，历史记载了宋襄公主持了诸侯的会盟。秦穆公（前659—前621在位）和楚庄王（前613—前591在位）都没有主持过这种会盟。这说明周朝正处在自己的“德”衰微，天下需要新主的时期，后来秦成了这个新主，这些都是事实。

春秋时期的霸主并不完全地拥有一代王朝建立者的资格。他们之中最被称颂的晋文公，众所周知，在他即君位以前，曾经历过流亡生涯和各种考验。这长期的流亡生涯充满了史诗般的传奇故事。② 他是国君家族中的次子③，在边境地区获得了一块终身的封地，并且他在当地居民中产生了影响。但是，在逃亡国外躲避暗杀和直接反对他的父亲两者之间，他选择了前者，逃到他母亲的国家寻求庇护。他的母亲出自戎人。在那里，他娶了妻子。他早就很有名望，以至于秦国人在到晋国吊丧并参加葬礼时出面提携他为国君。他拒绝了，并不是因为他自己的时机没到，也不是因为葬礼之前他没有被提名接替他的父亲，而是因为他觉得自己没有资格接替父亲做国君。然而他遭遇了出走流亡的命运，这一出走使他更加出名。他对于羞辱他的人们总是耐心对待。当他走在荒野，向路边的农人乞讨食物时，农人给他一块土疙瘩，他强压一开始涌上的愤怒，将土块当做即将统

---

① 宋襄公是商朝后裔，商朝曾经拥有天下，而宋国仅为周朝的一个实力不强的封国，不可能再次君临天下，因此正文说“伟大的快乐不可能在同一个家族降临两次”。——译者注

② 参见《史记·晋世家》。

③ 本书所言“次子”泛指嫡长子以外的儿子。——译者注

治晋国的吉兆。相反，对那些相信他的美德的人——那些人馈赠他饭食，并将一块玉作为他将获得权力的象征藏在饭下面，他将玉送还回去，很好地保持了他的风度。

他到齐国时齐国招待他很好，在那里他娶了一个妻子，她决心与他同生共死。他不愿服从命运的安排。是他的妻子关心他的名望，强迫他离开。到楚国时，尽管在危险的重重压迫下，他还是拒绝轻率地许诺，以避免使国家陷于将来可能有的不安之中。将他视做潜在竞争对手的楚国国君，竟然不能下定决心杀了他。“天要抬举这个人，谁能将他拉下马呢？抗拒天意，简直就是自取灭亡！”人们到处都在谈论晋文公，“没有什么力量能阻止一个上天对他敞开大门的人！”他的同道们都是一些贤达之士，他们忠心耿耿地跟着他。他们之中的一位在倒霉的某一天里居然割下一块自己腿上的肉来向他提供营养。他从不夸耀自己的所做，因为他相信这位国君负有天降的责任要求他这么做。还有一位臣下的父亲已经濒死，但仍然拒绝把儿子（在外跟随未来国君流亡）召回来见最后一面。最后，晋文公到了秦国。在那里他娶了五个妻子。秦军胜利地护送他回到自己的国家。“他向数百家族展现了恩惠”，他赏赐“那些以善良和正义帮助过他，以友善和惠施向他提供过实质帮助的人们”，除此之外的那些奖赏只不过是一些物质上的按例赐予。晋文公谋求君位，但这是为了复兴周室。公元前635年，他护送周襄王回到王都。当他南征楚国之际，楚王犹豫不决是否袭击他（“上天向他敞开了大门，我不能再跟他作对”），于是，晋文公只是在向周天子献俘表达敬意之后举行了一场军礼，而后他得到了霸主的地位和由许多精致礼品构成的一份重礼。他并没有在所有这些成功之下变得骄傲自大，他叹息道：“我懂得了无人比肩的圣贤可以在战场上的胜利之后找到平静”，尽管在打仗方面他是幸运的，他仍希望自己的谥号不是“武”（武士），而是“文”（贤明的君主）。

然而，上天并没有赐予他开创一朝勋业的完美的“德”。尽管他以无数贤德之举闻名于世，但在他内心深处还是有大量骄慢，这骄慢阻止着他所有进一步可能性的提升——他是一名诸侯，居然敢要求周天子去参加由他主持的会盟，“当孔子读到这一跟晋文公有关的历史事件时，孔子评价道：‘诸侯没有资格对周王发号施令。’”

为了轻描淡写地将这一细节一带而过，《春秋》这样写道，“天王狩于河阳。”① 在更大的野心的驱动之下，晋文公以天子才有权享受的规模营造他的坟墓（地下的死后空间）。这是晋文公，其余几个霸主看样子还更野心勃勃、自大。比如齐桓公，当他南征楚国时，采用了一项冠冕堂皇的借口，他责问楚王为何不向周天子进贡祭祀时需要用的“包茅”（裹束的菁茅）。因为这是事实。除此之外，齐桓公希望他自己能够像前代天子那样到齐地最高的山峰——泰山上进行封禅。另外一位霸主楚庄王则居然动起这个念头：他希望从周天子那里获得周朝从夏、商那里继承来的九件鼎，这九件鼎是夏朝的建立者大禹所铸，是象征拥有王权的神器，对于那些“德”不够的觊觎者而言，它实在太重了。另一位霸主秦穆公则陶醉于一场胜利，打算用一位俘虏国君作为牺牲来祭天，而这位国君是即便周天子也要给予礼遇的。无数的活人作为人牲在秦穆公死后被送进坟墓用来殉葬。贤人说：“秦穆公扩张了他的领土，将之变成自己的封域……但他在诸侯会盟时没有主持，已经发生的这些哪些是对的，而且，在他死时，他让自己的臣民中的那么多人为自己殉葬。……这样，人们就知道秦不能统治东方了。”

于是，整个春秋时期，在中国的都城，天子再没有能力凌驾于诸侯国君之上，本该由天子体现的“德”也由较大的诸侯国君来体现了，天之秩序在那里才表现得明显些。春秋时期不可能享有真正的和平，这一时期有的只是大国对小国的剧烈吞并以及大国间的互相征伐。秦、晋、齐之间，乃至它们跟楚之间持续不断、从未停息过的敌意充满了整个春秋时期。不过除了所有这些之外，春秋时期的各诸侯国内部却享有着和平，这是因为诸侯之间经常进行会盟，缔结盟约。这些会盟和缔结的盟约通常是由晋国主持的，因为晋国是霸主中最声名显赫的。晋国国君跟周王室同出于姬姓。各国诸侯贵族着眼于寻求一种平衡，因为要尊重姬姓王室的权力，也因为要巩固早已获得的爵位和地位，于是对晋国国君显出一种特别

---

① 《史记·周本纪》：“晋文公召襄王，襄王会之河阳、践土，诸侯毕朝，书讳曰‘天王狩于河阳’。”又《史记·孔子世家》：“践土之会实召周天子，而《春秋》讳之曰‘天王狩于河阳’。”晋文公召周王参加践土之盟事见《左传·僖公二十八年》：“仲尼曰：‘以臣召君，不可以训’。故书曰‘天王狩于河阳’。言非其地也。”

的服从。公元前562年的盟约非常著名。“我们所有加入此盟的人，将不再私自积蓄禾稼，我们将不垄断利益，不庇护罪恶，不藏匿麻烦制造者，救助那些因灾难和饥馑遭到不幸的人，对不幸者充满同情，同敌共友，匡扶周室。假如任何人违背了此盟，盟书的佑护者，山川大神，所有的神灵们，宫室城邑之神，先王、贵族的祖先，七姓十二氏之祖，将被这些尊敬的神灵消灭！他们还将被人民遗弃！他将失去神圣的资格！他将家破人亡！他的领地和姓氏将毁于一旦！”①

于是，一位明智的君子，一位对争霸事业完全不感兴趣的、心在王室的伟大导师，终于带来了真正的和平——这位导师是理想的人，是圣贤。他的自传和日后作为“万世师表”这一富有教育意义的传统称呼他为“孔子”（前551—前479），这位圣贤生命的结束也就是春秋时期的结束。孔子觉得他自己肩负着某种使命，他如果身为某位国君的肱股大臣，且他的建议被采纳，他的使命是有可能完成的。他曾从一个诸侯国到另一个诸侯国地周游，就这样他度过了大半生的时间。他寻求着一位能发现他的才能的国君，他向所有他能见着的诸侯国君们提出自己的建议，希望“重新实行三代旧法，并重新施行周公的政策”。周公在周初政治动荡时成功地巩固了周朝的统治，孔子希望能继承和发扬周公的勋绩。孔子认为如果他能找到一位诸侯国君，这位诸侯国君“能够有眼光任用他，在为期十二个月之际，就会出现实质性效果；而到三年左右，完美的政治和社会秩序就会出现”。孔子对自己使命的信心是绝对的。当阻力出现时，他很惊讶。即使是在最艰难的时刻，他还是不认为是他的智慧和能力不够。他说：“当一个人完完全全拥有智慧的时候，如果他居然持续地没有岗位，是诸侯贵族的耻辱，而不是贤人自己的耻辱。”② 历史对孔子在政治上一

---

① 《左传·襄公十一年》：“乃盟。载书曰：‘凡我同盟，毋蕰年，毋壅利，毋保奸，毋留慝，救灾患，恤祸乱，同好恶，奖王室。或间兹命，司慎司盟、名山名川、群神群祀、先王先公、七姓十二国之祖，明神殛之！俾失其民，队命亡氏，踣其国家！’”

② 《史记·孔子世家》：“颜回曰：‘夫子之道至大，故天下莫能容。虽然，夫子推而行之，不容何病，不容然后见君子！夫道之不脩也，是吾丑也。夫道既已大脩而不用，是有国者之丑也。不容何病，不容然后见君子！’孔子欣然而笑曰：‘有是哉颜氏之子！使尔多财，吾为尔宰。’”

事无成表示深深遗憾，但对这一切并不惊讶。很明显，公元前 5 世纪的初叶，是否有谁真正拥有即刻就灵验“德”，是模模糊糊的，且这一切跟对传统习惯的观望交织在一起。

二、战国七雄

公元前 5—前 3 世纪被描述成一段无政府状态，一段酝酿着巨大危机的状态——大诸侯国鲸吞着小国，传统惯例废止了，法律成文公开，由此原先的社会秩序终结了。掌握权柄的上层人物因为对权力的渴望公然地甚嚣尘上，他们关心着平衡。诸侯国君们只能做些维持自己声望的事情。他们怀着最暴涨的野心和名望，寻求着最实际的好处和日益增长的政治权力。他们热望着新奇的事物，再不用一些条条框框的先例让自己一举一动合法化，也不再用一些迂回曲折的理论为自己的行动寻找理由，他们是战国七雄。

“上古帝王没有一成不变的法则……他们之所以成为上古的圣人，是因为他们的统治决不效仿彼此，也不效仿前人。一个能够让人有勇气去构建法律的美德，并不足以让他凌驾于他的时代之上。一种能够让人有勇力去构建法律的美德，并不足以凌驾于它所处的时代之上。此前的传统学术（它将保持平静当做最高典范）也不足以满足现代社会的规则需要。”圣人，如果他能对自己的国家产生实实在在的效用，将不会坚持保持传统惯例的一致性。如果他能顺应时机，他将不固守传统礼仪的一贯性。这样，一位国君（赵武灵王）解释他自己为什么（公元前 307 年）希望采用周围戎狄的服装款式。因为他希望征服，希望“做成伟大的事业，因此不必跟平庸之众商量”。“他可能不会得到普通民众的同意”，尽管他“瞄准了完美的‘德’”①。目标永远是统治天下的“德”，但这个想法当时处在混乱搅和的状态中，正如我们所知道的那样，这个想法是一个革命的叛逆精神。

---

① 此为赵武灵王胡服骑射事。事见《史记·赵世家》：“王曰：‘……为人臣者，宠有孝弟长幼顺明之节，通有补民益主之业，此两者臣之分也。……夫有高世之功者，负遗俗之累；有独智之虑者，任骜民之怨。……奈何?’肥义曰：‘……夫论至德者不和于俗，成大功者不谋于众。……愚者闇成事，智者睹未形，则王何疑焉。’王曰：‘……虽驱世以笑我，胡地中山吾必有之。’于是遂胡服矣。”

当一种伟大的理念从地平线上露出曙色的那一刻，我们看见了实力日益增强的列国在古代中国大联邦的边界上展现着清晰的势力。这些国家接受了周边未开化部落的影响，并把这种影响传回华夏。在这一新的、蛮夷主义开始被接受的历史阶段，有最值得颂扬的两位国君，一位是吴王阖庐（前514—前496在位），另一位是越王句践（前496—前465在位）。他们统治下的人民都留着断发，文身。他们跟传统的统治者通过选举贤明大臣分享荣耀。但是，他们的大臣并不是住在自己领地的封君，且无论阖庐，还是夫差，他们之中任何一个都不是与他们同时代的孔子心目中希望的那样浸透了传统智慧，并与之妥协的领导人，他们也不想做那样的领导人。

有一个叫伍子胥的人，是一位流亡者。另一位叫范蠡的，他是一个家世起源不清楚的神秘人物。他们的建议披着复古的花言巧语的伪装，施行着最现实的政策。句践征服了吴国，而吴国先前打败了他，但吴王为了表现仁慈，饶他不死。范蠡对句践说："上天曾将越国当做礼物赐予吴国，吴没有接受这份礼物。现在上天将吴国当做礼物赐予越国了，越国怎么能违背上天的意志，不吞并吴国呢？……当一个人不领受上天给予的东西时，将会让自己陷于灾难。"在五霸那个时候，他们还不敢不给受饥荒折磨的敌国提供谷物。史书记载句践接受了他的竞争对手吴国送来的谷物，但句践利用了这种慷慨，并把它当做一种吴国不理智的举动，他准备从中受惠，获取营养，而后灭掉吴国。历史极力渲染着他的胜利，认为他那精明算计的举动是公正的——为了借到谷物，一位精明的统治者知道许许多多种途径来摧毁他的对手。第一条就是对神虔敬。其他的性质都极其现实，乃至残酷。①

---

① 《越绝书·越绝请籴内传第六》："越王亲谓吴王曰：'昔者上苍以越赐吴，吴不受也。夫申胥无罪，杀之。进谗谀容身之徒，杀忠信之士。大过者三，以至灭亡，子知之乎？'吴王曰：'知之。'"又《国语·吴语》："越王曰：'昔天以越赐吴，而吴不受；今天以吴赐越，孤敢不听天之命，而听君之令乎？'乃不许成。"《史记·越王句践世家》："句践不忍，欲许之。范蠡曰：'会稽之事，天以越赐吴，吴不取。今天以吴赐越，越其可逆天乎？且夫君王蚤朝晏罢，非为吴邪？谋之二十二年，一旦而弃之，可乎？且夫天与弗取，反受其咎。'伐柯者其则不远'，君忘会稽之厄乎？'"

句践心中有明确的既定政策。同样，他的政策还包括以农为本，并尽量让人口增殖，这两样最终都是为军事目的服务的。与此同时，这一阶段各国国力有了极大的增长，从公元前5—前3世纪，先前被认为是半戎狄的秦国，成了法家和经济学家的聚会之所。公元前361年，“秦孝公表现出一副施惠者的姿态，他照顾着孤儿和孤独的人们，他命令武士站在他的一边，超越传统美德（‘不循其礼’）就是回报!”① 有一名逃亡者卫鞅（商君，卫国的公子）很幸运地逃到了秦国。公元前359年，卫鞅说“旧法需要改变，重新确定刑罚，奖励农耕……用物质奖励那些在战场上准备牺牲生命的人，惩罚那些贪生怕死的人”。公元前350年，秦国在咸阳建立了新都，“所有的村庄和小邑都聚集起来，被划分成为完美分割的辖区（数目为41个）。每个村落和城邑都有一名长官……为了重新划分土地（他们放弃了将大块土地划分成9块相等土地的传统井田制），他们挖开了土地上纵横的阡陌（它们将土地分割成块）”。公元前348年，他们以一种新的收税制度代替了原先的赋税制度（传统的井田制下的赋税制度是，将9块土地中中间那块土地的收成归为应入赋税），所有封建诸侯时期的传统惯例都被打破了，战争变成了一项功利事业，而开始，它并不被认为是一种注定要展现天的意志，并表现天之赏罚公正的程序。战争的目的再也不在惩罚并改正罪恶上面，而只是为了摧毁敌人。它变成了一场场屠杀。秦国因将敌人斩尽杀绝，并将他们枭首而闻名，在每一场战役中，斩下的首级都数以万计。历史这样描述秦国，说它成了极度残忍的虎狼之国。

先前，开垦荒地能得到一些独自享有的果实，这是一些贵族的主意，不过是不能推而广之的，因为他们必须节制对财富（当时是谷物）的欲望。现在则与之相反，目的很明确，就是不断聚集财富和各种物资。奢侈地、炫耀财富地逾越礼制代替了原先的用物有度。这是一个建功立业的君主的神奇时代。他们身上具有所有先前用来描述以前各朝代的亡国之君们的各种特点——他们周围女色环侍，充斥着靡靡之音，各种珍宝玩好、各种曲解奉迎的话语围着他们，各种受雇用的政治流氓争相献计。偷袭和暗

① 《史记·秦本纪》：“孝公于是布惠，振孤寡，招战士，明功赏。”

杀成了为了诡计得逞而施展的英雄性手段，再也不会有什么东西管束血腥残酷和傲慢自大了。葬礼成了炫耀武功的瘆人场合。吴王阖庐（前514—前496在位）以无头的富人为他的女儿殉葬。后来，他还用一队出自普通百姓的少男少女舞人为她殉葬。这位国君充分鼓起了勃勃雄心，而且根本没有从最具有颠覆性的个人崇拜中理性地退缩。此外，宋王偃于公元前318年宣布自己为康王，他以九道盛筵和一场场豪饮庆贺，此时，“万岁！万岁！”的欢呼声久久回荡。他焚烧了自己社神的牌位，他鞭打大地，最终他（他是武乙的后代）居然朝天拔出长剑。他希望这样能巩固自己的至高无上，比任何神灵都至高无上。①

于是相应地，自然而然地，这些倒行逆施招致了灾难。无政府状态加剧了，圣贤的努力无济于事，他们终于从舞台上消失。他们除了死亡之外没有任何办法。这可以解释屈原（一位楚国王族后裔）的命运。屈原是一位圣贤兼诗人，楚怀王（前329—前299在位）不听从他的建议，屈原徒劳地寄希望于楚怀王的良知，寄希望于诗歌的力量。他写下了长篇寓言诗《离骚》②，然而这一切都是徒劳。他提醒他的君王，一位心灵圣洁的进谏大臣就像坠入爱河一样忠贞，他像需要爱一样需要国君的关心和尊重，而只有足以服人的美德才是一位国君值得为之孜孜努力的。屈原被疏远，而后被放逐了，他流浪着，哀伤地行吟着，不像孔子那样心中充满了希望。在失去了对美德的所有信心之后，他结束了自己的生命。“什么是公正，什么是不公！什么是应该避免的？什么又应该追逐？这一百年只有令人失望地沉沦！我形单影只，但我纯洁无染！……整个的人们都扭曲了：我远远地逃离这些！……”——“假如整个人们都扭曲了，为什么不跟他们一样饕餮享用不洁的东西？为什么喝到醉饱？……沧浪之水清兮，可以濯我缨；沧浪之水浊兮，可

① 《吕氏春秋·过理》：“宋王筑为蘖帝，鸱夷血，高悬之，射著甲胄，从下，血坠流地。左右皆贺曰：‘王之贤过汤、武矣。汤、武胜人，今王胜天，贤不可以加矣。’宋王大说，饮酒。室中有呼万岁者，堂上尽应，堂上已应，堂下尽应，门外庭中闻之，莫敢不应，不适也。”

② 《楚辞·离骚》，原文作者用的也是法文译本，由何维·德·德尼斯（Hervey de st. – Denys）和雷吉（Legge）翻译，载《皇家亚洲学会会刊》，1895年。

以濯我足！”① 屈原回答到。这样，屈原的正直和忠诚被一名形单影只的渔父批评，最终屈原投了江。腐败和黑暗普遍盛行，“智慧和荣誉尚存的时代看来终结了”。

第四章　帝国时代

中国古代大一统帝国浮现于历史并不是近在咫尺，而是经过了一段在无政府和声色犬马的混乱中进行加冕运动的漫长时期。这个漫长时期一直延伸到汉代，直到汉代巩固地建立起大一统帝国。历史学家充满激情地描述伟大而浪漫的传奇伟业。他们在为帝王将相书写传记时，同时也在饥馑蹙乏来临之际，留下了浓浓的哀伤叹息。② 他们和他们的来者，组成了官方记录的档案资料，第一位瞄准朝廷这些错综复杂事件的是司马迁，历史企图评价皇帝们的功过——如果有时这么做还被许可的话。史书这么记载，在某些皇帝统治时期，中国“享受着太平”，它给予了第一手证据，证明统治之德从不固定长久地存在于它自然的绚烂光芒中。

一、秦朝

周王室于公元前256年彻底灭亡了，其时周赧王在极端贫困和没有子

---

① 《史记·屈原贾生列传》：“屈原曰：‘举世混浊而我独清，众人皆醉而我独醒，是以见放。’其时渔父曰：‘夫圣人者，不凝滞于物而能与世推移。举世混浊，何不随其流而扬其波？众人皆醉，何不餔其糟而啜其醨？何故怀瑾握瑜而自令见放为？’屈原曰：‘吾闻之，新沐者必弹冠，新浴者必振衣，人又谁能以身之察察，受物之汶汶者乎！宁赴常流而葬乎江鱼腹中耳，又安能以晧晧之白而蒙世俗之温蠖乎！’”又《楚辞·渔父》：“渔父曰：‘圣人不凝滞于物，而能与世推移。世人皆浊，何不淈其泥而扬其波？众人皆醉，何不餔其糟而歠其釃？何故深思高举，自令放为？’……渔父莞尔而笑，鼓枻而去。乃歌曰：‘沧浪之水清兮，可以濯我缨；沧浪之水浊兮，可以濯我足。’”

② 《史记·屈原贾生列传》：“太史公曰：余读《离骚》、《天问》、《招魂》、《哀郢》，悲其志。适长沙，观屈原所自沉渊，未尝不垂涕，想见其为人。及见贾生吊之，又怪屈原以彼其材，游诸侯，何国不容，而自令若是。读《服鸟赋》，同死生，轻去就，又爽然自失矣！”葛兰言氏云：“在沙畹译《史记》中，沙畹比较了屈原和贾谊的生平及死亡，对贾谊的描述跟对孟德斯鸠的相比，这一对比太正确了。”

嗣中去世。[①] 从此秦继续开始展开问鼎之事。

公元前221年，中国不再是一个由周天子担任最高统治者并由各个诸侯国组成的联邦，而是组成一个大帝国——秦。这重新的组合注定要经历好几个世纪。然而，对秦帝国的建立几乎无异议的看法是：这个帝国的建立是一场最坏、最恶劣的暴政。

公元前325年，秦国国君称王。秦惠文王将公元前325年作为一个新纪元（称王）的起点。那一年，他改革了岁末的祭祀仪式，但无论是他还是他的继嗣都没有胆量想要改变中国的组织方式。他们仅限于陶醉于军事上的胜利，以及扩展他们的领土。公元前246年，十三岁的秦王政即位。公元前221年，在一系列辉煌的军事胜利之后，秦王政可以宣布中国完全统一和太平了，他需要他的臣子给他寻找一个名号，这名号可以“完美地反映他的美德”，他的臣子宣布当时“法律和训诰从独一无二的首领那里发出，即使从远古时期开始，也从没有过这样的事情”，他们建议的名号是“泰皇”。而嬴政一定要明确是他自己让自己拥有了三皇五帝的所有美德，于是他选择了“皇帝”这个名号。他决心称呼自己为“始皇帝”，他的继嗣称“二世”、“三世”，“直至千世万世”。“为了死后也受到崇拜”，他为自己的前辈（前朝帝王）确认了一种荣誉性称呼，正如周朝建立者曾经作过的那样。“皇帝”名号确立之后，“始皇帝”（我们会发现史书记载中这一称呼跟“秦始皇帝”一样常常出现，“秦”表示第一位皇帝源出的地方）还规划了象征秦王朝的合法性旗帜和数字。他选择“六”作为秦朝的“德数”，并定秦朝为水德。这样，衣服旌旗的颜色也与之相联系——黑色跟水德、数字六相应，官员的帽子深六寸，上面的梁（冠正面的竖直条纹）数跟官阶相应。由六尺构成一步。天子马车由六匹马系驾。水德、黑色、北方，反映的是一种庄重的规则，王朝采取它表示万物均由自己开始。万事万物都跟严峻的法则和公正联系在一起，而不是跟和善、仁慈相关。在这种方式下，政府就跟“水德”的五行一致，这反映了新纪元的来临。一年的起始和整

---

① 《史记·周本纪》：“周君、王赧卒，周民遂东亡。……东西周皆入于秦，周既不祀。”

个的历法都改了。①

既然秦始皇开创了新纪元，他作为皇帝就应巡游全国。他到各处传统的神圣场所远行朝圣，但神灵们对这位以法家统治天下并开创苛政纪元的帝王并不友好，秦始皇宣称自己建立了“严峻而平静的统治”，秦始皇到泰山时碰上了暴风雨，当他到湘山，并希望登上山顶时，此处的神灵（据说是帝尧的两个女儿）刮起大风，以至于始皇几乎不能渡江。他一气之下下令砍光了湘山上的树木，并征发3 000名刑徒，像对待罪犯一样把湘山漆成赭色。只有暴君才敢于拒绝服从明显的天意。事实上，秦始皇并不具有君王的任何善德——他不能从泗水中捞取曾经在那里丢失的周鼎，说实话，他也没有一个神奇高贵的出身。他不是他父亲的合法儿子，更不是上天的儿子。史书记载告诉我们，他是一名姬妾所生，当她步入王宫之际，早已怀上了先前自己主人的孩子。秦始皇也没有任何善良虔敬之心。他逼迫自己的生父自杀，还迫害自己的母亲。② 不仅仅这些，他还迫害那些知识阶层的人们。

像大禹那样古时的圣明君主，他身体各部位的尺寸就是度量的标准，他成功地用和平的手段传播着他的德教，统一了华夏。秦始皇继承了这一点，但用的是野蛮残酷的手段。他举行一次宴会作为开创自己统治的新纪元，还把天下所有的兵刃搜集起来并熔化掉，但他并没有分发珠宝财富，也没有征服领土，如果说他曾经统一法律内容，让度量衡、车轴之间的宽度、文字的书写方式所有这些都一致，那是为了“让整个帝国统一，避免再分裂成小的封国”，他独裁地、革命性地无视周文王和武王留下的传统，所有传统派都批评他的变革举措——假如没有分封土地并世袭，秩序将如何维持？公元前221年，在他的臣下李斯（一名流亡贵族）的建议下，秦始皇下定了决心。在李斯的坚持下，过去那种繁复保守的知识体系

① 《史记·秦始皇本纪》：“始皇推终始五德之传……方今水德之始，改年始，朝贺皆自十月朔。衣服旄旌节旗皆上黑。数以六为纪，符、法冠皆六寸，而舆六尺，六尺为步，乘六马。更名河曰德水，以为水德之始。…然后合五德之数。于是急法，久者不赦。”

② 《史记·吕不韦列传》：“秦王恐其为变，乃赐文信侯书曰：‘君何功于秦？……’吕不韦自度稍侵，恐诛，乃饮鸩而死。”

荆轲刺秦王

（山东嘉祥武梁祠东汉画像石，沙畹1907年拓）

的对立措施终于来临。公元前213年，反对这么做的大臣重新提出了古代的例子，“殷周的统治持续了上千年（是因为这两个王朝统治者的丰功伟业），这广为人知。他们或分封子侄，或分封兄弟，或分封异姓，四海之内，他的子侄、兄弟和肱股臣僚支持统治……对我个人而言，在任何情况下，不去效仿古代而赢得绵祚长久，我从来没有听说过。”李斯反驳道：“五帝不袭用彼此的举措，夏、商、周三代也不模仿彼此的典章制度……因为时代不同了。现在，陛下首次开创一项新的事业，建立起传承千秋万代的辉煌伟业。迂腐的儒家无力理解这伟业……早些时候，中国四分五裂，问题迭出，没有人有能力统一，这就是为什么所有的诸侯都跃跃得势的原因，儒生们的演说老是提及古代，为的是给今天抹黑……他们是在鼓励人们说谎和诽谤，这是极不好的。如果不压制这种行为，在上层官僚中就会有人轻视君王，而下层中（战国式的）结盟游说又会盛行……我建议，官方的史记，除了秦的史书记载外统统烧了……谁要是试图藏匿《诗经》、《尚书》和百家之言，必须把这些带到官府烧掉。”① 秦始皇赞成李斯的意见，他下定决心，那些持反对意见者将跟他们的家属一起被处死。持传统意见者仍坚持。在一场问讯之后，秦始皇为了杀鸡儆猴，活埋了460多人②，此事发生在公元前212年。

公元前211年，有陨星从天而降，上面有字：“始皇死而地分”，此外，水神给了秦始皇一块玉璧，这块玉璧是他以前沉在长江里献祭江神的。秦始皇知道他此年将要死了，他只是更急酷地追捕是谁发出这奇怪的咒语，当然，他没有传统神灵们的帮助，他只是利用武力。即位后他曾在咸阳建造壮丽的宫殿，在其中将所有六国的宫室都重新修筑在内。宫殿里充斥着被俘的六国国君的姬妾和女奴，以及从六国君主那里收缴来的铃、

---

① 《史记·秦始皇本纪》：“丞相臣斯昧死言：古者天下散乱，莫之能一，是以诸侯并作，语皆道古以害今，饰虚言以乱实，人善其所私学，以非上之所建立。今皇帝并有天下，别黑白而定一尊。私学而相与非法教，人闻令下，则各以其学议之，入则心非，出则巷议，夸主以为名，异取以为高，率群下以造谤。如此弗禁，则主势降乎上，党与成乎下。禁之便。臣请史官非秦记皆烧之。”

② 《史记·秦始皇本纪》：“于是使御史悉案问诸生，诸生传相告引，乃自除犯禁者四百六十余人，皆坑之咸阳，使天下知之，以惩后。”

鼓。他把这些运送到自己的都邑，赐给帝国最富有、最显赫的12万户。他在上林苑的宫殿里修筑了一条复道，模仿银河悬在天上。将“天极”（天之中心，太一神所居）和“营室”（天上的神圣庙堂）联在一起。① 他那260多处②宫室均用秘密通道联系在一起，皇帝可以秘密地从一处到另一处，不被任何人看见。他不被任何人瞧见是非常必要的，因为若他被人看见了，他希望与之沟通的仙人也会被人看见，而仙人只出现在恶鬼远避的前提下：“假如主上所居处的宫室和他的目的（求仙）被人知晓，神灵们就会恼怒。”秦始皇从帝国各处找来巫师和方士，寻求能让他成仙的不死之药。他希望变成“真人”，能够“入水不濡，入火不爇，站在云端和雾霭之上，与天地一样久长”，他自称为“真人”。公元前219年，他派遣数千童男童女到海岛上寻求仙人。公元前211年，他亲自到海滨。但一条巨大的鲛鱼阻挡住他的巡游队伍，让他们不能到海岛仙山。所以需要用弓箭射杀这条大鲛鱼，没有人有这个力量，现在秦始皇梦见自己拿了一个人的头与一条大鲨鱼作战，所以他拿了一张弓等着那条巨大的鱼的来临。在神圣的之罘山的顶上（那里是向“阳”③ 和太阳献祭的地方），最后他瞧见了一条巨大的鱼。他张弓搭箭，射杀了该条大鱼。但是此后秦始皇感到身体不舒服，几乎没多久就死了（公元前211年）。

他的遗体被秘密运回咸阳。为了掩盖尸体的腐臭味，马车车队只好载了一车咸鲍鱼。④ 秦始皇的陵墓反映着祈求起死回生的愿望：陵墓中点燃

---

① 《史记·秦始皇本纪》秦始皇三十五年：“乃营作朝宫渭南上林苑中。先作前殿阿房，东西五百步，南北五十丈，上可以坐万人，下可以建五丈旗。周驰为阁道，自殿下直抵南山。表南山之颠以为阙。为复道，自阿房渡渭，属之咸阳，以象天极阁道绝汉抵营室也。”

② 另一个数字说宫室是360处，跟每年的天数一样多，见下文。《史记·秦始皇本纪》：“始皇初即位，穿治郦山，及并天下，天下徒送诣七十余万人，穿三泉，下铜而致椁，宫观百官奇器珍怪徙臧满之。……以水银为百川江河大海，机相灌输，上具天文，下具地理。以人鱼膏为烛，度不灭者久之。”

③ 即《史记·封禅书》所记齐地八神之“阳主”，《封禅书》：“五曰阳主，祠之罘。”——译者注

④ 《史记·秦始皇本纪》：“会暑，上辒车臭，乃诏从官令车载一石鲍鱼，以乱其臭。”

着用人鱼油脂做的永不熄灭的长明灯，下面有机关，这机关使蓝色、黄色的用水银铸成的江河永不停息地注入同样用水银铸成的大海。上面是模拟着日月和所有星辰的天空。这处在所有奇幻天象和离奇地理装点之下的陵墓是那么深，由七万刑徒和民夫挖掘而成。这些刑徒被判了刑，是他们构筑了陵墓的地下机关。当秦始皇的遗体被放置进去时，所有的建筑陵墓的工匠均被封在里面，连同无数的财宝。更为残酷的是，秦始皇的所有没有生育过的嫔妃都被殉葬①，这种残忍超过了吴王阖庐以及秦始皇的祖先秦穆公以人殉葬的程度。秦穆公曾因此被人说过："秦再也不能统治东方了。"

秦朝灭亡于公元前 207 年，几乎在秦始皇死后立刻就灭亡了。公元前 211 年，在丞相李斯和宦官赵高的密谋下，皇位传给秦始皇的另一个儿子胡亥，胡亥即秦二世（秦朝第二个皇帝）。正如他的父亲那样，秦二世凌驾于整个帝国之上，并深居简出不被人看见。"所以从来没有人听见过他的声音。"他还加重赋税，并使刑罚更加严酷，他的统治没有任何仁慈和温情。于是，整个帝国起来反抗。此外，因为赵高的阴谋，李斯于公元前 208 年被处死，而后秦二世被杀，他的侄子子婴加冕称皇帝。公元前 207 年，子婴杀死了无耻而臭名昭著的宦官赵高，但子婴几乎立刻就被迫向各处充斥的、在各地旧贵族领导下的起义军投降。②

这就是历史对这段时期下的结论："秦始皇帝，挥动着他那长长的马鞭，统治着世界……他消灭了贵族……并且将他的法律强加到上下四方。他振动凌厉的长鞭，挥舞着棍棒鞭笞天下。他的声名让四海为之颤抖。……在南方……百越之君俯首称臣，将自己的命运交于秦朝的卑微官吏。……在北方，胡人再不敢南下牧马……但秦忽略了遵从古时帝王树立的原则，他为了让黔首愚无所知，焚烧了百家之言……他处死了著名的人物……他铸造了十二个钟虡铜人（他收缴并熔化天下所有的兵器就是为了

① 《史记·秦始皇本纪》："二世曰：'先帝后宫非有子者，出焉不宜。'皆令从死，死者甚众。葬既已下，或言工匠为机，臧皆知之，臧重即泄。大事毕，已臧，闭中羡，下外羡门，尽闭工匠臧者，无复出者。"

② 《史记·秦始皇本纪》："子婴遂刺杀高于斋宫…子婴即系颈以组，白马素车，奉天子玺符，降轵道旁。"

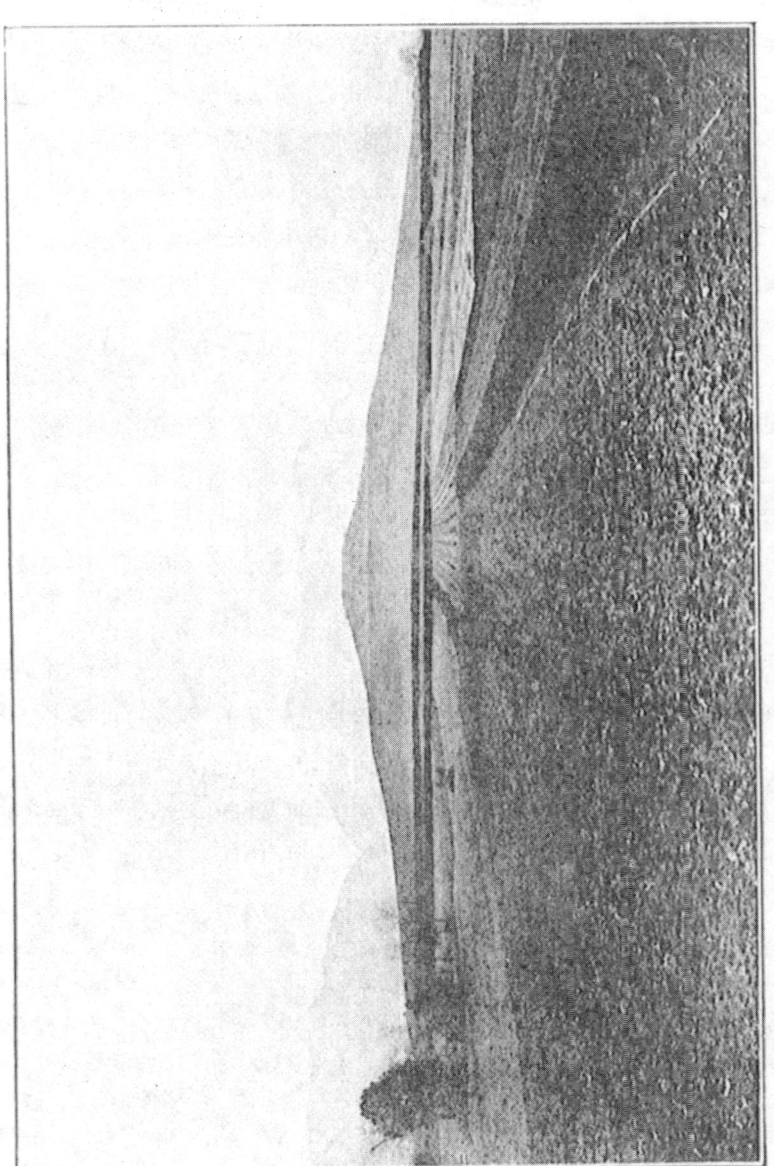

秦始皇陵

[法国诗人谢阁兰（Victor Segalon, 1878—1919）1914年拍摄]

铸造这十二个铜人），是为了让百姓手无寸铁。……他贪婪，满足于奉承……他把帝国的统治建立在暴政基础上……（假如他曾）根据古时的规矩统治天下……他的嗣位者也不会那么放肆和骄慢，后来的灾难也就不会发生。”① 批评秦始皇的人几乎不注意秦始皇的武功——他们不会想起他征服六国，开疆拓土，也不会想起即使在始皇死后“仍然保持对外夷震慑的威严”，《史记》描述秦始皇的外表：“他长了一个突起的鼻子，大眼睛，胸如鹰隼，声如豺狼，心如虎狼，随时准备吞噬人。”② 从这段众所周知的讽刺性词句描述中，我们可以看见这位统一中国、建立强权的皇帝的仅有肖像，他是冷酷的。

二、汉朝

秦朝的暴政导致了旧封建诸侯的伺机割据，后者进而导致了无政府状态，随之而来的是无政府状态的混乱，以及相应的各种灾难。人民起来反抗。反抗首先发生在楚国（楚国是当时秦国强有力的竞争对手）。起义的首领陈胜是那么一个贫穷卑贱的人，他出生在一间破屋子里，这屋子破到以破瓮为窗，以绳系门，代替转轴的门枢。③ 起义很快蔓延到全国。从公元前208年开始，更多的旧诸侯裂土自封（此前秦曾通过大规模兼并消灭了他们的君王）。而后，对天下神器的竞争在两位最有实力的领导者刘邦和项羽之间展开了。项羽是一位勇武、慷慨和极富爆发力的勇士，与之相反，刘邦是一个粗鲁轻佻但坚忍不拔的人。项羽赢得了大小七十余战的胜

---

① 此据贾谊《过秦论》，见《史记·秦始皇本纪》。原文为：“及至秦王，续六世之余烈，振长策而御宇内，吞二周而亡诸侯，履至尊而制六合，执棰拊以鞭笞天下，威振四海。南取百越之地……百越之君俯首系颈，委命下吏。乃使蒙恬北筑长城而守藩篱，却匈奴七百余里，胡人不敢南下而牧马，士不敢弯弓而报怨。于是废先王之道，焚百家之言，以愚黔首。堕名城，杀豪俊，收天下之兵聚之咸阳，销锋铸鐻，以为金人十二，以弱黔首之民。……然后以六合为家，殽函为宫，一夫作难而七庙堕，身死人手，为天下笑者，何也？仁义不施而攻守之势异也。”——译者注

② 《史记·秦始皇本纪》：“缭曰：‘秦王为人，蜂准，长目，挚鸟膺，豺声，少恩而虎狼心，居约易出人下，得志亦轻食人。’”

③ 《史记·陈涉世家》褚先生曰：“……然而陈涉瓮牖绳枢之子，氓隶之人，而迁徙之徒也。……”

利，最后他为自己的遭际而悲伤，在为他的良马和妻子的命运而叹息的挽歌中，项羽战死疆场。即使在他的最后时刻，他还不愿意接受失败的命运，他以可怕的、几乎诅咒的悲声哭道："天之亡我!"① 刘邦是温和的，公元前202年，他建立了汉朝，死后他被称为"高祖"（世系最久远的奠基始祖）。

汉高祖"仁慈良善，不拘小节"②。他起初只是个平凡的下级小吏，没有受过良好的教育，粗鲁而缺乏耐心。从他跟吕父的女儿结婚开始，他的命运开始发生改变。吕父认定刘邦是个注定要显贵非凡的人。汉高祖生有异相——他拥有龙颜美髯，有一次他母亲在一个池塘的岸上做梦梦见自己遇上了神灵，与此同时雷电大作，她丈夫跑来之后看见一条蛟龙缠着他妻子。此后她怀孕了，后来生了高祖。后来当高祖睡着之际，一条龙盘绕着他。他杀死了一条据说是白帝之子的大蛇，一位老妪听说了此事哭泣到："我的孩子被赤帝之子杀了。"此外，高祖所待之处常有神异之气笼罩。秦始皇也不同寻常地常常自语"东南方有天子气"，但他不能决定如何抓住这冥冥之中的竞争对手。于是，命中注定，高祖必然与众不同。因此，即便项羽赢得了七十多战的胜利仍是徒劳的。刘邦的左边大腿上长了七十二颗痣（这一神迹暗示汉王朝将有七十二位皇帝。从更深意义上说，七十二是个有特色的、预言性质的世代之数）。③

有一群忠心耿耿的随从跟随着高祖，一些知名的人物开始成为高祖的文臣和武将。"他知道如何任用他们，这就是为什么他能赢得天下的原因。"当他征服天下，且四海平定之际，他立即分封诸侯，被分封的诸侯中，有的为他建功，有的对他有恩，这样他就封他们为诸侯王或公爵。他只是"为了帝国的利益"保持了皇帝的名号，当他在病中，他拒绝别人来探望他，因为他说"命运是靠天决定的"，他死后（公元前195年），他的声望和权威平静地传给他的儿子。但是，实际上，高祖统治时长期由

---

① 《史记·项羽本纪》："天之亡我，我何渡为！"

② 《史记·高祖本纪》："仁而爱人，喜施，意豁如也。常有大度，不事家人生产作业。"

③ 《史记·高祖本纪》："高祖为人，隆准而龙颜，美须髯，左股有七十二黑子。"

他妻子吕后执政。她当初就天天指望他显赫腾达。吕后的性格“厉害、不屈”，她知道如何在合适的时期和合法的借口下处决那些受分封的诸侯王，即便在她丈夫的有生之年。这些诸侯王或裂土雄踞，或企图叛乱。而她作为皇太后，拥有太后的所有权威。她封自己的兄弟为诸侯王，以此来平衡她丈夫大封刘氏诸王（公元前 187 年）形成的势力。她选择了有名无实的傀儡皇帝，并鸩杀了一位刘姓诸侯王。① 她以一种戏剧化的行为宣布独揽权力（这故事在中国历史学家那里，变成了一个精确地寻找真实的样板）。她将高祖的宠妾戚夫人的手、脚砍掉，“挖出她的眼睛，熏掉她的耳朵，给她灌下哑药，而后将她扔进厕所，称她为‘人彘’”，几天之后（戚夫人还活着），吕后让高祖的儿子惠帝去看她，惠帝看见后哭泣道自己再也不能统治下去了。吕后死后（公元前 180 年），发生了一场针对吕后兄弟的斗争，这是“家族内部事务”，所幸帝国仍然享有和平。②而后汉文帝即位，汉文帝之后是汉武帝③，在他们统治之下，汉朝的声望达到了高峰。

汉文帝（前 180—前 157 在位）“因为他有贤良的美德，他的灵魂中充满了对百姓的关怀：这就是四海之内，帝国之中，经历了有关仪式和公正的严峻危机还为什么可以升平繁荣的原因”。在各种各样的法令颁布之下，他使自己的统治欣欣向荣。法令条款的精神来自古代的传统和人文关怀。这些法令被交给顾问班子。汉文帝是否害怕他们因个人或王朝本身利益下决心而受到批评？他的看法堂而皇之地用诏令阐明：“天道是这样的：恶行导致灾难，善德带来繁荣。所有官吏的过错都是朕的过错。”④他废除了妖言令（公元前 167 年），还废除了将灾祸转嫁到下人身上的巫

① 《史记·吕太后本纪》：“孝惠元年十二月，帝晨出射，赵王少，不能蚤起。太后闻其独居，使人持鸩饮之。黎明，孝惠还，赵王已死。”

② 事见《史记·吕后本纪》。《吕后本纪》太史公曰：“孝惠皇帝、高后之时，黎民得离战国之苦，君臣俱欲休息乎无为，故惠帝垂拱，高后女主称制，政不出房户，天下晏然。刑罚罕用，罪人是希。民务稼穑，衣食滋殖。”

③ 此处原文有误，文帝之后是景帝，而后才是武帝。——译者注

④ 见《史记·孝文本纪》：“十三年夏，上曰：‘盖闻天道祸自怨起而福繇德兴。百官之非，宜由朕躬。’”

术仪式。他还废除了“将所有欢乐集中于他一人身上”的习俗。假如他独自因献祭而获得好运，而人民没有分享这些好处，用他自己的话说，这就使“他的无德加重了”，他让山川神灵处于一致公平的地位。他知道如何如何尽量让自己显得卑微。当匈奴入侵之际（公元前162年），他姿态卑贱地承认道：“因为我不完美，所以我没有能力将自己的美德传播到远处。这就是为什么荒外之国未曾柔服，四裔之民不能享有太平的原因。”在战争与亲近的结盟的关系两者之间，他更倾向于后者。当不得已要进行战争时，他下令士兵“不要深入敌国国土太远，因为会惊扰百姓”。当南粤王自称为“武帝”的时候，汉文帝并没有深感烦恼，他送给南粤王兄弟大堆的礼物，“这样南粤王以表示感恩作为回答。而后南粤王再次重申了皇帝的名号，宣布他这个身份”。一些帝国军官也贪污。汉文帝并没有将他们送上法庭，而是从自己的个人财产中拿出钱来给他们“以帮助他们掩盖事实”，当帝国遭受旱灾、蝗灾时汉文帝“加倍表现出了他的仁慈……他缩减自己的穿戴花费，还开仓赈荒”。他只为自己修建简易的陵墓，他还下令他的葬礼务必不奢华炫耀。还有，他对自己陵墓的规格和内容不感兴趣，还缩减了帝国葬礼的时间和隆重规格。①

汉文帝艰苦努力地积蓄美德，积蓄统治之“德”。② 到了汉武帝时期（前140—前87），举行了庆功的封禅仪式——在七十二代古帝王之后，象征着一个王朝完美胜利的这种“封禅”的仪式，从汉武帝即位的第一年“各个阶层的吏民都希望天子能改正朔、度量衡，并且进行封禅”。③［众

---

① 《史记·孝文本纪》：“帝崩于未央宫。遗诏曰：‘……其令天下吏民，令到出临三日，皆释服。毋禁取妇嫁女祠祀饮酒食肉者。自当给丧事服临者，皆无践。绖带无过三寸，毋布车及兵器，毋发民男女哭临宫殿。宫殿中当临者，皆以旦夕各十五举声，礼毕罢。非旦夕临时，禁毋得擅哭。已下，服大红十五日，小红十四日，纤七日，释服。佗不在令中者，皆以此令比率从事。布告天下，使明知朕意。霸陵山川因其故，毋有所改。归夫人以下至少使。’”

② 在汉文帝、武帝之间是汉景帝（前156—前141在位）。汉景帝的统治是文帝时宽缓统治的延续，史书在一种严格的编年史体例下叙述。

③ 《史记·孝武本纪》：“元年，汉兴已六十余岁矣，天下乂安，荐绅之属皆望天子封禅改正度也。”汉文帝公元前163年改了正朔（一年的岁首起始的算法）。在这些有关历法的准备作好之后，准备进行封禅。

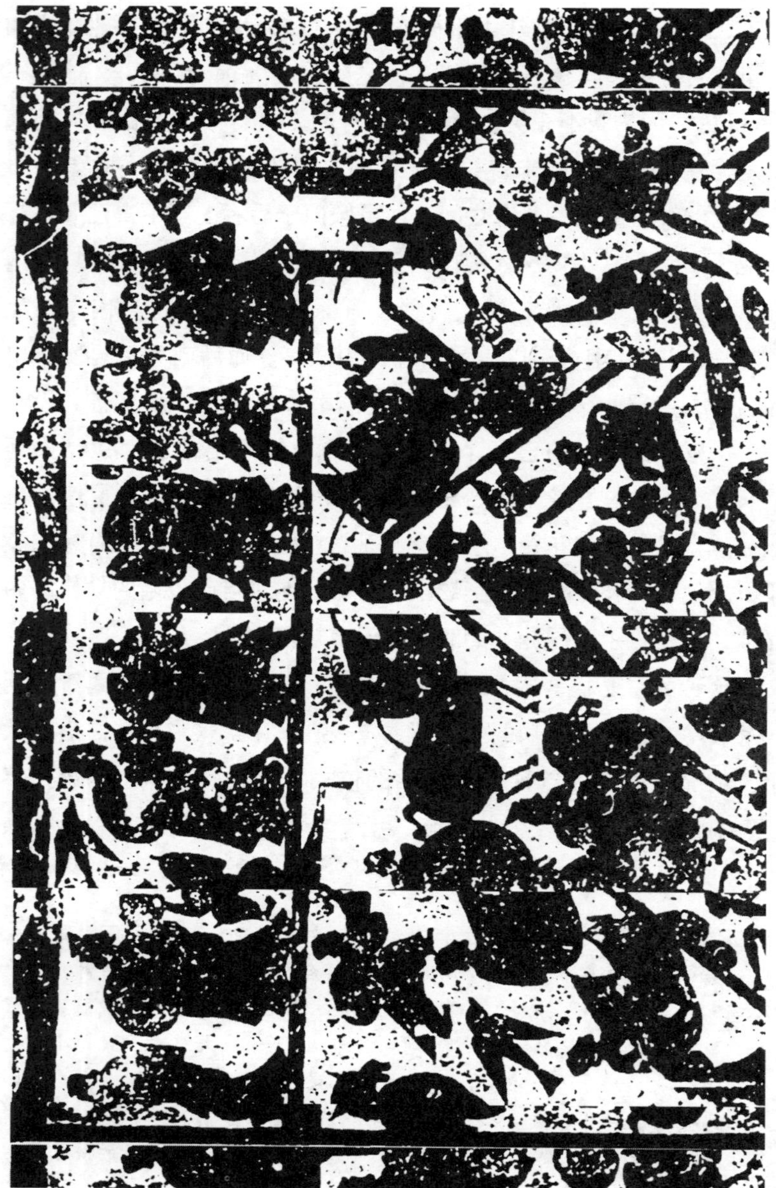

秦始皇试图从泗水中捞取周鼎

（山东嘉祥武梁祠东汉画像石，沙畹1907年拓）

所周知（对秦怀有敌意的史学传统更是确信这一点），秦始皇在封禅这一点上很不成功，后来他在泗水捞取象征握有天下的神鼎时结果也一样——一条龙阻止了他。］汉武帝像秦始皇一样，他征服了东南部滨海地区的人民；在西边，他征服了直到荒原边际的人民。［秦始皇曾多次巡游全国，检查国情］，汉武帝跟秦始皇一样，公元前113年他同样派遣了一支探险队去寻找仙人所居的仙山。有一位女巫发现（公元前113年）某处地下埋了一只鼎，此事经过官吏的问讯，核实确实无诈。汉武帝满怀敬意地去看这只鼎。而后，空中出现了一片形状如高台般的黄光。［先前，黄帝（第一位帝王）曾经在发动战争和四处巡游中度过大半生（据说他曾到极西之处，像崆峒山那么遥远的地方；公元前113年，汉武帝也巡游到了崆峒山），黄帝曾到雍举行郊天仪式，并且祭祀桥山（汉武帝公元前113年也在雍举行郊天仪式），黄帝还发现茎上长着叶片的神芝，以及一只鼎（或说是一只埋在土中的鼎），此后他骑在一条龙背上升天，成了仙。他的神迹发生在那一年，那一年冬至日朔旦与一年第一个月的第一天一致。］公元前113年，冬至日与一年起始月的第一天完全一致。在冬至日那天，汉武帝根据在雍（地名）祭祀上帝（郊天礼）的礼仪宣布："朔旦冬至一次又一次重复出现，直到这个循环的过程终结![①] 而后它又开始了!"汉武帝并没有能力在公元前113年进行封禅，因为当时黄河决口，收成也不好——这些迹象都不是吉兆。他在公元前110年进行了封禅。在泰山，在仅有一位官员的陪同下，这位官员此后很快离奇死去。汉武帝的封禅被吏民接受了。在准备的仪式中，夜色中出现光芒，白天，明亮的白云从坛中央升起。公元前113年，在桥山祭祀时（采用的是在雍祭祀上帝的仪式），［在同样的时间和条件下，激起了他祭祀第一位古帝王黄帝的兴趣。（与此同时，当对黄帝的祭祀正在准备之际）一个神奇名人（方士）的死亡被汇报上来］。"夜间出现神光，当白昼来临之际，一片黄云升向天空。"汉武帝为了进行这场仪式，穿了黄色的长袍。新改的历法宣

---

① 《史记·封禅书》作"朔而又朔"。汉代人认为时间是一个有起始、有终点的大段，朔旦冬至会在这个大段中一次又一次重复出现，因此说"朔而又朔"。——译者注

布此为公元前104年。为了与之相应，汉朝相应的服色也改成了黄色。①

神光与黄色祥云出现于公元前113年，汉朝的编年史记录者和官方星占家司马谈看见了这一切。② 他是司马迁的父亲，一直计划写一部史书。他编辑着实录，也承担了改历的一部分工作。我们所看见的《史记》，从中国历史的起始黄帝开始，历史学家司马迁生活在历史翻页、时间更新的时代，他决定修补中国历史记载的残缺部分，重塑中国人的历史记忆。他后面所有的来者都效仿着他，同样的精神持续不断地激励着历史学家择取史实，激励他们秉笔直书，激励他们创建起一个哲学化的诠释历史的体系。

现在我们可以将对传统历史的叙述告一段落了。在汉武帝统治下，历史翻开了新的一页。③ 王朝建立了，势运达到了顶峰，而后衰颓，而后销声匿迹。历史在同样的事件上安排了同样的理由。“尧、舜赞扬美德，他们那个时代的主题是仁慈，人人长寿。夏、殷的最后出现暴力，他们是野蛮的，并且夭亡……”当帝王希望名副其实地履行他的所有责任，他们会从上天那里找寻他们将要展开事业的一些原则。天子从上天那里获得权力，历史上演并评价着一幕幕王朝更迭和一位又一位君主的统治，告知着他们君临天下合法性的来由。检查这些君主的“德”是它的责任。它的判断基于公正可辨的原则，是完全客观的。判断和展示往往混在一起，因为历史既有自身的道德准则，又有自己的自然哲学，每一次都是这样。在一次次周而复始的循环和永远公正的重复叙述之中，它是公正的，不牵连于任何事物。它只知晓典型的英雄人物和足以构成历史框架的著名事件。从最基本上说，它只用极少一点来涵盖它自己，并证明自己的特点：君主，那君临天下的唯一一人，他的“德”对于某个特定时代而言是具有

① 《史记·封禅书》：“夏，汉改历，以正月为岁首，而色上黄，官名更印章以五字，为太初元年。”

② 《史记·封禅书》：“迎鼎至甘泉，从行，上荐之。至中山，曣𥇈，有黄云盖焉。”

③ 现在我们注意一下，在汉成帝（前32—前7在位），西汉最后一位握有实权的皇帝统治时期，历史记载注意到公元前12、15年的流星雨以及公元前10年的山崩。“所有人都说，汉朝气数将尽。”

代表性的。历史从来不能从年历中被单独抽取出来，它通过一些普普通通的画面闪着辉光。同样，或许可以这么说：历史是从对流逝年历的冷峻思索中产生的。

第二编
中国上古历史的主要文献

秦始皇，这位热望重建万物秩序的君王，焚烧了史书。汉朝则是另外一种情况，汉朝人希望重建古老的历史传统，汉武帝宣布他的统治并不是一个开创新纪元的新起点，他试图证实在他的时候，统治之德已经经过积蓄，恢复了元气。一项宗教意义般的韬光养晦终于完成了，它援手于阴阳五行的自然哲学和“德”的理论，瞄准了统治的合法性和公正原则。正是在汉武帝统治时期，官方星占家兼汉历编造者司马迁开创了古代中国第一种系统化的历史形式。这样，就是在这相同的统治之下，这部纪传体史书呈现出在某种精确的考验下开始建立平静的秩序。

我们从司马迁的记载中可以看出一种简明扼要的声明。他认识到，事实上，一直到他所生活的时代，仅有的统治编年记录仅仅是那些秦朝的记录。他更进一步地加上：“它们经过编辑和删节，因此并不完整。”司马迁还揭示出：“如果《诗经》和《尚书》能重见于世，那是因为它们的一些抄本被保存在山岩屋壁中，因此保留下来。”它似乎无意指出这些书籍的描述与经秦朝删节过的史料之间的一致性只是存在于公元前213—前207年，后来，公元前191年，这种状况便结束了。而作为一项事实的是，这些书籍在稍后相当长一段时间再没有重现。

传统史学允许这样传承，比如，汉文帝统治时期（前179—前157），《尚书》的一部分由一位九十以上高龄的老人凭记忆背诵。六经的其他篇章可能也再次出现了——在公元前2世纪早期，当孔子故宅一间屋子的墙壁被拆毁之际，又发现了另一种版本的《尚书》。这事很奇怪，因为所发现《尚书》的篇章跟当时口授的篇章相比不同，如果一个人相信最远古的陈述的话，这远古陈述也被保存在久藏于屋壁的写本中。①

古代的作品写在简牍的光泽面上，它们编连成篇，捆束成卷之后堆积在一起。数年之后，这捆束即松散，简牍上的字迹也难以辨认和释读。何况秦朝还进行过书同文字的改革。②

司马迁说："孔子的家中（在山东鲁国）有一部用古文写的《尚书》，孔安国（孔子的一位后裔）用今文将它释读出来（用公元前2世纪的文字）。"③

不过还存在一个小小的机会充实史料，因为在历史著作中，对历史的描述和诠释向例存在严肃的秉笔直书的传统。

《尚书》由齐鲁地区许多宿学硕生背诵并传习，这是众所周知的。"在山东大师那里，没有人不使用《尚书》劝谏进言。"现在我们看见了，在汉朝，没有什么比封禅更重要的了。泰山，汉武帝决意要去封禅的地方，是齐鲁地区仅有的名山，它也是濒海的山东最著名的山。公元前122年，齐地还是汉朝一位诸侯王的领地，他为了取悦汉武帝，献出泰山，不再自己管辖。齐地的一位九十岁的老人劝汉武帝于公元前110年登泰山。一些御用文人作了歌功颂德的封禅诗篇。许多民间人士（他们被描述成身怀巫术的方士）进言，希望为这桩事业做向导。"身怀各种古怪巫术的方士，前赴后继地纷至沓来，描述着跟神仙有关的事迹。"他们包括燕齐滨海地区的原住居民、御用文人（儒生）和山东地区的方士。他们讨论着封禅的仪节，提出了不同的意见。所有的人都希望得到皇帝的恩宠，所有的人都振振有词地引经据典，说自己是有历史根据的。④

---

① 原书注云出自《史记·太史公自序》，但此内容见《汉书·艺文志》："武帝末，鲁共王坏孔子宅，欲以广其宫，而得古文《尚书》及《礼记》、《论语》、《孝经》凡数十篇，皆古字也。"另见《汉书·鲁恭王传》："恭王初好治宫室，坏孔子旧宅以广其宫，闻钟磬琴瑟之声，遂不敢复坏，于其壁中得古文经传。"——译者注

② 《史记·秦始皇本纪》："书同文字。"

③ 《汉书·孔安国传》："孔氏有古文《尚书》，孔安国以今文字读之，因以起其家逸《书》，得十余篇，盖《尚书》兹多于是矣。"跟伯希和以及相关讨论，见下文。

④ 《史记·封禅书》："于是五利常夜祠其家，欲以下神。……大见数月，佩六印，贵震天下，而海上燕齐之间，莫不搤腕而自言有禁方，能神仙矣。"

这些据称是建立在事实基础上的传统，正如宗教思维一样，互相之间是大相径庭的。他们打算提出证据，打击持不同意见的学派，打击政治上的竞争对手。然而，他们致力于构建一部想象中的、优美地预设好的自然历史。尽管在他们的预设之源就有那么多猜疑，但还是有那么多从事实而来，那就是在官方的文本那里我们可以看见，它们确实构成了一个完整的、相对而言彼此很好地存在有机关联的整体。

有一种信息吸引了所有年龄的中国人。现在各地的考古发现令人振奋，它们往往更让人感兴趣，但是，在考古发现的年代和这“发现”的出版之间，总是存在着相当长的时间差。考古成果写成文字公之于众，是在它们成为某个团体的财产之后。这些使他们出于影响或偶尔乐意才将这些资料公之于众。发现这些，并判断发掘物属性的考古学家也是古器物学家，他们为所发掘器物提供良好的资料证明，对他们而言，一个追随者必须提出申请。一项发掘活儿立刻变成了某“学派”的财产。同样，那些作为国家顾问的饱学之士从中抽取利润，或提出有建议倾向的欺骗性意见，这些也都有过先例。作为学者，他们编辑教材，并在其中形成批评意见。当这编辑变得完美，批评意见变得更具学术水平之际，这项以考古资料维护正统史学传统的工作就变得更加完美，与古书记载的传统历史更加一致。那些跟考古发掘的图片册上的盘子最相似的古代遗物并不是最权威可信的，历史文献在某种程度上越是被进一步地怀疑，它们就越组成了更规范的传统史学。假如能看出他们越来越确信这一传统，会发现他们尤其会对之产生猜疑。感谢“各学派的学者”所作的批评工作，让这历史文献资料中的问题凸现出来。中国的批评作品似乎强有力地润色了这些传统（的不可信处）。这批评作品（疑古派）直指对历史记载的纯化这一传统，因为这一传统让任何记载与既有的传统无任何抵牾之处。疑古派认为，一些有限的记载被后来扩充了，在这样的方式下从事研究，正如一位欧洲史学家所说，真相永远是不可能被触及的。

第一章　无编年史料记载的时代

一、传统史料的价值

《春秋》始于公元前 722 年，司马迁则将年代追溯到了公元前 841 年（共和纪元的开始）。司马迁追溯的年代比《春秋》的还要早，这建立在他对历代编年统治的实录记载做了大量工作的基础上，这记载中间或有一些各君主某段统治时间内的具体信息。

在相同文献资料支持的基础上，司马迁或许还能再追溯得远一些。①他没有这么做去判断不可知的遥远时代。其余的历史编纂学家更勇武，也更富有逻辑性。

古代中国有两种记载编年史的年代体系，这两种编年史体系区分了历史学家的不同意向。一种体系由班固建立并完善，班固这位西汉②的历史学家，将周朝建立定于公元前 1122 年。另一种体系，将武王伐纣年代订于公元前 1050 年。武王的继位者成王，于公元前 1044 年即位。

	体系一	体系二
尧	前 2357—前 2256	前 2145—前 2043
舜统治时期	前 2285—前 2256	—
舜	前 2256—前 2206	前 2042—前 1990
禹	前 2223—前 2206	—
夏朝	前 2205—前 1767 17 位王，积年 439 年	前 1989—前 1558 17 位王，积年 432 年（或根据《竹书纪年》，积年 471 年）
商朝	前 1766—前 1123 28 王，积年 644 年	前 1557—前 1050 30 王，积年 50 年③（或根据《竹书纪年》，积年 496 年）
周朝始年	始于公元前 1122 年	始于公元前 1049 年
周武王	前 1122—前 1116	前 1049—前 1045

① 《史记·太史公自序》："子曰：'我欲载之空言，不如见之于行事之深切著明也。'夫《春秋》，上明三王之道，下辨人事之纪，别嫌疑，明是非，定犹豫，善善恶恶，贤贤贱不肖，存亡国，继绝世，补敝起废，王道之大者也。"

② 应为东汉。——译者注

③ 此处原文应有误，可能为积年 650 年。——译者注

续前表

	体系一	体系二
周成王	前 1044—前 1008	前 1115—前 1079
周厉王	前 878—前 842	前 853—前 842
共和时期	前 841—前 828	前 841—前 828
周宣王	前 827—前 782	前 827—前 782
孔子	前 551—前 479	前 551—前 479

在司马迁所充实过的周朝纪年嬗替中，公元前 1044 年同样也是周成王即位的年代，他写的编年史赞同第二种年代体系。同样，在《竹书纪年》中，公元前 1044 年也是暗示周成王即位的那一年。在公元 281 年的西晋，《竹书纪年》才为人们所知，它藏在汲郡的一座坟墓中，这座坟墓下葬年代为公元前 299 年，它的发现使书中记载的古代纪年显得十分权威。

司马迁与《竹书纪年》记载之间的一致，使这种年代体系具有权威性，也使《史记》和《竹书纪年》两者都很权威。事实上，这仅仅证明了在公元前 2 世纪，一种伪造而出的编年史年代体系一直到公元 4 世纪仍然保持着它的信用。不过，这一年代体系并不比班固倡导的那种更显得虚假。事实上，孟子（前 372—前 289）在公元前 4 世纪即致力于宣传孔子的神圣和光荣，孟子的许多著作也致力于宣传和修正传统的历史框架，这一框架更精力充沛地使五百年出一个圣贤的认识走向深入。在五百年一间隔的时段中，先有成王的明智导师周公，而后孔子，而后司马迁。周公和孔子是鲁国（孟子出生在鲁国）伟大的英雄人物，周公强有力地辅助周朝，建立了伟大功勋；孔子毕生致力于让周朝的统治之“德”复苏。编纂于公元前 4 世纪的《竹书纪年》支持第二种传统（周朝始于公元前 1049 年），并为五百年出一个圣贤的说法提供了有力依据。它认为夏朝持续大约 500 年的时间，殷商大约积年 471 年或 496 年。根据一种古老的理论，一位圣贤的寿命跨度是一百年，那么，在这位圣贤五十岁时，他将完全拥有自己的能量。正如历史学家僵化地展示帝舜成为君临天下的副主，以及孔子成为司寇，都是在五十岁，那么，五百年就是一个大致的数字，他们希望总结出这么个数字，这数字在世界历史的流转中承担一个角色，它跟圣贤拥有能量为五十岁这个数字相应。① 这一编年史的传统从《竹书纪年》所引发的想象力开始，而后，基于这一传统最基础的原则，由想象中乌托邦式的预设（人物和事件）点缀着。

更进一步的是，自从《竹书纪年》预设下这么一个传统之后，它起着广泛、深刻而久远的影响，这影响的广泛和深刻的程度超越了我们整个的想象和估计。我们所知道的实际上非常有限且它的真实性值得怀疑，当埋藏着《竹书纪年》的那座坟墓下葬后，大约过了600年后被打开，其中一部分记载年代的竹简被当做火把点燃使用了，另外剩余的捆束则四散零落。上面能够辨认的文字“用一种早就被废弃不用的文体书写”，这些简牍，曾经是编连在一起的，长期以来都是“秘密的文档记录”，我们发现了这份详细的年代目录，并拥有了这些资料。从这些资料看，有一套相衔接的记录记载了古代历史年代的更迭。这年代目录告诉我们，《竹书纪年》始于夏朝建立，在夏朝年代和史迹的记载上要比商朝的详细。因为内容没有开头（开头的部分或被焚毁，或已散乱），并且经过学者的整理，因而商朝的历史相反地比夏朝要长，并且从黄帝统治开始。《竹书纪年》说大禹的儿子启为了夺取君位，杀死了他父亲的大臣兼挑选的即位者益。这一记载跟规规矩矩的传统记载相反，传统记载说启是个圣贤，并且说他是用一种荣誉而体面的方式让益死掉的，《竹书纪年》推翻了益自然死亡而后对他的祭祀由启执行这一说法。《竹书纪年》所记载的年代跟传统史学记载的年代第一次相符是公元前771年，从这一年开始，夏历年代两者一致了。事实上，《竹书纪年》从公元前771年开始，记载牵涉到晋国国君（而后是魏国国君，魏国是从晋国分裂出的一个诸侯国）。无数

① 《史记·太史公自序》：“太史公曰：‘先人有言：“自周公卒五百岁而有孔子。孔子卒后至于今五百岁，有能绍明世，正《易传》，继《春秋》，本《诗》、《书》、《礼》、《乐》之际？”意在斯乎！意在斯乎！小子何敢让焉。’”《孟子·公孙丑章句下》：“孟子去齐。充虞路问曰：‘夫子若有不豫色然。前日虞闻诸夫子曰：“君子不怨天，不尤人。”’曰：‘彼一时，此一时也。五百年必有王者兴，其间必有名世者。由周而来，七百有余岁矣。以其数则过矣，以其时考之则可矣。夫天，未欲平治天下也；如欲平治天下，当今之世，舍我其谁也？吾何为不豫哉？’”

事实表现出晋国国君（正式史书所记载的晋国国君事迹必将由周天子的角度来叙述，以表明晋国国君是周天子的臣下）谋求把自己跟夏朝的世系联系在一起。但是——传统仪式是这样的——天子的历法是从周朝开始的，某种法定的一致性必须传遍天下，这种一致性构成了华夏帝国内涵中的一种。在整部《竹书纪年》中，提到年代的记载呈现出一种以六十年循环为基础的时间体系在被运用着，司马迁并没有使用这一循环体系，但这一体系很明显在司马迁以前的两个世纪没有起作用，这一体系能证明这种以六十为循环的“完美”时间框架是后来从公元7世纪开始慢慢渗入《竹书纪年》的纪年传统。《尚书》有一章提到一次日食，但此章遭受很多怀疑，它的文字可能比《竹书纪年》下葬的年代还要晚很多。现在，在《竹书纪年》中，这次日食再次出现了，并且时间记载得非常精确（公元前2155年秋天），根据西方学者的精确推算，事实上，是公元前2155年10月12日那天发生的日食。事实上，这个提到日食的故事在《尚书》中跟在《竹书纪年》中一样都象征了一种神秘不可抗拒的秩序，插入《竹书纪年》的这次日食的精确年代，只能是后来编纂中插入的。只有能够计算日食的学者才能正确地编纂这段文字。它们的羼入不可能比唐代（公元7世纪）早太多。

很显然，《竹书纪年》的内容是在一种完美而郑重的态度下，经过数个世纪的编订修缮之后才变得真实可信的。这编订修缮的工作是在正史的记载传统不可能出错的想法下被激发出来的。从另一面看，错误可能被归咎于文献记载在传播过程中出现的讹误。用晚近的科学方法（天文学推测年代）来纠正这些冒险式的错误，也是重建文献记载的真实纯洁性的过程。

中国古人保存的文献记载同样也保存了一种令人肃然起敬的虔诚信仰。天文学家可能让中国编年史录从纠结的年代纷争中解脱，然而中国古人似乎对这一点从没抱过任何希望。① 在公元前841年之前，我们必须放弃自己有关年代的陈说（司马迁早已做过这种陈说），宁可让所有记载没

① 参见《东方学会杂志》，第2卷。鲁瑟尔（S. M. Russel）试图用天文资料来确认某种中国编年体系。

有确切年代。

追溯这一纪年（公元前841年）往上的年代可能吗？看上去对这些材料产生信心很难。从大禹到周武王，夏朝的君主和商朝的君主统治加起来是四十五位，在这种条件下，我们历数周武王的继嗣的话，同一时期得存在十七代人！在记载了晋国先祖年代的《竹书纪年》那里，夏朝共六代十七王，商朝十代，夏、商加起来共四十五位君主。晋国的先祖有时被当做与夏朝统治始终同时的，有时则与某位商王同时。更有甚者，夏朝最后的统治几乎是商朝最后统治的翻版。说实话，两者都是为了构成一种神秘的主题，而且商朝的编年记录也不会失载自己的史实，跟夏朝不会失载自己的一样。支撑起商末历史的寥寥史实被周人祖先借用了来描述夏朝。所以，对我们而言，只有西周初期几位周王的记载是经过很好修饰过的陈述，这难道不是因为周朝是三代中唯一拥有一些真实可靠历史记载的王朝吗？但是事实是，西周的历史几乎不能提供任何证明者。在仔细地分析之后，会发现它们是编纂而成的，这编纂利用的不是封存档案中的资料，而是利用某种撰写诗歌的传统留下的零星碎片。周文王和他的祖先，还有他们的后裔周穆王，在诗篇中是被赞颂的主角。① 如果对武王克商的伟大胜利的陈述全都是准确的，那是因为它用乐舞（指周武王的《大武》）再现了表示胜利的预设情节，这乐舞年复一年地在周朝王庭最宽敞的明堂中上演。[虽然这些预设情节是众所周知的，它不是通过传统在庙堂上运用，并且通过后来的山东儒生们被鲁国（山东）国君们运用。] 周朝建立者建功立业的事实从乐舞剧或吟唱的诗篇中一幕幕浮现，他们最早的继嗣是从“学校”教学的课程中抽取这些资料的，据说被教授的这些乐舞课程非常精确地吟唱着，连时日和陈述者的名字都是确定的。这一切企图都表明一种事实：这些故事完全能够被当做典范确凿无误地采用，事实上，它们不比一场规模宏大、内容虚构的主题传说更有意义。读者从来感觉不到自己在具体的史实跟前身临其境，而是感觉到被带入了一场人为虚构的历史场景中，这历史场景由一系列书面材料衔接构成。这些书面材料大部分时代都比较晚，并且经过政治的、先入为主的教条性润饰。整个中国上古的历

① 《史记·太史公自序》：“汤武之隆，诗人歌之。”

史都建立在一整套赝造出的材料的基础上，它看上去似乎坦白直率而具有学术意味。此刻，我们拥有自己的主意，我们打定主意不在错误的材料基础上审定推进，得出结论。而且，似乎在回溯到这些资料的真正来源之际，从文献学角度进行批评可能得出否定性的结论，这是不是意味着中国古代传统记载的历史没有稳固的基础呢？我不这么认为。

这一看法当然是不确切的，即便我们首先关心，并且准备反驳那些已经“如此错误地涉猎中国古史”的人们，正如我们反驳“远东地区的文明出现不是那么早的”① 这一论断一样。以下的说法可能更为正确：“古代中国人只是在比较晚近才开始有兴趣记载他们自己的历史。”② 我们必须加上更为明确的一点，那就是具有历史意义的感觉，就是我们称之为“对事实的执著偏爱”从未给予这些史料强有力的力量来支配传统史学精神。但是，史实不足以支配传统史学精神这一点暗示了他们（古代中国人）的史学传统保存了一种特殊的信用方式。

这种传统史学同样还为我们提供了某种系统化的框架。今天，我们是不可能相信中国古代历史学家“从来没有窜改过原始资料”的，相反，他们不但将史料进行改造，还加以润色，形成了一个有强大理论的体系③，这一点我们是可以相信的。在这个系统的细节中，传统的文献记载居然被修正过，而修正的目的就是保卫这个传统，因为传统是政治生活和宗教生活最基础的原则。它是信用的具体条款。这传统的整体性受到尊敬，这一推定大约是可以置信的。从整体上看，我们甚至可以相信因为所

① 马伯乐［载《东方学报》，1922 年 6 月，69 页］。

② 《史记·太史公自序》记孔子作《春秋》的始末：“上大夫壶遂曰：‘昔孔子何为而作《春秋》哉?’太史公曰：‘余闻董生曰：“周道衰废，孔子为鲁司寇，诸侯害之，大夫壅之。孔子知言之不用，道之不行也，是非二百四十二年之中，以为天下仪表，贬天子，退诸侯，讨大夫，以达王事而已矣。”子曰：“我欲载之空言，不如见之于行事之深切著明也。”’”

③ 《史记·太史公自序》：“夫《春秋》，上明三王之道，下辨人事之纪，别嫌疑，明是非，定犹豫，善善恶恶，贤贤贱不肖，存亡国，继绝世，补敝起废，王道之大者也。”国外学者出自对《春秋》王道的隔膜，也因为当时古史辨派学术观点（顾颉刚“层累地造成的古史”）的盛行，得出了中国古代史料都是经过篡改的这样的结论。这样的观点应该说并不符合事实。——译者注

有的重要性都归于这项传统，它足够的精确性也是众所周知的。

古代中国人在将他们的历史回溯到离我们三千年以前之际，这一宣称可能仅仅回溯到他们认为年代适中的时期。他们的语言，无论我们追溯起来是多么遥远，看上去像是一种早就被长期使用的口语，很可能当时这语言背后已有长长的历史。最近我们才知道古代中国存在过新石器文明。这新石器文明和上古三代的古代中国文明之间或许存在着联系，正如我们即将看见的那样，现在，不仅陈述者陈述三代历史时包括了具有一定态度和习俗的人物，而这些人物是汉代历史学家或孔子既不能理解，也伪造不出来的。但是类似的人物，五帝时代也能影影绰绰找着一些。而后，中国古代的传统保存了社会变迁的记忆，而我们在短短的几年里还难以展开对这记忆的释读。可以很肯定地证明大禹的故事完全是由纯神话元素堆砌而成。这并不是用各种手段证明大禹并非一个真实存在过的重要历史人物。没有一个细节说三代历史可以作为真实存在过的历史被接受，但另外一面，也没有什么充分理由否定这几个时代的存在。

一项最近的发现似乎能证明商朝的存在。① 1899 年，在河南的一个小村庄发掘出了数量可观的甲骨，甲骨上刻画的古代文字激起了中国古文字学家的兴趣。这些文献的第一次出版是在 1902 年（甲骨文发现之后三年），由两位学者署名（其中的一位于 1915 年成为第一批发掘的甲骨的收藏者）。相当数量的号称河南出土的甲骨在今天而言是商品，而且有可能是伪造的。然而，这些伪造的甲骨，当它们出现的时候，可以被辨伪一番，或许还会有人谩骂并拒绝相信饱学的罗振玉先生孜孜努力的工作，并怀疑这些的真实性。罗振玉先生的工作无疑就是宣布三代历史可信的极好原因。罗振玉先生成功地释读出了甲骨上铭刻的文字（其中还有许多是人名），其中多处是商王的名字，几乎跟司马迁《史记》和《竹书纪年》提到的商王名字完全相同。甲骨在河南的一个地方被发现，说明这个地方在商

---

① 马伯乐说，从中国学者从河南发现的甲骨上得出的结论看，从这甲骨上的记载可得出商朝存在的精确事实，因此他相信，这种可信允许他写文章，例如："商朝的祭祀比周朝的名目多得多，变化也频繁。"

王武乙统治的第三年至第十五年可能曾有过人定居。中国学者认为已发现的那些甲骨可能就是武乙时期埋下的，它是商朝进行过占卜的记录。这一猜想对于确定武乙时期的商朝都城而言是有利的——直到当时，武乙都城是哪里都不为人知。事实上，商朝的后人，也就是宋国的国君，同样统治着河南地区（但是，根据传统文献记载，还要往南一些）。我们或许可以将这一地区归于宋国乃至卫国国君的占卜（如果他们曾经占卜过的话），这样我们就在河南地区发现了甲骨。甲骨上刻的文字显示出它非常古老，不是只能追溯到西周时期的文字（除非在特定情况下，比如在占卜时用一种特别古老的、已经荒废的文字书写，这是极少见的，在所有时代都很少见）。

最后我们不得不承认，甲骨文精确记载了商王世系，我们在司马迁《史记·殷本纪》和《竹书纪年》中也发现了这一世系，它们组成了一种传统，这传统可以追溯到《春秋》和《竹书纪年》都还没有写成的时候。这样，如果河南甲骨文的发现确然不能证实殷商的存在，看样子至少证明了相对古老的传统历史记载所说的商王世系的价值所在。

从整体看，中国古代历史的传统似乎并没有表现出什么审慎。但是来自其自身的语言学/文献学角度的批评却没有办法从中抽取出一个积极的历史。必须等待，等到所有其他类型的调查都可以归拢出一个答案。唯一的事情就是，这一刻，可以做的不是继续充实假说，超过科学，而这些科学蕴藏着真正的进步和知识。

二、科学在澄清历史方面的辅助贡献

这里所说的这些科学，对它们自己而言，并不是用来为历史研究支持某种假说而存在的。人类学观察已经搜集起那么多跟中国有关的资料，不过这些资料缺乏宽度，也不够精确。

安特生（瑞典考古学家）的发现使我们相信，新石器时代河南的原住民跟现在分布于河南省的人群属于同一种族。史前人类学展现的只不过是这一地区历史舞台的最初片断，此外，类型学的精确研究已经展开。这些专家相信在它们的差异中存在着多种多样的人群的文化差异。“中国古人是从一种多样性的混合中蕃息下来的，毫无疑问，中国原住居民中还将发现许多类型的文化，人类学的研究将很难勾画出它们的轮廓和内涵。”这一倾向建立在一种很少的确证手段和大概的估价之上，它将人种为两种类型：

一种南方类型，另一种是北方类型。南方人要体格小些，头颅也短些。

比较人种学资料的贫乏并不能阻碍有关中国古代人种的学说的继续提出。普遍认可的意见是：中国西南方聚居于崇山峻岭之麓原野耕地上的人们，是逐渐被那些被称做古代中国人的人们驱赶而来的，通常他们被称做入侵者。①

这一理论是建立在一种对整体亚洲史的认识的基础上的。它由拉克伯里（Terrien de Lacouperie）在中国文明西来说基础上牵引发挥。这些理论没有任何人类学资料的支持，只是简单地建立在华夏—埃兰语系（汉藏语系）推理基础上，以下是个例子：黄帝跟奈亨台（Kudur Nakhunte）②相比并不更加真实些，因为黄帝有时被描述成“熊之主”（有熊氏），他的名字同样可以在Nai-huang-hid的形式下存在。“熊”在一些特定发音为“nai”。有些人因此认为它们是两个平行的世系。然而，这一观点省略了以下值得注意的地方：（1）纯粹虚构的熊黄帝在任何文献中不见记载；（2）这必须被读做“nai”的文字，在汉语中是被读做“熊”的，跟“黄帝”联结在一起；（3）“熊”、“nai”、“黄”都是现代汉语的发音，跟远古的汉语发音比已远远走了样。没有一位今天的语言学家接受拉克伯里的华夏—埃兰语系系统。最后，这一语言学的系统什么也证明不了，也证明不了中国人是入侵形成的人种。

然而，中国文明起源于西方的说法仍然很有市场。在某些时候，它使得古代中国人难以被从古突厥人中区分开来，最初他们假设的这一人种迁徙到中国（有一个事实是这么说的，但实际上是假想的事实）是因为中

---

① 沙畹某种程度上接受了这一观点，见他译《史记》卷1，230页注释1；卷2，61页注释2。

② 即古巴比伦酋长。19、20世纪之交，西方学术界有中国文明源于古巴比伦的说法，代表人物为汉学家拉克伯里，作品有《早期中国文明史》（*Early History of the Chinese Civilization*）等，认为中国文明是由古巴比伦人东来创造的。奈亨台即黄帝，其说甚为荒谬，葛兰言氏在正文中已作了驳斥。但该说在日本等学界皆有影响，该说传入国内后，刘师培、蒋智由等均附和认同，章太炎也参加了讨论。［参见李帆：《争鸣：中国人种、文明自巴比伦而来的学说》，载《西南民族大学学报》，2008（2）］——译者注

亚地区渐次干旱，这也得不到证明。从中国传统史学及相关理论中唯一能找着的基础是：《史记》中有一条记载确证了夏朝、商朝、周朝的建立者来自西方。① 历史学家轻而易举地从这条记载中得出结论："古代中国人曾在不同的时期遭到来自西方和西南方的野蛮人的入侵，是这些征服造成了王朝更迭的事实。"② 要从《史记》的这一记载中得出这样的结论似乎是可以的，因为《史记》暗示性地记载着星象学的神秘原则，认为东方（升起的太阳，即春天）是万物生长、发育的方位，西方是万物成熟和肃杀的方位（沉落的太阳，即秋天）。③

史前考古学，在中国历史上就是历史舞台上的最初那些阶段，将会让这一错误假说得到更多证据，正如人类学和人种学为这一假说提供的证据那样。

安特生先生于1923年和1924年出版了基于东北南部、河南和甘肃地区的考古发掘资料的报告。他的发现为中国存在新石器时代文化提供了证据。几乎与此同时，桑志华（Fathers Licent）④ 和德日进（Teihard de Chardin）⑤ 在黄河上游的考古也揭示出在正统华夏的邻近地区的台地上也

---

① 这一点见沙畹的一条决定性的注解，见他译的司马迁《史记》卷1，93页注释3。

② 见沙畹译《史记》的此页注释。

③ 《史记·六国年表》："或曰'东方物所始生，西方物之成孰'。夫作事者必于东南，收功实者常于西北。"

④ 桑志华（1876—1952），法国著名地质学家、古生物学家、考古学家。1914年以法国天主教耶稣会神甫的身份来到中国，从事田野考察和考古调查工作25年，足迹遍及中国北方各省。1923年夏天，他和德日进从天津出发，联袂北上，发现和发掘了水洞沟遗址，使之成为中国最早被发现、被发掘和得到系统研究的旧石器时代晚期文化遗址，对中国的史前考古做出了重大贡献。——译者注

⑤ 德日进（1881—1955），法国哲学家、神学家、古生物学家、地质学家。他从1923年至1946年先后八次来中国，在中国生活了二十余年。在中国地层、古生物、区域地质研究中作出过重要贡献。曾与中国政府合作绘制中国地图，参与了对史前文明的研究，特别是参与了周口店著名的"北京人"的发掘工作，经历了日军侵华战争的考验，对中国史前考古学作出过重要贡献。——译者注

有新石器文化。

一项古老的、见于文献记载的原始观点认为①能将中国古代石器时代推到黄帝以前的古老时代（公元前 27 世纪），玉器时代据说是从黄帝开始的，而后到大禹时期（前 2205—前 2198）开始了青铜时代。铁器时代则可追溯到周代（公元前 11 世纪）。在最近的一些发现以前，有关中国的理论可能还会被看做一些简单的猜想，劳费尔（Berthold Laufer）②1912 年写到，没有任何东西能够证明中国从未存在过石器时代。③

安特生先生的研究提供了大家所需要的资料。他似乎已经证明了作为文明曙光的新石器考古文化各类型间存在着连续性。比如，今天中国北方使用的收割高粱和谷物的铁镰刀还保存了远古时期石刀的形状：方形、略带卷曲，穿有一至二孔，这样的形制同样也发现在新石器时代沈阳附近的文化遗存中。安特生先生指出这些石刀与现代仍在使用的铁刀之间形制的相似也存在于东北亚的楚奇克人和北美的爱斯基摩人之间。但他更倾向于坚持他观察到的某种存在于东北的文化遗存与甘肃的之间的差别。他发现到处都存在着形制不同的斧头，有些可追溯到周代的青铜斧，那些石环（坠子）在他看来则可跟周代的玉璧相比，各种陶土做的三足器，有些可与周代用青铜或陶土做的“鬲”相类比；有些可以与古代的“鼎”（有些用陶土做的在北京地区仍有使用）相类比——正如各种各样用粗糙黏土做的灰陶一样，它们之中上好的是彩陶，上面的红色看上去是烧制时发生

---

① 《越绝书·越绝外传记宝剑第十三》：“至黄帝之时，以玉为兵，以伐树木为宫室，凿地。夫玉，亦神物也，又遇圣主使然，死而龙臧。禹穴之时，以铜为兵，以凿伊阙，通龙门，决江导河，东注于东海。天下通平，治为宫室，岂非圣主之力哉？当此之时，作铁兵，威服三军。天下闻之，莫敢不服。此亦铁兵之神，大王有圣德。”

② 伯托尔德·劳费尔（1874—1934），20 世纪前期美国著名的东方学家、汉学家。他也是这一时期美国学者中涉及中亚文物的少数敦煌学家之一，曾整理、考释过斯坦因第三次中亚考察所获文物，并整理考释过斯坦因第三次中亚考察所获西夏文、藏文文献。他一生极为勤勉，出版著作二百余种。——译者注

③ 参见劳费尔：《玉器：一项中国古代考古与宗教学的研究》（*Jade: A Study in Chinese Archaeology and Religion*），菲尔德自然历史博物馆（Field Museum of Natural History），芝加哥，1912。

氧化反应而形成的。彩陶的碎片很认真地经过抛光，绘制了黑色或白色的花纹，不过白色比较少见。

安特生先生将这些陶器与西亚蒂阿瑙湖地区的陶器作了比较。现在，当鬲和鼎大量地存在于河南地区，并完好地传承到东北地区的文化时，甘肃地区却很少发现鬲和鼎。

另一方面，精美描绘的彩陶却只是在甘肃地区才大量发现，正如发现的一些黄铜器物一样，值得注意的是传统鸟纹彩陶碎片完全可以跟苏萨（伊朗西部古代遗址）地区发现的同类彩陶相类比。安特生从这些考察中得出结论：中国古代文明可以从中亚乃至土耳其找到渊源。他说，一波一波的人群迁入，将这种文明输送到中国的甘肃地区。

但是，正如高本汉（Bernhara Karlgren）先生理性地注意到的那样，对发掘者而言，那些河南和东北地区考古发现中最为重要的遗存是否靠这传播和扩散形成的？我们必须假设最后一波文明的传入并不以第一波那样的形式扩散。所以高本汉先生提供了另外一种解释：河南地区乃至东北可能有本土的、主体是华夏内涵的新石器文明。这一文明可能在西边受到了非中国人所发明技艺的影响，但是，毫无疑问，不是突厥族。①

既然人群族属不断蕃息，这蕃息甚至能让我们通过比较人种学特征确定古人群的族属的特征。虽然直至目前，我们只不过知晓某些他们所传习技艺的细微之处，古人的比较人种学特征目前还没有弄得很清楚。看来，抛开各种各样的猜想才是明智的，而且不要将技术上的问题牵涉到人种学问题及其迁徙历史上去。而且最重要的是：不要硬牵涉到过早的时期，牵涉到迁徙和征服这些历史上纠缠不清的问题。

首先第一个问题是确定这种石器文明的年代。安特生先生认为中国在三千年以前出现过青铜铸造。这并不是不可能的，而且，它大体上与中国传统历史记载将青铜铸造推给大禹时期（前2205—前2198）相符合。中国传统历史记载有时还将青铜铸造推给禹以前的黄帝（公元前27世纪），将黄帝当做一位伟大的铸铜匠师。是否新石器时代比三千年前还要早呢？

---

① 参见高本汉：《对安特生出版报告的意见》（Review of the Publications of Anderson），载 *Litteris*，1924年10月。

马家窑文化彩陶

（安特生发掘）

在这一阶段我们或许可以提出摧毁性的问题。那就是，事实上，能支持河南发掘出彩陶（即便没有任何黄铜器或青铜器发现）的资料并不一定在青铜时代之前。一些考古学家坚持在西周到春秋时期，野蛮部落居住地跟华夏聚落靠得很近。或许我们应将考古发现的那些新石器技术归于这些野蛮部落?① 安特生先生认为不可能是西周及春秋时的野蛮部落创造了那些由黏土和石器组成的物质遗存，他们也不可能在与华夏比邻而居并且已使用青铜工具时创造出这些黏土和石制工具，因为这样的一类事实可能是没有先例的，但是这已引起了一场观点截然不同的争论。中国考古学家通过对周代的考古新近发现，用陶土做的鬲与鼎比后来的青铜鬲与鼎要高、瘦，现在，对语源学家而言，这些形制特征表现出有两种类型的三足用器存在，形制更高、瘦的那些鼎、鬲跟周代的鼎、鬲比是不同时代的东西。对这些特征进行研究的方法同样被用于对河南出土的甲骨进行研究。毫无疑问，这些甲骨可以追溯到商代。以鬲和鼎为表现的考古文化至少也得追溯到商代。

对于学术讨论而言，无论站在哪一边都毫无意义，唯一的解决办法只能从大量有规律进行了的考古发掘来找。这些有规律进行的考古发现所提供的资料能把史前遗址和器物进行系统的分类。值得注意的是考古发现中河南、甘肃和东北地区遗址的不断扩张。有理由相信，有确切资料能证实新石器时代文化遍布整个中国北方，并跟所有重要的人群族属相联系。同样还有一种可能性，那就是这些文化持续了很长时间。但直到现在，能引导我们意见的决定性资料还是空缺。这些决定性资料无疑难以发现，尤其难以发现精确的资料。众所周知，亚洲没有经历过两者一决雌雄的剧烈变易，也没有经历过能填补起欧洲新石器时代遗址空白的冰川退却，这样，我们就又被驱赶回纯推测中去了。

我们将简单地记着，不要把史前考古学中挟带的问题跟古文字学的问题搞到一起去，这一点是很重要的。我们还将注意：（1）河南地区发现的甲骨，如果它们的时代确实可追溯到商代，是否可追溯到殷商末年；（2）在对各期甲骨文进行字体特征分析时存在重大的限制因素，虽然这

① 安特生（《中国早期文明》，第1卷，30页）总结出一定数量的发现，这些发现形成一个反对这一理论的假设，该理论的主要提出者是日本学者Torii。

些限制因素是从属性的；（3）对这些字体进行年代学归类提供不了比考古类型学对发掘品进行分类更有意义的资料，这些分类只是建立在整理者的印象基础之上。更进一步的是，假如根据这么一种理论：文字首先是精确的表意符号，它忠实地表现出物体的形象，且如果这一理论被大致接受，没有人想要找出证据纠正它。

古文字学领域总是驰骋着最自由的想象。中国学者的目的（这实际上是最重要的）已从古文字学研究中表现出来，这在很大程度上基于他们的信仰和他们的考古学理论。

在企图用象形文字的资料让史前考古发掘品确定年代之前，最好是等正面意义上的中国文字史的编写完成之后再说。但是，仍然有一种巨大的愿望，想要用简单轻易的图画文字分析法发现一个完整的、且尚未从任何人的研究中浮现而出的文明。戴遂良①的研究就表现出了这种愿望。1903

① 戴遂良（G. F. Léon Wieger，1856—1933），法国人，著名汉学家。1881 年加入耶稣会，1887 年来华，在直隶东南耶稣会任教职，大部分时间在献县。开始为医师，后致力于汉学。其最早的著作是汉语学习方面的，如 1892 年出版的《官话入门：汉语口语实用教程，供赴直隶东南部传教士实用，河间府日常口语声韵》［（*Koan hoa jou men*：*Cours Pratique de Chinois parle a l'usage des Missionnaires du Tcheli S. E. Sons et Tons Usuels du Hokienfu*），后改名为《汉语入门》（*Rudiments de Parler Chinois*）］。此方面的著作还有《中国汉字：起源、词源、历史、分类、意义，通读中国文献》（*Chinese Characters*：*Their Origin*，*Etymology*，*History*，*Classification and Signification*，*A Through Study from Chinese Documents*），《中英文词汇表》（*Chinese-English Lexicons*，1927）。后来他的研究领域扩大到中国哲学、宗教等方面，1906 年出版了《哲学文本》（*Textes Philosophiques*）；1910 年出版了两卷本《中国佛教》（*Bouddhisme Chinois*），该书第一卷的主要内容摘自三藏、评论、论文等，第二卷主要是关于中国佛教徒的生活。此外他还是最早写出道教史的几位学者之一。他撰写了《道家三祖：老子，列子，庄子》（*Les Peres du Systeme Taoiste*：*Lao-tzeu*，*Lie-tzeu*，*Tchoang-tzeu*）。他认为，如果不考虑列子和庄子就无法展开对道家的理解，这一观点源于他对《道藏》目录的汇编与评论。1920—1932 年出版了十卷本的系列连载《现代中国》（*Chine Moderne*），其中第一卷“导论”总结了中国从鸦片战争到 1911 年的历史，第二卷“新潮”涉及当时的思想解放运动和现代化运动，最后一卷“各种主义提要”介绍了 20 世纪 20 年代流行的各种思潮，该书对耶稣会士和其他外国人了解中国起了巨大的作用。（参见［美］魏若望：《在中国从事汉学研究：戴遂良著述回顾》，见《世界汉学》，2009 秋季号，146～156 页，北京，中国人民大学出版社，2009）——译者注

年，他在“古代文字”的支持下，从事着让所有“第一真实时代”显示出物质生活和精神生活内涵的研究。这样，我们知道了“法律是刚硬的，刑罚是残暴的”，“从最初阶段就使用着十进位制的数数法”，以及古代中国人曾经那么理想化地完美，“真挚，某种程度上温和优雅，他们互相合作，尊敬长者”。最终，戴遂良认识到所描述的许多动植物应属于热带种群之后提出一个观点，那就是古代中国人并没有来自西方，正如大家曾经相信的那样，他们并没有在路上穿越帕米尔高原，不过“他们来自今天的缅甸，从缅甸地区历经西南来到中国，沿着现代八莫—腾冲—大理府—云南府—洞庭湖一线”，他们可以追溯到北方的“夷”，“夷”是“一个善射的民族，用燧石器具作为武装”①，但是在1917年，戴遂良用一种华夏与南方蛮夷长期斗争的观点来解释中国的政治史和宗教史。他断然放弃了他最初的理论，再也不在文字中发现那些属于热带的动植物族属了。②从现代动植物族属来看，几乎没有任何资料和观点赞同这种中国文明的“早期时代”来自南方的观点，尤其从豢养的家畜和农耕作物来看。这么看来，还是安特生先生的发现具有更重要的意义——他发现了东北、河南和甘肃地区的新石器文化饲养了驯化的猪。猪的圈养是中国古代文明的一大特点。这种发现如果大量出现，对这些史前动植物分类学进行系统化的研究让我们期待着能从中得出更令人信服的结论，而不仅仅依靠史前的文字学研究。

直到现在，对中国语言的研究激发了比对文字的研究更积极的精神。出生于大约20年前的中国语言学家，早已作出了重大的贡献。汉语再也不是一种孤立的、神秘的语言。它在一个世系清楚的家族中拥有自己的位置。这个家族中有藏语、缅甸语，或者泰语也属于这个体系。这个系统可

① 《史记·夏本纪》张守节《正义》引《帝王纪》云：“帝羿有穷氏未闻其先何姓。帝喾以上，世掌射正。至喾，赐以彤弓素矢，封之于钼，为帝司射，历虞、夏。羿学射于吉甫，其臂长，故以善射闻。及夏之衰，自钼迁于穷石，因夏民以代夏政。帝相徙于商丘，依同姓诸侯斟寻。羿恃其善射，不修民事，淫于田兽，弃其良臣武罗、伯姻、熊髡、龙围而信寒浞。”

② 《中国宗教信仰及哲学观点通史》，17页。福柯（M. Foucault）接受了中国古人来源于南方的观点，这观点同样建立在对文字进行研究的基础上。

以分为两支：泰语和汉语组成了语言学上的第一组，缅甸语和藏语组成了第二组。或许一种地理上的偏见将这一划分分成两组，一组为西方的，一组是东方的。但在任何情况下，都只能在资料充分的情况下提出意见。如果仅用泰国人口组成的那种方法来试图解释中国古代信仰是错误的，得出泰国人是被古代中国人往南驱赶迁徙而形成的这一结论则更不明智。既然我们坚持不要把语言、文明、种族等问题搅和在一起，那么，像伯希和先生那样，认为跟泰语、缅甸语、藏语和汉语有关的语言学资料（即使我们把它们当做刚建立起来的资料）“几乎不能提供任何关于这些人群的历史线索”①，这一看法或许有些道理。这样，最该做的就是等待关于这些语言和人群的各自研究都走向深入。任何一个关于历史之自然细节的猜想都阻碍它的进展，我们离通过猜想就能够达到历史事实的时刻还很远。

汉语的起源问题仍然完全没有解决。不要指望对文献的研究能有什么帮助，对考古学，更重要的是史前考古的研究才是我们该指望的。想起未来的考古发掘或许将完全建立在纯科学的动机上，同时，所有主导对考古资料进行解释的偏见将被放弃，就令人欣慰。有一项起码的事实似乎已经建立起来：那就是远东的文明非常古老。第二项事实似乎也很可能：这种文明不可能是完全自发、一点不受外来影响地产生的，认为中国文明在历史上是与世隔绝地存在的观点早已过时。但假如我们不时地说起最远古时期中国古人的迁徙，仍然有种倾向，那就是相信中国古代早期文明是相对独立的。假如传统记载的历史是能够靠得住的，那么这种独立性实际上到公元前后就已告终结。从那时起，随着商路的开辟，实实在在地与外界接触，实实在在地对外产生影响，此后的时代时常还有入侵。这之前的中国历史才是中国人自己创造的历史。没有理由认为从远古时代起，中国人的族属（假如我们能够这样称呼）不是在自己目前的地区，但同样也没有任何理由说明古代跟近代相比，中国极少遭到入侵，中国人从属于极少的外来影响。最为严肃的批评或许是：直至如今，学术界仍然猜想古代中国人与外界的接触总是在同样的方向，并且是同样的模式。我想事实或许是

① Preface to Abadie, *Les Races du Haut-Tonkin*.

这样的：一波一波的人群从西方、北方或南方前来，他们或许在古代中国的历史上担任了重要角色，但是，或许产生的是非常相反的影响。毕竟无论是阶梯山地，还是崇山峻岭，还是大海，在史前时期，都不是无法克服的障碍。

第二章　封建宗法时代①

封建诸侯的体制在传统历史中有确凿的记载，传统历史认为它的历史跟中国文明本身一样久远。在周朝以前的夏、商时期它就施行了。受封而建的众多邦国组成一个体系，这个体系在任何情况下都在一朝的编年史开始之际就牢固地建立起来。但对春秋以前的中国历史我们几乎一无所知。既然不希望对早期历史的任何实际产生歪曲，我称呼我们所知的见于编年史记载的这一时期为“封建宗法时代”，它似乎是从各地诸侯的档案记录中抽取出来一样。这些档案叙述的故事，大体上描述了某种统一的信息。

一、封建宗法时代的中国

公元前800年，中国是一个由各诸侯国组成的不稳定联邦。当时存在许许多多的小贵族，他们的数目是一个相当大的数字，他们成群结队，处在一个名义上的宗主——周天子的统治之下。这个联邦的幅员有多大？而且首先，这华夏联邦中最理想的限制是什么？

1. 疆域。有两项工作帮助维系封建诸侯之下中国地理上的疆界。事实上，这两件事情都应归功于王权的建立者大禹，他描摹大地，勘划疆土，因此传统历史将他看做一位伟大的圣贤。事实上，孔好古（August Conrady）坚持认为《禹贡》（对大禹的入贡）这篇被认为是公元前20世纪的文献，是一篇综合而成的作品，部分是描述性的，它可以追溯到最早的时期，用的是散文的形式。根据沙畹的意见，从公元前9世纪开始，构

---

① 此“封建宗法时代”意思不是奴隶社会、封建社会的封建宗法时代，而是封建诸侯的时代。——译者注

成《禹贡》的句子可能就不是感觉上那么古老的了。[①]《山海经》是一部人工想象编纂而成的杂记。它的第一部分《山经》（五山经，即《南山经》、《西山经》、《北山经》、《东山经》和《中山经》）大概是公元前4—前3世纪纂集而成的作品，这五篇凭记忆撰成的杂记，起初还配有插图。这些内容和插图提供的方位和线索构成了二十六条成系列的山脉。尽管整个封建宗法时代（公元前8—前3世纪）包含了从《禹贡》到《山海经》的年代，这两本书所描述的封建疆域却几乎相同，在后来它们的内容也几乎没有更多增加。

这两本书描述的疆域是很狭小的，局限在河南周边地区，即直隶南面，山东以西，江苏省的陆地部分（形状像一条流向浙江的波浪），安徽的北部地区，湖北、山西的北部地区，最后还有陕西和甘肃的部分。黄河的流向被很好地描述出来，从甘肃的山峦中开始它的源头。地势稍低些的长江也很好地指示出了，但是从《禹贡》的描述人们仅仅知道南方的洞庭湖，或许再加上鄱阳湖，到《山海经》则已经知道了浙江的一些山名。两本书都指出了直隶北部的一些山，但方向都不是很清晰。两本书都不很精确地提到了西北的沙漠（“流沙”），《山海经》还描述了太原（山西）地区的一些细节。这就是说，即便《禹贡》提到了四川，最终还是对这一地区一无所知，而《山海经》则对成都地区给予了相当有价值的注意。

然而，这两本书有两项值得注意的被忽略之处。在东边，海岸线地区似乎处在当时所知的地理边界之外，提及的岛屿则被放在西海，至少从公元前4世纪开始，它触及并激发着人们神秘奇幻的思维。在西边，渭水盆地之外便是当时人们地理知识的终结点，超过这些就是一片未知的神秘世界——《禹贡》说一条叫黑水的河流流经这里，黑水是南北走向的，流向南海。黑水在《山海经》中也数次出现，《山海经》提到西边之山的章节充满了对一个神秘国度——昆仑的描述。昆仑是神灵们居住的地方，周穆王正是在那里造就了他那“充满激情的”或传说式的“远征”。李希霍

---

① 见沙畹译《史记》卷1，102页的重要注释。

芬（Richthofen）① 或许是带着额外的耐心和满意确认了所有《禹贡》中的地理名称，他发现《禹贡》提及的黑水（还有《山海经》中提到的西方之树、弱水）这些西方地名，证明了当古代中国人的祖先一代代向东方迁徙之际，他们保存了有关这些地区的一部分确切记忆。沙畹的看法则相反，他把注意力放在古代中国人令人惊讶的忽略之处，因为他认为这些被忽略的地区是古代中国人种族的起源之地。② 无论沙漠还是大海，实际上，都是处在古代中国人地理视野之外的。这些不过是叙事者讲述格外神奇的神话的空间。

因此，处于理想化的疆界之内的地域是很狭窄的，狭窄到古代华夏联邦只是传播到河南，以及临近的山西、陕西、山东的一部分地区。这一疆界有它的南沿——秦岭和它向东延展的部分——伏牛山。它包括形成黄河中游屏障的北方台地，终结于东方的冲积平原地带，现在的黄河低谷，以及一条延长到南方的地带。

这些地区跟黄土高原有联系。黄土高原延伸到山西的梯级台地、陕西、甘肃以及广大的黄河冲积盆地。古代中国的领土大致包括这些地区，西到黏土台地的第一级，东到一条由低矮山脉决定走向的冲积土壤带。

2. 国家。中国古代邦国的出现甚至难以靠想象确定。目前没有森林的、几乎完全处在农耕之下的地区当初分布着巨大的沼泽和重要的森林。

干燥而气候舒适的平原的出现，代替了先前沧桑变幻的地貌。在东方，平原几乎一无阻碍地从黄河流域一直延展到长江流域。在封建宗法时代，海河在注入渤海湾之前就干涸了，但它的入海口在现在的天津的位置。

---

① 斐迪南·保尔·威尔赫姆·弗莱厄尔·冯·李希霍芬（1833—1905），德国著名地质学家、地理学家。早年从事欧洲区域地质调查，旅行过东亚、南亚、北美等地。多次到中国考察地质和地理。曾任波恩大学、莱比锡大学和柏林大学教授，柏林大学校长。提出地理学是研究地球表面的科学。首次系统地论述了地表形成过程，对地貌进行形成过程分类，研究了土壤形成因素及其类型。李希霍芬1868年9月到中国进行地质地理考察，直至1872年5月，将近4年，走遍了大半个中国（14个省区）。回国之后，从1877年开始，他先后写出并发表了五卷并带有附图的《中国——亲身旅行的成果和以之为根据的研究》。这套巨著是他对近4年考察的丰富实际资料研究的结晶，对当时及以后的地学界都有重要的影响。——译者注

② 沙畹译《史记》卷1，第126页注2。

黄土地，黄土高原间的狭谷
（法国诗人谢阁兰1914年拍摄）

海河流域比今天更往北，大约到现在的保定地区。它很近地循着直隶最后山峰的走向，而后它折向北方，所有直隶东部的平原，即“大陆”的曾经所在，只是一个巨大的、变幻中的冲积三角洲，众多河流流经这一地区。中国人将它们称之为“九江”（并不是说那里有确切的九条江）。因为济水经黄河的故道而流，所以很不平稳的地势被一组网络般的河流纵横穿过。滨海地区“被盐覆盖”。水系的不确定性导致中国人可以认为济水注入黄河，而后又出来了，而后它那“泛滥而出的多余的水”形成了一个湖泊——泂泽（河南开封地区）。既然泂泽出现，再往东一些是菏泽，它跟宋国的大沼泽连接着。孟渚泽（河南、山东两省的分界）东北边是雷夏，这是一处神秘的沼泽，雷电之龙有时蛰居于此。东南方（沿着现在的京杭大运河的路线）也有湖泊，其中最著名的是“大野”，一个连着一个，因为在中古时期黄河曾经流过这一地区，一直到 1854 年。那里还分布着被沂水和淮水切割而成的平原，只有一处巨大的湿地将长江下游与之连接起来。以泰山为最高峰的山东的山系，就显得孤立了，几乎像一处孤岛。

在黄土区域，小规模的湖泊填充了大山谷的谷底，虽然谷底水量并不充足（随着台地呈梯级一级级下降，水的流动永远地停止了）。这样在陕西，停滞的水被覆盖着硝石的土地包围，这样的土壤和地貌遍及整个卫国和王畿地区的山谷。同样，山西南部分布有在汾水下游和黄河之间所形成的沼泽。而且，更往北一点，是名叫“大昭”的大沼泽，它们是在汾水和洮水（一条今天已经干涸的河流）的影响下形成的。黄土高原被无法逾越的土地分割，被峡谷分成一块块的、带有悬崖立面的地貌，块与块之间几乎不能用小路相连。

在这一被峡谷分割得四分五裂的地区，植被跟今天中国的这个地区相比简直是令人惊讶地丰富。但有关这些的记录是很普通的。比如关于渭水（陕西）地区建立和兴起的记录：周人的始祖太王（约生活在公元前 1325 年）选择了其中的一块地方定居，这个地方“栎树都长得奇迹般地丰美”，当“松柏良好地生长、广袤地分布之际”，他“拔除枯死的树，清除灌木丛、荆棘、柳、梓，对山上的野桑和用以养蚕的桑树剪枝修叶”，有些森林，比如“桃林”（桃树之林，在渭水和黄河交界的地方），是一片面积广大的地区，这些森林中居住着野生猛兽，比如野猪、野狼，还有野猫、灰熊、棕熊、花斑虎、黑豹、白豹等等。①

人们为了在那里定居，首先放火烧荒，清除芜杂，而后平整土地，排除积水。《孟子》中的一篇描述了在公元前 4 世纪，人们认为所有让这片土地平整有序的准备工作都是由王权的建立者——大禹作的。② 在大禹之前的时代，“洪水肆意泛滥……草木丛生，鸟兽成群，随处可见，五谷不生……大禹手下的大臣益焚烧山林和沼泽，将部分植被烧为灰烬”，于是，大禹使洪水得到了控制，只有洪水得到控制之后，中国大地才能进行耕种，变成一片生长着五谷的肥沃农田。

中国在走向统一的这个准备过程中，人们相信这过程中的一切贡献都是由某一人做的，大禹便篡夺了这种集各种造物功劳于一身的名望，他的每一个臣子都在一个小的地区工作。据说，在直隶，是女娲将九条河流重新恢复秩序，是台骀在山西汾水地区进行卓有成效的治理和统治。③ 大禹清空了黄河流经河南地区的积水④，在此过程中，两个巨人在太行山和王屋山之间辟出一条通道⑤，事实上，文献记载表明有大量神秘的工作最早可以追溯到封建宗法时代早期。如果这些工作是由分封的诸侯完成的话，这些贵族各自处在几乎互相隔绝的国家，只是拥有台地和能够住人的山麓地区，平整的土地、通达的河流构成了将他们彼此联系起来的开放通道。

---

① 此见《诗经·大雅·绵》追溯周人先祖古公亶父开荒建立城郭的情景：“古公亶父，来朝走马。…周原膴膴，堇荼如饴。”

② 《孟子·滕文公章句下》：“洚水者，洪水也。使禹治之。禹掘地而注之海，驱蛇龙而放之菹，水由地中行，江、淮、河、汉是也。险阻既远，鸟兽之害人者消，然后人得平土而居之。”《诗经·小雅·信南山》：“信彼南山，维禹甸之。畇畇原隰，曾孙田之。”

③ 《左传·昭公元年》：“台骀能业其官，宣汾、洮，障大泽，以处大原。帝用嘉之，封诸汾川。”

④ 《国语·周语下》：“其后伯禹念前之非度，厘改制量，象物天地，比类百则，仪之于民，而度之于群生，共之从孙四岳佐之，高高下下，疏川导滞，钟水丰物，封崇九山，决汩九川，陂鄣九泽，丰殖九薮，汩越九原，宅居九隩，合通四海。”

⑤ 《列子·汤问》：“帝感其诚，命夸娥氏二子负二山，一厝朔东，一厝雍南。自此，冀之南、汉之阴无陇断焉。”

直达大平原的黄河

[拉赫里格司令官（Commandant Lartigue）拍摄]

它们最后创造出一片领土，这片领土适合这种正期待着统一的文明。中国当时包括黄土地区和河流冲积平原地区的统一，对今天而言是一种极其重要的结果。假如用中国人自己的解释那就是：江河平静地流入大海，终结了它们自身，正如封臣静静地上交贡赋。这是因为，事实上，天子在驯服自然之后，只是赢得了联盟之主的地位。

二、华夏和蛮夷

1. 华夏联邦。在大河奔流的过程之中，河水从河床的堤岸奔涌开来，徜徉着，奔流穿过平原地区，穿过高地。此时河流变成了洼地或沼泽。再穿过峡谷壁立的高原，高悬的河床往往成为洪水泛滥的温床。在古代，这片地区小国林立，无数小国如雨后春笋般出现，不计其数（据说大禹的时期有“万国”），大禹让贵族承认自己的无上权威。到大约公元前489年，这些诸侯国的数目就不超过几打了。① 在公元前8—前3世纪，小国或被兼并，或联合起来形成强大有力的诸侯国。毫无疑问，这种政治上的兼并或融合在好几个世纪以前就开始了。

在春秋初期，华夏共同体早就形成了一个大的联邦。后人对这一联邦仅仅将它解释成“中国”，“中国”随即开始有了指华夏联邦的意思。这个联邦不断产生出共主，对这个联邦而言，与其说他们觉得自己被某种政治上的强制力量结合在一起，不如说是因为有共同的文明内涵作为纽带将他们联系在一起。这种纽带不仅靠表现为特定姓氏的宗族（它们以谱系维系着），还靠它们之间政治上的联姻维系。尽管这种维系从难以记忆的久远时代以前就开始了，在“中国”和“上国”之间还是存在某种差异。后者指代先前（“商”）就存在的者侯（“国”）形成的联邦，这一联邦拥有合法统治的超自然之德（“上”）。吴国（江苏）据说跟周王室有共同祖先，但是吴是化外之国，它的一位使臣②出访时，称呼中国为“上国”。他列举夏——这第一个王朝的名称，“夏”这一词意味

---

① 《左传·哀公七年》：“（季康子曰）：‘禹合诸侯于涂山，执玉帛者万国。今其存者，无数十焉。’”

② 使臣是季札。《史记·吴太伯世家》：“季札之初使，北过徐君。徐君好季札剑，口弗敢言。季札心知之，为使上国，未献。还至徐，徐君已死，于是乃解其宝剑，系之徐君冢树而去。”

着文明开化①——周朝的雅乐就被称为“夏”②，先前对“诸夏”的理解即华夏各国及人民，跟“上国”意思一致。除了“夏”之外，跟“夏”具有同等含义的是“华”（“花”），“中华”一词即“中间的花”，最终它指整个中国。在鲁国，国君们以身为周公后裔而自豪，周公是周朝建立者周武王的弟弟。孔子在公元前500年用“华”和“夏”二字指出，他的故国跟齐国相比，具有超越的道德，不过齐国也是“中国”的一部分，但被未开化的野蛮民族包围。③ 以远古的悠久文明引以为豪的是河南（更确切地说是河南的西北地区），其他地方被认为并没有那么纯粹的悠久文明。

在“中国”地区，主要的国家是周王畿，还有卫国，它占有了先前殷商的大部分地区。此外还有宋国，商王室的后裔。在这里必须加上郑国，尽管它的建立被认为比较晚，而且（为了尊重中国古代的历史传统）鲁国有一小部分处于山东地区之外。鲁国、郑国的国君跟卫国国君一样，跟周王室都有血亲关系。在这些国家外围是更强大的诸侯国：在泰山西北部有齐国，它的疆界一直到直隶平原。秦国则占有陕西南部、渭水和洛水的山谷地区，据说这里是周人最初的地区；而从汉水盆地直到长江的湖北段那一大片是楚国的领地；此外更进一步，从长江口起，一直到淮水地区，是吴国的领土；再往南一些，一直到鄱阳湖乃至东海，是越国。在北方有燕国，它离中原地区很远，并且几乎跟齐、秦没什么联系，它占有直隶北部地区。除了以上这些国家便是蛮、夷、戎、狄的部落，西部和南部被称为蛮、夷，西部和北部则被称为戎、狄，蛮、夷、戎、狄都是非华夏的种属泛指，没有什么精确的意义。

---

① 《左传·定公十年》孔颖达《正义》：“夏，大也。中国有礼仪之大，故称夏；有服章之美，谓之华。华、夏一也。”

② 周朝的雅乐，称为“某夏”，据《周礼·钟师》记载为九夏：《王夏》、《肆夏》、《昭夏》、《纳夏》、《章夏》、《齐夏》、《族夏》、《祴夏》、《骜夏》。——译者注

③ 这从狄与齐之间的和战可以看出。《春秋·僖公十八年》：“狄救齐。”《左传·僖公三十年》：“夏，狄侵齐。”《春秋·文公四年》：“夏……狄侵齐。”《春秋·宣公四年》：“秋，赤狄侵齐。”“狄侵齐”还见于《僖公三十三年》、《文公四年》、《文公十一年》。

北京
燕
直隶
天津
保定
大同
太原
山西
晋
鄂尔多斯
榆林
梁
秦
西安
华山
黄河
河南
周
洛阳
郑
开封
赵
魏
鲁
泰山
齐
山东
宋
陈
淮水
蔡
随
吴
南京
安徽
越
鄱阳湖
汉口
湖北
洞庭湖
湖南
楚
汉水
长江
巴
重庆
嘉陵江
成都
蜀
汉中
渭水
兰州
甘肃

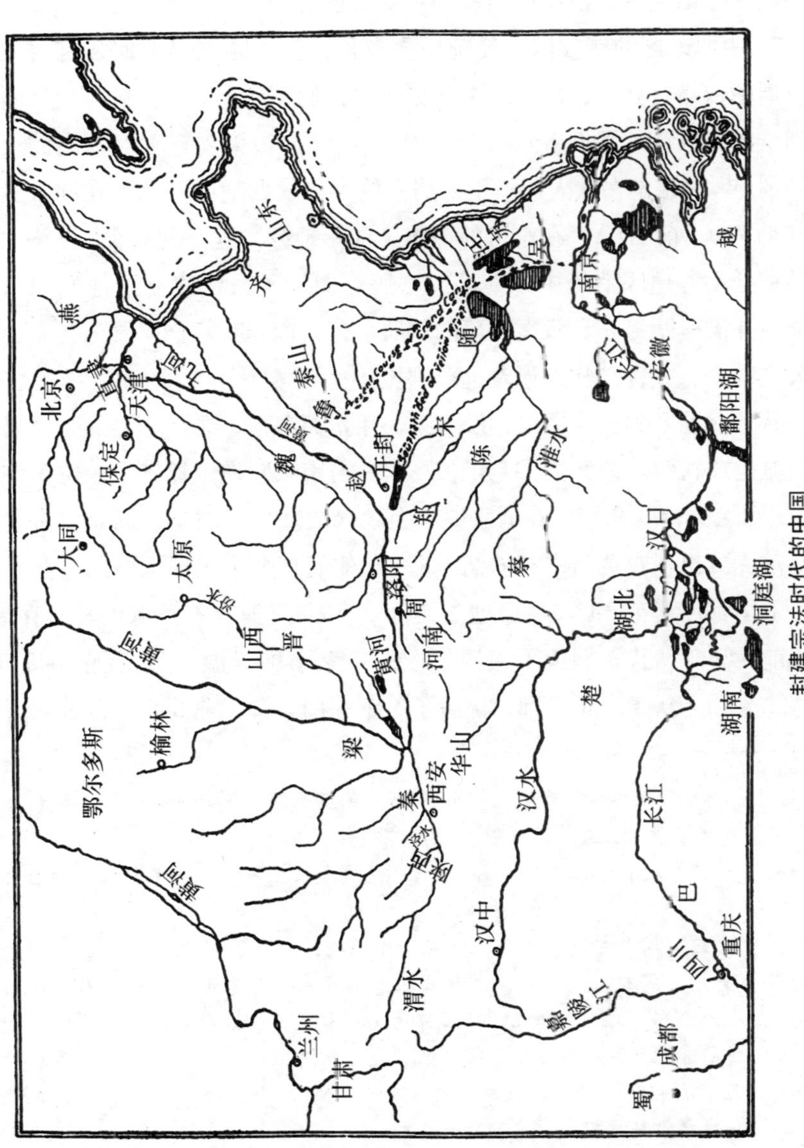

封建宗法时代的中国

根据传统史学的理论，蛮夷部落构成了华夏的外围边界地区，四海是四个方向的内海，环绕华夏。蛮夷部落实际上持续不断地涉入华夏，并且在多数中原诸侯国扮演了决定性的重要角色。

2. 中原地区的诸侯国。传统历史声称，为了建立起他们强有力的统治，周朝依靠过狄人，周人的祖先正是跟他们一起生活。传统历史还断言商朝试图在淮夷的帮助下重得天下。①《诗经》渲染周宣王对淮夷的征服和剥削。② 它说是在狄人压迫下，周人放弃了陕西地区，并且在周平王时期（前770—前720），在东边的洛阳（河南地区）建立起新都。③ 洛水流向的那处山谷地区就是中原地区的心脏。周天子虽然建立了他们的新王都，但并没有断绝来自蛮夷部落的威胁。公元前636年，周襄王与一位狄人公主结婚，并曾被狄人逼着逃离都城。④

从公元前8到前6世纪，没有哪一年蛮夷部落不袭击华夏的某个诸侯国的城邑或村镇。公元前715年，戎人从河南京畿地区抓走了一位王室的大臣。⑤ 公元前659年，在渭水堤岸上跟犬戎发生了战争，同年，其他蛮夷部落赤狄出现在黄河中游的洞泽上。⑥ 他们打败了卫国国君的军队，占领了卫国都邑。⑦ 730人艰难地逃走了，整个卫国只有5 000名幸存者。公元前649年，狄人摧毁了卫国邻国的一个小国（温）。公元前648年，一些戎人和赤狄袭击了王都，烧毁了王都东门。公元前648年，狄人再次

---

① 《史记·鲁周公世家》："管、蔡、武庚等果率淮夷而反。"《齐太公世家》："及周成王少时，管、蔡作乱，淮夷畔周。"

② 《诗经·大雅·江汉》诗序云："尹吉甫美宣王也。能兴衰拨乱，命召公平淮夷。"

③ 《史记·周本纪》："平王立，东迁于雒邑，辟戎寇。"

④ 《史记·周本纪》："初，惠后欲立王子带，故以党开翟（狄）人，翟人遂入周。襄王出奔郑，郑居王于氾。子带立为王，取襄王所绌翟后与居温。"

⑤ 公元前715年是鲁隐公八年，但《左传·隐公八年》无此事，此事在隐公七年（公元前714年）："初，戎朝于周，发币于公卿。凡伯弗宾。冬，王使凡伯来聘。还，戎伐之于楚丘以归。"

⑥ 杨伯峻《春秋左传注·闵公二年》注："杜预《后序》引《纪年》云'卫懿公及赤狄战于洞泽'，则狄即赤狄也。"

⑦ 《春秋·闵公二年》："狄入卫。"此狄为赤狄。《左传》该年记卫国为狄所灭之后，由齐桓公迁徙至楚丘。

出现在卫国。翌年，狄人袭击郑国。① 公元前 643 年，戎人深入到王畿，此时郑国正遭到狄人侵略。② 公元前 638 年，狄人再次入侵卫国，三年后又入侵郑国。公元前 619 年，他们威胁鲁国的西部边境。他们还在公元前 616 年入侵宋国，公元前 613 年入侵卫国。③

现在这些蛮夷部落持续不断地出现在中原华夏所有的地方，他们不是靠来去如风的劫掠生存的马背民族，他们跟华夏诸侯国战争时徒步而行，用车战。这是北部的戎人。公元前 713 年，他们入侵郑国，并且公元前 540 年秦国在陕西中部地区遭到狄人的骚扰。④ 这些狄人居住在山区。而另外一些蛮夷部落，比如淮夷，就居住在沼泽地带。所以肯定地说，当任何一个蛮夷部落迅速出现在华夏诸侯国地区之际，没有一个部落是从很遥远的地方赶去袭击中原诸侯国的。四周的蛮夷部落之所以能够那么轻易地干涉中原诸侯国的生活，很显然，因为他们知道如何穿过森林和沼泽直达这些地区的小道。同样也因为在尚未开垦的地带，有许多孤独到与世隔绝的荒野，就像大海中的孤岛一样。华夏诸侯国占据了山峦和台地的边缘，他们发现蛮夷在这些地方有许多定居点。

这些蛮夷定居点有无数个，遍布中原华夏的心脏地区。公元前 720 年，一位鲁国国君跟戎人重缔他父亲跟他们结下的同盟⑤，而这

---

① 《春秋·僖公十四年》："十有四年……秋……狄侵郑。"

② 公元前 643 年为鲁僖公十七年，但该年《左传》未见狄深入王畿的记载，离此最近的记载是《左传·僖公十四年》："王以戎难告于齐。齐征诸侯而戍周。"此为公元前 646 年；另，"此时郑国正遭到狄人侵略"最近的记载出现在《春秋·僖公二十四年》："二十有四年……夏，狄伐郑。"——译者注

③ 分别为：《春秋·僖公二十一年》："二十有一年，春，狄侵卫。"（公元前 639 年）《春秋·僖公二十四年》："二十有四年……夏，狄伐郑。"（公元前 636 年）《春秋·文公七年》："七年……狄侵我西鄙。"（公元前 620 年）《春秋·文公十年》："十年……冬，狄侵宋。"（公元前 617 年）《春秋·文公十三年》："十有三年……狄侵卫。"（公元前 614 年）作者所标的年代有的有误，根据方诗铭《中国历史纪年表》校正。——译者注

④ 《左传·隐公九年》："九年……北戎侵郑。"《春秋·昭公元年》："元年……夏，秦伯之弟鍼出奔晋。……晋荀吴帅师败狄于大卤。"

⑤ 《春秋·隐公二年》："二年，春，公会戎于潜。……秋，八月，庚辰，公及戎盟于唐。"

些戎人就住在直接将山东与河南分割开的沼泽地区，在小诸侯国曹国的边界上。公元前669年，曹国遭到戎人袭击。鲁国于公元前667年袭击了戎人。① 公元前643年，戎人在王畿地区犯下了一些罪过，他们是何时到的不得而知。② 但公元前648年，当狄人袭击周王之际，他们是在扬拒戎的帮助下进行的，而扬拒戎居住在洛阳地区，跟周朝王都洛邑紧邻。③ 公元前637年，住在伊水（洛水的一条支流）上游地带的山谷的陆浑戎给晋、秦国君带来麻烦。公元前605年，他们遭到楚国袭击，因为他们占有了经由洛水和汉水支流地区的交通要道。④ 在这西边居住着戎人，他们占据了通向淮水的山谷区域的上部。在东边，靠近神圣的嵩山的地区有其他蛮夷，比如阴戎居住。公元前532年，他们袭击了王都。⑤ 公元前618年，鲁国跟洛戎订立了盟约，洛戎住在伊水和洛水之间，仍然是在王都附近。⑥ 周朝王都的南边处在戎人聚居点包围之下，于是，周王实际上住在他们北边，再次直面各种戎狄部落，比如公元前589年打败他们戎人。这部分戎人住在陕西南部地区。很显然，蛮夷部落，用不着到他们应该居处的理想地区——四裔边陲去找他们，他们就近在咫尺，在王都的门外。

3. 作为藩屏的诸侯国。周王京畿似乎显得很平静，分封的诸侯国正如堡垒一般，将王畿和蛮夷戎狄所居地分割开来。

---

① 《春秋·庄公二十四年》："二十有四年……冬，戎侵曹。"《春秋·庄公二十六年》："二十有六年，春，公伐戎。夏，公至自伐戎。"

② 《左传·僖公十六年》："十六年……王以戎难告于齐，齐征诸侯而戍周。"

③ 《左传·僖公十一年》："夏，扬、拒、泉、皋、伊、雒之戎，同伐京师，入王城，焚东门。王子带召之也。秦、晋伐戎以救周。秋，晋侯平戎于王。"

④ 《左传·僖公二十二年》："秋，秦、晋迁陆浑之戎于伊川。"《春秋·宣公三年》："三年……楚子伐陆浑之戎。"同年《左传》："楚子伐陆浑之戎，遂至于雒，观兵于周疆。"

⑤ 《左传·昭公九年》："……周甘人与晋阎嘉争阎田。晋梁丙、张趯率阴戎伐颍。"

⑥ 《春秋·文公八年》："八年……乙酉，公子遂会雒戎，盟于暴。"同年《左传》："冬，襄仲会晋赵孟，盟于衡雍，报扈之盟也。遂会伊雒之戎。书曰'公子遂'，珍之也。"

邢
卫
戎
曹
开封
黄河的南河床
宋
淮水
阴戎
郑
嵩山
太行山
洛阳
戎蛮
沁水
河南
周
陆浑戎
茅戎
黄河
虢
虞
晋
汾水
洛水
姜戎或华州戎
壶口
狄戎
梁
芮
彭戏戎
渭水
西安
华山
熊耳山
丹水
汉水

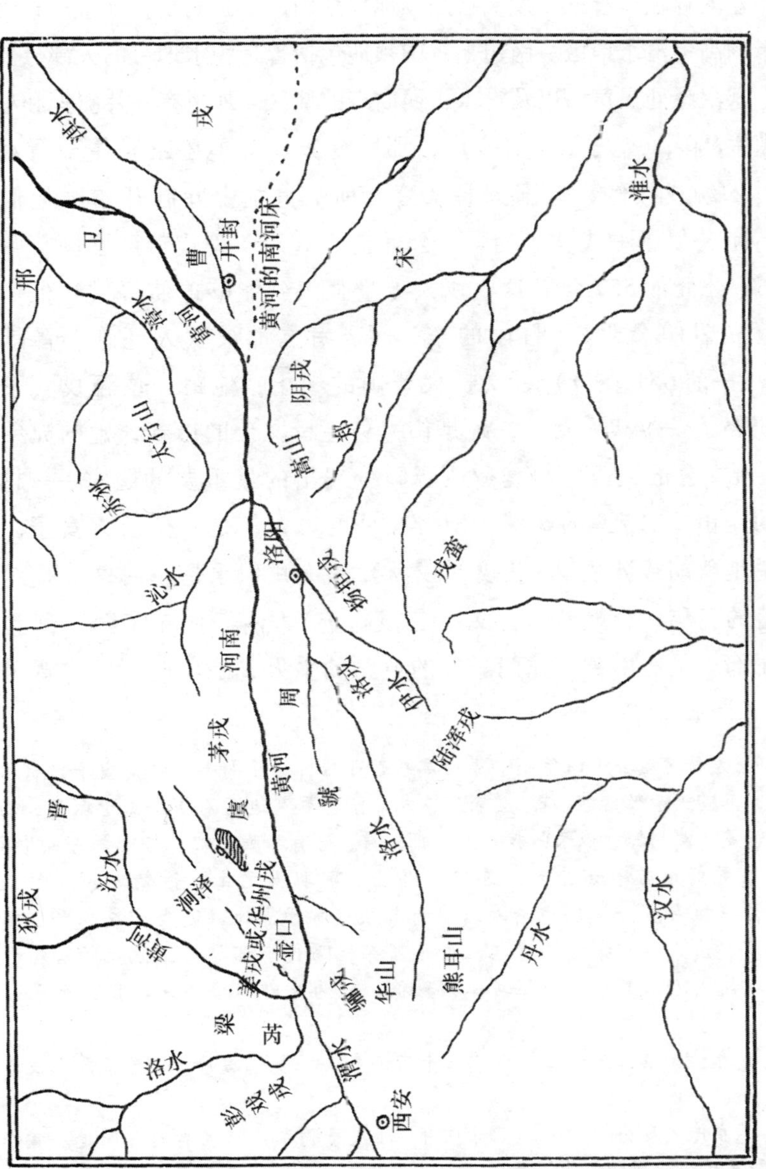

王畿及其四周

让我们举晋国做例子，它的命运发生了重大改变。假如它没有在公元前376年分裂成赵、韩、魏三个诸侯国（三晋）的话，它可能仍将主持华夏同盟的存在。春秋初期，晋国领地包括山西下游的狭长地带，直到黄河东岸的高地汾水地区。南边，晋国领地包括曾是积水地带的大部分低地地区，这沼泽处在黄河以及汾水自西向东的地区。那里有一片狐狸和狼出没的灌木丛①，戎人（姜戎等）在那里蜂集。晋国还跟居住于渭水南岸树林的骊戎接触，晋国国君从公元前7世纪中叶起开始跟他们结盟，晋献公娶了骊戎女子为妻，公元前626年，姜戎帮助晋国打败了秦国。② 公元前557年，这些戎人力量强大到能够迫使晋侯让他们参加华夏联盟的会盟。③ 晋国的东、西、南方都被狄人环绕。晋献公（前676—前651在位）首次扩大晋国的疆土，他跟一位骊戎女子结婚之前娶了一位狄人女子，她是伟大霸主晋文公的母亲，她的兄弟赵衰④是晋文公的大臣。赵衰是从晋国分裂出的最重要的国家——赵国诸侯的先祖，赵衰⑤的妹妹，即晋文公的母亲，是一位狄人女子，确切地说是狄胡或狄戎⑥。狄戎（戎狄）跟大戎似乎是一回事（是对蛮夷部落的名称，很显然，含义不是很确定），他们住在陕西北部和山西西北部。是经由黄河龙门隘谷的道路的主人，是他们所居将晋国与

---

① 《左传·襄公十四年》："春，吴告败于晋，会于向……（范宣子）将执戎子驹支，范宣子亲数诸朝，曰：'来！姜戎氏！昔秦人迫逐乃祖吾离于瓜州，乃祖吾离被苫盖，蒙荆棘，以来归我先君。我先君惠公有不腆之田，与女剖分而食之。今诸侯之事我寡君不如昔者，盖言语漏泄，则职女之由。诘朝之事。尔无与焉。与，将执女。'对曰：'昔秦人负恃其众，贪于土地，逐我诸戎。惠公蠲其大德，谓我诸戎是四狱之裔胄也，毋是翦弃，赐我南鄙之田，狐狸所居，豺狼所嗥。我诸戎除翦其荆棘，驱其狐狸豺狼，以为先君不侵不叛之臣，至于今不贰。……'"

② 《春秋·僖公三十三年》："三十有三年……夏，四月，辛巳，晋人及姜戎败秦师于殽。"

③ 《左传·襄公十四年》："十四年，（戎子驹支）赋《青蝇》而退。宣子辞焉，使即事于会，成恺悌也。于是子叔齐子为季武子介以会，自是晋人轻鲁币，而益敬其使。"

④⑤ 应为狐偃。——译者注

⑥ 应为白狄狐氏。——译者注

其强劲的竞争对手——秦国分割开来。在北方，狄人既占据了太原盆地，又占据了通向华北平原的隘路。这样，他们又将晋国与燕国分割开来。在东南方的太行山区则居住着最重要的狄人部落——赤狄，他们统治着包括白狄在内的其他狄人部落。[①] 赤狄将晋国跟卫国、齐国分割开来，晋文公和赵衰都娶过出自赤狄的妻子，从廧咎如部落那里。[②]

晋国应该感谢自己跟周边围绕而居的狄人部落缔结的那些盟约，这样，晋国就跟其他华夏诸侯国建立了联系。它的扩张看上去首先是指向南方的。从公元前 7 世纪前半叶开始，晋献公跟戎人结盟，随即占有了小诸侯国虢国和虞国（公元前 654 年）。这两个小诸侯国位于周王畿边界的黄河河曲上。[③] 从那时起，晋国对黄河中游地区施加着影响，比如河内（河南的黄河以北地区）。当晋文公获取河内之际，跟卫国非常邻近，河内地区是周王室于公元前 635 年赏赐给晋文公的，因为他帮助王室抵御狄人。从这时起，晋国就有能力干涉郑公和宋公关于土地的纷争了，并且对河南的周王室施加越来越大的影响。同时，晋国在黄河中游的扩张将赤狄孤立，它跟华夏诸侯国分了开来。这些狄人，尤其他们中的一支——长狄[④]许久以来都对东方华夏诸侯国形成了压力。他们曾在公元前 8 世纪中叶袭击宋国，公元前 7 世纪初期又袭击齐、鲁和卫。[⑤] 从公元前 660 年开始，晋献公从白狄和赤狄的竞争中坐收渔利，他袭击

① 《左传·宣公十一年》："晋郤成子求成于众狄。众狄疾赤狄之役，遂服于晋。"

② 《史记·晋世家》："晋文公重耳，晋献公之子也。……献公二十二年，献公使宦者履鞮趣杀重耳。重耳逾垣，宦者逐斩其衣祛。重耳遂奔狄。狄，其母国也。……狄伐咎如，得二女：以长女妻重耳，生伯鯈、叔刘；以少女妻赵衰，生盾。"

③ 《左传·僖公二年》："晋荀息请以屈产之乘与垂棘之璧假道于虞以伐虢。……夏，晋里克、荀息帅师会虞师伐虢，灭下阳。……虢公败戎于桑田。晋卜偃曰：'虢必亡矣。'"

④ 《史记》作"长翟"。——译者注

⑤ 《史记·宋微子世家》："昭公四年，宋败长翟缘斯于长丘。"《史记·鲁周公世家》："（文公）三年，文公朝晋襄父。十一年十月甲午，鲁败翟于咸，获长翟桥如。"《史记·齐太公世家》："惠公二年，长翟来。""（桓公）二十八年，卫文公有狄乱，告急于齐。"《史记·孔子世家》："仲尼曰：'汪罔氏之君守封、禺之山，为釐姓。在虞、夏、商为汪罔，于周为长翟，今谓之大人。'"

了群山环绕的陕西东部地区（桐山），这一地区居住着赤狄。① 真正的征服从公元前 6 世纪开始（前 600—前 592），此前的序曲是跟白狄的和解，此外，有一位赤狄首领的夫人是晋侯的女儿。② 在这些胜利之后，卫国对于晋国而言地位再也超不过一个附庸了，虽然它仍然占有通往北部直隶的那些地区。向外征服的第一步是征服山西太原盆地上部的狄人，这些发生在公元前 540 年。“为了在这些狭窄陡峭的地区”跟敌人的步兵作战，晋国不得不改革了自己的战阵模式，并且不太困难地强令自己乘兵车作战的贵族变成徒步的武士。③ 于是，晋国征服了这一地区，成为这一片覆盖着盐碱的巨大沼泽盆地的主人。传统历史认为那里是夏朝的都城。而后，公元前 5 世纪，晋国征服了蛮夷国家代国（大同地区），该国国君祖先为犬。这一国家富产马匹，控制着通向直隶地区稍高平原地带的所有道路，因此控制了这里就可以向北方的燕国施加压力。征服这一国家是由赵衰的一位后代来完成的。从公元前 6 世纪初开始就在准备这事了，通过向北方强势地挺进，一直推进到鲜虞地区（狄人的北部）。④ 这次远征开始于公元前 529 年，结束于公元前 519 年。晋

① 《史记·晋世家》：“（献公）十七年，晋侯使太子申生伐东山。”贾逵曰：“东山，赤狄别种。”此“晋侯”为晋献公。其子晋文公与赤狄、白狄的记载，见《史记·匈奴列传》：“当是之时，秦、晋为强国，晋文公攘戎翟，居于河西圁、洛之间，号曰赤翟、白翟。”

② 分别为《春秋·成公九年》：“九年……秦人、白狄伐晋。”《宣公八年》：“八年……晋师、白狄伐秦。”上述转化，可看出和解。又《左传·宣公十五》：“十有五年……六月，癸卯，晋师灭赤狄潞氏，以潞子婴儿归。…潞子婴儿之夫人，晋景公之姊也。”

③ 《春秋·昭公元年》：“晋荀吴帅师败狄于大卤。”《左传》同年：“晋中行穆子败无终及群狄于大原，崇卒也。将战，魏舒曰：‘彼徒我车，所遇又厄，以什共车，必克。困诸厄，又克。请皆卒，自我始！’乃毁车以为行，五乘为三伍。荀吴之嬖人不肯即卒，斩以徇。为五陈以相离，两于前，伍于后，专为右角，参为左角，偏为前拒，以诱之。翟人笑之，未陈而薄之，大败之。”

④ 《左传·昭公十三年》：“鲜虞人闻晋师之悉起也，而不警边，且不脩备。晋荀吴自著雍以上军侵鲜虞，及中人，驱冲竞，大获而归。”《史记·匈奴列传》：“自是之后百有余年，晋悼公使魏绛和戎翟，戎翟朝晋。后百有余年，赵襄子逾句注而破并代以临胡貉。其后既与韩、魏共灭智伯，分晋地而有之，则赵有代、句注之北，魏有河西、上郡，以与戎界边。”

国从那时起就开始跟北方高地上的人们接触。①

晋国要想向西而行，统治西边的戎狄国家十分困难，然而回来更困难。从公元前7世纪初晋国开始尽量扩张，直到黄河之畔。晋国在边界上修建了强有力的要塞，并试图在黄河右岸找一个落脚点②，它跟渭水南岸的戎人保持联系。当它企图深入渭水盆地北部时，则寻求与梁贵族的结盟帮助。所有这些，都是在黄河和洛水构成的角落地区完成的，晋国试图向北推进，推进到黄河河套的广大地区。他们筑起城墙，修建村镇，但并没有足够的人民在里面定居。③ 晋献公死后，晋国的即位之争导致从公元前651—前634年它大为削弱，这段时间居然没有能力易如反掌地把近在咫尺的香饵吞掉，因此这香饵落到了秦国手中。而晋国在当时，是准备将渭河盆地关闭起来全部据为己有的。晋国在一次战役中败于秦国，这次战役发生在黄河的一处要塞上，这要塞扼着渭水及其所有支流，是从西方通向东方的必经之路。于是晋国被迫放弃了黄河以西所有的渭水支流地区。

于是，秦国先占据了龙门，公元前640年又吞并了梁国。这样，秦、晋两国的直接接触与竞争便开始了。这竞争被错误的休战协定给打断了，不过它注定要持续下去，这对秦国有利，一直到后来秦帝国的建立。竞争双方的国君都试图建立自己对周边蛮夷部落的权威，占上风的那一方有时

① 《春秋·昭公十五年》："秋，晋荀吴帅师伐鲜虞。"《左传·昭公二十一年》："公如晋，及河。鼓叛晋，晋将伐鲜虞，故辞公。"《昭公二十二年》："二十二年……晋之取鼓也，既献而反鼓子焉。又叛于鲜虞。六月，荀吴略东阳，使师伪籴者负甲以息于昔阳之门外，遂袭鼓灭之。以鼓子鸢鞮归，使涉佗守之。…十二月庚戌，晋籍谈、荀跞、贾辛、司马督帅师军于阴，于侯氏，于溪泉，次于社。王师军于汜，于解，次于任人。闰月，晋箕遗、乐徵、右行诡济师取前城，军其东南。王师军于京楚。辛丑，伐京，毁其西南。"《春秋·昭公二十三年》："二十有三年……晋人执我行人叔孙婼。"稍可知远征的开始与结束。又，《史记·晋世家》："当此时，晋强，西有河西，与秦接境，北边翟，东至河内。"

② 《史记·晋世家》："十六年，晋献公作二军。公将上军，太子申生将下军，赵夙御戎，毕万为右，伐灭霍，灭魏，灭耿。"服虔曰："三国皆姬姓，魏在晋之蒲阪河东也。"

③ 《左传·僖公十七年》："夏，晋大子圉为质于秦，秦归河东而妻之。惠公之在梁也，梁伯妻之。"《僖公十八年》："梁伯益其国而不能实也，命曰新里。秦取之。"

会短暂地得到他们的支持。但是从公元前626年开始，秦国获得了西戎的支持，公元前623年，秦穆公成了“西戎的领袖”①，晋国则通过跟白狄结盟，在公元前6世纪夺回了一些土地。② 秦国最后占了上风，在公元前4世纪，他们逼近了处在山谷和洛水之畔的周天子领地，还占据了山西的高原地带，这一地带对西方由北向南的黄河地区具有决定性。后来的赵国继承了晋国在山西的领地，最终失去了黄河右岸的土地。它试图征服胡人，试图采纳胡人的战争方法，还采用了胡人适合在马背上骑射的服装。③ 但最终还是失败了。

这样，秦国，这个起初只在山峦中占据一小块区域的国家，获得了陕西的全部。它一步步蚕食，占据了山谷间的要塞和通道。要感谢他的姻亲和同盟，还要感谢长期使用要塞而造成的渗透，这结盟、联姻和要塞的使用最终形成了围绕着它自己的和蛮夷国家的联盟，秦国剥削般享受着它们的决定和努力，最后吞并并同化了这些戎狄国家。

中国大联邦的形成过程跟秦国同化戎狄国家一样。所有一切就是，在这具有历史意义时段的起点，小的诸侯国君们将他们的城邑关闭，难以接近。那些最大的赢家是拥有华夏边界的诸侯。他们可以利用遍布高地、山峦和沼泽地区的众多蛮夷部落，将蛮夷部落驱赶出巨大的盆地，一直驱赶出黄河岸边，而且，正是他们坚持这么做才造就了中国的大统一。

主宰公元前7世纪历史舞台的是沼泽地区的首领。当时，在戎狄帮助下，晋国和秦国分别在山西和陕西缔造了规模广大的国家，齐国寻求着从南到北沿海而居的蛮夷部落的帮助，征服了滨海岬角的山区居民，使山东地区成为一个大诸侯国。在南方，楚国向东推进，向南纵深，先获得了淮

---

① 《史记·秦本纪》：“三十七年，秦用由余谋伐戎王，益国十二，开地千里，遂霸西戎。”

② 《左传·宣公八年》：“晋师、白狄伐秦。”“春，白狄及晋平。夏，会晋伐秦。晋人获秦谍，杀诸绛市，六日而苏。”

③ 《史记·赵世家》：“十九年春正月，（武灵王）大朝信宫。……召楼缓谋曰：‘……吾欲胡服’。……遂胡服招骑射。”“二十六年，复攻中山，攘地北至燕、代，西至云中、九原。”“主父（武灵王）欲令子主治国，而身胡服将士大夫西北略胡地，而欲从云中、九原直南袭秦，于是诈自为使者入秦。”

北狄
大同
代
榆林
黄河
太原
白狄
赵国
晋阳
西狄
山西
汾水
平阳
晋
狄戎
长狄
魏
赤狄
沁水
太行山
梁
河内
洞泽
虞
秦
黄河
韩国
周
洛阳
壶口
虢
渭水
骊戎
扬拒戎
郑
洛水
洛戎
华山
戎蛮
熊耳山
陆浑戎
丹水

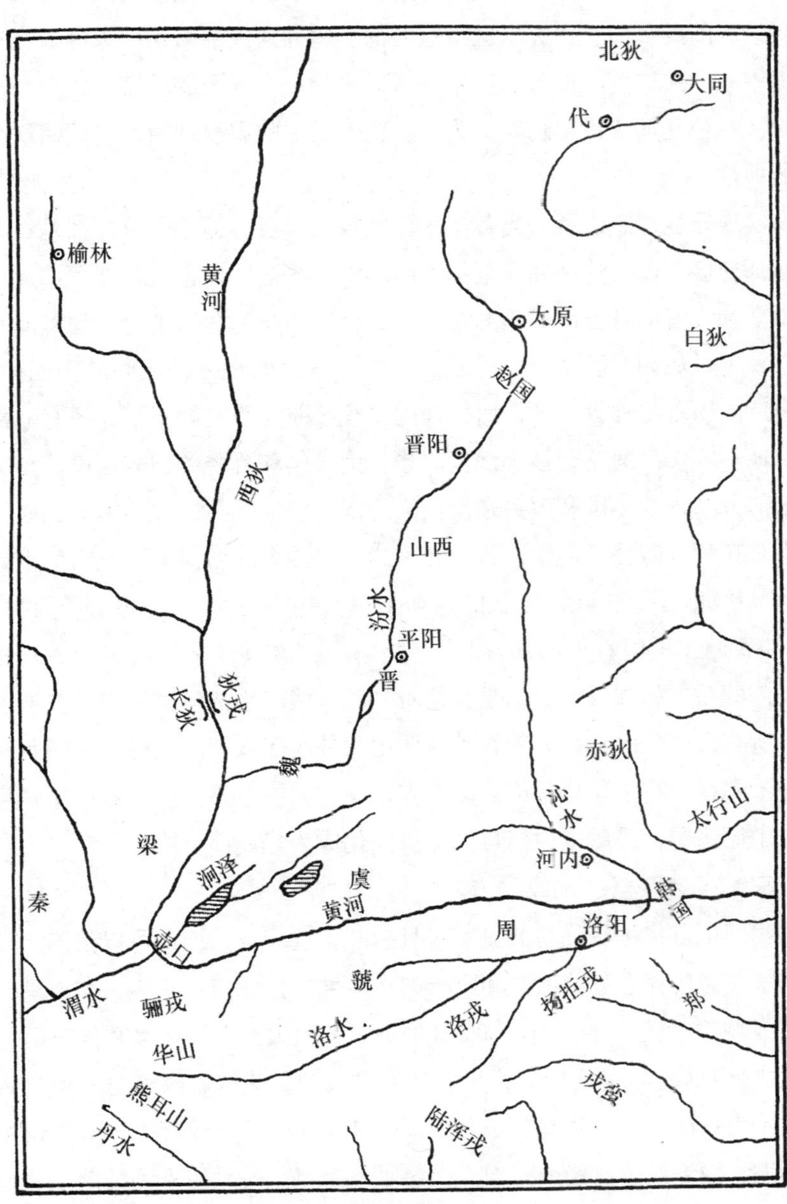

晋国历史地图

水地区的沼泽地带，又获得了四川甚至是云南的山区，楚国将湖北地区统一成一个大国，这个大国被蛮夷围绕。在汉水及淮水上游的山谷地带，通过持续不断的武力，中原地区最核心的、地处河南的诸侯国宋国处在这些大国中间，或许可以遐想自己某些时候成为一个强大的国家。宋国与淮夷接界。在公元前 7 世纪初期，为了实践心目中的霸权理想，它试图攫取霸主的地位。

实现霸权理想，就是当各诸侯国的霸主。所有霸主的目标都是掌握河南西部地区，因为这一地区是华夏的心脏，华夏同盟正是在那里构成。那里山峦和沟谷向各方向绵延开来，因此，这中州之国被山峦、沟谷隔开而孤立，不过还相对容易与外界联系。它是一片处在台地之间的中间区域，被附近的山谷与外界分开，而相邻的冲积平原几乎处在水下，还有一部分被湿地吞噬。河南首先被小规模的华夏诸侯国和势力微弱的蛮夷部落分为许多部分，这些小国和蛮夷在广大的范围内星罗棋布，并不密集，而且人口也总在变迁游移。而秦、晋、齐、楚这些强大的诸侯国形成之后，首先朝外部扩张，希望切断自己的竞争对手跟它周围蛮夷戎狄部落的联系（正如我们在晋国看见的那样），互相迫使对方改变扩张的方向，互相都向彼此的后方施加压力，于是，便对中原地区的小诸侯国形成了普遍的压力。所有大诸侯国都计划着吞并这些中原的小诸侯国。这样，一场吞并便拉开了序幕。在中原华夏诸侯国存在之际，周围边界上的蛮夷国家则意在吞并中原诸国，最后以他们自己也被同化成为华夏而告终。

三、各地联盟的构成

我们可以将一些确切的史实暂且抛开，这样我们或许可以猜测出整个封建宗法时代存在过的兼并和融合的重要性。公元前 478 年，在河南，戎州（戎城）居民起来反抗他们的国君——卫国国君，因为卫君曾把他们当做戎狄对待。① 毫无疑问，卫君认为戎人被同化得不够充分。但是戎人声称认为自己已经是华夏了。此外，数年以前（公元前 500 年），山东的莱国人，他们至少已经跟齐国人接触了上百年，并且被齐国征服了，他们

① 《史记·卫康叔世家》："三年，庄公上城，见戎州。曰：'戎虏何为是？'戎州病之。十月，戎州告赵简子，简子围卫。十一月，庄公出奔。"

拒绝这种合并，并从公元前555年开始迁徙，此时他们又被认为是跳着野蛮人舞蹈的蛮夷。① 这就是这些声称自己展示着华夏精神的人们的观点。虽然齐国国君本不应该歧视莱人，因为齐人自己在这一历史时期也记不得远古的舞蹈仪式到底是什么样子了。另一方面，从公元前4世纪末开始，齐国因它那较高的文化和学者辈出而受到表扬，"在齐国有成百上千的饱学之士"。②

如果河南是"中华"（意即"中间的花"），但是在其外围地区，华夏文明之花盛开得更为充分。在外围地区存在着稳固或不稳固的联盟，这联盟由一位强有力的霸主统领。作为华夏的自豪感在那里感受最强，也正是在外围地区，人们才对凌驾于蛮夷戎狄之上的感觉倍加敏感，并将许多义务强加在他们身上。在公元前7世纪初期，在大规模地与狄人作战的过程中，这些狄人蜂集于各处，齐国的辅相管仲说："诸夏都被卷进去了。"③ 而后，经常是花一些普通的代价，起建了旨在防御"像狼一样贪婪和反复无常"的蛮夷戎狄的防御墙。比如公元前658年在邢（直隶）地区由齐国、宋国、赵国士兵修筑的防御墙，还有卫国（河南北部）于公元前648年修筑的防御墙，这些都由齐国国君领导下的诸侯国君们主持。④

在古代，一个诸侯国君或封君的领地由一个四面城墙的城邑及外围郊

① 《左传·襄公六年》记载齐国对莱的征服："十一月，齐侯灭莱。莱恃谋也，于郑子国之来聘也。四月，晏弱城东阳，而遂围莱。甲寅，堙之环城，傅于堞。及杞桓公卒之月，乙未，王湫帅师及正舆子、棠人军齐师。齐师大败之。丁未，入莱。莱共公浮柔奔棠。正舆子、王湫奔莒，莒人杀之。四月。陈无宇献莱宗器于襄公。晏弱围棠，十一月，丙辰，而灭之，迁莱于郳。高厚、崔杼定其田。"成书于战国时期的《尚书·禹贡》："莱夷作牧。厥篚檿丝。浮于汶，达于济。"

② 《史记·田敬仲完世家》："宣王喜文学游说之士……是以齐稷下学士复盛，且数百千人。"

③ 《左传·闵公元年》："狄人伐邢。管敬仲言于齐侯曰：'戎狄豺狼，不可厌也；诸夏亲昵，不可弃也。'"

④ 《春秋·僖公元年》："齐师、宋师、曹伯次于聂北，救邢。夏，六月，邢迁于夷仪。齐师、宋师、曹师城邢。"《左传·僖公十二年》："春，诸侯城卫楚丘之郛，惧狄难也。"《春秋·僖公十三年》："十有三年，春，狄侵卫。"

区组成，这郊区还有其他墙保护着。这些墙内是耕地，而在耕地之外的未开垦区域，有成片的树林、沼泽、灌木丛。国君的城邑就像一个避难所，并且，根据离它的道里远近，居民从事着或重或轻的强制性劳动①，只有住在城邑之内的人才有权利为国君的女儿出嫁提供贡品。国君的城邑可能远离天下中心，因为这天下中心虽然将自己的保护城墙往外推出很远，但已经处在被渐渐同化的蛮夷部落包围中。《诗经》中的一段（据说是公元前7世纪晚期的作品）庆贺了一段旨在防御北方游牧民族入侵的城墙的起建。② 同样的起建还有很多处。新的城墙承担的主要任务是保护这些大诸侯国免受蛮夷部落的侵袭，另外，或许跟其竞争的别的华夏诸侯国君正企图攻击和包抄它。比如当秦国于公元前4世纪早期在甘肃地区修筑了长长的防御墙，希望以此保卫自己新攫取的土地免受尚未臣服的游牧民族的进攻。但秦国向这片土地的推进被解释成不想遭到晋国的蹂躏，而晋国同样在朝北方开疆拓土。③ 这样，公元前353年，魏国（三晋之一）以加固洛水堤坝的方式跟其他诸侯国展开了角力，魏国的长城一直绵延到黄河河曲的东北角。同样，赵武灵王（前325—前299在位）也建筑了一条长长的长城，绵延到山西北部。赵国还在公元前333年修建要塞防御魏国和其他东方各国，还修建堡垒防御现在直隶地区的燕国（公元前291年）。④ 公元前369年，直隶地区的另一诸侯国中山国的国君修筑了防御赵国的长城。同样，在公元前5世纪末，齐宣王修筑一条上千里的长城，明里宣布是防御淮夷进攻的，但事实上是将自己与楚国分割开来。最终，楚国也在湖北西北部修筑了长城——方城。⑤ 这道长城就成了他们与中原诸侯国之间的分界。

---

① 这个强制性，不是指体力方面的强制，而是指不能自由选择职业，职业世代相袭。——译者注

② 《诗经·小雅·出车》："王命南仲，往城于方。出车彭彭，旂旐央央。天子命我，城彼朔方。赫赫南仲，玁狁于襄。"

③ 参见《法国远东学院院刊》（BEFEO）卷3，222页注释4。

④ 《史记·魏世家》："（惠王）十九年，诸侯围我襄陵。筑长城，塞固阳。"《史记·赵世家》："（肃侯）十七年，围魏黄，不克。筑长城。""（惠文王）五年，与燕鄚、易。八年，城南行唐。"

⑤ 《左传·僖公四年》楚国屈完对齐桓公说："君若以德绥诸侯，谁敢不服？君若以力，楚国方城以为城，汉水以为池，虽众，无所用之！"

这样，我们就可以通过这些防御墙和长城的轨迹，找寻出华夏所占有的真实领土及它的边界。当时，在大军压迫之下，兼并和人民之间的融合已经开始发生，地方性的联盟也开始建立。首次出现了中华文明和中华各地的大致省份。最终，在古代中国重新兼并融合形成的新诸侯国之中，各国都试图以更完善的方式来组织自己的国家。

在国家领土的确立以及公共服务的创建过程中，我们拥有的资料是很片面的和不完整的。值得注意的是这公共服务的创建几乎完全是通过诸侯国君实践和施展自己的霸权而形成的。很显然，大国国君的主要资源首先来自贵族聚敛而得的贡赋。这样，我们就发现郑国数次抱怨交给晋国的贡赋沉重得不堪忍受。贡赋由布帛和马匹组成的礼物构成，还包括义务的劳役。① 大国的国君试图通过上述贡赋让自己国家的赋税变得更稳定些。据说齐国（从公元前10世纪开始）"让工匠和商人的活动到处都有，并且坐收大大的渔盐之利"。② 在第一位中原霸主齐桓公统治齐国时期（前685—前643），齐相管仲重新改组了政府，"他实施一种以钱和渔盐之业为原则抽税的方法，旨在帮助穷人和值得尊敬的智者及能人"。③ 我们可以通过有一项据说归于管仲的工作看出，这位明智的辅相和他那同样明智的国君注意到了采矿、冶铸货币乃至货币流通的问题。④ 公元前521年，齐国存在着对于管理和统治而言相当复杂的问题，山林、湖泊、沼泽等的物产是垄断经营的，乃至最终对渔业、盐业都由不同部门垄断经营。⑤ 在晋国，山川、沼泽、森林和产盐区同样是"国家的财产"。产盐之利似乎构成了国家财富的主要来源。矿产之利很明显也是国家获利的主要部分。楚国拥有铜矿，

---

① 《左传·襄公二十四年》："范宣子为政，诸侯之币重，郑人病之。"

② 《史记·齐太公世家》："太公至国，脩政，因其俗，简其礼，通商工之业，便鱼盐之利，而人民多归齐，齐为大国。"

③ 《史记·齐太公世家》："桓公既得管仲……连五家之兵，设轻重鱼盐之利，以赡贫穷，禄贤能，齐人皆说。"

④ 《管子》中使用了一些比较古老的材料，但它是一部体现了汉代统治思想的书，这一点很明显。

⑤ 主要资料在《左传》。如《左传·昭公二十年》："山林之木，衡鹿守之；泽之萑蒲，舟鲛守之；薮之薪蒸，虞候守之；海之盐蜃，祈望守之。"

这样，它就可以谋划与郑国的联盟并获得成功（公元前641年）。① 晋国拥有铁矿。公元前510年，据说两个国家都增加了对采矿的税收。

从这些诸侯国局限于他们城墙所框出的领地（一般是简单的水泽围绕着城墙及其郊野）开始，将山林川泽据为国有的大规模工作就已展开。山林川泽之中存在着保佑政权的神灵们，它们如精灵般无处不在，有时候贵族以巫术手段利用这些神灵们的力量来保护自己封地的人民（鬼怪和蛮夷部落在精神领域十分相似）。土地沟垄间排水工作的光荣和神圣也被归于遥远的祖先。排水系统的建造或许是富有的贵族想让自己封地的农民能浇灌更多的土地，从而让自己更富庶。这项工作需要大量的劳作和聪明的能工巧匠，然而这一思维吓坏了传统的惯例思维，因为实施这些思维，实际上是吓着了那些诸侯。在这一点上，我们有确切资料："韩王看见秦国日益扩张，希望能遏制秦国……他送了一位技艺高超的工匠到秦国……此人大张旗鼓地鼓动秦王开筑一条水渠，这条水渠将泾水从中山朝西引出，穿过壶口，沿着北部山峦前进，最终向东通到洛水。这条水渠长度超过了300里。这项计划说水渠是用来灌溉农田的，但当工程进行到一半时，进行这项工程的真实意图被发觉了。"② 秦国胆子挺大，坚持了下来，它最终成功地将自己境内大片被沼泽覆盖的土地变为良田："当郑国渠完工之后，经常能排除积水，灌溉被盐碱覆盖的土地，受益土地有400万亩。……而后关内土地（秦国）成为一片沃野，再无饥馑，秦国随即变得更加富强，最终征服诸侯。"③ 在魏国，西门豹（前424—前387）以同样的方式疏导田地积水，灌溉良田，使黄河和漳水之间的河内土地成为一片良田。④

---

① 《左传·僖公十八年》："郑伯始朝于楚，楚子赐之金，既而悔之，与之盟曰'无以铸兵'，故以铸三钟。"

② 《史记·河渠书》："而韩闻秦之好兴事，欲罢之，毋令东伐，乃使水工郑国间说秦，令凿泾水自中山西邸瓠口为渠，并北山东注洛三百余里，欲以溉田。中作而觉……"

③ 《史记·河渠书》："秦欲杀郑国。郑国曰：'始臣为间，然渠成亦秦之利也。'秦以为然，卒使就渠。渠就，用注填阏之水，溉泽卤之地四万余顷，收皆亩一钟。于是关中为沃野，无凶年，秦以富强，卒并诸侯，因命曰郑国渠。"

④ 《史记·河渠书》："西门豹引漳水溉邺，以富魏之河内。"

我们本该在这一政治事业上拥有更多的信息——这政治事业是大规模的，它最终让中国凝聚成一个国家，拥有同一种绵延不断的文化，并且这片文化覆盖的广大地区居然还居住着同族属的人民。我们有理由相信这一情况可以追溯到战国时期，也就是传统史学所云的无政府状态的那个时期。或许这些饱含着武功的政治事业是愚蠢的，因为它摧毁城池，杀戮人民，然而，正是这项事业昭示着缔造一个伟大而朝气蓬勃国家的理想是怎样一个崭新的理念，而各国怀有的这个理念彼此又是如何惊人地相似。

事实上，所有试图缔造中央集权统治力量的东西都被看做一种怀有不臣之心的改革。我们对法家制定逐步完备的法律的过程所知甚少，对工匠们技艺性工作的内涵也所知甚少。战国时期，各诸侯国都有过明确的立法运动。然而我们除了知道它引起了极力反对和批评之外，对立法的具体内容几乎一无所知。公元前 6 世纪末颁布并制定了一些法律条文。公元前 535 年的郑国、公元前 512 年的晋国也有过这一举措。① 当时这些法律条文是铸造在铜器上的。历史记载认为这些法律条文的铸造将招致最坏的灾难，比如，它将招致天空中荧惑（火星）出现。此后，历史记载说郑国都城整个地被大火烧毁了。② 这样，天灾惩罚了铸造刑鼎并将法律公布于众的始作俑者。法律条文的铸造还包括，用明确条文将长期沿用的管理手段固定下来。看样子法律制定者希望强诸侯公室的统治权威，但公室贵族不限制他们自己。比如，他们自己会因为做某事受到谴责，也可能因为对别人施加肉刑而受到谴责，但在立法这件事上，加强政府（实际上是他们自己）的权威使政府本身首次变成一条更严酷的绳索，它特别严格地约束着叛国（背叛他们自己）这类行径。这些法律条文明显地企图削弱地方贵族和封君，以及贵族私自结盟的信用。郑国子产进行的改革被认为是对个人权利的打击："子产剥夺了我们的衣服帽子，并将它们藏匿起

① 《左传·昭公六年》："三月，郑人铸刑书。"《昭公二十九年》："晋赵鞅、荀寅帅师城汝滨。遂赋晋国一鼓铁，以铸刑鼎。著范宣子所谓刑书焉。"

② 《左传·昭公六年》："士文伯曰：'火见，郑其火乎！火未出而作火，以铸刑器，藏争辟焉，火如象之，不火何为？'……六月，丙戌，郑灾。"

来！他还剥夺我们的土地，解散我们的联盟！谁去杀了子产，我们将帮助他！”但普通人民似乎很快意识到国家的这种改革所带来的好处：“我们拥有子息和壮丁，是子产教育他们！我们拥有土地，是子产让它肥沃！若是子产死了，谁来继承他？”①

在秦国改革以前，没有哪个大诸侯国能够彻底推翻贵族政治。在推翻贵族政治这事上唯一的倾向发生在晋国，最终国君与卿大夫间权力达到平衡，并持续了很久。晋献公曾试图通过对骊戎和小国梁国施加压力，从而从南、北两个方向包围秦国。秦国只能利用晋献公死后晋国内乱并国力削弱的时机打破封锁。晋国公室的好几支系都觊觎君位，秦国依次保护这几个觊觎者，这样才能缔结对自己有利的盟约。尔后，晋国诸侯公室的力量和领地都日渐衰微。然而，推翻贵族政治，使整个国家成为国君个人的整个领地这样的念头太激进了，它不可能不显露出来。晋成公（前605—前598在位）勉力支持这一原则，他将人口土地不是赏赐给自己的亲戚，就是赏赐给高级显贵。而且，他很在意别把继承权留给嫡长子，这是真的。他无疑希望终身占有既得的封地，制止那些跟先前的公族一样势力强大的家族继续发展。② 在现实中，是不可能制止给那些在每次征服中立功的军队首领们封赏的，这样势必改变土地的分配。晋国出现了“六卿”，即六个势力强大的家族。③ 公元前514年，他们成功地消灭了公室中年轻的那个世系。晋国国君只能致力于在这六卿的强大势力夹缝中跟他们竞争，保有一块自己的领地。事实上这六卿互相斗争，后来减少到韩氏、赵氏、魏氏三家，最终他们于公元前403年瓜分晋国，各自也正式拥有了诸侯的名号。我们必须注意到：赵国占有了最大的一块，也就是山西北部的所有地区；韩国、魏国瓜分了山西南部地区以及晋国征服河南所得的那些土地。于是，封建宗法时代终结了，不是在封邦建国之中终结，而是在建立郡县

① 《左传·襄公三十年》：“从政一年，舆人诵之曰：‘取我衣冠而褚之，取我田畴而伍之。孰杀子产，吾其与之！’及三年，又诵之曰：‘我有子弟，子产诲之。我有田畴，子产殖之。子产而死，谁其嗣之？’”

② 《史记·晋世家》：“成公元年，赐赵氏为公族。”

③ 《史记·齐太公世家》：“（顷公）十一年，晋初置六卿，赏鞌之功。”《史记·燕召公世家》：“共公五年卒，平公立。晋公室卑，六卿始强大。”

之中终结。这些郡县起初是模模糊糊地出现轮廓，尔后明显出现。所有郡县都同享一种文明，古代中国民族已经在形成之中，中国大地在这同一种文明的照耀下变得浑一和驯服。中国的重新整合并出现正悄悄进行着，其中最重要的是建立一个以王朝为形式的崭新集权国家。

第三章 帝 国

一、统一帝国的建立

1. 秦国国君们的工作。在春秋时期的第一个百年里，各诸侯国政治上的彼此孤立从此告终。为了抵抗戎狄的威胁，也为了压制华夏诸侯国内部某个国君出现违抗秩序的行为，暂时性联盟开始出现。一开始它们并不稳定，也没有更多权威。这些联盟权宜地成立，根据某一地的情况解决某一时间的需要，这些联盟注重的是维系各地之间的纽带，并保持各方的地位。而后，这封建制度下互相协助的原则似乎真的是铁的规定。

在这个世纪末期，各地的地方性兴趣所在掌握了重大政策的走向。一种强大的政治权力似乎从此应运而生。这强大的政治权力在军队征战中发展着自己的倾向，发挥着自己的能力。它从中央地区辐射开来，并形成了新的政治力量，这新的政治力量看上去跟过去的相似。在联盟内部，他们倾向于组织起来，进而形成有影响力的区域。这样，像鲁、郑、宋这样的中原小诸侯国的重要性只表现在了政治事件上。然而，这些小国只是大国边界上的依靠性力量，大国宁可将被保护国的领土算成自己的，并在那里发号施令，也不对中原（周王室）施加影响。在这一阶段，外交政策首当其冲的是如何维持平衡，于是，以一段时间的同盟来达成某种程度上互相理解、保持共识的生存方式在这一阶段的政治生活中呼之而出。

到战国初年，几个大诸侯国攫取了周边领土，这些地方当时尚无明确划定的边界，这样他们就彼此接壤了。同时，强大政治势力之间互相结盟的情况出现了。在楚国扩张到河南地区之际，晋国的处境变得岌岌不安，因为它没有任何手段可以对楚国施加直接的压力，除非它决心在河南地区与楚国进行开放性的决战。这样它就要用到东方的附属力量鲁国了，它还开始跟南方的蛮夷国家吴国发生联系。吴国领土从江苏到安徽，其建立直接威胁到楚国的侧翼，并且限制楚国向河南地区的进一步扩张（公元前584年）。[①] 于是，吴国在晋国教唆的以武力征战为使命之下，公元前506年在对楚作战中获得了重要胜利。但楚国准备了一场反击，从公元前505年起，越国（浙江）攻击吴国后背，从而终结了吴国的胜利，而且最终，公元前473年，越国灭了吴国。这样楚国从一场迫在眉睫的灾难中侥幸逃脱，不过它仅仅改变了一下竞争对手而已。现在它不得不将全部力量用来对付越国（前339—前329）。越国成功地从它先前的竞争对手吴国那里攫取大片领土，而后向南纵深挺进。它的锋芒迫使楚国腾出精力对付东面，与此同时，晋国（它西部被秦国限制住了）同样向东部扩张，锋芒直指东边的几个诸侯国，这样，东北部的国家——山东地区的齐国、直隶地区的燕国所具有的政治意义便变得重要了。天下的政治事务被六个大诸侯国瓜分——楚国、齐国、燕国，还有从晋国分裂出的韩、赵、魏三国。而在西方，秦国的势力则与日俱增。

这就是当时合纵（从南到北结盟）连横（自西向东结盟）的状况，“纵”的意思是织物上的经线，横的意思是织物上的纬线（纵横同样可指垂直相交的一些线）。在合纵连横之初（公元前4—前3世纪），大股政治力量之间的联合是暂时的。他们的目的只是限制某一诸侯国势力的扩展。这些联盟活动企图切断彼此与其他国家的联系，他们的同盟也旨在为对方的发展设置障碍。

直到这一时期之末，这些斗争表现出：诸侯之间的斗争最终是秦、楚的斗争。楚国主持旨在联合抗秦的合纵，合纵是六国从南到北的联盟，似乎是要提出一项建立在联盟基础上的策略。秦国则实施连横战略（连横的意思就是不再结盟抗秦，而是自西向东形成一个亲和友好的整体），连横意图跟合纵相反，是为了实施联合亲善的目的，意在吸收所有诸侯国，创造出一个以秦为核心的国家。秦国的连横战略后来占了上风，最终，大一统帝国——秦王朝终于建立。

---

① 《史记·吴太伯世家》：“王寿梦二年，楚之亡大夫申公巫臣怨楚将子反而奔晋，自晋使吴，教吴用兵乘车，令其子为吴行人，吴于是始通于中国。吴伐楚。”

秦的开端非常不起眼。起初它只是陕西中部渭水之畔的一个小诸侯国，四面处在戎狄包围之下，晋国国君试图把它往东北、西南方向压榨，因此它也处在晋国的威胁之下。秦国很快将自己从晋国的蹙迫下解放出来，此后秦国跟荡社戎（公元前714）和彭戏戎（公元前697）作战，并兼并了小国虢，使自己拥有通向河谷的通道，随后拥有河南地区。此后对晋国而言，秦国成了棘手的敌人。在骊戎的帮助下，秦国转向东南。[①] 公元前677年，秦国加入了梁国和芮国在黄河以西的同盟。它征服了茅津戎，获得了黄河上一处要塞“茅”。[②] 而后它吞并梁国（公元前640年）。[③] 这些成功的扩张处于黄河西北部，它们很明显，是在对上游山谷中的周天子洛邑进行渗透基础上完成的。公元前444年，对义渠戎的胜利使秦国打开了直面甘肃和陕西北部的通道，于是，从公元前4世纪开始，直接受到来自晋国的侧翼和晋国西北部的威胁终于解除了。[④]

秦国对河南的介入不如晋国和楚国深，它企图控制郑国的欲望很快就被放弃了（前630—前628）。郑国处于晋、楚之间，是通往长江东部支流汉水（湖北）的通道，是晋、楚两国相争的地方。最终郑国于公元前375年被三晋之一的韩国所灭。于是，秦国东南部被包抄了——假如晋国没有分裂成三个国家，从而采取不同政策，就不会形成这一包抄，这一包抄深深威胁了秦国。作为回应，秦国从西面往东推进到汉水盆地作为对自身的保护。当楚国受到晋国挑唆下的吴国进攻之际，关键时刻来了。楚国被迫寻求与秦国结盟。从那时起，只要楚国开始向东扩张，秦国就能够控制所有西南部的国家。对楚国而言，这同盟从公元前506年开始发挥作用。[⑤] 从公元前475年开始，秦国与四川成都地区的蜀国发生了联系，并占据了进出秦岭的要道，并

---

① 《史记·秦本纪》：“宁公二年，公徙居平阳，遣兵伐荡社。”“三年，与亳战，亳王奔戎，遂灭荡社。”“武公元年；伐彭戏氏……十一年，初县杜、郑。灭小虢。”

② 《史记·秦本纪》：“缪公任好元年，自将伐茅津，胜之。”

③ 《史记·秦本纪》：“（穆公）二十年，秦灭梁、芮。”

④ 《史记·秦本纪》：“（厉共公）三十三年，伐义渠，虏其王。”

⑤ 《史记·楚世家》：“昭王之出郢也，使申鲍胥请救于秦。秦以车五百乘救楚，楚亦收余散兵，与秦击吴。十一年六月，败吴于稷。”

黄河
河
西狄
黄
狄戎
长狄
汾水
义渠戎
陕
西
洛水
梁
洞泽
彭戏戎
泾水
芮
虞
壶口
黄河
西虢
秦
虢
骊戎
荡社戎
渭水
渭水
西安
华山
洛水
秦岭
熊耳山
丹水
汉水
汉中
汉水

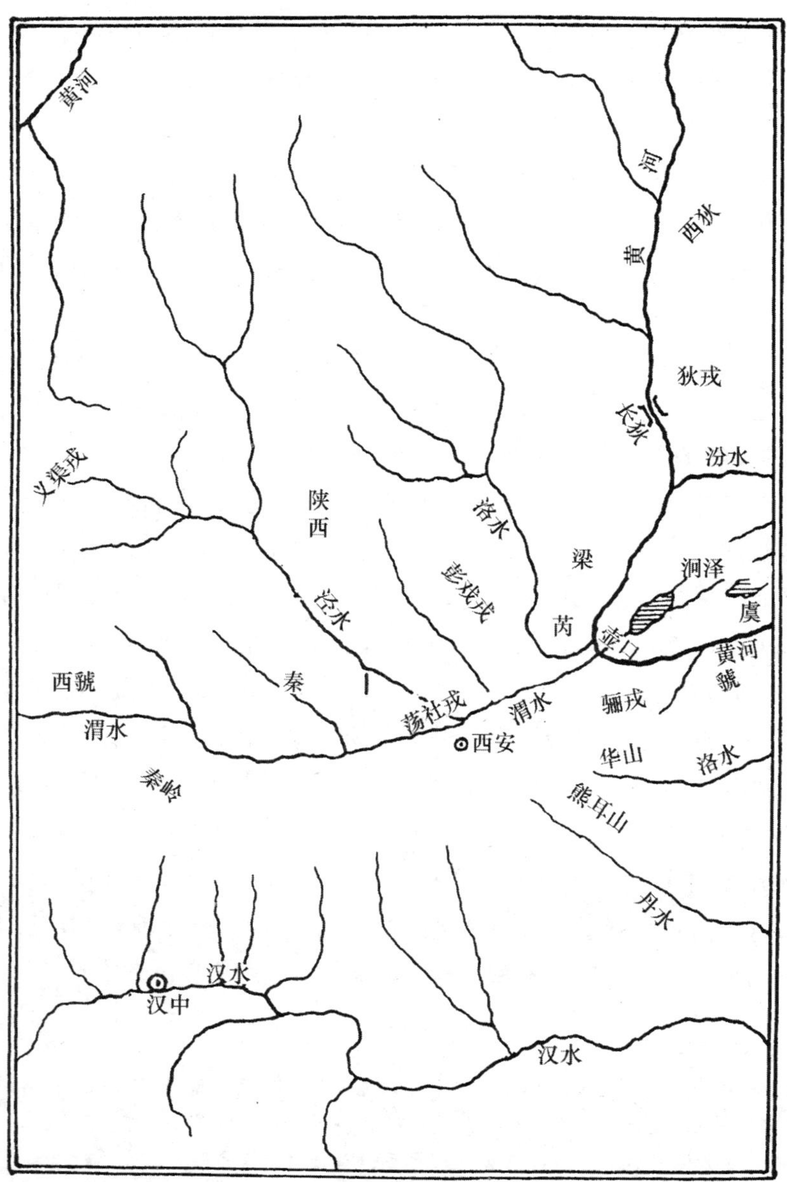

秦国历史地图

且将势力渗透到汉中。[①] 公元前441年汉中地区（陕西偏南地区）处在秦、楚之间，现在看样子越来越隶属于湖北地区西侧。公元前387年，蜀国受到攻击，汉中地区被征服。[②] 公元前316年，秦国在打败了（公元前318年）韩、赵、魏、燕、齐同盟（这同盟背后还有匈奴的支持）之后，吞并了蜀国，随后又吞并了巴国（四川南部重庆地区）。[③] 于是，秦国成了甘肃、陕西、四川东部的主人，成了西部最强大的政治势力。它准备开始征服东方诸侯国了。

这一征服的过程十分积极。秦国组织了一支轻装的、灵活的军队，这军队主要由骑兵和步兵构成，其他国家仍然还在使用战车，他们进行的战争仍然还在封建宗法时代那些战争方式的约束下——他们列阵炫示武力强大，而后打乱他们的部队队伍。秦国的战争则完全残酷无情。"一旦抓到士兵逃亡"，毫不犹豫地将其处死（"流血漂橹"），或车裂。[④] 秦国的对手找了这么个合适的词称呼他们——"虎狼之师"。还有："诸侯国君们互相竞争，互相攫取对方领土进献给秦国"，或者求助于古老的政治谋略以及计划暗杀等。[⑤] 秦国让这些计谋或是穿帮，或是出卖了他们自己。秦昭襄王（前306—前251在位）于公元前256—前249年"摧毁"了周（周王领地分裂成东周和西周），但他死后，两位秦王的短暂统治以及一场摄政统治导致秦国经过了一阵动荡。秦王政公元前247年即位，公元前238年行加冠礼表示成人，他不得不在此时镇压一场阴谋，直到公元前235年之前，他都没法从这场阴谋和他的相国吕不韦（他名誉上的父亲）摄政下解脱。公元前234年，他开始将军队布置到郊野。而后他采用具有

---

① 《史记·秦本纪》："厉共公二年，蜀人来赂。"

② 公元前441年条见《史记·秦本纪》："躁公二年，南郑反。十三年，义渠来伐，至渭南。"公元前387年，《中国历史纪年表》为秦惠公十三年，《史记·秦本纪》："（惠公）十三年，伐蜀，取南郑。"

③ 《史记·秦本纪》："（惠文君）七年，乐池相秦。韩、赵、魏、燕、齐帅匈奴共攻秦。秦使庶长疾与战修鱼，虏其将申差，败赵公子渴、韩太子奂，斩首八万二千。八年，张仪复相秦。九年，司马错伐蜀，灭之。伐取赵中都、西阳。十年，韩太子苍来质。……十四年，伐楚，取召陵。丹、犁臣，蜀相壮杀蜀侯来降。"

④⑤ 《史记·陈涉世家》："秦有余力而制其敝，追亡逐北，伏尸百万，流血漂橹……"

决定意义的手段火速处理问题。公元前233年，韩王“请求成为秦国的附庸”，但秦希望结束周代以来的封建制度（秦王不希望韩国成为由秦分封的诸侯国，而是希望直接将之吞并）。秦国没有发表任何让韩国成为自己封臣的公告，于公元前230年灭了韩国；紧接着公元前228年灭赵，公元前225年灭魏。自公元前278年起，秦国自西向东，朝安徽方向对楚国鲸吞蚕食，并于公元前223年灭了楚国。而后，公元前222年灭燕国。最终，公元前221年灭齐国。“六国之君，俯首称臣，祷忏罪过”，而后秦王政称“始皇帝”（公元前221年），经过了十年时间，他终于建立起了秦帝国。①

2. 秦始皇。秦始皇仅仅统治了十一年（前221—前210）。他有时间给中国确定一个对外政策的边界，他同样着力于组织中央集权的政府，这使秦变成一个政治上强有力的国家。

司马迁和班固都是深受传统史学精神浸染的历史学家，他们只是希望将理性的目光集中于秦始皇统治的严峻上。秦始皇是坏的、恶劣的，因为他的朝代没能绵祚长久。班固将秦始皇描述成一个私生子，并暗示他既邪恶又残酷。② 为了在良心平衡的前提下尽可能地给秦始皇抹黑，这两位历

① 《史记·秦始皇本纪》：“十七年，内史腾攻韩，得韩王安，尽纳其地……”“十九年，王翦、羌瘣尽定取赵地东阳，得赵王。”（严格意义上赵国并未灭亡，“赵公子嘉率其宗数百人之代，自立为代王，东与燕合兵，军上谷。”“二十五年…还攻代，虏代王嘉。”）“二十二年，王贲攻魏，引河沟灌大梁，大梁城坏，其王请降，尽取其地。”“二十三年……虏荆王。秦王游至郢陈。荆将项燕立昌平君为荆王，反秦于淮南。二十四年，王翦、蒙武攻荆，破荆军，昌平君死，项燕遂自杀。”“二十五年，大兴兵，使王贲将，攻燕辽东，得燕王喜。”“二十六年……秦使将军王贲从燕南攻齐，得齐王建。”“‘臣等谨与博士议曰：“古有天皇，有地皇，有泰皇，泰皇最贵。”臣等昧死上尊号，王为“泰皇”。命为“制”，令为“诏”，天子自称曰“朕”。’王曰：‘去“泰”，著“皇”，采上古“帝”位号，号曰“皇帝”。他如议。’制曰：‘可。’”

② 《史记·秦始皇本纪》：“缭曰：‘秦王为人，蜂准，长目，挚鸟膺，豺声，少恩而虎狼心，居约易出人下，得志亦轻食人。’”“秦王怀贪鄙之心，行自奋之智，不信功臣，不亲士民，废王道，立私权，禁文书而酷刑法，先诈力而后仁义，以暴虐为天下始。”班固称秦始皇帝“吕政”，这说明他是吕不韦的儿子。“吕政邪恶而残酷……他放肆自己，对自己的欲望从无任何约束。……看上去他拥有应属于圣人的声望。”又如《汉书·王商传》：“臣闻秦丞相吕不韦见王无子，意欲有秦国，即求好女以为妻，阴知其有身而献之王，产始皇帝。及楚相春申君亦见王无子，心利楚国，即献有身妻而产怀王。”

史学家揭露了秦始皇在文治武功方面的罪恶。毫无疑问，他们并不理解这些。秦始皇帝对他们而言不过是一个毁灭了的帝王的极好典型，他所有的成就都是可耻的。司马迁和班固歪曲和否定了秦始皇所有的行为，让秦始皇成了一个按传统史观在史书上有自己位置的主角。要想对他的统治作一个公正的评价是不容易的，这要比对秦始皇本人及他那些特性作了解难得多。

看上去，他的脑子和思维是训练有素的。他喜欢身怀技艺的工匠和专家，他知道如何迅速而思维缜密地阅读奏章，提出问讯。他从来都是自己决断。他实践着严格的规定。他诚心地多年任用同一班人为相国和臣僚。他将某种浑然一体的方向强加给他们，并且他死后，这些原则仍然被继承下去。他并且认为自己为了身登皇帝宝座而进行的种种交易仅仅是仪式性的、被动的行为。他希望在一种对皇帝的绝对信仰下看见对君主的忠诚。他具有一种精力充沛的、彻头彻尾的个人主义，尽管他拥有缔造王朝者应有的天才，他性格的另一面是更加跟中国传统格格不入的东西。于是，在他影响下的这个国家，他性格中的这些东西看上去是那么特别，秦始皇从来没有把自己想象成冒险家或平静的圣贤，那些圣贤似乎接受命运安排的任何事物，因为他们敬畏身边环境的每一细节，他们完完全全地信仰上天，因为他们每向自己心仪的方向迈出冒险的一步都得靠上天的运气。这些满怀虔敬的人是当时国家的主流。但秦始皇看得更清楚，也更远。很显然，他统治的特点是理由充分的严峻，其精神有如印戳那样清楚而僵硬。

在一系列系统化的、深思熟虑的军事计划下，他赢得了迅速的军事胜利。在他打败了北方竞争对手三晋之后，立即开始打击他的南方对手楚国。为了削弱齐国，也为了顺利地向西方推进时后背不受敌，他一直等到灭楚战争完全结束才灭齐，这样他就避免陷于东方泥沼般的战事中不能自拔。他对帝国政治组织的措施也体现了同样的坚持精神，秦始皇几乎没有作出什么政治发明。他使用了在他之前的秦国国君们的政治管理手段，但他的确勇武，敢于认为这一切都是有效的，它们不仅仅只对作为分封国家的秦国一国有效，应该对统一之后的整个帝国都有效。他宣称分封诸侯

（“藩臣”）已经过时，建立起环绕天子直接统治区域的城墙。[1] 他将郡县制推广到所有被征服国家，“县”是地方官的辖区，“郡”是军事管理下的各个地区。从公元前687年起，秦国国君就开始在被吞并的地区建立县。公元前350年，秦国制定法律，将整个国家分成不同的郡县。[2] 但分封子侄，让他们终身做各地国君的传统办法（比如公元前286年有一位受封者）也保留了。[3] 公元前277年，四川地区被征服，这使秦国将这一地区（黔中）[4] 置于军事统治下。在秦始皇统治时期，在长信侯嫪毐叛乱（公元前238年）之后，已经没有因分封而造成的重大麻烦了。每一次征服都以创造出新的军事统治区和新的郡县而告终。秦始皇没有保存周代封建诸侯的惯例，他宁可跟坚持那么管理的人们作战。公元前221年，他颁布法令，分天下为三十六个郡，这些郡都处在军事管理下。公元前213年，他推行了这一组织政府的方式，尽管批评者声称郡县制的实行将导致不可预测的结果。在他推行的政府组织方式下，每一地区都有地方行政长官（“郡守”）和地方军事长官（“郡尉”），还有第三个人（“监御史”，或督察）[5]，他们仨人共同执掌一地军政（执掌范围究竟多大尚不清楚）。这三个人协同统治的原则是中央集权的基本原则。秦始皇绝不让任何权力处在完全游离在政府之外的状态。

在所有贵族制下的分等级名号[6]中，秦始皇只选择了一个头衔——

---

① 《史记·秦始皇本纪》：“始皇曰：‘天下共苦战斗不休，以有侯王。赖宗庙，天下初定，又复立国，是树兵也，而求其宁息，岂不难哉！廷尉议是。’分天下以为三十六郡，郡置守、尉、监。”

② 《史记·秦本纪》：“（孝公）十二年，作为咸阳，筑冀阙，秦徙都之。并诸小乡聚，集为大县，县一令，四十一县。为田开阡陌。东地渡洛。”

③ 《史记·秦本纪》：“（昭襄王）二十一年，错攻魏河内。魏献安邑，秦出其人，募徙河东赐爵，赦罪人迁之。泾阳君封宛。”

④ 《史记·秦本纪》：“（昭襄王）三十年，蜀守若伐楚，取巫郡，及江南为黔中郡。”

⑤ 《史记·秦本纪》：“秦王政立二十六年，初并天下为三十六郡，号为始皇帝。”《史记·秦始皇本纪》：“分天下以为三十六郡，郡置守、尉、监。”《集解》引《汉书·百官表》曰：“秦郡守掌治其郡；有丞、尉，掌佐守典武职甲卒；监御史，掌监郡。”

⑥ 指公、侯、伯、子、男五等爵。——译者注

侯，这个称号似乎跟朝廷的某一贵族爵级一致。① 真正的贵族爵级由可分为二十等的各种爵位构成，它可以追溯到公元前4世纪秦国，秦始皇将之推行到全国。② 从第四级爵位开始，有爵位者就可以不用服强制性劳役了。爵位可以通过对国家作出贡献而获得，尤其是饥馑之年向国家纳粟。获得爵位的基础是财富和为国家作出的服务多少，而不是根据出生。而制裁——积极的或消极的，即提升或降黜爵位，也根据对国家的贡献或影响而定。这种爵位制度组成了社会各阶层的综合，也组成了各种等级的人民的综合。从公元前286年起，在被征服土地上，授予爵位、赦免犯罪跟在秦国本土一致。③ 此外，秦始皇还广泛地实践了他的先辈秦王创立的徙民制度。公元前239年，他将一场叛乱的所有参加者从陕西迁徙到甘肃。④ 第二年，4 000余家在被强加的罪名下被迁徙到蜀（四川）。⑤ 公元前235年则进行了一场程度更深的放逐和充军。⑥ 另一方面，帝国内所有豪强家族都被迫按令生活在都城。这些放逐和迁徙措施的目的并不是唯一的——吓唬他们，将他们当做人质。看上去秦始皇执意瞄准了他事实上想达到的目的：加速中国境内各种人群的同化。一些具体的立法手段（我们将在另外一章谈及）也揭示了以统一风俗和法律为手段来加强各民族间统一

---

① 秦施行军功爵制，军功爵二十等为：一公士，二上造，三簪袅，四不更，五大夫，六官大夫，七公大夫，八公乘，九五大夫，十左庶长，十一右庶长，十二左更，十三中更，十四右更，十五少上造，十六大上造，十七驷车，十八大庶长，十九关内侯，二十彻侯。（参见《汉书·百官公卿表》）

② 《史记·商君列传》："有军功者，各以率受上爵……"《汉书·百官公卿表》："爵：一级曰公士……二十彻侯。皆秦制。以赏功劳。"

③ 《史记·秦本纪》："（昭襄王）二十一年，错攻魏河内。魏献安邑，秦出其人，募徙河东赐爵，赦罪人迁之。"

④ 《史记·秦始皇本纪》："八年，王弟长安君成蟜将军击赵，反，死屯留，军吏皆斩死，迁其民于临洮。"

⑤ 《史记·秦始皇本纪》："及夺爵迁蜀四千余家，家房陵。月寒冻，有死者。"

⑥ 《史记·秦始皇本纪》："十一年，王翦、桓齮、杨端和攻邺，取九城。王翦攻阏与、橑杨，皆并为一军。翦将十八日，军归斗食以下，什推二人从军。取邺安阳，桓齮将。十二年，文信侯不韦死，窃葬。其舍人临者，晋人也逐出之；秦人六百石以上夺爵，迁；五百石以下不临，迁，勿夺爵。自今以来，操国事不道如嫪毐、不韦者籍其门，视此。秋，复嫪毐舍人迁蜀者。"

的意图。

在他致力于重建整体的中国民族的同时，秦始皇还致力于重建国家的组织方式。在对六国进行的漫长战争即将告终之际，国家孳生出大量的游民和掠夺者。公元前216年，他微服出行在都城咸阳巡游，只有四个卫士保护着他，但他遭到了歹徒袭击。作为皇帝，他决定对整个帝国作一番清洗，消灭匪盗行径。公元前214年，他将他们一起抓获，并且让他们去保卫帝国国土。这些土匪中的一支被流放到西南①，充实楚国自公元前333年就开始征服的于越地区。于越人当时被从浙江赶出，朝南方滨海地区迁徙（福建、广西、广东南部）。秦始皇向南方的征服无疑是从帝国建立的第一年就开始的，福建首先被征服，而后是两广。华夏的推进以及同时进行的徙民，至少持续到公元前214年——到这一年，直到安南的所有滨海地区，就像华列拉岬②这样的地方都在征服之下。在这些新的区域同时建立了军事控制的郡。中国南方从此拥有了漫长的海疆。公元前215年，秦始皇巡游了现在的直隶地区，登上将之与南方中国地区隔开的山脉。在那里，先前燕国在对匈奴一场军事胜利后建起了长长的防御性长城。公元前219年，秦始皇派遣一批探险者到齐国故地的海上，公元前215年又派遣来自燕国的另外一批。或许秦始皇将目光瞄向了朝鲜半岛，跟他对“海上仙山”一样感兴趣。无论如何，他勾画出了一种海上的政策，但他那即刻就想开始的征服企图碰上了阻力，那就是在公元前215年，当秦始皇在直隶北部时，他决定把北部的片段长城连接为一道长长的长城，保护中国，抵御胡人。同年，他下令蒙恬将军在河套地区展开大规模军事行动，此时蒙恬完全有能力北击匈奴，让他们退到黄河以北。公元前214年，蒙恬渡过黄河，亲自监督长城东段的施工。秦始皇派遣他去，让他具体执行修筑长城的工作，并对新征服的土地进行殖民——即征发成群罪犯到那里。被长城保护的北方地区从辽水到甘肃西北的临洮。通过长城的修筑中国发现她自己不仅仅跟北方的戎狄接触，还有其他被分割成小块的部落，以及大规模的游牧民族，中国人将他们称为“胡”或“匈奴”。而正是在

① 《法国远东学院院刊》，1923年，263页。

② 为越南中部地名，古称灵山。——译者注

公元前 3 世纪末，匈奴首次形成了“强大而统一的国家”。[①] 我们在秦始皇对待西面乃至山区游牧民族的问题上拥有的资料很少，但是同样，秦跟羌中地区（临洮西南）强大而生气勃勃的民族也建立了联系。他们实际上是古藏族部落，占有着黄河上游的山峦和河谷地带。秦始皇所开拓的疆土延展开来，使得中国有了十八个郡。公认的外国人称呼中国为“China”正是从秦朝开始。秦朝的建立确实给予了“中国”一词传统意义上明确的界限。秦始皇让中国从东西南北各个方位跟周边的伟大文明和强大民族发生了接触。

在这个他最终奠定疆界的辽阔国家，在这个他希望让所有人民同化为一的国家，秦始皇削减着内部的交通障碍，拆除各地方的要塞。他在刻石里夸赞自己的功德，那刻石是他在北部长城巡查（公元前 215 年）之际所立。“皇帝显示了他的名望……他的功德使贵族拥有的权力中和……他首次建立天下的伟大和平及统一。他推倒并拆毁了国内的长城和各诸侯国的外部防御墙……他使江河要塞敞开……他抚平困难，压制困难。”[②] 他还于公元前 225 年使黄河朝向东南，在荥阳之下，创造出“鸿沟”运河。这条运河将河南的所有地区与外界联系起来，将济水与淮水连接起来，直到楚国。[③] 它最重要的目的最初是为了运送粮食。在荥阳（靠近河南开封）边境上，帝国的谷仓敖仓[④]建筑在一座山上，这是一处大的分配中

---

① 《史记·太史公自序》：“为秦开地益众，北靡匈奴，据河为塞，因山为固，建榆中。作《蒙恬列传》第二十八。”“自三代以来，匈奴常为中国患害。欲知强弱之时，设备征讨，作《匈奴列传》第五十。”

② 《史记·秦始皇本纪》秦始皇三十二年石门刻辞：“遂兴师旅，诛戮无道，为逆灭息。武殄暴逆，文复无罪，庶心咸服。惠论功劳，赏及牛马，恩肥土域。皇帝奋威，德并诸侯，初一泰平。堕坏城郭，决通川防，夷去险阻。地势既定，黎庶无繇，天下咸抚。”

③ 《史记·秦始皇本纪》：“二十二年，王贲攻魏，引河沟灌大梁，大梁城坏，其王请降，尽取其地。”《史记·河渠书》：“自是之后，荥阳下引河东南为鸿沟，以通宋、郑、陈、蔡、曹、卫，与济、汝、淮、泗会。于楚，西方则通渠汉水、云梦之野，东方则通沟江、淮之间。于吴，则通渠三江、五湖。于齐，则通菑、济之间。于蜀，蜀守冰凿离碓，辟沫水之害，穿二江成都之中。”

④ 《史记·项羽本纪》裴骃《集解》引瓒曰：“敖，地名，在荥阳西北山，临河有大仓。”

日本
朝鲜半岛
琉球
菲律宾
唐努乌梁海
辽水
辽东
山东
江苏
洛阳
宜隶
太原
河南
湖北
湖南
浙江
于越
广东
(南越)
(广州)
琼崖
长城
匈奴
鄂尔多斯
黄河
兰州
甘肃
秦岭
成都
长江
贵州
(夜郎)
广西
东京
安南
湄公河
四川
云南
(滇)
萨尔温江
伊洛瓦底江
西藏
南山
戈壁
巴里坤
敦煌
库库淖尔
柴达木
罗布淖尔
(楼兰)
高昌
焉耆
天山
库车
塔里木河
叶尔羌
(和阗)
阿勒泰山
乌布苏淖尔
贝加尔湖
巴尔喀什湖
伊犁
伊塞克湖
费尔干纳
(大宛)
帕米尔
撒马尔罕
月氏
阿姆河
咸海
大夏
阿富汗
恒河
身毒
(印度)

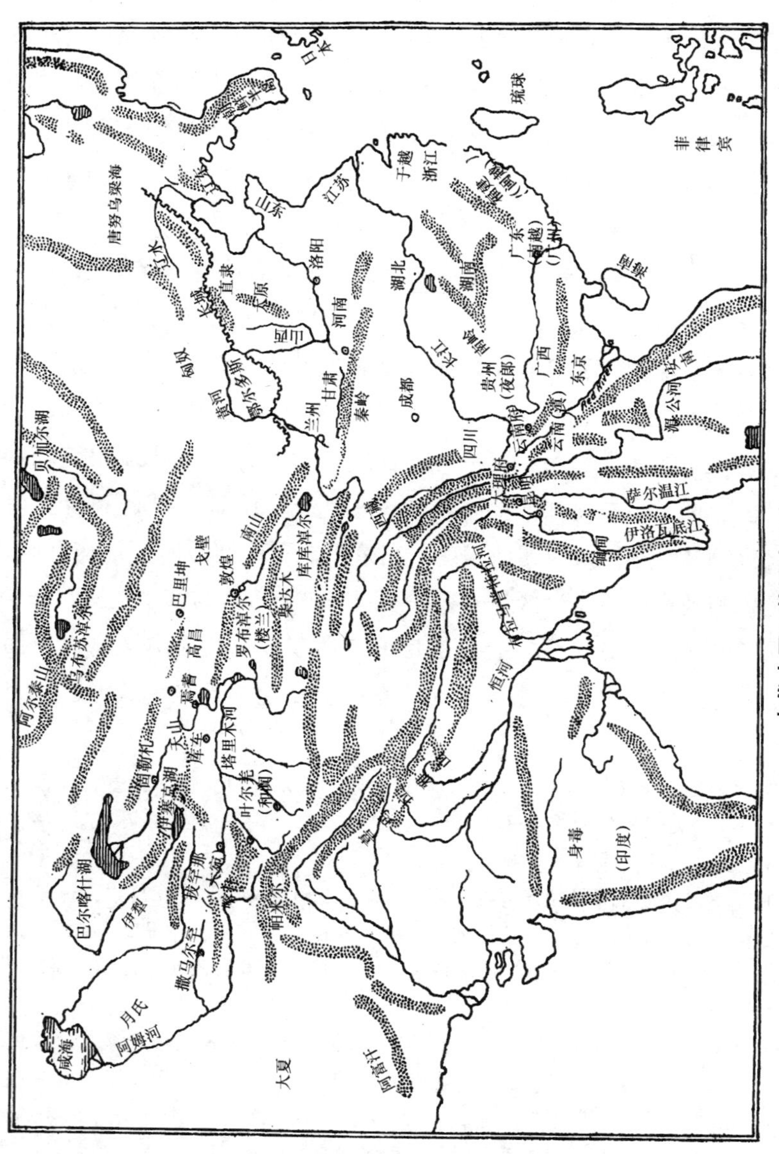

古代中国及其周边国家

心，在那里，秦军获得粮食的再补给。秦始皇死后，它还是因继嗣而引发的战争双方所寻求的赌注①，这里是中国的心脏。一套驿道系统将运河与之相连，成为一个整体。从公元前220年开始，“帝国驿道修筑完毕之际”，这些驿道宽五十步，两旁种着树，路面高出两旁，这样洪水不能侵袭，中间是为都城统治服务的，据说从都城延展到帝国的东部和南部。②公元前212年，一条大路开始修筑，它通到北方黄河的巨大拐弯处（河套）。“木材从大山间、高山深谷的堤岸中源源不断运出用来修路，直线联系开始建立。”③ 这就是驿道体系（驿道体系的最终修建完成证明了这一点）。秦始皇很清楚地看出中国的威胁是在北部，是直接来自北部的匈奴，这巨大的驿道网络像盔甲一样保护着这国家的整体不受威胁。一本包含了中国封建宗法时代习惯法内容的诗集记载了古代各位统治者从最遥远的古代起就缔造道路体系，因而他们最终造就了文化上的统一——书同文字，风俗同一。秦始皇炫耀自己，下令统一文字（他的宰相李斯跟这件事紧紧联系在一起，这件事是意义重大，影响深远的），这炫耀绝不是不可信的，正如如果他声称自己统一了马车的尺寸，那也是千真万确的。最终，各地马车无论在哪个地方都一致了，同样规格的马车可以畅通无阻地在帝国任何地方的驿道上行驶。

秦始皇看来还希望通过让他的人民通过种植、垦荒等农业劳作造就他的人民在道德上的共同性。他致力于通过为农业改革制定基本原则这一方式，让百姓专心于农业稼穑。这基本原则大约于公元前350—前348年在秦国出现。公元前216年，农夫们被当做有产者对待，他们必须接受国家

---

① 《史记·项羽本纪》：“是时吕后兄周吕侯为汉将兵居下邑，汉王间往从之，稍稍收其士卒。至荥阳，诸败军皆会，萧何亦发关中老弱未傅悉诣荥阳，复大振。楚起于彭城，常乘胜逐北，与汉战荥阳南京、索间，汉败楚，楚以故不能过荥阳而西。项王之救彭城，追汉王至荥阳，田横亦得收齐，立田荣子广为齐王。汉王之败彭城，诸侯皆复与楚而背汉。汉军荥阳，筑甬道属之河，以取敖仓粟。”

② 《史记·秦始皇本纪》：“二十七年，始皇巡陇西、北地，出鸡头山，过回中。……筑甬道，自咸阳属之。……治驰道。”

③ 《史记·秦始皇本纪》：“三十五年，除道，道九原抵云阳，堑山堙谷，直通之。……乃写蜀、荆地材皆至。”

的税收剥削，这税收的份额原则上跟他们占有的土地比例相当。他们不再是国家的佃户，不再被捆缚在收成、施肥让土地肥沃这些事上，他们的义务是向国家缴纳一部分收成。秦始皇在公元前215年的一块刻石上说“他的恩泽遍及兽群和马群，他的恩惠朗照土壤和大地”。“他的宽大延伸到所有后世——所有降临大地的一切生灵，没有任何人在家中不自得其所。”① 当他赐予农夫微薄的财产拥有权（“令黔首自实田”）之际，当他向黎民百姓索要贡赋和税收之际，秦始皇在思考这帝国如何能稳固，他从不信任商人，他将商人视做投机者和靠贩卖制造麻烦的人。公元前214年，他驱逐了开店的商人。② 公元前219年，他炫耀自己“奖挹农夫，将商业和对利益的追逐压制到最低。”③ 他发行铜钱（圆形方孔），但这铜钱很重，不便于流通。④ 我们将很快看到商业和货币问题将在后来的汉朝继续发生着，以及它们是何等地重要。当秦始皇用车同轨、建立道路网络、统一货币等方式使天下的交换变得便利之际，却刻意压制这些措施所促使的商业事务的发展。他在这一系列的措施下看见了一个静止不动的社会。但是如果古代中国人不想再保持秦始皇所设想的那样完完全全依靠农耕而生存的状态，那么，能让商业流通带来利润的、畅通无阻的驿道，必将大大有助于国家文化、风俗统一的过程。

为了实现理想的统一状态，秦始皇试图在整个中国推行严格的家族道德。最重要的是，他首先希望建立起对皇帝的无上膜拜。历史记载显现出对他的这一部分工作的极大误解。历史记载说秦始皇就像深深中了神仙方术的毒害，他相信成仙不死。毫无疑问，秦始皇身边肯定有方士为他服务。但有一项事实被忽略了，“根据秦律（一位方士说的，当时这位方士

---

① 《史记·秦始皇本纪》：“惠论功劳，赏及牛马，恩肥土域。”“天下咸抚。男乐其畴，女修其业，事各有序。惠被诸产，久并来田，莫不安所。”

② 查《史记·六国年表》，公元前214年为秦始皇三十三年，驱逐的不仅有商人，还有赘婿等，“遣诸逋亡及贾人赘婿略取陆梁，为桂林、南海、象郡，以适戍”。事亦见《史记·秦始皇本纪》：“三十三年，发诸尝逋亡人、赘婿、贾人略取陆梁地，为桂林、象郡、南海，以适遣戍。”

③ 《史记·秦始皇本纪》：“皇帝之功，勤劳本事。上农除末，黔首是富。”

④ 《史记·平准书》：“汉兴…于是为秦钱重难用，更令民铸钱……”

企图从朝廷逃跑），只有一种‘艺术’会立即实施，某一种失误将意味着被处以极刑。”① 秦始皇下令焚烧了《春秋》和其他政论性书籍，因为他认为这些书是无用的、危险的，他关心的是保护那些“医学、药方、卜筮预言、农耕、种树”的书，这就是说，所有技术性的书籍不在烧毁之列。秦始皇只相信怀有实用技术的专家，也只保护这些实用技术——巫术（天文学、占星术、炼金术、方剂之学），它们在秦始皇的时代是所有知识之源，其中蕴涵着所有预知未来的方法。中国历史学家对这些知识很蔑视，并抱有病态性目的，然而他们并没有成功地在历史记载中将秦始皇描述成一个任凭被方士的戏法要来耍去的、易受欺骗和愚弄的人，像史书描述的许多其他统治者那样。在作为秦始皇顾问的学者中间，秦律的严酷和所要求的奉献精神跟它在士兵中间是一样的，很难说他们的主子期望他们怎么做，但很清楚，秦始皇的整体所作被解释成一种欲望，这欲望企图穿越活着才有的神圣，达到永生。只有懂得了这一动机，秦始皇那戏剧性地登名山礼拜神灵，才被看做跟他在宫里故意神出鬼没同一回事，这些都是因为相信世界存在一系列神灵而出现的举措。秦始皇通过奏章获知每件事（他每天要处理重达一百二十磅的奏章），而且毫不犹豫、仔仔细细地不放过任何有价值的建议（尽管他批阅时常常是一个人，并且不让自己被任何人知道），尽管他拒绝了所有不合时宜的旧礼仪（昔日周天子正是通过这些旧礼仪保持着声望，虽然他们的实际能力一再遭到否定），但秦始皇希望自己跟旧日周天子一样，让自己所有的下属感觉到他自己具有神圣的特质，这样就可以解释为什么他让颂歌围绕着自己。他让人把这些颂歌写下来，在他求仙的路途上一路演奏。② 这积极有力的意念清楚地提供了

---

① 《史记·秦始皇本纪》：“侯生、卢生相与谋曰：‘……秦法，不得兼方，不验，辄死。’”

② 文献记载始皇将颂辞刻于石上，并未提及是否一路演奏。具体记载见《史记·秦始皇本纪》：“二十八年，始皇东行郡县，上邹峄山。立石，与鲁诸儒生议，刻石颂秦德，议封禅望祭山川之事。乃遂上泰山，立石，封，祠祀。”“于是乃并勃海以东，过黄、腄，穷成山，登之罘，立石颂秦德焉而去。”“作琅邪台，立石刻，颂秦德，明得意。”“群臣相与诵皇帝功德，刻于金石，以为表经。”“群臣诵功，请刻于石，表垂于常式。”

这么一种感觉，那就是对新建立的帝国而言，一种新的宗教膜拜是必需的，而且对一种独裁的权力而言，相应地必须存在对帝王的绝对崇拜。

秦始皇在他五十岁那年去世了。短短的数年间他将中国统一，并且带来一种理念，那就是中国的统一注定要持续下去，注定再不会分裂。要感谢他，多亏他，中国统一的梦想才成为活生生的理念，但中国此后再没有出现在统治天才方面足以跟他比肩的帝王，也没有出现像他那样勇武到敢于用中央集权加强统一的人物。

二、汉武帝的时代

历史称呼“秦始皇”为“秦朝的第一个皇帝”，他自己也希望被称做“秦始皇”。

秦始皇将天下之都定在秦地，这是千真万确的，但他并不允许别人认为秦人将这广大的帝国搞得一团糟。他成功地粉碎了来自他先前臣属的地方性自大，公元前237年，他下令驱逐所有待在秦国的其他诸侯国人，但不久他便取消了这一法令。在他整个统治时期，辅佐他的相国是楚国人李斯，后来李斯被秦始皇的继嗣秦二世加上罪名并处死。秦二世还让秦兵对各地方的军官和军队“没有任何准则地为所欲为”。一场因秦始皇和秦二世骄固自大而导致的叛乱发生了，这可以解释秦朝迅速倒台的原因。①

在一代雄主秦始皇去世后八年，汉朝继承了他的伟业。看上去几乎没有什么努力就再次建立了统一的帝国。在继承秦朝统一的基础上，为了针对蛮夷部落显示出明确的疆界，此时，跟他们的友情远不如让他们匍匐于自己统治之下来得重要。但汉朝将国内凝聚力辐射到整个帝国的力量似乎格外弱小，在其统治的四百年间，他们并没有成功地建立一个拥有一整套宪法的国家，虽然这个国家幅员辽阔，规模巨大，然而，与之相适应的宪法却一直没有建立。

汉朝是中国文明达到辉煌并神圣地起步的时代。中国从来没有像汉朝那样拥有黄金的时机来实现政治上的宏图。它不是世界上绝无仅有的帝国，也从来没有在开疆拓土、建立州郡方面停下过脚步。这疆土的开拓跟

① 指陈胜起义。《史记·秦始皇本纪》二世元年：“七月，戍卒陈胜等反故荆地，为‘张楚’。胜自立为楚王，居陈，遣诸将徇地。”

文化的渐渐融合统一相同步，这巨大的国家在不时发生的灾难之下，渐渐走向凝聚和文化统一。

1. 汉朝的统一和凝聚。在汉朝，中华文明最辉煌的时期是汉武帝（前 140—前 87 在位）统治的时代。

汉朝的建立（公元前 202 年）几乎是靠了一场侥幸的军事胜利。在这场侥幸的军事胜利后，汉朝在大部分方面承袭了秦朝。汉高祖（前 202—前 195 在位）开创汉朝，享有帝位并传之于子孙。他的梦想是：在所有国内的通衢大道上，不必用任何方式加强他自己的武备就能把天下治理得井井有条。所以，对秦朝有这样的描述："秦朝都城山河围绕，险要得难以接近。这位置是那么有利，只要它让自己的士兵对准那些贵族，就像一个人站在屋顶上，从水罐中往下倒水那样容易。"① 汉高祖更情愿建立"自己的国家"，在一次次远征和放逐（这放逐是被遭遇者不情愿的）过程中，汉朝人让被征服者认识到他们并不是征服者，不是带给自己同胞（秦人）灾难，将中国毁灭的那种征服者。

汉朝避免由垄断决定经济命脉，这更多是因为实际需要，而不是硬通过政策执行。汉高祖仅仅允许通过封各色功臣为王来让他们分享胜利果实，公元前 202 年，他分封他们为诸侯王，这似乎恢复了古老的分封制度。这些功臣再次成为楚王、齐王、燕王、赵王、韩王、梁（魏的新名）王。汉高祖事实上只是关中秦地的主人，冠以帝王的头衔。

然而，由秦始皇开创的统一帝国中央集权的原则继承了下来。被高祖分封为王的那些将军们并没有深厚的根基，他们对自己的诸侯称号并没有很多心理准备。汉高祖赐予他们诸侯王的封号以架空他们（公元前 201 年），他们只能在自己的有生之年统治自己的王国，并且他们的头衔也是不稳定的。在受封的诸侯王中（其中最重要的是齐王和楚王），皇帝给予了更多关注的是让诸侯王的亲戚到京城做人质。最强有力的诸侯韩信试图谋反，他跟匈奴里应外合，于是匈奴迅速出现在河套地区。汉高祖到山西正面遭逢匈奴，在汾水地区他陷入重围，极其侥幸地逃脱了这次危险。这

① 《史记·高祖本纪》："秦，形胜之国，带河山之险，县隔千里，持戟百万，秦得百二焉。地势便利，其以下兵于诸侯，譬犹居高屋之上建瓴水也。"

次匈奴逼临带给汉朝的恐惧其实跟高祖的举措有关——高祖使用计谋，用分封皇室同姓为诸侯王来渐渐架空他先前疆场上的同伴——异姓诸侯王。这样，新的分封体系建立了，跟以前分封异姓诸侯王比，它没有后者强大难治，因而也没有后者危险。

诸侯王不世袭权力，这是一种真正的治理诸侯王的机会。在高祖死后，他的遗孀吕后让她自己的那些亲戚（吕氏）起来反对刘氏，没有什么政治意见在引领她（即使是最起码的一些政治原则，比如分封是为了统治），她只是遵从着旧式的、大众化的主意，那就是在引领统治方面的主角应属于母系的亲属。在刘氏和吕氏的互相较量中，新的王朝几乎快要建立了（公元前180年），但刘氏和吕氏在相互斗争中，都感觉筋疲力尽。

在汉文帝统治时期（前179—前157），发生了济北王的叛乱，而后是淮南王的叛乱。这两位王都勾结了匈奴。越国此时重新独立，匈奴往内地的抄略也越来越频繁（公元前177年，公元前166年，公元前159年）。对王朝而言，正是需要建立强有力权威的急迫时机。为了这个目的，必须摧毁尾大不掉的分封诸王。汉文帝希望（可能是这样）放松诸侯王只能在自己有生之年进行统治的规定，在慈悲为怀的借口之下，用众建诸侯而少其力的方式（缩小王国的规模，削减王国的实力）。他最重要的尝试是将主要的阴谋策划者放逐出京师（公元前179年）。

在他的继嗣汉景帝统治时期（前156—前141），诸侯王的公开叛乱终于爆发（公元前154年）。“他们从南到北形成一个集团，席卷东西，来势汹汹。”① 景帝只好在困难中先向叛军让步。他们寄希望于依靠匈奴的帮助。汉景帝被迫牺牲了他的丞相晁错，因为晁错的“罪过”在于企图削夺诸侯王的土地和封号。汉景帝仅仅是在公元前144年胜利了一场，在拥有一些封国的诸侯王去世之际将这些封国分成了小块，他在尝试作这一努力之际侥幸获得了成功。但匈奴继续抄略山西（公元前142年）。

---

① 《史记·孝景本纪》：“三年……吴王濞、楚王戊、赵王遂、胶西王卬、济南王辟光、菑川王贤、胶东王雄渠反，发兵西乡。天子为诛晁错，遣袁盎谕告，不止，遂西围梁。上乃遣大将军窦婴、太尉周亚夫将兵诛之。六月乙亥。赦亡军及楚元王子蓺等与谋反者。”

汉武帝于公元前 140 年即位，当时他年仅十六岁。他统治了 54 年。汉武帝谨慎地采取了先前晁错的计划，并且满怀热情地工作。公元前 127 年，他决定所有的诸侯国不再将王位传袭给嫡长子，必须在父亲死时，将王国分割传给所有的儿子。他希望这样能最终通过自然而然地切割诸侯王的封地，强大的诸侯国最终化整为零。① 这一灵活的政策肯定是有效的，但缺点是收效太慢（高祖曾经分封了 143 个这样的小王国，西汉末年是 241 个，分割的政策并没有让诸侯王国的数目翻倍）。

汉武帝几乎让每个诸侯王那里都有中央的耳目，他们有的拥有王国顾问的身份，有的就是中央的间谍。这些人承担的任务在公元前 122 年结束的那件事上表现得很清楚。公元前 122 年，衡山王、淮南王自杀。此前，中央的耳目告发了他们的谋反意图，于是汉武帝派出使臣，这使臣企图暗杀衡山王、淮南王。第一场惩罚（公元前 124 年）是缩减淮南王两个县的封地，衡山王则降黜爵位，只相当于更卑下的官员。于是，一场叛乱在酝酿中。汉武帝随后派去了拥有全权的官员。于是，这两位诸侯王自杀了，他们的亲人被判刑，还有数量庞大的他们的支持者也被判刑。②

---

① 《史记·平津侯主父列传》："偃说上曰：'古者诸侯不过百里，强弱之形易制。今诸侯或连城数十，地方千里，缓则骄奢易为淫乱，急则阻其强而合从以逆京师。今以法割削之，则逆节萌起，前日晁错是也。今诸侯子弟或十数，而适嗣代立，余虽骨肉，无尺寸之地封，则仁孝之道不宣。愿陛下令诸侯推恩分子弟，以地侯之。彼人人喜得所愿，上以德施，实分其国，不削而稍弱矣。'于是上从其计。"《史记·建元以来王子侯者年表》序："（武帝）制诏御史：'诸侯王或欲推恩分子弟邑者，令各条上，朕且临定其名号。'"另，《汉书·武帝纪》："（元朔二年）春正月，诏曰：'梁王、城阳王亲慈同生，愿以邑分弟，其许之。诸侯王请与子弟邑者，朕将亲览，使有列位焉。'于是藩国始分，而子弟毕侯矣。"

② 《史记·淮南衡山列传》："公卿请削五县，诏削二县。使中尉宏赦淮南王罪，罚以削地。……吏因捕太子、王后，围王宫，尽求捕王所与谋反宾客在国中者，索得反具以闻。上下公卿治，所连引与淮南王谋反列侯二千石豪杰数千人，皆以罪轻重受诛。……天子使宗正以符节治王。未至，淮南王安自刭杀。王后荼、太子迁诸所与谋反者皆族。……中尉大行还，以闻，公卿请遣宗正、大行与沛郡杂治王。（衡山）王闻，即自刭杀。孝先自告反，除其罪；坐与王御婢奸，弃市。王后徐来亦坐蛊杀前王后乘舒，及太子爽坐王告不孝，皆弃市。诸与衡山王谋反者皆族。国除为衡山郡。"

汉武帝的目的是削弱封建诸侯王制度，将它削弱到仅仅装点门面的地步。王朝直接控制辖区的军事是这样安排的：在秦朝时期，由一名军事长官和行政长官治理。郡守是受压制的，他的功能由监御史承担，监御史是类似钦差的官员。在中央，帝国有三位最高长官①（公元前 106 年）。中央委派的代表在王国担任的角色类似政府长官和建议者在王朝直辖区面对皇帝时的角色。汉武帝将获得这些岗位的人仅仅称之为庶民或者“新人”，并使之成为既定制度。这些人浸透了秦朝极其崇尚的法家精神，他们将矛头指向（血统的）高贵，他们并不是不崇尚英雄品质，也还不时发动秘密战争。主父偃（是他提出诸侯王封地的每个继承者都必须有份的）据说出身低微。虽说他是齐王封地的臣民，但他毫不犹豫地指责齐王乱伦。最终齐王自杀。为了逃避自己的责任，汉武帝处死了主父偃，并让齐王自杀。

贵族害怕中央派来的大员，因为他们是专制集权的忠实仆人。“整个帝国都存在一种意见，中央委派的大员不应该被任命为高品级官员。”有一位因循守旧的大臣说。汉武帝在他那些法律专家的帮助下，成功地削减了作为旧贵族制度表现之一的分封制，使它不再具有重要意义。汉武帝热衷于建立一种新的贵族制度，它更容易被掌控，它应该从那些热望通过建功立业以寻求功名的人们中产生。因此，秦朝的贵族等级制度——军功爵制不仅被保存下来，而且在公元前 123 年几乎被复制了，因为一种新的爵制产生了。这种爵制共有十一级，也被称做军功爵制，因为战争需要钱，爵位卖给那些出钱的人。汉武帝的这些改革产生了革命性的后果。从制度上说，它们仅仅是因为政治原因而导致的财政上的权宜之计。② 在承认导致国内动荡这一层面，汉武帝让新老贵族制产生竞争，从而将大规模反抗

---

① 即丞相、太尉、御史大夫，合称“三公”。

② 《史记·平准书》：“其后四年……于是大农陈藏钱经耗，赋税既竭，犹不足以奉战士。有司言：‘天子曰“……北边未安，朕甚悼之。日者，大将军攻匈奴，斩首虏万九千级，留蹛无所食。议令民得买爵及赎禁锢免减罪。”请置赏官，命曰武功爵。级十七万，凡直三十余万金。诸买武功爵官首者试补吏，先除；千夫如五大夫；其有罪又减二等；爵得至乐卿：以显军功。’军功多用越等，大者封侯卿大夫，小者郎吏。吏道杂而多端，则官职耗废。”

压制了下去。所有这些，加上与匈奴间对抗性的战争，使国库以空虚告终。

2. 为王朝声威进行的战争。汉武帝统治时期的伟大之处还表现在他致力于反击匈奴的战争。在起初的一些年里，汉武帝克制自己，仅仅作些简单的防御，但他修缮了通往北方的大道，并且组建了大规模的骑兵队伍①，它有供给中心和固定马群。最重要和最必需的是，他制定了一个对付匈奴的计划。

公元前138年，汉武帝派遣张骞出使大月氏。据说大月氏是匈奴的敌人。张骞（他那长期的冒险旅行当然不乏浪漫神奇的色彩）被匈奴抓住，而后他逃了出来。在拔汗那②，他访问了大宛国，而后他经过锡尔河和阿姆河，在那里他遇见了月氏。月氏从匈奴魔掌的威胁下逃离，迁徙到伊犁地区，处在乌孙势力的压迫下。他们被迫向东方寻找自己放牧的草场，而当时，索格代亚纳人（古代伊朗人）正迫使他们回到阿姆河以南，他们在巴克特利亚地区追逐并赶走大夏人。于是张骞可以大概地像阿富汗人那样通过一条大路向北，那时，这条路被匈奴截断了。更进一步的是，张骞获得了一些关于西域及他们重要性的信息，在当时这信息实在称得上模糊遥远。最终，在问讯之后，他确信有一条躲开匈奴控制的商道存在，这条商道从西域通到四川、云南地区沿着身毒国（印度）的边界。后来张骞（在又一次被匈奴囚禁之后）回到了中国，此时是公元前125年。

让大月氏人对付匈奴，本来应该是没有任何问题的。但是乌孙，也就是在伊犁地区代替了大月氏人的那个民族，或许也是同击匈奴最有效的同盟。张骞于公元前115年出发，担负着与乌孙结盟的使命，当时还有其他人肩负使命到西域和大宛。更进一步的是，公元前135年，一位具有全方

---

① 《史记·匈奴列传》："自是之后，匈奴绝和亲，攻当路塞，往往入盗于汉边，不可胜数。然匈奴贪，尚乐关市，嗜汉财物，汉亦尚关市不绝以中之。……于是汉遂取河南地，筑朔方，复缮故秦时蒙恬所为塞，因河为固。汉亦弃上谷之什辟县造阳地以予胡。是岁，汉之元朔二年也。"

② 拔汗那为中亚古国。在锡尔河中游谷地，今吉尔吉斯斯坦费尔干纳地区。汉代称大宛。中国古籍又作破洛那或钹汗。都西鞬城（今纳曼干）。——译者注

位视野的探险家唐蒙确信了商道（丝绸之路）的重要性①，他从广州出发，穿过西康的山谷，到了贵州（夜郎国）、云南上游的山川和四川地区。这一信息，跟张骞所提供的信息衔接了起来，于是走出一条通向滇国（云南府）的道路成了可能的了，滇国首府是大理府，这条路穿过昆明（大理府）一直通向上缅甸和身毒（印度）。

在第一阶段的尝试和向四方探寻的努力之后，对付匈奴（公元前 130 年、公元前 127 年），打击越人（公元前 138 年、公元前 135 年）和云南、四川的小国（公元前 130 年）的一套整体计划浮现在汉武帝脑海中。

首当其冲要打击的还是匈奴。卫青率军进行过两次远征（公元前 124 年、公元前 123 年）。卫青目的是让黄河（河套）地区整个从匈奴的威胁下解脱出来，并试图用一支巨大的骑兵部队长驱深入到匈奴境内。公元前 121 年，霍去病，这位轻装部队的将军，率领万名骑兵向西长驱直入 500 公里，他打败了匈奴，将匈奴王子当做俘虏带到甘肃西北（凉州）。几个月后，他再次深入，深入到他能力所及的极远之处——阿尔泰山和天山地区。甘肃西部的小国无不臣服。公元前 119 年是决定性的一年，卫青继续胜利，这令匈奴单于惊讶；在长城北部地区，汉朝迫使匈奴单于南向称臣。此时霍去病从直隶北部的山脉地区出发，向北 1 000 多公里，深入匈奴腹地。他将九十名匈奴酋长当做俘虏带回。这些胜利让中国有了威望——在相当长的一段时期，他们的北疆获得了稳定的和平。这几次胜利还使汉朝征服了整个甘肃地区，在南山（敦煌）的绿洲上建立了汉朝自己的据点，这使他们获得了重要的战略要地，因为这片地方是通向阿尔泰的要道。

公元前 112 年，这一军事努力又指向南边。南方沿海地区的几个郡当初是由秦始皇征服的，秦朝灭亡之后，这些地区又再次独立。它们之中最北部的是浙江（东瓯）和福建（闽越），而它们俩又互为竞争对手。公元前 138 年，汉朝作为它们俩的保护者，从北部渡过长江，征服了东瓯。公元前 112 年，汉朝又进攻南越。公元前 111 年，六路军队从不同方向翻过

① 《史记·平准书》："唐蒙、司马相如开路西南夷，凿山通道千余里，以广巴蜀，巴蜀之民罢焉。"《太史公自序》："唐蒙使略通夜郎，而邛笮之君请为内臣受吏。作《西南夷列传》第五十六。"《西南夷列传》："唐蒙风指晓南越。"

南岭，占领了南越。所有的南越人都一下子成了华夏。这样，东越就孤立了，公元前 110 年被征服。其居民被迁徙到长江北部。中国首次掌握了漫长而重要的海岸线。

与此同时，中国还控制了通往西南的道路。在让夜郎（贵州）和滇（云南）俯首称臣之后，汉武帝根据盘古开天辟地的实验，希望建立一个持续的、没有缺环的可控制领土链，它一直通到大夏地区。但他不能征服大理府山区居民的反抗。

汉武帝这一企图包抄和封缄中亚南部的辉煌计划是一场考验，这考验不能不注意到西域的存在。在与它们发生无数接触和联系之前的主要战役爆发在公元前 108 年，它打败了楼兰和库车，中国人从那时起，就掌握了通往南阿尔泰的通道，发现他们自己跟伊犁地区的乌孙发生了联系。乌孙军队推进到大宛，企图以此攫取中国人的胜利。第一场战争（前 104—前 103）失败了，皇帝下令将撤退的军队驻扎在敦煌，并在那里建立要塞。公元前 102 年，汉朝军队重新出发穿过西域，最终他们占领了大宛。大宛和康居①的国君送来了人质。在整个汉武帝统治时期，他们都保持了对汉武帝的忠诚。在这一击之下，西域感觉到自己处于中国和匈奴的影响之下，他们断绝了跟中国的一切联系，他们自身也处在中国朝西扩张的威胁下。

霍去病的东征（公元前 119 年）展现了在朝东的压力下能够赢得什么。向东征服朝鲜（在辽东半岛和朝鲜半岛西北部之间）自公元前 108 年开始展开，但组织起一支水陆部队（拥有船队和陆军）的行动提供了一种可能性，那就是建立四个新郡，这四个郡深入东部荒野，成为发挥汉朝在那里影响的重要基地。

公元前 110 年，为一场势如破竹的决定性扩张所做的所有准备似乎都已做好。这一年汉武帝五十岁了。士兵疲敝，将领倦怠。尽管“南方蛮

---

① 原文为 zarafchan。按，《中国通史参考资料（古代部分）》第四册“杜环《经行纪》”部分注释有言：“《新唐书》卷 221 下：康国在那密水南，大城三十，堡二三百，君姓温，本月氏人，始居祁连北昭武。沙畹谓护密水即《隋书》卷 83 之萨宝水 R. Zarafchan。”则 zarafchan 可能为汉代文献中提到的“康居”。——译者注

夷受到了惩罚”，汉武帝派18万人打击山区台地的闽越，但这不过是一场军事游行而已。

公元前107年，匈奴很明显跟汉朝结盟，而后再一次成为仇敌。公元前104年，双方都尝试要利用这一结盟，汉朝的大漠卫戍者在那里搭起了一些帐篷，但是一支中国军队（并不是一支精兵）公元前103年被包围，那些帐篷也于翌年被摧毁。公元前99年，汉朝军队从南山出发开始了一场远征，部队很艰难地回来，同时，另一股军队覆没了。汉武帝的伟大计划（如果这计划曾经有过的话，中国历史学家相信他曾有过这样的计划）仍然没有实现。

汉武帝至少可以炫耀自己的功德，因为他赢得了众多至关重要的胜利。更遥远的甘肃地区最终被征服，在这里的山峦台地上建立了野蛮游牧民族和中国之间的屏障。[西藏的居民（西羌），事实上开始成为危险的邻敌，因此，汉朝艰难地与他们进行长达三年以上（前111—前108）作战，这是很有必要的。]① 但是还存在反对汉武帝的势力，他那毫无理由的过度欲望，以及他对将军们的严厉（当他们没有带来真正的战果之际），都让他们对自己的事业感到沮丧。

3. 中央集权的增长。国家的积弱使得重要的军事努力最终以失败告终。它起初被抱怨为财政上的不力，当时，财政上屡屡突发奇想的点子实在是比直接而长期的经济计划更引人注目。

最急迫的问题就是钱。为了不显出垄断者的姿态，汉朝允许自由铸币。② 浙江和四川地区受封的诸侯王铸造的钱币充斥着中国的市场。他们的财力让皇帝震惊。他禁止诸侯王擅自铸钱。这一举措（假如有所回应）并没有给垄断经营的诸侯王造成任何影响。他们富可敌国，财富足可跟朝廷相比，而皇室国库在经历连年战争、支付大量军费和公共工程费用后则空虚了。帝国政府第一项举措，就是在币制流通领域建立更科学的系统。

① 《史记·平准书》：“其明年，南越反，西羌侵边为桀。于是天子为山东不赡，赦天下，因南方楼舡卒二十余万人击南越，数万人发三河以西骑击西羌，又数万人度河筑令居。”

② 《史记·平准书》：“汉兴……于是为秦钱重难用，更令民铸钱……至孝文时，荚钱益多，轻，乃更铸四铢钱，其文为‘半两’，令民纵得自铸钱。”

它试图让借贷体系跟货币流通完全联系在一起。通过事先向绝户和迁徙他乡的人民借贷土地①，建立了一个榜样。“富有的商贩和大商人……（获得）数万磅金之际，他们并没有在国家有需求之际支援国家一分钱，而与此同时，不幸的贫民则数量倍增。”② 在这种情况下，国家亦萧瑟凋敝。“铸钱增加了一倍……商业活动变得稀少而成本昂贵。”而后汉武帝从公元前120年开始，数次改变币制。用锡和银的合金作为新通货代替铜币，用信仰方面的手段试图创造出对这新通货的信任，让百姓接受这一新举措，并用一系列手段打击赝铸，但是赝铸活动从来没有停止过。③ 公元前113年出现了一项法令，宣布除了皇家（“上林”）铸造的钱币外，所有私铸都是非法。这一垄断的确立主要是为了检验裂土分封的诸侯王是否俯首听命。而且严峻的惩罚手段被采用。公元前112年，受骗的诸侯王（在多达250人诸侯王总数中有106人）被降黜。

为了跟私人的垄断作斗争，汉武帝建立了国家的垄断。由专门机构（“少府”）掌管皇帝的特殊收入，这些收入来自山林川泽、江河湖海的物产。“山海，天地之藏也”（这就是说，属于皇帝的个人名义），然而，皇帝“为了支持公共服务事业，将这些剥削归于大农（国家财富）”。一旦开了这些例子，对盐铁（铁的垄断在公元前119年）的垄断④持续了下

---

① 《史记·平准书》：“乃徙贫民于关以西，及充朔方以南新秦中，七十余万口，衣食皆仰给县官。数岁，假予产业，使者分部护之，冠盖相望。”

② 《史记·平准书》：“于是县官大空。而富商大贾或蹛财役贫，转毂百数，废居居邑，封君皆低首仰给。冶铸煮盐，财或累万金，而不佐国家之急，黎民重困。”

③ 《史记·平准书》：“乃以白鹿皮方尺，缘以藻缋，为皮币，直四十万。王侯宗室朝觐聘享，必以皮币荐璧，然后得行。又造银锡为白金。以为天用莫如龙，地用莫如马，人用莫如龟，故白金三品：其一曰重八两，圜之，其文龙，名曰‘白选’，直三千；二曰以重差小，方之，其文马，直五百；三曰复小，撱之，其文龟，直三百。令县官销半两钱，更铸三铢钱，文如其重。盗铸诸金钱罪皆死，而吏民之盗铸白金者不可胜数。”

④ 《史记·平准书》：“大农上盐铁丞孔仅、咸阳言：‘山海，天地之藏也，皆宜属少府，陛下不私，以属大农佐赋。愿募民自给费，因官器作煮盐，官与牢盆。浮食奇民欲擅管山海之货，以致富羡，役利细民。其沮事之议，不可胜听。敢私铸铁器煮盐者，钛左趾，没入其器物。郡不出铁者，置小铁官，便属在所县。’使孔仅、东郭咸阳乘传举行天下盐铁，作官府，除故盐铁家富者为吏。”

去，阻止没有合法身份的百姓私自煮盐、冶铁。即“私自使用山川之利，以谋取私利……”，也为了阻止下层百姓自给自足。铸币和煮盐成了国家经营的事业，盐铁的专卖权归国家所有。地方政府、地方官员在这项新举措下立即臣服。

不止盐铁的生产经营，商业买卖（它通常被当做最没有价值的“末业”）同样也给予私人获得巨大利润的可能性。除了这些，投机者（那些“放贷的和囤积居奇的人”）通过非法结成联盟，变得居于主导地位。①国家通过公共物流体系，采用“均输”手段来保护自身和百姓。均输的使命是确保“商业的生产和流通”达到“阻止帝国内价格的忽然间大幅度起落”的程度。同样，均输还试图建立起一个固定的市场体系，通过这个市场体系，官员可以自由地“按自己意志行事”。② 这一市场体系的功能（这市场体系被称做“平准”——贸易买卖的调节手段）在大农及其助手们的努力之下得到了保证。大农的管理是“在不同州郡，不时地派遣均输官员建立均输体系，还派遣管理盐铁的官员”。他们为遥远的地区带来秩序，将对他们而言的珍稀物产当做应得物运送到别处，而商人转输这些是为获得利润。大农所属的官员会在物品稀少时将这些物品卖出以平抑市场，在首都有平准官员，他们掌握整个帝国内货物的转输和流通。国家的工作人员造转输货物的车，掌握着所有转输货物的手段，他们同样也依靠大农。大农负有掌握商品期货的职责。当货物稀少、价格昂贵时他们就卖出货物投放市场，反之，货物众多、价格低贱时他们买进。“通过这一手段，富商大贾就不能获得无止境的非法暴利……整个帝国内的物价就能保持稳定。”这一均输平准系统也避免了某些地方出现饥馑。“均

---

① 《史记·平准书》：“于是以东郭咸阳、孔仅为大农丞，领盐铁事；桑弘羊以计算用事，侍中。咸阳，齐之大煮盐，孔仅，南阳大冶，皆致生累千金，故郑当时进言之。”“商贾以币之变，多积货逐利。”

② 《史记·平准书》：“而桑弘羊为大农丞，筦诸会计事，稍稍置均输以通货物矣。”“弘羊以诸官各自市，相与争，物故腾跃，而天下赋输或不偿其僦费，乃请置大农部丞数十人，分部主郡国，各往往县置均输盐铁官，令远方各以其物贵时商贾所转贩者为赋，而相灌输。置平准于京师，都受天下委输。召工官治车诸器，皆仰给大农。大农之诸官尽笼天下之货物，贵即卖之，贱则买之。如此，富商大贾无所牟大利，则反本，而万物不得腾踊。故抑天下物，名曰‘平准’。”

输货物持续增长，当（谷物）增长到六百万蒲式耳时……（布帛）增长到五百万匹时"，就要采取均输的措施，以保持"物价的稳定"并且"不增加对百姓的税收"。首都的谷仓和边界上的所有军用谷仓都充实了。(这些溢美之词出自司马迁，一个并不那么友好的历史观察者之手。）但是，一场旱灾随即来临。立刻有人以旱灾的来临驳斥"平准"的倡议者桑弘羊，当时桑弘羊尚在，"天将降雨"。①

这一建议是卜式提出的，他仇视国家垄断经济事业，主张通过耕地税收和让农民交纳布帛（这些是农夫的通常物产和交给国家的租税内容）的"正常税收"增加国家财富，而不是通过国家垄断经营。② 正好卜式发现国营的盐铁质量很差，而且船舶此时是收税的（这些船舶注定要服务于国家交通），这样，从事自由贸易的商人的数量减少了，物品（盐铁等）单价却提高了。③ 这位事实上的持不同政见者主张自由贸易，他在逐渐建立的事业中发家致富。至少他有了一定的理财勇气。他主张国家的财富体系应由帝国的富人们承担，当然，捐赠必须跟"勇士'在疆场浴血奋战的需要相一致，它对"富人"而言是一项强加在身上的义务。汉武帝声称，自愿向国家交税虽然持续下去了，但看来回报是非常微弱的，虽然这项带发明性的政策是在戏剧性的背景下颁布的，而且冠以动听的言辞。("在帝国，他发现没有任何人会放弃自己的一部分资产来支持国家的事业"——"富有的、声名显赫的人们以隐瞒自己资产的方式来互相竞争。")④ 汉武帝通过对某些物品（车船）征税进行聚敛，这比既定

---

① 《史记·平准书》："是岁小旱，上令官求雨，卜式言曰：'……今弘羊令吏坐市列肆，贩物求利。亨弘羊，天乃雨。'"

② 《史记·平准书》："是岁小旱，上令官求雨，卜式言曰：'县官当食租衣税而已……'"

③ 《史记·平准书》："式既在位，见郡国多不便县官作盐铁，铁器苦恶，贾贵，或强令民卖买之。而船有算，商者少，物贵，乃因孔仅言船算事。上由是不悦卜式。"

④ 事见《史记·平准书》。公元前111年，颁布了一项法令，抬高了帝国命令的权威性，卜式"在放弃了他那流水般的财富之后"，他希望"获取声名"，"尝试从自己开始交'算舟船钱'(船舶税)"。《史记·平准书》："卜式上书，愿输家之半县官助边。"他还参加了反对南粤的战争。卜式没有离开。他被封为公爵，并收到了六十磅黄金和一块很好的采邑（封为贵族，赐予土地和黄金)。

的财政控制手段要有效得多。①

提出财政控制手段的是张汤，“他去世（公元前115年）了，人们毫不遗憾”②。他是一位管理政府的高官兼法理学家。他的时间被开筑运河的大量工作占满，开筑运河是为了可以更廉价地运输谷物。他制定了一条后来被普遍接受的原则，那就是法官的决定不能建立在推荐、劝告这些东西的基础上，而必须建立在个人关于犯罪事由的原因探索和学识基础上。③ 他拥护银币的发明。我们看见了钱币政策在一套许可扼杀贵族制度的巨大的法律体系下被终结，在同样的精神下，张汤和他的弟子插手财政事务。在他们的影响下，法理指责者出现了，他们成了无情无义的法律家，他们甚至因无情无义受到信任。④ 他们组成巡回使团，到州郡和王国去判理事务，观察风俗。“他们从各地拥有数十万资产、成千上万僮仆奴隶、数百顷良田的富人们那里抽取资产（这些富人也包括数百资产稍逊的富人），让它们获得应有的分配。尔后，若商人的资产接近这个水平甚至超过，几乎全部被清荡。那‘穿着华丽的衣裳在轻快之声中欢呼’的人们，没有人再去努力继续积累他们的遗产，但地方官员，多亏了盐铁专卖，还有从常规税收中获得的利润，才有丰厚的资产”。⑤

---

① 《史记·平准书》：“异时算轺车贾人缗钱皆有差，请算如故。诸贾人末作贳贷卖买，居邑稽诸物，及商以取利者，虽无市籍，各以其物自占，率缗钱二千而一算。诸作有租及铸，率缗钱四千一算。非吏比者三老、北边骑士，轺车以一算；商贾人轺车二算；船五丈以上一算。匿不自占，占不悉，戍边一岁，没入缗钱。有能告者，以其半畀之。贾人有市籍者，及其家属，皆无得籍名田，以便农。敢犯令，没入田僮。”

② 《史记·平准书》：“是岁也，张汤死而民不思。”

③ 《史记·平准书》：“张汤用峻文决理为廷尉，于是见知之法生，而废格沮诽穷治之狱用矣。”《史记·酷吏列传》：“张汤者，杜人也。其父为长安丞，出，汤为儿守舍。还而鼠盗肉，其父怒，笞汤。汤掘窟得盗鼠及余肉，劾鼠掠治，传爰书，讯鞫论报，并取鼠与肉，具狱磔堂下。”

④ 《史记·酷吏列传》：“于是丞上指，请造白金及五铢钱，笼天下盐铁，排富商大贾，出告缗令，钼豪强并兼之家，舞文巧诋以辅法。”

⑤ 《史记·平准书》：“卜式相齐，而杨可告缗遍天下，中家以上大抵皆遇告。杜周治之，狱少反者。乃分遣御史廷尉正监分曹往，即治郡国缗钱，得民财物以亿计，奴婢以千万数，田大县数百顷，小县百余顷，宅亦如之。于是商贾中家以上大率破，民偷甘食好衣，不事畜藏之产业，而县官有盐铁缗钱之故，用益饶矣。”

这项法令于公元前119年颁布，当时还制定了一份清单，是商人的名单。按照这个计划，他们财富的超出部分必须被充公，所以他们不可能从振振有词地（实际是欺骗性的）为农夫谋利的这项政策中受益。所有的大商人都只好公布自己的资产。拒绝者或申报不实者，对他们的惩罚或者是财产充公，或者是在边界服役一年。应征的税收是个人财产的二十分之一。工匠和商人囤积的商品或半成品也被包括在此番征收赋税的财产之内，至于拥有店铺的工匠为了生产制作而在店里囤积一定货物，这方面的认定依据要高些。车辆、船舶也要根据它们的容积上税，这被看做交通重要性的一个象征。① 最终，游手好闲的人们，比如赌徒，猎人，赞助斗鸡、赛马的人，受到打击，他们必须在惩罚性的服务劳役和为官府服务两者之间作出选择。而进入官府服务的机会是非常难获得的。② 如果有人自愿向政府捐献谷物，捐献者将被免除强制性劳役，并有机会承担政府公职。③ 首都的税收充实了上林的府库④，由上林的水衡都尉掌管。被充公土地上的奴隶成为国家的仆人，在大多数情况下，他们的任务是运输谷物。这些罪犯（司马迁的记载证明他们的人数有百万以上）⑤，在一场大赦之后，或者被送进军队，或被打发到新近攻占的地区进行殖民（公元前120年）。这新占领的土地（“新秦”），在黄河河套的北部（鄂尔多斯）。随之前往殖民

① 《史记·平准书》：“商贾以币之变，多积货逐利。于是公卿言：‘……异时算轺车贾人缗钱皆有差，请算如故。诸贾人末作贳贷卖买，居邑稽诸物，及商以取利者，虽无市籍，各以其物自占，率缗钱二千而一算。诸作有租及铸，率缗钱四千一算。非吏比者三老、北边骑士，轺车以一算；商贾人轺车二算；船五丈以上一算。匿不自占，占不悉，戍边一岁，没入缗钱。有能告者，以其半畀之。贾人有市籍者，及其家属，皆无得籍名田，以便农。敢犯令，没入田僮。”

② 《史记·平准书》：“所忠言：‘世家子弟富人或斗鸡走狗马，弋猎博戏，乱齐民。’乃征诸犯令，相引数千人，命曰‘株送徒’。入财者得补郎，郎选衰矣。”

③ 《史记·平准书》：“始令吏得入谷补官，郎至六百石。”

④ 《史记·平准书》：“初，大农筦盐铁官布多，置水衡，欲以主盐铁；及杨可告缗钱，上林财物众，乃令水衡主上林。上林既充满，益广。”

⑤ 《史记·平准书》：“乃分缗钱诸官，而水衡、少府、大农、太仆各置农官，往往即郡县比没入田田之。其没入奴婢，分诸苑养狗马禽兽，及与诸官。诸官益杂置多，徙奴婢众，而下河漕度四百万石，及官自籴乃足。”

的还有700 000名备受洪水折磨的贫苦百姓，他们到此后（公元前112年）“互相告发彼此财产（‘告缗’），告缗的功用只是把人们赶到新秦，此后告缗便偃旗息鼓”。①

汉武帝的财经政策，可以部分地解释为国家的贫困所致，因为获得的财富被内外战争胜利消耗一空。在国库空虚的过程中，私人财产大大增长，并且建立在财政基础上的地方封建主义倾向加剧了各地实力派和封君们的错误需求。假如投机者居然建立起强有力的“非法社会”，必须认识到，那些大的地方实力派和封君们并不是投机的最后人物。帝国财政主要通过政治目的来维系并使之水涨船高，它致力于创造皇权，同时也摧毁了地方势力。这项工作由法家引导，通过财政征收手段施行。货币贬值和物价失衡最后一起调整着国家建立的垄断政策产生的结果。这样，国库在打击私人财富（也包括皇室财富）并向他们征税的代价下充实了。这一举措再次调整了财政收支预算，而这调整是非常必要的。“通过历数官员的任命和公共事务的开支，以决定所收人头税的幅度。”但战争、大的公共工程、殖民等事务的花费，以及在国内官员和军事官员身上的花费等都增加了预算开支，而且恰在此时，当可变资产变得非常重要时，对可变资产抽税这一发明，由属于帝国新崛起社会阶层的财经专家提倡（商人和实业家）。当时，占有土地的经营者仍然游离在税收之外，税收只是古板地朝农夫和他们的土地征税。而税收，事实上，仍然难以跟向国家奉送物品分开，因为那是维系和体现贵族制的方式。日益富有的富商大贾希望由此获得贵族爵位，甚至为此忍受对商业自由的限制。他们接受了来自国家的经济上的竞争，而且一些法律的制定又限制他们获得进一步的利润。如果商业不再被认为是可耻的行当，商人也希望能跻身官员的行列。为了打开通向仕途的大门，他们孜孜努力，开始了一场跟大经营者和拥有世袭进入政府权力的贵族的斗争。这斗争持续一段时间之后，旧式的封建精神再次复活了。他们反对因个人的美德而赐给荣誉和爵位，他们认为应将爵位赐给拥有卓越成就的士兵，或者赐给职业化的政府管理者。他们不认可将高

① 《史记·平准书》：“新秦中或千里无亭徼，于是诛北地太守以下，而令民得畜牧边县，官假马母，三岁而归，及息什一，以除告缗，用充仞新秦中。”

贵与勇猛归于某人的出身。应该感激这互相矛盾的观点，这样，一种新的秩序似乎就要建立，人尽其才的原则开始跟任何事情都得忠于事主的旧原则抗衡。有一些观点还越过了忠于事主的原则，它直接缔造出国家如何用人的新概念。他们甚至在这新概念中看见，没有任何一个简单零件需要在强力命令之下运转，而是在一个管理有效的大致的框架下运行。

这一情况，无论从社会角度还是财政角度看，都是革命性的。如果汉武帝有任何一点任人唯亲的观念存在，都有可能会让他自己受益，并且创造出中国古代国家—社会的崭新秩序。一种跟当时的内政外交同时存在的特别行情或许允许公共心理暂时脱离封建制的表象，但是汉武帝只看见了最急迫的那些需求，他只看见了用日复一日变化的权宜之计来应付这些——拒绝潜在的变化，即使它们已经成长到足够脱颖而出。而后，新贵们——一旦他们成功地接近仕途，他们就已经缔造了一种危险的气氛，因此立刻成了牺牲品。专制统治的无休无止、帝国法令及制定者的短见使中国错失了最重要的机遇，这机遇本可以使它成为一个有组织的、浑一的强大国家。

4. 文明的任务。很显然，缔造一个文化完全浑一的国家的渴望比扩张中国文明的渴望要来得弱。显然在后一方面的努力汉武帝要做得更多。他试图对鄂尔多斯地区殖民；他完成了对甘肃和东北地区的殖民；他明确地为中国获得了南方的滨海地区，以及长江流域的整个重要地区。

我们可以看见，在公元前120年，黄河河套以北地区来了大量的汉朝移民。多达十万人被送到这里，他们的任务是修筑并保卫长城。还有一项企图是在那里开筑一条运河，目的是为了灌溉这一地区的农田，使得这一地区可以定居，这需要花费十亿钱以及好几万人工。畜牧业采用了这些办法："官员出借牡畜，三年之内必须归还，每出借十四母马必须归还一匹小马驹。"具体办事人员掌管着将土地分成小块（可传给子孙）的权力，这小块土地供出租用。他们形成群体，监督着前去殖民的百姓的情况。殖民的代价达到了"无法估量的地步"，这代价没法分摊，它跟这一愿望一样巨大——希望在中部蒙古地区建立一个据点，阻止游牧民族向中国心脏地区的进攻。①

对东北和朝鲜半岛的殖民（前128—前108）在坚持不懈中开展下去，代价不比往鄂尔多斯殖民小。② 往东北地区扩张的热望是巨大的，也多亏了这热望，才将北部游牧民族分开（东胡，匈奴的敌人，事实上他们生活在宏伟的东段长城沿线）。同样还多亏了往东北扩张的热望，它希望控制渤海湾，正如希望吞并朝鲜半岛一样。在东北地区的殖民导致了直隶和山东地区出现麻烦，因为它“摧毁了燕国、齐国”，也就是说，地方州郡对中国来说削弱了。东部地区的大封君们，事实上是最大的阴谋家。他们独立的足智多谋和诡计多端很显然伴随着某些海防策略。汉武帝为了削弱他们，让他们臣服自己，使自己获得了海防力量，孤立他们。他试图获得对黄海的掌控，并对南方滨海地区殖民。③

一位来自山东南部的诸侯王很希望（这是很明显的事实）汉武帝重申对越国的占领。汉武帝的答复是：不仅仅继续军事的占领，而且朝江淮之间殖民。他一步步向那里派遣移民，派去的一批批移民逐渐合并。公元前138年，40 000东瓯（浙江）土著被派到那里，而后公元前110年，所有的东越居民被派遣。但公元前115年，在一场洪水之后，大量中国百姓被派遣到这一地区殖民，这人群如此庞大混杂，以至于掌管殖民事务的

---

① 《史记·平准书》：“初置张掖、酒泉郡，而上郡、朔方、西河、河西开田官，斥塞卒六十万人戍田之。中国缮道馈粮，远者三千，近者千余里，皆仰给大农。边兵不足，乃发武库工官兵器以赡之。车骑马乏绝，县官钱少，买马难得，乃著令，令封君以下至三百石以上吏，以差出牝马天下亭，亭有畜牸马，岁课息。”

② 公元前128—前108年是汉武帝元朔元年至元封三年。《史记·朝鲜列传》：“会孝惠、高后时天下初定，辽东太守即约满为外臣，保塞外蛮夷，无使盗边；诸蛮夷君长欲入见天子，勿得禁止。以闻，上许之，以故满得兵威财物侵降其旁小邑，真番、临屯皆来服属，方数千里。传子至孙右渠，所诱汉亡人滋多，又未尝入见；真番旁众国欲上书见天子，又拥阏不通。元封二年，汉使涉何谯谕右渠，终不肯奉诏。何去至界上，临浿水，使御刺杀送何者朝鲜裨王长，即渡，驰入塞，遂归报天子曰‘杀朝鲜将’。……天子募罪人击朝鲜。其秋，遣楼船将军杨仆从齐浮渤海；兵五万人，左将军荀彘出辽东：讨右渠。右渠发兵距险。……左将军击朝鲜浿水西军，未能破自前。天子为两将未有利，乃使卫山因兵威往谕右渠。”——译者注

③ 《法国远东学院院刊》，1923年，169页。

官员以及他们的马车“绵延而望，在道路上有如一条弯曲的长龙”。更重要的是，中国殖民者被送到了长江以南，最初遣送他们到那里殖民，是靠从四川地区输入的谷物生活。一条运河将四川盆地、西康以及长江流域连接起来。这一朝向广州地区的远征在南方地区的双层楼船帮助下得以完成。帝国现在有了一批水手。帝国的势力稳固地在中国东方建立了。①

整个长江流域的卑湿之地被划分成了依军事管理的州郡（建立了17个新州郡）。“他们的管理按照（当地居民的）古老风俗，对他们不收税。”② 殖民所需的花费由最临近的华夏州郡承担。同化看样子缓慢地发生着，“它需要审慎，而且反抗也不时发生”。③ 确实也完成了一些大规模的工作。一条大道直通西南，完成了秦始皇时期就开始营建的道路交通体系。“在向邛僰运输的货物道路上绵延不断，为的是夺取那个地方，同化他们。”④ 而后“勇武的人们被征往南部更蛮荒的地区耕种”⑤，为此，在这古老的军事统治区域——四川地区，花了大量的钱。

殖民的努力继续进行着，也许因为，至少在这一时期之末，受到了更

---

① 《史记·东越列传》：“至建元三年，闽越发兵围东瓯。东瓯食尽，困，且降，乃使人告急天子。……东瓯请举国徙中国，乃悉举众来，处江淮之间。”“于是天子曰东越狭多阻，闽越悍，数反覆，诏军吏皆将其民徙处江淮间。东越地遂虚。”《史记·南越列传》：“元鼎五年秋，卫尉路博德为伏波将军，出桂阳，下汇水；主爵都尉杨仆为楼船将军，出豫章，下横浦；故归义越侯二人为戈船、下厉将军，出零陵，或下离水，或柢苍梧；使驰义侯因巴蜀罪人，发夜郎兵，下牂柯江：咸会番禺。元鼎六年冬，楼船将军将精卒先陷寻陕……南越已平矣。遂为九郡。……自尉佗初王后，五世九十三岁而国亡焉。”

② 《史记·平准书》：“汉连兵三岁，诛羌，灭南越，番禺以西至蜀南者置初郡十七，且以其故俗治，毋赋税。”

③ 《史记·平准书》：“南阳、汉中以往郡，各以地比给初郡吏卒奉食币物，传车马被具。而初郡时时小反，杀吏，汉发南方吏卒往诛之，间岁万余人，费皆仰给大农。”

④ 《史记·平准书》：“当是时，汉通西南夷道，作者数万人，千里负担馈粮，率十余钟致一石，散币于邛僰以集之。”

⑤ 《史记·平准书》：“数岁道不通，蛮夷因以数攻，吏发兵诛之。悉巴蜀租赋不足以更之，乃募豪民田南夷，入粟县官，而内受钱于都内。”

远些的甘肃地区成了中国领土的成果的激励。公元前121年的一场战役之后，好几万混邪人涌进中国，他们在中国领土内定居，并得到认可，汉朝还支援了他们20 000辆车。第一个主意是将他们安置在河套地区，而后是将他们安置在北部边境的南山地区，和罗布淖尔为邻。公元前112年，汉武帝大规模地巡游西北地区，并视察了边防的薄弱之处。同年，二十多个羌人（古藏族人）部落实现联合，并跟匈奴也联合，开始向甘肃中心地区渗透。于是，公元前111—前108年，一支百万大军雄踞原野，抵御他们的进攻。数万人被送至灵武要塞，保卫着临洮地区（游牧民族的要道），这一地区的山谷是渭水的屏障，还是向库库淖尔（青海湖）地区渗透的要道。“官员被派遣到那里，管理土地和屯田，士兵监督着要塞障碍，这些障碍保卫着屯田地区。”这一军事殖民系统和提供信息的邮驿系统一起得到完善，这信息提供系统的代理者是先前住在那里为汉人提供稳据机会的部落。至此它们终于终结（前62—前60，汉宣帝时，在赵充国影响之下）。向南山两侧移民的过程使得甘肃西部地区成了一处向外产生文明辐射的堡垒，在那里，中国文明向西域和西藏两个方向辐射。在汉武帝统治时期，敦煌还不是一个很发达的邮驿，但是帝国内部的一个军事据点。①

内部殖民事务所获成就的辉煌程度也毫不逊色。毫无疑问，在汉武帝统治时期，让中国核心地区恢复秩序的巨大艰苦的努力在开展着。汉武帝的巡守和旅行也涉及重修那无数的道路，尤其是在公元前112年。为运输和灌溉而开筑的运河仍然还是国有的公共事业。为了灌溉盐碱地，一条巨大的运河在商颜开筑，它将洛水引向北边的东周地区，洛水河岸很容易崩塌，所凿的井戳穿了河岸，最深之处有400尺，每个井都有固定方向，每个井之间都有一定距离。它们互相联结在一起，在河的底部，河水的流向

---

① 《史记·大宛列传》：“乃案言伐宛尤不便者邓光等，赦囚徒材官，益发恶少年及边骑，岁余而出敦煌者六万人，负私从者不与。牛十万，马三万余匹，驴骡橐它以万数。多赍粮，兵弩甚设，天下骚动，传相奉伐宛，凡五十余校尉。宛王城中无井，皆汲城外流水，于是乃遣水工徙其城下水空以空其城。益发戍甲卒十八万，酒泉、张掖北，置居延、休屠以卫酒泉，而发天下七科适，及载备给贰师。转车人徒相连属至敦煌。”

因此为它们所引导。① 这是第一条“带井的运河”，另一条运河，在山西地区运用汾水开筑，为了灌溉山西西南边角的土地。那里的黄河岸边是不毛之地，但是，未开垦土地是普通百姓希望在那里收获干草，饲养牛马的地方，他们希望将它变成田园和牧场。他们希望这片土地能长出谷物，成为能年产两百万蒲式耳（一蒲式耳等于八加仑）的粮仓。河流流域的一场变故将这些工作成果毁于一旦，但继续朝这里殖民并没有改变。那些习惯沼泽地区生活方式的越人也被迁徙到这里，他们被豁免了所有税收。② 更有成就的一项事业是开筑了一条运河，这条运河将渭水引向首都。这多亏一位水利专家，一位来自山东的水文地理工程师。花了三年功夫，这运河才筑成。运河对灌溉而言是非常有用的，但是最重要的意义还是运输谷物。它缩短了运输的距离，减少了人工花费，它功用巨大。③ 这一地区最重要的工程是控制黄河的泛滥。公元前 132 年，黄河在瓠子（直隶南部）决口，黄河水咆哮着涌向东南地区钜野的沼泽，将淮、泗之水（山东南部，中古时期几乎是黄河占用的水道）连接起来。它毁坏了河南、安徽和江苏三省的一部分。这决口只是在公元前 109 年被堵住了，这一年干燥少雨，木料奇缺，当地居民将好多木料都烧了，汉武帝下令砍伐淇水沿岸

① 《史记·河渠书》：“其后庄熊罴言：‘临晋民愿穿洛以溉重泉以东万余顷故卤地。诚得水，可令亩十石。’于是为发卒万余人穿渠，自征引洛水至商颜山下。岸善崩，乃凿井，深者四十余丈。往往为井，井下相通行水。水颓以绝商颜，东至山岭十余里间。井渠之生自此始。穿渠得龙骨，故名曰龙首渠。作之十余岁，渠颇通，犹未得其饶。”

② 《史记·河渠书》：“其后河东守番系言：‘漕从山东西，岁百余万石，更砥柱之限，败亡甚多，而亦烦费。穿渠引汾溉皮氏、汾阴下，引河溉汾阴、蒲坂下，度可得五千顷。五千顷故尽河壖弃地，民茭牧其中耳，今溉田之，度可得谷二百万石以上。谷从渭上，与关中无异，而砥柱之东可无复漕。’天子以为然，发卒数万人作渠田。数岁，河移徙，渠不利，则田者不能偿种。久之，河东渠田废，予越人，令少府以为稍入。”

③ 《史记·河渠书》：“是时郑当时为大农，言曰：‘异时关东漕粟从渭中上，度六月而罢，而漕水道九百余里，时有难处。引渭穿渠起长安，并南山下，至河三百余里，径，易漕，度可令三月罢；而渠下民田万余顷，又可得以溉田：此损漕省卒，而益肥关中之地，得谷。’天子以为然，令齐人水工徐伯表，悉发卒数万人穿漕渠，三岁而通。通，以漕，大便利。其后漕稍多，而渠下之民颇得以溉田矣。”

的竹林，并且亲自主持修筑大堤。他手下的将军们都亲自背负成捆的木材，这些木材被扔进大堤上出现的洞里，以堵塞决口。还用了一匹马作为牺牲祭祀河神。一位美丽的祈祷者用祷辞向河神祷告，希望顺利完成这项工作，而且“用两条运河再次引导黄河之水，以使之可能向北流，这样，黄河就循着大禹时的河道而流了”。① 汉武帝成功地治理了洪水，在整个中国河道修筑史上，他做出的榜样在很长时期无人堪比。重要的土地被保护住了，乃至又开垦出新的，根据司马迁记载，这些土地是为了垦殖，为了人口的繁衍。② 汉武帝有权在他的颂歌中宣称：“数百家人口又成倍增殖。”

正如秦始皇一样，汉武帝也希望获得神圣的威望。我们可以看到他进行封禅，封禅告天书将他统治的时期描述成一个新纪元的开始。当秦始皇在那个时代以严格的离群索居来保护自己的神秘尊严之际，汉武帝则选择了夸耀地巡游。与其说他是在创造对他一人顶礼膜拜的宗教，还不如说他自己成了调和各种膜拜的祭司，在各种辉煌的仪式中膜拜各种神灵。他把东北部的学者、方士以及粤地的巫师都叫到跟前，同时他还将缴获的休屠王的祭天金人带回皇宫。在他的马群中，有从大宛获得的天马。他采用东南地区粤人的习俗——以鸡骨占卜命运；也仍然采用华夏习俗，以龟甲卜问来事。他在平坦的小丘上，在高高的台地上祭祀神灵。除此之外，他还在炼金术和招魂唤神的异术上花了大量时间，他还花时间写传统的文学辞章。他命人撰作了歌颂神仙的辞赋和颂歌，这些辞赋和颂歌形式古典，充满想象力。据说，这些诗歌的风韵与楚地尤为接近。汉武帝没有秦始皇那

---

① 《史记·河渠书》：“自河决瓠子后二十余岁，岁因以数不登，而梁、楚之地尤甚。天子既封禅巡祭山川，其明年，旱，干封少雨。天子乃使汲仁、郭昌发卒数万人塞瓠子决。于是天子已用事万里沙，则还自临决河，沉白马玉璧于河，令群臣从官自将军已下皆负薪寘决河。是时东郡烧草，以故薪柴少，而下淇园之竹以为楗。……于是卒塞瓠子，筑宫其上，名曰宣房宫。而道河北行二渠，复禹旧迹，而梁、楚之地复宁，无水灾。”

② 《史记·河渠书》：“复禹旧迹，而梁、楚之地复宁，无水灾。自是之后，用事者争言水利。……然其著者在宣房。……太史公曰：甚哉，水之为利害也！余从负薪塞宣房，悲《瓠子》之诗而作《河渠书》。”

种强迫性的、神秘不可示人的特质，在一片炫目的光芒和格外的铺张盛势中，他将武力炫耀到境外。“环顾四宇，预期着绿色的玉做成的大厦。一群美女在那里云集，这就是丰富、卓越的优雅。她们的脸蛋白如苣菜之花，看见百万人为看她们而压迫、推挤。她们穿着刺绣的华服，以及五颜六色的轻纱，光芒宛如烟雾。她们有大量名贵华丽的丝绸衣服。她们臂弯里怀抱着鲜花——鸢尾花，还有芬芳的兰花。”①

三、王朝的危机和汉朝的终结

汉武帝的嗣位者是他自己立的太子。这位太子在他父亲任命的三位大臣监护下统治，这三位辅政大臣中的首领是霍去病的弟弟霍光。不久就出现了一些麻烦，但很快又被压制下去了，但汉昭帝在相当年轻的时候就去世（公元前 74 年），霍光将一位嫡系皇子立为皇帝，但在皇太后——昭帝皇后的支持和权威之下，这位皇子旋即被废，昭帝皇后是霍光的外孙女，当时，还有一到两位摄政者在世。汉武帝（他的悲剧结束之后，他也变得平易近人和大众化了）第一位太子的一位皇孙（毫无疑问是虚构出的）被立为皇帝，他就是汉宣帝（前 73—前 49 在位），不过他犯了个错误，那就是没有跟霍光的某个女儿结婚。宣帝皇后被霍光的妻子用药毒死，而后霍光的女儿进了后宫。汉宣帝早就有了自己心爱的子嗣，他诛灭了霍家满门，因为霍家势力太过强大，他们在一个没有子嗣的皇后支持下，气焰太过嚣张。宣帝之子元帝统治时期（前 48—前 33 在位）是平静的年代，但他的妻子王皇后在元帝死后依旧活着，一直活到很老。汉成帝（前 32—前 7 在位），称呼他的一位舅父为“大将军”，并封他为侯，这位舅父的兄弟占据了所有最显要的职位。他们之中的一人有个儿子叫王莽，王莽二十八岁时成为最主要、最受宠信的要人。于是，皇后再一次从王家选出。汉成帝没有子嗣，领养了他的侄子（哀帝），这侄子合法的母亲出自傅家。王氏起初控制了傅皇后，但傅皇后很聪明，她希望拥有皇后的所

① 《史记·司马相如列传》记《子虚赋》辞：“于是郑女曼姬，被阿锡，揄纻缟，杂纤罗，垂雾縠；襞积褰绉，纡徐委曲，郁桡溪谷；衯衯裶裶，扬袘恤削，蜚纤垂髾；扶与猗靡，噏呷萃蔡，下摩兰蕙，上拂羽盖，错翡翠之威蕤，缪绕玉绥；缥乎忽忽，若神仙之仿佛。”

有权力。在哀帝统治时期（前7—前1），傅氏企图摆脱王氏的控制，但哀帝去世之后，最老的一位太后，元后王氏（元帝的皇后）地位登峰造极，所有的权力都集中到王莽手中。他让自己的女儿成为平帝（前1—公元5在位）皇后，他照顾皇帝（平帝）的母亲和她的家族。他给予他们封地，但让他们远离朝政核心。他同样小心翼翼地将超过一百份的封地分发给宗室成员。公元5年，平帝病了（史书说平帝是中了毒），王莽祈问神灵，神灵说平帝可能会死在皇位上。这样王莽正式地仿效起周公，周公是周朝建立之初的肱股之臣，是鲁国精通礼仪流派的保护者。然而，平帝终于驾崩，王莽的女儿（当时十二岁）成了孀妇，一个两岁的孩子成了嗣位人。于是局势更加明了——这孺子宣称王莽有跟汉朝的建立者汉高祖同样的美德，汉朝是土德，颜色尚黄。而且，汉高祖因赤龙生，赤帝赐给王莽一个神秘的匣子，于是王莽称帝（公元9年）。

王莽建立的帝国除了在“德”这一点上进行过格外建设之外，没有进行其他任何建设。假如把王莽这个皇帝排除在外的话，这帝国什么也不是。为了维系统治，君主需要大量支持。假如他从自己的家族宗亲中寻求支持，并实践终身裂土分封的话，帝国将成为一个由各地诸侯构成的联盟，然而，一位希望加强中央集权的君主必须削弱他自己的宗室亲戚，而且，最重要的是将他们从朝廷核心移走。在每一次王朝君主嗣位之际，这些宗室亲戚都有可能成为危险的竞争者。假如宗亲聚集一些人在自己周围进行一场关于继承人的谋划，这谋划将成为一场跟君主本人进行的较量。所以，大部分时候，一个孩子在幼弱的年龄就被指派为继承人。为了确保皇位确凿无疑地传递到他手上，必须在他周围组建一个忠心耿耿的顾问和支持集团，这顾问和支持集团往往来自他母亲的家族。现在，对母系有利的家族权力的古老规则，迫使母亲让自己的儿子（皇帝或皇位继承人）跟自己家族的女子结婚。这样，一朝的太后就倾向于反对皇室乃至由这皇室建立的王朝。这些太后跟某个强有力的政治集团往往有密切联系，这联系往往跟宗亲以及他们的死党敌对。结果就是，假如嗣位过程没有在一定时期的摄政之下受监护，各派政治力量将会达成一种特定的平衡。然而，当这摄政监护时间较长且政局动荡较频繁（其结果往往是幼小的皇帝被暗杀，或者选择健康状况不好的再去嗣位），出自外戚家族的摄政者都是极其强势的人物，他们可能通过实实在在地掌握强权和造就隶属于深宫的一班众臣而使自己得到满足，他们也同时拥有让权势登峰造极的各种有利条件。为了让权势登峰造极，他们必须将帝国的要员整个重新换班，让他们自己家族的人们及他们的支持者占据这些职位。于是，帝国要职被换得差不多了，直到当权外戚倒台，被宗室皇子组成的联盟镇压。这些宗室皇子的地盘势力在镇压当权外戚前就已事先进行了分割。

王莽只统治了 14 年（9—23），他被西汉宗亲组成的联盟赶下皇位。西汉宗亲中的一位建立了后汉（或说东汉，他们把首都迁到了洛阳）。东汉从公元 25 年存在到公元 220 年。它的建立者光武帝，将 365 块（是一年有 365 日的数目）封地分赐。他至少确定了一项原则，那就是再也不分封更多的诸侯王，只封公、侯。光武帝之后的第一次嗣位进行得很平静，这是必需的，然而，从公元 61—71 年，为了镇压皇室宗亲的叛乱，有一位皇后的家人于公元 77 年试图攫取政权。另一位皇后的家人则通过摧毁前一位外戚而大权在握。外戚专政的首次是由窦氏（89—92 年专政）开始的。而后邓氏出现在政治舞台，邓皇后统治了一年（106 年），而后是殇帝统治，但殇帝是个仅仅出生百日就被搁在最高君位的婴儿，邓后在此后安帝（107—125 在位）即位后仍然进行统治。安帝即位时十二岁。邓后于公元 121 年去世，邓氏接着被诛灭。安帝皇后阎氏试图在安帝死之际安排一个极小的婴儿当皇帝，这婴儿皇帝几乎即刻就夭折了，而后是另一外戚族党的胜利。顺帝（126—144 在位）被扶上君位，并立梁氏的一位女子为皇后，她的哥哥任大将军。而后他们兄妹把持了冲帝时代的朝政，冲帝只有两岁，并于公元 145 年去世。而后是质帝，质帝同样是个孩子，但稍微大些后就被毒死了。桓帝随后即位，他是汉朝宗室，但纳了一位梁氏女子为后，这位女子是太后的幼妹。她没有儿子，于是，后宫嫔妃或者被疏远，她们的子嗣也都在小小年纪就死去。很快太后死了，皇帝冷落了梁皇后，并在一位宦官的帮助下将她的哥哥暗杀掉。桓帝统治了二十年（147—167），在他去世后又是一场新的摄政。皇太后窦氏提名她的父亲为大将军。他与宫廷内部的宦官发生了争吵，而这些宦官正是灵帝（168—189 在位）所倚靠的。太后的父亲处于下风，后来自杀，太后被打入冷宫，她所有的亲戚都被流放。公元 189 年，另一位皇后统治，她的哥哥成了大将军。她的家族企图在宫廷中拥有一席之地。太后的妹妹被安排结婚，不是跟帝国将来的嗣位者，而是跟首席宦官的养子。而后，大将军试图跟内廷宦官较量，宦官们赢了。大将军被杀，他的妹妹被废，小皇帝也被废黜。而后开始了东汉最后一位皇帝——汉献帝（190—220 在位）的统治。他的统治只是名义上的。宫廷中再次出现了错综复杂的阴谋，皇帝统治名存实亡。从公元 184 年起，黄巾起义在帝国境内爆发，皇帝拒绝了来自父系、母系的一大帮关系户的支持，他希望成为宫廷主人，他当时其实什么也不是，只是朝臣手中的玩物。他不再临朝，国家从此分裂。

正如公元之初爆发的赤眉起义标志着王莽的统治（王莽的统治不过是西汉统治的延续）衰亡一样，黄巾起义是东汉衰亡的标志。传统观点认为，君主要为四季的秩序负责，王朝的繁荣跟皇帝本身的状况相关。在幅员广大、政权更迭的国家（汉朝时期的中国就是这样的国家），各地州郡持续不断地受着水旱灾害的困扰。因为帝国的武备变得日益松弛，也因为政府再也不管地方的粮食补给问题，一小股叛乱终于爆发。当国家机器再也不可能有能力形成一个巨大有效的整体集团之际，这些国家机器的叛乱者被投放到边裔蛮荒地区，或让他们从事公共性的苦役，很快，这小股叛乱像烈火般即刻燎原，并在一些冒险家的铤而走险下迅速发展壮大。赤眉起义和黄巾起义是农业社会连续不断爆发的危机，这危机是因为国土的广大（广大还在日益发展）。汉武帝时服务于帝国的经济学家已经预感到了这些危险，并试图通过禁止工商业将利润进行土地投资和兼并来预先遏制它，但也就是在汉武帝统治时期，道德理想家空想的势力超过了实用技术专家的势力，力倡孔子编订的《春秋》的饱学大儒董仲舒，就像古时政治的唯一代言人一样，建议他的主子回归三代的风俗，并采用当时的惯例统治。董仲舒建议恢复井田制和十税一的古制，对事实上存在的占有大量土地和奴婢事实做些让步，结果就是垄断土地更激烈，占有的奴婢数量更多。到西汉末年，这些罪恶变得越来越深重，于是，哀帝时期（前 6—公元 1）制定了一项法律，这项法律试图适合每个社会阶层，它规定了私人占有土地和奴婢数量的最大值。王莽此时像一个满怀激情且众望所归的大好人那样，希望通过放弃不合时宜的旧时伎俩来进行改革。公元 9 年，王莽宣布土地和奴婢都禁止买卖，他以皇帝的名义宣布了一项财产方面的特权："整个帝国的土地现在都是'王田'，奴婢为'私属'，所有的财产只是名义上私人占有，谁也不能例外。"三年之后，不得不取消这项法令。王莽还确定了一套对货币和价格的控制体系，试图以此作为对王田私属制的完善和补充。在这套货币体系中，他回想起汉武帝时的建议者的一个点子。但是，国家的角色此前很明确已经注定了：商品价格不是经济规律运行的结果，而是国家财政根据国家权力所决定的支出比率的需要。因此，王莽的法令并没有显示出对此惯例哪怕最微小程度的改动。

公元前3年，一场大规模的旱灾导致人民大量流离失所，山东地区流民问题尤其严重。流民成群地从一郡县到另一郡县彷徨，唱着，跳着，希望得到西王母（是作为西方众神之主的女神，她掌握着旱灾的发生。后来在道教神灵体系中，她是最大众化的神灵）① 的劝慰，这一变乱虽然很快平息了，但这预言和巨大的发现让王莽确信能开创一个理想化、充满的激情的国家。公元11年，黄河决口，冲毁了河北、山东地区的平原。公元14年，北方发生了极端严重的旱灾，人相食。此后旱灾连年发生。而后（又是在山东地区）出现了赤眉军，他们是一伙伙流窜的强盗，他们打败了王莽的军队，但他们也被汉朝宗室皇子所率之军打败或收编。这样，一个王朝（西汉）灭亡了，新的一个王朝（东汉）建立了。但是，在水旱灾害等让西汉积贫积弱的同样原因的胁迫下，东汉终于衰亡。后来大规模爆发的黄巾起义最初源自四川，四川和山东都是具有强烈神秘主义倾向②的地区，它们都是规模宏大的早期道教各流派活动的温床。黄巾起义既是农民的叛乱，又是宗教（早期道教）的教派运动，它最终被一些官员镇压了下去，这些官员中的一位（孙坚）后来获得了对长江流域地

---

① 《汉书·五行志下》："哀帝建平四年正月，民惊走，持稿或棷一枚，传相付与，曰行诏筹。道中相过逢多至千数，或被发徒践，或夜折关，或逾墙入，或乘车骑奔驰，以置驿传行，经历郡国二十六，至京师。其夏，京师郡国民聚会里巷仟伯，设张博具，歌舞祠西王母。……故杜邺对曰：'《春秋》灾异，以指象为言语。筹，所以纪数。民，阴，水类也。水以东流为顺走，而西行，反类逆上。象数度放溢，妄以相予，违忤民心之应也。西王母，妇人之称。博弈，男子之事。……'"

② 这里指东汉时期形成的早期道教中的神秘主义。——译者注

区的控制权，建立了吴国，首都在南京地区；另外一位西汉宗室（刘备），则成为四川地区的主人；第三位（曹操）让自己在“挟天子而令诸侯”的实权中心满意足，但他的儿子于公元220年废掉汉献帝，建立了魏，魏占领了黄河流域所有的华夏故地，还有淮水地区。这样，帝国终于分裂为三个王国。

在东汉时期，向外扩张和殖民的事业同样艰难，这艰难比中央政府经历的动荡和一系列危机并不轻松。于是理所当然，西羌的压力数次沉重到让东汉难以负荷（比如公元前42年的那一次），此外还有匈奴的威胁。尽管匈奴此时已经分裂，它的威胁已主要指向阿尔泰地区，但公元前64—前60年，匈奴仍然占有吐鲁番地区。公元前60年，中国人乘着一场成功战役的机会，在龟兹地区建立起自己的军事要塞。公元前49年，匈奴分裂成两部分。公元前35年又有一次勇武和成功的一击，这次战役击退更远的匈奴部落（它定居于巴尔喀什湖附近），导致与中国毗邻接触的西南部于公元前33年献上人质来朝，并与中国结成同盟。但中国政府几乎没有从这些胜利中获得好处，在地方军政长官煽动性的、侵略性的命令下，政府几乎筋疲力尽。这就是我们或许可以这样称呼中国的永久性政策，这一历史时期对外就进行这么一项工作，这工作的进行和促成是因为军官们的心中怀有高度向外扩张殖民的热望。他们没有在指望回报上浪费时间，就这样担当着这一切。而且他们知道在他们需要让自己的胜利名正言顺之际，如何找寻借口。也正是这些军官们，使得在公元初年两汉更迭过程中间歇性爆发的危机下，公元42年东京（越南北部一地区）和海南地区的臣服，公元49年与南匈奴所建立的强大国家建立的联盟，以及对东北地区局势的平服，都要感谢当时使鲜卑部落与匈奴敌对的策略，所有这些能制胜的政策的施展和战争的展开都要感谢君主的个人积极性和臣下以集体才智服从。对塔里木盆地的征服，是后汉时期的伟大功绩，这是由少数人完成的（其中最被后人颂扬的是班超），他们孤注一掷地付诸实践。他们通过冒险式的行径一次次推进使命，这些冒险式行径没有得到支持，也不可掌控。他们有着敢作敢为的头脑，担负着所有中国的声威。从公元73—102年，班超占领了和阗、喀什噶尔、莎车和焉耆，将匈奴势力赶回到帕米尔高原之外的戈壁和月氏地区。同时，窦宪向南匈奴推进，一直到巴里坤①北部地区（公元89年）。这样，丝绸之路从南到北的所有路段都在汉朝掌控之下了，而且在中亚沙漠之外的地区，中国开始与吐火罗文明之间建立起一种有限的联系。吐火罗人、月氏与印度有联系，同样也与欧洲有联系。另一方面，中国人是安南及其滨海地区的主人，可以通过海路自由与外界互通有无，受到像印度那么遥远的地方的影响。历史记载揭示出班超想了一个主意，要与罗马人进行联系（公元97年）。此后，在公元2世纪的后半叶，一些商人作为使臣，从罗马东来到帝国南部的港口。正如与东方发生联系一样，中国也受到西南部的影响，新观点、新知识开始渗入中国，三国时期这一渗透继续进行。当东汉帝国分崩离析之际，中国文明内容变得复杂。

东汉灭亡了，中国进入了政治上分裂割据的新时代。晋朝（265—419）仅仅有过短暂的统一，重建了名义上的大一统。从公元4世纪开始，北方野蛮部落源源不断地渗入长城内部，他们在中国西部和北部地区建立起并不稳固的王国。晋朝只保有了长江以南以及西康（今四川）地区的领土。这分裂的局面在公元4世纪末5世纪初达到了巅峰，只是到了公元7世纪，为了跟突厥作战，帝国才由隋（589—617）再次统一。唐朝（620—907）继承了这统一的成果，并制定了宏大的计划，直指帝国四边的台地、山峦和大海，相关政策随之展开。大约在公元609年，塔里木、柴达木地区和东京（越南）被并入帝国版图，这使帝国领土立刻延展到了准噶尔乃至印度地区。此时因为佛教、摩尼教、基督教乃至其他宗教一波波地传入，中国人的知识大大增加，新的活力再次注入了中国文明，比汉朝时期具有更加广阔的视野，并调和众论，而且仍然试图回归到先前的雄伟壮阔。在一段孕育生机的分裂时期（907—960）后，中国终于在宋代（960—1279）明确了它的走向，朝着以自身传统为主、调和诸派的方向发展。在秦汉时期形成汉族，开创大一统传统之后，在中国人心目中，他们的文明、他们的传统引以为豪，激发着他们，那就是中国曾经在黄金

---

① 冯承钧先生在《西域地名》（北京，中华书局，1950）第11页中注：巴里坤 BarKul，属突厥语，意为“虎湖”。——译者注

般的良机时代建立起强大的声威和力量，这声威和力量表现为中国是辽阔统一的一个国家，甚至表现为唯一一股强大的势力。中国的历史是一种文明的历史，这意义超过了一个政权、一个民族的历史。如果我们可以准确无误地指出它的要旨的话，那就是表现有关这一文化的观点、思想在如此悠久的历史中如何主流明确，基本上一脉相承，而且，文化的概念始终超过了政权国家的概念。

第二部分

中国的社会

第一编

平原上的人民

传统的历史思想试图证实，在公元前3000年，在经典记载的框架之内，在中国国土上已存在已有法度的帝国，一个由同质人民构成的民族国家，且早已欣欣向荣。另一方面，从文献记载相对丰富的时代开始，这一时代的历史记载相对可靠，但也也遭到尝试性的怀疑和批评，中国古代联邦覆盖的这片土地可被看做一个疆界确定的崭新国家。大片土地未经开垦，住在简陋房舍里的人们被划分成州进行治理，他们过着各自独立的、老死不相往来的生活。

因为我们对史书所记年代的崇敬，在文明初萌、编年史记载仅露出一丝曙光的古代中国，是否有必要去弄清中国古代历史开始的确切时刻，并看清楚这古代国家的最初状况？但是谁能证明春秋早期的中国人不是那个强大、统一、繁荣过的上古国家居民的后裔？我们能否不去设想他们起初至少在黄河流域殖民，一些大灾难毁坏了他们的劳作？不去设想曾有过什么大灾难——洪水、异族人侵之类？因为这些毫无意义，尽管能够解释早期文献记载的国家分裂这些史实。这分裂的国家是不是最早期的原初国家？这是一个原初的国家吗？看来，它的存在只不过是为了承载某种大一统传统的理想。我们是否能够确信，这大一统观念只不过是晚近的想法，而这想法被人为地往前推到了过去？众所认可的君主一统制的存在暗示了某种政治大一统传统确实存在。对周代及其曾有过的大一统的无比尊崇在春秋时期出现，这似乎为古时就存在过相当统一的国家提供了证明。所有这些都能证明，信古思想不过是一些假说。但是，如果我们拒绝一切这些假说（有可能是中肯的），对建立在缺乏历史证据基础上的大一统传统给予绝对肯定，那么，想要产生一些正面证据是非常容易的，只要坚持传统史观就行，比如说，传统史书记载的古时洪水泛滥，以及在公元前 7 世纪受到狄人的凶猛入侵等，只要坚持这些记载的重要性就可以了。

我们将不站在任何一方——既不捍卫古时的传统理想，也不硬要坚持疑古，我们对这两者的偏颇态度同样拒绝。很有可能的是，中国古代文明的稳定性是极高的，这一文明显示出某种超强的连续性。同样，从非常遥远的古代开始，中国国土（或者从某种程度上说，中国国土的一部分）上有可能就存在了某种同质的共同体，它生生不息地繁衍。但是，我们将如何用传统理论解释整个中国古代文明的发生状况？传统理论会说中国古代文明从发端时期开始，从建立国家、奠定文明的那些圣君开始，就是高度美好的。它还认为那些圣君创造了某些庄严的仪式，这些仪式完全有能力规范人民的道德行为，并让世界处于完美的秩序下。这一观点无疑与现代的观点不一致。我们发现它的确是那么一种明确的理念，我们理应比较确切地知道它的起源和它由来的历史。现在对那些捍卫正统史学思想的人而言，这些早就被接受的事实是有用的证据之一。正是从这一点出发，史实被逐一地解释，不，应该说被逐一地陈说。所有的文献记载都被饱学之士重新处理和诠释。传统文献在他们看来跟他们心目中的体系完全一致。应该说，在这种氛围下，所有的真实研究都是不可能的，它们只能说明一种事实——古代中国人，当他们系统性地构建、乃至重新构建自己的历史时，他们只用那种神圣的历史观书写，在既有历史框架下和传统信条之内思考，这些框架和信条被输入到既有的史实体系，就形成了凿凿可信的史实。正是从这些凿凿可信的史实中（也只有从它们之中），才能抽引出中国古代社会发展的历史。

但是，我们似乎立刻就能证明，这些由支离破碎的文献记载所构成的体系并不能够组成任何一种成型的编年史。人们所有的工作不过是在重新按经典的方式诠述它们。经过经典的再次诠述，有可能将它们诠释成各种形式的社会生活，并且这种诠释仍然在强调着那种正统传统。现在我们必须首先以一种剥离般的回溯态度开始。

我们所能获知史实的直接的文献，是由受过书写教育的人们和帝国的贵族所写成的。而受过书写教育的阶层，加上文官，在帝国时代的中国，与封邦建国的周代那些封建贵族有同等的地位，因此，我们所知的中国是文献记载有选择性地告诉我们的。但是为了这一目的（让历史记载有所选择），他们只能求助于正统史学的书写方式。他们表达出书写历史的标准态度之后，也给予了这一态度以合理解释。但是，他们的这种态度跟封建宗法时代那些识文断字的历史书写者描摹的传统是不同的，对于我们现代研究者而言，寻求出两者之间的差别，就是寻求出帝国时代的历史书写者将秦汉以后的历史传统叙述得尽量跟上古三代的历史传统相吻合的过程。他们那尽量贴近正统的叙述有时甚至能够浮现出一种层累的递进——从帝国时代的皇帝回溯到封建宗法时代的天子，人们在时光回溯中朝往昔渐进递升，走近真实，但这走近真实的过程可能遵循着同样的思路，走着同样的道路。但在这里，从一个时段到另一时段的探究是更为直接的，作为这一连续不断地层累递进造就历史的结果，在君主权威所造就的极端人为的程序下逼近真相、接近源头并发现真实，也是完全可能的。这种权威被绝对的神秘主义公式明确化，有时我们甚至能将它跟一整套的礼仪举措联系在一起，这一整套的礼仪揭示了人们的信仰，甚至还揭示了文献记载所展示出的首领权威和个人独立性的真实部分。现在，还有另外一些主题，它们主要在诗歌中得以展现。诗歌让我们能够勾勒出当时乡村社会生活的环境，在这环境中，一些根植于政治首领和家族之长的权威之上的最重要信仰日复一日根深蒂固。这样，用直指传统权威（在这权威中，中国古代信仰日益神圣化，捍卫着正统史学的传统）的简单手段，我们能够成功地追溯政治秩序和家族秩序，这两种秩序平行地演进着，诠释着社会组织的结构以及个人的权利。

假如这种在固定程序（这程序不过来自古时人们记忆中的传统）帮助下的传统能被正确地诠释，那么，毫无疑问，只要统治者连续不断地往下传递着形成历史，那就不过是在继续诠释这一传统。我们只是这样开始寻求真实：从其他的一些记载中，我们可以说，帝国时代的贵族制是继承封建宗法时代的贵族制而来，或者是前者的出现取代了后者。这一陈述在任何方式下都并不说明，在帝国时代贵族制出现，并在国家生活中扮演与封建宗法时代贵族制相当的角色之后，封建宗法时代的贵族制就消失了。很有可能的是，在汉朝，某些封建的组织方式在社会生活中仍然起着作用。从另一方面说，有可能在帝国时代之前，某种新的贵族制就从封建贵族制中脱胎，并已经存在。这些受封的成员更像是官员，而不像先前的封君。无论如何，可以肯定的是，春秋时期（乃至更晚之后），农夫们的传统基本上保持了他们过去一贯的那样——各种创意从村社组织中脱颖而出。而后，这些创意扮演着中国古代社会生活中最活跃的元素。当中国的封建宗法时代来临并造成一场轰轰烈烈革命之际，这些创意被受封的诸侯带到所封的地方。但也正是在那时，诸侯国君们和他们的继嗣世袭着领导者的角色，各种富有创造性的举措也传递到了他们手中，帮助建立起帝国的那些理念和主张在封君们的朝廷中自有渊源。这样，我们必须研究不同的传统，在这不同的传统下，中国古人开始了自己的政治发明，中国古代文明也正是在那时成型。而且我们必须把注意力更多地集中在他们除了为自己提供简陋温饱之外，到底发明了哪些东西。我们有理由确信这样的思路是可行的。无论如何，将要显现出的事实就是如此。可以说，试图去详细探究那些与正统历史记载不合的史实（这些异端的记载已经在某种对中国古代文明虔诚认可的态度上被深入研究过了）是不可能的，正如想以古代中国人对自己文明的信仰及有关技术环节（指正统的历史记载及这种记载态度）的具体内容出发来证明他们文明的全然可靠一样，是不可能的。

很显然，我们所能探究的这一层累的递进，证实了在正统史学传统中，有那么一种时间上的无始无终氛围存在（因为在一个复杂的时间框架下，没有任何东西开始，也没有任何东西终结），并且还存在着某种永恒的静态（如果历史在这里流逝得迅速，而在那里流逝得缓慢；如果它的进程因为某种原因，在某个地方延迟了或是加速了，他们认为不可能去阐明事件的细节，并且没有必要去解释是否有衰落和高潮存在）。

起初，任何在空间上和时间上作精确探究的尝试会成为笑柄，比在民族志方面作精确探究还要成为笑柄。而后，各种可能性的影响在叠加着，变化着，它们让各种理论不是显得有力，就是显得危险而站不住脚。然而，我不得不认真地指出其中的一点：它虽然作为假说单独存在，然而它非常接近某种重要的记载。当我们尽可能远地回溯古代中国人的文明之际，它越发显出作为复杂文明的面貌。另一方面，从有清晰记载年代的时刻开始，这一文明就在大致的疆界之内有两个大区域，相应地有两个核心，一个是黄土区域，另一个是冲积平原，它们绵延相连。这样的解释也不是没有可能：中国古代文明的真实发源是这两大主要（我不是说最原初的）文明的接触所造成的，有一种文明是台地上以黍稷为食的人群的，另一种是低海拔平原上以稻米为食的人群的。第一种文明可能影响台地，另一种则一直影响到滨海地区。这一假说得到了一些历史传统的证明。中国西陲势力强大的周人，他们受到西边戎狄的支持，据说在古时曾经穴居野处，他们的祖先是谷物之神——后稷。他们的对手——殷人，在跟周人的斗争中则跟南方的未开化部落——淮夷结盟。淮夷住在滨海地区的沼泽平原上。殷人的后裔——宋国国君，经常跟东方的其他诸侯国君们互通声气。另一方面，似乎可以肯定中国东部的文明在保持各自独立个性的同时表现出了某种统一性。它们的两性交往风俗更为自由，以女色好客地待人乃至贿赂是受到赞许的，它们与某种歃血为盟的结盟仪式共同存在。

在融入整个华夏共同体之前，东部文明似乎只享受着自己域内各国间的联系。或许正是通过这东部文明，更遥远的地区才开始对中国文明产生影响，这影响的重要性我们目前还难以估量。很显然，即便当我们发现中国历史中有少数民族的、乃至技术性的影响存在，并试图确定这种影响之际，中国历史仍然只能在大一统的模式下书写。

第一章　平原上人民的生活方式

古代中国人，从已知他们的历史的第一天开始，就是以农业为生的民族。毫无疑问，谷物的种植在古代有着比起我们今天重要得多的意义。正是通过种植谷物，古代中国人才获得了农业文明的生活方式，被他们称之为蛮夷的人群（狄人）从四裔包围起他们的国土边界，并进行了一次次有明确记载的劫掠（比如，在公元前601年），这些劫掠被解释成旱灾摧毁了他们的庄稼收成。①

---

① 《左传·宣公七年》：“赤狄侵晋，取向阴之禾。”

现在，当人们到中国的土地上访古，看着公路边、水渠边的广袤土地上长长的、一行行绵延起伏的庄稼，人们不禁会想起，在先民的时代，在相对而言风调雨顺的气候条件下，在显而易见肥沃的土地上，那些沼泽般湿润的上游地带或平沃的冲积平原毫无疑问召唤着先民去那里定居，他们世世代代开垦，种植，收获，在这个过程中，他们祖祖辈辈都成为农民。人们还可以想见，当时到处都是起建屋舍、平整土地的情景，这些都不算很艰难。在此基础上，古代中国的土壤被平整地划分为一州一州的土地，只有这一事实最能揭示出古代中国土壤的丰饶，以及它如何花费过无数英勇史诗般的艰苦劳作。

中国本土的传说认为，在相当长时间里，当纺绩和种植这些技艺都还处于蒙昧的时候，人们艰难地生活在灌木丛中。在黄土高原地区，灌木丛的尽头则是一望无际的草原。高原上植被茂密。人们来到这里，在定居之前“互相联合起来……为了在此生根，拔除覆盖遍野的杂草，砍倒虱蚤集聚的毒草，以及丛生的大麻、遍地的蓟草”。[①] 农夫们知道这最初工作的辛劳代价。他们喜欢唱着歌颂祖先披荆斩棘地平整土地的颂歌：“蓟草密密麻麻地丛生着，它们生长出了灌木丛林。我们的祖先在干什么？他们剪除蓟草，我们才能种下粟稷。”[②] 仅仅如此是不足以一劳永逸地建起人间生活清晰有序的局面的。在这片肥沃的土地上，春分时期的第一场雨，最重要的是，仲夏时期的一场大雨致使毒草生长，害虫繁殖，这些毁灭了庄稼收成。“看着这些荆棘，还有我们的谷物！它们是多么的严峻！它们的成熟那么的艰难不易！高粱和粟稷啊，它们没有过错！虫豸们赶紧滚蛋吧！这些螟蛉虫和蠕虫们！它们不能再糟蹋我们辛劳的成果！因为土地之神是威力无限的，让它赶走它们，将它们赶进熊熊的火堆！”[③] 农夫们敲

---

① 《诗经·大雅·绵》：“绵绵瓜瓞，民之初生，自土沮漆。古公亶父，陶复陶穴，未有家室。古公亶父，来朝走马，率西水浒，至于岐下。爰及姜女，聿来胥宇。……”《诗经·大雅·公刘》：“笃公刘，于胥斯原。既庶既繁，既顺乃宣，而无永叹。陟则在巘，复降在原。何以舟之？维玉及瑶，鞞琫容刀。”

② 《诗经·小雅·楚茨》：“楚楚者茨，言抽其棘。自昔何为？我蓺黍稷。”

③ 《诗经·小雅·大田》：“既方既皂，既坚既好，不稂不莠。去其螟螣，及其蟊贼，无害我田稚。田祖有神，秉畀炎火。”

着用彩陶做成的手鼓，邀请土地之神——神农（字面意思是“神圣的农夫”）降临，保护禾稼，是神农最初教会人们使用犁铧和锄头耕地。同样，也是他教会人们用红色的长刀砍倒植物的茎秆。他被冠以“火神”之名，农业之神就是火之神。①

要平整低洼的土地，仅仅放火烧是不够的，人们还需要使用水。山谷间的土壤经常浸透着盐碱，或覆盖着刺棘多到无法穿过的厚厚灌木丛，“农夫们必须首先焚烧杂草和灌木丛，而后浇水灌溉，种上稻子。杂草和秧苗一起生长，当它们长到七八英寸高时，它们被全部割倒，田地里再次浇上水，这回杂草死亡，秧苗则继续生长。这就是所谓的火耕水耨。”②同样的程序在公元前1世纪也采用了，以整治广大的沼泽平原。我们可以看见，这样大规模的事业长期以来被看做有勇无谋的事，在大规模地平整土地、垦荒种植这样的事情开始之前，必须组织起强有力的国家。在深入到大山之麓和大规模平原去垦殖之前，古代中国人看来将他们的垦殖活动限定在他们熟悉的山麓和台地上。但是，为了在原野中建立村社城郭，为了跟自然环境中土地状况的变迁竞争，为了建立起沟洫相连的灌溉体系，为了让人们身体健康且生活清洁，需要做难以估量的大量辛勤劳作，正如需要系统地组织、互助那样，需要默默无闻地劳作。最终，这些成为习惯。

“哦，在那里！刈除着杂草！哦，在那里！挖去残株！让你的犁铧劈开土块！成千对农夫出动，挥动锄头！到那里，去向那山谷，去向那山巅！那里是主人和他的嫡长子！还有年轻的公子、孩子、侍从和旅人！”③

---

① 《史记·五帝本纪》司马贞《索隐》：“犹神农火德王而称炎帝然也。”又引皇甫谧曰：“《易》称庖牺氏没，神农氏作，是为炎帝。”还引班固曰：“教民耕农，故号曰神农。”《诗经·小雅·大田》：“田祖有神，秉畀炎火。”

② 《史记·平准书》：“天子吟之，诏曰：‘江南火耕水耨，令饥民得流就食江淮间，欲留，留处。’”又《史记·货殖列传》：“楚越之地，地广人希，饭稻羹鱼，或火耕而水耨。”应劭曰：“烧草，下水种稻，草与稻并生，高七八寸，因悉芟去，复下水灌之，草死，独稻长，所谓火耕水耨也。”《正义》曰：“言风草下种，苗生大而草生小，以水灌之，则草死而苗无损也。耨，除草也。”

③ 《诗经·周颂·载芟》：“载芟载柞，其耕泽泽。千耦其耘，徂隰徂畛。侯主侯伯，侯亚侯旅。”

这仪式说明了在国君的号令下农夫们的耕作成对进行，据说，国君在一年之初主持耕作以及相关的组织事宜，他让他们“修理田野之间的封疆，标记山脉、山峦、丘陵、平原、山谷，决定哪里适合种植哪种谷物，哪里可以播种五谷……当田野农事被事先安排之际，当水渠和封疆被一排排修缮妥当，就没有什么更令农夫们劳累的事了”。① 同样，周朝的颂歌称颂那位英雄的周朝建立者，他一声令下，让国土处处发生旧貌换新颜的变化。“他劝诫他们，安排他们——用他的左膀右臂。用尺子和规矩丈量田野，建立起封疆，确定沟洫的位置，划分田块——从西端到东端。他以身作则，亲自用双手做每一件事！”② 毫无疑问，在整个农事劳作的过程中，诸侯和封君们不能总是袖手旁观的，但是这治服土地的过程，跟强大暴虐的大自然作战而赢得的艰难胜利，要求古代中国人进行代代坚持的努力，一种必需的坚毅不屈只能在经过牢牢组织的社会组织下才有可能获得。这社会组织非常牢固，且广泛覆盖了所有的人。

农夫们住在大大小小、远远近近的村落里。这些村落往往位于山峦之上，俯瞰着由他们垦殖的大片农田。他们在屋里度过寒冷的冬天。春天来了，农夫们走出屋舍，再次耕种他们的田地。当秋天来临，粮食归仓之后，他们再次进入屋舍，修葺房舍。“来啊，农夫，我们的粮食已经收获了！让我们再次上山，让我们修葺茅屋！白天，我们捆束茅草，夜晚，我们赶着搓绳索。我们赶紧上房修好房屋——当春天来临，我们又得下地耕种！”③ 这些山峦上的茅屋由围墙或篱笆包围，这不仅仅是为了防止洪水的侵袭，还必须防止贼寇的侵袭和劫掠。所有由第一拨农夫辛勤努力开垦

---

① 《礼记·月令》：“是月也，天气下降，地气上腾，天地和同，草木萌动。王命布农事，命田舍东郊，皆修封疆，审端经术。善相丘陵，阪险，原隰，土地所宜，五谷所殖，以教道民，必躬亲之。田事既饬，先定准直，农乃不惑。”

② 此为周人先祖古公亶父事迹，见《诗经·大雅·绵》：“迺慰迺止，迺左迺右。迺疆迺理，迺宣迺亩。自西徂东，周爰执事。乃召司空，乃召司徒。俾立室家，其绳则直。缩版以载，作庙翼翼。”

③ 《诗经·豳风·七月》：“嗟我农夫，我稼既同，上入执宫功，昼尔于茅，宵尔索绹。亟其乘屋，其始播百谷。”这里作者将“上入执宫功”理解为上山，不确，应为进入所属大夫或封君的宫室义务守卫。——译者注

而出的农田，都如小岛般被广大山野包围，而山野中住着土著人——“野人”。“野人”们的家在森林中、灌木丛里，或是沼泽之畔。如果一群数量巨大并经过良好组织的人们早就必须去征服自然，那么，保卫他们的收成同样需要强有力的组织。随着首领之权的出现，当农夫们被赐给诸侯或封君之际，农夫所居的村落成群地围绕在诸侯或封君的城堡周围，最外圈的农夫屋舍，有一道墙保卫，这样就划定了国、野的界限。从这农业文明的发端开始，生活就是基本静止的，被称为集聚体力的劳役的农活，在某块限定的空间周而复始地进行，也就是说，在一块没有阻塞、没有障碍物的广大空间进行。这或许就是中国古代农业最初的、也是永远保存下来的那种特点和方式。

古代中国人用人力从他们辛勤耕种的土地上获得了巨大收益。他们收获着各种因时而异变换的庄稼，像从事园艺般精致认真地耕种农田。锄头，而不是犁铧，是他们最主要的耕作工具。这一习惯或许适宜于在绿洲中新开始种植的农业人群，对于古代中国人而言，这样的解释或许是非常具有诱惑力的，假如这不是一个纯粹的假说，只是为了不承认西域的绿洲地区是他们的发源地。这一理由可以进一步被证明，如果我们可以想起，在古代，哪一人群居于相对而言的主宰优势是由文献记载来证明的。假如仅仅因为整治土地的艰难不易，农业生涯从一开始就有某种城市生活的特点。因为他们被迫从狭窄的土地上抽身而出，他们好不容易从大自然手中征服这些土地，也非常不容易在蛮夷威胁下守卫着，所有这些收成似乎足以提供一个强有力的集团的人们的生活了。此外，古代中国的农夫们还懂得如何处理沼泽般的土地，因为种植稻米和粟稷不是粗放的耕作，它并不是在极大规模的旷野上进行的，而是在小块田地上进行的。

即使今日的中国，仍然存在着将某种谷物分配到适宜地区种植的明确倾向。在古代，每一州郡都着眼于根据自己的需要种植所有所需之物。粟稷适合种在相对干旱的土壤，它是古代中国的广袤土地上除了稻米之外到处都种植的，因为它不像种植稻米那样需要大量的水。这些谷物因地制宜地分布着，围绕着人们定居的山峦分布，它们的分布并不仅仅依据各地的地质和气候的适宜条件，还依据人们垦荒种植所花的成本。最贵重的农作物种在靠人们居住的屋子最近的地方，而靠近种植蔬菜的园子（这园子往往是一片平整的土地，在季节末被用作打谷场）[①] 则是果园，园中往往密密地种着桑树。在它外围的第一块土地上往往种植着织布所需的纤维作物，主要是麻。种麻、纺织是妇女的活。她们织出的一匹匹麻布或丝绸是古代社会的主要财富，而且在古代被当做通货来使用。再外边则是男人耕作的农田，先是旱作蔬菜，而后是谷物，在山脚下被沟渠的水改造过的、分布着纵横沟洫的低矮平地上，是一块块种着水稻的农田。

被开垦的土地从山峦到山脚一行行绵延着，在台地上形成一行行的梯田。种植它们的人们只关注每一层梯田上的谷物何时能获得好收成。“山峦上那层层起伏的梯田啊！山麓的大车装满收获的粮食！希望每年都五谷丰登！五谷丰登！五谷丰登！装满我们的房屋和粮仓！”[②] 为了希望连绵不断地收获五谷，他们必须将工作分散，并在某种程度上采取相对游移的生活方式。织布的妇女不会离开村庄和果园，但是在田里耕作的农夫们必须在田间度过最忙的日子。他们在田间有种小草屋“田庐”，晚上他们睡在那里，持续不停地看护着他们的庄稼。他们从早到晚辛勤劳作，他们肩并肩地劳作，“我们的竹笠在成排移动！所有的锄头都成排掘着土壤，锄尽田间的杂草！”[③] 唯一的快乐时光是吃饭的时候，妇女和孩子从篮中拿出食物，“听啊，多么喧闹！他们在吃饭，并且叫他们的妻子过来”。[④]

他们吃着用小米（稷）熬的汤，“稷”是一位神灵的名字，同时又是古代中国人的主要粮食，它被认为五谷之首。有趣的是，根据有些文献，比如《孟子》，粟稷是古代中国北方的游牧民族知道的唯一农作物。[⑤] 古

---

① 《诗经·魏风·园有桃》：“园有桃，其实之殽。心之忧矣，我歌且谣。”“园有棘，其实之食。心之忧矣，聊以行国。”《诗经·小雅·信南山》：“中田有庐，疆埸有瓜，是剥是菹。献之皇祖。”

② 原作者云出自《史记》，但《史记》中未见此，《诗经·小雅·甫田》有句类似：“曾孙之稼，如茨如梁。曾孙之庾，如坻如京。乃求千斯仓，乃求万斯箱。”

③ 《诗经·周颂·良耜》：“其笠伊纠，其镈斯赵，以薅荼蓼。荼蓼朽止，黍稷茂止。获之挃挃，积之栗栗。”

④ 《诗经·小雅·甫田》：“曾孙来止。以其妇子，馌彼南亩，田畯至喜。攘其左右，尝其旨否。”

⑤ 《孟子·告子下》曰：“夫貉，五谷不生，惟黍生之；无城郭、宫室、宗庙、祭祀之礼，无诸侯币帛饔飧，无百官有司，故二十而取一而足也。”

代中国人种植许多品种的粟，其中一种是黏性的粟，它们主要被用来酿酒。他们还种植许多种水稻，糯米同样也被用来酿酒。小麦和大麦毫无疑问没有那么重要，尽管在祭祀收获之神（后稷）的仪式上要用到它们。这一祭祷辞说："赐予我们小麦和大麦。"① 显而易见，小麦和大麦当时在名称上是不加区分的，而且看样子古代中国人从来不在谷仓储藏大量大麦。看样子小麦粉主要被用来制作酵母，而酵母则在用大米或小米酿酒时使用。小米（粟）、大米（米）被用来酿酒，有时分开，有时混在一起使用。最贵重的酒是三分之一用黑粟、三分之二用大米酿制的。这些黑粟、大米被保存在黏土容器中，而后加上水，再用非常合适的火候（人们对这个火候很熟悉）加热，还要放进某种气味芳香的植物，比如某种胡椒植物，以让酒闻起来芳香的，这胡椒是狗尾草中挑选出来的。酒在冬天开始酿，开春就可以饮用了。此外还可以用粮食造醋、做酱。准备吃的粮食则保存在大瓮中，吃前清洗过，并用蒸汽蒸熟了吃。② 他们或许还做某种形式的糕，是为了配合喝汤。至于新鲜蔬菜，他们吃某种黄瓜或南瓜，此外他们还有各种调味品：大蒜、洋葱、芥末，还有一些菜因季节而变换：一些因季节而异的野菜和树芽、锦葵、萹蓄，这些都让肉汤散发出清新的气息。主要的酱汁是用捣碎并发酵的豆子做的，这些豆子属于大豆类，它们长长的茎杆在风中摇摆，"像旗帜一般"。毫无疑问，从豆中榨出的干酪（豆饼）也是古人的一种菜肴。在任何情况下，风干的蔬菜和各种大大小小的豆类也是他们菜肴的重要组成部分。为了方便搬运，它们被放在麻袋之中。保存它们是为了需要时定量分配，或是万一搬家时吃。或许从古代中国人的第一族群在广袤大地的某一角落开始以农业耕种为生的那一刹，这些

---

① 《诗经·小雅·信南山》："信彼南山，维禹甸之。畇畇原隰，曾孙田之。我疆我理，南东其亩。上天同云，雨雪雰雰。益之以霡霂，既优既渥，既沾既足，生我百谷。疆场翼翼，黍稷彧彧。曾孙之穑，以为酒食。畀我尸宾，寿考万年。"

② 《诗经·小雅·楚茨》："我黍与与，我稷翼翼。我仓既盈，我庾维亿。以为酒食，以享以祀，以妥以侑，以介景福。济济跄跄，絜尔牛羊，以往烝尝。或剥或亨，或肆或将。祝祭于祊，祀事孔明。先祖是皇，神保是飨。孝孙有庆，报以介福，万寿无疆！"原文作者将"烝尝"理解成"用蒸汽蒸熟了吃"，不确切。"烝"为祭祖的祭名，并非用蒸汽蒸食物之意。——译者注

农作物的角色就是首当其冲地重要。而后另外的族群也开始这么生活，然而他们还没有完全定居下来，西方、北方的蛮族至迟在公元前568年就占领了西部、北部的土地。①

这种相对平静和丰足的生活看来只在果园中长有郁郁葱葱的树时才能有所保证，这些树有：桃树、杏树、樱桃树、梨树、野柏树、栗树、李子树。李子树以及栗树是因为烹饪所需而种植的，他们同样也吃水生或者山间生长的野生瓜藤所结的果实。② 最有用的树是桑树。他们小心翼翼地为桑树剪枝，“过多蔓生的枝条要用斧子砍掉，小树则只是摘取它们的树叶”。③ 桑叶装在用柳条或芦苇编制的筐里，用来喂蚕，“春天来了，天气渐暖，金翅雀唱着歌儿。姑娘背着柳条筐，沿着小路慢慢走着，去采集新鲜的桑叶”。④ 当时种植了很多种桑树，似乎麻也有很多种。纺织的工作从秋季开始，持续整个冬季。麻布织物在春天织完，是准备夏天穿的，鞋是用草或麻纤维编的，更保暖且昂贵的丝绸主要是老人穿着。丝绸、麻布在屋外的溪水中漂洗，织布的妇女同样知道如何将荨麻和灯心草纺绩成线。古典的长袍，仍然用在正式的场合，为死者入殓时穿上。入殓还配有裹了一圈竹边的芦苇席。⑤［戎人（西边的蛮族）穿草编的斗篷，戴荆棘编的帽子（公元前557年）。］⑥ 在黄帝之前，中国古人也只穿短衫（是黄帝之妻教会了人们养蚕⑦）。此后，古代中国人穿的上衣、下裳分开了，

---

① 《左传·襄公四年》：“无终子嘉父使孟乐如晋，因魏庄子纳虎豹之皮，以请和诸戎。晋侯曰：‘戎狄无亲而贪。不如伐之。’……（魏绛）对曰：‘和戎有五利焉：…君其图之！’公说，使魏绛盟诸戎，脩民事，田以时。”

② 《诗经·豳风·七月》：“六月食郁及薁，七月亨葵及菽。八月剥枣，十月获稻。”

③ 《诗经·豳风·七月》：“八月萑苇。蚕月条桑，取彼斧斨，以伐远扬，猗彼女桑。”

④ 《豳风 七月》：“春日载阳，有鸣仓庚。女执懿筐，遵彼微行，爰求柔桑。”

⑤ 《仪礼·士丧礼》：“死于适室，幠用敛衾。”

⑥ 公元前557年当是鲁襄公十六年，但此事见《左传·襄公十四年》：“将执戎子驹支，范宣子亲数诸朝，曰：‘来！姜戎氏！……乃祖吾离被苫盖，蒙荆棘，以来归我先君。……’”为公元前559年。——译者注

⑦ 《史记·五帝本纪》：“黄帝居轩辕之丘，而娶于西陵之女，是为嫘祖。嫘祖为黄帝正妃。”葛氏又云：“据说同时她还作为蚕神和电母出现。”

它们用丝绸或麻织成。他们用某种巾帻束发。为了御寒，他们穿数层衣服。他们知道如何将布匹染出鲜亮的颜色。① 他们种植多种植物，尤其是茜草和靛青，为的是用作染料。织布的妇女织出的布既有不带花纹的，也有描画花纹的。后者留着做婚庆或节日时的衣裳，“穿着描画的上衣，穿着素色的上衣。穿着描画的长袍，穿着素色的长袍。来吧，先生！来吧，先生！用你的马车带我回家！”②

没有什么东西比农夫们的房子更简陋了。在历史上的某些时刻，古代中国人曾经穴居野处。他们住在黄土台地上的形似炉灶的岩洞里，田野里的窝棚是用树枝搭成的。有一项传统一直保存下来，那就是搭窝棚居住。当古代中国人还穴居野处之际，就曾栖身于用树枝搭成的窝棚之中。③ 而后来的守孝之庐，则是一种由树枝搭成、中间有几根大树枝支撑的窝棚，它无疑是古代窝棚的翻版。随着守丧时间的推移和丧服级别的日渐减轻，窝棚上树枝间的粗陋空隙开始由稻草填上。再随着时间推移，小屋又抹上黏土，先是涂抹里面，而后是外面。这种承古而来的小屋随着守丧时间的推移，从极其粗陋开始一点点变精致，表示心情哀伤的程度在逐渐减轻。这窝棚最初毫无疑问也为黄土台地上住洞穴的农夫们所居。农夫们在台地上的洞穴里居住时，活像崖居者一般；而在台地上的村落里，他们盖的房屋好像一座座盖着茅草顶的小小立方体。这茅草顶是那么的轻薄，以至于一只麻雀的小喙都能啄穿它，老鼠们则在墙上打洞。④ 这些茅屋用黏土抹成，是很不坚牢的。高温暴晒使它开裂，雨水冲刷使它损毁，攀援植物的藤蔓侵入墙壁和房顶。每个冬天来临之前，茅屋的各种窟窿必须用草填上，屋内的地面是夯实的硬地面，但经常会被水浇湿。屋里往往家徒四壁，什么家具也没有。在孝子守孝的草庐中，孝子往往先睡在草堆上，拿一块土疙瘩充当枕头，到守孝快结束时，他们可以睡未经编结的、稍微规

---

① 《诗经·豳风·七月》：“八月载绩。载玄载黄，我朱孔阳，为公子裳。”《诗经·鄘风·君子偕老》：“玼兮玼兮，其之翟也。……瑳兮瑳兮，其之展也。”

② 《诗经·郑风·丰》：“衣锦褧衣，裳锦褧裳。叔兮伯兮，驾予与行。裳锦褧裳，衣锦褧衣。叔兮伯兮，驾予与归。”

③ 《礼记·礼运》：“昔者先王未有宫室，冬则居营窟，夏则居橧巢。”

④ 《豳风·七月》：“穹窒熏鼠，塞向墐户。”

整些的草铺，最后才可以睡在草垫子上。

这守孝的仪式无疑揭示了那么一段历史，因为窝棚里跟农夫居住的屋子一样家徒四壁——什么家具也没有。最讲究的床铺就是一张叠起来的用灯心草编的垫子。有些垫子装饰着花纹。有钱人使用角枕，枕上还覆盖着丝绸。白天，被褥被卷起来，像现在这样。他们坐在席子上吃饭。炉膛是用石头砌成的，烟从中间的孔中散出去，雨水也经过它被排到排水沟中。假如我们将目光对准某间茅屋时，可以看见屋里是黑暗的，极其有限的光线从窄小的窗户和南墙上开的一扇小门中射入，一扇窗朝着西边，另一扇窗朝着东边。门窗是用纵横交缠的荆条或桑树枝做的。有时候窗子就是一个用破掉瓦罐的颈部撑起来的圆窟窿。① 在窗户下面，屋子西南光线最不好的地方，是保存种子的地方，婚床也放置在那里。这就是屋里最神圣的地方了。但是这简陋窝棚里的每一样东西都是神圣的——炉灶，位于中央的排水管道，在一侧的门边堆积着屋里地上扫除的尘土。只有在极其谨慎的情况下人们才将尘土清扫到外面去，比如新年来临之际。因为这里住着一位神灵——门神，它给人们带来好运。猫头鹰，那害怕雷声的动物，总是跟门联系在一起。大概人们拿着仲夏采集的草药袋子时，发出尖厉叫声的猫头鹰在门上或是草药袋子上飞过。当猫头鹰飞过门时，对人们的心灵而言绝不是毫无心悸的平静，“它们飞走时要当心！它们飞来时要当心！”② 当它飞过之后，人们必须避免从它飞过的地方走过，还必须垂下眼睛。进门之前人们必须脱掉鞋子。不能对炉灶和井有任何不敬畏的行为。

水是中国古代农夫们最大的焦虑对象。他们赖以劳作的固定资产——土地，实际上非常贫瘠。他们手握着简陋得可怜的劳动工具——短柄斧、镰刀、锄头和简陋轻薄的犁进行劳作。这犁极其简陋，它由两段木头组成，一段是犁形的中间部分，它是一段带窟窿的弯曲木头，从窟窿中穿过

---

① 《庄子·让王》：“原宪居鲁，环堵之室，茨以生草，蓬户不完，桑以为枢而瓮牖，二室，褐以为塞，上漏下湿，匡坐而弦。”

② 《诗经·豳风·鸱鸮》：“鸱鸮鸱鸮，既取我子，无毁我室。恩斯勤斯，鬻子之闵斯！”

另一段弯折的树枝。他们没有用来耕地的大牲畜，几乎所有的工作都由人力完成。即便是播种这样的活儿（主要撒种篮子盛着的种子）也是由人工完成。虽然对用推车播种这样的方法当时人们并非一无所知。① 他们也豢养一些家畜，鸡、猪，此外还有狗，用来看门。这些家禽家畜在灾荒时都能充当食物。此后，用网捕捞乃至用竿垂钓也是他们食物的补充。但这种田园式生活孤独而贫穷，它的收成主要还得依靠有规律的、持续的降雨，这降雨保证着谷物、豆类的收成。农夫们几乎不修建粮仓，也很少能把剩余粮食保存到来年，饥馑无处不在地等待着他们。他们只能依靠辛苦劳作和掌握一定农业知识来规避它。不断地变换所种粮食的种类堪称一个绝好的主意，同样令人叫绝的还有农夫们对季节的理解和把握。他们通过对自然长期且日益精确的观测，口口相传着蕴涵着乡村生产智慧的谚语，这使他们的工作得以规范化。② 农历年的年初开始于春天的第一个月，此时，冬眠的动物们开始苏醒，东风吹来，潜沉的鱼儿开始跃上日益变薄的冰面。犁铧已经准备完毕，农夫们成双成对准备下地进行“耦耕”。春天的第二个月，夜莺归来，昼夜平分，桃树开花，金翅雀们婉转啼叫。于是农夫们知道此时将要下第一场春雨，他们旋即拿起犁下地播种。而后，春雷隆隆，雨后彩虹在天空出现。土壤中蛰睡的万物复苏，桑树上飞起仓庚（黄莺），此时应该拿起柳条筐去采桑养蚕。蓟草开花标志着夏天的第一个月来临，并预告着粟稷成熟的炎夏的来临。不过这个时节的干旱和暴雨也同样可怕。而后夏至来临，蚱蜢和蛐蛐欢快长鸣，野漆树也开出花朵。草间开始出现萤火虫，它们死后随着草堆腐烂。暴雨冲刷，而后夏季就过去了。秋天的第一个月随之来临，农夫们收割着用作燃料的草，候鸟们成群结队准备迁徙，飞往南方。蟋蟀在墙根鸣叫，秋收之际来临。谷物必须在白霜笼罩枝头之前收割、晾晒和脱粒完毕。秋天的最后一个月，当枯叶

---

① 《诗经·小雅·大田》：“大田多稼，既种既戒，既备乃事。以我覃耜，俶载南亩。播厥百谷，既庭且硕，曾孙是若。”《诗经·小雅·甫田》：“倬彼甫田，岁取十千。我取其陈，食我农人。自古有年。今适南亩，或耘或耔，黍稷薿薿。攸介攸止，烝我髦士。”都可看出是简单的人力耕作，但未找见推车播种的相关记载。——译者注

② 如《诗经·豳风·七月》及《礼记·月令》的内容。

飘落之际，农夫们要赶紧准备过冬用的木炭，他们必须从田庐回到山腰的小屋里，以度过致命寒冷的冬天。农历年分十个月。① 冬天，土壤因干冷而变得非常坚硬，任何人力和劳作都将无能为力。这干冷僵硬的土壤连吸收营养变得滋润肥沃的过程都中止了。当农耕行为渐次被编纂成仪式时，对农夫们耕作的观测似乎展示了建立在天象观测基础上的某种历法的运行，这历法被用来描述天子或国君的智慧，当时人们甚至有这样的观点："农夫们的好运"受到天子或国君的"德"的影响。

同样可信的是，农夫们仅仅是种地的佃农，土地属于第一个受封之君的直系后裔。没有什么比古代土地如何分配这一点记载更少了，这一点甚至被本土学者的研究搞得更模糊。② 有一种至少可以追溯到孟子时代（公元前4—前3世纪）的传统记载概括到：在整个三代，土地被国家管理部门整个平均分配给耕种者。它们被分成方形的田块，这方形田块再分割成九个小方块（在田野中行成了"井"字)，由八家一起耕种。为了领主或国君的利益，中间的那块（这是周制，沿袭殷制而来）收成作为公有（"彻"，这是周人的制度)。③ 现代学者倾向于认为各地的土地分成公田（公共的田地）和私田（可世代相传的土地，或从公共土地上分离出来的土地)，农夫们的身份是在土地上耕作的农奴。土地要周期性地在家族间进行平均分配。在汉代，这种制度成了人们心目中真实可信的乌托邦。对

---

① 一年十个月是《大戴礼记·夏小正》的传统，跟传统的一年十二个月的农历（见《吕氏春秋·十二纪》和《礼记·月令》、《淮南子·时则训》）不同。《大戴礼记·夏小正》所记物候为一年十个月时代的现象，最后的"十一月：王狩。陈筋革。啬人不从。陨麋角。十二月：鸣弋。元驹贲。纳卵蒜。虞人入梁。麋陨角"是后世之人因不解而羼入的，以便跟《礼记·月令》、《淮南子·时则训》相一致。具体考证见陈久金《论〈夏小正〉是十月太阳历》［载《自然科学史研究》，1982 (4)］、王安安《〈夏小正〉历法考释》［载《兰州学刊》，2006 (5)］。——译者注

② M·德米尔维利（Demieville）在《法国远东学院院刊》（1923年，491页）一书中给予了一个优秀的例子，与胡适先生进行过研究的一项结论基本一致。（胡适在1920年的《井田辨》中否认了井田制的存在，本书作者认同这一观点。——译者注）

③ 《孟子·滕文公上》："夏后氏五十而贡，殷人七十而助，周人百亩而彻。……方里而井，井九百亩，其中为公田。八家皆私百亩，同养公田。"——译者注

它的信赖或者还可以追溯到战国早期。我们可以看见，第一批大诸侯国，尤其后来帝国时代那些皇帝们，雄心勃勃地向外殖民，征服和开辟新的土地，向那里徙民。这艰苦卓绝、费力巨大的征服和安置过程最终依靠对土地的某种重置政策得以完成。很有可能的是，井田制仅仅是历史上存在过的乌托邦，它是当时的人们在追溯古代的过程中而存在起来的。同样有可能的是，从最初开始，农夫们依靠着那么简陋的农具，在每年年初几乎要完全重新进行一次对土地更为适度的开垦和耕种，这种常年形成的耕种习惯早就让农夫们自身创建了一套周期性分配土地的制度。在封建制度下，农夫们毫无疑问仅被视做佃农，他们是土地的附庸。他们被牢牢束缚在土地上，很明显是因为这土地的所有权起初牢牢地属于村社共同体（这村社共同体正是由它而形成的）。秦的统一颠覆了这一切，随后的汉朝为了结束一场日益可怕的土地危机，想出的对策主要是解决人和土地间过近的约束关系。

在农民的村社大量存在的时代，人们被牢牢地束缚在土地上，这种束缚被渲染成一种对土地的深厚而骄傲的眷恋。“磨快我们的犁铧——让我们去开垦南方的土地！”“让我们播撒各种种子！与它们相依就是我们的生命！——现在让我们集合成群，集合成群！——这收成多么地丰饶！千万上亿！”“让我们酿酒，酿造新酒！——这些将献给我们的祖先！——用于庄严的祭祖礼！——这谷物多么醇香！——它是此地的骄傲！——这新谷多么醇香！——它是老人的慰藉！年复一年地丰收，日复一日地喜悦，此刻是劳飨我们最古远先祖的时刻！”① 土地的殖养使五谷获得丰收，土地被赋予高贵和永恒的品质，在土地被开垦播殖之后，一代又一代人们甘心被它束缚，忠实于它。但是跟农夫们的自豪混合在一起的还有对长时间艰辛劳作的记忆，对时光流逝的清醒在心，对年成歉收的恐惧。所有这些混在一起，融化成了一种宗教式的感情——适度和节制的“中庸”。

① 《诗经·周颂·载芟》：“有略其耜，俶载南亩。播厥百谷，实函斯活。驿驿其达，有厌其杰。厌厌其苗，绵绵其麃。载获济济，有实其积，万亿及秭。为酒为醴，烝畀祖妣，以洽百礼。有飶其香，邦家之光。有椒其馨，胡考之宁。匪且有且，匪今斯今，振古如兹。”

“蟋蟀在堂——推车在棚——可为什么我们不放假休息？时光流逝！让我们无论如何团结并保持节制。——并且记着艰辛劳作的日子！——让我们毫无杂念地由衷欢乐：君子是中庸节欲的。”①

第二章　农民们的风俗

中国古代农民过着日复一日的艰辛劳作且单调无变化的生活。但是在某些特定日子里，盛大的节日会唤醒他们生活的欢乐。这盛大节日的欢乐类似于纵酒狂欢，最初出现的圣贤就曾对它加以谴责，尽管如此，孔子还是承认它们的存在有某种价值。他不愿意国君“在役使了人民上百天之后，还不让他们放松上一天”，因为一个人不能总是“拉紧弓弦，从不放松，抑或总是松着，从不拉紧”。② 孔子承认大众的节日是高贵智慧的发明。作为事实，这些节日可以追溯到记不清的遥远古代，而且，乡村生活的主要习惯有足够能力对它的来源作出解释。

一、家族和村社

对于所有年龄的人们而言，中国古代的社会组织处在两性分离这条原则的统治之下，这一原则被解释得极其严格，它不仅暗示着严格的条规——少男少女在婚前严格分开，即便是夫妻，生活中也要保持一定距离，夫妻间所有的关系都提倡明确的、审慎的方式。在农民中间，两性的分离建立在分工劳作的基础上，男人和女人就像两个竞争团体一般。

在农夫和织妇之间，存在着因技术和性别的差异而造成的鸿沟。那世代相传的中国古代神话传说——牛郎织女故事（毫无疑问，这些故事在最远古的古代是有目击者的），诉说着天上的两处星座，它们同时也是两位神灵——牛郎和织女。他们之间有一道不可逾越的障碍——划空而过的天河，天河每年只能渡过一次，在那一夕，牛郎和织女庆贺着他们短暂的

---

① 《诗经·唐风·蟋蟀》：“蟋蟀在堂，役车其休。今我不乐，日月其慆。无已大康，职思其忧。好乐无荒，良士休休。”

② 《礼记·杂记下》：“子贡观于蜡。孔子曰：‘赐也乐乎？’对曰：‘一国之人皆若狂，赐未知其乐也。’子曰：‘百日之蜡，一日之泽，非尔所知也。张而不弛，文武弗能也；弛而不张，文武弗为也。一张一弛，文武之道也。’”

聚首。[1] 对男人而言，他们灌溉着能生长繁殖五谷的神奇土地，整日泡在平整土地那劳累而危险的劳作中；对女人而言，只有她们懂得如何按规律保存种子，使它们不失去发芽生长的能力。耕作籍田的仪式看来是为了祈求丰收而发明的，先前它源于农业生产中男女的互相合作。[2] 两性合作起来是更加微妙和更加灵验的，因为这样的合作只在神圣的场合才有，平常若有这样的行为，会被看做亵渎、不敬的。

根据一条中国谚语，两性分离的原则是进行异族通婚的基础。对于中国古代所有年龄的人们而言，年轻人要结婚必须有一个先决条件，那就是双方必须来自不同的家族。为了建立大家族的亲缘关系，婚姻成为联系不同家族的纽带。这种联系纽带要在一定礼仪下完成，而这些礼仪看上去如同外交仪式，因此需要用到使者或傧相。看来，双方家族通过婚姻形成自由来往的密切关系，这关系是双方家族间亲密关系的象征，为双方所深信不疑。这种婚姻关系一旦形成，通常会将一个支脉家族从其主系上分离开来，而且使出于不同氏族的支系家族之间的团结成为可能。这种出自不同氏族的支系家族的联姻反映在诗歌中，"大麻是如何种下？——犁铧必然被用于开垦！——要怎样才能娶到妻子？当然一定要经过媒人！"[3] 犁沟的开垦和家族间纵横交错的关系体现了姻亲家族形成后合作劳动的完美。为了在土地上进行有效劳作，两性间的合作是必不可少的。为了使劳动达到最好效果，不仅男女都要上场，甚至还要动用血缘关系较远的家族。这种劳动进一步使男女两性彻底分离，不同家族通婚使得由匹夫匹妇组成的乡村家庭式劳动获得了最高的效率。

异姓通婚的原则仅通行于中国国内。即便在中国国内它也是一种因地而异的制度。它禁止同村的青年男女互相通婚，一旦她结婚了，作为家族的一员，她必须得跟自己家族说再见，住到另一陌生村落去。"彩虹位于

---

① 《诗经·小雅·大东》："维天有汉，监亦有光。跂彼织女，终日七襄。虽则七襄，不成报章。睆彼牵牛，不以服箱。"

② 《国语·周语上》："宣王即位，不籍千亩"。《诗经·周颂·载芟》："载芟载柞，其耕泽泽。千耦其耘，徂隰徂畛。"《毛诗》序："《载芟》，春籍田而祈社稷也。"

③ 《诗经·豳风·伐柯》："伐柯如何？匪斧不克。取妻如何？匪媒不得。伐柯伐柯，其则不远。我觏之子，笾豆有践。"

东方！——谁也不敢去指它！……当那位姑娘结婚时，她将离开父兄，离开他们很远。”“春天的泉水在左侧，右侧是淇水。——当她结婚时，那位姑娘，远远地离开了她的父母兄弟。”① 听着这些年轻新娘的怨辞，我们能感觉到她跟父母兄弟的血肉联系忽然被斩断是多么痛苦，而这将她放逐般的出嫁征程，正是往后日复一日地在陌生乃至敌意的环境中艰辛劳作的序曲。“这家的媳妇，这三年来，从来没有从家务劳作中有过空闲……她夙兴夜寐，从来也不能在早晨偷着睡个觉。”② 假如《诗经》的这些诗句是可信的话，我们或许能得出这样的结论：离开自己家族的总是出嫁的妇女，这或许是封建宗法时代的整体习俗，但同样也有一些男性通过入赘，跟女家的宗族紧密联系在一起。这一习俗具有强大的力量，它一直持续着，无论改朝换代的行政统治方式如何变化，入赘让人认为相邻的村落互相交换的是男子，而不是女子。农夫们的房舍（事实上是发现的遗存）简直就是女人味的玩意，因为男人实际上很少踏入，里面相当部分的家具是女子的嫁妆。在最原始的时代，村落是属于妇女的，它的保佑神被称做“村庄之母”，土地之神则长期以来被认为是具有男子气的神灵。当人们选出首领之际，首领也被冠以了村落之“父”的名义。这一群落的名称同样也是家族的名称。地缘上的毗邻关系形成了人们之间最小规模的关系。这样，在村落中，显赫的地位和受人尊崇起初是属于妇女的，后来才转移到男人身上，但是，居民通常根据性别划分为两部分，他们中的一群（妻子）必将臣服于另外一群（丈夫）。

另一种群落由自然亲缘造成，因为他们出自同一“氏”，所以属于同一宗族。因为在旧式传统下，某个氏族必然跟某块土地存在确凿的关系。③ 而作

---

① 《诗经·鄘风·蝃蝀》：“蝃蝀在东，莫之敢指。女子有行，远父母兄弟。朝隮于西，崇朝其雨。女子有行，远兄弟父母。”《诗经·卫风·竹竿》：“泉源在左，淇水在右。女子有行，远兄弟父母。”

② 《诗经·卫风·氓》：“三岁为妇，靡室劳矣。夙兴夜寐，靡有朝矣。”

③ 《左传·隐公八年》：“天子建德，因生以赐姓。胙之土而命之氏。”《论衡·诘术》：“古者有本姓，有氏姓。陶氏、田氏，事之氏姓也；上官氏、司马氏，吏之氏姓也；孟氏、仲氏，王父字之氏姓也。氏姓有三：事乎！吏乎！王父字乎！以本姓则用所生，以氏姓则用事、吏、王父字，用口张歙调姓之义何居？”

为隶属于某片土地和某个家族的结果，这种关系比当初建立在血缘基础上的关系要近，因为血缘关系此时已被分割甚至已经失落，只有同父母所出的亲兄弟才拥有共同血缘，但是，在“氏”这一烙印之下，拥有同样的“氏”的所有人可以拥有固定的某片土地，他们还可以不间断地享有乃至演绎出这个“氏”的共同特质，因此，占有某一片土地的宗系成员能够组成一个不可分割的、独一无二的同质共同体，只有年龄和代沟才凸显出他们内部存在的一些差别。在这种家族中，老人和嫡长子身份殊异。最年长那辈的嫡长子承担着族长的头衔，他享受着尊隆的地位，但他只有作为宗族代言人时才模模糊糊地享有这一荣誉。当他去世之后，稍微年轻点的人承袭了“元老”这一身份，但这一身份根本不是靠血统关系来承袭的，他的真实身份绝对存在于跟同辈人的关系之中。所有同辈宗族成员组成了一个拥有共同身份的群体，他们中的任何一人都不能合法地、单独地拥有这种身份，家族给他们取名时并不考虑个人的意愿，也不考虑跟大宗的自然亲属关系，而是按清晰可辨的辈分来的。除了明确宗族中的世袭关系之外，一个人是不需要什么名字的。①“母亲”这一词从属于一个大的宗族群体，假如硬把它拿到宗族背景的单独的语境之下，它通常并不是指生儿育女的妇女，而是指宗族中最受尊敬的那些长辈妇女。同样，“父亲”一词也并没有跟父系叔伯的含义完全分开，这词甚至用在了包括比父亲的兄弟还大的一个大范围中。儿子则和侄儿在一起生活。所有的堂兄弟，无论关系多么疏远，都被当做亲兄弟对待。在这一系列基础上形成了一个稳固的宗族共同体，从它之中既演绎不出个人的关系，也看不出阶层制度，所有宗族成员间的密切关系都有一种共同特点。

宗族组织是比个体家庭更有包容性的家族共同体。它并没有任何方法吸收外来元素。宗族中最重要的关系既不能被赐予，也不能丢失，也不可能通过要求来获得，它由日常的平和情感组成。狂热、出格的言行是被禁绝的，也不能跟外界联系。祖先神（在祖先崇拜的时代）从来不接受本

① 《尔雅·释亲》篇的记载可凸显正文之意：“父为考，母为妣。父之考为王父，父之妣为王母。王父之考为曾祖王父。……母之考为外王父，母之妣为外王母。……妻之父为外舅，妻之母为外姑。……妇称夫之父曰舅，称夫之母曰姑。”

宗族以外的供奉。① 假如一个人不采用本宗族的姓氏，那他可能不被接受（当接受仪式成为一种礼仪的时候）。② 在土地买卖被许可后，没有一个购买者相信他能让先前的领主尽失对土地的所有权。③ 道德评价体系从来不允许宗族纽带真正断裂，因为正是这一纽带，个人与宗族联系在一起，并被束缚在土地上。宗族由各种牢不可破的联系构成，它渊源古老，内容明确且限定，并且在地缘关系间存在强有力的隔离原则。

宗族具有内封闭的特点，这一特点跟这个家族在离群索居的生活中日复一日地对祖先世系进行纯化一致。但是，宗族的认同情感还不是造就村社组织的唯一强有力纽带，中国农民还处于另外一种体系的束缚中，这体系要求对更宽泛、更深刻、更复杂的各种情感表现出忠诚，这些情感跟古代对婚姻的种种律条紧紧联系在一起，在不同家族通婚形成的世系中，它同样描述出了同族婚姻的存在。当然，亲属之间是不能通婚的，但同样，两个全然不相识的陌生人之间也不能通婚。很多世纪以来，人们都相信一对结合的夫妇只有在当他们都属于彼此熟悉的宗族的情况下才有可能幸福，从最遥远的古代开始，不同宗族之间就实行族外婚④，传统习俗要求儿子从母亲的宗族中挑选妻子。在这种情况下，想要逃避必须要有强有力的理由。“叔向的母亲希望叔向从自己的宗族中挑选一位妻子，叔向说：‘我的姨母、婶母很多，可弟兄几乎没有。我得提防那些母系的舅父所生

---

① 《左传·僖公十年》：“神不歆非类，民不祀非族。”《左传·僖公三十一年》：“卫成公梦康叔曰：‘相夺予享。’公命祀相。宁武子不可，曰：‘鬼神非其族类，不歆其祀。杞、鄫何事？相之不享于此久矣，非卫之罪也。”

② 见《仪礼·士冠礼》：“字辞曰：‘礼仪既备，令月吉日，昭告尔字。爰字孔嘉，髦士攸宜。宜之于假，永受保之。曰伯某甫。’仲、叔、季，唯其所当。”

③ 即便是在如今，这一现象依然发生。参见 P. Hoang：《中国财富记录技术》(*Notes techniques sur la propriété en Chine*)，9、10 页。

④ 《国语·晋语四》：“司空季子曰：‘同姓为兄弟。黄帝之子二十五人，其同姓者二人而已……其同生而异姓者，四母之子别为十二姓。凡黄帝之子，二十五宗，其得姓者十四人为十二姓。……唯青阳与苍林氏同于黄帝，故皆为姬姓。同德之难也如是。昔少典娶于有蟜氏，生黄帝、炎帝。黄帝以姬水成，炎帝以姜水成。成而异德，故黄帝为姬，炎帝为姜，二帝用师以相济也，异德之故也。异姓则异德，异德则异类。异类虽近，男女相及，以生民也。……是故娶妻避其同姓，畏乱灾也。故异德合姓，同德合义。义以导利，利以阜姓。姓利相更，成而不迁，乃能摄固，保其土房。……’”

的女儿（也就是说，我害怕她们将使我再无后嗣）。'"① 叔向说这话是在公元前513年，当时能辨认的唯一亲属关系是以男性世系为基础的，出自同一父系的婚姻是被禁止的，这种不合法的结合会有可能被认为让子孙不蕃息。假如把这种婚姻跟与出自舅父的女儿结婚相比，简直就是向公然存在的禁忌提供一个受攻击的理由（叔向根据自己的意愿结了婚，而他真的不幸福）。因为这样的堂姐妹从来不被看成是亲戚。当他们的后代被父系或母系遗留的信条统治之际，表兄妹（表姐弟）的孩子结婚理所当然地被看做两个关系遥远的家族之间的联姻。他们的婚姻不但不会被禁止，而且还成了一种固定的风俗。

起初，族外选妻是不得已而进行的，这一点可以从亲属称谓上看出。"舅父"一词同时还有"岳父"的意味；同样，"舅母"一词也有"岳母"的含义。② 这一称谓体系暗示了某种同族通婚的原则作为异族通婚的补充而存在。它暗示了两个互相通婚的家族形成一个共同体，它们都处在这一原则的统治之下。亲属关系，更准确地说是姓氏，只沿着其中一系传承，它们组成一对存在共同传统的家族，并且规律性地通过婚姻互换他们的男子和女子。很有可能是这样的：称谓制度可追溯到靠母系确认血缘并以之为荣的母系时代——男孩通过母系血缘交换出去，从汉语的发音和书写看，"舅父"和"岳父"、"外甥"和"女婿"之间几乎没有区别。③ 表兄妹（表姐弟）之间的婚姻，亲兄妹（姐弟）的孩子之间的婚姻是可以合理存在的。后来，当世系传递要靠父系血统时，这种婚姻形式仍然不存在任何障碍，因为姓氏仍然是靠父系单线传递的。尽管后来确认亲属关系

---

① 《左传·昭公二十八年》："初，叔向欲娶于申公巫臣氏，其母欲娶其党。叔向曰：'吾母多而庶鲜，吾惩舅氏矣！'其母曰：'子灵之妻杀三夫、一君、一子，而亡一国、两卿矣！可无惩乎？吾闻之："甚美必有甚恶"。……夫有尤物，足以移人，苟非德义。则必有祸。'"

② 《尔雅·释亲》："妻之父为外舅，妻之母为外姑。""妇称夫之父曰舅，称夫之母曰姑。姑舅在则曰君舅、君姑，没则曰先舅、先姑，谓夫之庶母为少姑。"

③ 《尔雅·释亲》："妻之父为外舅，妻之母为外姑。姑之子为甥，舅之子为甥，妻之晜弟为甥，姊妹之夫为甥。""妇称夫之父曰舅，称夫之母曰姑。姑舅在则曰君舅、君姑，没则曰先舅、先姑。…女子子之夫为婿。婿之父为姻，妇之父为婚。……谓我舅者，吾谓之甥也。"

的原则变动了，表兄妹（表姐弟）通婚这一习俗还是保存了下来，这是一项最引人注目的事实，这一事实使得数个互相通婚的家族之间的联系保持得尤为紧密。虽然后来通婚关系日益复杂，这些宗族组织之间的联盟还是留下了当初的蛛丝马迹，这些蛛丝马迹强到足以支持主要的（家族之外）通婚风俗继续存在，而正是这一风俗将使几个家族形成了一个整体。而后，这些被解释成是两个被分开的家族像一个家族一样进行统治那个时代的惯例。

在当时，人们穿着不同等级的丧服，享用同一炉灶中做出的不同等级的食物，这些都是互有血亲关系的象征。而姻亲关系则是另一种亲属关系，这些都有着格外的秩序。要感谢这些秩序，正是因为有了它们，不同宗族间在地缘上互相隔离式的存在方式才有可能改变。家族内部的共同情感有一种排他的、自我包容的特点，但在任何一个因占据一定土地而形成的家族共同体中，婚姻都包含了利他主义的动机——它带来了一种互相竞争、保持自信的精神，对于通过婚姻接纳他们的对方家族而言（无论是父方宗族还是母方宗族），儿媳或者女婿就像一个个标志，他们通过早就存在的缔约，持续不断地更新，他们是自己家族的人质，伴随他们出现（出嫁、结婚）的目击者终生看着这一切亘古不变地发生。在封建宗法时代，用来描述诸侯国之间外交使节和婚礼上的司仪是同一个词——介。盟约的再次巩固（《左传》叫“寻盟”）几乎总是在互相交换女儿出嫁之际，婚姻成为不同诸侯国之间政治友谊的象征之一。这是从某种和平原则存在之际就开始了的。这种婚姻关系维系着两个家族之间牢不可破的同盟关系，而这同盟关系在最初村社共同体被造就时就已存在。

同样，已婚夫妇必须终生跟对方维系在一起，违背婚姻习俗的短暂婚姻关系会招致政治上的不稳定，它们互相影响。在婚姻契约中存在着永恒精神，“死生契阔，与子成悦；执子之手，与子偕老”①。我们可以在这神圣的誓词中看见英勇的决心，事实上，即将出征的士兵与他们的妻子诉说着相同的誓言——永结同心。夫妇间表达彼此忠诚的誓词与陈述兄弟情同手足的言辞毫无差异。它们都有为友谊缔约的共同渊源。

① 《诗经·邶风·击鼓》。

建立在政治联姻基础上的感情是以单一且淳朴的家族感情为基础的，这淳朴的感情让家族之间的关系闪出动人的光彩。婚姻在表兄妹（表姐弟）之间发生，他们虽然在血缘上是表兄妹（表姐弟），但拥有不同的姓氏，因此他们不算是亲戚，不过他们的父母互为姐弟或兄妹。事实上，他们之间的亲缘关系要多近有多近，用不着有什么实质上的亲戚身份。这种亲近的青梅竹马，极易形成恋人或夫妇的感情（不是形成一个群体，而是形成建立在完完全全纯正感情基础上的一对情侣）。这种青梅竹马的感情建立在混合的家族间感情基础上。两大对应的家族构成了互相通婚的整体，在它们的感情中既存在稳固的联姻，又存在相互的竞争。有一个词“偶”，既指夫妇，又指竞争对手，甚至还指敌人。在封建宗法时代，一位女子因婚姻加入另一个家族，而包括她在内的血统是沿着父系传承的，她起初是这家族的友人，但她迅速成了敌人，她经常与丈夫口角，维护她自己家族的利益。一对对的夫妻组成了这两个互有联盟的家族，他们既互为对方家族的人质，也是互有竞争的这两个家族的代表。因此这两个家族的关系错综复杂。

这样，两大对手家族组合了起来，它们结成联盟，拥有自己的领地，生活在自然地分布着村社的广袤土地上。但两大家族同样具有竞争关系，因为家族成员都是通过婚姻这一放逐方式到了对方家族。即便到后来，组成家族的纽带不再倚靠两大家族的简单分离了，这种起初的简单分离还是能从各家族内生活细节中看出。事实上，婚姻并不仅仅让一男一女联系起来，它最重要的实质是：它本是一种从未对家族本身停止过影响的错综复杂关系——新郎必有傧相，新娘也必有陪嫁的姑娘。“维鹊有巢，维鸠居之。之子于归，百两御之。”① “百两（辆）”只是全部嫁妆和随从的象征，男傧、女傧伴随着这“百辆”婚车出行。这说明，由婚姻关系组成的两大家族同样毫无保留地把自己的人抵押给对方。在上古三代，通过婚姻互相交换少男少女并不是象征性的，而是真切发生的实质行为。这种关系将两个宗族中的同一辈人拴在一起，他们之中男女的结合就组成了一个家庭，“母”这个字并不仅仅指生儿育女的母亲以及她的姐妹（姨母），它还指所有跟父亲、叔父有婚姻关系的婶母。母系的姨母和舅母是不区分

---

①《诗经·召南·鹊巢》。

的，因为她们在同一家族中互为姐妹，在另一家族中互为妯娌。

这样，在各自的土地上，两大家族都雄踞着，直面对方。它们同样地内封闭。在性方面，它们彼此需要；在姓氏方面，它们互不相同；在生活方式上，它们互有差异。它们平日互为支持，它们传承着两大家族之间古老的互相竞争以及两性交际方面的合作。两性对立的原则变成了不同家族通婚或族内结婚。这样的家族将农夫们结合起来，使他们保持着古老而旺盛的生命力，并从日复一日的单调生活中获得新鲜的力量。两大家族不停地彼此接触，不停地欣欣向荣，那些古老的情感使两性间的合作和竞争不停上演。那竞争是那么艰难，然而又是那么成果丰硕！

二、季节性的竞赛

在当时，建立在气候条件和居所环境基础上的各种宜忌，已有了大概的整体面貌，这些宜忌为农夫农妇安排劳动时间，确定地点。这样，这些劳动就能无所顾忌地展开，就能不被“污染”。所有这些安排都由一种季节性的节律主宰着，农夫和农妇的劳作互相依赖，但与此同时，他们也彼此改变着对待生活的态度。

他们生活态度的改变发生在农历年的年初及年末。在古老华夏族居住的广袤平原上，这是年历中最显眼的两个时刻。这里是大陆性气候，季节变化明显，春天和秋天是那样短暂，它们存在于冬日冰封的坚硬土壤和炎夏的湿热形成的夹缝中。宜人的春秋季裹挟着温柔的湿雨姗姗而来，高远的天空变易着清爽的色彩，这是两个黄金般舒适的季节。然而，大自然在瞬息一变之际就能生杀予夺地开始或停止人们的蓄息——花儿会在一夜东风之后旋即怒放，秋叶会在一夜间旋即落尽，候鸟在季节变易中往返迁徙，昆虫在季节变易中忽而成群繁殖，忽而悄无声息。在田间中劳作的人们的眼睛发现着这些物候变易的讯息，于是，万物复苏而后归寂的种种表征口口相传，这些知识罗织成一个体系，而这知识体系又为中国古代农夫们提供了一种加于他们自己身上的、跟苍天的规律近似的有条理生活规律。这样，当季节变易，他们便因之改变着作息。在谚语遗忘的无助时刻，在季节变易的迷乱时刻，他们感到实在有必要惠受大自然的帮助，以及他们自己通力合作。

当中国古代哲人希望建立起一套博爱的哲学时，他们会这么解释：在春天，少女被少男所吸引，秋天则是少男被少女所吸引。这样，他们会各自轮番地感觉到自己世界的孤单和不完美，他们会忽然感觉到希望自己变得完整（找到合适相爱的异性伴侣）那不可抗拒的诱惑力。① 春天是订婚的季节，在旧时，这也是少女最重要的出户的日子；秋天是修缮房舍的季节，必须毫不耽误地娶进一个妻子，跟她丈夫住在一起的那么一个妻子。秋天，农夫们收获了多多的谷物，它们被储存起来用以过冬。但是妇女在春天才拥有即便在今日也很昂贵的丝绸，以及其他新织出的美丽衣服。起初，织妇们刻意想吸引耕夫，无论男子还是妇女，所有的人都各有魅力，他们也懂得自己的欲望。

在寻常的劳作历程下和田间小路下，未婚的男女并不是要躲避对方。他们看见彼此都出来了，“别再织你的麻布了！到市场上去！跳舞！跳舞！”“风将吹起，吹到你的脸上！来啊，小伙子！来啊，小伙子！唱吧！我们将加入你！”② 在春天和秋天，一旦田间劳作和织妇的织活完成，开阔的场院上就会聚集了从附近村落赶来的成群青年男女，因为此前寒冷的冬天将他们禁锢在自己的家里太久太久，而到夏天来临后，男子和妇女为了守礼，又必须分开生活。因此这些聚会在春天或秋天举行，它让每个人都深深感觉到群聚的重要和欢乐。内封闭的群体和相互竞争的两大家族的青年再次确认着他们的通过通婚而形成的联盟，这一联盟在一次又一次举行婚礼之际的狂欢前就早已存在。

在这些狂欢中，人们尽情交流，进行各种比赛，乃至纵情享乐。在生命中花费那么多日子在自我劳作和与之相应的念头上之际，某种慷慨激昂的竞争状态又再次攫住了这重新联合起来的青年人群。没有任何东西来削弱在体育竞赛中的竞争感觉，本来这感觉已经放松了，欢乐的节庆让它放松，而彬彬有礼的竞争又让它再次紧张。

春分时节，成群的候鸟飞过天空，它们此时要在巢外产卵，这些卵是

---

① 《诗经·郑风·溱洧》：“溱与洧，方涣涣兮。士与女，方秉蕑兮。女曰：‘观乎？’士曰：‘既且。’‘且往观乎！洧之外，洵訏且乐。’维士与女，伊其相谑，赠之以勺药。”此描述的是春天少女被吸引的情景。

② 《诗经·陈风·东门之枌》：“谷旦于差，南方之原。不绩其麻，市也婆娑。”《诗经·郑风·箨兮》：“箨兮箨兮，风其吹女。叔兮伯兮，倡予和女。箨兮箨兮，风其漂女。叔兮伯兮，倡予要女。”

某种竞赛的基础，在蛋壳中，人们发现了彩虹的五色，这是天穹或是滋润大地的雨蕴涵的五色。据说曾有位姑娘在某个春天得到一颗夜莺的蛋，她将它吞了下去。① 她非常清醒地感觉到自己体内升腾起巨大的期望，她大声地唱出她的欢乐。据说她所唱的歌就是《南风》（南方的民歌）② 的渊源。这歌声的余音回荡在一片肥沃的土地上。在那里，花蕾带着结出硕果的期许即将徐徐绽放。少男少女在轻快地跳着舞，他们彼此相逢，为了一场跟花有关的“战争”。他们彼此角力，采集着一束束的车前草，他们唱着歌儿，将下裙的蔽膝挽起，在腰间打成一个结，欢快地兜起那能结出成千上万籽的草儿。他们唱着，因为他们采草的山坡充满了艾草的香气，遍地的蕨菜也布满了孢子。或者，在河岸上，水生的浮萍漂浮着，雌雄水禽一对对游来，它们也同样在呢喃。或者，那些大型的水生植物，从同一茎中生出茂密的叶子，它们如箭般挺出水面，圆圆如盘。因为充溢着征服的喜悦，浆果比起夜莺蛋来似乎并不逊色。“周王③越过了长江，发现了一种如箭镞般的水生植物的浆果！——它的大小跟周王的拳头差不多！——像太阳一样鲜红！——他将它切成了两半，而后吃了下去：简直像蜜一样甜！”④

---

① 记载吞蛋的传说为《诗经·商颂·长发》：“天命玄鸟，降而生商，宅殷土芒芒。”玄鸟是燕子，并非夜莺。——译者注

② 此处作者有误。文中所说，为简狄吞玄鸟（燕子）卵生商人世祖契之事，但《南风》并非简狄所歌。据《礼记·乐记》，“昔者，舜作五弦之琴以歌《南风》”，则《南风》为舜所歌。但本书所云混合了简狄吞玄鸟卵和《吕氏春秋》所记涂山氏歌《南风》两事。《吕氏春秋·季夏纪·音初》：“禹行功，见涂山之女，禹未之遇而巡省南土。涂山氏之女乃令其妾待禹于涂山之阳，女乃作歌，歌曰‘候人兮猗’，实始作为南音。周公及召公取风焉，以为《周南》、《召南》。”——译者注

③ 原文这里是“周王”，按，根据《孔子家语》原文，应为“楚王”。——译者注

④ 《孔子家语·致思第八》：“楚王渡江，江中有物大如斗，圆而赤，直触王舟，舟人取之。王大怪之，遍问群臣，莫之能识。王使使聘于鲁，问于孔子。子曰：‘此所谓萍实者也。萍，水草也，可剖而食也，吉祥也，唯霸者为能获焉。’使者反，王遂食之，大美。久之使来以告鲁大夫，大夫因子游问曰：‘夫子何以知其然乎?’曰：‘吾昔之郑，过乎陈之野，闻童谣曰：‘楚王渡江得萍实，大如斗，赤如日，剖而食之甜如蜜。’此是楚王之应也。吾是以知之。’”又《说苑》第十八：“楚昭王渡江，有物大如斗，直触王舟，止于舟中。昭王大怪之，使聘问孔子。孔子曰：‘此名萍实，令剖而食之。惟霸者能获之,此吉祥也。’……孔子归，弟子请问，孔子曰：‘异哉！小儿谣曰：“楚王渡江得萍实，大如拳，赤如日，剖而食之美如蜜。”此楚之应也。……夫谣之后，未尝不有应随者也。故圣人非独守道而已也，睹物记也，即得其应矣。’”

在两大互为竞争的家族通过联姻交换乃至放逐自己的成员之后，他们的心灵充溢着彼此最简单发现之后的欢乐。他们充满着活生生的感情，这感情经常由姿势和嗓音表达出来。竞技比赛也经常根据某种普通情感下的节奏而安排。即使是在我们如今的年代，在中国南方的内封闭族群（客家人）中仍然可以时常看到这些聚会和集合，他们最重要的节日就是这些场合，在这些场合中，附近村落的少男少女“肩并肩地站成一排，采摘蕨菜，唱着即兴的歌谣”。① 正是这些劳动竞赛造就了年谷的丰登，也造就了人们的欢乐。在同样的方式下，中国古代节日中参加集会的青年男女相信他们遵循着一种季节的召唤，并与它同作息。他们的歌舞与鸟鸣求偶以及昆虫发出沙沙声走进彼此的节律一致。“蚱蜢在草地上生息，在小丘上欢跳。当我看见主人（君子）时——我那一无所剩的心啊它是那么的狂跳！——但当我看见了他——一旦我与他携手——我的心立刻归于平静。”② 这些从草地间或山峦间发出求偶信息的蚱蜢，对中国古人而言是互通婚姻，进而家族繁衍、人丁兴旺的象征，对于青年男女而言，它们提醒着宗族那专横节律的存在——他们都不过是宗族的成员。但是，他们各自代表着自己的性别和亲属关系，承载着这片土地特有的精神，充满着对自己宗族的骄傲和性别上的自我认同，他们最初地感觉到了他们互为竞争对手。

在集会上，来参加的贵族青年自信满满。他们穿着绣花的华美服饰，他们的长冠用茜草染过色，姿容美丽，他们的肤色洁白如云。于是，年轻的姑娘打开了心扉。可以想象她们邀请自己的意中人时带着淘气和捉弄的态度，这一姿态必定会弄得他们落荒而逃。“摽有梅，其实七兮。求我庶士，迨其吉兮！”③ “南有乔木，不可休息。汉有游女，不可求思。”④ “如果你怀着爱意思念我——我将撩起裙裳涉过溱水！——但如果你并不思念我——还有其他男孩子思念我吗？啊！是真的吗？傻瓜年轻人中最傻的那

---

① 《诗经·召南·草虫》：“陟彼南山，言采其蕨。”

② 《诗经·召南·草虫》：“喓喓草虫，趯趯阜螽。未见君子，忧心忡忡。亦既见止，亦既觏止，我心则降。”

③ 《诗经·召南·摽有梅》。

④ 《诗经·周南·汉广》。

个！”“溱与洧，方涣涣兮。士与女，方秉兰兮。”“姑娘们邀请他们：‘我们去吧！’小伙子们回答：‘我们立刻就来！’‘不，可我们怎么前来？’涉过洧水，有一片长长延展的草坡，少男少女在那里欢乐嬉戏，定情的男女互赠对方芍药。”而后，姑娘们和小伙子们在一起玩耍，姑娘们收到了定情的花束。① 姑娘们一旦发出这一邀请，聚会就组织起来了。主动角色由男孩子担任。他们言辞动听，但也不得不践行那些动听的言辞。在我们现在的时代，在苗族等人群中，这动听言辞的践行是由一场夹杂着对歌的掷球游戏来完成的。只要姑娘把球送回来，求爱的小伙子就得继续唱情歌。在古代中国的习俗中，当使用花儿的大战成了情人间互相较劲的工具时，只要姑娘接受了小伙子所赠的芬芳的花束或是浪漫的果子，一切就大功告成。“在我眼里，你如手中的芙蓉一样美！”②

他们的心紧紧连在一起，于是，他们就算定情了。这样，和着节奏起舞的对歌停止了，根据接下来的传统习俗，小伙子要唱完一整篇古雅庄重的联句，他一行又一行唱着，他最终完成了节日狂欢中仪式化的这幕演出。这一行行的歌诗最终浑然一体，有如大自然显现出的庄严命令。歌诗的细节描绘出庄严神灵们的存在，它们的存在昭示着季节的自然变易与人们的生存蕃息之间的那必须存在的一致性。在古典法则存在的时代，古代中国人习惯于在破晓赠送对方一只雁③，这一礼仪不过是一种有形的暗喻，他们通常会唱道：“破晓时分，雁声已闻，男人起身去寻求他的妻子，哪怕冰尚未融化！”④ 显而易见，大雁是送给姑娘的，因为早春时节，冰将融化，这一婚姻信物不能耽搁了。

这些隐喻着婚恋内容的、连篇累牍的季节性谚语，让青年恋人们自己

---

① 《诗经·郑风·褰裳》：“子惠思我，褰裳涉溱。子不我思，岂无他人？狂童之狂也且！子惠思我，褰裳涉洧。子不我思，岂无他士？狂童之狂也且！”此外还有《诗经·郑风·溱洧》。

② 《诗经·郑风·有女同车》：“有女同车，颜如舜华。”

③ 此为人们初次见面时互赠见面礼，为“挚”，可参见《仪礼·士相见礼》。——译者注

④ 《诗经·邶风·匏有苦叶》：“雝雝鸣雁，旭日始旦。士如归妻，迨冰未泮。”

拥有了某种强制性的力量，在这样长长的、咒语般的季节性谚语昭示之下，他们彼此的心灵终于将固有的自我保护和羞怯远远地抛在脑后。男女性别应该有的贞静谦和以及自己家族的名声荣誉终于一点点退缩，青年男女最终结婚了。在人们轮番吟唱的婚庆歌谣中，他们被“放逐”出来，面对着向他们关起大门的彼此家族、密友、亲朋，在某个他们自觉神圣的时刻，他们感觉到自己从此新生。

三、丰收的盛宴和一年中的肃杀季节

季节性的竞赛在乡村空场进行，情歌的旋律回荡在辽阔的乡村，这些是封建宗法时代节庆中的主要仪式。在这些仪式中，某种协调一致性在农民中重新建立。在这些露天的集会中，无论是因性别而形成的，还是因地缘而形成的人群，都会忘记自己家族那内封闭的排他性，他们确认着因自然交往而建立起的团体，这团体让所有人都处在同一水平线上。然而，年终节庆时宴飨、酬饮的进行，终结了一年中男女间的性别交往。这节庆就跟集市差不多，礼物的交换伴随着个人之间的交际。互相对歌的男女青年交换着他们的礼物。“投我以木李，报之以琼琚。匪报也，永以为好也。”①

诗歌在他们口中唱来对去，像交换礼物一样。但是，连篇累牍的冗长爱情却有着有时轻快、有时犹豫、有时悲伤的调子，它让蔑视和偏见暂时麻痹下来。另一方面，在物物交换中充满匆促的节奏——一个人拿着被期望获得最大回报的物品去交换，然而他的付出多于他的所获，于是，礼物的价值就升高了，提供礼物的人所怀有的期望值也随之升高，这种期望值或许会转变成一种公共的情绪，在这种情绪下，所有“度”都变得难以从现实生活中捉摸，它们甚至会在纵酒狂欢的节庆时刻消失殆尽。“为什么你说你没有衣袍？所有我的你都可以拿走!”② 这就是一个完整的家族联盟之间存在的“公式”（夫妻间的或是军事的）。还有，各种节庆的真实目的在于实现在这种模式下的同盟，在某种高利贷般动机的操纵下，礼物交换之间存在的攀比似乎并不能维持家族间传统的平衡，还不如说它意

① 《诗经·卫风·木瓜》。

② 《诗经·秦风·无衣》：“岂曰无衣？与子同袍。”

在保持内封闭家族自己这方的胜利。

在村社举行的节庆中，一个农历年就结束了。农夫们在节庆中祈祷着自己广袤的乡村年年好运。在这欢乐的气氛中，礼物的交换和配对有着格外重要的意义。这些村社间举行的节庆是对丰收的庆贺，而这丰收是农夫们日日从小屋中走出去辛苦劳作所获得的回报。这节庆充满男子气概，这一点毫无疑问可追溯到当男人只是走出部落做女婿的母系氏族时代。那时，婚姻关系的形成是靠妇女因与男人结合成了妻子而认定的。然而，自母系时代结束后，织妇跟耕夫相比便从此失去了主导地位。这场男人对妇女的革命显而易见跟谷物种植成为经济生活主导有关。男子主导地位的获得很可能跟开荒、种植等力气活在农业劳动中日益增益有关。随之而来的是人口的增加和更强有力的组织形成，对按地缘分布的人民的安排也不那么简单纯朴。在新开垦出的土地上，更为竞争的心态导致了父系家族的产生。

在收获之后，农夫们聚在一起度过冬天。村落里的茅舍仍然属于女人，即使她们出嫁成了媳妇，但通常说来都是男人拥有那茅舍的房产。某些仪式仍然保存了这一记忆，这些仪式描述了丈夫在获得妻子认可的过程中必须退回茅舍。古老的性禁忌揭示了这一点。即便是在古典时代，有关“性”的禁忌覆盖了所有权威的社会生活领域，在婚前三个月以及新婚后妻子尚未正式获得认可的那三个月，都要遵守这一禁忌。① 到那之后，禁忌便破除了，古老的乡村组织重新开始所有的权利，各种各样熬过禁忌月份的人们，还有少数有神话寓意的动物们，见证着这房舍对于男人而言的重要性，这房舍是他们窝在里面熬过寒冬的避难所，正是在这茅舍里，他们享受着因自己强健有力油然而生的信心，这种信心在他们男子气的权力获得首肯之后达到顶峰。

---

① 《礼记·曲礼下》：“妇人不当御，三月而复服。”《礼记·曾子问》：“孔子曰：‘嫁女之家，三夜不息烛，思相离也；取妇之家，三日不举乐，思嗣亲也。三月而庙见，称来妇也择日而祭于祢，成妇之义也。”《礼记·昏义》：“成妇礼，明妇顺，又申之以著代，所以重责妇顺焉也。……是以古者妇人先嫁三月，祖庙未毁，教于公宫。祖庙既毁，教于宗室。教以妇德、妇言、妇容、妇功。教成，祭之。牲用鱼，芼之以蘋藻，所以成妇顺也。”《礼记·丧大记》：“大功布衰九月者，皆三月不御于内。”

在漫长寒冬的赋闲中，农夫们互相为伴，不断举行宴飨。从这持续不断的宴飨中产生出了两种节日："大傩"和"八蜡"。"大傩"导引着冬天的来临，"八蜡"则昭示着冬天的结束。在古代，冬天是两个相衔接的农历年之间的分界。两个节日似乎都离冬至点不远。然而农夫们是那么贫穷，又被强有力的家族有机地组织起来，因此，大傩和八蜡并不是天文历法的准确时日，它们首先是作为节日而存在的，跟天文历法的关系并不那么紧密。从霜冻开始直到冰河解冻的漫长冬日里，大傩、大蜡这两个节日显眼地标志出冬日里盛大隆重的盛餐仪式。"二之日凿冰冲冲，三之日纳于凌阴。四之日其蚤，献羔祭韭。九月肃霜，十月涤场。朋酒斯飨，曰杀羔羊。跻彼公堂，称彼兕觥，万寿无疆！"①

在古代华夏那广袤的平原上，土壤因冬日的干冷和严霜而冻得坚硬，人们再也不能在上面劳作。于是，中国的农夫们认为是大地自己进入了避难所。当农夫们自己休闲的时候，他们也慷慨地让万物休息。这一休息开始于让宇宙万物休息的安排。他们唱道："土反其宅，水归其壑，昆虫毋作，草木归其泽。"② 我们可以欣然容易地读懂在田里劳作的辛苦农夫们的这一召唤，他们年复一年地被迫在土地上辛苦劳作，否则辛勤开垦的土地就有可能被残酷的自然又攫取了去。在他们心目中，这种跟自然拉锯式的开垦和劳作就是某种形式的胜利或是暂时撤退。在寒冷的冬天，万籁休息，它们各自聚集成群，各归其所躲避寒冷的冬天。"水冻结成冰，土地冻得坚硬。……彩虹遁迹，我们再也瞧不见。……天地之气再不相交，冬天牢牢地占据了位置。……关闭道路和关梁。……冬眠的动物没准还会死去！"③ 当冬眠的动物将自己封闭在窝里的时候，人们同样也躲在茅舍里，跟冬天万籁俱寂的轨迹一致。"假如某个农夫不将他的收成归仓，假如他

---

① 《诗经·豳风·七月》。

② 《礼记·郊特牲》："古之君子，使之必报之。迎猫，为其食田鼠也。迎虎，为其食田豕也。迎而祭之也。祭坊与水庸，事也。曰：'土反其宅，水归其壑，昆虫毋作，草木归其泽。'皮弁素服而祭。"

③ 《礼记·月令》："水始冰，地始冻，雉入大水为蜃，虹藏不见。……命有司曰：'天气上腾，地气下降，天地不通，闭塞而成冬。'命百官谨盖藏。……戒门闾，修键闭，慎管钥，固封疆，备边竟，完要塞，谨关梁，塞徯径。"

居然让马、牛犊或其他家畜在冬天丢了，出去流浪，他也不算作了多么大的错事。”① 在冬天，“度”的权限超出一定距离就不必恪守了，或者应这么说，来临的冬天仿佛在人们的劳作和大地之间充当了一个强迫的离异者一般，宇宙万物都与其他物种不再接触。因为寒冷，所有的户外接触都是禁止的。然而，仍然存在着一种无处不在的宇宙规则，那就是，宇宙万物之间仿佛被割裂了，此外，成群而聚的物种此刻聚集得更紧密了。人们，还有自然界的万物，都按物种聚在不同的栖息之所。在这赋闲的季节，他们忙碌地为来年春天重现自己的能力而作着准备。他们成群聚集，养精蓄锐，因为一旦春天来临，不必在茅舍窝棚避冬了，万物之间的接触又将开始。到那时，春天向神灵献上韭菜、牛犊、羊羔作祭品时，他们就可以向冬日的司寒之神说“再见”了。到时候他们会凿破坚冰，扫除一切成为温暖之神的障碍，他们可以召唤冰雹和春雷可以赶走旱魃，而后，在开犁播种的第一场仪式之后，他们再度开垦被冬日养息过的土地。②

冬日的节庆有种戏剧化的特征。极度的兴奋是其中最主要的内容。即便是在孔子的时代，那些参加大傩的人们（从一名目击者嘴里说出来的）简直就如“乐疯了一般”（意思是他们自己也被一种神圣而欢乐的情绪所包围），驱邪除怪占了很大比重，主持的人被称为“傩师”，他们在手鼓声伴奏下起舞，举国狂欢随之开始。酗酒标志着尽欢，模仿动物的舞步也频频上演。农夫们模仿猫和豹，他们还向田鼠、野猪等有害农穑的动物们的天敌表示谢意，希望在来年继续得到它们的恩惠，他们吟唱着往年劳动时和家居时所作的歌谣，他们歌颂着自己的劳动与乡村年历那时时刻刻的一致，他们希望在人们的劳动和季节变易那硕果累累的一致性之间充满新的内容，他们甚至希望迫使大自然继续帮助他们。他们飨用着，宴饮着，匆匆消费着他们的劳动果实——将来的收成也不至于比此刻歉收。他们仿佛在跟谁角力似的，在比赛谁能最无惧地度过自己的未来，他们将所有东

① 《礼记·月令》：“是月也，农有不收藏积聚者，马牛畜兽有放佚者，取之不诘。”

② 《诗经·豳风·七月》：“二之日凿冰冲冲，三之日纳于凌阴。四之日其蚤，献羔祭韭。九月肃霜，十月涤场。朋酒斯飨，曰杀羔羊。跻彼公堂，称彼兕觥，万寿无疆！”

西都压成了对未来的赌注，那些压赌最多的人认为，压上大些的赌注，就能从命运那里获得更好的酬报，未来的劳作就能有更大的收获。歌舞的赛会跟压赌、消费的竞赛混合在一起，乡里受过教育的长者对此提出抗议根本没有用。几个世纪以来，这些毁灭性的狂欢持续进行着，并不比同时进行的那些荒唐闹剧名声更坏。或许这些狂欢注定要受到责难，因为农夫们年复一年地热望着它们的来临，而且，这些狂欢跟田野里的谷仓、树枝，乃至某种深思熟虑的经济生活方式同样为古人所熟悉。否则，这些狂欢就只是某种花费的表现形式——假如在这种花费的帮助之下，劳动者能互相鼓励，对彼此的技艺感到自信，并勇敢地度过冬日的荒凉日子。

农夫们在村社中被组织起来，他们的想法就是抵御强大而无处不在的大自然压力。在这种压力之下，各时代的哲人都认识到了一种阴性自然力量的存在（“阴”）。男人劳作着，建立起了因季节而变的劳动节律。他们通过自己的力量获得了成功，但这成功几乎是因跟大自然力量的赌赛而赢得的，妇女被排除在这种成功之外。否则，这种节日存在的、男人的纵酒狂欢就会被另一种不合理的力量所统治，这仪式的功用看样子取决于参加者面对面地，并做着不断变化的程序化姿势。它必须让一群宾主井然有序地就座，假如有些代表着太阳、热量、夏天，那就是“阳”这一规则；另外一些代表着月亮、寒冷、冬天，是“阴”。在互相结合之前，它们必须彼此相对，就像四季那样变易着。这样，在季节变易的同时，或许它们还给所有人带来了繁荣。四季总被认为是属于“阴”或“阳”之中的某一性别，否则，社会生活的主角就全成了男人了。但是现在，我们举一个明确的例子，在村社集会中起舞的男女面对面时，少男是“少阳”，成年男子是“老阳”，这一游戏规则不仅代表着两性之间的抗衡，还代表着泾渭分明的年龄差别，而年长在当时通常是受到尊敬的最重要原因。在宗族宴会和乡党举行的饮酒聚会上，人们的站、坐顺序和级别是根据年龄来安排的（从字面上看是“年齿”，也就是说，根据长者优先的原则），长者受到尊敬。

冬天的节日组成了一项长长的竞赛，这竞赛对于形成一套在男性中分出层次的制度是非常有益的。仪式逐渐进展，重要席位总由参加的长者获得。在村落中最重要的节日“八蜡”中，最主要的部分是为他们预留的；

他们还是举行食飨之礼时的主持者和引导员。他们的责任是邀约自然和人们来见证旧年的退去和崭新一年的开始。老人们本身也给予了“逐渐变老之物”要休息安眠最直观的喻义，他们穿着旨在哀悼这些老物的长袍，手中拿着东西，引导着一年走向它的尽头。逝去的那个季节以岁末过节的方式受到哀悼。

四、神圣的场所

很快，长者在他们自己的村落里获得了独自引导的权力，他们在岁末大蜡时引导旧年的逝去。以后好几个世纪，在村社集会时，庆贺一年之始跟庆贺一个新季节的到来是同时的。岁末举行典礼在学术上也被称为“春节”，它是“少男少女参加的集会”，尤其引人瞩目的是，“少男逐渐成年，他们将娶妻”。① 生命可能仅仅在两性必须结合这一自然规律起作用时才被唤醒，只有青年男女的欢怡节日才真正唤起春天的来临。

春季的开始，迎接春天的到来，这些在整个村社的安排下进行着。人们在举行这些礼仪时按方位就座，这跟平常起居时随意就座不同。平常起居时因并无格外虔敬的念头，人们很随意，但举行迎春礼仪时不可以。在一道由无拘无束的少男少女构成的广阔风景线中，他们从日常拘束中暂时解放出来，他们学着跟大自然交流沟通。当大自然欢迎少男少女这首次的聚会时，它也处处闪耀着新绽放出的鲜活。它生机勃勃，充满活力：冰河解冻，春水欢快地流淌；春天跟冰块融化、河流解冻这些现象联系在一起。绵延无垠的大地也开始解除冰封，小草再次吐芽，万物复苏，蠢动欲出，万物封闭的季节过去了，宇宙间万物交融的季节开始来临。天之气和地之气“相交”，彩虹的出现是天地之气相交的表现，原先封闭的族群现在可以组成联盟，动物之中雌雄、牝牡互相交接。在一片立刻变得既古老又充满生机的场景中，年轻人组成联盟。从无法记忆的远古时代起就是如此。那时，人们的祖先组成男女两性分立的社会人，年轻人就组成了联

① 《礼记·月令》：“仲春之月，日在奎，昏弧中，旦建星中。……择元日，命民社。……是月也，玄鸟至。至之日，以大牢祠于高禖，天子亲往，后妃帅九嫔御。乃礼天子所御，带以弓韣，授以弓矢，于高禖之前。”

盟。与此同时，一种深刻、稳固的感觉因联盟的存在而从年轻人心间油然而生，春日的再度来临使他们发现了自己的青春，此刻，大自然本身正处于回春的中间时刻，它变得日益丰饶，变得跟从前一样堪用。原野上的这些联盟易受突发的、集体性情绪的影响，这情绪会极迅速地传染开。这情绪传染的后果，举例而言，人们跟土壤接触，是跟土壤本身接触，而后予土壤以神圣性。节日时人们穿着郑重的衣裳聚会，举行传统集会的地方看来就成了他们乡村中的神圣场所。

在所有的节日风俗中，年轻人寻求着可能的最近密方式，以他们的身份来接近那神圣场所。他们赋予它一种神奇的沃殖能力，即便是最遥远偏僻的地方，只要是他们宣布占有的土地上，都充满这沃殖能力。这种感觉注定永远存在于他们信仰的根基深处。

春天到来的这一节日里，最重要的一个节目是"祓禊"，就是青年男女在河水中洗濯冬日污垢，这出戏几乎是半裸地上演的，而且是在每年宗族间的通婚之季来临前旋即进行。他们兴奋地接触着解冻的欢快河水，少女感觉那河水的欢快充溢了全身，她们的灵魂仿佛漂浮了起来，那长期干涸了的神圣泉水重新焕发出了生机，仿佛到来的春天使她们的生命之泉释放出来，从被冬日施了魔法的地底牢狱里释放出来。通过这富有象征意义的洗涤，人们认为逝去万物的灵魂在大地春回的时刻寻求着他们各自新的生命，所有这些灵魂都趁着这春日冰释之际涣涣的春水而脱离禁锢，脱离那地底深处的，为死亡所禁锢的所在。所以，人们认为地底存在死者的世界，这个世界与生人的世界相邻，在某些神圣的时刻，生者可以跟那个世界沟通。这地底的所在，被称为"黄泉"，仅为被禁锢之水在冬日的避难所。人们涉过解冻的春水，于是，庆贺被禁锢的万物的灵魂得到超脱。于是，下起春雨，它给大地带来滋润。

古代中国人从未停止过祈求，他们在几乎差不多的时间，以同种方式祈求人丁兴旺，以为自己的家族带来繁荣；他们还祈求降雨，以便播下的种子顺利发芽。求雨和求子起初是通过生殖仪式来进行的，但最终，人们认为水拥有阴柔的特质，而妇女也属于"阴"，于是人们认为让她们保持某种方式的独处也可以实现求雨的目的。① 基于同样的思路，人们还认为处女仅仅通过接触神水就能怀孕成为母亲。② 事实上，在古代的确有那么一段时间，鸟儿的归来被仅仅赋予了生育的含义，那时血缘的亲属关系要靠母系来确认，房屋、村落都属于妇女所有，她们在那里拥有统治权，拥有着“母亲”这一伟大的头衔。她们是种子的守护者，种子被放在屋子的黑暗角落，夜里她们在那里展开铺垫就寝。男人，就如陌生人一般，简直是在一种偷偷摸摸的状态下打开他们的婚床。在这屋子里，在交感情绪的影响下，在土地上两性的结合（野合），就如在神圣场所中跟土地本身的结合，这土地就是妇女所有的沃殖土地。她们认为，在她们出生的房舍里，接触种子就如保持她们自己的生命力。在家族的母亲、被储存的种子以及家族私有的土地之间，存在着某种村社组织方式和一整套分配制度。在种子和婚床之间似乎存在着一种混杂不分的认识：它们都是祖先的圣灵，这圣灵同样存在于母系时代的土壤上，它等待着每年生育季节的来临，而与此同时，土壤本身也仿佛成了一位母亲，它让妇女拥有生殖的能力，同样，它也从妇女那里获得养殖万物的能力，这样，在那个长长的历史阶段，人们在属于自己并生生不息繁衍的大地上，除了母系家族存在及其分配方式之外一无所有，社会组织几乎完全是按母系血缘来确认的。到后来，当男子开始成为耕作劳动的主体时，他们开始缔造父系社会，土地的性质开始被赋予男子特征。另一方面，对于所有人来说，神圣的场所仍然代表着某种宇宙至上的虔敬，它几乎不容许人们在脑海中对它产生出区

---

① 《春秋繁露·求雨第七十四》：“四时皆以庚子之日，令吏民夫妇皆偶处。凡求雨之大体，丈夫欲藏匿，女子欲和而乐。”《止雨第七十五》亦间接体现了此意：“雨太多，令县邑于土日塞水渎，绝道，盖井，禁妇人不得行入市。……以请社灵，幸为止雨，除民所苦，无使阴灭阳。……凡止雨之大体，女子欲其藏而匿也，丈夫欲其和而乐也，开阳而闭阴，阖水而开大。”《同类相动第五十七》：“天有阴阳，人亦有阴阳。天地之阴气起，而人之阴气应之而起，人之阴气起，天地之阴气亦宜应之而起，其道一也。明于此者，欲致雨则动阴以起阴，欲止雨则动阳以起阳，故致雨非神也。而疑于神者，其理微妙也。”

② 史料记载未见触水感生之例，仅有姜嫄感生，见《诗经·大雅·生民》：“厥初生民，时维姜嫄。生民如何？克禋克祀，以弗无子。履帝武敏歆，攸介攸止。载震载夙，载生载育，时维后稷。”——译者注

别性的特征。

在乡村节日仪式的任何一方面，似乎都体现了某种神圣性。因封建而立的众邦国对广阔的森林、巨大的沼泽、崇山峻岭乃至绵长的江河充满了敬畏，先民并不把这些想象成纯粹的自然神，他们看见了冥冥中的神灵在其中操纵着雨露和干旱，看见它们操纵着疾病与健康、丰饶和贫穷。他们相信这冥冥中的神灵拥有一种万能的、等同于宇宙主宰的综合力量，仅仅高山大川还不具有这至上的、威慑人们一切想象力的神圣性。它们只是在某些节日和游戏开场时具有神圣的意义，比如狩猎，比如青年男女采摘花朵，在春日到河堤上或是到山麓上互相追逐。此时，山川被看做大自然神的护卫以及人们秩序之所在。因为，在人们露天举行的节日里，当他们将某种社会秩序因季节变易而刷新之际，农夫们封闭的村社组织已自然地散布于周围大自然中。这种崇敬、庄严的感情在人们因季节变易而举行的集会中被一次次唤起。毫无疑问，这种感情的唤起是由于山川、岩石等自然存在，正如花儿、动物们、最美丽的树、最平坦的平原也会唤起心间种种感情的存在一样。但是，各种情感有种最普遍的共性——无论是采下一颗浆果，还是涉过一条大河，人们心间都存在着同样一种希望，每一朵花都意味着能够结果，能够移除即便是人们齐心协力也挥之不去的那些不好的影响（这些影响甚至还是受神灵恩准而存在的）。没有一朵花的开放不是奇迹，但是，每一朵花自身都并不能单独拥有这神奇的力量。它们显现出神奇的力量，只因为它们在人们的节日期间开放，因为它们被采集下来，被赠予，或代表着竞赛中的胜利。它们是这神圣场所存在的力量中不可分割的一部分——花朵、动物、岩石、植被、土地、水流，这些，乃至节庆狂欢中的人们本身，都被同样的神奇力量神化了。神圣场所即是所有的参加者——人、物和客观存在，而人、物、客观存在也构成了神圣场所本身，因为一种普通的情感纽带将它们全部联系了起来。

这样，山川万物似乎都成了封建宗法时代乡村节庆时的目证。在乡村节庆中，似乎存在一种节律，这节律让人们一群一群地组织起来，所有组织起来的人群又与大自然紧密联系起来。而这节律在因季节变易的节庆举行时，它本身也周而复始地更新着，神圣场所成了一种具有终极性质的守护力量。在那个时代，只有极少土地上居住着人们，并形成零散的邑落当男人和女人结合，组成了比较近的家族，当最粗疏的阶层制矗立起来之际，这神圣场所便从此被看做象征最重要团结力量的保护神，它扮演着神圣的角色。它的权威和声望被某种盛大庄严的层级仪式通过家族间的婚姻年复一年地强调，它成了一种神圣的自然节律，它既精确地体现着自然界的物候变易，又引领着人们的生活。

第二编
封建君主权威之基

第一章　庄严之所，神圣之邑

从文献所允许我们可以描摹的那最远古的过去开始，古代中国的居民便群聚而居，他们结成规模相当可观的群体。当时很可能是这样：通过砍伐森林、开垦田地、清除荒秽、兴修水利等手段，人们这聚居的群体按垦殖土壤的扩张程度，渐次地扩大规模。局部的天灾人祸（洪水，乃至异族的入侵）这里那里地此起彼伏，它们一次次调整着耕地扩大、人口增多的进程。我们根本没有手段去获知这一过程的具体数理统计曲线。于是，乡间的村社组织仅仅因这些理由组成：它们由两大因地制宜形成的家族构成，这两大家族在当时似乎还形迹模糊，只有通过明确可查的姓氏，以及它们因共同的法律和宗教信仰形成的信条，才能依稀辨认出它们的存在。我们可以这样设想，从文明历史揭开序幕的那一时刻开始，因地缘而派生的家族便具有的相对复杂的自然属性：它们并不仅仅是两个互相通婚的群体，也不仅仅是因通婚造成的各自成员进入对方家族这些事实。在他们自己的村社里（正如当今一样），一方面，我们能够发现，有些家族成员拥有共同姓氏，或从最低限度上说，他们不会跟同家族成员进行近亲通婚，还有些家族成员则从属于家族的直系大宗。无论是他们中的哪些成员，文献记载都毫无变易地揭示了一个遍布村落的古代中国的存在，这些村落一座座、一排排，构成乡村中国。

最明显的差别存在于城镇居民和乡村居民之间：他们之中，一为乡村平民（庶人），一为贵族。后者自豪地声称他们自己“根据礼仪”生活，而这些礼仪是“礼不下庶人”① 的。另一方面，那些乡村居民拒绝承担任何公共事务，他们说“肉食者谋之”②，贵族和庶人既没有任何共同兴趣，又不吃同一类饮食。无论在什么场合，他们都处在不同的方位：贵族在左，庶人在右。村落之中最多有一位元老。而贵族则是封君，是领有这座城邑的主人。从他那面讲，他过着一种完全由各种庭院仪式组成的生活。庶人在贵族诸侯或封君的城邑周围建立村社而居，这些村舍簇拥着诸侯或封君的城邑，他们抱怨：“乡野中的农夫们，那些无奈的农夫们，一无所有地生活着，只是最起码地吃喝……可是他们，那所有的贵族老爷们，他们聚在一起，享受着首领的尊严！”③

农夫们是作为交租者而存在的。城镇居民（国人）是他们的征服者吗？不存在没有自己封地的诸侯或封君，倒是每一座城据说都有一位诸侯或封君。他是否为某个伟大高贵种姓的后代？正是这伟大高贵的种姓发明了分封制度，以及在古代中国以分封制让城邑组成一个体系的组织方式。在历史记载中，没有任何理由可以让我们确信这一假设，但也不能推翻它。史书记载也看不到任何入侵、征服等的迹象，但是，为什么有些研究者要让远古时代的中国在史实不明朗的遥远古代去蒙受那臆想出来的极少数的入侵之苦，而且是在史实已有记载的文明时期——居然无视史实的记载？相反，贵族和庶人之间的对立构成了一种事实，我们又有什么权利去认定假定的入侵者已经有分封制度，并经过它组织起来了？贵族和庶人间的对立或许只是两种不同的礼貌方式在两个不同的中心各自演化的结

---

① 《礼记·曲礼上》：“礼不下庶人，刑不上大夫。刑人不在君侧。”另，《白虎通·五刑》：“刑不上大夫何？尊大夫。礼不下庶人，欲勉民使至于士。故礼为有知制，刑为无知设也。”

② 《左传·庄公十年》：“春，齐师伐我。公将战，曹刿请见。其乡人曰：‘肉食者谋之，又何间焉？’”

③ 《诗经·魏风·伐檀》：“坎坎伐檀兮，寘之河之干兮，河水清且涟猗。不稼不穑，胡取禾三百廛兮？不狩不猎，胡瞻尔庭有县貆兮？彼君子兮，不素餐兮！坎坎伐辐兮，寘之河之侧兮，河水清且直猗。不稼不穑，胡取禾三百亿兮？不狩不猎，胡瞻尔庭有县特兮？彼君子兮，不素食兮！坎坎伐轮兮，置之河之漘兮，河水清且沦猗。不稼不穑，胡取禾三百囷兮？不狩不猎，胡瞻尔庭有县鹑兮？彼君子兮，不素飧兮！”

果。从我们的直觉判断，它们或许最初拥有同一源头。很可能是这样的：我们可以想象古代中国有过入侵者，但是，贵族权威的出现可以不通过具有历史意义的秩序（比如战争、征服）忽然出现来解释，贵族权威似乎根植于远古时期村社中初显轮廓的族长权威。

首领们拥有某种权威，这权威的程度正如农夫们将他们的村社组织看做与上苍具有同等神圣性那样。他在属于自己领地的封邑中任意挥洒着自己的权力，而这封邑中有先祖的牌位，是众人景仰的所在。

重大节日同样是头等大事，这重大节日往往在神圣庄严的场所举行。在那里，人们跟他自己先祖的血脉融为一体；在那里，人们邀请祖先之灵的光临，这些亡灵们仿佛再次转生，变成有血有肉的人。贵族的封邑是神圣的，城邑中有集市，有一处祭祀地神的祭坛以及祖先的牌位。分封制的建立者拥有“宗”的名号，这一词同样用来称呼有共同祖先的族人，比如，“周宗”这个词只能作如此理解：周人祖先牌位所在之地。但在解释“河宗”这个词时，同样的解释出现了。这个词语同时也指“黄河”（“Ho”这个音在古代汉语中指“黄河”）以及河神，它同样也指那些崇拜黄河的家族，甚至还指这些家族聚族而居的处所，这处所被看做一处祖先灵位所在的城邑，它与黄河本身因神秘力量所拥有的无上尊严是密不可分的。①

诸侯国君或封君的城邑继承着那神圣所在的一切神圣和庄严。国君或封君本人则是那神秘力量的双重代表。首先，他不是作为他本人而存在，而是代表着当时那社会组织的尊严；其次，他本人是物化了的，在与祖先高度相似的那层面纱之下，他得到了来自古代中国阶层制下所有阶层人们的尊崇和膜拜。

因为当时农夫们心智淳朴，他们举行节庆活动的场所似乎有某种圣洁，这种圣洁不可碰触般地存在于国君和封君身上，存在于那神圣的城邑

① 《史记·赵世家》记赵氏得到竹中的朱书：“朱书曰：‘赵毋恤，余霍泰山山阳侯天使也。三月丙戌，余将使女反灭知氏。女亦立我百邑，余将赐女林胡之地。至于后世，且有伉王，赤黑，龙面而鸟噣，鬓麋髭髯，大膺大胸，脩下而冯，左衽界乘，奄有河宗……”

之上。在农夫们眼中，在贵族国君自身以及那神圣的祭地坛，乃至城墙的边沿、垛口、城门中，这种圣洁无处不在。《墨子》就有一段落明显地表现出这个意思。① 在一篇雄辩的训诫中，《墨子》给予了复仇之力以充分合法性的决定性理由，而复仇之力是神圣力量的一部分，他展示了神灵在祭地的社稷坛上惩罚罪过，有时会在宗庙中，有时在沼泽之上，最后在一处被称为“祖”的地方，很显然它不那么知名，也不那么确定。而后他说：“祖，在燕国，是祭地的社稷坛；在齐国，是丰收之神；在宋国，是‘桑林’（桑树之林），在楚国，是云梦。在那里，少男少女聚集在一起，欢快地集会，形成了节日。”② 城邑中的神圣膜拜和乡村中的节庆之间的联系是显而易见的。宋国的“桑林”尤其显出这种联系。在《墨子》中，“桑林”是作为宋国公室的宗庙而存在的，但是，宋国各地的社神也叫“桑林”，宋国都邑某城门的名字也叫“桑林”。③ 同样，它还是某位造物主以及某个神圣场所的名字，它的神力掌控着降雨、旱灾以及疾病。④ 商朝的建立者成汤（他也是宋国的始祖）在“桑林”用自己献祭，而后赢得了巩固自己权威并展现它的权力。⑤ 而后，宋国的国君和公子继承了在“桑林”举行仪式的传统。这一仪式的核心是一场舞蹈——《桑林》。⑥ 现在，《墨子》主张“桑林”同样还是宋国举行节庆活动的地方，在那里，少男少女云集。于是，乡村聚落间举行的节庆和封建诸侯举行的仪式

---

① 《墨子·备城门》：“城门内不得有室，为周官桓吏，四尺为倪。行栈内闬，二关一堞。”

② 《墨子·明鬼下》：“燕之有祖，当齐之有社稷，宋之有桑林，楚之有云梦也，此男女之所属而观也。”

③ 《左传·昭公二十一年》：“六月，庚午，宋城旧鄘及桑林之门而守之。”

④ 《淮南子·本经训》：“逮至尧之时……猰貐、凿齿、九婴、大风、封豨、修蛇皆为民害。尧乃使羿诛凿齿于畴华之野……禽封豨于桑林。”《淮南子·说林训》：“黄帝生阴阳，上骈生耳目，桑林生臂手，此女娲所以七十化也。”

⑤ 《淮南子·主术训》：“汤之时，七年旱，以身祷于桑林之际，而四海之云凑，千里之雨至。”《淮南子·脩务训》：“汤旱，以身祷于桑山之林。”《吕氏春秋·顺民》：“汤克夏而正天下，天大旱，五年不收，汤乃以身祷于桑林，雨乃大至。”《竹书纪年》：“二十四年，大旱。王祷于桑林，雨。”

⑥ 《左传·襄公十年》：“宋公享晋侯于楚丘，请以《桑林》。……舞师题以旌夏，晋侯惧而退，入于房。去旌，卒享而还。及著雍，疾。卜，桑林见。”

之间的联系一目了然。

城邑中举行的这些仪式，是乡村仪式被打破的结果。乡村仪式被打破之后，城邑中举行的仪式自身便证明着城邑的神圣和庄严。这庄严之所的神圣性通过仪式（有时正如我们看见的那样，用它自己的名字来诠释）转移到那各式各样的神灵们受到祭拜的祭坛上。这神圣的场所也因对神灵们的祭拜不时地微微改变着性质。在城邑之外，国君们祭拜着山川。在他们祭拜山川的过程中，因农夫们的集会而产生的那种神圣特征再次显现出来——山川之神是自然秩序的引导者，也是人间秩序的安排者，同样毫无疑问，国君本人也是各种秩序的安排者，他的地位并不比山川大神逊色。他统治着大自然，正如他统治着他的追随者。他手中所拥有的权力（亦即他跟自己国家中神圣场所的神灵们所共享的权力）诸神的权力构成一种秩序，这秩序仿佛是将国君手中的权力䌷绎而出的自然存在。当然，假如山川神被证明是不灵验的话，那种自然权力就无效了。而且，当国君统治的“德”耗尽之际，山川神的确是不灵验的。“国君之德必须有山川神的支持。假如山崩川竭，那就是国家要灭亡的恶兆。”①

首领的权威与神圣场所的权威具有同样的持久力，同样的内涵，同样的质量，同样的自然属性，他们浑然一体到密不可分。于是，神圣的封建国君与他们的神圣场所之间互相都仿佛是彼此的复制品，据说正是在某王朝建立者的“德”的影响下，统治者才有那样的权威。比如大禹，在他的功业下，黄河水泛滥被止住，大川经过疏导，名山经过整治，它们因此而永久屹立，这永久屹立同样也形成了夏王朝永存下去的根基。

在神圣场所与首领之间，存在一种互相依存的关系，这互相依存的关系有时会体现为某种“孝”的关系。在这种认识之下，乡村社区中的神圣场所似乎同时也是祖先亡灵集中的地方。

---

①《史记·周本纪》：“幽王二年，西周三川皆震。伯阳甫曰：‘周将亡矣。……夫国必依山川，山崩川竭，亡国之征也。川竭必山崩。若国亡不过十年，数之纪也。天之所弃，不过其纪。’”

第二章 弥漫的权力，个人的尊严

每一统治王朝都有一位建立者，而这建立者的诞生毫无疑问地都是一则在同一套路下的神话故事。

商汤，这位无上尊严的陈说者，这神圣的舞蹈《桑林》的创造者和拥有者，是由一位吞食了燕子蛋的姑娘所生。她是在春分那天得到那个燕子蛋的。① 过些天后，她在一片名叫“桑林”的地方唱完一曲歌之后，她怀孕了。假如她生下的这位英雄孩子被按父系习惯命名为“子”（燕子蛋）的话，那就是因为“桑林”。商汤的出生是一个神话，他为他的后嗣提供了统治天下的“德”。② 这样，这象征性的名字与事实上的象征都与这一可类比的神话相联系着——这样一种神话式的诞生，在春日节庆的某个瞬间，发生在那么一个神圣的场所。

在农夫们的村落核心中，有某种象征依赖于强有力的、混合性的复杂情感而存在，这象征是各种信赖、膜拜等一切加起来的灵魂。在乡村节庆中，它会变成敏锐的视角，表现为某种神秘力量的各种陈说、标记以及象征，这神秘力量非常富有创造力。在神圣场所中，这些陈说、标记、象征均物化了，现在，它们或者具有了父母般的身份，或者暗示着互通婚姻的

---

① 葛氏这里有误，吞燕子蛋所生的不是商汤，而是商人的始祖契。《今本竹书纪年疏证》：“初，高辛氏之世妃曰简狄，以春分玄鸟至之日，从帝祀郊禖，与其妹浴于玄丘之水。有玄鸟衔卵而坠之，五色甚好，二人竞取，覆以玉筐。简狄先得而吞之，遂孕。胸剖而生契。长为尧司徒，成功于民，受封于商。后十三世，生主癸。主癸之妃曰扶都，见白气贯月，意感，以乙日生汤，号天乙。”《史记·殷本纪》：“殷契，母曰简狄……三人行浴，见玄鸟堕其卵，简狄取吞之，因孕生契。契长而佐禹治水有功。……封于商，赐姓子氏。”“契卒，子昭明立。……主癸卒，子天乙立，是为成汤。”因此，“吞食了燕子蛋的姑娘所生”的是契而非汤。——译者注

② 《史记·殷本纪》：“契长而佐禹治水有功。……封于商，赐姓子氏。”汤为其后代，亦为子姓。又《竹书纪年》：“主癸之妃曰扶都，见白气贯月，意感，以乙日生汤，号天乙。……伊挚将应汤命，梦乘船过日月之傍，汤乃东至于洛，观帝尧之坛，沉璧退立，黄鱼双踊，黑鸟随之止于坛，化为黑玉。又有黑龟，并赤文成字，言夏桀无道，成汤遂当代之。梼杌之神，见于邳山。有神牵白狼衔钩而入商朝。金德将盛，银自山溢。汤将奉天命放桀……商人后改天下之号曰殷。”

宗族之间的关系，或者通过具有庄严意义的姓氏来显示自己的意义，或者主宰着各种普普通通事物所应拥有的本质属性——通过它的解释，这属性才得以深化。比如，一个家族在同一张桌子上吃饭，这一现象即是从自家族土地中获取食物细绎出来的。我们可以设想，家族的土地与家族的姓氏之间存在某种一致性，这一事实让我们假设农夫们的组织是存在于类似于图腾制度的某种制度上的。图腾，或者更精确地说，某一家族的象征，是经过选择的，它们可能是节庆期间出没于神圣场所的动物，或是在那种地方显现的植物。它们是古代歌谣中某些固定的歌咏对象，古代歌谣中存在某种主旨，这种主旨只能被理解成希望某种物种繁衍，假如我们能在歌谣中看出它蕴涵有咒语般的这种含义。“啊！长翅儿的蝗虫！——你们如此子孙昌盛！——希望你的子孙——永远拥有盛德！”① 在这些具有象征意义的物种之下，那些模拟的争斗、歌舞的仪式旨在让每个家族人丁兴旺。有些动植物，人们认为它们产卵或结种子是为了模仿人们的存在方式，而且人们通过某种方式和它们结成联盟。这些动植物往往是较为卑贱的，中国的第一位君王大禹，据说就是从车前草籽中出生的。

历史通常只将自己的视野集中于大家族之上。我们只知道那些高高在上的象征（图腾）曾经存在过，可我们对它们的内涵一无所知。它们通常并不是寻常的动物，而是带神话色彩的神兽，由各种动物的特征组合而成，这一点透露出它们是由人们的想象力努力形成的。这想象力是古代象征艺术的某个支流，而仪式性的歌舞也是这纹章艺术的表现形式。在这些具有象征意义的象征性神兽中，麒麟，在《诗经》中像《螽斯》一样用韵诗受到称扬。② 在所有这些图腾性质的动物中，最著名的是龙。龙在成为统治权力的象征以前，它是第一个家天下的王朝——夏王朝的象征（或者说，是某种被归结于夏王朝象征的象征物之一）。③ 夏朝的某位祖先在神圣场所中自己变成了一条龙，这一变形据说是在他被切成片之后发生

① 《诗经·周南·螽斯》：“螽斯羽，诜诜兮，宜尔子孙，振振兮！螽斯羽，薨薨兮，宜尔子孙，绳绳兮！螽斯羽，揖揖兮，宜尔子孙，蛰蛰兮！”

② 《诗经·周南·麟之趾》：“麟之趾，振振公子，于嗟麟兮！麟之定，振振公姓，于嗟麟兮！麟之角，振振公族，于嗟麟兮！”

③ 关于夏代和龙的关系，见下文。

的——这是当时一场献祭的场景。当夏朝中衰之后再受命，或是它统治天下的盛德江河日下之际，龙再次出现了。夏朝的某个家族有饲养龙的特权，而且懂得如何让龙蕃息不绝的各种技巧。某位夏王命令他们精心饲养龙，他指望靠个这让他的王朝长盛不衰。最终，两位化为龙的祖先使夏朝保存了后嗣。值得描述的是，这两条龙在销声匿迹之前曾彼此争斗，在他们的身后，除了一汪受精的涎沫之外，什么也没有留下。这两条雌雄龙之间的决斗是一场降雨的先兆。而且因为它们的登场，沼泽变成了两条河流，河水到处泛滥。① 这一事件同样被说成两条河流互相绞在一块儿了，毫无疑问，在这不同两性的决斗中，这两条互相绞在一起的河流彼此的神灵被看做性别不同。这绞在一起的两条河流，其实是两个互相通婚的家族的象征，它们绞在一起，事实上应被看做情爱竞技的象征。在发大水时，少男少女相信与同伴一起涉过水，或是相聚，或是歌舞，都是在仿效着雌雄二龙之间的决斗。② 它们试图将两条河流的泛滥之水（实际上是已受精了的）融合起来，很显然，在成为至高无上的图腾式象征之前，龙是促使大家去歌舞的动机。龙起初是一种神话世界的注入元素，这神话世界由季节性举行的节庆仪式和竞赛构成。但是一旦它们被看做君临天下的那一系的专门资助人（这资助人居然可以通过豢养而使之茁壮成长），这些龙，从仅仅是神圣场所的简单代言人，就变成了本族的祖先。它具有神圣场所的所有美德，它拥有神圣场所和神圣节日的所有庄严，它的威严还表现在统治者及其家系的威严之中。最终，统治者和龙的关系密切到彼此模糊，融为一体，只有在这两位神圣的先祖自己作主宰地化身为龙之际，它

---

① 《左传·昭公二十九年》晋国史官蔡墨云："故帝舜氏世有畜龙。及有夏孔甲，扰于有帝。帝赐之乘龙，河汉各二，各有雌雄。孔甲不能食，而未获豢龙氏。"

葛氏将"河汉各二，各有雌雄"理解为两条雌雄龙之间的决斗，是将《左传》有关夏朝豢龙氏的记载按社会学方法进行了发挥，并不完全符合《左传》本意。《史记·夏本纪》亦有夏后氏豢龙的记载："帝孔甲立，好方鬼神，事淫乱。夏后氏德衰，诸侯畔之。天降龙二，有雌雄，孔甲不能食，未得豢龙氏。陶唐既衰，其后有刘累，学扰龙于豢龙氏，以事孔甲。孔甲赐之姓曰御龙氏，受豕韦之后。龙一雌死，以食夏后。夏后使求，惧而迁去。"——译者注

② 《诗经·郑风·溱洧》："洧之外，洵订且乐。维士与女，伊其相谑，赠之以勺药。"葛氏以社会学观点作了解释。

们（先祖）才真正现身，而且，它们都是龙，都是男性。

这些具有象征意义的物种的神奇特性还能从以下个案中得到更深体会，比如郑国的兰花。春节期间①，郑国大地上，少男少女在开满芳香兰花的水滨相聚，他们采集着兰花，在水滨轻舞着那美丽的花束，他们呼唤着祖先的灵魂，希望它现身，他们相信他们这样做就是在招魂，而魂往往跟一个人的名字是密不可分的（呼唤人名即招魂）。当少男少女彼此间互相竞争的游戏结束后，少女会从跟她定情的少男手中接过花束，于是，兰花就是定情信物。这样，这一神圣场所盛开的兰花似乎象征着郑国所有人们的蕃息，最终，它变成一种高贵的象征。“郑文公夫人燕姞拥有第二等爵位，她梦见一位天使送她一朵兰花，并对她唱道：‘我是伯鯈，是你的祖先。让你拥有子嗣，因为兰花拥有高贵的芳香（或者换个意思说：兰花拥有国香）。你的儿子将成为郑国国君，并且受到人民爱戴。’”正好此时，郑文公来探望她，他赠她一朵兰花，并且与她共寝，于是她说：“贱妾无德无能，如果托您之福我有了个儿子，但人们不信任我，我能用这朵兰花当信物吗?”郑文公说：“可以。”后来这个儿子就是郑穆公，他的名字就叫“兰”（兰花）。当郑穆公生病时，他说：“若兰花凋萎，我也即将死亡。因为我借此而生（换个说法就是：我因兰花而出生）。”当兰花被切下时，郑穆公死了（公元前686年②）。这则故事暗示了人名和灵魂的密切关系，它可以看做灵魂的信物；还暗示了婚姻的形式、父子关系的原则、权力的头衔等等，祖传的君位与神圣象征不可分割，同等重要。③ 兰

① 按《诗经·郑风·溱洧》记载，此处时间不是春节，而是三月三上巳节。——译者注

② 原文此处时间有误。公元前686年郑国统治者为郑子婴，早于郑文公及郑穆公。郑穆公死是在公元前606年。——译者注

③ 《左传·宣公三年》：“冬，郑穆公卒。初，郑文公有贱妾曰燕姞，梦天使与己兰，曰：‘余为伯鯈。余，而祖也。以是为而子，以兰有国香，人服媚之如是。’既而文公见之，与之兰而御之。辞曰：‘妾不才，幸而有子，将不信，敢征兰乎?’公曰：‘诺。’生穆公，名之曰兰。……穆公有疾，曰：‘兰死，吾其死乎?吾所以生也！’刈兰而卒。”《史记·郑世家》：“二十四年，文公之贱妾曰燕姞，梦天与之兰，曰：‘余为伯鯈。余，尔祖也。以是为而子，兰有国香。’以梦告文公，文公幸之，而予之草兰为符。遂生子，名曰兰。”

花——这一具有象征意义的神圣植物，它只是跟某个个人联系着，并不代表某个家族，只是代表郑穆公兰自己。神圣场所的特质跟兰花的特点联系在一起，它们体现的是祖先神的神圣性质，这一神圣性质在郑穆公兰身上体现，使他能君临郑国。在这一神圣场所长满兰花（神圣物）之际，就仿佛祖先赋赐了这片兰花的存在一样，此时兰花才显出它神圣高贵的特质来，不再是一片普通的花儿了。而后国君，也只有他本人，拥有着神圣场所才有的那种威严，他看着这神圣场所，正如看着宗庙一般。

我们脑海中必须牢记这样一个事实：替代神圣场所的那位祖先是一位女性祖先。在农夫们的村落中心中，是妇女首先获得权威，获得了“母亲”这一称号。当“地母”的概念被用来详述亲子关系的概念时，比在它基础上建立的某种同盟（因为这种同盟，某一家族或许就开始成了系谱树上的某条分支）还要重要。这种亲子关系被认为是一种纽带，它将一个孩子与某个母系大家族联系起来，它似乎仰赖于某种对母系的孝顺，也似乎暗示着个人与这一大家族的联系。毫无疑问，人们心目中的那种亲属关系是无处不在地联系着的，它将整个社会组织联系起来，这种联系的神圣性与节日期间的神圣场所所具有的神圣性毫无差别，它被想象成处于使部落凝聚起来的那种力量的伪装之下。在这种力量下，所有的神力似乎各自都是中心，是某些力量之源，它们被归结于一位女性祖先，而她拥有神圣场所所有的至高无上的权威。

第三章　男性诸神与部落首领

假如我们往上追溯的话，个人权力和等级制度可以追溯到女性家长的权力发生动摇的那个时代。“伟大的女性祖先”，也就是“母后”(Queen—mothers)① 的故事，在中国古代神话传说中占有重要地位。每一个君临天下的家族都出自某位先祖，但是这位先祖的母亲获得了无上荣耀和重要启示。在封建诸侯建立的都邑中，没有比女性先祖的祠庙更神圣

① 这里的原文意思是“作为母亲的女性统治者”，不是通常汉语所说的“母后”那个意思，特此注明。——译者注

的了，最优美的王朝赞美诗就是颂扬她的诗篇。①

不过，封邦建国的社会组织仍然仰赖于男性特权的产生。这表现为从父至子，国君们独自宣称着季节的变易，只有他们主宰和保持着四季之间的平衡。但是更多的史迹（法理性的和神话的）说明，对建立男性国君权威贡献最大的（在权威被归于某位男性首领以前），是这一权威曾归于某对高贵的夫妇，自这位妻子起，她担当的角色和产生的影响开始下降。

这位首领是代表着宇宙秩序的黄历的主宰者。他在自己的都邑里，根据每月的简单“月令”（应做哪些事，以及相应宜忌）决断事务。这都邑是人类与自然之间秩序通力合作的表现体，它起初是因神圣场所于春分时节举行婚姻这一理念而缔造的，这一理念就是产生仪式的根源。但是仪式在另一方面强调了天子或国君的婚礼是国家事务中最重要的事务之一②，宇宙的过程、社会的秩序都仰赖于它。假如天子与王后之间的联合不完美的话，宇宙万物将失去联系，从而分崩离析。假如他的权限有半点逾越，那么就会造成日食或月食。“天子或国君的举动代表着‘阳’的所有规律，王后则代表‘阴’这一规律。”③ 对这一记载的正确理解是绝对必要的。假如离开了王后，周王就什么也不是；假如没有他的妻子，祭祖礼也不再有效，因为一场合法的祭祖礼是要夫妇共同主持进行的。两性必须都参加这一原则，跟要求两性在主持祭祀时必须通力合作这一原则是一致的。④ 一位首领（无论是国君还是某家族的族长）不能没有妻子而单独存在，两性的生活事实上影响着宇宙的秩序，他们（首领和他妻子）的生活必须是小心翼翼地规律化的，当月亮平静地绕行时，当它正面迎着太阳

① 《诗经·大雅·思齐》：“思齐大任，文王之母。思媚周姜，京室之妇。大姒嗣徽音，则百斯男。”

② 《礼记·郊特牲》：“天地合而后万物兴焉。夫昏礼，万世之始也。取于异姓，所以附远厚别也。币必诚，辞无不腆，告之以直信。”

③ 《礼记·昏义》：“天子听男教，后听女顺；天子理阳道，后治阴德；天子听外治，后听内职。”

④ 《礼记·祭统》：“夫祭也者，必夫妇亲之，所以备外内之官也。官备则具备。水草之菹，陆产之醢，小物备矣；三牲之俎，八簋之实，美物备矣；昆虫之异，草木之实，阴阳之物备矣。”

之际，天子（或国君）和王后（或君夫人）必须互相结合。满月和春分、秋分在仪式上具有同等价值。在当时封邦建国的指导思想下，天子（或国君，或大家族族长）和他的妻子的结合所具有的力量比另外一块平原上人们在春分或秋分时集体举行的婚礼（在春分、秋分之际举行的集体婚礼被认为跟宇宙规律一致）并不逊色。国君本人拥有他个人在神圣场所才有的那种权威。作为任务，他必须在一年的特定时刻亲自庆贺丰收，主持一些神圣的仪式，此时他仿佛是宇宙间唯一的主宰。事实上，尽管传统的观点仍然支持妇女有相当的权威，但这权威不是属于她自己的，也并不是她的权利。王后（或君夫人）拥有的权威只是天子（或国君）权威的某种反映——月亮的光芒也是从太阳那里借来的。不过，在一开始，最高权威也是由某对夫妇共享的，某一公式清楚地表现了这一点——首领从不说他是人民的父亲，他声称是他们的“父母”，这昭示着庄重而难以分割的权威都集中于他一身，属于他们这君临天下的家族。

在某种相似的格调之下，国君独自在他的都邑中，操持着他那司法裁决的权威（这权威同样制造和平）。关于这司法裁决的争论，存在于他所主持的到底是一些言辞的争论，还是一些与天地具有同等权威的、咒语般的说辞。这种竞赛般的司法裁决仪式通常在都邑中的土地坛上举行。但是，最庄重的事例应是在黄河堤岸上举行的，就是那在舞蹈的助兴下庆贺春节的地方。而且，同样的语言也用来记述抗辩人和官吏的怨辞，还用来记述爱情对决时那连篇累牍的长祷。① 燕国的始创者燕召公便是一位著名的司法裁决者。争论存在于他所主持的是否仅是一些缔造男女情爱诗句的仪式，在仪式上，少男和少女以那些诗句互相对歌。他的裁决并不在他都

---

① 《诗经·邶风·谷风》：“习习谷风，以阴以雨。黾勉同心，不宜有怒。采葑采菲，无以下体。德音莫违：‘及尔同死。’行道迟迟，中心有违。不远伊迩，薄送我畿。谁谓荼苦？其甘如荠。宴尔新婚，如兄如弟。泾以渭浊，湜湜其沚。宴尔新婚，不我屑以。毋逝我梁，毋发我笱。我躬不阅，遑恤我后。就其深矣，方之舟之。就其浅矣，泳之游之。何有何亡，黾勉求之。凡民有丧，匍匐救之。不我能畜，反以我为雠。既阻我德，贾用不售。昔育恐育鞫，及尔颠覆。既生既育，比予于毒。我有旨蓄，亦以御冬。宴尔新婚，以我御穷。有洸有溃，既诒我肄。不念昔者，伊余来塈。”又如《诗经·卫风·氓》亦是此种性质的诗篇。

邑中的土地坛上宣布，而是在一株大树下宣布，这株大树好几个世纪以来就受到人们的膜拜，它所具有的裁决能力几乎跟法官的同等。很显然，这是神圣场所中最神圣的一棵树。在此树的树荫下，燕召公主持着让两性得以相见的节日，这节日同样也是秩序和和平的渊源。这一主角，事实上被赋予了“高禖”这样具有象征意义的头衔。① 在封建宗法时代，职责为主持“田野中的整体组织”的官员也同样拥有这一头衔，据说这是春天的第二个月（仲春）的许可，这许可充满智慧无上高贵，因为春分在这个月，而春分时节阴阳均衡。他同样还主持某些婚礼所必需的仪式。中国古时的某位统治者高辛氏也被赐予了这种头衔。男子和妇女都赶去参加庆贺高辛氏的盛宴，这一盛宴在露天举行，而且就在春分那一天。这并不是说他们在参加一场普通的节日活动，在那发号施令的宫室中，它被限定为一场求子的祷告，高辛氏享有着人们对他能赐予子嗣的信任。在古时，他的两位妻子都诞下子嗣，他们后来各自都成了某一王朝的先祖。他的这两个儿子最初都是在露天孕育的，这一点千真万确。其中一个是他母亲踩上了一个很大的脚印从而受孕，另一个则是在沐浴后参加游弋活动，而后吞吃了一只燕子卵。后来，这些古天子的出生，被认为上天才是他们的真正父亲。然而，祭祀高辛氏的神庙并不比祭祀这两位古天子母亲的少，她们在“高禖”的头衔下献身于他。② 对比这些文献记载我们可以看出，天子（或国君）本身仿佛是神圣场所的仿效品，他本身就是多子多孙那种婚姻的缔造者。这一成果不时地更新着，当他和他的（不同的）妻子在神圣的婚姻之锁下结合。在他建立的这一秩序中，他演绎出他的权威。后者在季节性举行的集体婚礼中显现出影响，但天子（或国君）并不独自主持这仪式，

① 《诗经·召南·甘棠》：“蔽芾甘棠，勿翦勿伐，召伯所茇。蔽芾甘棠，勿翦勿败，召伯所憩。蔽芾甘棠，勿翦勿拜，召伯所说。”郑玄笺注云：“召公听男女之讼，不重烦百姓，止舍小棠之下而听断焉……”另《史记·燕召公世家》亦云：“召公之治西方，甚得兆民和。召公巡行乡邑，有棠树，决狱政事其下，自侯伯至庶人各得其所，无失职者。召公卒，而民人思召公之政，怀棠树不敢伐，哥咏之，作《甘棠》之诗。”

② 《礼记·月令》：“是月（仲春之月）也，玄鸟至。至之日，以大牢祠于高禖。天子亲往，后妃帅九嫔御。乃礼天子所御，带以弓韣，授以弓矢，于高禖之前。”

此时，他甚至扮演一个从属于他妻子——王后（或君夫人）的角色。

从此，男人取得了优于妇女的地位，当他们学会用婚姻乃至别的手段从神圣场所那里获得力量，跟那神圣力量结成同盟之际。

这样，两性之间的对决最终被只有男人能参加的仪式性舞蹈所取代。最终，还有一种“雉鸡之舞”（头插雉鸡羽毛的舞）的存在。正如乡间男女熟知的那样，雉鸡每年春天因求偶而翩翩起舞。这种舞蹈意在希望子孙繁殖，它是配对的前奏。因为在乡间的节日里，妇女用她们的歌声召唤男子，是她们去主动追求。或许更有甚者，在某种心照不宣的一致下，这种雉鸡之舞就是妇女参加的舞蹈，各种年龄的妇女从雉鸡那里借来羽冠，有些甚至还借用了它们的名字。但最终，是男人在这种舞蹈中扮演主角。他们的舞蹈，并不是旨在子孙昌盛，而是扮演着合乎时宜的雷声的出现。雷声在冬天隐匿，而当春天来临，人们就将听见它的声音。但首先，雉鸡会“吟唱，仿佛它们的翅膀在击鼓”，这样，它们就造出雷声来。因此，雉鸡也是雷声将响的象征。在封建宗法时代，它不是作为一两个跳雉鸡舞的舞者而现身的，而是作为雉鸡而现身。比如说在秦国陈仓，一只雉鸡受到崇拜，就因为它夜里在一块神圣的祭石边鸣叫。而后人们就听见了隆隆的雷声。吸引它注意力的那块石头形状像一只雌雉。这故事起初可能是这样：一位少女，碰上一位少男，后来他们都变成了雉鸡。当雄雉变成神灵之际，雌雉就变成了石头，而且据说谁能抓到这只雄雉，谁就能成为天下之王。①

同样的一则传说将显示得更加清楚——男权是如何在后来越来越深刻地发生影响的。当世界需要一位英雄来建立起世界秩序之际，羽山就出现了一位跳起雉鸡之舞的舞者。羽山只不过是一座山，那山上能找到作为舞蹈道具必需的雉鸡羽毛。同样也是在这座神圣的山上，在一场献祭所引发的化身变形中，大禹的父亲鲧变成了一只熊，在羽山出现雉鸡舞人之

---

① 《史记·秦本纪》：“（文公）十九年，得陈宝。”《正义》：“《括地志》云：‘宝鸡（神）［祠］在岐州陈仓县东二十里故陈仓城中。《晋太康地志》云：“秦文公时，陈仓人猎得兽，若彘，不知名，牵以献之。逢二童子，童子曰：‘此名为媦，常在地中，食死人脑。即欲杀之，拍捶其首。’媦亦语曰：‘二童子名陈宝，得雄者王，得雌者霸。’陈仓人乃逐二童子，化为雉，雌上陈仓北阪，为石，秦祠之。”’《搜神记》云其雄者飞至南阳，其后光武起于南阳，皆如其言也。”

后，鲧的儿子禹出生了，为这世界带来欢乐祥和。禹建立了古代中国的王权，他在大地与洪水之间缔造了和平，这些都是他作为造物主所做的工作。大禹实际上就像羽山出现的雉鸡一样，也是一名舞者。他甚至还发明过一种著名的舞步——“禹步”。这样，他蹈着禹步，这禹步助他消减洪水，让洪水受到约束，从而归位。当他起舞时，他还踏过岩石。古代中国还存在过这么个地方：那里的少男少女在节日期间要踏上石头涉水，当春日冰雪消融、河水涨起之际。他们因这踩过石头步伐的断断续续而发明了一种步姿，这步姿伴着春雷，昭示着春雨的即将来临。而且在整个的封建宗法时代，他们知道，跳着商羊之舞，就足以获得有规律的降雨。① 这舞同样也常由青年男女一对对跳，他们必须晃动着自己的肩膀（就像雉鸡振动翅膀，以引发雷声），他们还要金鸡独立，因为商羊是一种只有一条腿的神鸟（正如羽山出现的那位神秘舞者一样只有一条腿），当大禹蹈着禹步的时候，他也是这样单脚跳，另一条腿拖拽在后，因此他是跳着禹步向洪水发号施令，并最终收服洪水的。这并不是说，大禹当时像舞者那样头上戴着从羽山（他父亲大熊鲧出没过的神山）找来的羽毛做的羽冠。据说禹影响了这熊的出现，大熊在冬天就销声匿迹，像雷声一样。它们大概跟雉鸡一样，是雷声和春天来临的象征。大禹这位一国之君跳了一支模拟大熊的舞蹈，他很小心地、独自一人地跳着这舞。而大禹的妻子因为看见了他在进行他神圣的工作，踏过石头，穿过山峦，于是，她变成了石头。因为禹想要她腹中已怀着的儿子。据说禹将妻子变成的石头劈成两半，取出了儿子。②

---

① 《孔子家语·辩政》：“齐有一足之鸟，飞集于宫朝下，止于殿前，舒翅而跳。齐侯大怪之，使使聘鲁问孔子。孔子曰：‘此鸟名曰商羊，水祥也。昔童儿有屈其一脚，振讯两眉而跳且谣曰：“天将大雨，商羊鼓舞。”今齐有之，其应至矣。急告民趋治沟渠，修堤防，将有大水为灾。’顷之大霖，雨水溢泛。”

② 《汉书·武帝纪》元封元年诏：“朕用事华山，至于中岳，获驳麃，见夏后启母石。”应劭曰：“启生而母化为石。”文颖曰：“在嵩高山下。”师古曰：“启，夏禹子也。其母涂山氏女也。禹治鸿水，通轘辕山，化为熊，谓涂山氏曰：‘欲饷，闻鼓声乃来。’禹跳石，误中鼓。涂山氏往，见禹方作熊，惭而去，至嵩高山下化为石，方生启。禹曰：‘归我子！’石破北方而启生。”

乡间节日里两性相悦的舞蹈，最后变成了一种带男子气的舞蹈。参加舞蹈的男子被认为是在跟神圣场所沟通，他模仿着那具有象征性的神圣动物；彼时，他拥有祖先般的尊严，神圣场所就在祖先的处所之中，神灵或许化作了动物的形状，但拥有着某位祖先的灵位。这神圣的舞蹈或许还会感得某位神圣儿子的降临。但国君起舞时，姿势或许要跟他代表的神圣图腾动物一致，为成全这一舞蹈，必须有点什么牺牲品，这牺牲品就是他的妻子。当他将妻子献祭给这神圣的舞蹈时，国君便与这神圣的力量结成了同盟，他因此而拥有了双重的权威。一旦这因献祭而产生的权威存在，便立刻产生了某种从神圣到凡俗的阶层制度。当这权威从内部将自己与自己的对立面（阴和阳）统一起来，使得人类社会和自然界之间对立统一，互动地发生关系之际，它便有着百分之一百的效用。但只有在两者发生联系之际它才富有创造性。当国君施展着他的权威时，他不仅仅是在神圣场所扮演着超自然力量掌控者的角色，此外，象征着王朝气运的旗帜、鼓鼗、鼎、兵器等方面，这些形成一个整体，它们的创造似乎也是应某种圣俗之间的等级制的需要而生的。① 比如，金属物品的制造就是一件神圣的工作，它是将一些合金，经由一些技术手段来完成的。而金属正如其他所有东西那样，也分雌雄。人们从合金中冶炼出具有神力的金属模块，这金属模块的神灵延展到人们身上，也延展到其他一切事物身上——它们自身含有宇宙间某种万物一致的至上规律，这样，金属的混合只能通过婚姻仪式来完成——同样数目的童男童女担当了这种仪式。他们要将自己的气息（也就是说，他们的灵魂）施加于那金属熔炼之上，因为它或许需要这些。在金属被锻造之际，他们将水浇上，让铸件淬火，假如铸件上有水泡，这铸件就是雄性的；假如铸件上产生出小空洞，就是雌性的。铸造者知道何时铸出适合战争的兵器，以及如何将雌雄兵器结合在一起使用（它们的联合将产生完美的效应）。这完美的原则也存在于两性结合之上，而这两性结合给予了他们彼此巨大的生命力。为了达到金属熔合这一效

---

① 这等级制度的创始者，见《礼记·大传》：“圣人南面而治天下，必自人道始矣。立权度量，考文章，改正朔，易服色，殊徽号，异器械，别衣服，此其所得与民变革者也。”

果，至少需要三百童男和三百童女，三百可是个超级大的数字。性的结合让他们全身心地投入这一神圣的任务中去（让金属熔合），跟在乡间的节日一样。但是这样也能获得熔合的金属——假如铸造师和他的妻子单独成对进行这件事，他们除了自己纵身跳进熔炉之外再无其他任务了，这样，具有神力的铸件就立刻铸成了。铸师夫妇（假如是一对高贵的铸师夫妇）的献身，跟童男童女的集体婚礼一样具有无比神力。因为无论如何，并非总有如此彻底决绝的铸师夫妇肯投身熔炉献祭的。当铸师的头领将自己的妻子投入神圣的熔炉献祭以求得产生合金之际，他大概对自己的所作所为非常满意吧！这种经济型的牺牲方式足以让我们断言，铸造本身具有的神性对铁匠而言跟性事是同等神圣的——神灵赐予铸师那位用作牺牲的女子，是作为他的妻子而出现的。她的献祭被看做是跟炉神结为夫妇。因为炉神以性的结合的方式赐予了铸师妻子，铸师将妻子献给炉神，就此跟神灵结成同盟。这一仪式保存了那神俗间等级制度的所有合理性。模具中最终铸出的铸件也被看做是雌雄二性皆备的。

既然男权已经确立，那么，神灵们便显现出了男子气的面貌。富有神性的金属铸造史同时也是神圣场所发展的历史。

为了获知季节变易的准确节律，在汉朝，人们要在合适的时机朝水里投下一男一女两位掌管旱灾的神灵——耕父（掌握犁的男子）和女魃。他们是一对耕夫耕妇，他们的神像可能还被用来献祭。① 起初，封建诸侯只能用真人献祭，只有在人们确信他们让敌对力量控制的旱灾或霖雨消停时，才能表示是他们的献祭起了作用。为了让人们认识到他们（乃至整个自然）身上存在着这种均衡的力量，他们有必要住在野地，或曝晒于烈日之下，或忍受雨露风霜。不过诸侯国君们宁可用女巫作法，他们让女

① “耕父”见《山海经·中山经》：“又东南三百里，曰丰山。有兽焉，其状如蝯，赤目、赤喙、黄身，名曰雍和，见则国有大恐。神耕父处之，常游清泠之渊，出入有光，见则其国为败。”袁珂先生案：“刘昭注《后汉书·郡国志》引《文选·南都赋》注云：‘耕父，旱鬼也。’”“女魃”见《山海经·大荒北经》：“有系昆之山者，有共工之台，射者不敢北乡。有人衣青衣，名曰黄帝女魃。蚩尤作兵伐黄帝，黄帝乃令应龙攻之冀州之野。应龙畜水，蚩尤请风伯、雨师，纵大风雨。黄帝乃下天女曰魃，雨止，遂杀蚩尤。魃不得复上，所居不雨。”

巫跳起舞蹈，直到她筋疲力尽。假如需要的话，比如旱灾非常严重，女巫就会被焚烧献祭。①

女巫有种超人的能耐，这能耐让她们显得威力无比——她们的威力潜藏于被静静曝晒时激发出的能量上。现在，夏、商两个王朝的建立者大禹和成汤，都曾在历史上以曝晒献祭者的身份出现过。他们都通过将自己献身为子民利益的献祭品来宣誓自己统治天下的合法性——成汤止住了旱灾，大禹则最终治住了洪水。当时，他们剪下自己的头发和指甲，将它们代替整个的自己献祭给神灵。而铸师正如大禹和成汤所做的那样，为了使不同金属熔合，他不是将自己投进熔炉，而可能是将他的头发和指甲投进炉中——铸师夫妇都将指甲、头发投进炉中。当冥冥中操纵熔合的大神收到了铸师夫妇的献祭，它便完整地拥有了铸师夫妇献出的阴阳两重属性，因为献出身体的一部分（头发、指甲）就相当于献出了整个的身体。这样，大禹和成汤都相当于献出了自己整个的身体。不过这大神只拿到了献祭的一部分，他们只是部分被曝晒（或焚烧）了，我们可以明白为什么大禹在蹈步时要单脚蹈步，另一条腿拖拽在后——他的半边身体麻痹了。“禹步”只是性别之舞的舞步的一半，禹的献祭也只是拿了他自己一半献祭。完整的献祭是拿相当于阴阳相合的夫妇献祭——正如铸师这样向炉神献祭，因为炉神被认为不是单属男子气的，而是阴阳相合。大禹、成汤的献祭也是如此。成汤到“桑林”以自己献祭，“桑林”是少男少女春日集会游玩的地方；大禹在黄河畔献祭，不过河神已经结婚了，即便他拥有的名字（冯夷）起初也是他妻子的。假如大禹仅仅将自己献祭了，或许那还是女神地位优越于男神的时代。后来男神地位超过了女神，他甚至拿走了原先属于女神的名字。从那时起，对河神的献祭（往往跟神俗的分界又和谐一体这一旨趣联系在一起）就开始拿女子作为祭品了。②

---

① 《周礼·春官·女巫》：“女巫掌岁时祓除、衅浴。旱暵，则舞雩。”《左传·僖公二十一年》：“夏，大旱。公欲焚巫尪。臧文仲曰：‘非旱备也！修城郭，贬食省用，务穑劝分，此其务也！巫尪何为？……’”

② 《史记·六国年表》公元前417年秦国：“城堑河濒。初以君主妻河。”《索隐》谓：“初以此年取他女为君主，君主犹公主也。妻河，谓嫁之河伯，故魏俗犹为河伯取妇，盖其遗风。殊异其事，故云‘初’。”

在封建宗法时代，黄河在两个地方受到格外的崇拜，一是临晋，一是邺。在魏国邺城的乡村地区，祭拜河神是一种大众广泛参与的活动，参与者还有女巫、跟河神沟通的灵媒。每年都要选一名美丽的年轻姑娘，把她打扮成新娘的样子，抬上新娘的婚床，这婚床要一直抬到河岸上，放进涡流盘旋的河中，直到她消失在河水中。这样，被选中的新娘“就跟河神结了婚”①。毫无疑问，临晋的河神崇拜也是一场大众参加的活动。但是，在公元前 417 年，秦国国君征服了这一地区，他们占有了这一祀河神的神圣场所。他们最雄心的作为之一就是把黄河之神的保护攫取到自己的手中。跟河神结成同盟是他们的责任，他们征服了这个国家，但更重要的是获得了那块土地的子民以及河神的保护。每年他们都要选一位自己血统的公主去跟河神结婚。②

性别之舞以及集体婚礼为神圣场所的庄严权威披上了一层外衣。夫妇俩的献祭，王朝建立之君用自己的头发、指甲进行的“半軷祭”，以及用妻子献祭炉神、用少女献祭河神等等，巩固着人与神的同盟，他们似乎形成了一个同盟。神圣场所，即便它成为一处祖先的宗庙，而且它的神圣性要求具男子气的角色来体现，它仍然保持了神圣性的权威，这要感激神俗分界却是和谐一体的那种制度。它的能量延展到形成宇宙的两种相对力量——阴、阳，天、地，水、火，霖雨与旱灾——之上。但只有在花了许多可怕的代价献祭之际，那混合万力的神圣权威才真正叠加于它之上。

第四章　兄弟之争

最初的男权似乎是在冬季仪式进行之后建立的，在兄弟关系重建了

---

①《史记·滑稽列传》：“魏文侯时，西门豹为邺令。豹往到邺，会长老，问之民所疾苦。长老曰：‘苦为河伯娶妇，以故贫。’豹问其故，对曰：‘邺三老、廷掾常岁赋敛百姓，收取其钱得数百万，用其二三十万为河伯娶妇，与祝巫共分其余钱持归。当其时，巫行视小家女好者，云是当为河伯妇，即娉取。洗沐之，为治新缯绮縠衣，闲居斋戒；为治斋宫河上，张缇绛帷，女居其中。为具牛酒饭食，（行）十余日。共粉饰之，如嫁女床席，令女居其上，浮之河中。始浮，行数十里乃没。……’”

②《史记·六国年表》公元前 417 年秦国：“城堑河濒。初以君主妻河。”《索隐》谓：“初以此年取他女为君主，君主犹公主也。妻河，谓嫁之河伯，故魏俗犹为河伯取妇，盖其遗风。殊异其事，故云‘初’。”

之后。

冬天，在普通的草庐中，农夫们在农闲时节通过比赛、游弋乃至狂欢学会了如何对男性的特质怀有自信。在他们垦殖的土地慢慢地扩张之际，他们的声望也与日俱增。但这块土地最初的建立者并不认为自己的荣耀源于对土地的臣服，以及刀耕火种般垦荒。在另外一些场合，农夫们司理着火种。此外，他们还是制陶者，还是金属工匠。他们知道如何用神圣乃至带悲剧色彩的献祭手段和技艺制造出神圣的青铜器皿，一个王朝赖以君临天下的所有美德都寄寓于大禹铸造的九鼎之上，它的存在就如神圣的山河。当夏朝的“德”摇摇欲坠，即将耗竭之际，这些鼎或是碎裂，或是失去下落。同样，王朝的“德”若是损耗过甚，鼎的分量就会变轻，它们被另一天下之主获得。他获得它们，也是拥有统治天下之声望的象征。

大禹，古代中国的第一位真正君王，是一位铸师；黄帝，第一位君主，同样也是一位铸师。大禹还召唤雷神。要感谢雷神，因为是它给大禹及其后嗣带来了繁荣昌盛。在一场起舞般的竞赛中，大禹征服了各种神灵乃至各位酋长（他们是不可战胜的），据说它们有的像水牛，而且咆哮起来如同狂风。① 黄帝也是那样，他“获得了君临天下的威德”之后便立刻拥有了神力，并借此在跟神农氏的战争中获胜。神农有时表现为一位主持铸造之节的神灵（据说他的女儿因此被烧死了，或是被溺死了），但是他是首位主司冶铸的风力之神，他还是农夫们心目中的农神。黄帝除了跟神农作战外，还跟蚩尤作战。历史学家往往难以清楚区分这些战争。说实话，蚩尤和神农很相像，要想把他们区分开来很困难。他们出自同一个姓，都是牛首人身。不过蚩尤不是个好的庄稼把式，他发明了兵器，是战神。他铜头铁额，他的骨头是凝固的合金。因此，古代冶师使用的某种工具是用铜做的，尖端是铁。蚩尤发明了冶炼金属，据说他以吃矿石为生。他是被神化了的冶师。不过他与农神还是完完全全相像的。这些年代接近

① 《博物志》：“昔禹平天下，会诸侯会稽之野，防风氏后到，杀之。夏德之盛，二龙降庭。禹使范成光御之，行域外。既周而还至南海，经防风，防风之神二臣以涂山之戮，见禹使，怒而射之，迅风雷雨，二龙升去。二臣恐，以刃自贯其心而死。禹哀之，乃拔其刃疗以不死之草，是为穿胸民。”

的零星事实为我们提供了这样一种假设：出自同一农门、怀有不同技艺的兄弟俩，一个变成了神秘知识和技艺的护卫者，另一个变成了原始而秘密神力的主宰。兄弟俩竞争的存在使我们可以这样设想：存在那么一个中心，它不再建立在简单的兄弟分家基础上。现在，根据我们所知的最古老的中国传统，宇宙（跟人类社会有什么区别）是由互相对立、互相变化而又普遍联系的部分组成，这互相联系、互相变化的特质是通过各种物质的存在表现出来的，比如风。“八风”不仅跟人类及自然界的八种划分联系在一起，还跟某种神秘的力量联系在一起。万物都处于“八风”那有条理的统治下，但它们又主宰着音乐、舞蹈的不同特质，而音乐和舞蹈所具有的功能驯服着世界，让自然力量能有所驯服，为人们所用。在大多数神话剧中，在关于宇宙力量如何形成的神话传说和远古记忆中，人们认为某些具有王朝建立先祖特点的事物或图腾兽统治着这世界的某个部分，而在大多数情况下，这种统治都表现为某种“风”。这样，我们就能够设想，某种已被编组的群体在已经分家了的社会组织中，要不属于这方，要不属于那方。这社会组织各自都是宇宙系统的一部分，各自都通过乐舞、竞赛以及声望上的彼此挑战来实现自己的存在。它们都是从属于同一种最高秩序的。从这些竞赛中产生出一种新的社会秩序，它是一种分等级的秩序，建立在声望基础之上。黄帝据说就是如此获得权威的。他只是在征服那伟大的反叛者蚩尤之后，才获得了至高无上的权威。他和蚩尤要面对面地决斗，每人只带两名侍者，蚩尤有风师和雨师的帮助，而旱魃和应龙（掌管雨水的龙）则为黄帝而战。应龙召唤大水，蚩尤将雨水与大雾搅和在一起。一开始，暴雨如注，蚩尤尽力爬高，爬到“九泽”那么高，袭击“空桑”。“空桑”是天上一种中空的桑树，是太阳借以升起的地方。正是因为“空桑”的存在，黄帝才能从地上爬上神圣的君王宝座（那是太阳的最高点）。蚩尤拥有用头发做成的锁链，这锁链是十字形的，形状像交叉的矛，放在他自己的神庙之上。当铜头铁额的蚩尤朝前狂冲之际，没有人敢阻拦他。但是，黄帝吹响号角，给应龙发了个信号，应龙便勇猛地挺身而出，为黄帝而战。（在古典时代，吹号角被看做一件象征痛苦和磨难的事：被征服的一方宁可去死。）应龙砍下了蚩尤的头颅（在封建宗法时代，被征服者的首级被用来放置在旗帜上），黄帝获取了他的对手的旗帜，这旗帜上还绘制着蚩尤的肖像。从此以后，黄帝的统治就在和平之下了，因为蚩尤的肖像慑服了八方部落。①

很显然，这一神话昭示的不是别的，而是兄弟相争的那种信息——它是通过某种经过编织的戏剧形式表现出来的，它通过宗教乐舞以及再现那神秘境遇的手段来表现。实际上，蚩尤之舞是众所周知的，舞者俩人或仨人面对面，头上戴着小牛的角，互相作出征战的姿势。此时蚩尤的含义并不仅是一支舞或一场剧，而且还意味着一种兄弟关系，因为蚩尤并不是一个人，而有 72（8×9）个或 81（9×9）个兄弟。他是九夷之君，而且，兄弟 81 人代表着古代中国的神圣九州。他有八个手指，八个脚趾，令人生畏地统治着八方（八风即八方之风，蚩尤是指南针所指的某一方的神灵）。他那兄弟 72 人代表着地球的一部分，也代表着一年天数的五分之一（360/5 = 72）。最终，72 就成了兄弟关系在数字上的象征。②

在等级制社会组织产生之前，在兄弟间的互相竞争中，引领者的角色属于那些掌握了取火技术的一派。事实上，他们自己的氏族象征就会成为王朝的象征。毫无疑问，龙是配得上夏朝的标志之一。现在，象征夏朝君临天下的“德”的九鼎由龙守卫着，同样，王朝的剑是龙剑——它们消失在河里，并且如闪电般在河中戏耍。当它们在竞赛中被使用之际，它们能让龙飞至天上，躲藏在电闪雷鸣之后。更有甚者，某种模拟它的化身被称为“龙炬”。这“龙炬”也被称做某种鼓，据说它出生在“钟山”，也是一只鸮。鸮是中国古代第二个王朝——殷商的象征之一，鸮是象征两至日（冬至、夏至）来临的鸟，正是在两至日，人们铸造具有神力的阳燧

---

① 应龙杀蚩尤见《山海经·大荒东经》：“有山名曰凶犁土丘。应龙处南极，杀蚩尤与夸父。”“蚩尤之旗”为一种星相，见《史记·天官书》：“蚩尤之旗，类彗而后曲，象旗。见则王者征伐四方。”

② 《史记·五帝本纪》张守节《正义》引《龙鱼河图》云：“黄帝摄政，有蚩尤兄弟八十一人，并兽身人语，铜头铁额，食沙石子，造立兵仗刀戟大弩，威振天下，诛杀无道，不慈仁。万民欲令黄帝行天子事，黄帝以仁义不能禁止蚩尤，乃仰天而叹。天遣玄女下授黄帝兵信神符，制伏蚩尤，帝因使之主兵，以制八方。蚩尤没后，天下复扰乱，黄帝遂画蚩尤形像以威天下，天下咸谓蚩尤不死，八方万邦皆为弭服。”

和宝剑。是鸮将锻造的神技和雷的神力结合起来。同时，它还是黄帝的象征。黄帝的象征具有多重意义：铸师、雷神和第一位统治者（所有后来的君主都出自黄帝一系）。因为黄帝出生于电闪雷鸣的一刹那，那闪电在山上闪烁，这山上用作牺牲的、名叫“黄鸟”的祭鸟，就是一只鸮。这黄鸟从此成为王朝的象征物之一。同样，红鸟则是另一个王朝——周朝的象征。这红鸟是一只乌鸦。在周人伐商获胜以前以及他们的圣贤诞生以前它都曾现身，周人的一支就叫“赤乌”。正如鸮具有象征性一样，“赤乌”是一只象征着火的鸟，但它有三足，因此，它是太阳之鸟，而不像鸮那样是雷电之鸟。① 一个王朝的统治之德是建立在拥有某种“符运”基础之上的，这“符运”从神秘的力量那里获得。在这“符运”的保佑之下，君临天下的统治者、太阳以及雷电的主宰，就能随心所欲地召唤自然。这样，这些最令人惊异的神秘艺术品所具有的声望让掌管火种者君临天下，成为天子。

权力的集中，从某种方面说是兄弟竞争的结果。其中一人操起干戈跟另一人作战。看上去，他仿佛已经在漫长寒冷的冬日，走在满是男子气息的征途上。某种王室节日事实上就是在漫长的冬夜里进行的。在那场合，天子要经受巨大的考验。但通过这个，他证明了他足以统治天下。②

尧，那位“像太阳般圣明”的君主，在成为天子之前，不得不将箭对准太阳。这样，他成功地征服天穹，拥有权威。一旦他征服了太阳的象征，他就能进行他的统治了。箭术比赛是某人宣誓就职的仪式之一，通过这仪式，他可以显示出他的美德和能力。但是，一位不配统治的天子或国君将看见天不喜欢他的征兆。降临在这位不称职的大法师（天子或国君）身上的惩罚是一系列的：射向天空的箭变成闪电劈回地面，操弓者自己被闪电击中并且烤焦。因为他没有必要的资格和上天的许可就想唤醒乃至捕

① 周人与“赤乌”的关系见《史记·封禅书》：“周得火德，有赤乌之符。”《索隐》：“《中候》及《吕氏春秋》皆云‘有火自天止于王屋，流为赤乌，五至，以谷俱来’。”葛兰言氏将之理解成周人的一支。——译者注

② 在下文中，我使用了我打算在某部书着中详细辨析的内容，现在我只是在准备它（le Roi boil）。我在该书中打算分析王权这一观念的前身。

获火的神力。这就是武乙，一位无德之君的事例。① 武乙用一支箭瞄准了天，或者瞄准了一只盛满血的牛皮囊（他把这牛皮囊叫做天），这皮囊的形状为鸮形。这位帝王在一次弈棋时“控制了鸮的移动”，这让他斗胆想射天。宋王偃属于殷人后裔，而殷人视鸮为象征物。但是，因为殷人的退化，他再也没拥有让自己称得起君临天下的清操令德，跟黄帝相比，他差了十万八千里。黄帝的德行是能够捉住鸮（黄颜色的鸟）的。一位真正的统治者即使用扭曲的箭也能射中它们。正如闪电是火的使者。仰赖鸮德的黄帝知道如何在鸮这一“符”的保护下提升自己的威望，使自己跟它浑然一体。通过沉默，所有天空的圣火之德都与他融为一体。这样，他受到尊崇，能够通过旋风登天。

黄帝是雷神，他同样也有一个象征“天”的革囊，这革囊的形状是一只鸟，也是一只用皮革做成的鼓兼口袋。甚至有一只鸮（它的名字是“夜间之鼓”）同样也是一只口袋，雷电和箭镞都被收进这口袋里。最终，是鸮兼鼓的那玩意儿的呼吸导致了风，它浑身红色，眼睛不可移动，代表着冶炉以及鼓风的咆哮。那象征“天”的革囊也是红色的，如同冶炼中通红的矿石，也如同通天之山的最高峰——它也是盛产铜矿的，它名叫“混沌”。当混沌七次被霹雳击穿后，他死去了，但这死亡实际上是第二次重生。事实上，每个人脸上都有七窍，但只有受人尊敬的（也就是说，出生高贵的）人的七窍都与心灵相通。混沌，这个革囊，当他化身为人之际，被描述成了一个傻乎乎的忙人，他身上没有七窍，他“没有脸，也没有眼睛”，也就是说，他整个地没有面庞，或者可让人景仰的那样东西。他表现为一张神秘的鼓，以死亡的方式最终重生。因为他是代表“天”的革囊，他参加一场舞蹈，并且还在宴饮中出现。对天上的雷神而言，很明显是混沌（它是一个象征“天”的革囊）提供了这宴饮，假如霹雳居然劈了这混沌七次，那就不是仅仅怀有不好的动机，而是旨在置混沌于死地。

以箭射向天空这一古仪式，以及现身革囊、为雷电所劈的“混沌”

---

① 《史记·殷本纪》：“帝武乙无道，为偶人，谓之天神。与之博，令人为行。天神不胜，乃僇辱之。为革囊，盛血，卬而射之，命曰‘射天’。”

的神话传说，都很明显保持着对最起初那些仪式的记忆，它们还透露出在那个时代，在兄弟（这兄弟都是练习冶铸的）情分掌控一切的气氛下，主宰权需要能让铸火瞬间成倍燃起（这是非常危险的）的能力。这能力的获得过程是一种折磨。这折磨同样会加于君临天下的那个人——天子之上，他必须懂得如何在摆出造物主姿态的同时驯服这世界，乃至重铸这世界。总之，他必须在合适的时机保留来自上天的火种，并且让它们一直辉煌，与此同时，他自己也获得了声望。

现在，无论从什么角度看，在有关纣王（最凶恶的暴君，最终走向灭亡）的传说中，用箭射向天空（用革囊代表）看来是跟名叫“长夜之饮”的冬日节庆联系在一起的。霹雳在混沌（革囊）上劈出了七窍，纣王（他为了证明圣贤的心有七窍，而将自己的叔父比干开膛剖肚，以此闻名）用箭射一只装满血的革囊，他为此还作了准备——杀人，还屠宰六畜。一年起始的六天就是用六畜来献祭的，第七天则用人献祭。据说纣王持续七天七夜地狂欢作乐，有一位史官则说纣王的狂欢作乐持续了一百二十天。但是，这位史官也说一百二十天是夸大其辞。让我们想象纣王那威风凛凛的精力再增加上十倍的样子吧，一年的最后十二天是祭祀的日子，即便是在古典时代（夏、商、周三代），一年也是在模仿十二种动物的舞蹈中终结的，这十二种动物代表了十二个月。无论冬日这最后的节庆是否持续七天或十二天，很显然它是两年衔接中交替的日子。古代中国的一年包括三百六十日，十二个农历月（这月份跟月相的变化有关）。假如月相的变化起初都是二十九天一个周期，那么，一年的最终还剩下十二天，能够祭祀十二位神灵。假如农历的月份可长可短，有的月三十天，有的月二十九天，那么年终就只剩下六天，这六天可用来祭祀六畜。第七天，属于“人”的那天，则是新年的开始。这一天必是举行盛大祭祀的日子。纣王那以人肉做成的宴席在历史上臭名昭著，更有甚者，那象征天的、盛满血的革囊，毫无疑问象征着人格化的天，他在射“天”之前弈棋，简直就是戏耍上天。

七天或十二天的长夜之饮跟中国农夫们的古老习惯联系在一起。在冬日的漫漫长夜，他们不停地饮酒，同样，他们还毫无停息地博弈。他们玩“投壶”的游戏，把长竹签或箭投进长颈瓶子里——如何把箭投进壶口，是个问题。因为我们可以设想，古代中国人以破碎壶罐的形象作为天的样子，闪电则从破裂的缝隙里劈开并溜走，用牛皮做的囊形状似鸮，当它盛满血时，它就代表天。不过这种革囊同样也用来盛酒，农夫们都用罐装酒，贵族则用青铜容器。在狂欢的年终节日中，农夫们击罐，贵族击青铜酒器，以此为击鼓之乐。他们敲击的声音如同炮制出的雷声，而这声音是那么有效，据说雉鸡听到此声，半夜立刻就叫起来。据说这就是雷声能量的来源，它象征火，象征“阳”。雷声在冬日是无力作响的，太阳在冬日也很少炫目猛烈地展现自己的光芒。古代中国人相信在寒冷的季节里，象征雄性的“阳”伏于“阴”之下。此时，农夫们兴味索然地蜷缩在农舍或窝棚里，而这农舍或窝棚是妇女的生活重心和地位所在。在这段修整的时间里，他们养精蓄锐，要让精力持续到开春，那要求男人干活计的季节再次到来。这样，他们的冬日节庆就在一场狂欢中渐渐结束。在这狂欢中，男女相对，他们彼此嬉闹打斗，乃至撕破对方的衣衫。这嬉闹打斗持续到夜里，一直要到火把点上。这是民间。同样，在贵族的宫室中，节日期间也是男女几乎全裸地互相追逐，他们唱着一首哀悼太阳死亡的歌，而后他们围成圈，跳起舞［这是模仿日食结束时的情景（我们可以从其他文献记载获知这一点），最终一位裸体的男孩独自旋转着，如此结束］。在这仪式的最后，火把纷纷点燃，跳舞的男女互相面对面［在宫廷的盛宴中，纵欲的狂欢似乎跟仪式性地谋杀王后（她象征“阴”）联系在一起，在这仪式的最后，王后最终被大家分吃了］，最终，火，以及“阳”取胜，人们把火把举到空中。同样，一位非常小的男孩被几乎赤裸着捧出来，他通体赤色，这小小的男孩代表着获得新生的太阳，人们喊他天神。在有关古帝王走向毁灭的传说中，看见这一浑身赤色的小男孩象征着一位新的帝王将要取代旧的，因为那旧的不能让自己已经衰落的天命得到重生。事实上，冬日的宴饮和狂欢具有让人们重洗心灵、拥护新的“天命”之君的重要意义。在公共大屋中举行的节庆活动最重要的组成部分就是宴饮和狂欢。酒被一次次添满，它们在冬天酿造，储存在革囊中或瓶子、坛子、罐子里。这场狂欢以祈求健康长寿告终：万寿无疆！这祈求伴着投壶等游戏的始终，并且使得其间举行的竞赛（投壶、射箭等）气氛圆满。食物贮藏丰富，超过一座小山！美酒如池，没有任何河流比这美酒还丰富！商纣王当初就是这样在年终节庆时欢唱的。他欢唱着，堆积起如山的肉（“肉林”），他还下令挖了个池塘，池中蓄满美酒。据说在这酒池上可以行船，在肉堆积成的山上可以驾驶战车。这样的纵情狂欢希望每个出席的人都酩酊大醉，他们应像公牛一样大口喝酒，大块吃肉。而商王，他用酒池肉林证明了他的能力，大概他也是那么大口喝酒，大块吃肉，直到把自己灌得像盛酒的革囊一样满。而后，他穿上牛皮做的铠甲，认为自己能够射那只同样用牛皮做的、象征“天”的革囊了。他或许会导致革囊中的血如雨般滴落，这简直就是一场绝妙的、跟重生可以相提并论的洗礼。当他这就职仪式般的射礼成功结束之后，大臣开始颂扬他的神威：“他征服了天！没有人比他更有能耐！”同样颂扬他健康长寿“万寿无疆！万寿无疆！”这颂扬声远远地萦绕着，只要商王还在喝酒。

宫室里在长夜举行的节庆活动，似乎是民间村社的公共房屋中举行的节庆活动的发展。它的仪式更加繁复，那些令人胆寒的恐怖仪式不用说也包括于其中，因为它标志着冬日所有这些礼拜仪式达到最高点。在这些仪式中，在各种竞赛（这些竞赛对个人而言均是考验）和用牺牲祭祀的仪式中，美德得到了发扬，上下和睦的阶层制度被强调。其中有些竞赛方式值得注意。比如说有种像杠杆般的玩意，它是被用来测验大家的智商的；还有种涂过油脂的标杆，竞赛的失败者将被用作牺牲祭祀。纣王，这位罪恶深重的暴君，他强迫臣下在用成堆的牺牲祭祀［像萨丹纳帕路斯（传说中的亚述末代国王）那样］之后像牛一样狂饮（像古巴比伦国王尼布甲尼撒那样）。纣王身强力壮得如同参孙一般，能够手握粗铜棍；他能够托举起沉重的门梁，像门柱一般稳稳地站着；在那投掷标杆的竞赛中，他能把长长的杆子远远投掷出去，或高高地抛上天空。他还建造了一座企图像天那么高的高台（像《圣经》中的巴别塔一般），那只盛满血的革囊正是挂在这高台的顶上代表天，纣王操起弓箭射向它（像个最优秀的猎手一样）。我们早已看到这象征天的革囊同时也是一面鼓，现在，在离华夏不远的地方住着一群人，他们每年用一个人献祭，这个人被称做“天主”。在这献祭的场合，惯例要在一根立于地面的木桩（“建木”）的顶端挂上一面鼓。从他们那里，古代中国人知道了一种叫“建木”（混合之木）的神树，这神木位于大地的中央，太阳照射到它的顶端之际就是正午。在这一刻，任何笔直矗立的万物都没有影子投下。① 假如太阳的运行轨迹像一只钟的话，建木犹如钟上的指针，它同时也是浸透油脂的标杆。但它的矛头指向实际上是意味着政治权力的，也就是说，太阳渐渐升上了天空，那么，它的位置正如木桩一样直，但是，从它的顶端到脚下，有九个根，九条枝。我想，那意味着这九条枝朝上分别伸向"九天"，而九个根则跟大地的"九泉"相连。这九泉在地底下，而黄泉正是地底下的泉，它是死者魂赴的地方，是一处深渊。假如一个人在长夜宴饮的狂欢后喝得烂醉如泥，他的灵魂就可能去了黄泉。这长夜宴饮的狂欢可能发生在地下的宫殿里，而太阳要升上天空，必须是从这深渊拔出后。而在冬天，被"阴"抑伏的"阳"也潜入九泉。在岁首那天太阳升起成为一轮朝气磅礴的旭日之前，即便是君王也必须有所收敛，因为此时还是冬天，作为"阳"的君王状态要跟季节一致，他只好被关在一间像"九泉"那么深的地下室里，此后，他就可以在一种欢欣鼓舞的姿态下慢慢登上九天。或许是为了承受这慢慢升天的过程，纣王建造的那雕梁画栋的高高鹿台是这地方的显著标记。在这地方，君王可以被神化，被尊为神灵。它们标志着一向被视做世界中心的首都。

在男人的节日中，在兄弟之间进行的角力比赛中，君王的权力在缓缓上升。他是城市的建立者，是战争的引导者。蚩尤，那位发明了兵器的伟大铸师，是一位战神，也是一个善舞的部落的头领。他那幸运的对手，另外一位铸师，黄帝，同样是一位战神。当他们狭路相逢之际，以三个人对三个人地作战。数字"三"是军事组织的基础，同样也是邑落组织的基础。军营组织的基础是国君的都邑建制，在国君都邑中，君主宫室的左边、右边都被卿大夫的室家所围绕。军队一般包括三个军团（"三军"），中军属于国君领导，或者由他的家族操纵。天子的军队包括"六军"，在射箭仪式（这或许是最封建宗法时代最重要的仪式）中，由两队互

---

① 《山海经·海内南经》："有木，其状如牛，引之有皮，若缨、黄蛇。其叶如罗，其实如栾，其木若苉，其名曰建木。在窫窳西弱水上。"《淮南子·墬形训》："建木在都广，众帝所自上下，日中无景，呼而无响，盖天地之中也。若木在建木西，末有十日，其华照下地。"

相竞争的射手参加比赛，三人对三人。而“三”，根据古代中国传统，是乐舞所用舞者的最初数量（后来这个数字被“八”取代）。竞争气氛激起了最初那种男性的、兄弟关系间的竞争。而且在冬季，他们面对面练习这种舞蹈。这舞蹈是程序化的，他们在练习中，一点点取得那程序化方面的进步。要感谢封建宗法时代因城邑组织体系而形成的那种进贡纳赋、互通有无的渠道，同时，也是在阶层等级制作用下，形成了那古老而稳固的社会组织，它们各自分割，却又互相依存，形成一个整体。

第五章　父系王朝

在古代中国的村落中一直存在着某种竞赛。当这竞赛进行到一定地步时，两性之间竞争的重要性便让位于不同社会阶层间人们的竞争——他们或是掌握了专门技术，或是新获得声望。此时，男性权威便应运而生，与此同时，某种原先潜藏其中的阶层制度变得活跃并获得发展。但是，这移权换位并没有即刻发生，乡村间季节性的竞赛并没有即刻失去它的重要性。在这种情况下，双重原则并存，即便在社会秩序不再建立在简单的两性分离基础上。而且整个社会倾向于确信那种既已建立的、为权力的集中提供强有力基础的贡赋渠道。这样，萌蘖而生的男性权力演变成从父至子的一系家族权力（这权力终身拥有，且代代传递下去）并往下世袭。权力的集中、服从都由男人缔造，进而缔造出整个世界，缔造出万物。

神话传说中的英雄人物在历史上留下了深深烙印。历史把他们记载成古代中国最初的统治者，他们统一了最初的那些人民，他们掌握的各种突出技艺造福于人，且使自身实力更为强大。比如，舜是一位农夫兼渔夫，他还能制作陶器，并且“一年之后，在他所居之处形成了一处村落，两年之后，这里成了一片集镇；三年之后；成了一座城邑”。[①] 无论他的英

① 《史记·五帝本纪》：“舜耕历山，历山之人皆让畔；渔雷泽，雷泽上人皆让居；陶河滨，河滨器皆不苦窳。一年而所居成聚，二年成邑，三年成都。”

名和才智达到多么卓越的水平，也无论是舜还是他的前任尧，都没有将帝位传于自己的儿子，他们甚至没有终身在位为帝。

在他们两个人统治时期，都碰上了这样的时代——他们必须在下一位圣贤（这位新圣贤更适合新的时代）成长起来前尽量抹杀自己的存在。《竹书纪年》保留了一些令人瞩目的逸闻——首领必须将君位交给贤人（禅让）。① 《尚书》保留了这方面的模糊信息，它们是些歌功颂德的篇章，描述了一个人企图获取继承帝位的优先权，却做出“让”的姿态。② 根据历史学家（这历史学家就是歌功颂德的鼓吹者）的记载，竞争帝位的那个人除了想缔造出一种最纯净的公共美德外别无企图。事实上，在这场关于帝位继承的争论中，仍然可看出反方人物的阻力。统治者帝尧甚至可以安排太阳的运行方式。他不得不与共工作战，而共工能够召唤洪水，令洪水袭击“空桑”——那空心的桑树，即太阳每日借此升起的地方。同样，共工还可以用头上的角猛戳不周山——那擎天的柱子，致使不周山倒塌。正因为如此，所有的星辰都自东向西而行。共工，因为他跟帝尧争夺帝位，最终在一处裂缝中淹死了。③ 那帝位的继承者，或是天然拥有着水、火之能量，或是代表着阴、阳两者的不同属性，或是被天地之力激发着能量，或右利手，或左撇子，或胖或高，或凸腹或虎背，他们都要么在大地上辛勤耕作，要么抬起头仰望苍天，只有当他的能力配得起自然万物的变易规律时，他们的身躯长短才成了标准的度量单位，体现了天地间的秩序。我们可以设想有这么一个时代存在过。在这个时代，才能过人的君主代表了不同甚至互相敌对的酋邦，他们根据季节的变易轮流执政，关于古代中国传统的传说只是为我们提供了这么一种信息：当权力属于两个不同的酋邦时，其中一位的权威胜过另外一位的，一为君主，一为宰辅。君

---

① 《竹书纪年》：“《汲冢竹书》乃云：‘尧禅位后，为舜王之。舜禅位后，为禹王之。’”

② 《史记·五帝本纪》：“尧曰：‘嗟！四岳：朕在位七十载，汝能庸命，践朕位？’岳应曰：‘鄙德忝帝位。’”

上述《史记·五帝本纪》的记载出自《尚书·尧典》。——译者注

③ 《淮南子·天文训》：“昔者共工与颛顼争为帝，怒而触不周之山。天柱折，地维绝。天倾西北，故日月星辰移焉；地不满东南，故水潦尘埃归焉。”

主拥有天之美德，宰辅拥有地之美德，他们互相协作，可能在起初还轮流享有最初的爵位。他们各自在适合自己的地方和季节召唤和主宰那地方和时节的秩序。他们同样也是竞争对手。因为在大自然中，在某些特定的时节，阴阳互变，交替起作用，所以，当宰辅到了一定年龄，大地之德就让位于上天之德，而用选是从上天给予的某些特定测验中，比如说，暴露于荒野灌木丛中，或是跟君主（如帝尧）之女结婚。这些测试反映他主宰着万物的欣欣向荣。在这些测验的过程中，他可以迫使后者将权力（禅让）给他，他会把他放逐到城邑之外。当帝尧只剩下一位年事日高的耆老之际，他的女婿兼臣下舜，加紧了架空他的进程。他向天神提供祭祀来庆贺他荣膺君位。据说尧的长子丹朱当时在就职的祭祀（在都邑郊外的野地举行）举行之时，毫无疑问成了牺牲品。因为我们可以从别的渠道知道丹朱被放逐了，甚而判处死刑。①

根据另外一种传统，舜继承了君位，他打开他那四方形都邑的四门，宣誓就职。在那种形势下，他将“四凶”（四个害群之酋，被认为是怪物）流放到“四裔”（大地的四个最边远的角落），这“四凶”于是分崩离析了（因为整个社会组织的君臣从属关系经常取决于君臣存在时的有序状况的二元论）他们分裂组合成两个或者三个大的集团（最初的乐舞就是由三组人舞蹈的），事实上，其中一支被流放的名叫“三苗”。三苗是一种有翅膀的生灵，它属于极西的西方，在名叫“羽山”的山上，鸟儿每年一次在那里更换羽毛。在这座山上有三座山峰，每座峰上住着一只鸟，有的说那鸟可能是一种一头三身的鸮。“三苗”同样也是饕餮的象征，而饕餮之纹经常出现在青铜鼎上。

跟“三苗”一样，另外两支，也即另外两“凶”，串通一气地同流合污，它们的首领是鲧，即大禹的父亲。他被流放到极远的东方，到一座山上，这山上有时会显现出神灵——它的样子是一位手握雉鸡羽毛起舞的舞者。在那里，神灵化身为一只三足龟，还有人认为这位神灵由一只大熊掌管着，他的儿子后来能跳熊舞。最没有变易的传统就是：在帝舜的命令之

① 《史记·高祖本纪》司马贞《索隐》：“《汲冢纪年》云后稷放帝子丹朱于丹水是也。”

下，鲧被大卸八块，就为了证实这大卸八块也无碍于他的变化，他能变成动物，能变成山神，或者是在“羽渊”之深处。① 这样，舜就没法正常进行统治了，直到他处决了鲧，征服了三苗，他们都是长翅膀的、被认为是侮辱了天地运行之历法的怪物。但是，舜创造了一种用羽毛和盾牌（干戚）作道具的乐舞，据说他可以立刻让季节变易。② 在王廷中，要由一位驱魔的巫师而不是君主来领舞，宣告新年的到来。这驱魔巫师戴着绘有四只眼睛的面具，穿着熊皮，由四名被称为“工具”的辅助者陪同，他挥舞干戚起舞，当这四方的都邑的不同方向的四门都象征性地被驱除出魔之际，这仪式就结束了。③ 到孔子的时代，古代中国人仍然认为，为了建立君主的权威，为了显现出时间流逝所体现的那种渊源古老的秩序，应该用人做牺牲，并且把他的同僚也用在四门献祭：这牺牲是一名臣服于君王的舞者。这牺牲的仪式标志着旧年的逝去，新年的来临，标志着旧年“禅让”于新年。这个“让”跟放逐实际上同义，意味着跟过去决绝，不过这决绝意味着周而复始，意味着亘古的那么一种规律。古代中国的君主极少在宣称他自己权威的场合现身，即便他们意在攫取最高权力，也不会表现出那样。他拥有崇高的名望，似乎根本不在意权力，而要将权力和责任移交给一位君王。他即刻声称要自杀，如果要让位于他的话。④ 通常，他都是逃得远远的，逃到一个远远的所在，在那里继续展示自己的天才，享有他的盛名。⑤ 迎接新年的来临以及新君王的即位，都是经过某些仪式宣告完成的，这些仪式意在统治整个世界，号令四季，它们是不可随意更改的。君主和宰辅分享着天地之德（君主为天，宰辅为地），彼此协调进行统治。

---

① 《国语·晋语八》：“昔者鲧违帝命，殛之于羽山，化为黄熊，以入于羽渊，实为夏郊，三代举之。”

② 《古文尚书·益稷》：“夔曰：‘戛击鸣球，搏拊琴瑟以咏。祖考来格，虞宾在位。群后德让，下管鼗鼓。合止柷敔。笙镛以间，鸟兽跄跄。箫韶九成，凤皇来仪。”

③ 《周礼·夏官·方相氏》：“方相氏掌蒙熊皮，黄金四目，玄衣朱裳，执戈扬盾，帅百隶而时难，以索室驱疫。大丧，先柩，及墓，入圹，以戈击四隅，驱方良。”

④ 此为尧让天下于许由的传说。——译者注

⑤ 《史记·伯夷列传》：“尧让天下于许由，许由不受，耻之逃隐。”

宰辅一词的内涵和“三公”相同，他们就职的仪式，就像是那三个人成舞的乐舞中，三个人彼此面面相觑，每个人都被另外两个人围绕，他们形成了一个群体。[①] 那描述了征伐过程的乐舞显现出这么一个事实：为征伐的最终胜利，争位的君主或是付出了生命的代价，或是被放逐到远方，他的嫡长子或许还在郊外进行的祭祀中被用来献祭，就像丹朱的命运那样。

鲧，那位据说被大卸八块和变成熊的首领，变成了忈渊的神灵。于是，鲧首次被舜召唤去治理洪水。他曾野心勃勃，然而这野心错了位，因此他是牺牲品。在满腔热望下，他本希望辞去所有的虚名，登上君位。他表现出一副拥有“地”德的宰辅的完美形象，随之而来便是想跟君王平起平坐——假如他能获得“天”德的话。他喋喋不休地阿谀，长篇大段地强调自己的头衔，或是筋疲力尽地在露天蹈着巫觋之舞（像他身穿熊皮时那样），然而这些都是徒劳，他的失败表明他既不会被任命为宰辅，又不会继承君位。事实上，鲧是后来那位至高无上的君主大禹的父亲，同样（像丹朱那样）也是一位君王的长子。[②] 他出身于权力中心谱系的一支，但这一支被疏远了，他只有充当牺牲品了，他的儿子大禹则获得了“地”德，成为舜的宰辅，最终继承舜的帝位。这是中国古代传说中的重要一环，它保留了某个时代的记忆。在那个时代，君位由祖父传给孙子，在父系系谱树中越过儿子这一辈。这是某种制度的形象化，它标志着原先由妇女来确认亲子关系让位于相反的原则——依靠男子来确认亲子关系。在一个亲属关系具有辨明世系和个人身份之重要意义的时代，在一个婚姻关系将两个不同血缘的氏族联系起来的时代，出自亲兄弟（亲姐妹）的堂（表）兄妹、堂（表）姐弟之间通婚是可能的。这就是古代中国的社会组织。在这种社会组织下，祖父和孙子（正如下表所示的那样）拥有同样的名字，即便是在同母异父的系谱上也是如此，因为他们的父母互为表兄妹（表姐弟）。这样，祖

---

① 参见前文黄帝与他的臣下蚩尤之间的决战。

② 《墨子·尚贤》：“曰：若昔者伯鲧，帝之元子，废帝之德庸，既乃刑之于羽之郊，乃热照无有及也，帝亦不爱。则此亲而不善以得其罚者也。”

父①同时也是母系的舅外祖父，孙子继承了他的姓氏。另外从母系方面看，也是他的甥孙。但假如祖父和孙子早就属于一个家族，父亲和儿子就会分属于不同的家族。事实上，古代中国的传统揭示了父亲和儿子之间存在某种令人惊讶的对抗性质。父亲和儿子被说成特质完成不同的异类，其中一个美德无双如同圣贤，足以统治天下，另一个则凶顽到最终被放逐。但当这被放逐的儿子似乎手握胜券——当孙子，也即他的儿子（在孙子身上，祖父的所有优点都将再现）若能即位呢？在母系继位原则下，君位是由舅父传给外甥的。现在，因为婚姻关系发生在表兄妹（表姐弟）（他们是兄弟姐妹的子女）之间，妻子的父亲必然是她母亲的兄弟，并且每个男人都由自己姐妹的儿子来做自己女婿。作为事实②，同样的称谓揭示出舅父和岳父之间的关系——都是用“舅”称呼，相应的，女婿和外甥

① 假设两个来自不同氏族的男女互相通婚，他们三代以内的子孙也互相通婚（姑表亲或姨表亲）。大写字母代表女子，小写字母表示男子，阿拉伯数字表示世代，箭头表示夫妇间的结合。

$$a^1A^1 \longleftrightarrow b^1B^1$$
$$a^2A^2 \longleftrightarrow b^2B^2$$
$$a^3A^3 \longleftrightarrow b^3B^3$$

（姓氏由妇女传递下去）

若我是 b^3，那么，我的母亲，她把姓氏传递给了我，就是 B^2，是 a^2 的妻子，a^2 就是我的父亲，他跟我是不同姓的。我的父亲（a^2）的母亲是 A^1，她是 b^1 的妻子，b^1 是我父亲的父亲，是我父系方面的祖父，跟我有同样的姓氏。我的祖父 b^1，是 B^1 的兄弟，他的外甥是 b^2（b^1 的儿子），b^2 是 B^2（我的母亲）的兄弟，也是我（b^3）的舅父。因此，我既是 b^1 在父系方面的孙子，从母系方面算，他又是我的舅外祖父。

② 假设下面代表包括一对夫妇在内的三代。符号跟上一脚注含义一样。

$$A^1a^1 \longleftrightarrow B^1b^1$$
$$A^2a^2 \longleftrightarrow B^2b^2$$
$$A^3a^3 \longleftrightarrow B^3b^3$$

（姓氏由妇女传递下去）

我是 a^2，a^1 的儿子：我是 B^2 的丈夫，B^2 是 B^1 的女儿，B^1 是 a^1 的妻子，a^1 是 B^2（我的妻子）的父亲，同样也是我母亲 A^1 的兄弟。

我是 a^2，B^2 的丈夫，B^2 是 B^3 的母亲，B^3 是 a^3 的妻子，a^3（我姐妹 A^2 的儿子）是我的外甥，同样也是我的女儿 B^3 的丈夫。

都被称做“甥”。那么，从母系方面看，每个男子的子嗣同样也是他姐妹的继承人。但是当继承关系总发生在舅父和外甥之间时，一切都有可能发生，就好像继承关系是从岳父传给女婿一般。这样，既然孝亲关系是建立在母系基础上，那么，儿子就属于跟父亲的氏族相对的那个氏族，就不能是父亲的继承人，这继承的果实就落到了女婿身上，因为他同时也是外甥——父亲姐妹的儿子。

在一种建立在父系传承（但婚姻关系仍然发生在表兄妹或表姐弟，即兄弟姐妹的儿女之间）基础上的制度下，女婿同样也是外甥，他同样也属于不同于岳父的氏族（在那种将儿子排除在外的继承制下，他最终会成为岳父的继承人）。只要儿子继续成为母系继承制下的牺牲品，儿子看来就被赐予了某种跟他父亲相反的特质。一旦他不被看做一个可能的继承人之际，并且他被假设成可忽略不计的，那么，他跟他姐妹的丈夫，也就是父母的女婿（这女婿早就完全获得了继承的资格）将被给予完全的信任，因为，按母系的继承原则，他继承的可能性早就被排除得一干二净，女婿，同样也是外甥（对祖父母辈而言是外孙），将享有完全的继承权。①

那么，当儿子被放逐后，女婿必须做继承人。而且，作为事实，在古代中国，在我们可以知晓细节的（夏朝以前的）有关继承的唯一事例中，我们可以看见尧的长子丹朱被放逐了，随后是舜即位了，他是尧的女婿。

作为尧的女婿，舜不仅有资格继承君位，而且他也是尧最有地位的臣下。作为事实，假如在母系继承制度下，岳父（又是舅父）属于同一个氏族，一旦改为父系之后，他们便立刻属于不同的氏族了。现在，君主和宰辅（天德的代表和地德的代表）必须拥有互相补充的才能。他们互为

---

① 假设下面代表包括一对夫妇在内的三代人。字母代表的含义与上面的脚注相同。A 的群体重复出现，是为了表现双重婚姻关系，这双重婚姻关系将 A 的每一代跟 B 的每一代人联系起来。

$$a^1A^1 \longleftrightarrow b^1B^1 \longleftrightarrow A^1a^1$$
$$a^2A^2 \longleftrightarrow b^2B^2 \longleftrightarrow A^2a^2$$
$$a^3A^3 \longleftrightarrow b^3B^3 \longleftrightarrow A^3a^3$$

我是 b^3，我的父亲是 b^2（跟我出自同一氏族），我的父系的祖父是 b^1（在母系亲属关系下）。

对手，但他们的才能又彼此统一。既然家族由婚姻而联合起来，它们彼此间既竞争又联合，那么，这政治和家族结构上的二元主义就逼真贴切地得到了诠释。但是，无论是在政治组织中还是在家族组织中，这种二元主义都是逐渐消亡的。渐渐地，君主吸收了原先属于宰辅的权力，而与此同时，原先在母系继承制下是牺牲品的儿子，便继承了君主的位置。

古代中国的传统显示了权力集中于君主手中的过程，这也是一个与父权制的发展并行的过程。

在尧、舜（《尚书》中提到的两位古君主）的时代，宰辅有权放逐君主之子。宰辅是女婿所任，当两个彼此代代通婚的父系家族轮流执政时，一切都有可能发生。但是在王朝建立者的历史之中，我们看到的是儿子继任，宰辅则被放逐。同一个父系家族继承并独占了权力，并建立起一个王朝。这一系从此拥有天下最高的权力，但它不拥有所有权力。君王只有在宰辅跟他协作的基础上才能进行有效统治。起初，宰辅并不由王室那一系选出，而由相对的那个家族选出。这个家族为君王提供了王后，同样，也提供辅佐君王的宰辅。商朝的建立者成汤，从高辛氏部落中获得妻子，也就是王后。而他的宰辅伊尹跟王后出自同一家族，并护卫她。君位是按照父系继承的，但是成汤的子嗣任用伊尹（伊尹是成汤的妹夫）家族的后代世为宰辅。三公的职责包括确定君位继承人，因为谁（在古代社会组织方式的许可之内）做这件事更合适呢？当然是舅父（三公）了！伊尹担当起成汤继承人（太甲）的保护者兼师傅的责任来，因为这位保护者兼师傅先自继承人母亲的家族之中，在两大彼此联姻、彼此复制、轮流掌权的家族中，一个家族拥有的是完全服从的地位，但在轮流执政中仍然存在某种精神。也就是说，那位几乎是君主复制品的宰辅，在他执政时间来临之前，就必须准备好，用权威将自己全副武装。这全副武装的人是宰辅，而不是君主。虽然如此，宰辅仍然受到君主制度的信任。当这一切都结束之际，他辞去权力，像掌权之前一样回归自己的父系家族。现在，无论如何，是君主的儿子继承权力，是宰辅（伊尹的行为大部分即是如此）被放逐了（可以用古代的“禅让”来表示），宰辅成了牺牲品，因为母系继承关系已经成了过去。在父系王朝建立之后，宰辅已沦落到君位之下了，再不是有可能继承君位的统治者。①

在周朝（第三个王朝）的建立者周武王死之际，有种摄政制度（由顾命大臣辅政的制度，正如商汤死后那样）。在这种情况下，先前的宰辅继承权力之制也只得废除。但是，尽管武王任命了他的舅父为相，但是，他的继任者成王的辅相既不是他，也不是他的别的儿子。太多太多的蛛丝马迹证明了起初在武王及其子嗣这两代人之间，围绕王位继承存在各种反对势力。我们可以设想，儿子在继承父亲的君位之后立刻变得有能耐治理天下吗？另一方面，在父系家族中，正如在村社中那样，最原初、最重要的荣誉总是归于耆老，每一代人都将当时最年长那辈人中的长者视做自己的代表，将荣誉和声望归于他，即便当父系取代母系之后，古代中国的家族仍然在很长时间保持了大家族的形态，它服从一个权威（用最严肃的语气表达这个含义）。当嫡长子继承权最终确立之际，家族传承的系谱树从此正式形成。因为儿子不得不跟母系习惯下舅父的特权作斗争，所以，嫡长子不得不废除他母亲的兄弟从古老时期沿袭下来的权力。这样，在王族中，对于尚未成年的君主而言，年轻的叔父们便取代了先前舅父们拥有的权力。摄政制度其实是古时两个轮流执政的家族互相辅助这一传统的遗存，它凭借着古老的传统而存在，但这一传统使得父亲和儿子仿佛竞争者一般，这竞争需要某种空位时期的存在。禅让仪式使得权力暂时保存于第三者手中，这使权力可以平稳过渡。②

即便是在这种情况下，仍然是要采用的最后一步，那就是必须抑制那段空位时期（第三者暂时保有权力）的时间。在这个过程中，当叔父和

---

① 《史记·殷本纪》："帝太甲既立三年，不明，暴虐，不遵汤法，乱德，于是伊尹放之于桐宫。三年，伊尹摄行政当国，以朝诸侯。帝太甲居桐宫三年，悔过自责，反善，于是伊尹乃迎帝太甲而授之政。帝太甲修德，诸侯咸归殷，百姓以宁。伊尹嘉之，乃作《太甲训》三篇，褒帝太甲，称太宗。太宗崩，子沃丁立。帝沃丁之时，伊尹卒。"

② 《史记·五帝本纪》张守节《正义》引《帝王纪》云："皋陶生于曲阜。曲阜偃地，故帝因之而以赐姓曰偃。尧禅舜，命之作士。舜禅禹，禹即帝位，以咎陶最贤，荐之于天，将有禅之意。未及禅，会皋陶卒。"

葛氏这里以社会学的方法和政治斗争的思路来理解中国古代的禅让制，颇有新意但不尽符合中国古代史实。在唐虞时代，人心质朴，公共权力刚刚萌芽，以现代人熟悉的政治斗争模式揣摩古代，恐不见得符合事实。——译者注

舅父都不能参与之际，儿子成功地立即确认了嫡长子继承权，也即确立自己的权威。有一位国君（此事发生在公元前489年，春秋晚期）希望将君位直接传给儿子，将弟弟（儿子的叔父）叫到自己病床前，按照他们出生的长幼顺序，他要将君位让给弟弟。年长的几个弟弟都拒绝继承君位，最小的弟弟被迫接受了兄长的让位。但是，假如他必须接受君位，一旦这位国君去世，他必须把君位让位这去世国君的儿子①，不必再有摄政的过渡期。每位弟弟的即位权都被压制了（从各种明显迹象看），为了幼弟能够即位。这种对幼子的欣赏显示出某种理想化的即位模式的存在——它压抑兄终弟及的即位模式，而用直系继承来取代它，嫡长子在父亲死后旋即继承，并且几乎简单地靠父亲的遗嘱即位，要感谢古时“禅让”的制度设计——它拥有让天下长治久安的理念和模式，并且在某些极端时刻也曾得到实施。“禅让”起初只是有某种仪式上的好处，它后来则带来了某种实质上的权力更迭，并且后来，让因它存在的权力过渡期仍然保持鲜活。它是在旧君主去世之际生效的，它不过是个程序上的幌子，真正旨意在于确保父系嫡长子继承制这一继承方式的连续性。

当禅让的首要价值及所有的责任都得到证明之后，禅让的价值和责任便成为两种仪式性的举措。当君主日益年迈，从君位上隐退，此前他便将君位禅让给了宰辅。君主的逊位是他退休的信号，从理论上说，他君临天下应是三十年（因为从六十六岁开始被认为是老年，并且，有一位圣贤

---

① 《左传·襄公十四年》：“吴子诸樊既除丧，将立季札。季札辞曰：‘曹宣公之卒也，诸侯与曹人不义曹君，将立子臧。子臧去之，遂弗为也，以成曹君。君子曰：“能守节。”君，义嗣也，谁敢奸君？有国，非吾节也！札虽不才，愿附于子臧，以无失节。’固立之。弃其室而耕，乃舍之。”又《公羊传·襄公二十九年》记载此事较详：“吴子使札来聘。……谒也、余祭也、夷昧也，与季子同母者四，季子弱而才。兄弟皆爱之，同欲立之以为君。谒曰：‘今若是迮而与季子国。季子犹不受也，请无与子而与弟，弟兄迭为君，而致国乎季子。’皆曰：‘诺。’故诸为君者，皆轻死为勇，饮食必祝，曰：‘天苟有吴国，尚速有悔于予身。’故谒也死，余祭也立；余祭也死，夷昧也立；夷昧也死，则国宜之季子者也。季子使而亡焉。僚者，长庶也，即之。季子使而反，至而君之尔。阖庐曰：‘先君之所以不与子国，而与弟者，凡为季子故也。将从先君之命与？则国宜之季子者也，如不从先君之命与？则我宜立者也。僚恶得为君乎？’于是使专诸刺僚，而致国乎季子。季子不受，曰：‘尔弑吾君，吾受尔国，是吾与尔为篡也。尔杀吾兄，吾又杀尔，是父子兄弟相杀，终身无已也。’去之延陵，终身不入吴国。”

在他百岁时逝世了）。此后君主隐退了，一边享受着这隐退的滋味，一边为自己准备垂暮之丧。这丧葬开始了一个新的时代，在这个时代里，继任者要服三年之丧，三年的日子将被各种形式的哀悼占满。在第三年，宰辅将权力移交给儿子。若是在先前的母系继承制下，儿子是不敢想象这一切的，但到父系时代，一切都颠倒了过来，原先的继承方式被废除了。当原先制度被废除之后，实际上被消灭了的是宰辅——在三年之丧的最后，他被最终消灭。第一个王朝建立者大禹死后，在三年之丧快结束之际，宰辅益将权力交还给大禹的儿子启，启大权在握，益被迫离开国都。某种异端的记史传统认为宰辅后羿被启所杀。当下一个王朝的建立者商汤死后，他的宰辅伊尹（也是商汤姻亲氏族的首领）放逐了商汤的儿子太甲，从此开始执政。而按照嫡长子继承制，太甲应继承父亲商汤的君位。伊尹统治了天下三年，也就是说，在服三年之丧的这段时间里，由伊尹统治天下。有种记史传统（这一记史传统被当做异端，并且不被承认）坚持认为太甲在回来后杀了伊尹。另外，也正是在周朝的建立者周武王去世的第三年，周公（周朝的摄政大臣）也开始被放逐。这样，周公摄政从武王的丧期就开始了，这丧期的终结对宰辅而言是种不幸，宰辅的去世或者权力过渡期的最后，很明显地有一些标志性的政治事件，所有涉及这些事件的人们都被神化了，并且，那些政治事件是摄政者与新君在政治核心权力的外围相逢之际发生的。我们看见尧之子丹朱被杀，做了牺牲品，他被用来在郊外祭天，庆贺舜（原先是尧的宰辅）即位。在后来的历史中，当儿子成功地取代宰辅继承君位之际，这些，毫无疑问，该由他们用宰辅在郊外向天献祭了，在三年服丧期的最后。①

这献祭标志着服丧期的结束（从理论上说，服丧期限应为三年——起初的三个月是服丧最严格的阶段）。它的意义并不能仅仅理解成冬天在三个月后（通常持续三个月）成了强弩之末那样。服丧的结束以及冬天

---

① 《史记·五帝本纪》："舜得举用事二十年，而尧使摄政。摄政八年而尧崩。三年丧毕，让丹朱，天下归舜。""（舜）十七年而崩。三年丧毕，禹亦乃让舜子，如舜让尧子。诸侯归之，然后禹践天子位。尧子丹朱，舜子商均，皆有疆土，以奉先祀。服其服，礼乐如之。"

的退走，都是要移走因君主逝世或漫漫冬日而造就的生命和活力的间歇。冬天是互相竞争的集团为着下一个季节的显露头角而努力积蓄力量的季节，同样，哀悼时期也充满了宰辅和君主之子之间的竞争，双方都想为自己积累更深厚的统治之德，并努力在这场竞争中获得最终胜利。舜与丹朱之间的竞争是这样的，伊尹和太甲之间也是如此，而且宰辅或君主之子都说自己是“贵族一致认可”的、最有能力的人。

在古代中国的所有时候，守孝都被看做一场是否有资格君临天下的考验。君主之子并不是独自一人去接受这考验，在父系习惯法之下，即便是同族的长者也要接受这一考验。在封建宗法时代，每个家族各自都拥有自己的总管，即某种家内的“宰”，他的进言改善着族长的自我。家内之宰跟族长是紧紧联系在一起的，简直就像妻子和她的主人——丈夫之间的关系那么密切。在服丧期间，家内之宰的责任几乎不比亡者的儿子轻。在服丧的最后，有些非常艰巨的其他责任依旧沉沉地压在他的身上。家内之宰经常被认为成了亡者孀妇的主心骨，亡者故去之后，他成为她的伙伴。宰辅和亡者之妻两者都试图用自己取代曾经的权威。事实上，主人的妻子或他最亲近的封臣是要被用来殉葬的。秦穆公有三位朋友兼臣下（或称三公），他们曾对秦穆公忠心耿耿，最后他们都为秦穆公殉葬了。这种殉葬方式发生在病入膏肓者仍然掌控着他最终要去的死后世界之际。①

葬礼的真正举行，标志着最严格的服丧期告一段落。用人作牺牲来殉葬则进一步神化了逝者，逝者最终被归入了那些早就魂归的祖先中。他与他们一起，与上天同等威严，由子孙永恒的忠心守卫着。这真正葬礼的前奏是屋里的临时祭奠。理论上，这临时祭奠需要持续三个月时间。在这段时间里，祭奠在室内举行，死者接受亲人们的祭奠，肉体也一点点衰朽。一旦死亡本身中的不净杂质被驱逐之后，亲人们必须按礼俗为死者做各种各样的事，提供各种各样的物品。他们必须清除因死亡产生的不净，因为这不净同样会传染到他们自己身上。在许多来参加这具有双重意义的葬礼

① 《史记·秦本纪》：“（缪公）三十九年，缪公卒……秦之良臣子舆氏三人名曰奄息、仲行、鍼虎，亦在从死之中。”《左传·文公六年》：“秦伯任好卒，以子车氏之三子奄息、仲行、鍼虎为殉……”

的来宾们中间，首要责任就是吃掉死者已腐烂的遗体。古代中国人通常将这一节想象成为他们应尽的责任，因为他们希望继承亡者的权力和地位。在夏代著名的神射手羿死亡之后，家众们①煮了他的尸体，给他的儿子们，让他们吃了，儿子们不忍在他们跟前吃自己的父亲，于是，在穷门之前被处死。② 如果太甲成功地继承了他父亲的声望，那么，毫无疑问，因为他比神射手的儿子们更加心无恐惧，把蒙受死亡之不净传染的父亲遗骨捡起，就被他自己看做是种责任，事实上，他仅仅是在后来才继承了那种声望和权威，在商汤的三年之丧期限之内，在汤真正下葬之后，他曾被伊尹放逐到桐宫。当伊尹将死亡的不净清除干净，将权力交换给太甲之际，继续将太甲推到父死子继的路上。而且，在汤被尊为祖先之后，从太甲那方面看，当他被托付给伊尹这位令他改邪归正的宰辅之际，荣誉牢牢地归于伊尹，因为伊尹将太甲当做了一个沽名钓誉的工具，这荣誉经过伊尹一番经营，最终昭告于天下。先前，太甲对伊尹而言是一位极好的外甥，伊尹毫无疑问地宣称他将担负起清洗死亡带来的不净这一重大责任，而且可能还会将太甲用来在郊区向天献祭，以此宣告服丧的终结。

王室世系的连续性现在可以肯定了，并且，儿子拿出英雄般的勇气，从他宣称自己是父亲的继承者那一刻开始，父系的继承原则就开始奠定了。黄帝，据说出生在一座有鸮的山上，能够通过吃鸮来确定他那标志性的聪慧。看来鸮长大以后将母亲吃了是一种习惯，当孝道强调的是孝顺母亲之时，吃母亲的肉仅仅是为了确认自己有高贵的血统。③ 这种家族内人吃人的恶俗允许一个家庭保护自己潜在的完整，这是一场完美的、绝对简单的任务，是就家内孝行而言。无论是谁，只要赞成这一点，等于加入了一场性质纯粹的宗教团体。他神化自己，甚至不用越过某种需要他的天赋

---

① 《左传·襄公四年》云为“家众”，见下一注，《史记·夏本纪》云为寒浞杀羿。

② 《左传·襄公四年》：“羿犹不悛，将归自田，家众杀而烹之，以食其子。其子不忍食诸，死于穷门。”孔颖达《正义》：“家众，谓羿之家众人，反羿以从浞，为浞而杀羿也。《孟子》云：‘逢蒙学射于羿，尽羿之道，思天下唯羿为愈己，于是杀羿’。”

③ 《史记·孝武本纪》裴骃《集解》引孟康曰：“枭，鸟名，食母。”

葛氏云“当孝道强调的是孝顺母亲之时，吃母亲的肉仅仅是为了确认自己有高贵的血统”是以社会学方法有所发挥的观点。——译者注

能耐被认可的神化程序。当家族内人吃人的现象不成问题时，家族内这种人吃人实际上就是对死者忠心以及对自身充满勇气的表现。主人公居然能够吃下并非他亲属的那个人的肉，这显示出一种雄心勃勃的资格，这资格不因自己的地位将超越亡者而畏缩，这就是一位君主的完全资格。中国的历史为我们显示了神射手之子，那篡位者羿的子嗣最终消亡，因为他们没有勇气喝下用他父亲的肉做的肉汤。我们可以看到有两位圣贤从中浮现，要感谢他们过人的勇气，建立了两个欣欣向荣的王朝。周朝的建立者之一周文王因为不服从他的竞争对手（商纣），他喝下了用他儿子（伯邑考）的肉做的汤。同样，公元前203年，汉朝的建立者汉高祖，在同样的事情上也显示出了不输于周文王的勇气——他声称同意喝下用他父亲的肉做的汤。① 这些事迹引人瞩目，因为在历史长河中，在建立周、汉这两个欣欣向荣的王朝的过程中，这些事迹拥有重要意义，它们揭示了家族内人相食的考验是想让自己加冕成王的先奏考验。当跟自己的竞争者面对面时，君主喝下了那汤，没有人能再怀疑他。要感谢这一举动与成功即位之间富有成就感的联合，现在，那君主拥有了天和地双重美德，先前，这美德是由君主和宰辅、君父和嗣子分别享有的。

第六章　声望的增长

上文所说的令人恐怖的仪式有种能量，它能将父亲和儿子联系起来，而原先，这父亲和儿子分属于利益不同的阵营，并且被大自然赋予的“德”也不同（一为天德，一为地德）。根据父系血统进行的封建子嗣方式跟上文所说的富有成就感的联合（儿子吃父亲的肉，或喝下用父亲的肉做的汤）之间并没有什么本质上的不同。无论如何，起初，没有哪种胜利可能轻易获得，也没有哪场战役（在家族和城邑领地内发生的）会

---

① 《史记·殷本纪》“纣囚西伯羑里”条张守节《正义》引《帝王世纪》云：“囚文王，文王之长子曰伯邑考质于殷，为纣御，纣烹为羹，赐文王……文王食之。”又《史记·项羽本纪》：“当此时，彭越数反梁地……为高俎，置太公其上，告汉王曰：‘今不急下，吾烹太公。’汉王曰：‘吾与项羽北面受命怀王，曰：“约为兄弟。”吾翁即若翁，必欲烹而翁，则幸分我一杯羹。’”

轻易结束。正是在漫漫浩浩的演进过程中，军事法律逐渐产生，而正因为它的产生，个人的声望才得以增长。

君主本人即是一名武士，他驯服野兽，并使未开化的蛮夷走向文明。他管理火种，在他帮助下，荆棘丛生的蛮荒得以开垦，用以征服的精良兵器得以锻造而成。他能够掌控整个世界，他的拳能格斗猛兽，能击毙凶残，他的掌能平灭那些包围华夏边裔地区村落城池的蛮夷。他早早就经受了被遗于荒野荆棘的考验，比如纣王，比如舜，在他们掌握权力之前都是如此。又比如大禹，他能够以“禹步”起蹈，让可怕的山泽之怪——魑魅们不能为害。据说“禹步”还能驯服长翅膀的怪物——三苗，让三苗放弃野蛮不开化状态，向首都进贡。大禹还知道各种鬼怪的名称（这些名称正是他们灵魂所在）。当他叫出它们的名称之际，他就会看见最可怕的怪物现形，向他跑来，并被制服。君主还是某些竞技的提供者，是鬼灵精怪要害所在的姓名的征服者，是荣誉徽章的猎取者。被囚的鬼灵精怪们在他周遭漂流，在他的鼓声下俯首盘桓。他号召扈从们动身出发，抓住了一条神圣的鳄鱼，这条鳄鱼据说会用尾巴击打自己的肚皮起舞，而且瞬间爆发出大笑。夔、犊、龙这些动物都会发出雷鸣般的叫声。君王用它们厚厚的皮甲制成鼓，用它们的骨头来敲这鼓，召唤雷声的来临，控制雷点的节奏。君王还到“委蛇”出没的沼泽中，穿上紫衣，像个君王的样子，“委蛇”像一面漂浮的旗帜那样蜿蜒前行，他抓住它并吃掉了它。因为“委蛇”的出现会削弱君主统治天下的资格，还会导致旱灾。① 君主此刻就是个猎人，但他的狩猎是用乐舞作捕猎手段的，他敲鼓，起舞，并且像

① 《庄子·达生》：“齐士有皇子告敖者曰：‘公则自伤，鬼恶能伤公！夫忿滀之气，散而不反，则为不足；上而不下，则使人善怒；下而不上，则使人善忘；不上不下，中身当心，则为病。’桓公曰：‘然则有鬼乎？’曰：‘有。沈有履，灶有髻。户内之烦壤，雷霆处之，东北方之下者倍阿，鲑蠪跃之；西北方之下者，则泆阳处之。水有罔象，丘有峷，山有夔，野有彷徨，泽有委蛇。’公曰：‘请问委蛇之状何如？’皇子曰：‘委蛇，其大如毂，其长如辕，紫衣而朱冠。其为物也，恶闻雷车之声，则捧其首而立，见之者殆乎霸。’”《管子·水地》：“涸川之精者，生于蚋，蚋者一头而两身，其形若蚍，其长八尺，以其名呼之，可以取鱼鳖，此涸川水之精也。是以水之精粗浊蹇，能存而不能亡者，生人与玉；伏闇能存而能亡者，蓍龟与龙。或世见，或不见者，蚋与庆忌。故人皆服之。”

旗手般挥舞着动物的尾巴①，他抓住这些动物，吃了它们的肉，把它们的皮做成衣服穿上，仿佛自己就有了它们的自然属性和天赋。他以这些被征服或被剥了皮的动物为自己的人命名，他征服了所有这些动物，将它们作为氏族徽章分赐给群下。多亏这些充做氏族徽章的动物，无论自然还是人们都服从他。但君主只能在荒野沼泽，即征战的土地上征服它们，那种土地上住着未开化的蛮夷，他们也是华夏君主虎视眈眈的猎物。

但是显而易见，在古代中国的起初是不允许用战争解决问题的。古代中国人通过血缘关系完整地结盟（用书面形式表达，就是舅与甥、岳父与女婿或是兄弟之间的关系）。如果他们拥有不同的姓氏，他们就是被姻亲关系统一起来的，他们生活在一个父系的和平国度里，这种生活方式跟临战国度人们的生活方式截然不同。不同家族间的联姻是平息家族间深仇的手段，它的性质跟某种休战协定类似，这协定可以让竞争双方强调联盟，不过并不是真正让他们平静下来。族间深仇，是一次次规律化的竞争，它带着某方必须要去承受的耻辱。这一次次规律化的竞争乃至挑战，以双方缔结神圣的盟誓而告终。这仇恨似乎因结盟造成的大众化庄严情绪而变得简单，同样，结盟也造就了互换人质乃至妻子的义务。另一方面，通过结盟，所有东西都在双方共同掌控之中，互相交换什么是不可能的。同样，经过盟誓，族间深仇再存在下去就变得不道德了，跟淫奔无耻的婚姻一样。因此，用不着战争，甚至根本不用设想它的存在。因野心驱使而想起用战争这一愚蠢手段解决问题的人会在第一时间遭到痛斥。“用战争来毁坏原有的贵族制，是跟礼仪精神不合的！”② 同样，另外一种礼仪规矩警告那些居心叵测的国君宗亲：“我们都是同姓！他们袭击我们是不合适的！”③

---

① 《吕氏春秋·古乐》：“昔葛天氏之乐，三人操牛尾投足以歌八阕：一曰《载民》，二曰《玄鸟》，三曰《遂草木》，四曰《奋五谷》，五曰《敬天常》，六曰《达帝功》，七曰《依地德》，八曰《总万物之极》。”

② 《史记·伯夷列传》：“武王已平殷乱，天下宗周，而伯夷、叔齐耻之，义不食周粟……及且饿死，作歌。其辞曰：‘登彼西山兮，采其薇矣。以暴易暴兮，不知其非矣。……’”

③ 《史记·管蔡世家》：“或说晋文公曰：‘昔齐桓公会诸侯，复异姓；今君囚曹君，灭同姓，何以令于诸侯？’晋乃复归共公。”

一个人可能与一个家族作战，可能会与某种贵族制度（岳父与女婿之间传递权益）作战——甚至一个人会掂量他自己，他不是没有血性，但他从不把目光瞄准于某个限定的胜利果实上，也不瞄准于某种结盟。比如说，晋国国君（公元前583年）作了部署，目的是为了剪绝整个赵氏。他将赵氏看做一个谋反的家族，但事实上赵氏是一个跟国君互为对手的竞争家族，在国内有自己的领地。人们问国君："断绝赵氏的香火（灭绝整个赵氏）可能吗？"在这一发问下，他即刻将赵氏家族的继承人召来藏在宫中。① 一个家族跟它的领地是不可分割的整体。在需要的时候，一个家族可能要出押一部分领地，但这些出押的领地并不能变更主人对它的所有权。土地及主人对之的所有权两者是不能分离的。假如拥有土地的这个家族成了阶下囚，土地也成了戴罪的了。当一个神圣的家族一朝获罪，属于这个家族的山林将被砍伐，并且涂上赭色，就像给罪犯穿上赭衣一般。但是这种惩罚是独裁者秦始皇做出的（公元前219年），而且带着他本人兴师问罪的意思。② 在国家落入一个真正专制的君主手中以前不可能存在严格意义上的刑法，若要值得处罚，一个人必须具有整个的破坏力，但是，一个人怎么可能去摧毁一个家族呢？一个人不可能在没有国君带领的情况下独自离开土地，也不能将仍然由国君子嗣（他可能不喜欢这个人）继承的土地没收作为己有，在那种情况下，无论是真正意义上的刑法条文，还是商业法律，还是国家组织方式本身，都不可能向任何更精致的方向发展。统治者仍然犹豫着，力图勾画出古代的那种美好和平衡，而这美好和平衡正是由各大氏族的继嗣代代相传下去的。

这是一项具有重要意义的事实，那就是，最初的法律似乎是从向边裔征伐的过程中走向公开的，也就是说，在向蛮夷居住的荒野沼泽地带行进的过程中。刑法，当它扩散的内容仅仅是氏族内部的公正或是血族复仇的

---

① 《史记·赵世家》："居十五年，晋景公疾，卜之，大业之后不遂者为祟。景公问韩厥，厥知赵孤在，乃曰：'大业之后在晋绝祀者，其赵氏乎？……'……于是景公乃与韩厥谋立赵孤儿，召而匿之宫中。"

② 《史记·秦始皇本纪》："乃西南渡淮水，之衡山、南郡。浮江，至湘山祠。逢大风，几不得渡。上问博士曰：'湘君何神？'博士对曰：'闻之，尧女，舜之妻，而葬此。'于是始皇大怒，使刑徒三千人皆伐湘山树，赭其山。"

程序时，它本身如同一部军律，或是战争时每人的权利、义务内容。法律被铸刻在鼎上，而当九鼎被看做王朝合法性的象征之际，铸造这鼎的金属矿石正是从被征服的那些蛮夷地区的山谷中开采得来的。同样，最初的国库就是由为军需作准备的物资储备发展而来。它由“羽毛、皮革、牙齿以及兽角”① 组成。这些为战时需要储存的物资，或是可充做武器，或是可充做战时舞蹈的用具（武器，或是战时舞蹈的用具，在当时是可互换的），并且起初，囤积这些物资唯一的办法就是纳贡。但这种纳贡是由被征服的蛮夷承担，而不是由华夏封君承担。最终，起初登入的物资和财富属于国家，这国家其实土地广袤，有广大的山林川泽。山林川泽的物产——盐、矿产、贵重玉石、外境稀有之物，是国库起初的物资。而且，这些物资占了国库流通物资的大部分比重。最初，谷物和人们衣食必需品都不是商品，也不参加纳贡。它们只是缔结盟约时才用到，它们是竞争时实力比拼的内容。它们在有些时候被借贷出去，因为还会归还。它们既不能卖，也不能自由流通，正如所有农产品那样，它们属于国内市场，承担着它们那无可替代的角色。组成小家庭的夫妇们男耕女织，生产出粮食和麻布，它们之中含有付出的劳动，也含有它们自身的精神属性。它们被人们食用或穿着，在它们被一些互有联合的氏族在祭祀时献祭给神灵之后，部分粮食或麻布被赐予这些氏族。但同样，一个人也将自己奉献了出去，假如他的确想参加某个集会，并且旨在靠近某人，不让那个人跟其余人结盟。另一方面，蛮夷荒野之地出产的物品代表着征伐踪迹所至的胜利，代表着铁蹄所至的吞并和联合，没有任何东西能使它们免于华夏征伐的铁蹄蹂躏。那掌控着生杀予夺权力的、四海唯一的天子，能毁灭那里的一切，当然也拥有那里的一切。他至高无上，有权到那里殖民，也有权随时放弃。

未开化的蛮夷部落天然地有能耐去犯下那唯一的罪行——也是真正的罪行。他们住在华夏君主的化外之地，同样，从国家最初产生的时候开

---

① 即各种有价值的实物储备。《史记·夏本纪》：“淮海维扬州：……贡金三品……齿、革、羽、旄……”又：“荆及衡阳维荆州：……贡羽、旄、齿、革，金三品……”——译者注

始，君主就惩罚叛乱，惩罚手段之一就是将叛乱者流放到蛮荒之地。放逐之际，他们或死在路途，或到那充斥着野人、怪物的地方苟且地活着。与此同时，他们的心灵也被从人寰之处放逐到了禽兽之间。因此，放逐到蛮荒之地的惩罚等于是判处死刑，因为他们从此再不能过人的生活，生活从此跟兽类无异。① 两个人，两个华夏之民，假如他们被提及时说是拥有天赋之能。他们如果结盟，那么他们的天赋能力就更加完整。而面对蛮夷，不可能跟他们结盟，他们跟华夏也不可能成为彼此心目中认可的竞争对手。蛮夷和华夏的饮食不同，衣着不同，不可能拿华夏出产的谷物麻布跟蛮夷交换需要的东西。华夏也不可能跟他们联姻，因此不可能成为政治同盟，更成不了姻缘基础上的血族仇敌。同饮食、同衣着的各华夏族群可能互相联系，但跟蛮夷之间不可能有任何联系，他们自发地生活在“狐奔狼突”之中，要么就是蛮夷，要不就是他们自己被赶走。战争是跟蛮夷进行的。俘虏们均为蛮夷，他们是战利品。来自蛮夷的战俘们象征着辉煌的荣誉，而这荣誉在日渐增长。每一场胜利都巩固一次这种荣誉。

当天子或国君的军队凯旋，便赢得了高度的荣誉。领军者跳起凯旋之舞，“他左手拿着长干，右手拿着斧钺。他行进在凯旋队伍的最前面，他提供着象征胜利的战利品”。这战利品包括从敌人脑袋上割下来的左耳，还有被用来展示的生擒战俘，他们的左耳也被割去。割掉俘虏的左耳是一种表示战场上的战役获胜之后，将战利品呈献的象征。同样，在有关战争的场合，也会用这战利品献祭。胜利者手中操着悬挂有小铜铃的刀，从俘虏的脑袋上割下耳朵，并用从这耳朵上流出的第一滴血召唤着喜欢接受血祭的嗜血神灵。② 于是，一场以活人献祭的盛宴开始。在这盛宴上，胜利者纵情狂欢，嗜血的神灵享受着血祭，直到这一切结束，胜利之舞宣告结束。来自蛮夷的俘虏是献祭品，通过将他们献祭乃至吞

---

① 春秋时期，华夏将戎狄看成禽兽，《左传·襄公四年》魏绛曰：“戎，禽兽也，获戎失华，无乃不可乎？”又《左传·成公四年》季文子曰：“《史佚之志》有之，曰：‘非我族类，其心必异。’”

② 《左传·僖公二十八年》：“秋，七月，丙申，振旅，恺以入于晋。献俘授馘，饮至大赏。”“馘”即割下俘虏的左耳。

食，人们（华夏）吸收了蛮夷之德，也实现了完全的征服。

通过以上这种盛宴，或许功臣们得到分封，先前的疆界也因武功之胜被擦去。一旦军法渗入处理氏族之间乃至城邑之间关系的原则，父系的分封制马上存在并发生作用。那些先前曾被视做竞争对手的、不同氏族的人们将被当做敌人对待。他们不是被当做血族仇人，而是在征服战争中将会面对面。当他们处于劣势——仅仅宣称拥有获得归还先前失去的声望之权时，他们将寻求完全的胜利。

秦国、晋国的统治者是互为对手的家族。他们互相交换谷物，他们的子嗣互相到对方国家做人质。但是秦穆公是春秋五霸之一，在公元前644年①的一场战争中，他将晋惠公拘执为囚，他把晋惠公当做俘虏对待，将他带到胜利仪式上。他还让晋惠公暂居于灵台之上，灵台是注定将被献祭的囚徒待的地方。秦穆公还吩咐作让牺牲清洁净化的一系列准备。但是秦穆公的夫人是晋惠公的姐姐，她爬到紧邻的另一座高台上。那座高台囚禁着犯了法的妇女。她将自己关进其中，孩子们跟着她。一位信使因此而极度悲伤，于是把她那自杀式的危险做法赶紧汇报给了秦穆公。② 秦穆公这位征服者被迫宣布他即将举行的献俘虏之礼不是针对蛮夷部落的，也就是说，晋国不是蛮夷，而是同盟者。他回到了华夏的旧传统上。于是，在一场双方平等的宴飨之礼上，他让自己跟一贯的竞争对手——晋国结盟。失败的晋国国君既没有被拿去做祭祀牺牲，也没有被吃掉，他被邀请去参加一场有七头牛、七头猪、七只羊（七副太牢）做牺牲献祭的宴会，旧传统还是受到尊敬的。但是，几乎是同时（公元前640年），宋襄公瞄准了霸主之位。他在东方的沼泽之地召集了一场东方蛮夷首领的会盟，让他们

---

① 查方诗铭《中国历史纪年表》，葛氏下文所言公元前644年事，应为公元前645年、鲁僖公十五年事。《春秋·僖公十五年》："十有一月壬戌，晋侯及秦伯战于韩，获晋侯。"——译者注

② 《左传·僖公十五年》："秦获晋侯以归。……穆姬闻晋侯将至，以大子罃、弘与女简、璧登台而履薪焉。使以免服衰绖逆，且告，曰：'上天降灾，使我两君匪以玉帛相见，而以兴戎。若晋君朝以入，则婢子夕以死；夕以入，则朝以死。唯君裁之！'乃舍诸灵台。大夫请以入。公曰：'……必归晋君！'公子絷曰：'不如杀之，无聚慝焉。'子桑曰：'归之而质其大子，必得大成。晋未可灭……'乃许晋平。"

服从他的权威。他想用一位同盟的华夏贵族做牺牲献祭，而不是用蛮夷之君，仅仅是为了加强他的声望和权威。而且他还听不进这样的斥责之语："假如一个人（华夏人都懂指的是华夏之人）被用来献祭了，那么，谁（神和人）会吃这贡品？"

先前，当大禹准备建立一个王朝，并"给夏带来完美的声望"，他在南方的沼泽之地召集了一次会盟①，他同样以一位被召来参加的贵族做牺牲献祭了。这献祭之中有一场武舞。看来这次会盟和这场献祭的倾向已毫无疑问地指向王权的产生，那些被召唤而来的诸侯就如升天的龙征服风一样所向披靡，那龙乘着风雨雷霆之势升空，不可一世。风试图逆着雷霆，牛企图逆着龙，大禹召集的这场会盟，最终以他自己被神化而告终，于是，一场武舞就此诞生。但被征服者从此被称做蛮夷，并且史书没有任何记载说大禹可能吃掉它们。事实上，大禹是位英雄，他的身上是不能提到任何有损形象的事迹的。宋襄公则相反，他被描述成一个满腹狂妄的野心家。因此，描述他曾经在献祭仪式上吃人是用不着有什么犹豫的。假如一心追逐胜利和因之带来的荣耀，那么，它的手段就是通过某种兼并战争获得日益增长的声望，是否这兼并战争就是无可避免的让文明散播的方式呢？日益获得这种声望，等于日益获得了某种资格，开疆拓土是建立一个新的权威所必需的，也是唯一的手段。

当参加这竞赛的人们追寻着共同的终点时，它便不再是一场两个家族在田间篱头举行的彬彬有礼的简单竞争了。竞争的精神变本加厉，变成了一种想统治的欲望。于是，竞争不是以反映双方深刻关系及建立平衡的宴飨和联姻而告终，而是以某方被吞并而告终。两位面对面的君主之间的密切联系不是表现为在飨礼或会盟上共同宴饮，而是胜利的一方以统治者的姿态压倒被征服的一方。他将他们封为各种性质相似的封君，豢养着这些败在他手下的臣子，所有的功德都属于以他为领导的主体。这样，各种性质的战争就发生在领土受封的各家族之间。从一国借道，乃至互换物品、

① 《史记·夏本纪》："自虞、夏时，贡赋备矣。或言禹会诸侯江南，计功而崩，因葬焉，命曰会稽。会稽者，会计也。"《左传·哀公七年》："禹会诸侯于涂山，执玉帛者万国。"

交换人质便成了可能。当平衡状态是人们的理想，然而家族的封闭和排他又是铁定的事实之际，时间便在这种状态下缓缓流逝。与此相反的是，小股的人群乃至家族开始互相渗入对方地域，有时是通过非常激烈的方式，仿佛他们从开始就对对方封闭起自己的大门（因此对方要用激烈的方式侵入）。战争的精神已经开始渗入家族间的竞赛中：想要征服，不稀罕什么联合不联合。公共的会议旨在攫取，而再不是建立一个彼此相距遥远的简单联盟，而是要兼并对方，将对方变成自己的封臣。只有在企图征服对方的前提下，他们才会跟别人结盟。这场热情旨在远征，旨在向自己的封域外发号施令，旨在摧毁别人，这是一种豪赌般的情绪，影响了后来整个的社会生活。

第七章　封建的原则

在那个时代，普遍实行村社原则，各个村社逐渐平等化。乡村家族之间的稳固联合通过某种礼物交换来实现。这种礼物交换往往是即刻进行的，在交换中双方整体参与，且互相对等。一旦互相交换的原则统治了整个社会组织，礼物的交换就成为经常的且必需的了。当舜跟尧的女儿结婚并成为尧的臣子时，尧为了将来考虑，除了两个女儿外，还赠予舜牛犊、羊羔、乐器以及在战争和乐舞中都能使用的矛、盾。此外还有谷仓，它能令舜在自己所有的封臣、儿子面前显得慷慨大方。① 舜接受了尧所有的馈赠，而后便是将这些最终馈赠给他自己的宰辅。假如他将所有这些藏起来，他赐予自己宰辅的将不会比自己当初受赐的多。这是因为在封建的秩序下。在任何时候，任何财产的拥有都归结于君主。假如没有经过“禅让”的仪式而拥有君主的名分，就不能拥有任何东西。“当某人拥有财产，他将把它交给家族的最高领袖；当某位权贵拥有某份财产，他会将它献给封君；当封君拥有财产，他会将它献给国君；当国君拥有财产，他会将它献给上天。”② 某一用物，只有在它的使用属性被升华时，才可以制

---

① 《史记·五帝本纪》：“于是尧乃以二女妻舜以观其内……尧乃赐舜絺衣，与琴，为筑仓廪，予牛羊。”

② 《礼记·内则》：“子弟犹归器，衣服、裘衾、车马则必献其上，而后敢服用其次也。若非所献，则不敢以入于宗子之门。”

造用来使用的物品。但一旦它是用来制造给上级的，它的自身属性会立刻变得有意义——它等同于献祭用物。物品自身属性的程度跟制造它的主人的身份等级相一致。在原则上，君主是不能垄断天下私利的，他必须能“将他的美德和气运分发天下，从社会的顶层到底层，乃至万物生灵，这样，神灵、人们、所有万物都各自有序，获得他们自身的发展与和谐”。① 各种物品，当它的制作是为了进呈上级或献祭神灵之际，它们的等级就变得极有价值。各种物品的流通创造了它们彼此的特有价值，也限定了它，与此同时，各种物品各有不同等级的属性，这一点创造出了一个整体的社会等级体系。各种用物的“德”是它们无不属于君主的结果，而君主又将它们“让”于上天——那神圣的力量。好运是虔诚祀神的结果，丰裕的收成也是将物品“让”给神灵做祭品的结果。这样，每种物品的出让和献祭都旨在求得回报，求得实质利益的增殖。神灵的仁爱程度、君主或封君的慷慨等级跟他们的崇拜者向他们进献的祭祀牺牲丰俭程度成正比。进献的祭祀牺牲，首先体现着卑者对尊者的敬畏，加强着尊者的声望；其次反映着供奉者本身的等级和地位。这种制度的广泛推行，造就了普遍的刻板、无聊以及小部分人的野心。贡品中蕴涵的原则是敬意，是奉献，是封建宗法时代纳贡的方式以及贵族地位的象征。

这种献祭也包含着上对下的慷慨，攫取住所有人灵魂，它强到足以打破古代社会的等级鸿沟。假如一个人的贡品丰盛到足以提供一场高规格的整体祭祀，进入国君宫廷是有可能的。赵简子（公元前496年）认为他自己势力太大，有可能招致惩罚，他要求只用他最中心的追随者献祭：后者最终赴死。这位追随者自杀后受到赵氏家族的祭祀。② 个人与他所属家族的隶属关系以及尽忠的义务（人身隶属关系）比他与本国国君的隶属

---

① 《史记·周本纪》：“夫王人者，将导利而布之上下者也。使神人百物无不得极……”

② 《左传·定公十四年》：“梁婴父恶董安于，谓知文子曰：‘不杀安于，使终为政于赵氏，赵氏必得晋国，盍以其先发难也，讨于赵氏？’文子使告于赵孟曰：‘范、中行氏虽信为乱，安于则发之，是安于与谋乱也。晋国有命，始祸者死。二子既伏其罪矣，敢以告。’赵孟患之。安于曰：‘我死而晋国宁，赵氏定，将焉用生？人谁不死，吾死莫矣。’乃缢而死。赵孟尸诸市而告于知氏曰：‘主命戮罪人安于，既伏其罪矣，敢以告。’知伯从赵孟盟。而后赵氏定，祀安于于庙。”

关系都强，同样，这种关系也比土地对人的约束关系强。有兄弟俩人（他们都是后来的晋文公重耳的执政之卿），他们陪伴重耳流亡各国，他们的父亲是当时在位的晋国国君的执政之卿。当时重耳在外流亡，这位执政之卿，也即兄弟俩的父亲，接到在位晋君的一个命令，要求交出这兄弟俩，父亲拒绝道："当一个儿子有能力拥有禄位之际，父亲教会了他忠诚，而后他将自己的名字（这名字标志着他的身份和灵魂）写在一块牌子上，并且提供一些物品，用自己的名字发誓向主人尽忠（这种表达敬意的仪式被描述得跟私人向其主尽忠的仪式一样——奉献一定物品，而后他将自己全身心奉献给主子。这样，他再不能忠于其他主人）。假如让他回去（我的儿子们假如回到晋国服从国君你，他们就背叛了自己的事主重耳），那就是犯罪。"① 一个人必须完全属于某个纯粹的集团，正是这一原则使这一集团保持着力量，但是这一拥有个人尽忠的集团不再从属于某个家族，或不再从属于这一家族的封地范围，它就是一种封建的小集团。封君完全从属于他的君主，他的君主跟他通婚，他甚至不能从这种模式的异族通婚中获得好处。比如，卢蒲癸和庆封②属于同姓，但是血缘的纽带对他们而言似乎都没有用。卢蒲癸后来成了庆舍的家臣（公元前544年），庆舍将自己的女儿嫁给卢蒲癸（这一礼物仿佛是互相宣誓效忠）。而后当卢蒲癸被问道："为什么你不拒绝跟自己的亲戚通婚？"他回答："当我们唱着同一首对祖先的颂歌，我们难道能将那颂辞一句句分开吗？我以前不过要求得到我现在得到的（宣布我自己是个封君）。"③ 在封建

---

① 《左传·僖公二十三年》："九月，晋惠公卒。怀公命无从亡人，期期而不至，无赦。狐突之子毛及偃从重耳在秦，弗召。冬，怀公执狐突，曰：'子来则免。'对曰：'子之能仕，父教之忠，古之制也。策名，委质，贰乃辟也。今臣之子名在重耳，有年数矣。若又召之，教之贰也。父教子贰，何以事君？刑之不滥，君之明也，臣之愿也。淫刑以逞，谁则无罪？臣闻命矣！'乃杀之。"

② 原文将庆封误作国君，查《左传·襄公二十八年》，应为齐国执政的庆封，不是国君，葛氏这里有误。——译者注

③ 查年表公元前544年为鲁襄公二十九年，此事见《左传·襄公二十八年》："齐庆封好田而耆酒，与庆舍政。则以其内实迁于卢蒲嫳氏，易内而饮酒。数日，国迁朝焉。使诸亡人得贼者，以告而反之。故反卢蒲癸。癸臣子之，有宠妻之。庆舍之士谓卢蒲癸曰：'男女辨姓，子不辟宗，何也？'曰：'宗不余辟，余独焉辟之？赋诗断章，余取所求焉，恶识宗？'"

制度下，土地和财富在男人之间传递，这些最终会有新的结果，并逐渐改变社会阶层结构。个人再也不会永远束缚在土地之上和家族之内。另一方面，没有一个集团、家族或国家是绝对封闭的。

这样，围绕着某片领地，它内封闭的坚固藩篱被打破了。公元前663年，齐桓公帮助了燕国，燕国国君向齐桓公表达感激之情，因为在他内心满怀痛苦之际，是齐桓公护送他回到燕国，燕国国君甚至陪齐桓公走了很远很远的一段路，不知不觉地踏进了齐国的领地。帮助燕国这一举动让齐桓公的声望大增，如同周天子一般。当时，齐桓公致力于“尊王攘夷”，虽然他极力表现出卑微的姿态，但内心却志得意满。因为他放弃了部分财产，他的美德和声望才增加。不过为了让自己的功业更为卓著，他必须让他赢得的声望适当地削减，必须在夸耀这些之前将它们归还，“齐桓公命令在燕国国君送他曾踏上过的那块齐国国土上划出一条沟，沟那边燕国国君踏上过的齐国领土便送给了燕国”。① 这一明显的慷慨大度之举是一位雄心勃勃的君主的算计：没有人会被他欺骗。此后各级别的诸侯国君们都开始步齐桓公的后尘，开始称霸的冒险。齐桓公将土地奉送便是为自己博得声望的交换品，这就是封建宗法时代的原则之一。看上去齐国似乎将自己的一小块土地给了燕国，事实上，齐国让燕国成了自己的附属采邑。后来晋国继承了齐桓公的霸业，实践着霸主的地位。有歌谣讽刺晋国的结盟：晋国和几个诸侯国联合起来压制某个小国（公元前562年），晋国放弃了宋国的土地，但保持着对它的精神控制。晋国国君在自己国内建立起以一个征服者家族为核心的统治，这个征服家族同时有资格观看各地区地方性的宗教仪式。这样他放弃了对宋国土地的占有权，但保持着重要的权力。宋国国君仅仅是继续领有自己的土地。在礼仪方面，宋国国君必须跑到晋国去要求拥有某些宗教仪式之权，因为有这些宗教仪式权，他才能施展他的其他权力，否则，他

① 《史记·齐太公世家》：“二十三年，山戎伐燕，燕告急于齐。齐桓公救燕，遂发山戎，至于孤竹而还。燕庄公遂送桓公入齐境。桓公曰：‘非天子，诸侯相送不出境，吾不可以无礼于燕。’于是分沟割燕君所至与燕，命燕君复修召公之政，纳贡于周，如成、康之时。诸侯闻之，皆从齐。”

那高贵身份的不完整让他对晋国有种隶属关系，假如争取不到那身份的完整，他只能放弃统治。所以，宋国国君邀请晋国国君参加一次宴飨之礼，他向晋国国君提议观看宋国传统的乐舞——舞蹈《桑林》。宋国国君是商人的后代，舞蹈《桑林》是商朝的建立者——成汤传下来的，它是王者威严的某种象征，拥有舞蹈《桑林》，意思是不应该也不可能剥夺殷商后人的土地。除了商人可以使用舞蹈《桑林》之外，周人因获得天下，也有资格使用原先属于商人的这一乐舞，因为商人已被他们征服。宋国国君以舞蹈《桑林》招待晋国国君，是将晋国国君当做周天子来尊敬。然而，晋国国君只看了一半，他敏感地意识到宋国给予他的太多，太沉重了，他们在他面前陈设出天子才能拥有的乐舞排场，实际上就是要他承担天子必须承担的一切职责。舞蹈《桑林》洋溢着沉重而威严的色彩，舞者上场起舞。忽然，晋国国君赶紧逃走，不过这回他病了。宋国国君——这位聪明的国君成功地将本来要落在自己身上的不幸转移到了晋国国君身上。不过，为了驱除附在晋国国君身上的邪怪，晋国可能会减少宋国国君应享有的宗教礼仪权。在争获声望和地位的对决中，当宋国国君看出自己不得不将自己的土地和权力“让”出去的时候，他抢先一步，毫不犹豫地摆出他拥有的殷商后裔这一尊严。他牺牲了一切。晋国国君不能胜任舞蹈《桑林》的规格和威严，假如他完整地享受完这支乐舞，他可能会在这场打赌中受到更重的打击，变成拥有义务的一方，自己的领地变成别人的采邑。①

通过冥冥中已注定结果的这些打赌和对决，封建制度建立在某种夸耀实力、炫示威严的基础上。谷物原本是献给土地的神圣祭品，现在却被坐享其成的那些人掠夺，再不归仓贮藏或送出国境（除非在几个相邻诸侯国之间的平衡被饥荒打破，必须重建这种平衡之际）。但封建秩序建立之后，谷物被当做贡品进献给上级，或被当做俸禄支付：它们在收割之后归

① 《左传·襄公十年》：“宋公享晋侯于楚丘，请以《桑林》。荀䓨辞。荀偃、士匄曰：‘诸侯宋、鲁，于是观礼。鲁有禘乐，宾、祭用之，宋以《桑林》享君子，不亦可乎？’舞师题以旌夏。晋侯惧而退，入于房。去旌，卒享而还。及着雍，疾。卜，桑林见。荀偃、士匄欲奔请祷焉，荀䓨不可曰：‘我辞礼矣，彼则以之。犹有鬼神，于彼加之。’晋侯有间。”

仓储藏，甚至“仓”这个字也有“财富”这层含义。酒是用谷物酿制的，人们通常会在宴飨会盟时用酒，正是宴飨会盟保持着各国之间的结盟关系。但是，当一个人和他的妻子（即便当时这丈夫是一位国君）喝酒喝得超过了两葫芦之际，在这封建制度下，举行结盟时双方来回喝酒的较量（起初它是封建组织下村社乡里举行的宴饮集会），便会开始产生一种对杯中提供之酒不信任的气氛，因为气氛已经不像友好的结盟。在这较量之前，有一杯酒是提供给敌人的——让他享受这舒服去吧！能多舒服就多舒服！他将发现他陷入竞争了！在胜利之后，会有一杯酒献给被征服者，这是将他当做罪人对待，因为被打败这一点揭示了他就是有某种罪行的，他必须洗清自己灵魂中的罪恶。但除了用这种方法清除他失败的耻辱，使他摆脱罪恶之外，还用让他入盟的办法避免被人报复。其实最终，这一结盟的目的还是为了夸耀自己的成功。

在射箭比赛中，被征服的一方拿着弓箭，心情沮丧地从胜利者手中接过用兽角做的酒杯，喝着酒，吞咽着被打败的痛苦，而后，胜利的一方喝着酒，喝下他们胜利的喜悦。他们轮流喝着酒，但是，酒杯之外象征的是授权和主导的权力。一旦阶层制已经确立，它便日益凝固：所有参加会盟的人轮流饮酒，分发酒杯，同时也分发荣耀。酒杯和荣耀，这两者是用一个词来表述的——爵。同样，收到一定量的谷物跟接受一片封地意义也是一样的。那个打算以别人节省出的谷物充实自己力量的人，便必须彻底对贡献谷物的盟友忠贞不贰，将他自己的利益跟他们的利益紧紧捆在一起。假如他意识到这种结盟存在着对自己有害的阴谋或企图，他便有责任拒绝加盟，“我将不吃他们吃的东西！”著名贤臣介子推这样喊道。在他看来，其他的卿大夫都太贪婪，并且反复无常。① 这样，互相提供谷物的结盟就把不同的个人、不同的家族、不同的价值取向都联系在一起了。但是，正如盟会上提供的酒那样，在所提供的谷物中，加盟的人非常清楚，从此他

---

① 《左传·僖公二十四年》：“晋侯赏从亡者。介之推不言禄，禄亦弗及。推曰：‘献公之子九人，唯君在矣。惠、怀无亲，外内弃之。天未绝晋，必将有主。主晋祀者，非君而谁？天实置之，而二三子以为己力，不亦诬乎？窃人之财犹谓之盗，况贪天之功以为己力乎？下义其罪，上赏其奸，上下相蒙，难与处矣！’……遂隐而死。”

的利益被合并了，身上被加上了某种义务，某种真正的入侵者日益显现——他最初的姿态是向他提供谷物，这一姿态并不是为了取悦那被兼并的弱者，相反，是企图“像对待牺牲那样对待他，如同对待被养肥的牺牲”。楚国军队（公元前586年）深入吴国领土，吴王将他的亲弟弟送到楚营，充当楚军的战利品。这种虚张声势的行为得到了回应，楚国立即想了个点子把他当做牺牲献祭：他的血被涂抹到一面战鼓上。① 被当做礼物的食物或酒实际上是一种挑战，这一挑战将命运和运气紧紧联系在一起，它实际上是兼并的前奏。

而那位投机者，当他假装出要“让”的样子时，实际上勇武到足以下决心摆脱奴役的地步。他看上去是将什么都贡献给了入侵者，但他独自一人也能够重新建立一个以他为首的国家。在齐国，田氏准备篡夺国君的权力，他们致力于悄悄瓜分原本属于“公室”（国君的家族）的土田、附庸（土地上的人民），田氏发愿要将整个齐国置于他们的保护之下（前538—前485），他们实施着用两种斗量收税的制度：田氏放贷、收回谷子时用不同尺寸的斗——放贷时用五，收回时仅仅用四。所以，不久就有一首歌唱道：“当一位老妇人有粟黍时，她会把它交到田（陈）氏那里。”而齐国国君仅仅拥有一座谷仓，而且那里的谷子还在腐烂。相反，田氏家族的谷仓则真正是一座财富之仓，他们向穷人发放救济。于是，他们的支持者日益众多，也养了很多门客。田氏向这些门客提供吃的，赠送礼物，让他们效忠于自己。田氏还跟其他家族结成稳固的婚姻联盟。田常据说有一百多位个子高挑的妻妾，他允许他的门客渗入她们之中。通过这种方式的盛情，他有了六十六个儿子。② 同样，这种盛情还给他带来了巨大的实际利益。那些跟他结成婚姻之盟的都是田氏的家臣，他们跟田氏结盟，便倚靠着田氏的势力。他们彼此之间并不是形成了盟友关系，就如通常的女

---

① 此事在《左传·昭公五年》，应为公元前540年。《左传·昭公五年》：“冬，十月……吴子使其弟蹶由犒师，楚人执之，将以衅鼓，王使问焉，曰：‘女卜来吉乎？’对曰：‘吉。寡君闻君将治兵于敝邑，卜之以守龟……’”——译者注

② 《史记·田敬仲完世家》：“田常乃选齐国中女子长七尺以上为后宫，后宫以百数，而使宾客舍人出入后宫者不禁。及田常卒，有七十余男。”

文中提到的后宫女子数字与《田敬仲完世家》有出入。——译者注

婿们之间的关系那样，而是都成了田氏的家臣。“国内百姓期望着田氏取代齐国公室”，“百姓用歌舞来拥戴田氏的慷慨”，这些史书记载中的套话意味着，毫无疑问，田氏成功地让齐国所有的百姓都分享自己家族的荣耀。百姓的歌舞如同财宝，正如他们眼中的财宝——谷物和妇女一样，它们并不是仅仅成为某种公共的财富，而是成为田氏自己的财富。

于是，在各种暗示下，田氏怀着对传统的蔑视，经过一系列虚张声势的行为，下着赌注，做着种种冒险的行径。他们经过残忍的牺牲和献祭、战争般的竞赛以及封建制下的联合，成功地打破了旧的地域—家族合一的壁垒，自己成了首领。因为，在一场又一场征服后，他已经建立起一种财富的象征，它实实在在地拥有谷物和男女家臣。这财富实质上就是他的声望和运气，以及跟这声望和运气紧紧联系在一起的他自己的封地。没有什么东西能拥有分量，除非它跟某个强有力的个人紧紧联系在一起，并且成为被许多其他条件（名誉、身份等）增值的那些财富的一部分。国君向各级卿大夫送去氏族的徽章、谷物和子女，他同样收到作为自己权力象征的天下土地作为回报，那是他的贡赋之源，等于是他的薪水。贡赋让君主拥有了国家权力，薪水则让封君拥有高贵的身份。这样，一种新的秩序就产生了，这秩序是完全建立在声望基础上的。人们组成的各种群体再也不是各自内封闭、与世隔绝的了，人与物在不断循环地联系着，而且当它们循环的时候，它们自身也在这循环链条中占有一席之地。他们不再企图拥有特殊的、使自己与它物区分开来的“德”。某个群体的“德”正式地以某种水平来代表，封建的法律仅仅表现为某种程度的尊严，家族的徽章成了某种头衔的象征，整个社会并没有被分割成一小块一小块各自为政的组织，而是组成一个由等级化的阶层构成的整体。它并不倾向于完全维持某种平衡，而是倾向于集权，或者说，至少，它倾向于发展成由不同级别的声望构成的阶层制度。

第三编
领主的城邑

在古代中国那漫长的封建宗法时代，各种等级的领主有不同的身份、财富乃至运气。他们中的有些人长期处于卑微的位置，保持着完全乡村化的生活状态。一些很小的领主要亲自到田间主持农事工作，这是国君最主要的工作，至少，从《诗经》的记载看上去是这样的。[①] 宗教生活、公众生活都被削减成为少数大规模乡村节日而存在。他们（领主）仍然保持着对神农的祭祀，因为神农是神圣的农神，是他发明了用火，并教人们在收割后精炼谷物。对神农的祭祀简直是一道盛宴。此外，他们还向创造出四季的自然神灵献祭，因为四季代表着指南针上的四个方位。正是由于这位神灵的存在，四季才安排得井然有序——北方代表冬天，南方代表夏天。在祭神中，最重要的环节是用黑色或红色的水牛献祭，黑色象征水，红色象征火。在人们认识中，这种双重主义像统治人们的思想一样统治着社会。国君有两位重要助手，一为土地上的监督、检阅者，一为山林的守护者。在人们思想尚处于神秘化的时代，大禹有弃作为他的副手，弃是当时的农官。（弃又叫后稷，“后稷”这个称号后来被周人作为王者的标志保留了下来，因为周人是后稷的后代。）此外，大禹的副手还有益，益驯化了禽兽，他还是山林的守护者，他的命令由朱虎、熊罴遵守。[②] 我们知道山林看护

---

① 《诗经·周颂·噫嘻》：“《噫嘻》，春、夏祈谷于上帝也。”“噫嘻成王，既昭假尔。率时农夫，播厥百谷。骏发尔私，终三十里。亦服尔耕，十千维耦。”又《诗经·小雅·大田》：“大田多稼，既种既戒，既备乃事。以我覃耜，俶载南亩。播厥百谷，既庭且硕，曾孙是若。既方既皂，既坚既好，不稂不莠。去其螟螣，及其蟊贼，无害我田穉。”

② 《史记·五帝本纪》：“舜曰：‘谁能驯予上下草木鸟兽？’皆曰益可。于是以益为朕虞。益拜稽首，让于诸臣朱虎、熊罴。”

者益被大禹的儿子——夏后启杀了，在夏后启服父亲三年之丧结束后。① 在君主的王廷，大罗氏（君主狩猎的总管，《周礼·夏官》记载其职名为“大罗氏”）掌管着夏季，并且将大神混沌的呼吸气息加于他的死敌，这一大神，假如他没有受到尊敬，可能会走掉，而后变成山林中一只凶暴的动物。山林大衡鹿②作为猎捕野兽的猎手，乃至征伐蛮夷的征伐者，他拥有令人致命的权力，某些时刻，比如用刑之际，他甚至可以对罪犯的父母用刑。万一灾祸真的降临，他必须把坏运承担到自己身上。③ 地官司徒在比较了先前主宰战争和司法的宰辅的所做先例之后，他似乎要以一种更和平的方式管理这些，尽管这些或许会让他承担更为严重的责任——他似乎成为不幸的灾祸降临之牺牲品的一部分，而这责任本应由山林的勘测者——衡麓来承担的。一旦君主去世，地官司徒要将魂幡（《仪礼·士丧礼》称之为“铭”）插在“重”（简单凿刻了窟窿、准备悬挂东西的木头架子）上，“重”上还挂着两坛米饭。④ 毫无疑问，主持仪式是他的使命，那仪式要允许尸体腐烂，而且其中的灵魂（魄）再次被一种神秘的力量吸收，这种神秘力量可演变成土壤的肥力。在这些沉重和卑微的时刻，乡村中的长者承担了最沉重的责任——去清洗死亡带给国君的不洁。

① 此处叙述见《史记·夏本纪》：“禹乃遂与益、后稷奉帝命，命诸侯百姓兴人徒以傅土，行山表木，定高山大川。……令益予众庶稻，可种卑湿。命后稷予众庶难得之食。”《五帝本纪》：“舜谓四岳曰：‘有能奋庸美尧之事者，使居官相事？’”按，启杀益之事不见于《史记》，《史记·夏本纪》记载：“帝禹东巡狩，至于会稽而崩。以天下授益。三年之丧毕，益让帝禹之子启，而辟居箕山之阳。禹子启贤，天下属意焉。及禹崩，虽授益，益之佐禹日浅，天下未洽。故诸侯皆去益而朝启……”启杀益的记载见《竹书纪年》：“益干启位，启杀之。”葛氏采用了《竹书纪年》的说法。——译者注

② 衡鹿为官名，看管山林川泽。《左传·昭公二十年》：“山林之木，衡鹿守之。”《周礼·地官》有林衡、川衡。——译者注

③ 《周礼·地官》：“林衡掌巡林麓之禁令，而平其守，以时计林麓而赏罚之。若斩木材，则受灋于山虞，而掌其政令。”“川衡掌巡川泽之禁令，而平其守，以时舍其守，犯禁者执而诛罚之。祭祀、宾客，共川奠。”

④ 《仪礼·士丧礼》：“重木刊凿之。甸人置重于中庭，三分庭一，在南。夏祝鬻余饭，用二鬲于西墙下。幂用疏布，久之，系用靲，县于重。幂用苇席，北面，左衽，带用靲，贺之，结于后。祝取铭。系于重。”——译者注

在封建宗法时代的最后，一些大的诸侯国君们现身于历史记载之中。在历史记载中，他们的大部分行为被打上了缺乏适中之度的深深烙印。他们被描述成一群施暴政者，在法学家的影响下，关于国家的理念模模糊糊地勾勒出了，然而在他们的宫廷之中，一套管理国家的机构才显现出轮廓。当权者统治着广大的国土，他们的权力建立在最新树立起的声望之上。即便他们看上去仅仅关心用某种辉煌的神力环绕住他们自己，他们也对自己的声望中到底有些什么心中有数，也就是说，他们知道那超自然的神力是由向神灵献祭所得到的补偿力量构成的。强有力的大臣是他们的最爱，他们取代了古时候那些地位卑微的从职官员的地位，后者几乎就是这个时代的牺牲品。

但是，假如一个人能相信编年史，相信其中有关仪式的记载，在暴政层出不穷的纪元（战国时代）之前的时期，是用仪式来表示君主地位的时代（夏、商、西周、春秋）在这段时期里，中国存在着一种稳定的、秩序良好的统治方式。这一记载意义重大，正因如此，封建秩序跟它相比才显得不稳定。毫无疑问，在这种秩序中存在着一种历史的乌托邦的混合，它描述出某种风俗，而这风俗实际上是由封建制度去推开的。然而，对天子或国君而言，保存了真正的仪式意味着能用它强调自己的角色，并强调国家的尊严。当战国那些雄主企图建立某种严格的君主制时，这种严格的君主制真的出现了，并且在历史进程中占有重要地位。在这种君主制下，阶层制度相对平稳地存在，世袭的权力也是被承认的。出使、裁决以及记录等职位在同一个家族中传承。在君主制下，正如在封君的家庭内部一样，人们通常寻求在等级制框架中上升，等级制是某种保存下来的注册制度。① 一个人不必复制汉代才出现的《周礼》所记载的那种封建精神，并且构想在封建制的惯例下，一种混合的法理制度及相关体系从某种宪章（这宪章由有各机部分构成）般的梦想中孕育而生。这种法理体系学说鼓励封建主义，并且引领编年史的书写者去重建历史记载的结构体系。但

① 《左传·昭公七年》："天有十日，人有十等，下所以事上，上所以共神也。故王臣公，公臣大夫，大夫臣士，士臣皂，皂臣舆，舆臣隶，隶臣僚，僚臣仆，仆臣台。马有圉，牛有牧，以待百事。"

是，鼓励封建主义和引领编年史书写者重建某种系统化历史并非完全由这种法理体系来完成，这些都是在拥有小规模城邑的国君宫廷中渐渐成型的，这些小规模的城邑有时看上去像堡垒要塞，有时则像偏远的村庄。有一小部分国君和封君，他们的家族引导着一种贵族化生活，他们自成一个圈子，圈中荣誉、身份、财富、职业均世袭。他们的君主也是军队的最高首领，在一大群农夫的辛勤劳作和侍奉下生活。这些农夫被称做“农奴”。他们平时有时要在宫廷服役打杂，有时则要参军。并且，他们地方性的乃至家内的原则被紬绎而成为道德的标准，这一标准在后来也被加于统治者之上，成为整个国家的准则。这就是“君子”的信条，而起初，它只是那些引领着那些完全崇拜荣誉的人们的生活方式，它的礼节也只是某个国君宫廷内的礼节。

第一章　城　邑

《诗经》的某些诗句描述了修筑城邑的情形。指挥修筑者戴上他所有的珠玉和宝石装饰，还佩带上一把珍稀的宝剑，他的出场似乎首先是为了巡视整个国家。为了确信罗盘所指方位的正确，他仔细研究着影子所指的方向（在简陋的仪器——日晷的帮助之下），他检查着日晷影子的斜度，检查着他的国家中阴阳的势力，以便知道天子的天下是如何纵横构成，该如何经营疆界。最终，他将奔流的河流走向也考虑进去，去认识到这富有宗教意义的古代城邑营造法式（后来被称做“风水”），是他的责任。最终，他还从灵龟那里寻求灵感——他从龟壳纹路上判断他的计算是否正确。①

当修筑城邑的地址选定之后，规划者便下令修建了。因为他等待着吉日良辰，也就是“危”星座（飞马座）② 到达天空最高点的时刻。这就

---

① 《诗经·大雅·绵》：“古公亶父，来朝走马。率西水浒，至于岐下。爰及姜女，聿来胥宇。周原膴膴，堇荼如饴。爰始爰谋，爰契我龟。曰止曰时，筑室于兹。……乃召司空，乃召司徒，俾立室家。其绳则直，缩版以载，作庙翼翼。捄之陾陾，度之薨薨。筑之登登，削屡冯冯。百堵皆兴，鼛鼓弗胜。”

② 查《礼记·月令》等，跟飞马座对应的是二十八星宿之“危”。《礼记·月令》：“孟冬之月，日在尾，昏，危中。”

是说，在一年的第十个月中，当它出现，就意味着一年中干农活的季节基本上结束了。在此之前农事尚忙，不能让农夫们修筑城邑。到冬至日，农业劳作必须停止了，因为当时存在着某种按自然规律进行的劳作节律，每个人都身处其中。修筑城邑时，首先是修筑城墙，它们是城邑中最神圣的部分；而后要修筑祖先的宗庙，宗庙周围要种植上有象征意义的榛、栗等树木，它们的果实将进献给祖先，泡桐树的木材则被用来做棺材，或者做醒目的鼓。① 在古老的时代，当修建都城的计划确定之后，选择宗庙位置时总是选择国土中高起的平地，或者选择生长得最好的树林作为神树之林，而他们也从来没有在这些方面失败过。当城墙、祭坛以及神树林这些赋予整个城邑庄严神秘气氛的建筑完成之后，宫殿乃至民居的建筑就开始了。

城邑以及它的领主的地位和尊严是通过城墙表现出的。假如这城邑中并不存在国君祖先一系的宗庙，城墙由夯实的泥土筑成：这城邑名字并不能叫做“宗”，只能被称做“邑”，也就是说，它是一座小小的自治市镇。一座包括石头砌成的城墙的真正城邑可能被称为“都”，也就是都邑。②城墙是由义务劳动建成的，建成后再由匠人修饰。那些对城邑负有义务的人们，听到鼓声必须服役或从军，他们的身份是平民，在某位贵族的号召下干活出征。这位贵族则全副武装，鼓舞斗志。他最重要的事是必须压制住对群心不利的妖言。当人们干活之际，他们唱着，他们歌词中的不满情绪乃至一句不祥的歌词就足以给城墙带来厄运。夯筑城墙的工人们用桶运送泥土，他们用木板筑城，木桩之上都铺设着这种木板，它们构成了一道长长的城墙外壳。他们小心翼翼地夯实着城墙基底的那层泥土，在夯筑第二层之前，必须要把第一层夯实。③ 假如他们没有尽心尽责地夯实土基，

① 《诗经·鄘风·定之方中》：“定之方中，作于楚宫。揆之以日，作于楚室。树之榛栗，椅桐梓漆，爰伐琴瑟。”《左传·哀公二年》：“志父无罪，君实图之。若其有罪，绞缢以戮，桐棺三寸，不设属辟，素车朴马，无入于兆，下卿之罚也。”

② 《左传·庄公二十八年》：“凡邑，有宗庙先君之主曰都，无曰邑。邑曰筑，都曰城。”

③ 《诗经·大雅·绵》：“乃召司空，乃召司徒，俾立室家。其绳则直，缩版以载，作庙翼翼。捄之陾陾，度之薨薨。筑之登登，削屡冯冯。百堵皆兴，鼛鼓弗胜。”

那么，雨水以及不认真夯实所形成的夯土城墙上的裂缝口将会给城邑带来难以想象的破坏。筑城中最重要的事是修筑城门。城墙由护城河环绕一周，四面角落还有瞭望的角楼，城墙上还有垛口和枪眼，这样严密的层层防护简直固若金汤，它犹如一座大型的军用碉堡，当面临入侵时，城门便是城邑主要的保卫，攻击者在入侵时也正是把注意力集中在如何突破城门之上。城门由守门者掌管，不到鸡鸣报晓时刻不打开城门。看守城门这一岗位一般会赐予一位可靠的臣下，他的工作精力集中于检验来往人们这件事上，因为他的双脚被砍去了，任何情况下他都不会放弃职守。对他们而言，他们自己忠诚地保卫城门，除非碰上了铁了心的敌人。

先前，城中的人们会在城门的位置埋一些被征服者的头颅，这是他们对神灵的献祭方式。而那位头颅被献祭者则成了人们通往神圣的守护者，城门或哨卡的设置是为了他的利益。① 在城门的瞭望楼之上，叛贼的首级被展览示众（这叛贼还希望看见敌人进入城邑），被抓获的俘虏的尸体也被吊在城墙上示众。城门上挂着战利品以及从敌人首领那里缴获的武器。同样，毫无疑问，随后在城外开阔地带展开的战役中，被征服那方的旗帜也立即被矗立在营帐门口。另一方面，当围攻者将其首领的旗帜插上城头之际，这座城邑也知道它即将被攻下，因为城池的尊严和安危建立在城门和城墙的安危基础上。城邑的守护神还有其他设施：土地坛以及宗庙。土地坛是方形的（因为大地是方的，而且在古代中国人心目中，土地和大地是一回事），它由夯土筑成，略高于地面，周围有低卑的矮墙，而且顶上必须有东西覆盖，所以授土仪式必须用某方某种颜色的土授予受土者。事实上，它只是一种认可封地的授予必须经由的仪式。这些是恭敬虔诚地完成的受土者被赐予一包颜色跟他即将受封的方位之土颜色一致的土，他必须用这包土建立起他所在封地的祭坛。事实上（正如在《墨子》引文中所见的那样），那神圣的土地坛其实早就建立了。在城邑开始建筑之际，土地坛就已被树木覆盖着了，而且事实上是因为土地坛早就选好址

① 《左传·文公十一年》："冬，十月，甲午，败狄于咸，获长狄侨如。富父终甥摏其喉，以戈杀之，埋其首于子驹之门……齐襄公之二年，鄋瞒伐齐，齐王子成父获其弟荣如，埋其首于周首之北门。卫人获其季弟简如……"

了，土地坛由一棵神树作为标志，或者至少是一处木头牌位。这木头牌位从理论上说是从一棵封地所在方位的神树上取得的木头做成的，它处在土地坛的中心，是整个坛中最神圣的东西。国君如果出征打仗，要小心地载着它，并在这牌位跟前用被征服者或者是罪人来献祭。据记载，有些地区土地坛牌位不是用木头做的，也有拿石头当做牌位的。在原始时期，牌位、神树、神石，乃至具有纪念意义的柱础、桩子，都曾被用来当做代替土地神受祭拜的神物。在它跟前要举行用人或者动物献祭的仪式。这些用于献祭的人或动物被认为献给了这个国家的保护神——社神。它跟敞开的土地坛为整个国家和城邑提供保护一致。除了土地坛外，在初民眼中，宗庙也具有极其重要的意义。在最开始，它就是一处树木丛生的小丘，处在被选为城邑中心的那个位置附近。即便到后来宗庙修建成富丽堂皇的大厦时，那些拱卫宗庙的树木也是从城邑中这片稍稍高起的土地上选来。城墙用黏土筑成，所有的洋洋大观都反映在各种木工活儿的精工细作上。“让我们到国君之山上！——杉树成片，松柏成林！——现在我们砍伐，拖拽——让我们聚集成群，仔细看着！——成行成列的人们拖拽着杉木，其中许多是长大的栋梁。”工匠们在鲁国建筑曲阜（前658—前626），一座至今仍然赫赫有名的宗庙，因为它粗壮有力的柱子及长长的屋椽支持起了一座高大而又宽阔的大厅，从外看去巍峨而又壮阔。屋椽整整齐齐地列着，墙壁描画得富丽堂皇。然而，所有这些富丽堂皇都不是时代久远的。公元前669年，当保守的人们听说国君下令要把鲁国宗庙中的某一处庙的椽子和柱子漆成红色时，他们大声叫嚷说这些是丑闻。因为根据旧的规矩，这位先祖享有的规格仅仅是宗庙顶上用茅草覆盖。① 应该按礼制简易地修建这位祖先的宗庙，跟那些毫无困难地就拆掉其庙的普通祖先一样，因为这些死去的祖先一旦世系久远，就再没有权利享受规律性的牺牲供奉。但是，当某位国君成为政府的高级领导人之际，他有可能拥有永久性祭祀自己祖先的权利。他们不再毁坏世系久远的那些祖先的庙。因为上天去承担起了这项责任——或是雷击，或是意外发生火灾。先前用土垒成的

---

① 《左传·庄公二十三年》：“秋，丹桓宫之楹。”《穀梁传·庄公二十三年》：“秋，丹桓宫楹。礼：天子诸侯黝垩，大夫仓，士黈。丹楹，非礼也。”

鄙陋建筑被认为不足以存放为数很多的远祖牌位，因为不断有后逝之君的牌位被添加进宗庙系统，而后逝之君都被独自赐予谥号，以便接受单独提供的牺牲供奉，假如这位新逝之君的牌位跟所有逝去的祖先牌位一起，比如，用一种蛇形的（弯折的）途径，两个两个摆放起来①，以享受家族成员对他们的哀悼。②

正如土地神（社神）的牌位具有神灵一样，这些木质的祖先神的牌位是祭祖这一宗教仪式举行时的中心。假如要把它们统统装起来，只需要一个不大的石头盒子，这石头盒子能够关上。假如国君被迫离开自己的国家流亡，届时用一只大麻布口袋装上就行了。国君带着社主，或是带着祖先的牌位上战场，请求祖先的灵力保佑。但正负结果都可能发生，而且共享一种仪式，那就是胜利的仪式。土地神和祖先神最终享有共同的供奉（这供奉起初是不区分的），并且他们之间的联系从来也没有真正消失过。在那应礼仪与生活居住的共同需要（这两种需要同等重要）而修建的城邑中，在社稷坛与宗庙之间，假如我们更倾向于后者，并略略浏览而过，我们肯定能看见土地之神，它是特别恐怖，特别令人起敬的。胜利之舞在它跟前舞起，同样，被征服城邑之主，正如一件献给神灵的特殊的礼品一般，他的命运注定了是送给社神作为献祭的牺牲。现在这不幸的人，即便他被献祭给社神，也肯定被祖先的亡灵享用了。毫无疑问，祖先的祭坛和社稷坛起初也是同一处，或许最初在城邑起建的时候，在修筑城门之际，社神的牌位也被视做祖先神的显灵。很可能起初它的象征意义跟这座城门中间柱子联系在一起，因为柱子上会悬挂战利品。

---

① 此处讲的是昭穆制度。逝去之君牌位入庙后，按昭、穆不司排放。父为昭，子即为穆，孙复为昭，这样，在宗庙中，牌位一行为昭，一行为穆，彼此相对。从父至子再至孙，为昭—穆—昭，如下图：

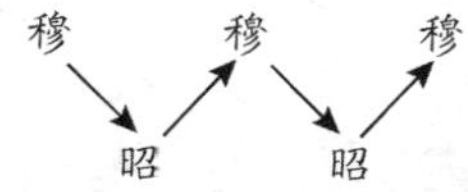

从世系来看是弯折的，因此原文说是“蛇形”。——译者注

② 《礼记·祭统》：“夫祭有昭穆。昭穆者，所以别父子、远近、长幼、亲疏之序而无乱也。是故有事于大庙，则群昭群穆咸在而不失其伦，此之谓亲疏之杀也。”

或许事实上，这一神圣的柱子起初就是城门——用神圣之木（比如宋国桑林中的桑树）做成的城门的神圣性比松柏等神圣之树环绕的社稷坛丝毫不逊色，在城邑等同于国君居住的宫禁之际，而国君居住的宫禁，本质上不过是一处堡垒。

国君的庭院被描述成广大、巍峨、庄严华丽的处所。“作为祖先（包括男女祖先）的继嗣——我拥有边长五千英尺的宫殿——窗牖朝向南面——朝向勃勃升起的太阳！——我居住在那里，在那里，我召集臣工；在那里，我欢怡宴飨。”① 这首诗歌还描述了能容纳许多观众的庭院，那庭院平坦得几乎完美，四周环绕着高高的廊柱，厅堂宽广而纵深，光线深深射进来。屋顶上是一行行屋椽，远远望去宛如流动一般。最为重要的是，坚实的宫墙不会被老鼠打洞穿过，也不会成为小鸟的巢穴。据记载，公元前606年，国君的宫墙上还描绘着壁画。在某种错误观念早已存在之际，传说中的纣王那奢侈的故事再次编出，成了史实。这位亡国之君有一处极其豪华的宫殿，厅中装饰着象牙，门上装饰着玉石。关于早期历史中这种穷奢极侈的想象可追溯到战国时期。而后，少数强大的国君也开始这样奢侈起来。公元前541年，鲁国国君受到天下谴责，因为他荒废了他祖先先前居住的宫殿，为自己修筑了一处楚国式样的宫室，这一举动被看做对他自己父祖的背叛，而他的不幸死去这一横祸也被看做是这种背叛必需的补偿。“假如国君没有在楚宫去世，他肯定最终要死在这座宫殿里。”② 很可能各地建筑的式样并不完全相同。看来在各国，国君居住的宫殿通常也是低矮的建筑，它们草草落成，后来旋即损毁。旧式的礼仪规则（这种规则由家族的构成来解释）要求儿子不能跟父亲住在一处：父亲与儿子（这父子之辈是无限延续下去的）分别居于一处院落的左右，这处院落被认为是他们这一系的先祖所建造的。从父至子的居住格式跟

① 《诗经·周颂·臣工》：“嗟嗟臣工，敬尔在公。王厘尔成，来咨来茹。嗟嗟保介，维莫之春，亦又何求？如何新畬？于皇来牟，将受厥明。明昭上帝，迄用康年。命我众人：庤乃钱镈，奄观铚艾。”

② 此事为公元前542年（鲁襄公三十一年）。《左传·襄公三十一年》：“公作楚宫。穆叔曰：‘《大誓》云：“民之所欲，天必从之。”君欲楚也，夫故作其宫。若不复适楚，必死是宫也。’六月，辛巳，公薨于楚宫。”

祭奠祖先时宗庙祠堂中祖先牌位的摆放方式一致，而所有这些祖先都可以追溯到最远的祖先。所有这些短暂地存在过的建筑和居所都由矮墙围着，并且有窄窄的小径隔开。这些院落中住着互有父系亲属关系的人们，院墙角落还有阙或高台。这样，整个院落犹如一座堡垒。在叛乱频仍抑或宗族间屡屡存在血族复仇的年代（比如公元前549年的晋国），袭击者会翻过矮墙，冲进院内。当他们现身于宫廷城门之上的墙头之际，能够将飞蝗般的箭镞射进国君的寝宫，但是，一座高台起了防护作用。比如公元前538年，齐国，一位以炫耀浮夸闻名的国君（齐景公）手下有位宰辅（晏子），这位宰辅居住在“临近集市的一处既低矮又窄小的房子里，面对着大街上的灰尘”，这位国君自作主张给他盖了一所高大、干爽、采光良好的房子，并且房子侧面还有显著的高台。说明国君或封君的房子的确看上去像是一个拥有堡垒的村落，在那集市之畔拥有显赫的地位。

国君的宫城，正如它在规模上肯定要更大些一样，最终也发展成为一座真正的城邑。封闭的城墙将居民、卿大夫和他们的宗族成员保护起来。这些卿大夫还各有自己的宫宅院落，他们的宫宅院落同样也有矮墙保护着。即便是在较大的诸侯国，城邑起初也不过是一组人们在里面聚族而居的宅邸院落，这样，在这初生的城邑生活（跟此前农业状态下的生活相对）中，最重要的事情就是当心火灾。公元前563年宋国因为发生了大火，大家族的主人被迫毅然推倒围墙，并且推倒小些的房舍，这一意见被采纳了。① 但是，如何获得一点新鲜空气却是个大问题，因为，那些商铺、公文档案、军械库、平常储存的物资、宗庙乃至妻妾，无论是私人的还是国君所拥有的，都一团混乱。后来的一位同宗族幸存者这么说：那种混乱场景一直持续着，直到城邑居民将他们自己看做同一家族的成员。公元前634年，阳樊城的居民觉得与其臣服于另一位跟他们没有任何关系的国君，不如集体出走，于是我们从历史记载上看到

---

① 《左传·襄公九年》：“九年，春，宋灾，乐喜为司城以为政。使伯氏司里。火所未至，彻小屋，涂大屋，陈畚挶，具绠缶，备水器，量轻重，蓄水潦，积土涂，巡丈城，缮守备，表火道。”

他们全体出走。① 否则，这城邑，假如它真的延续了自己的名字，将是某种村镇联合主义的结果，因为这些家族（姓氏）之间有过用一头红牛献祭并歃血为盟的盟誓，这些城邑的领主宣称他们之间存在联合，领主以及他的子嗣有义务主持这城邑之间的会盟，出自统治家族的领主主持献俘礼，并且，作为回报，领有世袭的地位。此后，城邑开始跟要塞区分开来。城邑被分成各个坊或区，这些坊或区各自都有领主，而这些各自的领主的权威又都在左边或右边那个区的领主权威之下。这权威的领主下面同样还有领主，这些领主统帅着由一定规模的军团组成的军队。众所周知，中央的军团是由国君统帅的，城邑的组织是层层相属的，跟军队的组织方式一样。城邑似乎是仿效军营的模式而建成，而军营的组成模式在当时是跟农业生产的组织形式一致的。当时的土地被分成方块耕种，而四方形的城邑内部也正是由笔直的道路分成各个坊或区，那道路最终一直通到城门。这种形式的城邑显示出了新的面貌，它们是在一场大规模的撤离或是征服之后起建的。它们是按一定设计建成的城邑，是堡垒或要塞的对立物。它们在原先荒凉的地方拔地而起，不过，往往附近有流水经过。作为一个整体，它们必须追溯到最初对那块准备建城的土地作大规模平整的时候。它们似乎最初是在节节胜利的过程中起建——对于大自然、对于周边蛮夷的节节胜利。在公元前 7 世纪，开辟蛮荒、开疆拓土这些进步再也不伴随着人口的增殖和城邑的增多——先前为了防范蛮夷的侵略，曾经修建了数量众多的城墙环绕的城邑。这些保护着城中居民的城邑由双重城墙护卫着，居民平时从事农业生产，战时又从军成为战士。永久性房舍的起建是为了战士有处所居住，并且为一旦所有农夫（也是战士）需要避难时提供急需。当时可能有两道城墙，一道城墙之内被称为“国”，另一道则是围绕城邑的郊外，这两道城墙中包括了所有被开垦的耕地（也就是“国”）但这些被开垦的耕地一直延伸到城邑之内。在城邑被围之际，这

① 《左传·僖公二十五年》：“夏，四月……戊午，晋侯朝王。王飨醴，命之宥。请隧，弗许。曰：‘王章也。未有代德而有二王，亦叔父之所恶也。’与之阳樊、温、原、欑、茅之田。晋于是始启南阳。阳樊不服，围之。苍葛呼曰：‘德以柔中国，刑以威四夷，宜吾不敢服也。此谁非王之亲姻，其俘之也！’乃出其民。”

些城邑之内被开垦了的耕地能够让城邑在一段时间里自给自足。对于拥有高高城墙的城邑而言，若它本身仅仅是没有生产来源的堡垒，那么它内部拥有足够的空间，能够进行一定的农业生产就有重要意义。城邑中的这种田地可能是一行行笔直的，但是因为某种商业集市是依傍城墙而生的，所以，在通向城邑大门那条大路的旁边，便出现了某些因商人和工匠的活动而生的村镇。而原先那应农业生产和军事护卫目的而生的城邑，同样也是一个物物交换的中心。某种特殊的村镇联合主义主持了这些村镇之间的联合。当国君下令铲除杂草灌木，平整出土地，并希望在这片土地上建立起一个城邑之际，他便把他自己跟商人联系在一起了。无论是对自己而言还是对他的继嗣而言，每个人都得主持同盟间的会盟，商人不得背叛国君，但国君也不会用暴力从商人那里强买强卖。“即便他们以稀有货物囤积居奇”，国君“也将对此一无所知”。从那时起，商人权利在国君之权的侧畔一点点增长。① 工匠、商人与享有特权的各级贵族不断进行贸易和其他活动。他们的权威同样也是通过家族父死子继的，但他们的官职是从国君那里获得册封的。参加国君的使团出使到邻国，是他们的权利，也是他们的责任。但是，在战争时代，商人和工匠像其他劳动者一样希望从军，在国君率领下参战。而且有确切证据表明（公元前502年，卫国），国君和贵族被迫跟商人讨价还价，就为了削减他们参军的人数。② 商人、工匠组成的军团在郊区集结着，他们不像住在村舍茅屋中的农夫那样，对出征负有完完全全的兵役义务。

---

① 《左传·昭公十六年》记晋国韩宣子有美玉在郑国商人那里，郑国子产不肯归还，并对韩宣子说：“昔我先君桓公，与商人皆出自周。庸次比耦，以艾杀此地，斩之蓬蒿藜藿而共处之。世有盟誓，以相信也。曰：‘尔无我叛，我无强贾，毋或匄夺。尔有利市宝贿，我勿与知。’恃此质誓。故能相保，以至于今。今吾子以好来辱，而谓敝邑强夺商人，是教敝邑背盟誓也，毋乃不可乎？吾子得玉而失诸侯，必不为也。若大国令，而共无艺。郑，鄙邑也，亦弗为也。侨若献玉。不知所成。敢私布之。”韩子辞玉曰：“起不敏，敢求玉以徼二罪，敢辞之。”

② 《左传·定公八年》：“卫侯欲叛晋，而患诸大夫。……王孙贾曰：‘苟卫国有难，工商未尝不为患，使皆行而后可。’公以告大夫，乃皆将行之。行有日，公朝国人，使贾问焉，曰：‘若卫叛晋，晋五伐我，病何如矣？’皆曰：‘五伐我，犹可以能战。’贾曰：‘然则如叛之，病而后质焉，何迟之有？’乃叛晋。”

国君及其继嗣居住在外人看来神圣的宫禁之中，过着彻底贵族化的生活。在理想化的城邑中（完全按礼制建立的城邑），国君的宫禁应该在城邑的正中心。宫禁应是完全正方形的，四周有宫墙围绕，它本身就是一座小型的城邑。城墙必须很高，城门庄严而华美。在平整的土地上，许许多多、各种各样的单层建筑远远地铺开，直铺到临近高高的台地。在理想化设计的城邑中，这些建筑是笔直地分布的，每座建筑都有自己的预先位置。在城邑中心，公共建筑的大厅朝向大道，而这大道两旁分别是宗庙和社稷坛。大道笔直地通向城邑南门。来朝见国君的封君正是从这条道进入宫城。他们朝拜的国君则面朝南接受觐见。各大家族的居所跟国君的宫禁一样，也自成一个小规模城邑——其中心有大厅，族长在厅中，面南背北接受同家族成员的敬意。在所有由围墙环绕的小小城邑中，有更多的围墙树起，保护着不同家族的居所。因为每个家庭的儿子一旦结婚，就必须在他自己从小生长的那个院落之外拥有一处单独居所，为日后成为家族长所需。这些院落和房舍的格式往往是一样的——后面是一堵有小门的墙，人们可以从这小门进入院内，进入完全由墙壁分割而形成的狭长房间——卧室。左右两侧的厢房一直朝前伸展开去，跟院墙的长度一样长。院墙、厢房一起构成了封闭的院落。院落中，正中的大厅屋顶高耸，横梁架设在厅中的两根柱子上。厅堂朝南，高出地面的台基和屋顶延伸出的部分共同形成了廊庑，而台基四角都跟地面形成了阶梯。厅堂东面是主人的屋子，在院落里，他面向东边，犹如这个院落的君王。即便最小的家庭，家长屋里也拥有祖宗以及土地之神的牌位。在院落内部，通向他庭院的那道门的神圣性绝不比城邑中通往宫禁的城门低。在他自己家中，他是家长，如同君王一般。但一旦他被大家族接纳，或被城邑国君任命，在这些时刻，当他代表他自己时，他必须在大家族的宫室或国君的宫廷中，站在台阶的最低一级，面朝北方，以卑微的姿态面对作为大家族族长的封君或是国君。在较大的城邑中，每座宫室并不是彼此孤立的堡垒，每座房屋也并不是逐渐伸向公共大厅的房屋，它们彼此之间构成了国君的院落和宫室。并且，所有这些宫室都是封闭的，也就是说，处于国君那封闭的城墙之内。同样，拥有这种形式院落的各个主人（他们身份等级不一致）在城邑的主人——国君的领导下团结一致，形成巩固的同盟。先前，当工匠修建的城墙完工之后，当城邑的规划者——国君设计并主持建造完成了城邑内部从左到右的房屋，并起建了实际上为他个人所用的公共大厅，他把所有“为了获得荣耀”跟他结盟、归他统帅的封君叫到一起，为他们设置了茵席、几案，在这重要的会盟上，他设了豪华的宴会款待他们，“他选择了一头猪作为牺牲——他将酒倒进瓠杯中——他请封君和臣下飨用，请他们饮酒，他们则颂扬：‘我们的君主，我们的大宗！’在主人跟前，所有的人“各各不同，各有地位”。① 这种宗族性的宫廷生活、贵族生活从此开始。

第二章　天子或国君

根据后来那些主张封建主义并将之深化的历史学家的理论，天子就是接受了君临天下之天命的那个人。他是古代中国的整个灵魂，他掌握着普天之下的土地，掌握着政府。他以“天子”的名义统治着整个天下，加强着他自己定下的各种法度。在每块封地上，封建领主的权威都属于某个家族，否则掌权者去世后，他的继嗣继承君位之后，将会设想家族的徽章只代表了他个人的尊严，而不是家族的尊严，这是不可以的。因为天子统治着所有的诸侯国君，他穿的衣袍上有十二种花纹，其中三种花纹（日、月、星）是严格地只为天子所服用的，其他花纹（一定数目的某几种花纹）则依次为各种等级的诸侯国君、封君们所服。花纹的数目依照贵族身份的降低而缩减，缩减程度取决于贵族在阶位中的等级。诸侯国君们的爵位分为五个等级（公、侯、伯、子、男），他们封地的面积也不同（理论上如此），跟他们的爵位相一致。天子所辖的领地应长、宽各千里，“公”、“侯”所辖领地是长、宽各百里，“子”、“男”所辖领地为长、宽各五十里。② 更小的一块领地也还是块封地，但它并不直接掌握于天子手

---

① 见《诗经·大雅·板》：“价人维藩，大师维垣，大邦维屏，大宗维翰。怀德维宁，宗子维城。无俾城坏，无独斯畏。”

② 《礼记·王制》：“王者之制禄爵，公、侯、伯、子、男，凡五等。诸侯之上大夫卿、下大夫、上士、中士、下士，凡五等。天子之田方千里，公、侯田方百里，伯七十里，子、男五十里。”

中（在任何情况下，在他拥有作为天子的能量之际），它名义上的主人是某位拥有某块领地的封君。天子或国君不仅仅颁赐土地，而且决定着这片领地的都邑所在以及受封者的俸禄等级。这片领地名义上的所有者拥有一定等级的俸禄，这俸禄的等级也分为五等，每等级的领有者拥有“大夫”或“士”的头衔。起初，这些头衔跟领主制度下的所有阶位一样，具有军事上的含义：所有这些阶位都意味着命令和服从，这阶位中的所有人在军事编制中都有一定位置，这位置也跟他在贵族制中的身份等级相一致。“士”这个字指贵族制度下最低一级的贵族，也包括了“贵族”这一词的基本含义。而每个诸侯国君都被称为“公”（正如“君”一般），任何情况下他都在自己的封国内君临一切。同样，所有有家室的成年男子在自己家庭中也都是主人。赞美封建制度的历史学家创造出一些事迹——天子可以依据诸侯国君的德行晋升或剥夺他们的爵位。① 这些德行会当着社神和宗庙先祖的灵位详细地列数出来，或用合适的外在表现出来：一定级别的品德、音乐、度量衡、服装等等，天子或国君任命或晋升臣下必须在顾问会议上决定，往往经历一番由卿大夫参与的争论。惩罚（任何意义上的惩罚，最重要的惩罚是放逐与死刑）必须在公共的广场上宣布，且服从整体国人的意见。② 当时相当于宪法的那种理论暗示了这种观点：只有经过受命的君主及卿大夫的许可和支持，权威才有可能存在。君主一旦受命，立即从上天和人民那里获得君位，让自然和人间保持一定的秩序是君主的责任，君主此举也会感得祥瑞——它们是来自上天的表扬，是来自民众的满意和感激。君主行使着权力，委派各爵级的封臣到各地去进行统治，建立起实质上是同一模式的统治。从宗族系谱而言，各地的诸侯国君跟天子出自同宗，或是更远的时候同为一个祖先，但他们只有资格统治自己的封国，而统治这一封国的权力也是因为过去他们的祖先曾有过美德，这美德使子孙获得福祉，代代继承。

---

① 《礼记・王制》：“（天子）岁二月东巡守，至于岱宗，柴而望祀山川，觐诸侯，问百年者就见之。命大师陈诗，以观民风。命市纳贾，以观民之所好恶，志淫好辟。命典礼，考时月，定日同律。礼乐、制度、衣服正之。山川神祇有不举者为不敬，不敬者君削以地；宗庙有不顺者为不孝，不孝者君绌以爵。”

② 《礼记・王制》：“爵人于朝，与士共之。刑人于市，与众弃之。”

事实上，假如编年史记载似乎昭示了什么——在春秋时期，当诸侯国君们世袭继承君权时，毫无例外要获得周天子的认可，除了巩固他自己在世袭制下的位置之外，此举其实毫无用处。而这世袭制是单一向下不断流动的，它的秩序比为人们普遍接受的传统并不更好。跟封建主义者的断言（这种断言认为集权是最起初就有的，且高高在上的，它在封建主义者的脑海中居于绝对支配地位）相反，可以肯定，在任何地方，领主的权威都是被追求的，超过追求封授的名号。“命”这个字表示册封、任命，跟表示命运的“命”是同一个词，跟表示名字的“名”也一样。① 姓名解释了人们的阶层状态，并且决定了命运。所以任何人若是男孩，即便生在天子之家，假如他被赐予“驭”这种名字，这个人也将会成为一个马夫，而与此同时，另外一个人如果被赐予“胜”这种名字时，他将一帆风顺。更有甚者，一个孩子在被命名为“虞”时，他初生时手心有类似“虞”字的纹样，预示着将要获得虞作为封地②，即便天子家族的意见也不能改变这种命运。一个人的姓氏是跟他受封的土地联系在一起的，这来自祖先。自己的名字则是在对某种发自灵魂的声音的辨析之后取的，但同样也要通过占卜获得祖先的同意。威望如同姓氏一样，来自祖先，任何超乎寻常的暗示都必须事先和祖先沟通。一位领主有权只依照祖先的意志行事。事实上，他的命运以及他的爵位是严格依据这块封地的受封者的“德”的。这跟某种程度的命中注定是难以区分开的，因为是事先安排好领主所拥有权威的等级，而这种权威跟“德”的程度是一致的。舜是一位完美的君主，据说他活了百岁，将牺牲献祭的权力传给他的子孙。假如哪位敌人在舜的后代统治天下的“德”尚未衰竭之前，想对舜的子嗣斩尽杀绝，

---

① 在对“命”、“名”的解释下，马伯乐提出了一种不同的意见，参见其《古代中国》。

② 事见《史记》及《左传》，但葛氏云获得“虞”作为封地并不确，获得的封地应为“唐”。《史记·晋世家》：“晋唐叔虞者，周武王子而成王弟。初，武王与叔虞母会时，梦天谓武王曰：‘余命女生子，名虞，余与之唐。’及生子，文在其手曰‘虞’，故遂因命之虞。”《左传·昭公元年》：“当武王邑姜，方震大叔，梦帝谓己：‘余命而子曰虞，将与之唐，属诸参，而蕃育其子孙。’及生，有文在其手曰‘虞’，遂以命之。及成王灭唐而封大叔焉……”——译者注

他将不可能取得任何成功。没有任何怀有野心的人能够缩短某个有“德”的家族君临天下的时间。只要这一家族还保持着统治天下的“德”，它是不能被任何人移走的，因为它先前根深蒂固，且尚未被动摇。统治者“德”事实上是跟某个国家、某个都邑、某个神圣场所联系在一起的。它还跟拥有某种高贵的谱系、神秘的传说、神圣的乐舞、宗教信仰上的特权乃至圣符圣石等联系在一起。总之，它跟一整套家族的符运、徽章以及昭示了某种神圣的天赋的力量联系在一起。这种神秘的符运经过君主的册封受到承认，就表现为一定级别的爵位。

在君主对臣下进行册“命”之际，实际上就是承认了上天的“命”——是它首先“开启道路”，“道路”是对“道”一词的翻译。“道”这一字是古代汉语中含义最丰富的字之一，在古代道家思想家的语言中，一方面它描述的是一种悟出的能量，“道”跟任何事物的规律是密不可分的；另一方面它还鼓舞着万事万物所存在的直接个性。无论前者还是后者，“道”从来都生生不息地保持着它自身的完整性。在普通语言中，“道”这个字具有较为自由的含义，它并不经常性地跟“德”这个字联系在一起。“德”和“道”是一对互为双胞胎的概念，它们描述了某种超灵验的力量的两个方面——“道”描述的是集中的、完全的功效，也就是说是一种静态的无限状态；而“德”描述的是这种功效发生作用时自身的行动及细节化状态。“德”这个字描述的是，比如说，是因为居住在某个特别的国家而获得的某种天赋或资格（跟获得姓名同时），这种天赋的资格能让他像主人那般发号施令。“道”和“德”可以独立使用，也可以跟别的资格联合使用，它们解释着权威、力量、功效、强制力以及运气等等的原因。对“道德”的解释几乎不能译成其他的词，除非译成“美德”一词。“道德”被认为是宇宙发生的原动力，当它留驻于某个个体之内时，它就是君主的品德，他的“德”与天相配合，他的“命”则因某种特殊的天赋（这种“德”）堪配君临天下。君主就是那个灵魂在整个宇宙拥有力量的人——假如我要如此形容他。他的行为假如降临于那个国家，那个国家就注定归他统治，因为他拥有天赐的神圣之德。他掌管自然，统治人民，或者说，他让自然和人民变成他们本应有的那个状态。他给予他们某种能力，而这能力是用他自己的权力来衡量的。这一自然法则成文地书写下来，并被所有人遵守：君主、臣僚、帝王、乡村。若是君主的“德”旺盛，大地上必然是鲜花盛开，碧草如茵，这被看做天人相应的征兆。假如君主的“德”衰了，花草不就大片枯竭了吗？人民也会大批夭殇。假如君主有“德”，那么，五谷丰登，男女增殖，人口繁衍，禾苗一茎多穗；否则，假如君主失德，土地将贫瘠，谷物将因此歉收，男女拒绝婚娶，大地震动，井水上涌，星辰陨落——根据这些就可以判断出君主的“德”是充沛还是中衰。① 君主的“德”是所有自然和人间万事获得成功的基础，君主有“德”是整个天下苍生的幸运，天下苍生的命运也指望着它，仅仅指望着它。正统的历史学家（他们是卫道士，除了伦理之外几乎不考虑任何别的）相信君主那居于统治地位的举动会解释为模仿——君主是天下的楷模，他的一举一动，同时也在教化天下苍生。作为结果，君主的天赐之“德”拥有某种超自然的、宗教上的神圣意味。这种天赐之“德”以君主的一举一动统治着万物，并让万物井然有序，这一举一动发自心灵，发自最神圣的灵光，它由“风教”传播至四方。君主自由地驭使着这神赐的力量——在他的内在，这力量浑然一体。但这种力量有时也会泛滥而出，刺激整个天下。同样，诸侯国的一切气运都依托于国君身上。事实上，当诸侯国君与他的领地分享着最亲密的关系之际，他加强了他自己的权力并且加强了它的神秘基础。在他的领地内，是他从全体臣民那里获益，也为他们承受痛苦。他全部的生活就是在他显现于所统治的领地之上处理各种各样的关系，其间有人与人之间的关系，有人与大自然的关系。他将全身心奉献于这片领地，在任何场合，都充当这片土地的领罪者，他为一切罪过赔付代价，一切胜利的荣耀属于他，一切哀悼的悲伤同样属于他。他承担着一切灾难和胜利，也承担天气的严酷和惠泽；他承担年成丰歉的责任，以及一切运气好坏（包括万物和人间各

---

① 《诗经·大雅·板》以灾异谏王：“上帝板板，下民卒瘅。出话不然。为犹不远。靡圣管管，不实于亶。犹之未远，是用大谏。天之方难，无然宪宪。天之方蹶，无然泄泄。辞之辑矣，民之洽矣。辞之怿矣，民之莫矣。……天之方虐，无然谑谑。老夫灌灌，小子蹻蹻。匪我言耄，尔用忧谑。多将熇熇，不可救药。天之方懠，无为夸毗。威仪卒迷，善人载尸。……敬天之怒，无敢戏豫。敬天之渝，无敢驰驱。昊天曰明，及尔出王。昊天曰旦，及尔游衍。”

事）的原因。他尽力压制着任何事物的危险方面，尽力释放出幸运、和善的方面。他自己承担起任何厄运和不幸的责任，并在他自己身上体现出所有人都希望拥有的那种幸运。他招致各种可能的不协调。他让整个社会的气运和愿望尽量协调。每个春天，他第一个耕作，以示唤醒大地；每次收成，他第一个品尝新收获的粢盛。而作为君主亲自耕作和品尝粢盛，解除了大自然的禁锢。而土地因为禁锢的解除，从冰封转为肥力充足，能养殖谷物；也因为君主亲自品尝粢盛，解除了收获方面的禁锢。但是，整体的胜利被归功于天子，仿佛整个胜利都是因为他亲自品尝粢盛。当任何卿大夫去世时，当时所有的人都认为，“尸体仍然什么也不是，但它是荣誉和身份的象征”，国君首当其冲地拥抱那去世的人，将他紧紧扣入心灵。在葬礼上，国君的这种姿态表示着他的全神贯注，而在这葬礼的最后，死者的家人或许又多了一位祖先的佑护，因为新逝者加入了国君祖先的长长序列中，证明着他们乃至在世国君的威望和尊严。武士曾征战疆场，军队被打败了，为首领将苦行般惩罚他自己的身体，他卧薪尝胆，精神同样饱受折磨。当他卧薪尝胆之际，将士又恢复了勇气，最终被吞并的国土再次光复。① 曾征服他的国君最终自取其辱——好运气肯定会碰到恐惧与胆寒。若是征服者不懂得如何低姿态的话，胜利将是昙花一现。当军队在战场上胜利时，军队征服的效果并不比天子本身的开明态度多——国君“虔心哀悼，不时叹息”，通过承认自己的毫无价值，反而为自己的国家赢得胜利。假如发生旱灾，他承认自己的过咎，他将上天对自己的抱怨归咎于自己无德，假如他自己招致了天的谴责，只要这痛苦折磨被克服了，只要上天因为国君的悔改减少了降灾，国君就仍然有权称他自己是自然秩序之魂的唯一主宰。他将穿上丧服，因丧不再举乐，并减少进膳时的部分菜肴，哀悼三天。他解释说，山崩这一恶兆是跟国君将遭厄运，或是国土将要蹙缩，或是将要发生火灾联系在一起的。在他宣称他自己确因政治斗争或某种不幸而有过咎之际，或者到最后，他在斋戒以及主动贬损礼乐级别等行为的帮助下洗清了自己的过咎，他那为自己洗清罪过，为国家消除厄运的悔过行为，让他再次拥有纯洁、新生和光芒四射

① 此为《史记·越王句践世家》，记载越王句践卧薪尝胆的故事。——译者注

的权威。① 当他洗去他的过咎，当他挪走了禁忌，他的无上尊严再次被确认。为了让所有人获得收益，他奉献出了自己，但要去除他自己向神灵进奉的日常的牺牲供奉（这牺牲供奉是他的祖先保佑他而得）的那部分。正如他的祖先那样，这种忏悔、虔敬献身是国君权威的基础所在。甚至可以设想，它们那具有历史意义的起源来自一场著名的祷告和赎罪——君权的建立伴随着一场英雄史诗般的完全献祭，那伟大祖先用自己的身体和灵魂进行献祭，使他自己和宗庙、社稷坛等神圣场所浑然一体。

但是，君主跟他的国家并不是仅仅通过献祭才神圣地联系在一起。君主成功地将自己归于神圣，这要感谢一套具有积极意义的膜拜活动。君主将所有这些的积极影响惠泽于他本人，让他生机勃勃，充满勇气，令人尊敬。他模仿着这些受膜拜的神灵和祖先，并因之为他自己创造出一副君临天下的灵魂。君主的都邑是整个天下的中心——这一理念意味着，在夏至日的正午，日晷将不会投下阴影，但这都邑必须至少同时也是某种气候的中心，“在那里，天地浑然一体，四季不可分割，风调雨顺，阴阳和谐”。② 君主住在都邑的心脏地带，住在天下归心之处，并在那里一统天下。当他手握权柄，面南背北，“阳”带着所有的光明将他笼罩，而假如他有高高的灵台，并且登上灵台顶部，他同样也能抓住“阳”的能量。他住在广大而高贵的宫室之中，则是为了模仿“阴”的能量。但他并不需要一处华丽的宫室，只要单纯将他自己的身体暴露在“阴”（阴影）和“阳”（阳光）之下就行了。君主可以使阴阳和谐，因为他拥有调和宇宙的源源不断的能量。而当他反过来受阴阳相协调那种力量的影响时，他的国家也同时受到润泽，尽管是在君主这一中介的力量下实现的。他这种调和阴阳的能力延伸到天下万物之上，就像太阳照射植株时必将阴影投向大

---

① 《左传·成公五年》：“梁山崩，晋侯以传召伯宗伯。……曰：‘梁山崩，将召伯宗谋之。’问：‘将若之何?’曰：‘山有朽壤而崩，可若何? 国主山川，故山崩川竭，君为之不举，降服，乘缦，彻乐，出次，祝币，史辞以礼焉。……’”

② 《周礼·考工记》：“匠人建国，水地以县，置槷以县，视以景。为规，识日出之景，与日入之景。昼参诸日中之景，夜考之极星，以正朝夕。”一个良好的都城是天下的正中，是一个各处“离它的距离都相等”的中心。也就是说，它是宇宙的纯粹中心。

地那么自然。它惠泽万物，万物也因此而温暖，像温柔的阳光布洒在阴影之外那么自然。春季伊始，国君仔细地主持破冰、藏冰，去除“霜冻设置的季节性障碍”，因为这一障碍是与“阳”的应季统治权背道而驰的。国君将冰藏在深深的冰窖里，这冰窖得到仔细地保存，这样他就防止了“寒”在夏季完全溜走。他还阻止了“寒”在不应季的时候，在相反力量的作用下导致冰雹成灾的可能性。但与此同时，他也保护了“寒”的规则和权利，因为这权利总有一日会到来。而且他还可以通过食用乃至分发冰块来调节他自己乃至臣民体内的阴阳状况。这样，他就为他的国家、他的臣民，更重要的是为他本人寻求了安全。若能在四季变易中平均地分配阴阳寒暑的力量，冬季就再也不会有不应季的“阳”，夏天也不会有不合时宜的“阴”，春天不会有冰冷的寒风，秋天也不会有成灾的霖雨……再没有人因冻馁或夭殇而死。① 首先，国君必须时时审视他自己的健康，他自己的健康也是国家的安泰康宁，因此没有什么比国君用膳的态度更重要的了。“让天子独自享用珍馐!”君主所飧所食均为食物之精华，应适时、应季地攫取这些精华提供给国君食用。国君的食谱是如此规律：他所吃的体现了各种有代表性食品的集合，每类食物都和某个季节相应，每类食品还跟某个方位相对应。这样，他便拥有了天子那君临天下的灵魂，拥有了跟任何时辰、方位都相匹配的美德。他下令天下六畜繁衍，下令大地上种植的谷物果蔬成熟应时。春天他吃麦与羊（羊是与东方相应的动物），夏天他吃豆与鸡（南方的对应动物），秋天食麻与犬，冬天食稷及猪（北方的对应动物）。②

但是，假如他不是一位拥有完美之“德”的天子或国君，假如他忘

① 《左传·昭公四年》：“夫冰以风壮，而以风出。其藏之也周，其用之也遍，则冬无愆阳，夏无伏阴，春无凄风，秋无苦雨，雷出不震，无菑霜雹，疠疾不降，民不夭札。”

② 《礼记·月令》：孟春之月“天子居青阳左个，乘鸾路，驾仓龙，载青旗，衣青衣，服仓玉，食麦与羊”；孟夏之月“天子居明堂左个，乘朱路，驾赤骝，载赤旗，衣朱衣，服赤玉，食菽与鸡”；孟秋之月“天子居总章左个，乘戎路，驾白骆，载白旗，衣白衣，服白玉，食麻与犬”；孟冬之月“天子居玄堂左个，乘玄路，驾铁骊，载玄旗，衣黑衣，服玄玉，食黍与彘”。

记了分寸（“节”），假如他不能让自己做到“苦、酸、咸、甜”等五味协调，最重要的是，假如他让自身应具有的“阳”打了折扣，比如耽溺于女色（属性为“阴”），他将成为“蛊”的牺牲品。“蛊”是对所有过度行为的惩罚，是各种不正确行为的结果，是不幸，是疾病（某人灵魂越强，蛊在他身上发作的程度也越强），是他那无德所招致影响力的恶劣结果。① 假如他是罪人，不配做天子或国君，他将再不能承受作为国君义务的各种禁忌。而这些禁忌会给天子带来活力和“德”，但在昏君身上将变成致命的灾难。比如晋国国君僭越权限地要求清除某一支宗族，一位占卜者告知他如果这样，将不能吃到新收获的小麦（将不能活到小麦新收获的时候），当这个时节来临之际，他吃小麦，“他的肚子立即膨大了，于是他立即退位，以使这一症状消失，然而他摔倒了，死了”。② 另一方面，一位优秀的天子或国君通过食用“水、火、醋、肉糜、盐、李子以及生鱼”熬制的汤，“给他的心灵带来和平”，膳夫（天子的首席厨师）根据所有这些原料的气味按比例调和这些原料，给缺乏某些成分的某种食物加入应有的成分，并用一些办法纠正某些原料中某些成分太多，将之调和到别的原料中去。③ 要感谢这一切的小心翼翼，天子或国君这样就

① 事见《左传·昭公元年》秦国医和为晋侯看病：“晋侯求医于秦，秦伯使医和视之，曰：‘疾不可为也。是谓近女室，疾如蛊。非鬼非食，惑以丧志。良臣将死，天命不佑。’公曰：‘女不可近乎?’对曰：‘节之。先王之乐，所以节百事也，故有五节，迟速本末以相及，中声以降。五降之后，不容弹矣。于是有烦手淫声，慆堙心耳，乃忘平和，君子弗听也。物亦如之。至于烦，乃舍也已，无以生疾。君子之近琴瑟，以仪节也，非以慆心也。天有六气，降生五味，发为五色，征为五声，淫生六疾。六气曰阴、阳、风、雨、晦、明也，分为四时，序为五节。过则为菑：阴淫寒疾，阳淫热疾，风淫末疾，雨淫腹疾，晦淫惑疾，明淫心疾。女，阳物而晦时，淫则生内热惑蛊之疾。今君不节不时，能无及此乎?’”

② 《左传·成公十年》记晋景公梦见一个大的恶鬼（“大厉”）“披发及地，搏膺而踊，曰：‘杀吾孙，不义。余得请于帝矣!’”先召桑田巫询问，巫说：“不食新矣!”即不能活到以新获小麦尝新献神之际。而后求医于秦国，秦国医缓说此病已无能为力。“六月，丙午，晋侯欲麦，使甸人献麦，馈人为之。召桑田巫，示而杀之。将食，张，如厕，陷而卒。”

③ 《周礼·天官·膳夫》：“膳夫掌王之食饮膳羞，以养王及后世子。凡王之馈，食用六谷，膳用六牲，饮用六清，羞用百二十品，珍用八物，酱用百有二十瓮。王日一举，鼎十有二物，皆有俎。以乐侑食，膳夫授祭，品尝食，王乃食。”

避免了许多让他们失去自控的罪责，比如，不能尽责地看护社稷坛，守卫一年的收成。

社稷坛是一处简单的方形土坛，它在天子或国君宫城之内，在他们的领土之内，它自身具有“道”的所有高妙。它跟“国土”是一回事。假如这社稷坛一片荒芜或成了沼泽，形同虚设，国土也就寸草不生。所有的领主，当然首先是国君，必须在它的护佑下甘愿赴死。但封君也不是被迫去为国君卖命，除非当他是一位真正意义上的活着的君主，并且他自己就是国土的象征，社稷坛是复制丰收之坛而成的。① 天子或国君是武士的首领、工匠的主人，他相信他的国土能够度过灾厄，也相信全体居住于斯的臣民会全力支持。他将获得连续丰收的好运，假如天子在他所居住的处于天下之中的都城，举止行动能够跟四季变换一样有节，那么，天气将是风调雨顺，大地将不吝赐予丰收。因为这个需要，在都城中出现了一位保佑收成的农神，它是从属于天子的，能保佑土地获得丰收。天子也因为这位神灵“劳工”而获得丰收的保佑。从另一方面看，整个天下国土都贡献出力量，让天子更有德，更神圣。从土地及其收益中，他的“德”日益丰厚，同样，从山泽乃至遥远的沼泽（这些地方归天子所有，但其实只是天子偶尔游弋狩猎之所）中渔猎，他获得另外的声望，而且不比从土地收成上获得的“德”少。天子或国君是“肉食者”，而与此同时，农夫们的灵魂却只能受到谷物和果蔬那微弱营养的滋养，他们甚至没有力气跨过死亡之门。在命终之前，他们用最后一丝混杂着土地力量和发芽生息的气息返回家中以等待命终。然而，君主的灵魂却是强健的，因为它“用了大量精华来滋养”，它茁壮，充满精神，这让它可以超越死亡，在“神明”的国度继续永生。② 庶人的男子或女子一旦死亡，就会失去所有的个人存在方式，在他们一息尚存之际，假如死亡必将来临，这短暂的奄奄一

① 《礼记·礼运》：“故国有患，君死社稷，谓之义；大夫死宗庙，谓之变。”

② 《左传·昭公七年》子产曰：“人生始化曰魄，既生魄，阳曰魂。用物精多，则魂魄强。是以有精爽，至于神明。匹夫匹妇强死，其魂魄犹能冯依于人，以为淫厉。况良霄，我先君穆公之胄，子良之孙，子耳之子，敝邑之卿，从政三世矣。……其用物也弘矣，其取精也多矣！其族又大，所冯厚矣！而强死，能为鬼，不亦宜乎！”

息让他（她）的灵魂得到自由，而他（她）那极度衰弱的身体只不过是罪业所居，这跟贵族君主的灵魂是不同的。严格地说，君主自己在这众感官构成的世界上拥有一个灵魂，这灵魂不会萎缩和凋零，即便主人已届耄耋之年，但年龄的增长只会让它益发精壮。君主也是要为死亡来临准备的，只不过是通过日日享用香喷喷的肉食和提神醒脑的美酒来准备，他吃“经过充分煎烤的鱼”，他饮用混合着香草的酒，这酒可以“为眉毛长长的高龄老人提供精神和体力”。在他整个生命过程中，他的身体吸收着为他提供营养的各种食品的精华。他的封国或封地愈广大富饶，他的身体就吸收得越多。他拥有祖先灵魂的保佑，而祖先的灵魂亦曾经过肉食的丰富营养的滋养，也是强壮的。因此当君主去世之后，他的灵魂精壮而充满力量，跟农夫的灵魂会飘然远去不同，它从躯壳中悄然飘出，或许会占据某种高贵动物的强健躯壳（是这灵魂精心寻找的）而继续存在，或是熊，或是野猪。① 假如君主是毫无节制的人，或假如他饱受夭殇的痛苦，它将象征大自然的凶猛力量；但假如君主生活得节制庄严，的确像个君主，假如他在位多年之后，薨于自己的国家，自己的都城，自己的寝宫，根据礼仪，他的灵魂经过葬礼仪节，将更高贵、更纯洁，在死后的生命里拥有一种庄严而平静的权威，拥有神灵般的超自然力量。而此时，它已拥有了神圣而永生的另一种存在方式——祖先之灵的存在方式。后人将以供奉牌位的方式崇敬和膜拜这位祖先的灵魂，牌位离社稷坛并不很远。季节性仪节将使这祖先之灵分享大自然及国中人民的生活方式，对它的献祭在春、秋季举行。春天，大地是潮湿和阴暗的；秋天，大地对应的色是白色，到处都会有灰白色的霜。② 若是狩猎容易、猎物丰美的季节，祖先之灵同样会受野味的供奉；假如收成不好，祖先之灵便得斋戒一阵子。祖先之灵支持这样做——它们靠从君主亲自耕种的籍田上收获的粮食供养。至于肉食，则依靠王室或公室所圈养的洁净牲畜供奉。此外，在远近山川沼泽猎获或

① 《左传·昭公七年》晋侯梦黄熊事：“郑子产聘于晋。晋侯疾，韩宣子逆客，私焉，曰：‘寡君寝疾，于今三月矣，并走群望，有加而无瘳。今梦黄熊入于寝门，其何厉鬼也？’对曰：‘以君之明，子为大政，其何厉之有？昔尧殛鲧于羽山，其神化为黄熊，以入于羽渊。实为夏郊，三代祀之。’”

② 《礼记·月令》季秋之月：“是月也，霜始降，则百工休。”

擒杀的野生动物也会进献给天子。它们往往由猎手在神圣的社稷坛献上。但是，无论君主的灵魂多么强壮，只要毁庙①的时刻来临，这灵魂之力将立刻土崩瓦解，消失得无影无踪。在好几代之后，曾被按礼仪认真供奉的牌位，再也不能拥有个性化的神力了，正如更远的那些在子孙后代脑海中已印象模糊的先祖一样，他的牌位将被移入石室，跟那些远祖一起。迁入石室的祖先牌位再不像拥有守护神般灵力的、精魄强壮的君主灵魂一般受到供奉。他作为子孙后代守护神的生涯从此结束，他作为受直接供奉的祖先这一角色也已完结。通过这好几代子孙对他的供奉，他已多年逃避了像庶民一样平庸死去的凡俗命运。最终，他也加入了超自然神灵力量的队伍中，这些神灵不计其数，彼此之间难以区分。它们是天子和国君领地的守护神，守护他们的家族，保佑他们的命运。正如尚无名字的土地神（社神）那样，他此后只是享受生肉的供奉罢了，他的能量和灵力再次被各种神圣的灵力所吸收，这神圣的灵力可能是护卫领地的自然神力，但对天子而言，它以第一位祖先（始祖），也就是建立本王朝的英雄的面貌出现。对天子而言，本朝始祖和大自然的造物主总括了一切神力和美德。它有能力让大地臣服，并驾驭川泽湖海之水，征服肆虐之火，乃至驱逐邪怪，清除可耕地上的荒秽，播殖五谷，它甚至还可以驯服烈马。始祖通过自己的灵力，一再确认他的后嗣具有君临天下的“德”。这君临天下之“德”在某个家族传递，表现为一套符运——他们的领地、姓氏、命运等等都带有这些烙印。而另一方面，官方的文书记载将这位始祖描述成由君位自然而然继承领地的一位王公。因为继承了祖先遗业，那被诗篇由衷赞美的荣光反映在他自己身上，社神（一些始祖被称做社神或神农）是神社之主，在那里，季节性仪式唤起他那直系祖先的个人精力，君主便再次被蒙上了一层威严的色彩。这威严的色彩在他的臣民心上加上了一层不可抗拒的礼仪式威严，正如君主自己心中也被施加了这种威严一样。

① 即文献中记载的“亲近迭毁”制度，即世系久远的先祖，七世以后得迁出宗庙，牌位归入石室。《礼记·大传》：“有百世不迁之宗，有五世则迁之宗。”——译者注

这种加在君主身上的庄严力量是神秘的，且极富传染力。起先它简单地辐射开去，但最终它必须是纯洁的，且一贯集中。在一些额外的场合，它必须动用所有的精魄之力才能挥洒，也因为这个，这精魄的力量应尽量保存，以免它随着时间的流逝而消减——这一设想也合情合理。君主过着一种几乎与世隔绝的被动生活——在他的领地里，各地诸侯“建立起藩屏”，他们拱卫着自己的天子或国君，防止他受到任何不洁的污染。他们是君主的替代，加强着君主那一直完整无缺的声望。而王庭的奴仆的工作则是让天子或国君始终保持光鲜灿烂，散发着如同被严格检疫过一般圣洁的光辉。

从严格意义上说，君主的名字谁也不能直接提及，即便用第三人称也不行。他的臣仆提到他时说“陛下”，意思是“在台阶下面”（意即面对天子时，我只敢按阶位站立），最终，到帝国时代的中国，这一词成了“陛下”，一个人不能直接提到天子，只能用“陛下”一词提到天子的存在。当某人间接地向他提建议时，必须“用迂回的态度来讽谏”。但这事实上微不足道的声音还一定不能有损于君主的尊严和纯洁，因为他们身份在君主之下。“抬头望去，君主傲慢；俯视望去，看见的是令人恼火的事，向两侧望去，充斥着各种不满。”诸侯看天子时，视线不见得按要求那样都不得“高于他下颌的部位”①，每个人都必须让天子那含着威德的眼光洞穿和浸透。没有人胆敢不承认天子的光辉。国君最确切的震撼表现在他周围的仆人身上。一位臣下，在国君出现时必须“躬身站着，他腰上绶带的末端因此而垂及地面，他的双脚仿佛踩在了自己长袍的边缘上。他的下颌必须舒展开，就像屋顶上的滴水嘴。他的双掌必须扣合，且尽可能地垂下”。君主出现时臣下必须振动手中的笏板或卷册，“抖去上面的灰尘”，而后简单地“将它们重新卷好”。预言家“必须注意蓍草上下变化时所显现出的卦象”，或“必须注意龟壳上出现的兆纹”，因为这些蕴涵着预言的结果，国君居住的地方必须一切物品得到整理而井然有序。他最重要的臣工（“相”）一天洗手从来不少于五次。在面见君主之前，“他

① 《礼记·玉藻》：“凡侍于君，绅垂，足如履齐，颐溜，垂拱，视下而听上，视带以及袷。”

们要严肃地净身甚至斋戒：他们沐浴，且不得踏入妇女的房间”。他准备进贡给天子的肉，他自己还仔细地带着“气味特异的一些植物——桃树枝，以及一束灯心草”。① 他自己的不洁净不应该影响这进贡的肉，因为这些肉已准备好要进献给国君。

天子受着全方位的重重保护，以防受到污染。因为假如他被污染了，他那在庙堂上用精致的繁文缛节堆砌出的高贵纯洁就会被玷污。他自己也不得不服从这套甚至分分秒秒都有节奏要求的繁文缛节。他居住的寝宫被各种宫室包围，每一位他的臣仆都不能违背站坐品级的秩序，更不能僭越于君主之上。编年史官会在那里记录下天子每日哪怕最细微的动作，以及他最微不足道的言辞。他时时刻刻生活在青史记录的监督下。因为是天子做出的动作，最无意义的细微举动也被认为具有不可估量的意义。天子既不能够游玩，也不能随便开玩笑，他所说的、所做的都将被记录下来。② 除了节奏一致的规律性音乐外，他什么也听不到。他必须时时刻刻让自己保持姿态笔直，他必须时时刻刻、端端正正地跽坐在端正铺设的席子上，他只能吃端正铺设好的膳食，他只能和着音乐的节拍行步。庄严谨慎是他的第一责任。③ 低级贵族（“士”）跨步两尺，大夫一尺，天子的步伐不得超过六寸。他的追随者在他出现时对他总表现出恭恭敬敬，他们会躬身快步向前，看上去像“撑开肘部，像鸟儿在飞”（“翔”），而天子或国君则像哑巴般保持平静，一动不动，因为他们崇高巍峨，一动也不能动。④

---

① 《礼记·玉藻》：“凡献于君，大夫使宰，士亲，皆再拜稽首送之。膳于君，有荤、桃、茢，于大夫去茢，于士去荤，皆造于膳宰。”

② 《史记·晋世家》：“成王与叔虞戏，削桐叶为珪以与叔虞，曰：‘以此封若。’史佚因请择日立叔虞。成王曰：‘吾与之戏尔。’史佚曰：‘天子无戏言，言则史书之，礼成之，乐歌之。’于是遂封叔虞与唐。”

③ 《礼记·经解》：“天子者，与天地参，故德配天地，兼利万物，与日月并明，明照四海而不遗微小。其在朝廷则道仁圣礼义之序，燕处则听《雅》、《颂》之音，行步则有环佩之声，升车则有鸾和之音。居处有礼，进退有度，百官得其宜，万事得其序。”

④ 《礼记·玉藻》：“凡行，容惕惕，庙中，齐齐，朝庭，济济、翔翔。君子之容舒迟，见所尊者齐遬。足容重，手容恭，目容端，口容止，声容静，头容直，气容肃，立容德，色容庄，坐如尸。”

朝堂上的天子经常要说“是”，但天子的“是”是决定命运的法令。而且假如天子或国君要说话来表达自己的意见，只能通过某套既定的复杂程序来解释他自己，历史展现了在某些时刻，一个国家的命运将会改变——仅仅因为某个特定的国君选定了某个特定的日子，用了天子才能自称的称谓，在某些时刻可以这样，在某些时刻则不可以。有个例子说宋国注定将走向繁荣，因为在某次洪水之际，宋国国君在接受吊唁时用无惧的心态使用了“孤”这个称谓称呼他自己，比程式化的称呼“寡人”要好。① 但（一个明显的事实）是，不是国君自己去选择，他只是遵从某位臣下的建议而已。

这种会流逝、可逃逸的“德”只有当天子在朝堂之外的生活中仍然保持了精当礼仪之际才保存。天子或国君在庙堂时如同被拘禁一般——他被各种礼仪束缚住手脚，只有在万物势头积极向上之际，他才算保持他的统治，此时他不必为万物安排细节性的顺序，可以无为而治。他只要通过自己的尊严施加影响就行了。实质性的治国措施是由臣下去执行的，君权建立在“有德”这一宗教性的神秘观念基础上。它的力量好比是某种激发力，而不是某种实质性的命令力量。君主仿佛是贵族阶层制的金字塔尖，并不是一国真正的元首。

第三章 公共生活

天子或国君在朝堂上主持朝政，臣下服从君主，并为他奔赴战场。诸侯或卿大夫的两大义务，一是备顾问，提建议，一是为君主服务。作为朝廷政治生活的结果，贵族的“美德”建立在一种被约束的人格基础上。这种人格是在军营形成的，而军营秩序建立于内战造就的契机中。

一、从戎征战时的贵族

军队秩序那显而易见的重要性由一套军律表现出来。当时对居民的街

---

① 《左传·庄公十一年》：“秋，宋大水。公使吊焉，曰：‘天作淫雨，害于粢盛，若之何不吊？’对曰：‘孤实不敬，天降之灾，又以为君忧，拜命之辱。’臧文仲曰：‘宋其兴乎！禹汤罪己，其兴也悖焉；桀、纣罪人，其亡也忽焉！且列国有凶，称孤，礼也。言惧而名礼，其庶乎！’”

阶、贡赋等的审查很严格，它是通过军事手段执行的，也是军队得以组织的基础。在这些事情上，它精确地表现为一场几乎是险恶的可怕的任务。它决定着国家的命运。当某位国君过分穷兵黩武、梦想他自己征服和指使为数巨大的人民时，将使征兵变得等同于一场野蛮的征召，乃至像役使奴隶般役使士兵。勇敢地应征入伍乃至为国捐躯，是一个男人应有的行为，也是他们的责任。负责战争的“相”（“正”）① 掌管着用贡赋提供军给的任务，并计数甲胄和武器的数量。最终，他将可出贡赋的可使用的土地、山林、川泽、丘陵、平原，乃至盐碱地、泛滥的沼泽、围堰，都登记在册。他按肥瘠把土地分等（包括田地间的堤坝），并且将可耕地、操场重新分配。② 而后，他便指望着由这些收上来的赋税了。他登记战车和马匹的数量，如同估算和登记战车武士的数量一般。他还要估算和登记步兵以及民夫、盾牌的数量。战前的注册登记和检查、估算是交替进行的，因为军事义务也要仰仗物质资料，正如它要仰仗人们当兵服役一样。看来，军事义务依靠在他们直接掌握的自然状态下，一定土地上人口的比例以及其出产物资的程度。农夫们出征时仅仅充当步兵。拥有土地（这土地包括田猎区域和牧场）的封君和卿大夫则必须提供一定数量的战车。这数量也决定了他们封地的大小和责任的轻重。

清点人民之举措让国家下决心投入战争。这一无畏的举措迫使命运之手必须用一种似乎谦恭的姿态反复权衡，让各方势力达到平衡。检核士兵往往跟补偿性地赦免犯人相伴。最有特点的是大赦。当大赦来临之际，负债者被放回，穷人、寡妇得到救济，罪犯被宽恕，军队从而拥有最高昂、充足的士气。

---

① 《左传·襄公九年》郑国有“隧正”、“工正”、“校正”：“九年，春，宋灾。……使华臣具正徒，令隧正纳郊保，奔火所。使华阅讨右官，官庀其司。向戌讨左，亦如之。使乐遄庀刑器，亦如之。使皇郧命校正出马，工正出车，备甲兵，庀武守。使西鉏吾庀府守，令司宫、巷伯儆宫，二师令四乡正敬享。”

② 《周礼·地官·大司徒》：“以土宜之灋辨十有二土之名物，以相民宅而知其利害，以阜人民，以蕃鸟兽，以毓草木，以任土事。辨十有二壤之物，而知其种，以教稼穑树蓺。以土均之灋辨五物九等，制天下之地征，以作民职，以令地贡，以敛财赋，以均齐天下之政。”

军队中也有一些罪犯——他们曾犯罪，认为自己将在劳役徒刑中死去。军队中另外一些人则是生来就是甲士的封君、诸侯，他们对国君无限忠诚。军队一旦集合，军械库便打开，武器被分发给战士。从理论上说，武器属于国君，有专人看管，平日里它们被仔细地封存着——这并不是警察般的简单仔细便可完成的，因为兵器若暴露在外，显示的是凶“德”，它们平常不使用，直到一段时间的禁闭之后，让人们有充分思想准备从事这一艰难可怖的事业。君主要在宗庙中进行斋戒，这样会唤起他内心一种洁净的感觉，仿佛能跟祖先进行灵魂的交流。在武器进入“备战状态”之后，往往便会产生预感，这预言仿佛告知战争的结果。而后，国君感到他的心情不平静，他知道自己或许注定要死亡。军队笼罩上了一层血腥的气氛，但也因此获得力量。国君举行一场献祭，全副武装的将士在丘陵之下聚集在一起，首先祭祀天神，而后军队开拔上路。

步兵的装备极其可怜。他们是从农民中征召而来的，仅仅从事挖战壕、筑工事等，乃至从事军中的服务。他们一旦出征，“便没有再回来的希望”，他们充满恐惧地行军，乃至在树林中露营。他们所有的时间都用来照顾马匹等，因为那是他们的责任。这些马匹跟他们自己一样，穿过蓟草丛生、荆棘遍地的原野。若他们发现一处能休息的地方，他们会大喜过望，庆幸自己仍然活着。他们背负着沉重的辎重行李，簇拥成堆，或是插科打诨，或是无精打采地呻吟。而贵族，正如他们从军时按阶衔排列①那样，他们乘坐着自己的战车出发，静静地弹奏着他们的琴瑟。他们的马车有两轮，车厢很窄小，是后面敞开的，人从后面上下。马车前部是一条弯曲的车辕，车辕上的车杠两侧各系驾着一匹马，这两匹马的外侧还各系驾了一匹马。四匹马口中都有马嚼子，脖子上都系着銮铃。驭手手中的缰绳分别连在这些马的马嚼子上。外侧两匹马的里面的两根缰绳系在构成马车前半部长条木板（系驾两匹马的横木“衡”）的左右两侧，其他的六根缰绳握在驭手手中，由他掌控。驭手站在马车

① 《诗经·邶风·击鼓》：“从孙子仲，平陈与宋。不我以归，忧心有忡。”《诗经·小雅·采薇》：“戎车既驾，四牡业业。岂敢定居，一月三捷。驾彼四牡，四牡骙骙。君子所依，小人所腓。四牡翼翼，象弭鱼服。岂不日戒？猃狁孔棘。”

的中心。① 为了保持马车重心平衡，在驭手的两侧，右侧（右侧是荣誉之位）是弓箭手，左侧的武士手执长戈。马匹也身披铠甲，它们经常被用野兽皮做的甲装饰一番。车上三个人穿着水牛或兕（抑或是犀牛）皮做的甲。这些甲涂了清漆，闪闪发亮。在马车之前，为了保护所有武士，放着三个用较轻的木头做的盾牌。弓箭手在同一次发射之中往往手中有两张弓，弓弦是直的，拴在经过弯曲的竹子中，以防走形。在车兵击杀距离之内有几种长柄武器，这些武器尖端为金属制成，形状为钩状或三叉状，用来刺戳敌人或钩取敌方战车上的武士。若是刺中或是钩中，敌人就会栽下战车，倒在地下被俘。在路上，手执武器的甲士端坐在铺设了双重茵席的车里，或坐在用虎皮铺垫的战车上，军旗朝向他们飘着。立功的关键武士将身披用丝绸装饰的绶带，他们脸上闪耀着胜利的喜悦光芒，弓箭手手上戴着象牙制成的扳指，弓的尖端同样也是象牙做的。弓的臂、弦以及弓弦连接处部位都绘着鲜亮的色彩，盾牌也绘着花纹。马匹的胸甲上亦绘着花纹。战车朝前骄傲地行进着，驭手手执六辔，驾驶马车前行，他仔细地让四匹马保持肩并肩行走，这样，它们的装饰和銮铃就响得整齐一致。军队队列在一种从不改变的、命令式的严整秩序下整齐前行，它们的前行通常都由指南车引导着。指南车在行军时永远指着南方，就如一名指挥官一般。指南车前方矗立着绘有朱鸟的旗帜，后方是黑衣武士（龟或蛇，代表北方）的车阵，右（西方）白虎，左（东方）青龙。② 战车右侧是步兵，他们的责任是守望战车的旗杆，让它保持竖直。而那些在战车左侧行军的步兵则一路上负责搜集草料。当时用军旗来发号施令。行军的号令必须用匍匐冰草（匍匐冰草是用来为伤兵铺垫的）使其醒目，因为它必须在葬礼上才有可能找到——当然，也在某位国君誓死投身战场之前。

军队在指南车的引导下行军，在路上安营扎寨。露营地也形成一座方

---

① 马车的构造和驾驭法，见《诗经·秦风·小戎》："四牡孔阜，六辔在手。骐骝是中，䯄骊是骖。龙盾之合，鋈以觼軜。"

② 《礼记·曲礼》："行，前朱鸟而后玄武，左青龙而右白虎，招摇在上，急缮其怒。进退有度，左右有局，各司其局。"

形的城邑。在露营地会掘井，并造出生火做饭的炉膛。露营的“城邑”也有四门，跟指南车指示的四方一样。在营帐所形成的“城邑”内部，还有祖先的宗庙和社神的牌位，“城邑”的中心则由国君的家族形成一个个军团，它们的外围则是左军、右军。临时搭建的营帐往往由简单的栅栏围绕着，但当这支军队在行军过程中希望留下什么纪念物来纪念自己的光荣，或者是纪念占领了某个国家之际，就会修建一座带有壕沟或别的防护的固定营垒。假如好几支军队同时扎营，每支军队各自照管自己的一方（跟指南车上的方位相应的那一方），这个方位跟自己祖国所在的方位一致。当军队安营扎寨之后，生活进行得跟在国君的城邑中时完全一样，就像是戒备森严的城邑移动了一般，向自己的敌对方——那敌对的城邑和军营挪动。

在每个营帐中，某种形式的清洁活动开始了，它实际上是为战争作准备。会有一些频繁的、旨在让对方疲惫的骚扰，这是一些打探，旨在发现对方是否有充分准备，以及是否准备了充足的粮草，总之，对方是想赢得胜利，还是想简单地炫耀一下武备？有时，军队摆成战阵，但双方都不交战，都在等待自己的占卜师预测的最好时日，他们会根据消息调整跟对方正面交锋的时日。其中一方会根据对方使者那含糊且模棱两可的言辞来估量敌方下决心的程度。在双方军营中，跟战争有关的会议一场接一场，因为对方军营已经看见：宗教性的、乃至纯军事性的游行，都给己方获胜带来希望。① 在晋国军队中（楚王以及他的一位高级官员从自己营帐搭起的瞭望台上看见的），人们跑来跑去。他们在干什么？他们在鼓励军官们，他们在围绕着国君的营帐集会，他们准备提出自己的建议。于是，一座帐篷搭起来了。他们准备讨论在晋国先君牌位跟前占卜时龟卜显示裂纹的吉凶。而后他们又拆掉了帐篷。晋国国君准备发号施令了。他们在叫喊……一片灰土扬起……于是，他们（晋国人）动手堵住了军帐“城邑”中的

---

① 《左传·哀公二十三年》：“夏，六月，晋荀瑶伐齐，高无丕帅师御之。知伯视齐师，马骇，遂驱之，曰：‘齐人知余旗，其谓余畏而反也。’及垒而还。将战，长武子请卜。知伯曰：‘君告于天子，而卜之以守龟于宗祧，吉矣！吾又何卜焉？且齐人取我英丘，君命瑶非敢耀武也，治英丘也。以辞伐罪足矣，何必卜？’壬辰，战于犁丘。齐师败绩，知伯亲禽颜庚。”

井，毁坏了埋锅造饭的炉灶……他们按照阶衔排成行伍……当他们登上战车之际，弓箭手站在右侧，操戈矛的武士位于左侧，所有人都紧握武器，从容下车……他们准备聆听一场国君发表演讲的誓师动员……他们准备好上战场了吗？……我们不得而知。……于是，武士再次登上战车，各自站到左右属于自己的位置，随后，所有人都出发……他们在等待战争一触即发那一时刻的到来。

那让战争一触即发的东西（“道”）伴随着一种悲剧性的姿态乃至宣誓，在这宣誓中，国君很明确地将他的军队驱赶上战场。他将名贵的玉石献给祖先：这玉石仿佛一种抵押——当他希望得到祖先的保佑时，必须将自己最昂贵的、价值与这保佑相当的东西献出来，甚至包括他个人的身家性命都押了上去。国君跟他的军队一起出发，开始了这一征程。这一征程的唯一任务就是惩罚有罪，以及惩罚那些破坏和平秩序的人。“准备好战争，我紧握着我的长矛严阵以待！我敢于给予你警告！我们的精神不会被动摇！我们的脊梁不会垮塌！我们希望不让你——尊敬的祖先蒙羞，我并不要求永生的命运！我不敢从腰带下取下尊贵的佩玉！”

当武士被国君的誓师言辞鼓动起来，国君的誓言犹如一辆战车，他们便被捆在了这辆战车上。他们看见自己最终为一场可怕的命运孤注一掷地作战，为了最先的荣誉这一胜利果实而竭尽全力竞争。他们出发，挑战敌人，而他们早已将敌人看做罪恶深重、应该消灭的群体，敌人的失败将证明他们的罪行。战场简直就是试验运气的地方。最初的有效武器是应验的吉兆，最初的需要就是抓住先机。一旦战役开始，双方的运气就会交织在一起，在战役进行中，一方有可能从堡垒中了解到战役中何处最为危急，以及对方是否仅仅是做出一种谦恭的姿态——按照爵级摆出他应有的身份，还是说他也处在生死折磨之中。双方终究只有一方获胜，另一方则是无可避免地失败——胜败都是无法自己去吁请的。

战争中，假如对方并不是以竞争者的面貌出现而是真正的敌人，假如对方的确在华夏的礼法之外，那么就可以按照蛮夷惩罚；假如战争目的是推翻一个过气的有害王朝，假如这君主颓废而暴虐，那么，决心赴死的英雄们便意气风发地开赴战场。[①] 从理论上说，由战争的指挥者统领这些被上天原谅的英雄们。在与敌人遭遇之际，他们必须大叫着割断自己的咽喉。这种集体自杀体现出了某种狂暴而兴奋的精神，这狂暴而兴奋的精神充斥于己方战士之中，正如厄运施加在敌人身上一般。双方的对决无疑是可怕的，假如敌方要求派遣使者过去，并且派了一辆马车来接他，车上还站着武士，这位武士“在战场上杀敌制胜，割掉俘虏的耳朵，把这耳朵送还”[②]（在一场牺牲献祭之初，为了保证吸引神灵的注意力，为了将俘虏献祭给神灵，最初的鲜血是用一把拴着铃的刀从俘虏耳朵上接取的）。即便如此，这名俘虏也并不是注定不可避免地被整个地活活献祭，神灵允许用替代品取代活人献祭。征服者可能会要求被征服者交付一定赔款，但是，双方叫阵同样有更人性化的办法，他们表示战争的目的不在于征服，也不在于最低程度的殖民，只是为了荣誉这一简单的目的而战。假如竞争双方靠对方比较近了，或者他们中的任何一方在对方城池之外安营扎寨，双方军队便考虑攻进敌方城池——这城池的护城河在他们心目中跟自己的家一般神圣。为了开始就给敌人决定性一击，必须让一辆驾驭自如的战车跟低级别的士兵一起“包围敌人的护城河”，否则包围着城邑的那些神树就会被焚毁。稍微次要一些但仍然足以侮辱对方的是战车上武士的姿势——他平静地显示出自己的姿态，用他驾车的鞭子数着造城门的板子。一旦对手认识到他受辱了，看见自己的城门受了侵犯，什么也不用说：敌人的挑衅姿态表明他将接受随之而来的战争。

当双方开始炫耀自己所具有的精神力量（这精神力量建立在或多或少的血腥士气上），在开阔地带的正面交锋乃至攻城便成了一场为了尊严和荣誉而战的较量。步兵因为是农夫出身，本身就缺乏主见，所以他们在

---

① 《史记·周本纪》记武王伐纣：“居二年，闻纣昏乱暴虐滋甚，杀王子比干，囚箕子。太师疵、少师强抱其乐器而奔周。于是武王遍告诸侯曰：‘殷有重罪，不可以不毕伐。’乃遵文王，遂率戎车三百乘，虎贲三千人，甲士四万五千人，以东伐纣。”

② 《左传·宣公二年》：“二年，春，郑公子归生受命于楚伐宋，宋华元、乐吕御之。二月，壬子，战于大棘，宋师败绩。囚华元，获乐吕，及甲车四百六十乘，俘二百五十人，馘百人。”

决定性的战役中并没有任何重装备，由乘坐战车、武装充分的贵族跟敌人短兵相接，尊严面对尊严而战。

在双方军队中，参战的卿大夫彼此其实都不是陌生人。几乎所有人都曾经出使过对方国家，当时被当做客人款待。当他们认识到彼此那出类拔萃的水平之际，他们便交互显示着自己极度的礼貌和涵养。若是对方在一场具有政治意义的宴会上失败了，主人便会送对方一壶酒，因为对方曾要求饮酒以便舒适些。饮酒的过程就是一套仪节完整的礼仪过程，在这过程中，任何无礼的举动都会给对方留下深刻印象，因为是和平时期的宴会。战时，敌对双方互相行礼，但不互相跪拜（因为他们都全副武装），双方作揖三次，从各自的战车上下来。当他们在敌军队伍中看见一位身份高贵的国君时，会脱下头盔行礼。[①] 他们不敢袭击国君，“因为即便碰触到国君，也会受到严惩”。他们只敢跟与自己平级的贵族作战。

他们必须彬彬有礼地作战。当一辆装备了武器的战车准备俘获另一辆战车，但假如敌方战车上有一名武士非常愿意付赔偿金的话，这辆战车将会让敌方战车逃脱。比如说，楚国的一名弓箭手，在战场上发现他的战车被一头雄鹿挡住了去路，他对这头鹿射出了最后一箭。他立即从车上跳下，将他射杀的鹿恭恭敬敬地交给晋国国君：“因为现在不是狩猎的季节，捕猎野物献祭的时节还没有到来，在此我冒昧地恭请您的某位随从将它吃了。”敌方国君验证了一下他们的进攻，说道：“这辆车上，左边是一位优秀的弓箭手，右边是一位善于言辞的武士，他们都是君子！”[②]

武器有时也会用作互相交换的礼物，就跟食物、酒用作交换礼物一样。声望是因慷慨有礼的行为而增长的，而不是靠顽固坚持军事上的谋略。这样的武士，在此前的准备过程中已经能用箭立刻射中七层犀甲，他们正为此感到骄傲，但同时听见国君说：“你这样将会给国家带来耻辱！明天早上，当你射箭的时候，你将会因你精通箭法而招致身死！”即便获胜证明了战争的正义，而且其中一人不过是为了认真对付逃亡的敌人

---

① 《左传·成公十六年》：“郤至三遇楚子之卒，见楚子，必下，免胄而趋风。”脱下头盔即“免胄”。

② 《左传·宣公十二年》：“鲍癸止之曰：‘其左善射，其右有辞，君子也。”

（罪有应得的人），一位贵族武士也不能屠杀超过三个人。当他再次让他精湛的箭射出之际，他是闭着眼睛射出的：他相信箭会射中敌人，假如命中注定的话。

在战场上，鲁莽经常让位于礼仪。两辆先锋战车在战场上相遇，其中一辆转弯试图退却，敌方国君立刻叫出了对方战车上企图避免战争的马车驭手的名字，这位武士觉得自己受到了挑衅，于是返回战场，准备张弓射箭。但他看见他心里已经臣服，因为另外的人已准备好让弓箭手射箭，唤起祖先那不可思议的灵德来保佑他们。但当弓箭手第二轮射出之际，他叫道："假如你不跟我交换位置（他想做弓箭手），这将是个错误！"现在轮到他射了（为了他自己的荣誉），敌方弓箭手在这瞬间将早就架在弦上的箭拿下，并等待着那致命一发的到来。①

在当时，跟敌人分享时机是件了不起的事，显露自己的忠勇是正直的行为，最卓越的举动莫过于为了保护国君而英勇赴死。如果国君的马车陷入了泥潭，或被紧紧追逼，忠心耿耿的卿大夫将立刻用自己去替换国君所处的险境。他可能会在国君所坐的车上告知自己的姓名（国君乘坐的车有各种仪仗，非常显眼），任何贵族武士都不会不服从军旗的号令，即便是为了逃避敌人的追赶。在军旗摇动之际，他必须冲锋陷阵。卷着军旗逃跑将是这个人最大的耻辱。为了扭转让自己成为敌人笑柄的局面，因为他们可能大声喊你的名字，乃至恶意地向四周传播般地喊——这将是最糟糕的局面了，为了不让他们那么羞辱般地使劲呼喊，在晋、楚城濮之战（公元前596年）中，有位晋国武士的战车陷入了泥潭，再不能前进了，这种情况是令人绝望的，敌人像逗弄他一般给他提建议，一位楚国武士告诉陷入泥潭的晋国马车驭手抬起车杠（武器一般架在杠上），当车杠抬起之后，晋国这辆被陷的马车又能前行了，但只能前行一点点。其中一位楚国武士便告诉晋国驭手挪走这车杠，将它放低到车轭以下，晋国驭手照着

① 《左传·成公十六年》记晋楚鄢陵之战："癸巳，潘尪之党与养由基蹲甲而射之，彻七札焉。以示王，曰：'君有二臣如此，何忧于战？'王怒曰：'大辱国！诘朝尔射，死艺。'吕锜梦射月，中之，退入于泥。占之，曰：'姬姓，日也；异姓，月也，必楚王也。射而中之，退入于泥，亦必死矣。'及战，射共王，中目。王召养由基，与之两矢，使射吕锜，中项，伏弢。以一矢复命。"

做了。驭手转过头来，对给他出调侃性点子（他接受了这些点子，从礼仪方面讲，是种耻辱）的楚国武士叫道："我们并不是像你们国家的人通常擅长的那样，准备逃跑！"

战场上进行着的种种博弈是为了震慑敌人。同样，在帮助自己这方士兵同时，也震慑了他们。"赵旃将他最好的两匹马给了他的兄长和叔父。他自己则拥有剩下的那些次马。于是，他遭遇到敌人却无法赶紧逃脱。他只好放弃马车，徒步跑进树林。逢（同一军队中的另一名武士）经过，带着自己的两个儿子躲进这被弃的马车中。他告诉他们不要朝后看（因为朝后看会看见赵旃跑进了树林，这将会让赵旃丢人）。但他们四下环顾之后说（他们对赵旃直呼其名）：'老赵居然在我们身后，跑到树林子里去了！'赵旃强行克制着自己的怒火，他命令逢的两个儿子从马车上下来（从他们父亲的马车上），他给他们看一棵树，对他们说：'你们将会在这里筋疲力尽，像尸体一般！'（他们被迫下来），他们的父亲（立即）将马缰绳递给赵旃（为了让赵旃可以顺利上马），于是赵旃逃脱了。第二天，逢的两个儿子的尸体果真出现在那棵赵旃指过的树下，俩人都被敌方俘虏了。敌人杀了他们，将他们的尸体绑在树上。"①

战场是一个充斥着格斗和炫耀武功的地方。同时炫耀的还有慷慨大度和尊卑有序，乃至羞辱、忠勇、诅咒和祈求神灵保佑的种种巫术。战场并不仅仅是刀戈矛戟的碰撞相接，它还是道德、荣誉的交锋。一方总是试图通过贬损另一方让自己在道德荣誉上占上风，不仅这么对待敌人，即便是在己方阵营内部，参战武士也往往这样对待自己的竞争对手。战场正是每个武士显示自己能力的绝佳场合，在战场上，他们向自己的国君、自己的国家证实包括自己各方面的所有能力以及他们的高贵。军队那高涨的士气常常处在某种侵略性的氛围中，被人人争当第一的欲望一触即发，领军的卿大夫也在这种血脉贲张的情绪中，在这折磨人的严酷战场上奋战，正如先前他曾经在一系列同样折磨人的先前准备中一样。在和平时期，一位

① 《左传·宣公十二年》："赵旃以其良马二济其兄与叔父，以他马反，遇敌不能去，弃车而走林。逢大夫与其二子乘，谓其二子无顾。顾曰：'赵傁在后。'怒之，使下，指木曰：'尸女于是。'授赵旃绥以免。明日，以表尸之，皆重获在木下。"

有爵位的卿大夫在竞技时假如任由自己被对手摔倒或殴打，将失去爵位。一位战争的统帅假如任由别人开着玩笑，把绳索套上他的脖子，让自己被俘虏了去，他将不配做统帅。假如一个武士居然不敢击杀已经束手就擒的敌人，还不如把他手中的长矛取下，因为他不配做武士。他在战车上的位置将被一名忠勇的武士取代，他不会被俘虏的大喊所吓倒，而是平静地割下他的左耳。他也不怕前去打探敌情，尽管这样会让他置身于旨在复仇、充满敌意的氛围。他的生命始终跟同一战车的武士拴在一起。

同一辆战车上，全副武装的武士如同一体，这种稳固是荣誉的真正基础。从某种程度上说，这让国君足以有理由杀掉那些后来不足以成为战车领导人的那些武士。这种稳固形成了军队战斗力的核心，形成了通常状况下车战的战斗力之所以存在的基础，但它隐蔽了一个缺点——对荣誉和尊严那一丝不苟的满足和追求。晋军的统帅张骼和辅跞，曾肩负刺探敌情的重要使命出使敌方，他们需要一位对乡野路况熟悉的驭手。从郑国那里，他们实现了这个愿望（郑国是一个追随晋国参加对楚作战的小国）——龟卜显示出，应听从射犬（郑国大夫）的建议。当时战车上的三名武士（张骼、辅跞、射犬）的阶衔都一样，但跟晋国武士的级别不一样。① 射犬警告他们危险的存在，因为他在晋国受到了怠慢，被当做下等贵族对待，这让他下定决心捍卫自己和自己国家的尊严，他引用《诗经》戳穿了晋国的虚假面目："小山上既无松柏又无杉树。"此时，马车装备好了出发。当张骼和辅跞在军帐中休息之际，他们让射犬在外面休息（通过居处不同表示拒绝同盟），在吃饭时，他们自己吃完了才把吃过的给射犬吃（这是慢待同盟）。当他们出现在敌军跟前之际，射犬不给他俩任何提醒，让马疾驰飞奔，车左右这两位（此刻正收起武器，安静地弹着琴瑟呢，见此状况赶紧）戴上兜鍪，当他们处于敌人包围中之际，他们跳下马车，每人抓住一名人质，将人质摔倒在地上，夺取他们手中的武器，于是，被抓的人就成了俘虏。（但射犬）早已脱离了这包围，跳上马车，从

① 《礼记·王制》："次国之上卿，位当大国之中，中当其下，下当其上大夫。小国之上卿，位当大国之下卿，中当其上大夫，下当其下大夫。其有中士、下士者，数各居其上之三分。"——译者注

他们的弓衣中取出弓箭，射箭发动袭击。当危险过去之际，他们再次坐在车上弹起琴瑟来（祈望所有的事情都真正平息）。此后，他们对射犬说："主人啊（他们在称呼射犬之际加上了他的阶衔，因为射犬出自国君的家族，对射犬而言，他跟他们同车驾驭，抹杀了他们希望保持的跟射犬的不同），我们准备好了部分的装备：我们是同胞兄弟。为什么你两次都擅自行动（一为让马飞奔，另一为跳下车拿弓射箭），不跟我们商量？"射犬回答道（他的身份此刻收敛起来，因为他此刻除了显示出谦卑的礼仪外别无他法）："起初我什么也没想，只是想着尽快冲进敌人的阵营（放马飞奔），而后我害怕了（我不希望在你们二位面前表现出炫耀般的勇武：这套程序化的回答消除了那俩人的怒气）。"于是那俩人笑了，说："您真是反应迅速啊！"① 很明显，在这场关系到荣誉的较量中，忠勇的表现跟金子一般宝贵。

武士的兄弟血亲关系会有模棱两可的效应，因为跟一国的战争胜败同样重要的是，战役的结果往往取决于如何攫取对方的尊严和荣誉，或是是否伤害了别人的尊严和荣誉。相反，当一个人主要凭着浅浅一瞥，判断他自己在这结盟的阵营中的地位之际，友好的感情所产生的效力绝不比对抗式的仇恨差。

除非在某些特例中（比如这战争无疑是不归的死战，不到战役最后没有任何手段消除那破釜沉舟的决绝），大部分战争都充斥着礼仪。在一场激战中（宋楚泓之战），宋襄公居然等待楚军渡河②，臣下公子目夷向

---

① 事见《左传·襄公二十四年》："冬，楚子伐郑以救齐，门于东门，次于棘泽。诸侯还救郑。晋侯使张骼、辅跞致楚师，求御于郑。郑人卜宛射犬吉。子大叔戒之曰：'大国之人，不可与也！'对曰：'无有众寡，其上一也。'大叔曰：'不然，部娄无松柏。'二子在幄，坐射犬于外。既食，而后食之。使御广车而行，已皆乘乘车。将及楚师，而后从之乘，皆踞转而鼓琴。近，不告而驰之。皆取胄于橐而胄，入垒，皆下，搏人以投，收禽挟囚。弗待而出。皆超乘，抽弓而射。既免，复踞转而鼓琴，曰：'公孙！同乘，兄弟也！胡再不谋？'对曰：'曩者志入而已，今则怯也！'皆笑，曰：'公孙之亟也！'"

② 《左传·僖公二十二年》："冬，十一月，己巳，朔，宋公及楚人战于泓。宋人既成列，楚人未既济。司马曰：'彼众我寡，及其未既济也，请击之。'公曰：'不可。'既济而未成列，又以告，公曰：'未可。'既陈而后击之，宋师败绩。……国人皆咎公。公曰：'君子不重伤，不禽二毛，古之为军也，不以阻隘也。寡人虽亡国之余，不鼓不成列。'"

他进谏："他们人多，咱们人少，咱们乘他们渡河时发起攻击吧！"然而宋襄公没有听从这一建议。当楚军快渡过河时，公子目夷又劝道："我们必须马上进攻！"此时楚军还没有排列成军阵，宋襄公回答道："等他们排成军阵吧！"最终他下令进攻，结果大败，自己也受了伤。而后他说："一位配得上自己身份的国君（君子、国君、士、贤人）不会刻意去压倒对手，即便对手身处困境，在他们的军队按阶衔排列好之前，他不会击鼓下令进军。"尽管臣下回答宋襄公，说战争的胜利结果才是唯一值得称道的，史书书写者也原谅了宋襄公那许多的重大失误，因为在这些时候，宋襄公想的只是如何保持君子的荣誉。

只有战争取得胜利，国君的尊严和荣誉才集中体现。而且，并不是一味追求胜利才能加强国君的荣誉（而且至关重要的是，当一味追求胜利反而导致失败之际），一味追求胜利永远不如保持国君的荣誉和尊严重要。公元前614年，秦晋两国交战，两军列阵，但并没有开战。夜晚，秦国的一位信史警告晋国作好准备："两军都并不缺乏勇士！明天我将让你们看看我们的实力！"但晋军统帅注意到信史眼神不平稳，语气也不肯定，因为此前秦国被打败了。"秦军怕我们！这是战机！咱们这就把他们赶到黄河里去！我们毫无疑问将打败他们！"晋军没有移动，敌人也可以在平静中扎营。这种迹象足以让某些人说出："将死伤残兵聚集起来打仗是不人道的！不等待时机成熟是懦夫行为！把敌人硬逼至险境也是不人道的"这种话来。①

① 公元前614年为鲁文公十三年，但《左传》记载此事在文公十二年："秦为令狐之役故，冬，秦伯伐晋，取羁马。晋人御之。赵盾将中军，荀林父佐之；郤缺将上军，臾骈佐之……臾骈曰：'秦不能久，请深垒固军以待之。'从之。秦人欲战，秦伯谓士会曰：'若何而战？'对曰：'赵氏新出其属曰臾骈，必实为此谋。将以老我师也！……'秦伯以璧祈战于河。十二月，戊午，秦军掩晋上军，赵穿追之，不及。反，怒曰："裹粮坐甲，固敌是求，敌至不击，将何俟焉？'军吏曰：'将有待也。'穿曰：'我不知谋，将独出！'乃以其属出。宣子曰：'秦获穿也，获一卿矣！秦以胜归。我何以报？'乃皆出战，交绥。秦行人夜戒晋师曰：'两君之士，皆未憖也，明日请相见也！'臾骈曰：'使者目动而言肆，惧我也！将遁矣，薄诸河，必败之！'胥甲、赵穿当军门呼曰：'死伤未收而弃之，不惠也；不待期而薄人于险，无勇也！'乃止。秦师夜遁。复侵晋，入瑕。"

这些言辞正是跟征服者的地位和心态相称的，当他打算在自己获胜的地方永久地修建一处纪念性建筑（用所屠杀敌人的尸体堆成）时①，臣下建议道："两军交战，曝尸于光天化日之下，这（毫无疑问）太残忍了！在古代，当君王拥有盛德，跟无视上天秩序的敌人作战之际，当他们如鲸吞般俘虏敌人，他们会筑起象征凯旋的'京观'②，这'京观'用敌人（那些邪恶的敌首和敌军）尸体垒起。但如今，并没有邪恶和有罪之人（此话的意思是：我并没有能力发动一场致使多人伤亡的战争）！有的只是封君和自始至终忠心耿耿的卿大夫！他们为国捐躯了，将自己的性命（'命'，生命、命运、秩序、禄位）跟国君紧紧联系在一起！我们为什么还要修建这样的'京观'呢！"

当双方的卿大夫在战场上怀着复杂的心情面对面之际，国君则承受着战时他应该承担的所有责任以及一切的结果。因为国君必须独自一人引导战争，假如获胜，是他的"德"所致。他必须殚精竭虑，思考和谋划每一场战斗；他必须毫无保留地奉献自己的身心精力。郤克统治着晋国的核心区域，丘缓是他的操戈武士，张侯是他的驭手。在公元前588年那次战役的开始，郤克被箭射伤，鲜血一直流到靴上，他仍然没有停止击鼓，（但最终）他说："我好疼！"（贵族身着戎装时举止也必须处处合乎礼仪。）他们那大量的追随将士让他们想起自己肩负的责任。张侯对他说："自从战役开始，我就身中两箭，一支中在手上，一支中在脖颈。我将它们拔出继续赶车，车的左轮都被血染红了，我敢说我很疼吗？国君啊！心静些吧！"丘缓对张侯说："刚开仗，只要有危险，我就跳下马车引导马匹，主人啊，您考虑过我吗？您考虑的是您自己疼！"张侯又说："我军都瞻望着咱们这辆车的旗帜号令，聆听咱们这辆车的鼓声！他们由咱们的军旗和战鼓指挥着进退！只要咱们的战车还有一个人可以驾驭，咱们这车就一定能完成任务！难道能因为您受伤负痛，就让咱们这辆车的伟大任务和既有成绩功亏一篑吗？只要拿上武器、披上铠甲上战场，就必须视死如

---

① 《左传·文公三年》："秦伯伐晋，济河焚舟，取王官及郊。晋人不出。遂自茅津济，封殽尸而还。"

② 古代一种高台建筑，可登上瞭望。——译者注

归，勇往直前！您是受伤了，但离死还差得远！”而后张侯将马缰绳集中到自己左手，右手拿起鼓槌击鼓。但张侯毕竟不能胜任，他的马缰绳互相交缠在了一起，最终以失败告终。① 国君假如战后能这么解释自己，他就胜任作为一个国君的尊严和责任了：“我全力以赴，将弓箭抽出囊！我虽然厌恶血腥，但我敲击的鼓点并没有丝毫减弱！今日我光荣地履行了一名国君在战场上的责任！”② 因为他的确是一国之君，他的武士可以毫无困难地在敌人中杀出一条血路，当他的驭手手中的马缰绳如此纠结，还丝毫无误地驾驶着，这当然能够让马车全速飞奔，冲出战场。

对国君而言，他们的喊杀声、呼吸声，他们的战争精神和热情，充斥于与他同车的两位武士身上，也充斥了全军。但是他们首先要保持的是军旗的鲜明和鼓点的连续。军旗体现了自己国家的一切，假如军旗丢失或被获，国君的尊严就丧失殆尽，可以说，军旗象征着国君自己。谁碰触了这醒目的标志，等于就是冒犯了国君的尊严，因为无论在什么地方，只要这旗帜的长长飘带飘扬着，就意味着国君现身。③ 只有在一些例外的场合，国君才会同时显现他活生生的人格和个人等级身份（一般只显示后者）。作为一条规矩，标明他身份的旗帜显示了他的威严，也传达着他的命令。然而，只有极少数人才愿意因维持绝对的荣誉而承担危险人——一位有心计的统帅至少会从国君的旗帜上砍去了边饰和飘带，他害怕因为跟国君在

---

① 公元前588年为鲁成公三年，此事在成公二年（公元前589），为齐晋鞍之战。《左传·成公二年》：“癸酉，师陈于鞌。邴夏御齐侯，逢丑父为右，晋解张御郤克，郑丘缓为右。齐侯曰：‘余姑翦灭此而朝食。’不介马而驰之。郤克伤于矢，流血及屦，未绝鼓音，曰：‘余病矣！’张侯曰：‘自始合，而矢贯余手及肘，余折以御，左轮朱殷，岂敢言病？吾子忍之！’缓曰：‘自始合，苟有险，余必下推车，子岂识之？然子病矣！’张侯曰：‘师之耳目，在吾旗鼓。进退从之。此车一人殿之，可以集事，若之何其以病败君之大事也？擐甲执兵，固即死也！病未及死，吾子勉之！’左并辔，右援枹而鼓，马逸不能止，师从之。齐师败绩。逐之，三周华不注。”——译者注

② 葛氏原文这里理解有误，郤克为晋国六卿之一，不是国君。因此正文这里说的“国君”指郤克。——译者注

③ 《礼记·郊特牲》：“王被衮以象天。戴冕璪十有二旒，则天数也。乘素车，贵其质也。旗十有二旒，龙章而设日月，以象天也。”

一起，因为国君的旗帜太显眼而让他自己过分显眼。

所有的卿大夫都决意慷慨赴死，当军队开拔之际，一种血腥的气氛便熏染了旗帜和战鼓。但那将命令寄托于旗帜和战鼓的统帅才真正怀着视死如归的心情。假如，接受了统帅军队的权力，他简直就成了又一位国君。当虔诚地卜筮之后，在严格斋戒之后，参战的统帅手握斧钺，手握这支军队生杀予夺的大权，他站在旗帜和战鼓跟前，他必须形成一种与这个世界上的生者完全隔绝的决绝状态。他穿上丧葬时才穿的素服，他只能从北城墙的某门出城：这样跟葬礼一致——在埋葬死者的时候，从宗庙出发，最后从北门出去。统帅必须剪去手脚的指甲，这是继承了古老的表示献身于神秘力量的习俗。现在他“决意赴死”了，并且“必须再不回顾”，他怀着满腔的忠诚，“绝无二心”，因为已然剪去指甲，他便承载起了杀敌任务，并成了指导这项任务的灵魂。这类似于巫师采纳上面所述的这种习俗，因为他们代表战争的统帅，控告有害的神灵的伤害。当这些巫师穿上通神时的袍子，发誓如果“不坚持到底”就不回来。然而，在战争进行的过程中，战争的统帅有时会更新他先前起的誓。中行献子，是公元前554年那次战争的统帅，他将上好的玉石投入黄河祭祀河神，同时大声发誓：“我绝不会回来时再渡黄河（意即不生还）！”献子仅仅获胜了一半，后来，他还是再次渡了黄河。而后他就病倒了，他的眼睛鼓了出来，他希望获胜，然而他死了。当他死后，他那鼓出的眼睛仿佛仍然在看着什么，嘴巴也大张着。有人说道：“是不是因为他还没有完成他的心愿？”他的副统帅将他的手放在身体上（是安葬时死者均要采取的姿势）而后大声说道：“我的将军啊！您走了！但如果我不继承您的遗愿，完成你未竟的事业……让黄河成为我的见证人吧！”于是，献子的眼睛合上了，瞑目而去，此刻他的嘴巴也可以合拢了。献子在葬礼上得到的评价是：“他是个君子，是个勇士。”

参加战争的贵族君子都是企望胜利的，这是规矩，谁也不希望失败。在这种时刻，他们可能会从雄心勃勃的国君那里得到令他们害怕的警告：即便消灭了全部敌人，他们的国君还是不会满足，一位忠心耿耿的卿大夫能够引证《诗经》和谚语：“征服者成了战争的掌控者，而失败者被烹于鼎！”不过，他们同样知道假如他们在战争中有小小的失败，乃至他们被俘，国君将迅速原谅他们，还是会发给他们表示功绩和身分的绶带的；假如国君没有看见他们彼此钩心斗角的话，他将格外高兴。一个人只要不是过分鲁莽（鲁莽到想一口气实现所有目标），他总是有存在价值的。优秀的将军知道如何驾驭自己的部下，如何让他们一张一弛。到这个地步，他也不过花出被嘲笑的代价——别人会因他返回城邑而蔑视他，他周围会充斥用诗句进行的嘲讽：“睁开你的眼睛吧！——鼓起你的肚子！——扔掉你的胸甲回家吧！——啊！好一把美髯！好一把美髯！——现在你又回来了，连胸甲都没有穿！”“公牛们的皮还长在身上哪！——野地里仍然有那么多跑来跑去的犀牛！——我就已经扔掉我的犀甲了！下面我该干什么呢？”“当然他的脸皮还在，可我们怎么看不到他脸红啊！”另一方面，在一场重大胜利之后，军队统帅凯旋，会满耳听到欢欣的颂词：“我们爬上他们的丘陵（它们属于我们）！——他们不能在自己的丘陵上封树做出记号（它们属于我们）！——我们拥有这些丘陵！我们拥有这些山峦！——他们再不能从自己丘陵的泉水中汲水而饮！（它们是我们的灵魂！）我们拥有这些泉，我们拥有这些湖！”① 在那光荣的凯旋日子里，在最高阶衔的舞者（配雅乐之舞）中，军队统帅手中抓着上战场征杀的斧钺便跳起胜利的舞蹈。

现在，难点是在获得统治地位之后，如何放下征伐的斧钺，不要失去生命的本质。公子围（公元前540年）曾作为楚军统帅参战。国君允许他在整个战争期间发号施令，允许他穿着国君的袍子，由人护卫着，像国君般跟两名专有武士同坐在战车里。这身国君的装束体现了公子围的野心，这野心跟袒露楚国企图做所有国家的霸主同样昭然若揭。一位别国使者说：“子围虽然只是暂时借着穿一下，但他永远不会再脱下了！”所有其他国家的国君都赶紧向公子围的目标让路，他们赞赏他的美德，祝贺他的好运，因为他们希望把他诅咒到一个万劫不复的命运上去。公子围事实上并不随时都随身带着那两名武士，后来他推翻了楚王，杀害了楚王的子

① 《诗经·大雅·皇矣》：“依其在京，侵自阮疆。陟我高冈，无矢我陵，我陵我阿，无饮我泉，我泉我池。度其鲜原，居岐之阳，在渭之将。万邦之方，下民之王。”

嗣，大权独揽。但是，在大肆庆贺自己的胜利之后，他悲惨地死去。①

一旦上了战场，带兵的统帅假如旨在为自己建立起大规模的武功，他就面临着两种抉择：要么篡位，要么被消灭。假如他发动的叛乱没有封住人们的口风的话，在他回城之后人们的凯歌中就会混杂着蔑视。一位忠诚指挥的将军会极力单独避免承担获胜的声名，而会把这名声跟别人分享："假如你要承担这些责备，你将跟六军的长官一起分担，这样岂不是更好吗？"这就是军事和礼貌相合一的原则。在那战争层出不穷的封建宗法时代，他们组成一个几乎没有变化的框架，武官和将帅厌恶血腥的战争和不讲丝毫礼仪的赤裸裸胜利，因为那样，他们必须将自己的性命一次次赌博般压出去。他们更希望是军事般的阅兵或游行，希望能够停息所有此起彼伏的战争，这样，大家的尊严和荣誉都能重新找回，大家的才能才可以用到正道上。

封建宗法时代的战争（当这战争姿态高贵地开始之际）是种折磨，它是允许求恳和吁请存在的。胜利一方满心自豪和欢悦，在获胜之际操纵着失败那方生杀予夺的权柄。而后者被数落成有罪，开始请求饶恕，但这请求保持着尊严的姿态。假如他的要求完完全全是姿态低而卑微的，假如他的认罪是彻彻底底的，假如他承认自己软弱，假如他的所有服罪打动了胜利者那一方，他们会释放他，甚至让他重新安排自己往后的命运，让它达到某种平衡。当他卑躬屈膝地到达胜利者跟前，将自己的尊严毫无保留地抛掉，他实际上为自己的将来提供了一种富有挑战性的机会，他如同一个赌徒，赌注统统压在对方的兴趣上——他们是否可能宽恕他？胜利者深思熟虑，他们只能表现出一种合乎礼仪的姿态，即原谅对方。他连忙原谅

---

① 《左传·昭公元年》："楚公子围将聘于郑，伍举为介。未出竟，闻王有疾而还。伍举遂聘。十一月，己酉，公子围至，入问王疾，缢而弑之。遂杀其二子幕及平夏。"关于楚灵王死，见《史记·楚世家》："灵王于是独傍偟山中，野人莫敢入王。王行遇其故鋗人，谓曰：'为我求食，我已不食三日矣！'鋗人曰：'新王下法，有敢饷王从王者，罪及三族，且又无所得食。'王因枕其股而卧，鋗人又以土自代，逃去。王觉而弗见，遂饥弗能起。芋尹申无宇之子申亥曰：'吾父再犯王命，王弗诛，恩孰大焉！'乃求王，遇王饥于厘泽，奉之以归。夏五月癸丑，王死申亥家……"

败者，宽恕他的罪过。

公元前593年，宋国被楚国包围。想缓解这包围没有任何希望。敌人亲自部署扎营，直到城破。大部分人能够做的就是投降，或者是倚靠先前订立的盟誓，盟誓（充满仇恨的耻辱感）就在城墙下进行。而后劫掠既有的东西，并将未来付之一炬。被围的宋国城池中，百姓被迫拆了死者的骨头当柴烧，并互相交换着孩子煮了来吃。他们传话给围城者，这令人恐怖的示弱并没有刺激围困者的好战信心，它令他们胆寒。于是，楚国军队向后撤退了三十里。一场和平便在维持住尊严的前提下达成了。① 公元前596年，城池被围十七天之后，郑国国人在宗庙祭祖并哀叹一番自己命运之后，从龟卜结果得知他们精神的源泉（祖先）将放弃这个城池。于是敌军撤退了，他们实际上被郑国采用的这种葬礼般的举措击败。被困的一方，重新鼓起勇气，再次为城邑筑起坚固的防护。而敌人被震慑了，败北了，但再次围城。很快敌人进了城。所有人看上去都失踪了，“郑国国君赤裸上身（葬礼的一种仪节），牵着一只羊（在胜利仪式中，如果被征服者不满意，就会用一只羊取代他的受辱地位）来到征服者跟前，他说：‘对我而言再没有一片可统治的天！我也没有才能像您自己的卿大夫一样侍奉您，我激怒了您，招致您的愤怒，这愤怒摧毁了我整个的国家，这是我的过错！我能否有这勇气接受您赐予我的命运呢？假如您希望将我们——您的俘虏流放到长江乃至滨海地区（流放到未开化的蛮荒之地），我们将服从这命运！假如您将我们各个宗族的人民划分开来，消融在您的领土之内，假如您需要我们的人民（无论男女）成为奴仆，我们整个国家将成为您的臣仆，为您服役，我们也服从这命运！但假如您还能想起古时我们两国的友情，假如您希望得到因我们忠诚高贵的祖先所带给您的好运［这好运被称为“福”，因为郑国国君经常不断地在祭祀时向祖先提供

---

① 《左传·宣公十五年》：“夏，五月，楚师将去宋。申犀稽首于王之马前曰：‘毋畏知死，而不敢废王命，王弃言焉！’王不能答。申叔时仆，曰：‘筑室，返耕者，宋必听命。’从之。宋人惧，使华元夜入楚师，登子反之床，起之，曰：‘寡君使元以病告，曰：“鄙邑易子而食，析骸以爨。虽然，城下之盟，有以国毙，不能从也。去我三十里，唯命是听。”’子反惧，与之盟，而告王。退三十里，宋及楚平。华元为质。盟曰：‘我无尔诈，尔无我虞。’”

祭肉，就如提供礼物一般（祈福），假如这供奉不因战争而被打断，郑国国君是会享受到祖先的保佑的]，假如您不摧毁我们祭祀社神、祈求丰收的社稷坛（假如摧毁社稷坛，它就没有了灵力），假如您将我（也就是说，假如您将自己的福德跟我的联系在一起）变成跟九夷（九个最远的、非华夏居民聚居的地方）之君那样匍匐于您脚下侍奉您的臣仆，在您左近侍候您，这对您而言是良好的举措！然而那不是我希望的！我敢于向您敞开我的心扉，我的霸主，您来决定我的命运吧！'”楚王被这一大篇无法抗拒的言辞打动了（“一位能将自己摆到卑下位置的国君肯定能赢得自己臣民完全的忠诚”），他下令楚军后撤三十里，同意让郑国[①]在有尊严的情况下媾和。[②] 公元前547年，郑国军队乘胜进入了陈国，郑国军队统帅立即缴获了陈国的社主（社稷神的牌位），陈国国君披麻戴孝，怀中抱着社神的牌位，陈国的所有人民，不分阶衔，按男女站成两大群，他们提早就站在哪里等候着，像俘虏般等候命运的裁决。敌军统帅出现了，其中一位仔细地拿着一根绳子——不是捆绑俘虏的，而是以礼仪对待礼仪。他双膝下跪，将一个酒杯递给失败方的国君，这就是要让他知道这胜利意义深远，比仅仅是仪式性的射箭比赛——大射礼上的胜利重要得多。仪式性的射箭比赛划分各阶衔参赛者的利益，但它更重要的意义在于：它是公共性欢欣情绪的前奏。另一位军队统帅走上前来，他清点俘虏，将占领城邑的区域缩减到只具有象征性意义的地步，这胜利的程度也缩减到仅仅保持获胜姿态的地步。陈国居民事实上重新获得了尊严和权利，恢复了他们的阶衔。而当郑国军队返回之际，因为已用桃树枝祛除了陈国社神的灵力，于是，社神再次被请回原地。郑国军队满载着仁义的荣誉而归，一种纯粹的

---

① 原文这里为“宋国”，查核《左传》，应为“郑国”，因为上叙之事未完。今据《左传》改。——译者注

② 《左传·宣公十二年》：“郑伯肉袒牵羊以逆，曰：‘孤不天，不能事君。使君怀怒以及敝邑，孤之罪也！敢不唯命是听？其俘诸江南以实海滨，亦唯命。其翦以赐诸侯，使臣妾之，亦唯命。若惠顾前好，徼福于厉、宣、桓、武，不泯其社稷，使改事君，夷于九县，君之惠也，孤之愿也，非所敢望也！敢布腹心，君实图之！’左右曰：‘不可许也！得国无赦。’王曰：‘其君能下人，必能信用其民矣！庸可几乎？’退三十里，而许之平。”

荣耀此刻并没有牢牢占据他们的心灵，因为原先对失“德”的恐惧尚未完全散去。不过，郑国军队的统帅尚未立即失去他们的欢欣，我们从文献记载中看到的，是他们的热情、他们的名望将长期存在。①

假如胜利是顶皇冠，荣耀就是胜利这顶皇冠最顶端的明珠，它熠熠生辉。征服者的内心深深铭刻下这一点，它成了他资产的一部分。除了他显示出的看上去光芒四射的仁慈之外，所有战争的疮痍都因被征服者失败而付出代价，而征服者则因赦免而更显得仁慈。这些战争的疮痍留下了，俘虏则从战场上被抓回，人质或领土被用来作抵押，为的就是缔结和平的盟约。此外，妇女、珠宝、玉石被当做战利品进献，就为了巩固盟约所说的友情。这一切的价值相当于战利品。结盟时，征服者又回来了，他们根据各自在军事行动中获利的比例，在敲骨吸髓般地压榨（被征服者）之前回来。这种瓜分变成了一场比赛，在这比赛中，竞争者之间争夺利益，其激烈程度丝毫不亚于在战场上。当为了维持军队和国家的荣誉时，国君挑选出一部分勇士，他们排列有序。国君用手指指出其中两位作为自己的战车武士，他说：“这些是我的勇士（字面意思：我的‘士’，更精确些，是‘我的敢死之士’）！”某位觉得自己因没有入选而有失颜面的卿大夫就会说：“假如他们是野兽，我敢生吞了他们！我敢用他们的皮铺床！”② 是国君的“德”让战争获胜，是国君让大家获得胜利，但他应该立即跟大家分享荣誉，而且，这种对荣誉的分享让他立即跟某种可怕的责任联系在一起。假如某位卿大夫对自己获得的荣誉和利益不满，他只有一样武器和资源来对抗国君——他会诅咒。他甚至能够让某个为国君辜负而死的死者

---

① 此事应为公元前548年。《左传·襄公二十五年》：“初，陈侯会楚子伐郑，当陈隧者，井堙木刊，郑人怨之。六月，郑子展、子产帅车七百乘伐陈，宵突陈城，遂入之。陈侯扶其大子偃师奔墓……子展命师无入公宫，与子产亲御诸门。陈侯使司马桓子赂以宗器，陈侯免，拥社。使其众男女别而累，以待于朝。子展执縶而见，再拜稽首，承饮而进献。子美入，数俘而出。祝祓社，司徒致民，司马致节，司空致地，乃还。”

② 见《左传·襄公二十一年》州绰说殖绰、郭最两个人。《襄公二十一年》记庄公为勇者颁爵，殖绰、郭最想参加。州绰说：“东闾之役，臣左骖迫，还于门中，识其枚数，其可以与于此乎？”公曰：“子为晋臣也！”对曰：“臣为隶新。然二子者譬于禽兽，臣食其肉而寝处其皮矣！”

的冤魂附在国君身上。介子推，就是那位晋文公回国即位后忘记了封赏的大夫，并没有抗议晋文公不封赏自己的行为，但他利用了歌谣的力量："潜龙（国君）希望飞跃于天！——他另有五条蟠螭（五位强有力的卿大夫）支持着！——最终，龙飞于天，四条蟠螭只是找着了栖身地！而另外一条，它既伤心又孤独，从此隐去！"当时他隐居于绵山，对山林纵火也不能逼迫他现身，他抱着一棵树被烧死了。这一死亡深深震动了晋文公的心灵，它仿佛是自己命运中一个的不祥之兆，梗阻在他心中。于是，作为补偿，晋文公不再给予介子推死后的封地，他葬身之山也从此成为纪念他的处所，这相当于报偿了他当初的忠心追随，也让晋文公从日后中诅咒的恐惧中解脱出来。①

假如一位卿大夫希望得到封赏，但只有知道如何有效地表现（这表现是为了获得回报）自己的卿大夫才能让自己得到国君的信任和看重——国君会意识到是否这位臣下获得了应有的荣誉？假如国君没有意识到，那他没有获得荣誉就是对这位臣下事先一些不合适行为的惩罚。臣下或者是私下里诅咒，或者是希望得到惩罚，这诅咒或惩罚的希望对国君而言都是种种恐吓，它们以各种面貌出现。国君只好削减原先那种对胜利的各种利益分配漠不关心的态度，但是荣誉，它是暴露在众目睽睽之下的，且不掺任何水分，它的重要性超过了物质的利益。国君将战利品虔诚地进献给祖先，但他也跟卿大夫分享。假如他实实在在地拥有"德"，并且希望靠这"德"赢得战争，开拓疆土，他有可能决绝地行动，因为被征服的土地可以封赏给自己的臣下。而臣下，即那些卿大夫，当他们因为封赏土地而日益富有，势力便越大越大，最终会成为离心力量。封建君主在瓜

---

① 《左传·僖公二十四年》："晋侯赏从亡者。介之推不言禄，禄亦弗及。推曰：'献公之子九人，唯君在矣。惠、怀无亲，外内弃之。天未绝晋，必将有主。主晋祀者，非君而谁？天实置之，而二三子以为己力，不亦诬乎？窃人之财犹谓之盗，况贪天之功以为己力乎？下义其罪，上赏其奸，上下相蒙，难与处矣！'其母曰：'盍亦求之，以死谁怼？'对曰：'尤而效之，罪又甚焉。且出怨言，不食其食。'其母曰：'亦使知之，若何？'对曰：'言，身之文也。身将隐，焉用文之？是求显也。'其母曰：'能如是乎？与女偕隐。'遂隐而死。"《史记·晋世家》亦载此事，言辞大略相同。

分征服土地和财富方面跟臣下有同等兴趣，他对此的兴趣其实比对战场上那几分钟的兴趣还更大些。假如一场战争旨在最终获胜之后掠夺，最终也将埋葬他自身。

各国国君的这种贪心，抑或仅仅是增加的对利益的欲望，这欲望也一点点提到天子跟前，让天子准备上一系列考验他的诸侯是否忠心的竞赛。这些竞赛般的事情让他能够鉴别“谁没有二心”，正如他能确知被征服者的确服软了一样，他能知道自己的诸侯和武士的确是忠心无二的。他惩罚那些乱了爵位和等秩的人，战俘由自己的对手释放（他们既可以收起那处理战争的家族性法理，也可以将战俘交付给掌握着家族法理的家族领袖），战俘中的懦夫不能被允许活着，当他们的同志全副武装上阵之际。而且最重要的是，那些勇敢的人们是服从的——至少，假如他们受伤到不能再坚持作战的程度，乃至受伤到毫无抵抗能力。战争“让血气方刚的勇士消失”。他心上的悲伤会将那血气消除，要感谢执行获胜后的那些权力，它实际上拥有一种具有净化能力的价值观。

那些大诸侯国的国君兼并小国，创造出几个大地区的局部统一，随之也出现了一系列小国家。这一过程简直就把古代华夏变成了不断炮制战争的工厂，这一时代的来临标志着封建宗法时代的结束。国君自己要确保总是能从战争中获得东西。他将兼并的土地归入他自己国家的版图，同时还兼并人口，这样，国家的性质跟封建宗法时代的封国就完全不一样了，两者没有任何共同点——封建宗法时代的封国，注重礼仪的铺陈与排场，在参加各种礼仪性竞赛（如大射）时也充满宗教般的热情，而战国时代的各国之王，则带领各自的人们如战争机器般开足马力，努力想获得他们心目中认为合适的一切（土地、财富、人民）。他们还要跟华夏四周“化外”的蛮夷戎狄对抗，于是，他们引导着旨在征服的战争，在这种战争中，旧时礼制下的那些战场的繁文缛节毫不适用。他们还开展了旨在殖民的战争，以及让四裔走出蒙昧、走向开化的战争。于是，他们造就了真正的战争，这战争是痛苦的，毫无分寸和方向可把握。他们将被征服者编入自己的军队，他们采用对方的技术。参战的大部分武士不再是有风度的骑士了，而像是冒险者、亡命徒，像是从蛮荒的殖民地上来的野蛮人。他们的军队不再为俘获了多少敌人这一荣誉而战，也不再为了索要赔偿金，而是为了杀戮，为了掠夺。当一国军队的士兵直面另一国军队的士兵，而正是这其中国的诸侯王①创造了区域性的统一。在中原华夏，诸侯国之间的战争简直如同不同文化的华夏和蛮夷之间的战争那样残酷，各大诸侯国之间，东方反对西方，南方反对北方。轰轰烈烈的合纵、连横从此展开，这些外交活动实际上是真正的战争。各国之间，各种文化之间，各种种族之间，阴险可怖的各种凶杀性伎俩充斥着，交织在一起。

公元前540年，当秦国希望征服山戎之际，军队徒步作战，他们放弃了传统的用战车列阵作战的方式，将步兵用一种新方法组织起来。封建宗法时代战场上的旧秩序，那种贵族拼命要维护的高贵姿态以及封建的秩序，都被冲垮了。还有更坏的事儿。公元前307年，赵武灵王为了跟草原民族的骑兵交战，采纳了游牧民族的作战技巧，并组建了骑兵军团。他因此不得不面对卿大夫和朋友的以死抗争。② 值得注意的是，秦国（梦想要建立大帝国）几乎是与此同时组建了步兵和轻骑兵，他们还改变了原先的土地占有和分配方式，不再定期分配土地了，建立起一种根据军功获得爵位的军功爵制。通过这种军功爵制产生了新的军功贵族。③ 但也正是从那时候起，开始了对工匠、军事匠师和各种技艺人员的管制。从此，秦国便成了一部战争机器（圣贤墨翟获得高度的荣誉，因为有很多发明被归功于他名下），此后，攻城略地的技术臻于登峰造极。在一场场攻城略地的战争中，弓弩、抛石机大量使用。这样就引发了无穷无尽的各种战争谋略以及各种伏击方式。这些战争的手段就是为了摧毁敌人。秦国从不要求

---

① 公元前369年，中原诸侯王中的魏惠王首先称王，而后，公元前344年齐威王称王，公元前325年韩宣惠王称王，开创了战国时期称王的时代。——译者注

② 此为赵武灵王胡服骑射事，公子成激烈反对，具体见《史记·赵世家》："公子成再拜稽首曰：'臣固闻王之胡服也。臣不佞，寝疾，未能趋走以滋进也。王命之，臣敢对，因竭其愚忠。曰：臣闻中国者，盖聪明徇智之所居也，万物财用之所聚也，贤圣之所教也，仁义之所施也，《诗》、《书》、《礼》、《乐》之所用也，异敏技能之所试也，远方之所观赴也，蛮夷之所义行也。今王舍此而袭远方之服，变古之教，易古人道，逆人之心，而怫学者，离中国，故臣愿王图之也。'使者以报。王曰：'吾固闻叔之疾也，我将自往请之。'"

③ 《史记·秦本纪》："三年，卫鞅说孝公变法修刑，内务耕稼，外劝战死之赏罚，孝公善之。"

俘虏为重获自由而交付罚金，战俘被直接处决。集体屠杀更能提升秦国的声望。战场再也不是比赛谁更有贵族式高傲的地方了，只有胜利被人们翘首以待。这似乎是种深不可测的艺术，而不是各种宗教式美德的大结合。这种不可思议的变化占据了整整这个时代，这个时代的编年史整个就是军事行动的历史，追逐称霸的那种张力被更血腥的故事取代。士气民心对这种力量的向往开始凌驾于旧时那种对礼貌、荣誉的向往之上。

先前的战争能让人获得尊严和荣誉，但必须是在一个人早已有资格成为一名武士的前提下。只有一个人只有成年之后才有资格操执武器，他才能上战场，即使他非常年轻，他也通过拿起武器上战场证明他已经成年。相反，儿童、老人、妇女以及那些因服丧而被认为不祥的人们，还有那些因病而变得不可接触的人们，都被排斥在战争这场竞技之外。没有人胆敢杀死一名得了传染性瘟疫的人，也没有人敢囚禁老人，更没有人会将男子气的行为——比如割下敌人的耳朵，暴露给妇女看。① 所有这些人都不能参加复仇式的战争，他们似乎没有能力，也没有机会参加各种军事性质的竞赛。不过当时仍然存在着某种在意，这种在意让战争的统帅不得凌驾于天子的权威（虽然天子的权威早已下降）之上，也不得羞辱被打败一方的国君，以及不得已逃入某片聚族而居区域并被吸纳的弱者，这出现在当他们不得已用很初级的箭法抵御之际。当时的战争，还具有检验人们内心纯净度和道德水准的能力，它仅仅是贵族的事，是那些高贵君子的事。

然而，现在一切都反过来了。在雄心勃勃的兼并战争中，铁蹄下似乎没有生还的灵魂："任何一息尚存者都是我们的敌人，即便他们是老人……假如敌方被创伤不是一劳永逸，为什么我们不再给他们一次重创呢?"② 现在，战争的目的直指征服和兼并，再不承认旧时封建宗法时代的习惯法，这是一场有用的交易，一场平民百姓都参加的占领，它批判了

① 《左传·僖公二十二年》："丙子晨，郑文夫人芈氏、姜氏劳楚子于柯泽。楚子使师缙示之俘馘。君子曰：'非礼也。妇人送迎不出门，见兄弟不逾阈，戎事不迩女器。'"

② 《左传·僖公二十二年》：子鱼云：'君（宋襄公）未知战。'勍敌之人隘而不列，天赞我也！阻而鼓之，不亦可乎？犹有惧焉，且今之勍者，皆吾敌也。虽及胡耇，获则取之，何有于二毛？明耻教战，求杀敌也，伤未及死，如何勿重?"

先前那种原则——以旧时贵族武士宗教热忱般的忠勇为代价，而这忠勇是旋即消逝的。过去按照年齿比武的原则深深植根于古代中国人的思想中，他们组成一个社会阶层，这个社会阶层并不会因封建贵族制的消失而消失。

除了遭遇对华夏礼仪原则不熟悉的未开化蛮夷之外，古代中国人心中是澎湃着某种荣誉感的——它是某种复杂的混合体，包括赌决时的态度，以及某种不偏不倚的中庸精神，两者都拥有各自独特的重要性。运气这东西是处在经常受挑战的状态下的，尽管人们内心时时注意着，不要让被挑战的运气给自己带来厄运。但是一旦厄运降临，疯狂的、炫耀般的举动就会从中庸状态的表面现象中激发出来。在当时，荣誉的感觉、平衡高雅的礼貌状态以及被众人认可的价值，是不需任何炫耀和传达的，它由缓慢的行动，提供（给弱者）处所这些举措体现出来。这些引人瞩目的事件体现的是一种潜藏的对权力的渴望，它急切、非同寻常而又不加约束。假如某人超越了当时所有那些跟“礼”有关的原则，他就是在诅咒他自己，而且会在接下来的遭际中失去他所有命中注定要失去的东西。

二、居于庙堂时的贵族

在封建宗法时代，军事上的那种道义原则甚至充满在个人生活中。在当时，在家族宅院生活的影响下，这些原则改变了。一则故事显示了个人生活和军事原则之间关系的改变和冲突。而且同样，假如必须强调这一点，我们可以看出，原先由浪漫主义影响的生活各方面，随着原则的改变，越来越被官样文章统治着。有个郑国人（公元前540年）有个非常美丽的妹妹，一位血统高贵的贵族要求她嫁给自己（婚礼包括一整套程序化的仪式：在礼貌涵养的态度下，互相联姻的双方各自称赞对方家族的门第和声望），另一位贵族迫使这位姑娘家接受了作为媒聘的大雁（女方家接受男方家的大雁是婚礼的第一步，婚约是由双方缔结的，但礼物体现的是一方的欲望，一旦女方接受礼物，就表示接受婚约），这位姑娘的哥哥不得不在两家权贵间作抉择，他警觉地观察着，并且跟郑国上卿子产商量。子产是当时的圣贤，他建议这位哥哥让妹妹自己选择（未过门的妻子是没有权利表达自己的意见的：她既不能认识她将来的丈夫，更不能去见他。但在乡村习俗中，订婚是通过对歌乃至舞蹈比赛进行的），两位竞争者都接受了这一条件。其中一位穿上华美的衣袍，行动极度有礼，并把他的聘礼炫耀般摆在庭院中。另一位按他自己应有的次序到达了，他穿上战场的全副甲胄，他的箭射向靶子的各个方位，他跳上战车出发。“他是个真正的男人!”因为他表现得恰如其分，于是，姑娘选择了武士，然而，在对那位输了的说理由时，她说：“因为他真的很帅!”

在天子的圈子里，长相端正是应该的。在宫廷中集合，“完美的装束让你远行，打开你面前的大路”，因为锦衣狐裘是为贵族准备的，装束认真和完美是贵族的首要责任，因为他是为了天子而着装。

很显然，他不能像未开化的野人那样赤身露体，也不能像干活的农夫那样光着上身，这样的人是不能走到天子近前的，他被认为没有灵魂。强有力的灵魂只会寓居于贵族的躯体之内。假如他居然赤身露体，说明没有服从自己高贵灵魂的心智。这样，他永远不能把自己的衣服脱了让自己光着，除非一些特殊场合，比如他要接受某种惩罚（肉袒牵羊），或是在神灵面前毫无保留地歃血而盟。而妇女，除非她是女巫，除非她被证明有罪，或是有什么鬼怪附着在她体内，否则是不能袒露身体的。如果卿大夫要面见国君，而他并不希望诅咒国君让他的灵魂变弱，卿大夫必须穿得严严实实，跟妇女般认真着装和装饰。“即便他尽力表现之际，也必须保持胳膊被衣袖严实覆盖；即便在最热的季节，他也应穿着衬里的衣袍。”①他的外衣“不能长到沾到地上的尘土”，“但必须足以长到遮住裸露的皮肤”。②

但是，一个人全副穿戴完毕再进入宫廷也不是件容易的事儿：他必须知道如何穿戴，如何让自己在宫廷中被接纳。孔子的弟子曾子和子贡在国君的宫廷中等候着想面见国君，此时国君正接见客人。守门人告诉他们：“国君在里面呢，你们不能进去!”事实上，这俩人，当他们从马车上下来后并没有安排时间整理衣服和仪容。他们径直走到马厩的角落，开始整理仪容。“现在你们可以进去了!”当他们朝里面走时，国君，这位最显

---

① 《礼记·曲礼上》：“冠毋免，劳毋袒，暑毋褰裳。”

② 《礼记·深衣》：“古者深衣，盖有制度，以应规矩权衡。短毋见肤，长毋被土。”

赫的人物接见他们了。国君自己的衣服显赫而有标志（这标志着他的身份地位），这让曾子和子贡心头进一步起敬，上了一个台阶跟国君说话。

优雅的风度是必需的：它包含了如何着装的内容，而如何着装，取决于一个人的阶衔，以及当时的季节。此外还要考虑到来访者的尊严。各阶层贵族的着装本身必须体现出整体的和谐，在这和谐中，所有的细节都秘密地、默默地保持一致。“一位拥有特殊徽章的军官穿戴蔽膝，蔽膝是染成红色的，带钩是黑色的。”“腰带宽两寸，但看上去有四寸宽，因为它缠绕身体两次。”“贵族穿着丝绸衣袍，衣袍边缘上有褶边，做衣袍的布幅只能末端有接缝。”“衣袍用同样质地的绣花绸带系牢。”①

在国君身边有卫士护卫，其中，站在右侧的卫士身穿虎皮纹样的上衣，站在左侧的则穿狼皮纹样的上衣。“首席卫士上衣装饰着蓝色狐狸的纹样，袖子上是豹纹；第二名身上则是深色丝绸上衣。而穿黄绿色上衣的武士，身上是鹿皮纹样，两袖是野犬蓝灰色的毛皮图案。身着黑衣的武士则身上是黑色羔羊纹样，两袖装饰豹纹。最终，身着黄衣的武士身上是黄色狐狸图案。”另一方面，“一个人（庶人）的外衣装饰着犬或羊皮图案之际，是不能再穿另一种图案的外衣的……因为这图案显示了整个服饰体系的华美”。去吊唁时，必须穿另一种衣服，因为不能显得太绚烂了。但面见天子或国君时，贵族总是穿着他的第二套衣服，也是最华美的衣服——除非他手中正握着占卜用的龟甲，龟甲的神圣性（如同人们参加葬礼时的神圣力量）需要握着他的人穿上三重衣服。

“官员外衣的颜色必须是五色之一，他衬里的衣袍（一种麻的衬裤）颜色则应是跟外衣色彩相应的某种过渡颜色。”在葬礼时，守丧的不同时期戴不同的冠，当主人处理不同事务时或是主人休憩时也一样。这些冠有时是为了表现节制，有时是为了表现自谦。有种奇怪的冠表示尊严和威望。因为冠是服饰中最高贵、最显赫的部分——国君露面时从来都是戴着冠的。一个人即便将要死去，也要戴好头上的冠。而且从《礼记》一书

---

① 《礼记·玉藻》：“朝玄端，夕深衣。深衣三袪，缝齐，倍要，衽当旁，袂可以回肘。长、中，继揜尺，袷二寸，袪尺二寸，缘广寸半。以帛里布，非礼也。”

的记载看，有关“冠”形制的章节最多，内容也最为神圣。① 在进入宫廷之前，必须穿上颜色正确、搭配合适的衣袍。作为卿大夫，手中还必须握着一块笏板，笏板是一块竹板，上面装饰着象牙，若是上卿，笏板上装饰着鱼须。他腰带上挂着玉石组成的玉佩，“右侧之玉佩所鸣之声为角、徵之音；左侧之玉佩所鸣之声为宫、羽之音。天子出现时，谁（即便是储君）也不能让自己腰上所挂的玉佩垂到地上发出声音。只有天子自己身上佩戴的组合玉佩发出清脆的叮当声。但是，当贵族在战车上之际，他听到的是和谐的钟鼓铃铎之声；当他行步之时——通常是步速和动作幅度一定的，他听到自己身上的玉石环佩声跟五音和谐，发出叮当的声音。于是，没有什么错误能进入他的脑海。贵族必须是勇敢和纯洁的。在战场上，他必须保证他自己表现优秀（圣洁或亮洁），在朝廷上，他必须忍受着哪怕身体的痛苦而表现出优美（美）的风度和纯净姿态（净，各种美德的结合），这些都是不能改变的必备品质，更进一步的是，英勇的品质跟良好的驾车技术往往是不可分割的。”

因为他是贵族，所以必须处处表现出高贵的姿态。当天子穿着身上有十二种纹章（象征一年的十二个月）的衣袍（衣袍袖子是圆的，如同圆周），为了“动作优雅”——他那“直直的脖颈”以及“笔直的后背，如同尺子一般笔直”，这样的姿态时时提醒他“端正笔直，准确无误”，最终，他衣袍下端的边缘，也就是即将接触地面的部分，如同一根时时需要维持平衡的横梁，标志着他闲暇时的心态，以及平静的心情。要保持贵族的涵养（“仪”），因为只有它才“使人真正成为人”，一个人如果仅仅穿戴体面但举止不得体，就像老鼠只有皮囊，就像兽类举动粗野而毫无规则。君子的灵魂裹藏在衣袍所代表的等级和涵养之下，它无论何时都准确无误，它坚毅完整，充满忍耐力。他不会被人这么说：“一个举止无仪的

---

① 《礼记·玉藻》：“始冠缁布冠，自诸侯下达，冠而敝之可也。玄冠朱组缨，天子之冠也。缁布冠缋緌，诸侯之冠也。玄冠丹组缨，诸侯之齐冠也。玄冠綦组缨，士之齐冠也。缟冠玄武，子姓之冠也。缟冠素纰，既祥之冠也。垂緌五寸，惰游之士也。玄冠缟武，不齿之服。居冠属武，自天子下达，有事然后緌。五十不散送。亲没不髦，大帛不緌，玄冠紫緌，自鲁桓公始也。”

人，还不如死了算了！”① 另一方面，一位品行完整的君子耳朵悬挂着“充耳”，他戴的冠上面是“如同群星般闪闪发光的珍珠”，他“将不会被人忘记”，他的态度必须永远是“勇敢、诚实、威仪卓越、令人难忘”，“当冠服穿得完全得体时，身体的姿态也必然是端端正正（‘正’），脸上的表情温和、甜润而平静，所有的仪态、表现都舒适服帖，且完全合乎法度”。② 这样，他才会被国君完全认可为自己的臣下，被父亲完全认可为自己的儿子，被所有人认可为一个完美的人。威仪的种种必备细节正是造就一个君子以及他典雅风范的过程。只要他按贵族的衣服等级穿戴体面，他便能够参加各种以礼典形式表现的比赛：比赛在忠诚方面的忍耐力，可以是口头的，也可以是体力上的，而所有这些组成了庙堂政治生活的内容。

对君子风范的最大考验是射箭比赛，也就是射礼（因为贵族首先都是武士）：它考验的根本不是依靠血气的技能和勇武（用带贬义的词语说），它是伴随着雅乐的一套仪式，如同芭蕾舞一般已规律化。在射礼中，一个人必须穿着体面的礼服，举止得体，不时表现出礼貌和大度。每一个动作都必须和着雅乐的抑扬顿挫节拍完成。箭头在弓右边的箭若尚未离开弓，不能射出去③（或者说，至少不被计算在内），弓箭手无论是水平高的，还是即将隐退的，还是什么时候参加的，必须尽力射中靶心，必须了解仪式规则的最核心意义，在某种恰如其分（“正”）的情绪状态下，身体没有丝毫的前仰——这些是能恰如其分且小心谨慎地张弓搭箭的前提。如果紧握住弓，谨慎地搭上箭，这样射出去的箭才能说他射中了靶心。而且，这样他的“德”才会得到认可。不仅仅是拥有高贵的“德”的卿大夫参加射礼，即便是天子或国君——他君临天下或统治着自己的国

① 《诗经·鄘风·相鼠》：“相鼠有皮，人而无仪。人而无仪，不死何为？相鼠有齿，人而无止。人而无止，不死何俟？相鼠有体，人而无礼。人而无礼，胡不遄死！”

② 《诗经·卫风·淇奥》咏颂贵族仪容：“瞻彼淇奥，绿竹猗猗。有匪君子，如切如磋，如琢如磨。瑟兮僩兮，赫兮咺兮。有匪君子，终不可谖兮。瞻彼淇奥，绿竹青青，有匪君子，充耳琇莹，会弁如星。……瞻彼淇奥，绿竹如箦。有匪君子，如金如锡，如圭如璧。宽兮绰兮，猗重较兮。善戏谑兮，不为虐兮。”

③ 即不摆正了不能射出。——译者注

家有时也参加射礼。据说，天子会削夺某些诸侯国君的封地，假如这些诸侯国君的卿大夫被认为没有资格享有其位，在天子面前表现出的礼仪姿态不完整，他们居然不能射中靶心。国君如果从早射到晚百发百中，无一虚发，他立即会被认为有资格统治：（“啊！他真应受到表扬！——他的眼眸闪闪发光，发着精纯的光！——他射箭的仪态是多么完美！）他多么俊朗，他多么纯净！“他足能驱走任何邪运！”［古时候的君主用射箭驱赶邪魔灾祸。］在天子那充满仁德的朝堂，卿大夫一支接着一支地射箭，射出每支箭时仪态都那么完美，“钟鼓准备好了！——箭靶也已铺设！——张弓搭箭，射手们两两上前射箭！”① “我给您［献，这个字跟进呈礼物以及向竞争对手挑战一个意思］机会，让您展示您的本领！”“那么我将走了，让您展现自己的本领——你将跟我的祈祷干杯［‘祈’，即向超自然力量虔诚卑微地膜拜祈求，但意在恳求神灵答应自己的愿望］。”这种礼仪非常节制：斟满的酒杯（怀着和解和致歉的心意，将倒满酒的酒杯进呈给失败者）递到失败者跟前，表现出尊敬的姿态。君子“当他全力以赴射中之际”，必须同时认识到他自己也偏离了纯淳完美的人格状态。“所以他必须‘辞让杯酒’，让荣誉——‘爵’归于他人［荣誉和酒杯都是‘爵’这个字］。”把盛满酒的“爵”让给别人，表示慷慨和尊敬（“让”），表示祝他身体健康（贮存精力，但）对于老人而言，进酒表示尊敬。在国君朝堂上进行的射箭比赛，是人与人之间荣誉的竞赛，它以最精致的方式协调者人们那敏感的情绪。它规定有一定次数的屈膝跪拜，它是对一个人行为举止和风范仪态的考验，任何一种血气涌动的粗鲁行为都被仔仔细细抹去了。每张靶子之后有一个人，但他站在那里不是被瞄准用的，他的任务是在乐师奏乐到某个调子和节拍时，用准确而和谐的声音喊：“射！”他还要作每次射箭成绩的记录。此外，还有一位引导射手的司仪，他将箭按支数分给射手，并且时刻观察射手是否都尊重秩序。他还要用一根小小的棍子提醒违规者。这样，有关荣誉和礼仪的规则才会受到尊重。所有这些礼仪都唤起着射手心中庄严平静的情感，这种情感是人们

---

① 《诗经·召南·驺虞》为大射礼赞美射手的诗：“彼茁者葭，壹发五豝。于嗟乎驺虞！彼茁者蓬，壹发五豵。于嗟乎驺虞！”

日常生活情感的向导。假如两位互相竞争的射手在射礼上相逢，他们会每次都面对面地射，认真地瞄准，箭会在空中碰撞——不会伤着他人（他们俩人拥有的箭支一样多）。或许两者中的一人因为胜利次数太多了，可能会拔去自己箭支末端的羽毛（为了让它射得不准）。另一位则会用手杖拨去这箭，因为这一射对他而言带羞辱性。最后俩人尽释嫌隙，放下弓箭，准备都射靶子，他们面对面，互相邀请对方，“如同父子”，最后他们歃血（割破自己的胳膊）为盟，结为生死之交。这种规律化的射箭比赛净化了人们心中那种血族复仇的情绪，暴力、背信弃义这些因人类秉性而生的习气、这些有古老源泉的特性便被净化了，乃至消失。这极大地促进了他们对天子和国君的忠诚。人类与生俱来的劣根性是如此深刻地被改变，以至于它似乎是消失了。每个人都表现得像他应有的那样彬彬有礼，贵族君子的灵魂中必备的是“忠”（“忠”字在汉语中的写法是有心字偏旁的，上面的“中”则表现了一支箭射中靶心的情景）。他是文质彬彬的君子（“文”意即与野蛮有区别的），是真正的“人”，哪怕是在遇到野蛮人之际，他也能保持他的行为举止。礼仪的规则教导着我们，有些规则教导我们控制自己的感情，还有一些则教导我们将它激发出来。它让人的感情过程完美地符合伦理，让感情毫无障碍地符合它们应有的尺度和方式（“道”）。用礼典来表达的感情是不同的……礼典与各种要求令人们恰如其分地流露和表达感情，这些要求是体现了“礼”精神的完美律条。①

从这种彬彬有礼的举止和高度的节制中，产生了对自我的控制。在庙堂的生活是必须优雅的，而且得始终如此，它是血性情绪永远的克制者。它精密而详细地被预设好了，各种身体姿态是为了控制冲动，保持秩序。精致的礼仪防止了混乱无序，正如堤坝防止了洪水泛滥。卿大夫不能有不加克制的心绪，他们必须懂得如何拥有一种时时都在克制之下的情绪和状态。通过这些礼典（这些礼典实质上是个人礼仪和优雅风度的竞赛），他们向自己的灵魂提供了高度的精神质量，也因此安排了自己的命运。假如

① 《礼记·礼运》：“孔子曰：‘夫礼，先王以承天之道，以治人之情。故失之者死，得之者生。……是故夫礼，必本于天，殽于地，列于鬼神，达于丧、祭、射、御、冠、昏、朝、聘。故圣人以礼示之，故天下国家可得而正也。’”

两位君子互相向对方赠送东西时，其中一人执握手势太高而另一人手太低，或者，假如他们都是自己拿东西，其中一人太仰，另一人太俯，那么别人立刻会说："他们将会失去自己的阶衔（爵位）或将会死去。"因为"礼仪（'礼'）是身体行为的支柱（'体'，即身体，同时还指物质基础），失礼的行为会导致送命，或是封地、爵位被削夺。他们将来的命运会通过是否合乎礼仪来判断，比如走路时走在左边还是右边，或者是否僭越了步伐、撤回了步子，是否过度弯了腰或是仰着身子等等。"① 这种礼貌、端庄的不断练习牵涉对他们各自命运的精确判断。这样，这些礼典除了是对他们端庄、礼貌程度的检验之外，还诠释着某种神灵的喻示——在礼典中，这种喻示集中地由甲骨卜筮的兆文体现出来，它栩栩如生。比如说，当人们虔诚地用甲骨卜问新死之君的哪一个儿子能够继承君位，或许会得到这样在今人看来可笑而模棱两可的兆辞："让所有的公子今天都沐浴，让他们佩戴上玉石，那么就能看得出来！"于是，有五位公子沐浴了，并且严肃地穿戴整齐，但第六位公子懂得在父亲丧礼时期沐浴和如此穿戴是不合乎礼制原则的，他小心翼翼地保持原状——既没有沐浴，也没有装饰自己，结果他继承了君位（他没有听从神明的昭示）。② 假如他发现甲骨卜筮永远是放之四海而皆准的，那是因为他充分知道在任何情况下怎么做才合乎礼仪要求，那么很显然，只有他才具备作为子嗣应该有的美德，因为他懂得礼仪的价值，他当然能够证明自己是生来的彬彬君子。

在天子或国君的庙堂上，通过一次次栩栩如生的礼典和各种繁复的仪式，君子灵魂的美德得到加强，正如最初，神圣的雅乐歌舞使它得到加强

① 例如，《左传·僖公十一年》："天王使召武公、内史过赐晋侯命。（晋侯）受玉惰。过归告王曰：'晋侯其无后乎！王赐之命，而惰于受瑞，先自弃也已！其何继之有？礼，国之干也；敬，礼之舆也。不敬则礼不行，礼不行则上下昏，何以长世？"诸如此类例子还很多，兹不枚举。

② 《礼记·檀弓下》："石骀仲卒。无适子，有庶子六人，卜所以为后者，曰：'沐浴佩玉则兆。'五人者皆沐浴佩玉。石祁子曰：'孰有执亲之丧，而沐浴佩玉者乎？'不沐浴佩玉。石祁子兆，卫人以龟为有知也。"

那样——他们边唱颂边起舞，当唱颂的歌声和动作的节拍完美合一之际，礼仪的功能便达到了最完美的程度。但是，颂歌之声本身就是这种具有美德的灵魂的表现——美德产生于由颂歌凝成的范式中，颂歌对于美德的重要性甚至超过了一个人身体姿态的重要性。礼典的重要性还逊于雅乐，如果就铸成完美君子德行这一点而言。

军事生活，庙堂的政治生活，雅乐歌舞中的文舞或者武舞，不仅仅是一整套行为动作，它们还包括一整套抑扬顿挫的声调和乐章。否则，如果攻击性的情绪和祈祷式的安宁都传染到一个贵族战士的身上，后者肯定会起更大的作用。贵族出身的武士在参战为国君效力时，首先必须证明他们存在的价值：所以，最重要的才艺就是射箭和驾驭马车。否则，优雅的语言最终以贵族按阶衔排序而告终，君臣互相协同比起仅仅效力更有意义。朝堂生活是通过各种礼典和彬彬有礼的辞令而完成的，但是，跟其他礼典性质的竞赛相比，辞令性质的竞赛看上去更有功效，它们同样也是颂歌的比赛。公元前545年，郑国国君参加晋国权臣、上卿赵孟的食飨之礼，郑国希望通过赵孟获得好处。① 郑国国君的几位重要臣下跟随。赵孟问他们是否唱某首雅乐"以结束他（从郑国国君那里接受）惠受的恩泽"，因为雅乐也包含颂歌。这样也让他更清楚自己所受的国君的恩惠。事实上，参加赵孟礼典的所有人都是通过唱雅乐来表达自己意思的，他们并不是即兴创作歌谣，而是选取《诗经》中能表达自己意思的诗句。《诗经》中的这些诗句都是有隐喻含义的，歌唱者会让该乐曲的音调跟礼典的气氛相协调。在每人唱完之后，赵孟作了一曲简短的总结，他同样用《诗经》中的乐句来表达自己的意思——他是精通这些的。郑国的执政之卿子产首先

① 此事应为公元前546年，即鲁襄公二十七年。《左传·襄公二十七年》："郑伯享赵孟于垂陇，子展、伯有、子西、子产、子大叔、二子石从。赵孟曰：'七子从君，以宠武也。请皆赋，以卒君贶，武亦以观七子之志。'子展赋《草虫》，赵孟曰：'善哉！民之主也，抑武也，逾不足以当之。'伯有赋《鹑之贲贲》，赵孟曰：'床笫之言不逾阈，况在野乎？非使人之所得闻也。'子西赋《黍苗》之四章，赵孟曰：'寡君在，武何能焉？'子产赋《隰桑》，赵孟曰：'武请受其卒章。'子大叔赋《野有蔓草》，赵孟曰：'吾子之惠也。'印段赋《蟋蟀》，赵孟曰：'善哉！保家之主也。吾有望矣。'公孙段赋《桑扈》，赵孟曰：'匪交匪敖，福将焉往？若保是言也，欲辞福禄，得乎？'卒享。"礼典的具体情景，见正文下文。

起来表达自己的敬意，他唱到："草地上的蝗虫在快乐地振动着翅膀——山峦的蝗虫则在雀跃——直到我看见了我的君子，我那毫无保留的心灵啊，它跳动得多么激烈！——但我一旦看见他——一旦我们结为一体——我的心便平静了下来。"①［这是一首情歌，但此时是这么理解的：郑国只是想和晋国结盟，服从晋国这一富有的大国的召唤，而晋国在您的统治下，您的声望让我的心灵毫无保留地奉献。］赵孟回答道："这真的是尽善尽美！但你在跟（足以统治一国的）臣子讨论，毫无疑问，只要我首肯，我胸怀中将不再有任何疑义。"［我为自己的国家接受你的赞扬，我也认同它，仿佛你赞扬的是我自己。］伯有（他是一位权臣，跟赵孟铁杆，且血气方刚）唱道："鹌鹑成双，喜鹊成对——我是否应该像我兄长，一个毫无良心的人（良）那样？喜鹊成对，鹌鹑成双，假如一个人毫无良心，我是否该跟他同心？"②［这也是一首情歌。伯有认为（这首诗的直接含义在外交场合看得很明显）应该匹配者才能结成同盟：这么理解，假如你"我希望晋国和郑国之间的结盟（正如此刻它存在着）是件好事！"但（这直接的意思被揭露了）这么理解（假如你接受跟我结成秘密同盟）"郑国此刻被无德者统治着，他的权威我也并不认可"。］赵孟回答道（他对伯玉的言辞并没有必胜的信心）："跟爱恋相关的事情永远不得逾越界限（个人家中的隐私），如何能在大庭广众下说！这简直是不堪聆听的事！③［意思是：我什么都没有听见，更别说猜测你引用诗下的含义了！］现在轮到子西了，"那辉煌的、伟大的工作，是由赵卿引导的！"［这是一首颂扬国君远征英勇的军事赞歌④，赵孟真的就如此不谦虚吗？把所有的功劳和赞扬都归到自己身上？］赵孟回答道："事实上我们

---

① 《诗经·召南·草虫》："喓喓草虫，趯趯阜螽。未见君子，忧心忡忡。亦既见止，亦既觏止，我心则降。"

② 此乃《诗经·鄘风·鹑之奔奔》："鹑之奔奔，鹊之彊彊。人之无良，我以为兄。鹊之彊彊，鹑之奔奔。人之无良，我以为君。"

③ 《左传·襄公二十七年》："赵孟曰：'床笫之言不逾阈，况在野乎？非使人之所得闻也。'"

④ 《左传·襄公二十七年》。子西赋《诗经·小雅·黍苗》以召伯比喻赵孟："芃芃黍苗，阴雨膏之。悠悠南行，召伯劳之。……"

谈到了国君［只有国君，才配用这样的颂词赞扬。同样，晋国辉煌的胜利（我只不过是执政之卿）必须、也只应该归功于国君一人。］但是，在这过去的战役里，我又该做些什么呢？”［你们不应该以抹杀我的忠诚的方式只为了在礼典上胜过我］。而后，子产［后来他成了郑国的执政之卿，叔向接替子产执政之后业绩优秀，他完全不在乎个人私利，将子产制定的施政原则坚持下去，但是或许我可以说，是在一些不那么要害的问题上］：“山谷中的桑树长得多么茂盛！——它们的簇叶多么美丽！——一旦我见到了那位君子，我内心是多么欢喜！——我从心底里爱戴他——然而他却离我那么远，远到不可能记住我！——我从心底里尊敬他——我如何才能忘记他！”① ［即：我不敢在会盟时直白地对您说，我受到您邀请是多么高兴，但我可以告诉您，您是一位我永志不忘的真正的君子。］赵孟［他刚才明确地表明了自己对国君的忠诚，他不仅仅是谨慎，他并没有表现出直截了当地拒绝郑国的尊敬，因为这样会招致灾难。他］回答叔向：“我代表我个人接受您的美意［很显然，诗句使用了‘君子’，但］最后一小节［在这小节里，我理解您对我个人的友谊］。”而后，印段说道：“蟋蟀在堂——岁末将至！——为什么我们不继续享受节庆的欢乐？——日月飞逝，除非让我们朝生暮死——并让我们记住自己的身份和位置！让我们没有任何杂念地享受欢乐吧！——君子是谨慎和周全的！”② 赵孟回答道：“完全正确！有一位君子，他希望保持他的领土，正如我一样，那是我个人的愿望［所以我将（在各种场合都）深思熟虑、谨慎周全！］”最终，公孙段唱道：“灿烂的桑树啊！——它们的落叶多么灿烂！——君子和蔼可亲——他们将受到上天的恩赐！”③ 这是一首宴飨时的歌，它往往唱在宴会快结束的时

① 《左传·襄公二十七年》。子产赋《诗经·小雅·隰桑》：“隰桑有阿，其叶有难。既见君子，其乐如何！隰桑有阿，其叶有沃。既见君子，云何不乐！隰桑有阿，其叶有幽。既见君子，德音孔胶。心乎爱矣，遐不谓矣？中心藏之，何日忘之？”

② 《左传·襄公二十七年》。印段赋《诗经·唐风·蟋蟀》：“蟋蟀在堂，岁聿其莫。今我不乐，日月其除。无已大康，职思其居。好乐无荒，良士瞿瞿。……”

③ 《左传·襄公二十七年》。公孙段赋《诗经·小雅·桑扈》：“交交桑扈，有莺其羽。君子乐胥，受天之祜。交交桑扈，有莺其领。君子乐胥，万邦之屏。……”

候。赵孟回答道："既不暴躁也不骄傲，上帝恩赐的礼物会长翅膀飞走吗?"……于是，这竞技般的会盟就结束了：那些出席的贵族尽浑身解数地表现出各种标志性举动，美德与否被明晰地表现出来，命运甚至能通过这些细节被预知。"伯有将因为秽行被处死。诗句表现出了他心灵中的感情状态。——他的感情状态让他对国君无礼地说话。……晋国六卿的家族（礼典上有六位吟唱者，他们表现出了忠诚的品质）将保持多代兴旺。叔向（在礼典上，他像一位明智的贤臣那样吟唱）最终将销声匿迹，他拥有最高的阶衔，但非常知道如何表现出卑下的姿态。印段家族（赵孟用'完美'一词形容他在叔向之后的唱辞）将在叔向消逝之前就销声匿迹，因为他是用欢快的情绪唱出意在谦卑的颂词的。"卿大夫通过吟唱，表现出对国君和客人的尊重，但同时，他们也通过代表自己的国君表现来比赛着各自的智慧，他们彼此之间是竞争者。他们有时互相忠诚，有时互相欺骗，有时贪婪，有时谨慎，一旦他们在礼典上吟唱诗句的比赛（这吟唱含有外交含义）中都表达出了各自的意思，也决定了自己乃至自己家族的命运。在这种场合下，忠诚被证实了，高贵则是这种口头的诗歌竞技所必需的。难道《诗经》的某些篇（其中有极少数是最大限度地被当时化了，但有些诗篇还是保持着当初采诗时的韵味）不是向我们表现出了大禹（后来是一位君王）战胜皋陶（后来是辅相）的情景吗？大禹和皋陶在由帝舜主持的一场重要辩论竞赛获胜①，后来获得了天下。

吟唱和言辞甚至影响命运。只有当他懂得如何措辞时他才是个君子，才能为国君服务，才能出使到那个作为自己国家竞争对手的国家，乃至为天子服务。"不要轻佻地说话！——不要说'啊！它是什么意思！'你独自一人，缄默不语——你嘴里不该有任何不合适的言辞！——每个词都有它的含义——都有它代表的美德和价值！"说话本身也是在做事情，甚至

---

① 《史记·夏本纪》："帝舜朝，禹、伯夷、皋陶相与语帝前。皋陶述其谋曰：'信其道德，谋明辅和。'禹曰：'然，如何?'皋陶曰：'於！慎其身脩，思长，敦序九族，众明高翼，近可远在已。'禹拜美言，曰：'然。'皋陶曰：'於！在知人，在安民。'禹曰：'吁！皆若是，惟帝其难之。知人则智，能官人；能安民则惠，黎民怀之。能知能惠，何忧乎驩兜，何迁乎有苗，何畏乎巧言善色佞人?'……禹曰：'女言致可绩行。'……"

代表着已经做了。因为一个人被说成不能言出必行简直是大大的耻辱，但是，另一方面，假如他既没有娓娓言说的才能，在别人为他辩护时又不表现出拥护和感激，他就是有罪过的。卫国国君就因为杀害自己的兄弟而受到谴责——在封建宗法时代，这是最令人震惊的恶劣行径。但是晋国（晋国对卫国另有企图）国君，作为诸侯国的霸主，他非常希望以天子的名义公正处理此事。晋国抓住了被谴责的卫君，处分了他。他们不能让他个人消失，忠心的卿大夫似乎足以证明他们的国君有罪，但不忠的卿大夫似乎也能证明国君无辜。一位有司开始处理这件事，出席的有一名国君的辩护者（“傅”），以及一名“律师”，因为按国君的尊贵身份其是不能亲自出庭受审的，虽然国君受到众人的谴责（“说”）。这场审判并没有成功地将卫国国君从罪名中解脱出来，卫国国君很快被判有罪，但首先（仅仅作为替罪羊）他的拥护者被处死了：其中俩人被当场处决，还有一名拥护者则被判延期处决，因为面对国君直言进谏是他的职责。① 因为臣下和卿大夫必须为国君的过错负责，为国君以及他的追随者的错误言行负责。基于血缘基础的封建集团是一个整体。国君的言行举止包括了卿大夫的尊严，他的美德和才能让他们的灵魂拥有雄辩的才能——而国君的错误言行则有可能剥夺臣下所有言辞的能力和权威。国君的仆从将他的发号施令远远传达出去，这些仆从中的每个人都负责传令的一部分，传令其实蕴藏着各种风险，因为在传令者身上要最真实地体现国君某个方面的意志和能力。比如说，春秋晚期齐国强占了鲁国的大片领土，公元前499年，两国国君进行会盟，试图建立新的“友好关系”，但齐国希望削弱鲁国，让它成为自己的属国。于是，郊外搭起两国国君的营帐：一座广三步的土台矗立了起来，盟誓就要在那里进行。强盛的齐国肯定先盟誓：这是他在盟誓这种场合表现出的地位。假如鲁国人不满意这一点，他们必须当场表现

---

① 事见《左传·襄公二十六年》和《襄公二十七年》。《左传·襄公二十六年》：“六月，公会晋赵武、宋向戌、郑良霄、曹人于澶渊，以讨卫，疆戚田。取卫西鄙懿氏六十以与孙氏。赵武不书尊公也。向戌不书，后也。郑先宋，不失所也。于是卫侯会之。晋人执宁喜、北宫遗使女齐以先归。卫侯如晋，晋人执而囚之，于士弱氏。秋，七月，齐侯、郑伯为卫侯故如晋。晋侯兼享之。……”《春秋·襄公二十七年》：“卫杀其大夫宁喜。”

出对立的态度。对他们而言，保护自己国家的利益至关重要，在齐国国君的传令官那冷漠的音调下，鲁国国君的次序被摆在了齐国国君之后。鲁国国君询问孔子，希望孔子跟自己一起去。齐国国君带了一位著名的贤臣晏婴前往，晏婴在言辞方面绝顶聪明，但他的伎俩似乎胜过了忠心：晏子事实上因伎俩和权谋受到时人和后人颂扬。[他曾经仅仅用两个桃子，成功地让齐国国君的三位勇士一口气自杀了。晏子说这桃子要给他们之中勇敢的，人们自然而然地关注首先说自己最勇敢的人，于是这位勇士立刻得到了桃子。但是血气最盛的另外一位见自己在这场较量中失去了荣誉和尊严，立即自杀了。另外俩人效仿他，也为了尊严自杀了。] 齐君和鲁君各自都有跟随的卿大夫。齐君表现得很过分，他成了核心。他喜欢壮观华丽的排场——他的朝廷上满是乐工、舞女以及优伶。晏子是他最宠信的大臣，他虽然身材很矮，但善于以即兴发表诙谐的表演劝谏齐君。这位侏儒之臣对传统礼仪有点蔑视，他也没有学过姿态庄严地登台阶的步伐——按礼仪的要求，要双臂张开，如同鸟在飞翔（见前文），他是积极有效的现实政策的支持者，而不是某种宗教化形式的支持者。至于鲁国，只有一处卑陋的朝堂，但这卑陋的朝堂是各种最传统的礼典进行的地方。孔子则是圣贤，是伟人，是忠诚、正直等所有美德的传道之士，他本人当时陪伴着鲁国国君。两位国君都登上盟誓的土坛，而后面对面坐下，他们俩人都独自坐着（没有任何随从在近身），且不带兵器。卿大夫都在稍远的地方，仆从则在土坛下立着。先前有次，在如此正式的场合，齐国想把灾难性条约强加在鲁国身上，此时鲁国阵营中出现了一位英雄（曹沫），他登上所有台阶，直接踏上土坛，用匕首挟持齐国国君（齐桓公），让齐桓公打消了即兴产生的侵略性念头。当时齐国拥有一位英明的国君（齐桓公），还有贤能的宰相（管仲），他们谨慎地、诚恳地实践了被曹沫要挟时许下的诺言——这是齐国的一段美德和好运。但现在时代变了：齐国仍然是占优势的一方，但忠诚的品质和忠诚的臣下只存在于鲁国这边，于是，齐国试图用武力而不是用智慧取胜，他们试图胁迫土坛上独自坐着的鲁国国君。一位齐国臣下建议送上舞者，齐君说："好。"于是，在一阵鼓声和喊声的骚动中，跳舞的舞人拿着戈、矛（当时舞分文舞、武舞。武舞时舞者手执戈、矛）上场了。但任何骚动都没有动摇孔子那忠诚无北的心灵。"他快步登上土坛的第一级台阶（不是最后一级），将他的衣袖高高举起到空中。”因为礼节不允许在一位封君乃至国君跟前做出更激烈、更无礼的动作。但，当这位封君或国君本身做出了这种举动时，他就有权开口说话了。于是孔子又登上一级台阶，大声说话。晏子没有回答。要感谢晏子搬弄戈、矛上场的智巧，结果鲁国在面对齐国时赢了——在盟誓结束签订条约时，加上了跟齐国原意相反的条文，即允诺归还先前被齐国窃取的鲁国土地：任何国君之间牵涉到声望和尊严的会盟实质上都是一场竞赛，它昭示着对被征服一方（被认为有罪的那一方）的惩罚。孔子为了纪念此次权益上的胜利，下令处决这几个上场的伶人舞人——古代中国撰作神圣性史书的记史传统认为孔子将伶人和侏儒大卸八块——这是不是他打败一位在礼典上不忠诚，且是敌国国君的最好声明呢？因为这位国君近前居然只有侏儒和伶人，没有传令官（“介”，由卿大夫担任）。国君的意志应该被传令官用嗓音远远传出去，并且在礼典那种场合，虽然这传令似乎会打断国君说话，但它关系到为国君赢得的是尊严还是耻辱。雄辩的卿大夫，在战场只能取得一半胜利的那个时代，他们才是荣誉、声望等的赢家，他们处于天子、国君一人之下，比战场上将军的地位还要重要。

各封建诸侯国之间的结盟多半是在朝堂上进行，而不是在战场上。在双方盟会之际，卿大夫为国君尽心效力。他们拥有各种各样的智慧，用这智慧编成各种谏诤，为国君效忠。假如国君之德不能促使所有卿大夫畅所欲言地进谏，那么，他作为国君的资格就失去了。“表面上彼此赞同，背地里互相蔑视，啊！这简直是最大的罪过！”“朝堂上充满了各种窃窃私语！”① 其实假如卿大夫的心彼此并不一致，这样的讽谏是没有用的，相反，每个人必须都担负起自己进谏（“咎”，即影响，无论好的还是坏的）的责任（假如别人赞同这个意见也是如此），但一旦这意见被天子或国君接受，也就是说，只要他说“是”，认可这条建议时，所有的臣下必须无条件执行，除非他们处心积虑地逃避责任。但是，如果批判某种必须一致执行的意见，等于就是把自己从封建血缘的稳固集团开除出去，让自己处

① 《诗经·大雅·荡》：“文王曰咨，咨女殷商！如蜩如螗，如沸如羹。小大近丧，人尚乎由行。”

在某种禁令之下诅咒自己，甚至冒着给自己的友人、家人乃至国君招致不幸的危险。这讽谏——也就是相反的意见——对于正拥有蒸蒸日上的幸运国君而言，是不可思议的。然而，对于正走下坡路的君臣而言，进谏可能给臣下带来噩运。卿大夫祈求神灵把加在他们身上的责难和诅咒消去，三位上公（“师”、“傅”、“保”）会组成一个意见一致的顾问团。假如某种相反意见重复了三次，就会影响决议的形成——决议将被搁置。它将暂时松开命运之绳的捆缚，但提反对意见这个人的命运从此便孤注一掷般抵押了出去，他必须辞职或隐退，离开他办公的处所，离开他的国家——他必须像承担错误般承担起他强加给别人意见这一结果。如果屈服退让，只能意味着“乖乖待在别人的仇恨之下”，以及因为自己下定的决心而给自己带来噩运。除非是在一些特殊的例子里，反对者必须尽量避免给别人带来诅咒以及自己被驱逐。当某位卿大夫提出的意见被拒绝后，他将离开自己的国家，从此与自己的祖国、自己的祖先决裂。他不能把体现自己身份地位的祖传礼乐之器随身带走，他敬爱自己心目中的神灵。当他越过自己国家的边界之际，他筑起一座土坛，他的脸朝着自己的国家，唱出挽歌。他在长袍外还穿着一件束腰外衣，披麻戴孝，看着那美丽斑斓的国界（他穿的是丧服）。他脚上穿的皮质鞋子是不加认真缝制的那种（跟丧服配套），他马车的背面蒙着一张白色的犬皮，驾车的马没有经过整理和修饰。他自己停止了修剪指甲、胡须和头发。当他吃饭时，他不能享有任何饮酒仪式（他已被剥夺了受神灵保佑的权力）。他不能说他自己无罪（他也不能说自己有罪，因为只有国君有足够的权力和灵魂能量向神灵作如此正式的告白）。他的妻妾（至少他的妻子）再不能见他（他的性生活以及跟亲属的关系从此都被打断），至少过三个月他才能换上平常的衣服。这位被放逐的卿大夫哀悼他自己失去了祖国，但这也是他自己的葬礼，他独自默默承受着。他中断了跟先前所有亲朋好友的往来，终结了自己的身份——对他而言那是曾经的巅峰。当三个月结束之际，他将悲伤放到一边，他再也不是国君的臣子，再也不是这个国家的臣民。为了不再做他人眼里“不可接触的人”，他必须为国捐躯。在他备受哀伤及各种禁忌折磨的日子里，他以自杀要挟国君，这一要挟令国君感到恐惧——即便这一要挟是针对陌生人，也足以将某种恐怖强加到那个人身上，比如说，楚国的一名大夫（申包胥）成功地邀请到了秦国军队的帮助，因为他倚靠着秦国宫廷的墙壁恸哭哀悼自己的主子整整七天，他的哭声在这整整七天都没有停，除了吃饭时一勺勺肉羹舀进他嘴里时。① 当这位被放逐的卿大夫主动接受被驱逐的命运并开始斋戒时，他便开始寻求向国君施加约束的办法，他批判当初那个他不得不参与的计划。在某些紧急场合，他还可以采取更为直截甚至残酷的方式。比如，晋国国君有一次被他的夫人智取了——他夫人是秦国国君的女儿，她放走了几位在战争中被晋国俘虏的秦国将军，有一位晋国上卿见国君时责备国君，“他（上卿）唾在地上，根本不转过脸去”。② 这样他便对国君的决定表现出了自己心里最真实的诅咒。此后一种可怕的选择性命运被强加在国君身上——他必须跟被臣下诅咒的命运（秦国国君这么做了）决裂，这样他就得将手下的卿大夫判处死刑——这反倒激发了卿大夫深思熟虑地尽忠的决心。但是假如不对卿大夫动刑，忠心耿耿的卿大夫还是能够将国君从错误决定的边缘劝谏得回心转意的。假如国君指着意见不同的其他大臣说：“是他们这么决定的！”这就足够了。假如国君听从了他们的意见，但足以谨慎地证明他是有限地采纳他们的意见的，那么，在某些情况下，可能通过罢免有罪的公卿来避免不祥的结果。这一不幸要由公卿来承担。③ 毫无疑问，假如国君自告奋

① 《左传·定公四年》：“初，伍员与申包胥友。其亡也，谓申包胥曰：‘我必复楚国。’申包胥曰：‘勉之！子能复之，我必能兴之。’及昭王在随，申包胥如秦乞师：‘吴为封豕、长蛇，以荐食上国，虐始于楚。寡君失守社稷，越在草莽，使下臣告急曰：“夷德无厌，若邻于君，疆场之患也。逮吴之未定，君其取分焉。若楚之遂亡，君之土也。若以君灵抚之，世以事君。”’秦伯使辞焉，曰：‘寡人闻命矣。子姑就馆，将图而告。’对曰：‘寡君越在草莽，未获所伏，下臣何敢即安？’立依于庭墙而哭，日夜不绝声，勺饮不入口。七日，秦哀公为之赋《无衣》，九顿首而坐，秦师乃出。”“勺饮不入口”是不饮食之意，并非“一勺勺肉羹舀进他嘴里”。——译者注

② 《左传·僖公三十三年》：“夏，四月，辛巳，败秦师于殽，获百里孟明视、西乞术、白乙丙以归。遂墨以葬文公。晋于是始墨。文嬴请三帅，曰：‘彼实构吾二君。寡君若得而食之，不厌，君何辱讨焉？使归就戮于秦，以逞寡君之志，若何？’公许之。先轸朝，问秦囚。公曰：‘夫人请之，吾舍之矣。’先轸怒曰：‘武夫力而拘诸原，妇人暂而免诸国，堕军实而长寇雠，亡无日矣！’不顾而唾。……”

③ 《史记·秦本纪》：“当是时，文公丧尚未葬。……虏秦三将以归。文公夫人，秦女也，为秦三囚将请曰：……晋君许之，归秦三将。……遂复三人官秩如故，愈益厚之。”

勇地表示天灾的责任全在自己，说："我的将相只是我的左膀右臂。"这是姿态高贵的行为，但如果从理论上说，国君只有一个灵魂，就是那个封国之内至高无上的强大灵魂。因此从原则上说，辅佐的公卿必须是跟他同心同德的。

事实上，在朝堂上让公卿意见统一的这一原则同样也适用于让每位公卿大夫各自牢记自己的职责，因为此后，从他们嘴里说出的话将不再把他们引导到某条唯一的途径上去——后悔是可能的，并且替罪羊早就预设好了——罪名被强加于那个人之上。顾问会议有时犹如战场，目的就是为了各自推卸责任，因为每个人在决定自己是否对不同意见提出异议时都心存疑虑。这是因为他此时的言辞将昭示出他赤裸裸的灵魂，并决定着他自己的命运。每位公卿的目的都是如此——不开口说话，因为什么也不想说，但至少要用当时程序化的套话来表白他自己，这是由他们的贵族身份及向来的传统而决定的，但当这一传统聚焦到他自己身上时，他们四平八稳的言辞又表现出模棱两可，而且最重要的是，他们可以随时改变立场。这种理念对卿大夫而言就是提供了一种彬彬有礼的表象，它由他们之间程序化的诗词、谚语的竞赛构成，人人都表现得如同在猜字谜，并且在这猜字谜的过程中谋虑如何决断。比如说，晋献公（公元前 659 年）深思熟虑地考虑他是否该信任他外出带兵的太子，因为太子是储君，有自己的党羽和一个小朝廷。另一些人则聚集在了晋献公的另一位儿子身边（太子遭到自己继母骊姬的敌视，这位儿子是太子的弟弟）。这一派提议立次子继嗣——其实这是除掉这位次子最好的办法，假如这位次子继嗣了又在政治斗争中失败了，他就成了罪人，他甚至早就成了罪人，因为他让自己处于想谋取嗣位、反对自己父亲这一猜忌的风口浪尖上，这位次子的朋友试图劝他躲开这场灾难性的考验，最终晋国国君作下了决断：他让自己的嫡长子领兵，但当他允许嫡长子穿上战袍之际，也意味着次子只能穿半截袍子，戴半圆形的璧。五位最优秀的卿大夫竭尽全力发现了这一装束背后蕴涵的意义。他们之中的一人给出的解释就是这位公子必须勇往直前，但其他人则意见相反，他们认为他必须避免直接涉足战场。这微妙的讨论继而给予了这些演说高手一个兴奋的主意，这主意必须要由其中一位卿大夫完成。[①] 要确信朝堂上这些道貌岸然的卿大夫在深思熟虑的堂皇外衣下酝酿着阴谋是件非常奇怪的事，而这阴谋居然是在一位优伶的秘密领导下进行的（这位优伶实际上是国君隐秘的顾问家），小丑、伶人、倡优[②]围绕在国君周围，他们有时扮演着重要角色，为国君那一丝不苟的尊严粉饰着太平：这些身份低贱的人病态般承受一切屈辱，但在某种滑稽形式的伪装下秘密地提建议。优伶们传承着以滑稽形式和寓言建言献策的传统以及相关艺术，并用这种形式迂回曲折地提出自己的建议，发泄他们的不满，当然，这建议和发泄是被严格限制在某种程度之内的。并且，他们从不对某个封建家族指名道姓，他们表演般的言谈跟肩负责任的公卿的言辞相比，无疑不具有那种令他们胆寒的重要性。在朝堂上正如在战场上，有一种专门技术人员排挤掉贵族的倾向。比如那些曲意逢迎的人，他们深入学习过吟《诗经》的技巧，并随口能说出即兴的寓言，他们千方百计地博取国君的喜好，以期取代那几位公卿——他们随时随地开口都说他们自己乃至国君的责任所在，他们出口引用的诗句或谚语，或是礼典场合彬彬有礼的套话，完全都是跟古老祖先的智慧高度一致的，可是这些除了表现出他们严肃的灵魂之外，什么也表现不出来。

一个人如果既没有能力把自己穿戴得非常体面，又不能很好地克制自己的情绪，也不能很得体地说话，那么他既不是一个君子，又不是聪明人，除非他拥有某种国君般高贵的精神品质。君子就是知道吃多少，怎么吃的人，他可能在一定场合食用国君或长者吃剩的东西，而且他还必须为此感到高兴。而国君，他自己就拥有足够强大完整的灵魂力量，这力量让他做出鄙视食物的样子，并且对贡物非常满意。那些吹嘘自己出自某个世系久远的血统的贵族都有一片封地以及固定的贵族俸禄。他们喜欢一遍遍重复古老的格言："死而不朽！"在古时候这种程序似乎含义明确："不要

---

① 《左传·闵公二年》："晋侯使大子申生伐东山皋落氏。……狐突谏曰：'……孝而安民，子其图之，与其危身以速罪也。'"

② 《左传·哀公二十五年》："公使三匠久，公使优狡盟拳弥。"此"优狡"即一位优伶。《穀梁传·定公十年》："齐人使优施舞于鲁君之幕下。"

允许死者的遗体朽坏！”但是，能很好地克制自己感情的君子能从这话中读出别的意思：“［要树立良好的、］不朽的［榜样］，即便是在死后！”圣贤宁可认为是这样的意思：“［对君子而言］死亡并不会招致腐朽，［家族仍然绵延，血统昌盛］。”而且毫无疑问他们相信这是真的，并且他们说：“一位圣贤在死后是不朽的。”① ——这是如此真实，这一理念促使人们发明某种礼典。通过这种礼典，死者的尸体避免了慢慢地腐烂，这一礼典表现出他们希望死者的尸体获得明确而永恒的保护（丧礼的各种礼典在逐渐变换），这一礼典的最终目的是维护单纯的道德。封建宗法时代的贵族的理念是单纯的，风范举止是优美的，因为他们的食品纯净而营养丰富，因为他们吃切割端正、烹煮良好的肉食，在国君出席的礼典上更是如此。他们禁止自己吃各种被认为不端正的食物，比如狼的肠、狗的肾、乳猪的脑、鱼的内脏、鹅的臀尖、牝鹿的胸、大鸨的胃、鸡肝等等。② 春天他们把葱拌进肉糜，秋天则肉糜拌芥末。他们将鹌鹑肉、鸡汤与蔹配起来吃，他们在炖的汤（家鸡的或野鸡的、或是鲤鱼、鲈鱼的）中加入好闻的香料或草药，但加的不是蔹。当他们吃牛肉或牛排时还会按季节加入生姜。而麋鹿、牡鹿、野猪、小鹿的肉，这些野味，有时被刃成带骨头的块，有时被剁成肉糜，有时被做成肉干。也有时就将它们生切成非常细小的条或块。有时他们还吃蜗牛或螺肉作为美味，它们被做成肉糜，加上醋保存。米汤跟野鸡肉混合在一起，粗糙加工的黏米则跟兔肉或狗肉相配。鱼肉配葵，鱼子则用盐腌制从而保存起来。他们饮用醋水以及李子的果汁，并用发酵的方式将粮食或水果酿制成酒。桃皮上的毛被擦去，直到它鲜绿发亮得有如胆石（古代中国人认为胆是人们勇气的源泉）。在最高贵隆重的宴会上，会有烧烤或焖制过的龟肉，以及竹笋、灯心草的嫩芽、鲤

---

① 《左传·襄公二十四年》：“二十四年，春，穆叔如晋。范宣子逆之，问焉，曰：‘古人有言曰“死而不朽”何谓也？’……穆叔曰：‘以豹所闻，此之谓世禄，非不朽也！鲁有先大夫曰臧文仲，既没，其言立。其是之谓乎？豹闻之，大上有立德，其次有立功，其次有立言，虽久不废，此之谓不朽。若夫保姓受氏，以守宗祊，世不绝祀，无国无之。禄之大者，不可谓不朽。’”

② 《礼记·内则》：“不食雏鳖，狼去肠，狗去肾，狸去正脊，兔去尻，狐去首，豚去脑，鱼去乙，鳖去丑。”

鱼羹——这一样样的食品尤其适合于士兵宴饮时享用。士兵会得到做成虎形状的盐块。① 端上和享用这些食品必须是在一整套严谨的程序和仪式之下，比如，用肉做的菜肴摆成五排，先是鱼，再是鹿肉。案、俎、鼎、簋等餐具必须按严格的次序摆放。鱼尾必须朝向客人，但在这种规矩下，夏天鱼脊要朝向右边，冬天则是鱼腹朝向右边。在主桌上，酒壶的壶嘴要朝向国君，在其他客人桌上，则朝向主要的那位客人。各种酱、汁和酒水，在上桌前放在右侧，上桌后则摆在左侧。吃主食（黍稷）时不用勺子，喝肉汤时不吃汤中配的菜蔬，都是绝不允许的。必须认真喝下用腌肉熬的汤（尽管盐分肯定很缺乏），此外，用筷子挑起米粒玩弄（让它冷却）或是团成小块以便下咽，也是绝不可以的。不能把肉、饭弄成像捕猎物下饵料那样的小块，也不能把吃剩的骨头扔给狗。② 吃瓜时要将瓜剖成两半，上面要用巾盖住。假如这瓜是进奉给国君的，或假如是进奉给高贵者的，还要更仔细地切成四片，但布巾就不需要了。假如仅仅是一般贵族，吃瓜时认真切成简单的两半就可以了；假如是庶人，吃瓜时不切开，直接咬。③ 吃东西时，一个人必须注意不能让双手汗涔涔地或流满汁液，不能发出声响，也不能在吃东西时面部动作幅度大得扭曲。炖煮的肉可以用牙齿咬食，但干肉得用手撕。吃鱼时从嘴里吐出的鱼骨和渣滓不能放回盘子里。④

---

① 《诗经·大雅·韩奕》："……显父饯之，清酒百壶。其殽维何？炰鳖鲜鱼。其蔌维何？维笋及蒲。其赠维何？乘马路车。笾豆有且，侯氏燕胥。……鲂鱮甫甫，麀鹿噳噳。有熊有罴，有猫有虎。……"其他有关笾豆见于经文者有《小雅·宾之初筵》："……笾豆有楚，殽核维旅。……"又《左传·僖公三十年》："冬，王使周公阅来聘。飨有昌歜、白、黑、形盐。辞曰：'国君，文足昭也，武可畏也，则有备物之飨，以象其德。荐五味，羞嘉谷，盐虎形，以献其功。吾何以堪之？'"

② 《礼记·曲礼上》："凡进食之礼，左殽右胾。食居人之左，羹居人之右。脍炙处外，醯酱处内。葱渫处末，酒浆处右。以脯脩置者，左朐右末。客若降等，执食兴辞。主人兴，辞于客。然后客坐，主人延客祭。祭食，祭所先进。殽之序，遍祭之。三饭，主人延客食胾，然后辩殽。……毋抟饭，毋放饭……毋投与狗骨，毋固获，毋扬饭，饭黍毋以箸，毋嚃羹，毋絮羹，毋刺齿，毋歠醢。客絮羹，主人辞不能亨。客歠醢，主人辞以窭。濡肉齿决，干肉不齿决，毋嘬炙。……"

③ 《礼记·曲礼上》："为天子削瓜者副之，巾以絺。为国君者华之，巾以绤。为大夫累之，士疐之，庶人龁之。"

④ 《礼记·曲礼上》："毋流歠，毋咤食，毋啮骨，毋反鱼肉。""濡肉齿决，干肉不齿决，毋嘬炙。"

在主人尚未遍尝所有菜肴之前，客人不应去漱口，因为客人要跟主人共同进食，并且在主人尚未停止之前，客人是不能就此停下的——若是在国君的宴会上（那种场合，贵族必须表现出最佳的举止），一切胃口贪婪的迹象都必须扫除得干干净净。一个人必须端端正坐在他自己的席上，他面前的酒杯（“爵”）是满的，但只能倾倒一丁点儿在嘴里。① 但一旦主人用手指擦拭他自己的嘴角，客人们便纷纷开始饮最后的酒，表示结束就餐。并且在他们平素接受的礼仪教育中，就知道应尽量不要在自己的几案上剩饭菜，他们感谢主人，说：“我们已酒足饭饱！”假如他们“起舞不庄重，割肉饮食动作不端庄”，那是不对的。那些不能保持饮酒礼仪的人将被警告“觥筹交错时将不再有他们的份儿”，出席的预言者兼执事者会把他们唤回到应有的礼仪状态上来。“我们作为客人，当我们饮酒之际——有的在叫喊，有的简直在咆哮——交错替换着我们的酒爵酒杯——他们起舞，他们的脚步简直跌跌撞撞！”② 假如没有客人“说他自己满足”，那么，另一方面，所有的人都必须装着他们只是在品尝这样酒或菜。在国君或高级卿大夫所举行的宴会中，肉是切成长条的，并不是切成小块。参与饮食不仅体现了参加者的高贵身份，同时也是对他们的束缚，他们必须在封建宗法关系下效忠。因此，客人们在敬意、猜疑等混合的复杂心情下小心翼翼地接受国君或执政之卿赐予的食物，既带着惠受恩泽的荣耀，又带着仰望尊者的服从与卑微。卿大夫只要一出生，敬仰、服从的精神状态就是占主要统治地位的状态，在国君统治着他的时候，他不能毫无节制地大吃大喝，他必须在饮食之际表现出完美的礼貌，“假如国君让你吃他剩下的东西，要在把他盘子里剩的东西吃光（也就是说，你吃完后这盘子要像洗过一样干净）”，因为假如分享了国君的食物乃至他的盘子，这种人身的束缚更加紧密了。“假如国君赐予你带核的水果，要把果核小心翼翼地揣在怀里。”因为这是一种恩赐。假如国君赐给你食物，要吃掉一部分，但

① 《礼记·曲礼上》：“主人未辩，客不虚口。”“共食不饱，共饭不泽手。”

② 《诗经·小雅·宾之初筵》为讽刺贵族失去威仪之诗：“宾之初筵，温温其恭。其未醉止，威仪反反。曰既醉止，威仪幡幡。舍其坐迁，屡舞仙仙。其未醉止，威仪抑抑。曰既醉止，威仪怭怭。是曰既醉，不知其秩。”

最重要的是要保存一部分给你父母：这样你会让他们觉得欣慰，你将让他们的生活更有意义，你也将在长辈跟前为自己更增加君子的名声。①

国君宴请卿大夫，卿大夫在接到国君飨礼的邀请时，获得的高贵荣耀跟获得的食物一样多，而且他将精确地回报国君以忠诚——获得多少食物，就会回报多少忠诚。国君的厨师并不每天为卿大夫准备其份例之内的鸡肉，他们烹饪鸭子，而那些跑腿的小吏们，在他们的内心被一向的强调是他们身份的低贱，他们向贵族家中递送烹饪的鸭子，但他们自己除了一点剩下的汤之外什么也得不到，这足以唤起一场发泄他们内心原始愤怒的复仇："我恨不得拿他们的皮去蒙床榻!"② 比如说，有位国君从关系友好的邻国国君那里收到过一件华美的礼物——一只巨大的海龟。一位卿大夫在朝堂上感觉到他自己的食指（就是人们通常会吮的那个手指）跳动了，他说道："无论这汤什么时候轮到我，我都已经吃过一些珍贵的东西了。"但国君知道了这位臣下预知有好东西吃这一消息，他很厌恶这位臣下认为他自己未卜先知地知道自己能分享美食，特地不请他来吃。这位臣下很不高兴，于是将他自己的手指蘸入盛龟羹的鼎中，吸吮了自己的手指一下，表示自己还是吃到了，从那时起国君便下决心要除掉这位臣下，此后这臣下的同党又杀死了国君。国君与臣下（出自同一宗族）之间的紧密纽带断裂了。③ 当孔子看见他的国君默认自己狡诈的邻国（齐国）送来的乐工唱的曲子意义不堪，旨在侮辱鲁国国君，孔子一开始便决意不离席，决心玉石俱焚，他说："假如国君在祭祀时将祭肉赐给臣下，我理应留下。"（他本以为国君鲁哀公会在祭祀时将祭肉赐给自己），但到祭祀的时候，

① 《左传·隐公元年》："颍考叔为颍谷封人。闻之，有献于公。公赐之食。食舍肉。公问之。对曰：'小人有母，皆尝小人之食矣，未尝君之羹，请以遗之。'……君子曰：'颍考叔，纯孝也。……《诗经》曰："孝子不匮，永锡尔类。"其是之谓乎?'"

② 同"食肉寝皮"条，见《左传·襄公二十一年》。

③ 《左传·宣公四年》："楚人献鼋于郑灵公。公子宋与子家将见。子公之食指动，以示子家，曰：'他日我如此，必尝异味。'及入，宰夫将解鼋，相视而笑。公问之，子家以告。及食大夫鼋，召子公而弗与也。子公怒，染指于鼎，尝之而出。公怒，欲杀子公。子公与子家谋先，子家曰：'畜老，犹惮杀之，而况君乎?'反谮子家。子家惧而从之。夏，弑灵公。"

忠心耿耿的孔子却什么也没有收到，于是他离开了，像那些被放逐的卿大夫一样离开，“这里那里四处流浪。”① 君臣之间的联系纽带之一其实就是拥有经常能够在国君的餐桌上吃饭的权利，但在贵族身份制下，它（吃饭）事实上在贵族等级制中留下了内容，也就是说，参加国君的各种食飨礼典、祭祀社神（土地神）之礼，意味着是等级权利。其中最重要的是参加国君主持的宗族祭祖礼。在祭祖礼上，优美的音乐和歌词赞美并称颂着天子和国君，是他的美德让大地五谷丰登，他将向祖先提供丰盛的祭品。在祭祖礼上，从国君家族中会挑出一名子弟来代替去世的祖先受祭祀。于是，祖先进食了，享用他们的魂灵保佑下的丰收果实。祭祖和食飨之礼过后，国君和臣下“心怀敬意面向火堆——心里涓起无限的敬意——炙牛肉！烤羊肉！——还有您，这庄严气氛中的先妣——是您让我们宗族支脉繁盛！——主人、客人在此济济一堂——酒杯奉上，轮番敬酒！大家举止完美，礼仪端庄！——言笑无声——本就该这样！而代表祖先的庄严的‘尸’② ——将带给我极大的欢乐——让我永寿，万年无疆！——我奉献出自己整个的心灵——在礼典上，我整个人空空荡荡，虔敬空前！——占卜师解释着龟甲上的兆纹——赐予虔敬的子孙福佑——‘芬芳的香酒虔诚地进献给祖先！——祖先的神灵享用了——他们将赐予你们各种福佑——根据你们的颂歌，根据一向的规则（祈福受报）——你们仔细恭敬，你们举措得体——这样就会永远受到祖先的福佑——无数福佑，万年无疆！’这样，祭祖礼典就结束了——钟鼓声敲起，昭示着礼典的结束——虔诚的子孙啊，我要坐下了——占卜师说起他的预言——‘神灵们喝下了香酒，喝得底朝天！’而你们，仆人们——迅速擦净桌子——跟我的叔侄们一起，你们济济一堂，而后我们开始盛宴。——乐师

---

① 《史记·孔子世家》：“齐人闻而惧，曰：‘孔子为政必霸，霸则吾地近焉，我之为先并矣。盍致地焉?’黎钼曰：‘请先尝沮之；沮之而不可则致地，庸迟乎！’于是选齐国中女子好者八十人，皆衣文衣而舞《康乐》，文马三十驷，遗鲁君，陈女乐、文马于鲁城南高门外，季桓子微服往观再三，将受，乃语鲁君为周道游，往观终日，怠于政事。子路曰：‘夫子可以行矣。’孔子曰：‘鲁今且郊，如致膰乎大夫，则吾犹可以止。’桓子卒受齐女乐，三日不听政；郊，又不致膰俎于大夫。孔子遂行……”

② 在文献中，祭祀时用孙辈替代王父受祭，如下一注《诗经·大雅·既醉》的“公尸”。此时，代替的孙辈被称为“尸”。——译者注

加入，既歌既舞！——我们欢乐，心潮澎湃！——美酒佳肴丰盛完美！——酒盈爵尊，肉飨佳客——他们微有醺意，尽欢陈辞——‘祖先的神灵已享用了美酒佳肴——保佑国君万寿无疆！——正在这吉日良辰——你们举止完美！——子子孙孙排列成行，将跟从国君。’”① 卿大夫参加国君主持的祭祖礼（因为他们跟国君出自同一个大家族）。他们的子嗣也参加。当他们面对着祖先的排位，也就是说他们恭恭敬敬地站在了祖先的跟前：这格外的专注让祭祀的酒菜在丰盛的同时更显得隆重和庄严。在与祖先静默对话之际，卿大夫根据爵位和身份的高低，庄严肃穆地排在国君之后。“在祭祖之后，（祖先的神灵享用过的）剩余的食物便由众人分享……（首先）代替祖先受祭的‘尸’享用（祖先之灵剩下的）。当祖先神灵心满意足并飘荡离开之际，国君和卿大夫（加起来）四人都被告知，祖先的神灵已经走了，于是由国君开始首先享用祖先神灵享用过的祭品。当国君心满意足地告饱离开之后，六卿依次享用剩下的——臣下享用国君剩下的。当他们告饱后，起身离席，其余的卿大夫（八公）再享用剩下的。当他们告饱之后，剩下的人则在大厅下的台阶下按次序站好，所有的仆人也都站立得靠近宴席：卑贱者（‘下’，即是那些必须一直站在台阶之下的人）必须享用尊者（‘上’，即那些可以登入厅堂的人）剩下的。这一原则指导着如何处理一步步剩下的食物——每次剩下的都允许一部分某种身份的人享用，这样就彰显出身份的尊卑了，它是宗族内部成员和谐一体的象征。”“身份最尊贵的（他们吃得并不是最多，但是享用食物最丰美的部位）享用最尊贵的牲骨（上面附的肉）[据文献记载，在周代，这一部位是牲体的肩膀]，稍次的贵族（他们能稍微多吃些，但享用的部位不是最好）享用稍次些的牲骨上附着的肉。”② 卿大夫和封君则

① 《诗经·小雅·楚茨》。《大雅·既醉》：“既醉以酒，既饱以德。君子万年，介尔景福。既醉以酒，尔殽既将。君子万年，介尔昭明。昭明有融，高朗令终。令终有俶，公尸嘉告。其告维何？笾豆静嘉，朋友攸摄，摄以威仪。……”

② 《礼记·祭统》：“是故尸谡，君与卿四人馂。君起，大夫六人馂，臣馂君之余也。大夫起，士八人馂，贱馂贵之余也。士起，各执其具以出，陈于堂下，百官进，彻之，下馂上之余也。凡馂之道，每变以众，所以别贵贱之等，而兴施惠之象也。”“凡为俎者，以骨为主。骨有贵贱，殷人贵髀，周人贵肩。凡前贵于后，俎者，所以明祭之必有惠也。是故贵者取贵骨，贱者取贱骨。”

依据他们受封之地的等级献上尊卑程度合适的贡品或颂词，国君则将祭肉（被他们祭祖时虔敬的灵魂感染过了）分配下去——他本人将所有的虔敬、所有的贡品照单全收，不过在分发给臣下时，要按他们的身份等级依次分发相应的份额。每个人都会得到一份严格按他自己的身份等级准备的一份祭肉，这肉的大小和部位按各人身份有所区别的，但当这祭肉本身（总数）数量和质量有所变化时，分配祭肉的原则便以均衡为上，保证每人都能拥有。领受祭肉的所有贵族组成了整体的贵族集团，在国君告饱后能享用的那几位上卿拥有上等的阶衔，但从国君的角度说，献给故去先君的祭肉在先君享用（神灵享用的是食物的气味）之后变得内容丰富了，因为他们各自都拥有一个不会离去的灵魂，在他们死去之际它在人间消失了，但它将升起，升起，直到天国。在那里，先逝去的先君的灵魂将在那里继续上朝；用作牺牲的牛羊之脂燃烧所生的烟气会上达那里，为他们享用。在他们活着的时候，他们会享受在自己家族作为族长的尊严和荣耀——是所有生者能够享有的那种能够君临、能够统治的尊严。他们的权力会变成种种令自己的国家五谷丰登的灵力和美德，而这灵力和美德又让他们继续享有拥有封国土地之权。当国君拿起犁铧，开始了天下耕种的第一犁之际，他要亲自犁开一条小小的垄沟，立即，天下土地都肥沃了，而土地中结出的最初的谷蔬果实就是因为解除了对土壤的禁令。① 与此同时，卿大夫按等级在国君耕过后，依次到籍田耕种推犁，所有的人都激发出了活力——这活力本来集中在他们的国君身上，此刻在他们身上洋溢出来，但是，地位越卑的人们下籍田耕种时越是成群，推犁的次数和犁开的垄沟也要越多。他们由此获得一种对土地而言显著的权利（当然是在国

① 此为《礼记·月令》：“孟春之月……是月也，以立春。先立春三日，大史谒之天子，曰：‘某日立春，盛德在木。’天子乃齐。立春之日，天子亲帅三公、九卿、诸侯、大夫，以迎春于东郊。还反，赏公、卿、诸侯、大夫于朝。……是月也，天子乃以元日，祈谷于上帝。乃择元辰，天子亲载耒耜，措之于参保介之御间，帅三公、九卿、诸侯、大夫，躬耕帝藉，天子三推，三公五推，卿、诸侯九推。”冬天有禁令，开春天子及诸侯国君进行亲耕之礼，天子或诸侯国君犁地，表示解除了土壤在冬天的禁忌，此后土壤将日益肥沃，可播种百谷。——译者注

君这种权力之下的），即他们的耕种也不过是象征性的。而农夫们，因为他们是“野人”，他们跟这种仪式化的耕种典礼是没有任何关系的，他们只有去下地劳动的义务——因为耕种礼典上的劳动能提供的是一种身份权利，除此之外它什么也不能提供。

每一位贵族，只要他的美德释放出去，他都是一位统治者。无论是君主还是在朝的贵族君子，他们体内寓居的都是美好正直的灵魂。更重要的是，这种封君与封臣之间的上下从属关系暗示了一种完完全全意志上的统一，从父系家族亲属关系看，它根本不会有不一致的时候，这种从属关系存在于同一时代的父子之间。卿大夫为国君守孝的严格程度，跟他为自己父亲守孝的严格程度是完全一致的。封建宗族集团就是家族的一种，正如家族就是封建宗族集团的一种形式一样。封建宗族是一个浑然的整体。家族成员都有共同的始祖，所有人都共享这种血缘关系的纽带，但共享的程度不一样，因为封建宗族是在封建血缘宗法制的自然形态和自然发展之中存在着。兄弟互相支持，卿大夫希望巩固国君的统治，（这样的情景每天发生），不能将他们孤立于封建宗法制的律法之外——假如这样，他们就是在挑战宗法制的种种原则。他们根本不会打破宗族间的浑然一体，他们也不想做自己邦国和家族的罪人，他们或许会稍有不敬，但这也只有在他们的意见无望被采纳时才会如此。因为他们的建言假如不幸命中，将会昭示着他们身上存在着比获罪的人更优越的远见卓识，而这将使他们成为真正的罪人（破坏了宗族内部的团结，使族人获罪）。这样，当同一宗族只是致力于发展宗族的集体力量时，封建集团也只是致力于支持他们自己建立起来的等级制度，因为这个原因，礼典的举行以这样一种仪式周期性地重复着忠诚、团结这样一些内容。参加礼典的众人按身份、年齿等排序，每个人都会获得或多或少的尊严和声望。所有的社会身份象征都拥有强化等级规定的意义。等级规定是核心和灵魂，而下服从上是事实。没有人认为自己能够失去宗族集体保护而生活。但一旦他自己成为宗族集体的一分子，他也为自己获取了一份宗族共同体所拥有的荣誉和美德，而正是这荣誉和美德被国君承认。国君最重要的事情就是时时刻刻强调他自己的威望。为了一直保持国君的威严姿态，他除了必须摆出君主样子之外什么也不做。但当仅仅摆样子并没有什么大作用时，可能由某位重卿独自执政，这位重卿只能在国君之“德”授予他代理权时才能这么做。现在，无论当他的声望因一时失败而处于国君下风，还是他表现得太完美了，以致几乎独占了所有声望，他都肯定成为国君本人威望的持续性障碍。这位重卿既是国君政令的执行官，又执掌军队，假如他执意要有什么一意孤行的动作的话，他注定要为此付出代价［因为当时，在个人为国鞠躬尽瘁和实施个人野心之间并无明确界限］。他将会发现自己处处都极尽勤勉，他必须身为天子或国君的仆从，而不是一个无所事事的挂名公卿。但是，假如他的任何举措都不偏不倚，他只能根据旧惯例的框架行事，也只能为了这个框架付出。“诚”是公卿首要的品质，这将根据他是否完美地依从“礼”框架下的习惯法行事来判断，看他是否让它达到精致和完美无缺的地步。他忠心耿耿地全身心奉献，必须明白地表现出无论办事、思考还是感觉事物，他都跟这习惯法一致。而定期地蒐狩（讲武）是古代公共生活的一部分。所以，当礼典的操作者和执行者——这位执政之卿，从国君的心坎让他放弃旧式的高贵姿态时，表面上礼典还是那么繁盛，甚至登峰造极。但如果执政之卿私心较重，甚至更坏些，比如，各种法家之士以种种阿谀伎俩在朝堂上取代了执政之卿的地位，这样，封建贵族制时代就结束了。事实上，诚实淳朴的“忠厚长者”取代了君子的地位，他们风尘仆仆地忙于各种服役性事物：而先前的君子则一贯以他自己无所不知而感到自豪。在贵族君子执政的数百年间，古代中国人在封建制度框架下积累了珍贵的美德，他们认识到礼仪的繁文缛节的重要性，并在心底里深深认可它，将其形成一个整体的框架。他们深知协同一致在美德方面的重要性，他们把最完整地践行忠诚看做必需的责任：他们拥有让这种责任明确化的高超智慧——用一整套正式的礼仪和礼乐制度来让它明确化，这些礼仪包含了习俗、惯例、既有的等级制度以及种种良好的传统风尚，他们将忠诚、荣誉视做最基本的思考和言行准则。他们用严格的约束性实践来践行这种种美德，并让它具细化。并且，当他们决心全身心地投入这蕴涵了种种繁文缛节的信仰中去之际，他们成功地避免了思想和心灵的不平静和波动，而这波动或许会从对公正、真实的毫无约束的追求中表现出来。

第四章　私人生活

不知古代中国人是否相信，他们的忠心和虔诚事实上来源于所有远古时的家族组织，来源于人们作为公民的美德。对家族族长的尊敬被认为是最大的责任，从这种责任中引发了各种社会责任的原初形态。假如应该无条件服从国君，那是因为众人将国君当做父亲。而在官府中，无论是哪一级别的官府，其构成似乎从来都首先来自父家长制的形式，因为对国家的责任被认识成对家族责任的延伸。天子王室或诸侯公室的处境乃至结果依赖于作为儿子的其子弟虔诚。当父亲用孝道教育儿子时，同时也会教育儿子向国家尽忠。这样，父亲实际上成了儿子的首任地方官员，并且根据古典理论和训条，担任地方官员并不是受了谁的委托，这权力是自然而然属于他的，建立于自然法则之上。

这些理念跟即便今天的中国人的情感也是一致的。即便是今天，中国人的情感也彻底而稳固，中国人感到他们天生的情感状态就是如此，假若这么判断他们，他们认为很公允。但这种情感状态是有一个发展史的，它们在代代相传的谆谆教诲中融入了这个民族的血液。这谆谆教诲通过学校教育实行，精通礼仪的引导者引导着入学的贵族子弟不断研习。当他们全身心地投入其中之际，也在诠释着这个民族关于美好道德的种种准则，当然，这美好道德是强加于每位贵族君子身上的。从这些对礼典的一遍遍诠释中最终产生了两种礼仪书籍：《仪礼》和《礼记》。在这两部书中，许许多多逸闻被用来诠释礼典和礼仪的细节。这些包含在汇集所成的书卷中的故事，是距今遥远的古礼保护人——孔子作为史迹记录下来的，否则，有关它们的明确编纂只能上溯到汉代。但从礼典编纂的时代起，它们便获得了一种规范化了的价值。对《仪礼》、《礼记》的阅读能够发现古礼所蕴涵的美德。没有人胆敢认为这些美德不是古时候先人身上曾经存在过的。

从另一方面说，在历史文献被重新审视之际，很显然，忠孝虔诚这些原则并不是从已经条条框框化了的所谓自然情感中衍生而出的，它们是从远古时期的某些仪式中衍生而出的。在远古时期，男系亲属之间的依赖和从属关系会导致这种情感的产生。其实，亲属关系只有经过长期演进之后，父子之间才将彼此视做亲属。联结他们的最初纽带是分封制度下的宗法依存关系，更进一步说，它是一种家族自然关系的强化。儿子只有在将某人视做自己的封君或国君之际，才会将他当看成如同自己的父亲。

那么，很显然，我们就可以推翻古代中国史学传统（它根植于古代中国一整套理论中）中一向存在的假定性完美主义了。公民的美德并不是家族性伦理美德的简单投射，相反，封建城邑中的习惯法已深深注入了人们的家内生活。在礼典的影响下，父家长制原则统治着家族的组织形式。儿子对父亲的孝道是对国君尽忠的一个方面，当这一原则扩展到所有的家族之际，它便成了根本性原则，即便在人与人之间的关系上也是如此。这样，在古代中国人的个人生活中便出现了一种特征，它是如此重要，我们必须详详细细地对它加以阐述。当家族内的秩序完完全全建立在父家长的威严之上时，尊敬长者这一理念看上去在家族生活的各种理念中占有绝对优先的地位。家族的日常生活在朝堂生活的礼典集会的这一模式下规律化了，它禁止任何程度的亲密情感的流露。各种规则的繁文缛节规范了生活，而这些繁文缛节根本就不蕴涵任何亲昵内容。

一、贵族家族

除了具有甚远历史影响的重要意义外，因为封建宗法时代中国贵族的家族组织形式在古代中国风俗习惯发展过程中具有深远的影响，所以，当时贵族家族的组织形式具有极大的社会学意义。这种家族的形态相当奇特，也是很稀有的一种模式，因为它本身就是一种中介，一种转变形式。事实上，它具有介于未分化的父家长制和彻底的族长制两方面的性质。①

贵族家族不包括整个的同一父系所出之族，虽然它的规模比父家长制

① 我按照涂尔干（Durkheim）先生给予这两个术语的严格意义来运用它。

涂尔干为法国著名社会学家，著有《宗教生活的基本形式》（*Les Formes Elémentaires de la Vie Religieuse*, *Le Système Totémique en Australie*）等。——译者注

家庭要大些，但它并不是完全未分化的。在特定数量的某几代之后，家族成员间的关系会越变越疏远。一定程度的联系和义务不再超出某个程度的亲属圈子，其余人被限定在一个狭小的圈子里。但是，这些圈子中最小的也通常包括并非同一父亲的堂兄弟，不止是父亲与自己直接的儿子。仅仅父亲去世还不足以让这圈子分裂，因为他所有的儿子都能继承父家长制下的男性权威。但嫡长子立即便拥有了其中最高的一种权威，这样，这个家族此时仍然没有分家，它同样不是严格意义上的父家长制形式——父家长的权威虽然受到承认，但限制在一定范围内，并要服从其他的权威。最年长伯父的权力能跟各家的父亲权力相媲美。孩子的责任和权利根据他是否嫡长子或是否嫡出而变化。总之，并不是在所有时候，在任何领域，权威都由一个人去施行。每对父母作为一个整体，被分成拥有不同地位、不同权利和义务的家族组成部分。总的说来，贵族家族作为父系的扩展家庭，根据等级制度和自然形成的血缘关系两者来形成脉络清晰的大家族，它的组织形态很复杂。不过，在这个大家族中，没有哪个人的权威能够上升到自由支配君权的地步。

1．家族组织形式

拥有共同的姓氏（同姓）是确认贵族家族的人们之间彼此关系的最关键要素。崇拜共同的宗族祖先（同宗）则是家族赖以组织的原则。① 所有同姓都有明确的责任，他们组成了共同的家族（同姓家族）。另一方面，亲戚按一定世代的亲属关系来确认彼此之间的亲疏（这种确认原则在当时是一种信仰），从而形成了“宗”，“宗”虽然有大有小，但跟“姓”比是大的。“宗”并不包括那些仅仅出自同一个远祖的亲戚，虽然他们也因此有明确的血缘上的关系，他们膜拜共同的祖先。这样，当亲属关系并不完全依靠自然血亲的远近关系来确认时，当时那种上升到信仰高度的亲属确认原则才是形成大家族的关键所在，而这种亲属确认原则包含了个人跟家族之间联系的各种内涵。

我们可以回忆一下，在农夫的大家庭（这大家庭是未分化的）中，

---

① 下文所有的解释都取材于《仪礼》，《仪礼》记载服丧、守孝等级的篇章是根据亲属关系的远近来展开的。

“姓”就是彼此之间存在亲属关系的最明显印记：它是一种实实在在的关系，是一种蕴有丰富情感的表征，它简明地体现着这个家族所拥有的“德”，并显示了本家族的种系特征。而在贵族家族（我们可以认定它也是由先前的未分化家族通过长期演进发展而来的，这一点是最要紧的前提）中，亲属关系同样首先由“姓”来辨认。两大贵族家族若拥有同样的姓，那么彼此之间肯定有联系，甚至在双方的共同祖先并不明确时也是如此。但姓也并不是任何时候都依赖血缘关系而存在的，无论家族的分支地处多么偏远，也无论家族的构成多么复杂，这家族都拥有它因自然衍生而拥有的姓氏，这姓氏自然而然地往下繁衍，继续形成家族的分支。当某个中国古代家族被流放到蛮夷所居的边裔时，所有这地区居住的蛮夷部落都跟这被流放的拥有华夏姓氏的家族有联系了。[①] 族姓体现着个人，而不是个人体现了族姓，个人拥有族姓是不能被剥夺的权利。嫁出去的女儿不再整个地依赖自己家族的家长，而是依赖于她的婚姻状况。她作为女儿孝顺自己亲生父母的孝道假如不是被全盘压制的话，至少也是减弱了，虽然她仍然拥有自己的姓。孤儿如果随着再嫁的寡母到第二个家庭，他便跟这个家庭产生了联系，必须在这个家庭做个孝子。同在一个屋檐下生活这一事实将让他必须敬重自己的继父，对继父怀有对亲生父亲一般的孝道，否则他不能拥有自己的姓氏。[②] 这一规则很清楚地表现了：认亲关系的原则以及建立在此基础上的贵族家族内部组织方式，依赖于两大类不同关系而存在。一种与此并行不悖的事实说明在某些情况下要优先确认亲属关系，比如（在正常情况下）只有他可以作为家族的继嗣，而他也早就拥有了被继承者的姓氏。

拥有同样姓氏的家族（“同姓”）暗示着拥有一定的共同责任——亲戚之间不能通婚，也不能仇杀。旨在复仇的决斗跟涉及“性”争夺的决斗一样，意味着他们不处在天然形成的同一族姓之内，他们不结成同盟，

---

① 蛮夷部落获得姓氏，是因为跟华夏家族有规律地联姻。

② 《仪礼·丧服》所记守三年丧之制：“‘为人后者’，传曰：‘何以三年也？受重者必以尊服服之。”即作为别人继嗣的儿子，要为继父服三年丧，如同对亲生父亲。——译者注

他们互相敌对。另一方面，拥有同样的姓氏也迫使不同家族参与同一场斗争或同一种结盟。假如有族人被杀，主要复仇者的所有亲戚都会支持他。① 当两个家族因联姻而建立起同盟之际，所有同姓集团都得加入：由两个家族出人，护送着新娘的伴娘，而伴娘则护送着新娘嫁到夫家。这样再加上新郎的家族，就至少有三个集团参加这婚礼的盟誓了。“三”是个完整的数字，而且，这种由三方参加的盟誓宣告了完整的家族同盟由此成立。参加护送的伴娘必须是自发要求去的，这一点意义重大：这与其说是义务，不如说是权利。亲戚家族之间彼此束缚般的联系必须是平等的，彼此之间不可分割。

相比“同姓”而言，“同宗”，也即靠信仰式认亲原则确立亲属关系的家族，情况就不太一样了。它极易受到世系往下繁衍时实际情况变化的影响，并且其中存在着等级制度。某个家族的成员（庶姓）拥有特定的氏族标记——“氏”，而且这氏族标记恰如其分地为他们打上了烙印。从理论上说，不出自同一高祖（祖父的祖父）的亲戚可以采取“第二姓”——“氏”来区分他们自己。“氏”跟家族的“姓”完全不是一回事。家族的“姓”是互相通婚时的界限，即便没有明确证据表明双方有共同的祖先。但拥有同样的“氏”的家族有可能通过婚姻联合起来，前提是他们不同姓。但是，在这种情况下，不同姓的一方不能参加同姓家族举行的旨在强调家族友爱和凝聚力的食飨之礼，因为在这种礼典上，人们的身份是按照年龄排列的（从文字角度说就是“尚齿”）。② 这种似乎让人们平等化的礼典对于巩固亲属关系有重要意义，它天然地建立在“同质体”这一浑然未分化的概念基础上。拥有同样“氏”的家族也是

---

① 《礼记·檀弓上》：“子夏问于孔子曰：‘居父母之仇，如之何？’夫子曰：‘寝苫枕干，不仕，弗与共天下也，遇诸市朝，不反兵而斗。’曰：‘请问居昆弟之仇，如之何？’曰：‘仕弗与共国，衔君命而使，虽遇之，不斗。’曰：‘请问居从父昆弟之仇，如之何？’曰：‘不为魁。主人能，则执兵而陪其后。’”

② 《礼记·祭义》：“昔者有虞氏贵德而尚齿，夏后氏贵爵而尚齿，殷人贵富而尚齿，周人贵亲而尚齿虞。”《大传》：“四世而缌，服之穷也，五世袒免，杀同姓也。六世，亲属竭矣。其庶姓别于上，而戚单于下，昏姻可以通乎？系之以姓而弗别，缀之以食而弗殊，虽百世而昏姻不通者，周道然也。”

"由食飨之礼"联系着，但是另外一种方式。因为他们都属于当时的信仰认亲①的同一圈子范围之内，他们往往举行旨在崇拜祖先的食飨礼。这些食飨礼拥有联系不同家族的功能，跟同一家族内部举行的旨在强调家族友爱的食飨礼不同。这种食飨礼举行时，每个人都带着他自己分内的见面礼而来，但这些礼物并不会整个汇总起来，它们是送给公认的宗族首领的。每个人都会拥有跟自己身份般配的一份食物，这份食物与他带来的见面礼一样，是由族长按惯例分配的，并由他亲自分发。参加者收到这份食物就如收到一份礼品——这儿的确存在着共同体，但这共同体中存在着等级制度。

每个向下繁衍的次生家族（庶姓）同样被当时的认亲信仰（五服制度）分割为一个个小的团体。这些小团体在身份上并不平等，最低级的是由一群同父的兄弟及他们的子嗣组成的团体，他们围绕着嫡长子形成一个集团，崇拜同一个过世的父亲。这一由兄弟的小家庭组成的扩展家庭组成了家族中最小型的结构单位，但这其中也早就有了等级组织方式——他们都必须认可嫡长子的身份和权力。假如某个儿子不是他父亲的首要继承人，他就不能作为嫡系大宗来传宗接代，他仅仅能参加由嫡长子继承的大宗举行的祭祖礼。② 最年长的伯父则支撑着家族共同体而存在。同一祖父的孙辈也形成一个团体，主要靠其中兄弟的团结友爱，这些孙子每人都拥有自己的家族或身份标记（由家族长决定）。再往上则是同一曾祖父的曾孙形成的团体，同样，再往上就是同一高祖的玄孙形成的团体。这四类当时信仰认亲原则内的宗亲可以组织起来再形成一个集团，这个集团崇拜更远的祖先。组成这个集团的各个小集团拥有同样的"氏"，它们都从属于同一个大家族（"庶姓"），它们拥有共同的已知最近祖先。这一集团的首领是嫡系中的大宗，地位最高。这种家族组织方式跟建立在未分化概念基础上的同姓亲戚关系相比，跟祖先崇拜的关系更近一些。独自拥有祖先的

① 即"五服"。——译者注

② 《礼记·大传》："庶子不祭，明其宗也。庶子不得为长子三年，不继祖也。别子为祖，继别为宗，继祢者为小宗。有百世不迁之宗，有五世则迁之宗。百世不迁者，别子之后也。宗其继别子之所自出者，百世不迁者也。宗其继高祖者，五世则迁者也。尊祖故敬宗，敬宗，尊祖之义也。"——译者注

宗庙牌位来崇拜和祭祀祖先是贵族的一种权利，现在，排列这些宗庙牌位的习惯法（昭穆制度）还保留了古时未分化的家族组织形式的烙印，在这种家族组织形式下，拥有不同等级的集团形成了有序的阶层。无数理由都已指出并证实了母系组织方式最初先于父系组织方式而存在，它从孝道这一理念在未分化的家族中获得特定的重要地位那一时刻开始，就获得力量，并得以在父系取代母系之后继续存在下去。古代中国礼典上有句格言足以证明这一点："禽兽们知道谁是母亲，但不知道谁是父亲。野人们说：'我们为什么必须要区分开父母亲呢！'但城邑中的贵族知道如何礼敬他们去世的父亲。"① 假如村社中的妇女，也即母亲（在那里，她们的丈夫仅因婚姻配对而存在一段时间），起初是村社中所有孩子的母亲，我们就可以理解描述孩子对母亲情感的术语了（"亲"），"亲"这个字被用来描述父母双亲，并仍然保存着描述表示亲戚关系的那层意思，但另一方面，它绝不用来描述对父亲的感情，父亲不是"亲"，他是"尊"，即值得尊敬的人，"尊"这个字恰如其分地表现了古代中国父亲与儿子之间的关系，它所指的尊敬这种情感是要求有一定距离的——这种尊敬是卑者对尊者的尊敬。但是，当祖父甚至辈分更高的长者被目为尊长，他也只是"亲"，即一位近亲，一位家长，这一点是重要的事实。而且，比较近亲属关系的确认很可能无视这位长者的存在。这一越权般的情况是这么解释的：在按父系关系确认亲属关系远近的同时，祖父，正如我们先前所提到的那样，因为同时又是母亲的舅父（祖父所拥有的属于母系祖父所拥有的身份），他首先就在母系亲属中占有一席之地了，所以不能再按父系的亲属关系认定他的位置。同样，在曾祖父那里，当曾祖父（正如父亲一样）只有在他自身属于父系的身份优于属于母系的身份时，才能被确认为父系家族中的亲戚。现在，两大连续传承的父系家族（这两个家族互相通婚）中的两辈人就成了远亲，能够传宗的子嗣与父辈之间的关系更接近。更精确的解释是这样：在当时的宗庙排列牌位的习惯法下，一代代父亲和儿子的牌位依次排列，这些牌位只包括入庙的一代代父子和他们的

---

① 《仪礼·丧服》："禽兽知母而不知父。野人曰：'父母何算焉！'都邑之士，则知尊祢矣。"

配偶。这一原则（昭穆制度）要求父亲的牌位与儿子的牌位面对面排列，同样，曾祖父的和曾孙的也是面对面排列，这样，宗庙中的牌位就形成面对面的两列，孙子的牌位和祖父的牌位会排在同一列上。

同样道理，当活着的人们举行宗族合祭来祭奠死者时，他们也必须按照昭穆制度排成相对的两列，继嗣的那一代排在自己父辈那一代的对面，隔了辈的则有可能排在同一列里。[①] 最后，假如一个孩子有资格主持这一祭祖礼典，但他太年幼了，还不会自己走路，必须由他祖父的同辈人带来。并且，作为这一规则的结果，祖父和孙子之间这种许可存在的亲近从礼典上延伸到生活中，甚至有了更纯洁的道德上的含义。这种亲近在父亲与儿子之间是不能存在的。[②] 从当时信仰层面的认亲原则推演出的家族组织形式（五服）中衍生出一个有关亲属关系的新观念。当家族处于未分化状态之际，亲属关系建立在彼此认为是同质体这一观念之上。但在贵族家族中，他们会因为是否继承对大宗先祖的祭祀而被区分开来，他们在祖先宗庙中举行的宴飨礼跟同姓相见之间举行的旨在强调友爱的宴飨礼相比，次数更为频繁，等级更为尊隆。亲属关系似乎源于国君举行的祭祀先祖礼典，一同频繁出席的那几位似乎彼此之间有着更近的亲属关系。并且，作为事实，贵族之间存在着四种不同的守孝着服等级来确定间接存在的亲属关系，因为这四种服制和亲疏关系的存在（除了大宗之外），构成信仰层面亲族集团（五服）的间接亲属在宗庙祭祀中碰面的机会越少，就说明亲属关系越远（守孝穿的孝服等级越轻，这从外一目了然）。亲属

---

① 《礼记·王制》："天子七庙，三昭三穆，与大祖之庙而七。诸侯五庙，二昭二穆，与大祖之庙而五。大夫三庙，一昭一穆，与大祖之庙而三。士一庙。庶人祭于寝。"《祭统》："夫祭有昭穆。昭穆者，所以别父子、远近、长幼、亲疏之序而无乱也。是故有事于大庙，则群昭群穆咸在，而不失其伦，此之谓亲疏之杀也。"《汉书·韦贤传》："玄成等四十四人奏议曰：'《礼》，王者始受命，诸侯始封之君，皆为太祖。以下，五庙而迭毁，毁庙之主臧乎太祖，五年而再殷祭，言壹禘壹祫也。祫祭者，毁庙与未毁庙之主皆合食于太祖，父为昭，子为穆，孙复为昭，古之正礼也。……'"

② 《礼记·曲礼上》："《礼》曰：'君子抱孙不抱子。'此言孙可以为王父尸，子不可以为父尸。"《祭统》："夫祭之道，孙为王父尸。所使为尸者，于祭者子行也。父北面而事之，所以明子事父之道也。此父子之伦也。"

之间的纽带仍然是作为某一集团成员而产生的结果，它也随着亲属关系远近而减弱，内容也有所变化。但是，在宗庙举行的合族祭祀跟未分化家族所举行的、旨在强调平均的宴会是不同的。每个由信仰内确认的亲属家族的族长都因为他自己的威望而承担着司仪的重要职责。正是通过他来仲裁，家族成员才在情感上共享一个祖先，并彼此融洽和认同。大合祭前举行的献祭似乎是为了加强族长的威德，因为他要在随后的大合祭中全身心地、虔诚地投入到将虔诚的情感在合祭中周流遍布这一责任中去。他承载的这一美德跟家族本身的荣誉是分不开的，但是，族长本人是接受崇拜和赞美的核心，看上去仿佛建立起一个庄严肃穆的形象，这庄严肃穆令众人都醺醺然地处在一种升华了的神圣气氛中。当这庄严肃穆的感觉从族长身上传染到每个人的身上之际，它在大家心里唤起的不仅仅是大家彼此属于同一个共同体这样一种原则：由族长以分赐祭肉的形式分发着欢乐和福德（“福”），这祭肉作为祖先的声望和赐福的一部分，也作为对权力的分享分发给了众人。没有人会认为他感受到的受赐福德来自他自身的美德和行为，并且，他会跟每个家族成员一样，心中升起一种感觉，因为高高在上的权威（这权威只能由众人的敬仰而造就）往下惠赐着恩泽，就如汩汩温泉从高处流淌下来，最终流淌到每个人心里。众人对族长的敬仰似乎才是造就亲属关系纽带的成因，这纽带让家族中的每个成员都牢牢与家族束缚在一起。假如家族成员持续不断地假设亲属之间存在着无处不在的固有联系，甚至在心里不断追加一种更加明显地被认为理所当然的责任，那么，家族对成员的束缚就始终紧密，甚至越来越紧密。众望所归的族长便理所当然地拥有显著的席位，族中成员为他带高级别的孝（悼念最亲近人所穿的孝服）就是义务。有影响力的人以及嫡长子，他们从自己的同辈中分离出来，也成了家族中父子关系的继续缔造者。家内权威和孝道两种观念结合在一起，变成了一种特质更加模糊、内容更加宽泛的情感——正如概念经常会发生内容的变换，但仍然可以被分析和解释那样。不过，只要分封制所建立的秩序存在下去，包含了家内权威和孝道两者的情感便不能强大到足以跟父权和封建秩序对抗的地步。主持由信仰构成的五服宗族的权力包括了一种自我牺牲的权威，比如说，在要求表现出必需的高贵姿态之际，他必须将权威完全让给国君。此外，因为嫡长子是他的合法继承人，他还有可能被嫡长子以继承的方式彻底地剥夺族长的地位和领主的身份。次子不能拥有这种权威，至少在他有生之年如此。假如每个以后要成为父亲的儿子都能拥有这种权威，那么，即便他是次子，他的儿子也能在为他戴孝时穿最高等级的孝服，因为他去世了，已经成为本族祖先的一员，将接受由兄弟构成的大家族的祭祀。但是实际上，嫡长子一般总是在次子之前去世，因此次子没有权利用跟嫡长子的继嗣一样的等级为嫡长子戴孝，假如嫡长子本人是族长的话。次子为嫡长子戴孝时，事实上不能跟他自己的侄儿、儿子在戴孝等级上有什么不同，即便是次子中最年长的也不行，这些规则表现了存在于贵族间的等级制（它让贵族家族内部亲疏有别、贵贱分等）包含了排列宗庙牌位的严格制度——昭穆制度，它并不是从父权制中自然产生的东西。这些规则的存在还表明，古老的、未分化的家族组织形式是支撑它存在的固有力量。尽管由信仰组成的五服家族拥有一位族长，也尽管亲属关系似乎是因为对族长的一般从属而产生的，但家族不可分割这一特性始终保持着。这样，在由兄弟、堂兄弟的家庭构成的大家族（“同侪”）中，所有的“侪”（同辈）都在同一家族系谱树上。这一规则就是：假如某位幼弟拥有格外的资源，过剩的那些就得上交给长兄。另一方面，长兄必须为生活资源不足的弟弟提供所需品。同样，堂兄弟也拥有监护人的职责和权利。只要某人还有堂兄弟在，就没有哪个陌生人可以越过堂兄弟充当他的监护人。由信仰认同形成的五服内大家族的族长的权威受到家族共同体本身权利的限制：假如族长本人没有儿子，他必须认定一个继嗣，但当假如他不得不去认定时，他并没有按自己心意去认定的自由，选择他的继嗣跟让他自己选择继嗣是两回事，他必须按照习惯法来选择。他必须从亲属关系最近的家族中选择。

正如建立在封建宗法制基础上的大众法律一样，封建宗法时代家族内的习惯法是一种处于过渡状态中的法律形态，它并未最终成型，且不能改动。尤其有关继嗣的律法是不能改动的，即便在国君的家族里也是如此。但涉及大多数人的法律则经常受到种种挑战而变动。它并不总是跟父死子继的继承原则背道而驰。继嗣的选择经常受到父母和卿大夫的意向干涉。卿大夫由此向家族继嗣原则的内容施加自己的影响，乃至调整这些继嗣原则。这种情况经常发生在继嗣不是从儿子中选出的状况下。在这种状况下，继嗣权首先落到了嫡长子那一系中，以此类推，一直到各个次子之系，乃至他们的儿子。同样，当儿子中间产生的嗣子不能拥有嫡长子的头衔时，当这位儿子的母亲拥有最尊隆的身份时，继嗣的机会就降临到他头上了。每一步我们都会在文献记载中看见一些史实，这些史实暗示了这一流动的权利属于未分化的大家族，这规则的活力甚至有时还源于按母系认亲的一些原则。家族组织形式通过定期举行的合族祭祀仪式被栩栩如生地描摹出来，不过这更多的时候是种理想，并不是事实。家族的长者协会在封建宗法秩序下建立起一种亲近于自身的基础氛围。尽管他们只是半意识到，他们努力实践着那些五服家族组织形式的原则，并从这些原则中演进出家族内的习惯法律，这就足以产生当时法理的一般概念和普遍原则了。在封建贵族消失之后，这些原则深深地烙印于他们自己脑海中，即便这些原则没有烙印在所有古代中国人的心上，它也深深烙印在上层社会人们的心上了。然而，从封建宗法时代开始，这一理念似乎就明确地建立了，那就是亲属关系被作为一种信仰确认，这种信仰奠定了大家族内部的成员关系，所有家族成员都对族长有义务般的依赖。大家的依赖观念是作为整个家族之父的族长特权的来源。

2. 长兄的权威

在家族中，父亲的权威其实并不因为他本人继承了自己父亲的权威，从而能发号施令，而是因为在家族中，儿子，确切说是嫡长子，被看做未来的族长和以后要进入宗庙受祭的本族祖先。因为他注定要主持家族举行的合祭，并且保留他因为嫡长子身份所拥有的对弟弟的权威。嫡长子在他父亲的有生之年努力地粉饰自己那高尚的形象，因为这形象说不定能让他获得日后也进入宗庙成为祖先的地位。他努力让自己循规蹈矩，像个君子那样小心翼翼地活着，他把自己当做族长来要求，自己心里也那么对待自己。他为自己提供某种荣耀，这荣耀或许是只有国君才可以有的头衔。总之，他作着一切准备，表现得像个虔诚的牧师一般，自己首先成为自己的信徒。儿子的生涯（嫡长子的生涯，说实话，父亲实际上只有一个儿子——不过这个儿子有几个弟弟）完完全全地在某种准备和等待中度过，这准备和等待的内容是为了让他自己逐日接近自己的父亲，能接父亲的班。儿子要想建立起这种稳步提升自己的从属关系是件更加困难的事，因为，在依靠母系认亲的关系尚有部分残存的情况下，儿子和父亲生来就有不同的身份特质。他们之间的亲昵是不被允许的，他们的牌位永远也不会摆在一起，相反，他们的牌位在宗庙中将永远彼此相对。很显然，这种亲情的缺失会让儿子去刻意经营他自己的权威，父亲则自欺般对自己夸大他那领主般的权威。为了明确父亲的权威，古代中国人提到父亲和提到天子、国君时都是"尊"，即应受尊敬的人，也即他必须永远严峻、遥远，也就是说，他是"天"，他指挥儿子，就如"阳"指挥着"阴"一样。儿子在父亲出席时的行为，跟卿大夫在国君出现时的行为一样毕恭毕敬。还有——没有任何东西能更清楚地表现出父家长权威的存在——在所有的礼仪中，儿子都要靠近父亲的身边，所有旨在缔造父权宗亲关系的礼典和礼节都跟臣下对君主的服从礼仪不能截然区分。

父家长制存在是不争的事实，然而，它内部并不存在产生任何束缚的原因。一个人可能对待他妻子的孩子（可能并非他亲生）如同对待自己的孩子，另一方面，即使孩子是他的妻妾所生，也不代表他认可这孩子是他的，能继承他的一切。也就是说，起初，孩子和父亲之间的关系是如此遥远，怀孕远不是让夫妻联系得更紧密，相反倒是将他们分开了。只要胎儿成型了，在妻子生产前三个月，夫妻必须分居。他们要一直分居到孩子出生后三个月，此时孩子才会抱到父亲跟前。① 在婴儿三个月时举行的礼仪（这礼仪如同加冕典礼）之前还有各种复杂的先前准备仪式，比如父亲被禁止前去探望母亲。他会分享她的痛苦，会打探她的消息，越到临近生产，越会打探频繁。在最后的日子里，他自己要斋戒，他不能到孩子出生的现场去，但有代表他前去的人，代表他的人——卿大夫或乐师、首席厨师会到内宅门槛之前（此门槛之内是内宅，是男子的禁地）。他们受命来探望生产的母亲，因为她此时处于各种禁忌之下，这些禁忌大多跟她不能吃什么食物有关。这些禁忌还涉及此时她的心态，以及此时乐师该为她

① 《礼记·内则》："妻将生子，及月辰，居侧室。夫使人日再问之。作而自问之，妻不敢见，使姆衣服而对。至于子生，夫复使人日再问之。夫齐，则不入侧室之门。……子生……三月之末，择日剪发为鬌，男角女羁，否则男左女右。是日也，妻以子见于父……"

演奏什么乐曲。来探望的卿大夫仔细观察新生儿的最初动作，其中尤其重要的是：乐师要在某组音阶组成的音乐器械帮助之下，确定新生儿所发出第一声哭声的音调。检查新生儿的哭声是一件重要的事情。整个家族都在父亲的卿大夫的陪同下观望着。楚国的子文曾经生了个声音如同狼一般的儿子，子文的哥哥就希望把这孩子弄死算了。① 只有思想特别开放的人才听任不把一个一出生就有不祥之兆的孩子弄死。在一年的第五个月的开始，也就是（夏）至日来临之月，或者更麻烦些说，在第五个月的第五日，是祭祀猫头鹰（古代中国称鸮）的日子，正是在这一天，"阳"达到了它的极致。在这个最重要时刻出生的儿子肯定会以一种与众不同的方式成长：他命中注定只要他的身高达到了门那么高，那么，他就有可能杀死他的父亲，因为他拥有鸮一般残杀自己父母的秉性，因为众所周知，鸮是种同类相食的恶鸟。在当时，生下来就有恶兆的孩子会被扔到灌木丛里，他们或许会被野地里的野兽救了，甚至得到哺乳，所以，在他们初生的日子里，这营救他们的野兽居功至伟。② 母亲是第一个决心将带有不祥之兆的初生婴儿放弃在郊外的，有时父亲反而难以战胜他们如此的决定。毫无疑问，远古时候如此将孩子曝于郊外这一事实取决于母亲是单身一人在野地产子，这一点对她而言是一场痛苦折磨，不过倒也不至于给她判死刑。而新生的婴儿被抛弃在地上，它有时候会很正常地啼哭，这引起了人们甚至野兽的同情。（"人们远远就能听到他的哭声！他哭声洪亮，传出很远——他的哭声在大道上远远传开了去！"）③ 这样，母亲终于抱起了他，给他取了个名字，这就是周人始祖后稷出生时的故事。即便是在正常状况

① 《左传·宣公四年》："初，楚司马子良生子越椒。子文曰：'必杀之！是子也，熊虎之状而豺狼之声。弗杀，必灭若敖氏矣。'谚曰："狼子野心"，是乃狼也，其可畜乎？'子良不可，子文以为大戚。"

② 《左传·宣公四年》："若敖娶于䢵，生斗伯比。若敖卒，从其母畜于䢵。淫于䢵子之女，生子文焉。䢵夫人使弃诸梦中。虎乳之。"

③ 《诗经·大雅·生民》描述后稷出生："厥初生民，时维姜嫄。生民如何？克禋克祀，以弗无子。履帝武敏歆，攸介攸止。载震载夙，载生载育，时维后稷。诞弥厥月，先生如达。不坼不副，无菑无害。以赫厥灵，上帝不宁。不康禋祀，居然生子。诞寘之隘巷，牛羊腓字之。诞寘之平林，会伐平林。诞寘之寒冰，鸟覆翼之。鸟乃去矣，后稷呱矣。……"

下出生，孩子也必须在没有食物的情况下度过头三个月，就如被扔在野地一样，因为至关重要的大神以及孩子的呼吸都是无声无息的，只有跟大地母亲接触，他生命的存在才能受到承认和保护。对女婴而言（她们从未摆脱对母亲的依赖），曝于野地则是一场足够的考验。因为男婴初生后就有一场仪式，标志着他日后将获得传宗、继嗣等男性才有的资格，此后他仍然会被归于父系的序列之中。① 他将被他父亲的某位卿大夫从地上抱起，抱到他应有的那个序列中去。② 这一过程必须跟仪式繁复的那些礼典一样认真进行，比如，某个人在结识陌生人时总得认认真真地交付一定见面礼，不过这见面礼不是从手到手那么传递的，它是被放在地上再拿起来的。值得注意的是，在类似的礼典中，妻子将孩子递给丈夫，并不是丈夫（孩子父亲）直接接过孩子，他们之间必须得有个中间人——在父亲和新生儿之间，正如在丈夫和妻子（孩子母亲）之间，公开场合的夫妻直接接触是不能进行的，甚至难以想象。一旦孩子被放在地上，被赋予中介使命的卿大夫便将准备好的箭射向各个方向。这样，因生产造成的污秽就通过这种手段被远远地驱逐走了，因为这一礼仪似乎跟孩子出生后洗浴使之洁净这一过程有关。③ 同样，必须在新生婴儿和大地（如同父亲一般）间建立起一种联系，因为这种联系将为他提供营养丰富的五谷以及其他各种食物之源：一旦祛除污秽的箭射出去，孩子必须马上哺乳。④ 只有所生婴儿是男孩时才射这种箭：箭是男子气概的象征。这种战争般的仪式一直被遵守着。这一仪节更加引人瞩目，因为孩子出生后的第三天，在必须射箭祛除生育带来的污秽之际，隐隐可以看出古时候的一些事实——在孩子取

---

① 《诗经·小雅·斯干》："乃生男子，载寝之床……乃生女子，载寝之地……"

② 《礼记·内则》："遂左还授师。子师辩告诸妇、诸母名。妻遂适寝。夫告宰名，宰辩告诸男名，书曰'某年某月某日某生'而藏之。宰告闾史，闾史书为二：其一藏诸闾府，其一献诸州史。州史献诸州伯，州伯命藏诸州府。"

③ 《礼记·射义》："故男子生，桑弧蓬矢六，以射天地四方。天地四方者，男子之所有事也。故必先有志于其所有事，然后敢用谷也，饭食之谓也。"

④ 《礼记·内则》："国君世子生，告于君，接以大牢。宰掌具。三日，卜士负之，吉者宿齐，朝服寝门外，诗负之。射人以桑弧蓬矢六，射天地四方。保受，乃负之。宰醴负子，赐之束帛。卜士之妻，大夫之妾，使食子。"

名字那天（后来这一天被说成是在孩子三个月时），父亲并不真正接受经由别人的手递给他的新生儿子，直到他给儿子取了名字。另一方面，一个人假如能杀死敌人，这名敌人的头颅最终被埋在城门之下，这种情况下能够为他的儿子取名字①——敌人的名字就属于了新生的婴儿。父亲以用敌人的名字为自己儿子命名这种方式让敌人永远成为自己的胜利成果。当他把被自己征服了的敌人名字加于自己儿子身上之际，敌人灵魂中的某种特质便被他粉碎了，并且从此刻起，在孩子身上的父权开始优于母权了。因为是母亲将孩子带到这个世界上来的，根据古代中国的理论，孩子出生时只有一个内在的灵魂，也就是"魄"，即血液的精魄，它是赤裸裸的，没有毛发，赤色（"赤"这个字既表示新生儿，又表示没有毛发的生物）。也就是说，当我们希望弄清楚孩子对待自己父母的礼貌和态度时，会发现孩子被告知身体受之于母亲之腹，发肤受之于父亲。②从心理上和精神上，发肤分担着呼吸（"气"）的自然特质。而比魄更高级的灵魂——"魂"是一种灵魂的呼吸，只有在低级灵魂显现之后才会显现，它从新生儿的第一声啼哭就开始显现，这证明了新生儿的活力，也证明着生命的周而复始——从将逝者的声声悲叹到新生儿的清脆啼哭，这周而复始、永不停息的历程见证着生命的生生不息。这样，最初可能是在新生儿出生后第三天命名，但此时孩子并不真正拥有一个超级灵魂，直到他会笑。是父亲教会孩子笑，并径自给孩子取名字。在古代中国礼仪中，名字跟一个人的超级灵魂、命运以及孩子的生命过程，都是一致的。在孩子出生后第三个月③，当他即将结束被隔离状态之际，最终被抱给父亲，因为是父亲教会孩子笑。这神圣的仪式与对孩子胎毛的安排一致，同样，也跟安排母亲重新回到家族中并恢复她先前的地位一致。此后要有三个月时间的节欲，让她从生孩子的血污中净化出来。父亲和母亲要为这个重要仪式专

---

① 《左传·文公十一年》："冬，十月，甲午，败狄于咸，获长狄侨如。富父终甥摏其喉，以戈杀之。埋其首于子驹之门，以命宣伯。"

② 《诗经·小雅·蓼莪》："父兮生我，母兮鞠我。拊我畜我，长我育我，顾我复我，出入腹我。……"

③ 见《礼记·内则》"国君世子生"、"世子生"、"妾将生子"、"公庶子生"各条。

门沐浴，并且换上新的长袍。在仪式上，他们俩面对面坐着，沉默无言。母亲怀里抱着孩子，保姆上前充当中介说道："这个孩子，从今天起，要从母亲手中交到父亲手中了。"于是丈夫说道："好好照顾他。"便握住孩子的右手，当孩子笑时他也笑，而后他赐予孩子一个名字。下面妻子可以打破沉默了，她表示赞同丈夫取的名字，此后她就可以继续开始她作为他妻子的一切了。但在此前，她会被丈夫邀请赴宴，这宴会跟婚礼之宴同一个等级，简直如同他们俩离了婚又复婚一般。宴会之后，孩子交付的过程就完全完成了。值得注意的是父亲和儿子最初是通过握手联系在一起的，这是将两个彼此陌生的人联系在一起的仪式，同样也是兄弟血缘关系军事召集和缔结婚姻盟约时所共有的特征化行为（它或许会通过歃血结盟方式来完成，血从割破的手臂中滴出）。父亲和儿子之间的关系是不在最初古老汉语的词汇范围内的，它更多属于人造出来的关系。①

对儿子而言，他跟自己的父亲像朋友那般联系着，就如跟朋友联系一般。他必须在自己的整个童年阶段处于父亲影响之外。在出生三个月的仪式上有一种简单的到达仪式，这仪式上的一切表现得父亲好似被母亲邀请来抱孩子和送孩子，他当然完完全全同意接受儿子——通过这一交付，孩子便开始属于他。当仪式结束之后，孩子被抱回妇女住的地方，父子之间再不建立起任何亲近的联系。然而，必须保证每十日将孩子送到父亲那里一次，重温父子牵手的仪式。要缔造出父子间这种必须形成的人工般不自然的关系是多么地困难，父亲克制着自己想去摸次子的小脑袋的念头：因为摸孩子脑袋只能属于嫡长子，属于家族系谱中的嫡系传承人。父亲只能保持克制地触摸孩子的右手。② 到孩子七岁时，男孩子一直没有离开过妇女住的内闱，他们仍然跟妇女一起居住，尽管他们早已接受过充满男性气质的暗示，并用坚定的语气答应"是"。③ 孩子十岁时，必须离开他们出

① 《左传·桓公六年》："九月，丁，子同生，以大子生之礼举之。接以大牢，卜士负之，士妻食之，公与文姜、宗妇命之。"

② 《礼记·内则》："父执子之右手。"

③ 《礼记·内则》："子能食食，教以右手。能言，男唯女俞。男鞶革，女鞶丝。六年，教之数与方名。七年，男女不同席，不共食。"

生时的屋子，日夜跟一位教他各种礼仪和措辞的老师住在一起，他要学习礼仪细节，以及在任何情况下都诚恳地措辞。从理论上说，他们必须在学校学习，直到二十岁。他们在学校学习乐舞、射箭、驾驭马车，封建宗法时代有这样的传统，少年贵族聚集在某种学校里，成为陪伴国君左右并为国君服务的少年骑士。但相反，编年史反映出他们的青春期似乎是跟母系亲属一起度过的。毫无疑问，由出生的高低贵贱决定养育方式的漫长实践是其中主要的内容，有位作者是这么解释的：父亲不能承担起对儿子的教育，还为此给出了奇怪的、毫无疑问是深刻的理由。父亲和儿子不可以在同一个钉子上挂衣服，正如不同性别的两个人也是不能这么挂衣服一样。无论父亲还是儿子都不可以讨论跟“性”有关的话题。有关“性”的教育只能在父亲不在场时，在没有任何周围物件能勾起这一问题时进行。假如我们记得当时的男孩子习惯跟母亲宗族的女子结婚这一风俗，这是家内生活中最基础的惯例，那么我们可以很容易地理解为什么教育男孩子的责任会落在舅父身上。外甥在绕于膝下的年龄必须跟他们一起度过，我们可以这么说，孩子好比是人质，在他们能够跟表妹结婚之前，在舅父跟前进行一场结婚期之前的训练，而到结婚的时候，做新娘的表妹就嫁到夫家成了人质了。中国古代礼仪和风俗的另一种特点（它或许是从未分化的大家族时代传承下来的）证实了性别间的竞争存在于其他竞争中，它被简化为父子之间的关系，不时地发生在父亲企图强夺儿子的未婚妻时。一旦父亲成功了，儿子通常失去了父系家族中的继承权。① 贵族子弟在学校受的教育毫无疑问是按出身进行教育的继续发展：国君自己就是恰如其分的人质（我们可以想象他自己妻妾众多），因为妻妾众多让他自己成了好几个家族的人质。这是因为在当时，每个家族跟其他家族的联系都是通过联姻结成同盟，这一传统起初是由这几个结盟的家族引发的，他们拥有某些

① 此为《左传·桓公十六年》记卫宣公事：“初，卫宣公烝于夷姜，生急子，属诸右公子。为之娶于齐，而美，公取之。生寿及朔，属寿于左公子。夷姜缢。宣姜与公子朔构急子。公使诸齐，使盗待诸莘，将杀之。寿子告之，使行。不可，曰：‘弃父之命，恶用子矣！有无父之国则可也。’及行，饮以酒。寿子载其旌以先，盗杀之。急子至，曰：‘我之求也，此何罪？请杀我乎！’又杀之。二公子故怨惠公。”

特权，而其余家族，我们必须按从出生就进行教育来解释大多数一般贵族的权利。这些权利，比如我们所知道的表示成为成年男性的加冠礼，最终它带来了成年这一人生阶段。被加冠者戴上冠，穿上成年男子那特征明显的长袍，从此走进成年人的公共生活。这一仪式从此终结了他自出生后三个月以来那场礼仪的所有影响，于是，这个年轻人拥有了成人的名字，以及“氏”——公共场合的名字，而“名”，即出生后三个月父亲给取的名字，只是在个人的、私下的场合使用的称呼。儿子此时被宣告成年，他跟父亲因彼此将成为先后继任的国君而产生的对立疏远关系此时也终于可以放弃。此刻，他现身于父系的叔伯家长跟前，并且在一种深有意义的形式下，从此离开母亲。他们来拜访时站在半开门的门外的任何一侧，长大成人的儿子再不依赖母亲了，并且从此远离内闱。但还有一项值得注意的事实，那就是这赐予他男子气概，使他毋庸置疑地跨入父系之门的加冠成人礼，只是一整套体系化的复杂礼仪中的一种。同样，女孩子的成人礼，即在发髻上插上簪子的及笄礼，仍然保持着跟订婚礼仪之间的联系。① 按当时的乡村惯例，男女两性的成年礼和订婚礼是同时举行的。在春节期间，也就是一次次的长乐宴饮成为生活主要内容的那段时间，赐予被加冠者一杯酒是表示成人的加冠礼中最重要的环节。但在贵族中，被加冠的儿子不能做出任何跟婚礼有涉的动作，直到他父亲拿一杯酒给他。乡村农夫的成丁礼则在节庆时刻，在公共场所，比如神社，集体举行。贵族则在按父家长制原则建立的庭院中举行：这成丁礼给予他们新的尊严，新的责任，也给予他们新的独立人格。但无处不在的封建秩序会加于家内生活之上——不过仅仅局限于家内生活。否则，假如父亲（或宗族首领）占据了成年礼中的最尊隆位置，被加冠者就根本没有兴趣参加这一礼仪了。所有仪式化的动作均由某位“主人”完成，而这位“主人”一定不能出自这个父系家族。我们可以设想，在原则上，“主人”应出自与加冠者的家族相互通婚的那个家族，属于那个家族的父系集团，是加冠者的长辈。总之，在家冠礼上，尽管儿子辞别了母亲的家族（是这个家族将他养大，

① 《礼记·曲礼上》：“男子二十冠而字，父前子名，君前臣名。女子许嫁，笄而字。”

现在将他交还），即将加入他自己所属的父系家族，并允诺给他父亲日后从这个家族带个儿媳妇回来。

一旦成了成年人，这位青年男子便可以也应该践行无数的尽孝责任了——对他自己的父亲尽孝。在贵族中，尽管理论上结婚不应在三十岁以前（成人礼是在二十岁），但一位已婚的儿子才能显得像个虔诚的孝子；一位至诚君子和一位贤良淑德的命妇才能统治好国家，他们两个人的声望在一群卿大夫及他们妻子（命妇）们的拥戴下日益尊隆。同样，一种双重的法理原则存在于这个家族——作为家族的男女主人，这对被委以治国治家重任的夫妇同样还要与封建家族的卿大夫夫妇保持千丝万缕的联系。家族之长必须有一位正妻，因为他作为族长掌管着宗庙（宗庙中放置先君和先君夫人的牌位），但假如他的正妻没有了，而他的体能、精力被侍妾瓜分，而且他还不到二十岁，那么，他必须再婚。假如他年过七十，他必须告老不仕，将权力移交给五服宗亲大家族的首领。① 为了让族长像个堂堂正正的首领，他必须有一名正妻——一名同样被要求尽忠尽孝的妻子。向父亲尽孝（这是一个人通向家族首领席位的必由之路）被冠以德行高尚的美名，嫡长子（首席之卿，出自同一父家族）以及他妻子（首席君夫人），犹如一对君临整个家族的王者夫妇，统治着所有上朝的卿大夫和他们的家内命妇（他们以及他们的子侄、妯娌②构成了大家族），这些卿

① 《礼记·王制》："凡养老，有虞氏以燕礼，夏后氏以飨礼，殷人以食礼，周人修而兼用之。五十养于乡，六十养于国，七十养于学，达于诸侯。八十拜君命，一坐再至，瞽亦如之。九十使人受。五十异粻，六十宿肉，七十贰膳，八十常珍；九十，饮食不离寝，膳饮从于游可也。六十岁制，七十时制，八十月制；九十日修，唯绞、紟衾、冒，死而后制。五十始衰，六十非肉不饱，七十非帛不暖，八十非人不暖；九十，虽得人不暖矣。五十杖于家，六十杖于乡，七十杖于国，八十杖于朝；九十者，天子欲有问焉，则就其室，以珍从。七十不俟朝，八十月告存，九十日有秩。五十不从力政，六十不与服戎，七十不与宾客之事，八十齐丧之事弗及也。五十而爵，六十不亲学，七十致政，唯衰麻为丧。"《杂记下》："五十不致毁，六十不毁，七十饮酒食肉，皆为疑死。"

② 《礼记·曲礼下》："君天下曰天子……天子未除丧，曰予小子。生名之，死亦名之。……天子之妃曰后，诸侯曰夫人，大夫曰孺人，士曰妇人，庶人曰妻。公、侯有夫人，有世妇，有妻，有妾。夫人自称于天子，曰老妇；自称于诸侯，曰寡小君；自称于其君，曰小童。自世妇以下，自称曰婢子。子于父母则自名也，列国之大夫，入天子之国曰某士，自称曰陪臣某，于外曰子，于其国曰寡君之老，使者自称曰某。"

大夫和命妇的责任就是在家族庭院里遵从族长，示敬，问安，提出建议并服务于族长夫妇。在家族中跟在朝堂上一样，在家中每天都要示敬，包括早晚的问候和致意。从这强制性的示敬问安义务中衍生出了对各种行为举止的严格要求：儿子、儿媳要沐浴，以示对父母的尊敬；鸡鸣时分，儿子和儿媳要洗手、漱口、梳头并将头发用簪子束成椎髻，男子要格外仔细地清理掉在宗庙地上的头发，并且要保证头上的冠戴得很牢固。而后他们整理衣袍，束上附有细小装饰物的环形腰带——这是他们每天都束的。他们用手巾擦干双手和身上的各种物件，拿上一把小刀，一块石头（用来磨利锥子）等物件。妇女还不能忘记扎牢身上的香袋。男女都要仔细穿好鞋，系好鞋带。他们那高档的洗手间本身就是他们享有崇高地位的表现。他们那上好的衣饰穿戴也是他们拥有敬意的表现。在父母跟前，身体的重心和仪态是要精确掌握的——他不能打嗝或打喷嚏、咳嗽、打哈欠，也不能用鼻子大幅度呼气，更不能吐痰。对其中任何一种行为的限制都是为了加强父家长的权威。假如露出了袍子的边缘甚至衬里，简直是罪过。为了在父亲跟前表示出自己恭恭敬敬地拿他当族长和国君对待，儿子必须在父亲现身的任何时候都站着，视线朝右，身体站直，重心均匀落在双腿上。他不敢倚靠任何东西，也不敢弯腰驼背或是重心落在一条腿上。而且，他要用低沉谦卑的语气说话，这样才像个追随者。儿子早晚问安以示敬意之后，要等待长辈的命令。他无法回避执行长辈的命令，但他希望能发表自己的意见。儿子像卿大夫一样，也得尽心尽力提建议，毫不犹豫地再三提出有建设性的意见，只是他必须用温和的态度、欢欣的情绪、平稳的语调来表达，假如父母固执己见，孩子必须重复他们的礼貌性姿态，这样父母有可能回心转意，改变他们的意见。当他们被父母伤及痛楚之际，他们感觉到的既不是无地自容，也不是愤愤不平，他们将毫不犹豫地遵从父母。比如，假如这是他们自己家内生活的一部分内容，要去喜欢自己的妻妾中比较能取悦自己父亲的那个，而不是喜欢自己所喜欢的人。① 无论是在小事上还是在大事上，顺从无处不在，即便儿子的服务也主要由无数的顺从

---

① 《礼记·内则》：“子有二妾，父母爱一人焉，子爱一人焉，由衣服饮食，由执事，毋敢视父母所爱，虽父母没不衰。子甚宜，其妻父母不说，出。”

组成，正是通过这些才表现出儿子的尊敬。假如他们察觉到父母袍子上有洞，儿子请求离开，以修补父母的长袍；此外，儿子会请求离开，用泡了草木灰的温水①清洗冠带、外衣或内衣上的污迹；每五天，他们要把水加温，请父母沐浴；每三天，他们准备水为父母洗脸，如果在此间隔期间恰巧父母脸上脏了，他们赶紧拿淘米水为父母洗脸。他们要为父母洗脚，并且要动作迅速地擦干，以保证没有任何人看见家族族长洗下来的污水——毕竟这样不雅观。② 拥有威望的族长除了必须经常由人伺候着沐浴之外，这位未来必然进入宗庙成为祖先的族长必须日常锦衣玉食地被好好供养着。孝道的首要责任就是看管父母进食的食物。曾子说到，一位好儿子"看到父母卧室（尤其一个人老了，身子冷了，不能独自睡觉）并无所需，便恭恭敬敬地奉上饮食和水"。③ 当儿子经验老到之际，他会为父母准备四季应时的菜肴，这些菜肴跟一年中不同的季节时令相配。父母越是年迈，儿子为他们提供的可供选择的菜肴越多。父母七十岁时，会持续需要某些精致的食品，八十岁时则需要专门的适口食物。每个儿子必须懂得如何准备八种菜肴，其中最重要的是要有含油水的肉以及芬芳的香酒，因为这些才能为老人提供足够的能量，并让他们口舌生津。④ 仅仅高水平的烹饪是不够的，儿子还必须亲自布餐，看着安排菜肴。其实全家是不一起进餐的，但在各自房间里都有自己的份例之餐，这也是按等级进行的。嫡长子和他的妻子（大儿媳妇）早晚要出现在父母进餐之际，他们唯一的责任是劝父母热忱自在地用餐。他们吃掉父母剩下的食物（正如国君会将吃剩的食物赏赐给卿大夫一样），甜软多汁的食物则带回去给他们自己的孩子。⑤

---

① 古代没有肥皂，用草木灰洗衣服。——译者注

② 《礼记·内则》："父母唾洟不见；冠带垢，和灰请漱；衣裳垢，和灰请浣；衣裳绽裂，纫箴请补缀。五日，则燂汤请浴，三日具沐。其间面垢，燂潘请靧；足垢，燂汤请洗。少事长，贱事贵，共帅时。"

③ 《礼记·内则》："曾子曰：'孝子之养老也，乐其心，不违其志，乐其耳目，安其寝处，以其饮食忠养之。……'"

④ 《礼记·王制》："七十贰膳，八十常珍；九十，饮食不离寝，膳饮从于游可也。"

⑤ 《礼记·内则》："父母在，朝夕恒食，子妇佐馂，既食恒馂。父没母存，冢子御食，群子妇佐馂如初。旨甘柔滑，孺子馂。"

他们自己的孩子也需要机会获得营养。此外，正如我们看见的那样，孙辈和祖父之间有特别的亲近关系。作为关系疏远些的卿和臣下，次子和他们的妻子则吃嫡长子剩下的食物，这样，在日常生活中，稳固的等级制度便根植于最基本的家内秩序而建立起来。

在父亲病危即将临终之际，儿子尽孝的义务尤其繁重。父亲本人从七十岁开始，就必须自己准备好忍受死亡之苦的折磨。七十岁是告老不仕的年龄（他于家族和封建国家两者的联系是如此紧密），当贵族离开封建国家的朝堂，必须同样为他的家族指明方向。临终之际，他终于从每天必须穿戴整齐的约束下解脱，从痛苦的哀哭服丧之礼和重重婚姻义务之下解脱，他终于可以吃得喝得多些了。他在儿子的帮助之下，立即开始了下一步——那即将把他变成受祭亡魂的一系列过程。为了他个人的荣耀，也为了家族的荣耀，他的薨亡来得越迟越好，假如他能长命百岁的话，最好是在百年之后。① 他用三十年时间来准备，让自己成为宗庙牌位中祖先的一员，这三十年之数是被基本认可的。不过，儿子将在任何方面都致力于分享父系生活的权力。② 父亲健在，儿子将欢欣；父亲生病，儿子将哀伤；父亲胃口好，儿子才能欣然进食；若父亲生病了，儿子将斋戒或为父亲尝药。儿子在这漫长的过程中已经体验过了任何跟死亡有关的过程。而且最重要的一点是：父亲不能自己去要一口漂亮的棺木，因为“死后即刻灰飞烟灭比浪费钱财要好得多”，这种情况发生在为了给日后的他自己造一口好棺木，或是在父亲没有棺材仍然足够荣耀的情况下。③ 最重要的是，让父亲亡故得安然而体面是儿子的义务。假如父亲死得突然且不在家中，那真的是太不幸了。父亲必须让死亡的来临跟与之有关的礼仪一致，并且在为族长准备的屋里去世。假如他生命的弥留之际使用过的席垫跟他作为贵族的阶衔身份不一致，那是极不合宜的。同样，假如一个人漫不经心，

---

① 《礼记·内则》：“七十不俟朝……七十不与宾客之事……七十致政……”

② 《礼记·曲礼上》：“凡为人子之礼：冬温而夏清，昏定而晨省。在丑夷不争。”“夫为人子者，三赐不及车马……孝子不服暗，不登危，惧辱亲也。父母存，不许友以死。不有私财。为人子者，父母存，冠衣不纯素。孤子当室，冠衣不纯采。”

③ 《礼记·曲礼下》：“亲有疾饮药，子先尝之。”

居然没有注意到，或没有时间把将逝者从床上抬起，让他入殓而后入土为安（在那里他的最后一丝生气将飘向天际），正如一个初生婴儿是在地上开始来到人间后的第一声啼哭的。必须事先就准备好寿衣和入殓的衾，因为将由它们接收亡灵。最重要的是，整个家族必须行动起来，每个人都得心中有准备，准备听见标志着灵魂离开的那声凄厉啼哭。作为家族成员的核心，嫡长子主持整个仪式，当父亲的死亡来临之际，要将丧事办到最后。他必须开始主持招魂，招魂由在屋顶上挥舞亡者的衣袍并呼唤亡者的名字开始。假如这个灵魂不回到它曾经据有的这件衣袍上来，假如当它离开身体，生命将不会再现。儿子将撑开亡者的嘴，此时它仍可以张开，放进一只用角做的匙，匙中盛了和着米粒的贝或玉。① 同样，这也是国君丧礼才能享有的特权——获得亡者的同意，合上他的双眼。有些时候他只有当自己格外的心愿得到承诺时才会满意离开。最终，已被穿上殓衣的尸体被放置在停殡的床上，身上堆着另外的入殓长袍，此后，一片玉被放置在尸体露出的孔窍上，从而没有任何精灵鬼怪能进入如此严密包裹的尸身去吸取刚刚逝去的亡者的精血。另一方面要感谢这片玉拥有的灵力，它将跟层层包裹的衣服一起防止尸体过快腐败。因为这个原因，尸体腐败既不会太快，也不会太慢：儿子必须按礼仪进程来安排一步步的殡葬程序。而尸体，必须在室内停留数月，一般贵族是三个月，假如去世的贵族等级高，那么停留的时间相应延长，因为他们的尸体是由更有丰富营养的物质构成的（因为他们生前就享有更高等级的更丰富营养的食品）。假如停留太久还不下葬，或者企图掩盖停殡过久的事实，同样是种罪过。假如前来吊唁的客人居然看见了尸体生的蛆爬过门槛，到了家内，那简直是天大的罪过了（因为这蛆只可能是停殡不葬的尸体生出的）。② 一旦连骨头都被感染

① 《礼记·檀弓下》："饭用米、贝，弗忍虚也。"又《礼记·杂记下》："天子饭九贝，诸侯七，大夫五，士三。士三月而葬，是月也卒哭。大夫三月而葬，五月而卒哭。诸侯五月而葬，七月而卒哭。士三虞，大夫五，诸侯七。诸侯使人吊，其次含禭赗临，皆同日而毕事者也。其次如此也。"

② 《史记·齐太公世家》："桓公病，五公子各树党争立。及桓公卒，遂相攻，以故宫中空，莫敢棺。桓公尸在床上六十七日，尸虫出于户。十二月乙亥，无诡立，乃棺赴。辛巳夜，敛殡。"

生了蛆，那么就没有任何用家族仪式将这死者的尸骨跟祖先的遗骨连为一体的可能性。而亲戚，当他们帮助死者穿越过一处可怕的开端，他们自己则在这亡灵才有的开端面前止步，死者带给他们的污秽不洁也到此为止。亲戚跳着、喊着，以此从先前的污秽不洁中解脱出来。但他们并不会像野蛮人那样没有任何拘束地纵情地跳跃或尖利地喊叫，也不是简简单单表现出悲痛，“像个孩子失去一件心爱之物”那么简单，亲戚跳跃或叫喊是在领衔者给出的暗示下按顺序进行的。每个人都“迈开他的腿甩开他的胳膊”，所有人都喊出声“为了缓释他们的悲伤，释放他们的痛苦”。① 他们的跳或哭要按照一定的节奏来，要跳或哭一定的次数，这节奏和次数反映了他们跟亡者之间的亲近关系——男子要袒出右臂，直接前跃；妇女则不能有任何地方袒露，且不能让脚趾离开地面，她们只是捶胸而哭；儿子像出生婴儿那般号啕大哭，他们的哭声不能停止；而关系较远的亲戚们只是象征性地放出悲声。跳或哭进行过三次之后，哭声必须渐长，进而渐渐平息。② 但当跳跃、哭喊是为了表示悲痛，并表示亲戚之间的亲属关系远近，假如这些跳跃或哭喊能带走整个家族的痛苦，那么，对于亡者而言这些仍然是有益的，而且应该进行得更丰富些，因为亡者所拥有的精魄比其他人更为丰富。跳跃的次数跟诸侯、封君在室内停殡的月份数一致。③ 跳跃和哭喊是节奏一致的，亲戚能够发出一种像地下发出的雷声般恐怖的悲声——当他们发出这种不连续的声音时，能吓住前来吞吃尸体的邪怪。这样，亲戚能积极陪伴着亡者，从对亡者彻底清洗般的末日审判中激发出胜利信心。但是，除了是在非常不同的情形下，否则亲戚仍然只能分享死者

---

① 《礼记·曾子问》：“哭降。众主人、卿、大夫、士、房中皆哭，不踊。尽一哀，反位，遂朝奠。小宰升，举币。三日，众主人、卿、大夫、士如初位，北面。大宰、大宗、大祝皆裨冕，少师奉子以衰，祝先，子从，宰、宗人从，入门，哭者止。子升自西阶，殡前北面，祝立于殡东南隅。祝声三，曰：‘某之子某，从执事敢见。’子拜稽颡，哭。祝、宰、宗人、众主人、卿、大夫、士，哭踊，三者三，降东反位，皆袒。子踊，房中亦踊，三者三，袭衰杖。”

② 《礼记·问丧》：“三日而敛，在床曰尸，在棺曰柩。动尸举柩，哭踊无数。恻怛之心，痛疾之意，悲哀志懑气盛，故袒而踊之，所以动体、安心、下气也。妇人不宜袒，故发胸、击心、爵踊，殷殷田田，如坏墙然，悲哀痛疾之至也。故曰‘辟踊哭泣，哀以送之送形而往，迎精而反’也。”

③ 《礼记·杂记上》：“公七踊，大夫五踊，妇人居间，士三踊，妇人皆居间。”

葬礼的拘谨和悲伤。而嫡长子甚至应感谢这葬礼，因为他完完全全参加和主持了，他帮助自己的父亲在入室宗庙的过程中获得了跟亡者那受人尊敬的身份一致的、祖先才能拥有的尊严之际，他也为自己获取了家族领袖的声望和地位。而因为亡者不能再跟他的祖先联系在一起，在热丧期间（被称为眼泪持续的时期），他的尸身仍然停殡在屋子里，他也仍然保存着家族族长的身份。而亲属在家族长这一席位空缺的时间段中，只能待在这屋子外。每个儿子都住在各自独立的、先前弃之不用的封闭屋子里，对嫡长子而言，别人给他搭起了一种斜坡屋顶的简陋屋子，这屋子的后背倚着家族院子的围墙。① 因为在守丧的第一天，死者是被放进棺材，并不是立刻下葬。而守丧的草棚是用树枝等搭起来的，搭草棚的树枝一定不能砍得漫不经心。直到最终葬礼结束，死者被深深地埋入地下，此时草棚壁和树枝间的裂缝才能用黏土修理。在这小屋里，长子起初必须睡在草堆上（由此看来，好像在远古的时候，人们下葬是葬在草堆中的），他的头枕的不过是一个土块，“这样他才会深深感到痛苦，因为他父亲已在地下”。② 同样，正如死者的亡故最终切断了死者与生者之间的联系那样，守丧也让孝子在墓前结庐而居。他离群索居，他能开口说话的机会是如此之少，因为他所关心和在意的继位一事比开口说话更得深思熟虑（一位国君之所以称得上君位，就是因为在为父亲守孝三年期间不开口说话）。③ 孝子很不情愿地吃饭，在守孝的最初几天他所吃不超过一捧米饭。更有甚者，陌生家族的造访形式必须是以劝导他吃饭并赠送某些食物的方式来表达。④ 在停殡的屋子里根本没有做饭的可能性——死者自己已经成了祖先，也不可能再获得营养的滋润。因此，孝子必须很快憔悴并瘦下去，只

① 有关“父母之丧，居倚庐”的记载见《礼记·丧大记》，相关记载词语不同者见于该书《三年问》、《问丧》、《杂记》。

② 《礼记·丧大记》：“父母之丧，居倚庐，不涂，寝苫枕块……既葬，柱楣，涂庐……”“寝苫枕块”见《问丧》、《三年问》等篇。

③ 《礼记·杂记下》：“三年之丧，言而不语，对而不问。”《丧服四制》：“三年之丧，君不言。”

④ 《礼记·问丧》：“恻怛之心，痛疾之意，伤肾，干肝，焦肺，水浆不入口，三日不举火，故邻里为之糜粥以饮食之。夫悲哀在中，故形变于外也。痛疾在心，故口不甘味，身不安美也。”

是还保存指挥丧礼的力气。但是，假如他即将遵从某位顾命之卿（这位顾命之卿即将成为他的助手），他必须把自己弄得憔悴衰弱到像行将就木的人那样只有一口气——没有其他人的搀扶，他根本走不了。[①] 因为他即将成为家族的族长，他必须同时成为人们信仰方面众望所归的榜样。在为国君守孝结束后，他必须首先忍受严格的惯例——正是这严格的惯例让他的父亲——先前的国君（同时也是大家族族长）从那种任何时刻都可能被人吹毛求疵的位置上解脱出来（因为此时他已经作古，成为祖先，忍受惯例的不再是他了），从而也让整个家族从丧礼的影响中解脱。这样，如果儿子没有完整地主持过父亲的丧礼，是不称新君之位的。

在这诸侯国君的葬礼之末以及守孝的最初，嫡长子作为首席哀悼者，引导着让死者之骨跟祖先之骨完全结合的那么一个仪式过程。一种由他来主持的仪式是新礼仪的起点。当尸骨下葬时，孝子要袒出肩膀，放出悲声，从右往左沿着坟墓走三圈。这样，他最终封上了墓门，那不久将腐烂的尸骨便被最终封在墓穴里。他与父亲的尸骨——这亡故者最高贵的特质，从此分离。他大声喊道："骨肉返归大地，这是命运！但魂与息将无处不在，任意出没于它们想去的地方！"[②] 他沿路回家，跟从着那强大的魂魄——此刻可能已跟牌位紧密联系在一起了。只要终有一死的凡人尸身还没有离开房间，诸侯国君的牌位就摆在那儿了，它只是一小段简单的木主，但它的性质跟悬挂了两坛米饭的木头架子（"重"）一样，都有纪念死者的意味。这"重"上还插着死者的魂幡。一旦死者新亡后主要的祛洁期（祛除死亡带来的污秽和不祥）过去，就使用纯木质的牌位了，它仿佛是已经精神化了的死者的支撑——它支撑着这亡者，因为亡者的名字写在上面。在他获得祖先资格之前，死者必须经过另外一个阶段：他是在

---

① 《礼记·问丧》："或问曰：'杖者以何为也？'曰：'孝子丧亲，哭泣无数，服勤三年，身病体羸，以杖扶病也。'则父在不敢杖矣，尊者在故也。堂上不杖，辟尊者之处也。"《三年问》："三年者，称情而立文，所以为至痛极也。斩衰苴杖，居倚庐，食粥，寝苫枕山，所以为至痛饰也。"

② 《礼记·檀弓下》记延陵季子为嫡长子丧礼："既葬而封，广轮掩坎，其高可隐也。既封，左袒，右还其封，且号者三。曰：'骨肉归复于土，命也！若魂气则无不之也，无不之也！'而遂行。"

自己那已经成为祖先的祖父而不是父亲的保护下获得这一资格的。而新入庙的祖先，起初享受供奉只能通过更年长些的神灵作为中介来进行（这更年长些的神灵是“昭”或者“穆”），作为中介的神灵是父系的一位长者祖先，他有权在父系系谱树中给自己安排位置。新死入庙之君必须等到对他的守丧期完全结束之后，也就是三年之丧开始之际，才能拥有对他个人的祖先崇拜，他的牌位才能在宗庙中有单独的龛室。新牌位入宗庙会有一些影响——会影响到如何按昭穆排序安排高祖、曾祖的牌位序列这一问题，还有就是尚在石室的祖父牌位如何安置，因为它的灵力跟远祖结合在一起。因为每个分支家族都只能产生几位祖先（这个“几”在某一数目内），这产生出的祖先必须是在分支家族中格外突出的，在整个家族谱系上也分外引人瞩目。牌位的矗立确保了他们不再回归于普通的家族谱系，此外，牌位的多少也表明了这贵族家族阶衔的高低。死者的身份将暂时作为未入庙的先祖而存在，只有在他自己受到单独的供奉之际，他才成为宗庙中祖先之中的一员——一旦他的牌位被放入石龛，死者的名字从此也在家族中被真正除去。① 很显然，贵族制度并不是从一长串的宗庙牌位制度中产生的，相反，宗庙牌位制度是维护贵族制度的一项工具。我们同样可以得出祖先对他们后裔的命运非常在意的理由：当他们的直接继位者长寿而健康地活着，他们自己将享受继嗣提供的供奉，大规模的供奉数年一次。祖先崇拜是家族中两个群体——生者和死者之间利益的交换，这种交换对双方的影响通过家族长作为中介来实现。当家族长以兄弟、堂兄弟的集体名义向祖先的牌位提供供奉的食物之际，这食物是由死去的父亲、祖父代表同样故去的伯父、叔父以及伯祖、叔祖接受的。事实上，次子的牌位在宗庙中是跟嫡长子的联系在一起，不过从属于他。他们活着时在家族中居于从属于嫡长子的地位，在进入宗庙后，也只是处于定额之外的位置上。只有一种情况例外，那就是次子的晋升是

① 《礼记·祭法》：“是故王立七庙，一坛一墠，曰考庙，曰王考庙，曰皇考庙，曰显考庙，曰祖考庙，皆月祭之。远庙为祧，有二祧，享尝乃止。去祧为坛，去坛为墠。坛、墠有祷焉，祭之；无祷，乃止。去墠曰鬼。诸侯立五庙，一坛一墠……大夫立三庙二坛……适士二庙一坛……官师一庙……庶士、庶人无庙，死曰鬼。”《祭义》：“圣人以是为未足也，筑为宫室，设为宗祧，以别亲疏远迩。”

在贵族制度的规定下的，这种晋升或许可能会使宗庙中先君牌位享受供奉的情况变得更加复杂。如果某位次子必须继承比他的长兄高的阶衔，他同时也获得了让他自己的父母享受更高等级的供奉的权利，比如说，能够宰杀两头用作牺牲的牛羊，而不是一头。但往往祭祀是由嫡长子主持的。

当嫡长子承担了主持死者丧礼（在死者生前，嫡长子便一直尽心尽力侍奉他）等事完之后，他也从死者那里继承了尊贵的身份和荣光，某种权威扩展到那些曾经倚靠他（死者）的人们（往往是死者的弟弟，儿子的叔父）身上，正如通过他们作为（跟死者的）中介也必然那样。这种权威在祭祀时得到了加强——祭祀时，整个家族跟受祭祀的祖先密切联系着，但只有众望所归的族长才能主持这种联系，他是行使此联系的中介，他作为联系人的身份（某种程度上是强加于他的）给予了他一种特别的尊严和声望。

最重要的是，他以后有了一项责任，那就是务必保持洁净。这一责任跟其他责任——生活得真正像个贵族君子，以及通晓礼仪一样重要。正如我们通过上面的资料看见的那样，他要在自己儿子的帮助下，全身心地保持任何时候都整洁且体面地露面，他说话的时候必须庄重严肃。他必须知道对他自己而言，他的礼仪细节和措辞就像政府发言人一般，他可能被要求完完全全地严肃庄重，因为他是众望所归的族长。假如他不懂得如何按季节变化向宗庙中的祖先献上芹菜、莲藕、蚱蜢，或者当他献上韭菜、槁鱼或野兔时，假如他说成“韭”、“鱼”、“兔”，而不是按礼仪要求说成“肥大的根”、“风干的献祭品”或“眼尖的供物”，他也是不称职的。① 他不仅被迫必须选择正确的祭品，而且届时必须正确地措辞，还被塞进了一整套优雅礼仪的要求中。在这祭祖礼举行之前，孝子必须忍受十天的特别斋戒，这十天比过去的三年还要严格得多——他必须对妻室的存在忽略不计，并且不听任何音乐。他的手和脚必须避免任何不合乎规律的动作。

① 《礼记·曲礼下》：“凡祭宗庙之礼，牛曰一元大武，豕曰刚鬣，豚曰腯肥，羊曰柔毛，鸡曰翰音，犬曰羹献，雉曰疏趾，兔曰明视，脯曰尹祭，槁鱼曰商祭，鲜鱼曰脡祭，水曰清涤，酒曰清酌，黍曰芗合，粱曰芗萁，稷曰明粢，稻曰嘉蔬，韭曰丰本，盐曰咸鹾，玉曰嘉玉，币曰量币。”

他必须将自己的冲动和欲望完全掌握在能自控的范围内，他必须把个人的思想和分心的事物完全放到一边去。他必须把所有精力都放到思虑他即将与之沟通的祖先亡灵之上。最终，他成功地能跟祖先亡灵沟通。他那被净化的灵魂立刻被照亮了，他整个人仿佛被笼罩上了一层庄严的色彩，这庄严让他能够完成肃穆的祭祖礼。他的妻子也跟他一样要斋戒，为即将进行的祭祖礼作好一些准备。她是他的助手，她的身份适宜于祭祀时礼敬女祖先——她们跟她一样，作为这个家族的媳妇，跟这个家族紧紧联系在一起。

在这对斋戒了的夫妇的虔诚召唤下，祖先的魂灵被国君宰割祭肉的鸾刀上的小铃发出的叮当声唤醒前来，而后，魂灵被割牛耳放血的血腥之气吸引，为了让魂灵多留一会儿，主祭的国君会希望它们暂时获得化身或化形的能力。事实上，在整个祭祖礼过程中，祖先的魂灵被希望停留在暂时代表他的那个人身上。其实在不久以前，这种古老的风俗才遭到礼仪学家的批评。当牺牲供奉被同时献给几个祖先时，他们各自都被这个代表者代表了，这礼典的举行实际上再次加强了国君那并不甚愉快的感受。然而，因为某种仍然非常强大的原因，这一习惯必须激发起那些期望深刻领会父系权威以及一整套自然法则的人们的忠诚。在统治着五服大家族的昭穆制度原则下，祖先的代表者“尸”必须跟祖先昭穆相同。正常情况下，替代祖先受祭的“尸”必须从孙辈中挑出，这一规矩完美地解释了古代中国大家族的发展历史将注意力集中到了祖先崇拜上。在祭祀时，主持祭祖礼并着意于此的那位族长很明确地希望当时祖先的魂灵能在孙子身上复活。更重要的是，守孝的规则让这种按昭穆传递的立“尸”受祭之礼传承了下来：祖父承受着孙子的深刻哀悼和忠诚祭祀，而孙子日后将成为他的继承人。但是，在一个建立在父系基础上的以孝顺父辈为原则的家族中，在对亡父的尊敬是最重要信仰的那么一个贵族阶层中，传统惯例暗示了某种不可避免的叛逆因素存在。当享有威望的族长祭祀他父亲时，他的某个儿子将在祭祀礼上扮作祖先。① 此刻父亲在儿子跟前必须表现出卑微

① 《礼记·曲礼上》：“《礼》曰：‘君子抱孙不抱子。’此言孙可以为王父尸，子不可以为父尸。为君尸者，大夫士见之则下之。君知所以为尸者，则自下之。尸必式，乘必以几。齐者不乐不吊。”

的态度，他只能恭敬地通过某位巫祝作为中介上前致辞，仿佛他的儿子真的是神灵一般。在祭祖礼结束之际，儿子代表祖父首先享用献祭的食品，只有在儿子吃过之后，父亲才能品尝这“神灵”（他自己的儿子）享用过的祭食：他只有通过作为自己父亲和自己儿子之间的中介，才能让整个家族受到福报。这种立儿子为“尸”的精神是对等级制度的反动，它发生在族长主持祭祖礼、分发祭品这种建立和巩固他个人权威的时刻。实际上，在与孙子沟通的这一看上去好像是特权的制度（这制度似乎是种秩序颠倒的失常，但有它的重要意义）下，家族内部的等级制度被所有家族成员所崇敬和遵守，他们拥有被封建宗法化之后的特质，比如说，封建宗法关系使卿大夫跟国君紧密联系在一起。

各家族的族长所拥有的权威是从国君那里来的（国君也是家族长，他在本家族的权威为其他家族树立了典范）。国君用某种特定的贵族化标志[①]确认这位族长能拥的、跟他自己的等级身份相配的祭祖数目（在举行祭祖礼时往上追溯的世代数），这是这位族长的权利。国君赐予祭祖数目时，可能同时削夺了这位族长立始祖庙的权利（因为始祖庙只能由出于嫡系大宗的国君立）。一个不再拥有祭祀始祖权的人再也不可能是家族的族长。在封建宗法制下，家内权力是封建宗法权力的本质所在，兄弟、堂兄弟不断操练、学习和行使着这种权力。对礼仪学家自己而言，对长兄虔敬是一种义务，它的重要性比孝顺父亲一点不差。但是根据孝悌原则，兄弟友爱和睦只是父子孝道产生的一个结果，这其实是本末倒置的结论。

从古时未分化的大家族时代开始，嫡长子便承担和践行着某种特殊的权威，因为他作为长兄代表着所有的弟弟。封建宗法秩序是家内组织方式的反馈，它将单纯而直线型的权力代替和体现传递到基于宗法秩序而存在的权威上。它绝不是毫不困难地自然扩张到由后嗣组成的大家族中去的，未分化的大家族在发展过程中，家内兄弟、堂兄弟如何确定亲疏关系是不断被限定的，此时家族内部的族长权威仍然受到较多限制，具体到兄弟而言，有些情况因为古老的母系亲属认定方式仍然保留了下来——在这种情况下，同代（世代）观念比异代（孝顺）观念更为重要。各种礼仪的繁

① 可以是“命”数和衣服车马的等级数字。——译者注

复步骤在让儿子逐渐获得合法继承父亲身份和阶衔的同时，也成为父亲的臣下，但是还有一种纽带似乎超过了父子之间的关系，它是人为设立起来的，那就是祖父和孙子之间的关系。父亲必须尊重他自己的儿子，因为儿子在举行祭祖礼时是祖父的代表。祭祖礼本身的权威意味着主祭者本人——他将自己的父亲和儿子，也即宗庙中昭穆相同的两辈人联系起来，不过他自己在宗庙中的昭穆顺序恰恰跟他们不一样。起初，父亲和儿子形成了彼此相对立的两个阵营，有重要迹象表现出这一基础性对立是存在的，尤其是在婚礼上。它显示出按母系血缘确认方式的部分存在。也就是说，儿子，跟他们的父亲相对，血缘认亲关系是依据他们母亲的关系来确认的。母亲的家族为他提供妻子，正如先前为他的父亲提供一样。但是正常状况下，无论父亲还是儿子都会从与自己的家族结盟的那个家族娶与自己辈分相同的女子为妻（这要感谢在家族联姻基础上建立起来的整体辈分序列）。现在，在贵族制度下，尤其是在最高阶层——在这个阶层，等级制度早已凝固，也就是说最稳固地建立起来，男子不能跟他自己的姐妹、堂姐妹通婚，他得跟他的某位表姐妹通婚，这位表姐或表妹必须是他母亲同辈长兄的女儿。也就是说，在下一辈的女儿中间，谁注定要嫁给对方家族的嫡长子，谁就生来是这个命运。这样，父亲早就把自己的婚姻命运与联姻家族紧紧联系在一起（而且是最大可能性地，意在让双方继续结盟）——在那个家族，儿子同样也从这个家族娶妻。事实上，通常是儿子到该结婚（通过婚姻结盟）的年龄了，便会由父亲出面，选一部分女子供他挑选，简直仿佛父亲在这方面欠了他一般。在这种情况下，有时儿子成了父亲的牺牲品——儿子的婚姻被父亲剥夺，父亲夺取了自己继承人的妻子，本该注定成为儿子妻子的这位女子却成了儿子的继母，为父亲生儿育女。她不得不为自己事实上的丈夫生下他孙辈的孩子来。还有一种情况恰恰相反，若父亲去世了，儿子中第一个结婚的，代替了被牺牲了婚姻的嫡长子的位置，他会娶了成为孀妇的继母。比如卫宣公（前718年—前700年）娶了夷姜（夷姜是他父亲的一位侧妻，不过她是不是卫宣公起初按规定得娶的人已经无从得知），生下公子伋（即《左传》中的“急子”），公子伋必须从姜氏，也就是他自己母亲的家族娶妻，卫宣公按照公子伋在家族中的辈分为他挑了未婚妻，但最终卫宣公自己却娶了这已订婚的、本该归公子伋的新娘，而后，卫宣公为了将君位传给他跟本来该是儿媳的这位妻子生的儿子，他和第一个妻子夷姜生的儿子公子伋就在他的命令下被杀了。而公子伋先前的未婚妻，也就是他的继母（她嫁给卫宣公后的名字成了宣姜），蛊惑卫宣公把公子伋杀了。[①] 但在卫宣公死后，这位继母生的嫡长子一开始因为自己长兄的婚姻失利而攫取住了权力，他本应顺利即位的，但他后来只能通过流亡，也即不情愿地放逐，才免于一死。经过了血腥的冲突（主要参与者是姜氏的家族），宣姜在姜氏家族的压力下，被迫跟公子伋的幼弟一起，这位幼弟没有被杀，还活着，叫昭伯，他没有时间去觊觎权力[②]，但继承君位的机会落到了一个孩子的身上，他的庶母宣姜最终忍受了他的存在（取代他那被剥夺了第一次婚姻，成为牺牲品的长兄）。

在这一系列复杂的君位继承事件中，娶庶母[③]和牺牲嫡长子婚姻造成的结果交织在一起，均为家族内部的乱伦所致，这些乱伦的存在显示了父系血缘关系在确立的过程中经历了种种艰难，妻子及其家族在这个过程中扮演着极其重要的角色。是因为妻子的存在，父亲和儿子才互相对立，但同样也是通过妻子，他们才能联合成为一体：为了联合成一体，假如我可以这么说的话——这两代在地位上互相敌对的人试图将他们消融在中介的一代中——某位妇女生下孩子，从她作为妻子的角度而言，是传宗接代了，她分享着相互敌对的父子两代的权利，并与他们沟通。父家长制权威

---

① 《史记·卫康叔世家》："十八年，初，宣公爱夫人夷姜，夷姜生子伋，以为太子，而令右公子傅之。右公子为太子取齐女，未入室，而宣公见所欲为太子妇者好，说而自取之，更为太子取他女。宣公得齐女，生子寿、子朔，令左公子傅之。太子伋母死，宣公正夫人与朔共谗恶太子伋。宣公自以其夺太子妻也，心恶太子，欲废之。及闻其恶，大怒，乃使太子伋于齐而令盗遮界上杀之，与太子白旄，而告界盗见持白旄者杀之。且行，子朔之兄寿，太子异母弟也，知朔之恶太子而君欲杀之，乃谓太子曰：'界盗见太子白旄，即杀太子，太子可毋行。'太子曰：'逆父命求生，不可。'遂行，寿见太子不止，乃盗其白旄而先驰至界。界盗见其验，即杀之。寿已死，而太子伋又至，谓盗曰：'所当杀乃我也。'盗并杀太子伋，以报宣公。宣公乃以子朔为太子。"

② 《左传·闵公二年》："齐人使昭伯烝于宣姜，不可，强之。生齐子、戴公、文公、宋桓夫人、许穆夫人。"

③ 《左传》称之为"烝"。——译者注

起初是在父亲和儿子这种简单关系中产生的，它产生出了一种看上去很古怪的彼此联系和沟通的方式：起初它受到父子这两代血统相续、但彼此对立的两代人天然属性的限制，在后来它看上去就成了受到某种情感的限制和约束，这种情感即儿子对父亲的孝顺和尊重，它是形成父母和子女之间关系的基础。很明显，这种孝顺和尊重远不是纯粹的家族成员内部的关系，它起源于某种存在于家族之外的那么一种秩序，这种秩序类似于血缘家族形成的排他性集团，跟政治上的封建宗法关系如出一辙。在这种关系下，一方面，嫡长子成为受父亲之封的臣仆，正如父亲是祖父的臣仆一般；但另一方面，假如祖父的继嗣是父亲的领主（假如父亲不是嫡长子），继嗣也得服从封建领主的权威，即便他的权力登峰造极，也经常是跟封建领主原则不一致的，尽管从理论上说权力是不受限制的。有则小故事表明了这一点。楚国王室的某位次子被宣布有罪，将受到死刑的威胁，他父亲希望能拯救他，并且他明确地知道假如他送一件上好的礼物给审判官，他就能成功。他想这么做，因为这位儿子虽然不是嫡长子，但是他最聪明的儿子。于是嫡长子抗议道："只要家族中嫡长子还在，他就是整个家族的引导者，是整个家族的方向，既然我的弟弟比我年幼，他犯了罪，应该获罪的是我。假如您不送我去受审，我将自尽。"尽管很明显，后来这种贿赂审判官的工作没有成功进行，母亲也支持嫡长子的论调，父亲最终只好放弃。我们将不难发现嫡长子自杀的威胁背后，反映了父子关系如同君臣关系，并且这种关系经常被包含在家族生活和政治生活之中。它可能是潜伏的，比如在上文这个例子中，它是以不同意见的面貌出现的，这不同意见实际上是儿子作为臣下的表态，也是他的首要责任。

通过这则故事我们能够看出，嫡长子凌驾于次子之上的权力更甚于父亲凌驾于儿子之上的权力。嫡长子凌驾于次子之上，是家族封建律法（它是不可分割的）自然发展的结果，它处在封建秩序的压力之下。而后者，即父亲凌驾于儿子之上的权力，虽然同样是家族封建律法发展的结果，但是它重新缔造了浑然不可分割的家族组织。在封建宗法时代之后，它们便不再毫无对立地存在和起作用了。

嫡长子，就国君而言，他可以继承父系家长制下的高贵身份，并且成为祖先崇拜的领导者。跟他自己获得这种身份一致的是，他所有的弟弟也获得了多少不等的身份和地位。在家族中，父亲对儿子的权力有点类似于军事权力，而且这种权力首先表现为对嫡长子的权力。父亲作为国君，他赋予儿子贵族身份，但是以按“礼”的要求安排生活为条件的。儿子与其说是自己身体的主人，不如说是父亲的臣仆，他必须将自己的全副精力花在尊重父亲，让父亲更加有尊严之上。在自己作为父亲之臣这层关系的束缚下，他再没有权利效忠于其他任何人了，无论是谁。他也不能有朋友，因为这样会让他许下诺言为朋友赴死。他自己其实什么也不能支配，而且最重要的是，他不能支配自己的生活和生命。① 孝道的第一条就是儿子不能做任何有可能导致猜疑的事，因为他时刻听到身体内部的某种声音——他灵魂的主宰是他的父亲，并且他已深陷于这种理念之中。他不能接受像登上高墙这种带有危险的任务，也不能在薄冰上面行走，也不能随意去靠近悬崖。儿子像一个卫士一样，必须为他的父亲保护好自己的身家性命。正是在这种基本责任下，理论家才寻求为君子共同遵守的道德的基础。每个人都被限定在良好的行为之内，这样他就可以避免刑罚，因为当时的刑罚是残损身体的肉刑，若儿子受刑身残，父亲的一部分尊严和荣誉也将随之被剥夺。孝子若要身临险境是必须要深思熟虑的。只有当父亲让他上战场，或是命令他追随父亲自己的领主之际，才能这么做。我们可以看见，战士在战场上首先是为了自己的父亲及其荣誉而战。假如儿子表现得不够勇敢，亵渎了勇猛这一品德，父亲的尊严和荣誉就受到了玷辱。假如囚犯被从拘禁中释放，因为这是蒙受国君或领主的仁慈，此后他必须请求他父亲的原谅，因为他即将因为家族宗庙的尊严而赴死。被家族排斥出去是种惩罚，它深深地加在那些在射箭比赛中被证明

---

① 《礼记·曲礼上》：“夫为人子者，三赐不及车马，故州闾乡党称其孝也，兄弟亲戚称其慈也，僚友称其弟也，执友称其仁也，交游称其信也。见父之执，不谓之进不敢进，不谓之退不敢退，不问不敢对，此孝子之行也。夫为人子者，出必告，反必面。所游必有常，所习必有业。恒言不称老。年长以倍，则父事之。十年以长，则兄事之。五年以长，则肩随之。群居五人，则长者必异席。为人子者，居不主奥，坐不中席，行不中道，立不中门，食飨不为概，祭祀不为尸，听于无声，视于无形。……为人子者，父母存，冠衣不纯素。孤子当室，冠衣不纯采。”

是桀骜不驯而又漫不经心的一些射手的身上。①

上文举的两个例子以及古代父权法理学的例子，表明了在最初，这种父权法理有种军事性质，因为早就有这样的定论——在家族中跟在城邑中一样，封建秩序和父家长制下的伦理秩序是跟军法相等同的，而军法是最初产生出的惩罚性刑罚。儿子在军中取代了父亲的位置，正如在判案法庭上他能取代父亲的位置一样：这种具有双重性质的惯例似乎在整个古代中国都存在着——在封建制度下，儿子看上去首先是他父亲的战士，在需要进行复仇时，他同样也是为父复仇的责任人。他只有在杀了父亲的仇人之后才可以结束对自己父亲的守孝。此前儿子从不会放下他的武器，即便他自己处在和平的环境里，或是在市场上，甚至在国君的宫廷里。每夜他都睡在守孝时才睡的那种席子或垫子上，头枕着盾牌。② 这还不足以维护父亲的尊严，必须比这还要加倍。儿子获得的所有奖赏都带给父亲，尤其是特别的奖赏，比如一件领主或国君赐予的食物。但给父亲的最好报答就是省略自己作为儿子应受的那部分，直接让这件东西赏给自己父亲：这是古代中国的贵族阶层中一直存在的原则。所有这些原则构成了一个引人瞩目的对立面，它跟当时同时存在的禁止任何形式的亲昵而温和的关系这一规定相对立，而当时，尤其不让父亲和儿子之间存在这种亲昵和温和的关系，他们的关系其实并不属于情感的领域，而是属于礼节和荣誉的领域。现在，我们就可以大概地看见这种形式的关系延展到兄弟之间，它统治着每个人的个人生活，让兄弟活得好像是同一个人。

---

① 《礼记·王制》："元日习射上功，习乡上齿。大司徒帅国之俊士与执事焉。不变，命国之右乡，简不帅教者移之左。命国之左乡，简不帅教者移之右，如初礼。不变，移之郊，如初礼。不变，移之遂，如初礼。不变，屏之远方，终身不齿。"《射义》："故天子之大射，谓之射侯。射侯者，射为诸侯也，射中则得为诸侯，射不中则不得为诸侯。……射中者得与于祭，不中者不得与于祭。不得与于祭者，有让削以地，得与于祭者，有庆益以地，进爵绌地是也。"

② 《礼记·檀弓上》："子夏问于孔子曰：'居父母之仇，如之何？'夫子曰：'寝苫枕干，不仕，弗与共天下也，遇诸市朝，不反兵而斗。'曰：'请问居昆弟之仇，如之何？'曰：'仕弗与共国，衔君命而使，虽遇之不斗。'曰：'请问居从父昆弟之仇，如之何？'曰：'不为魁。主人能，则执兵而陪其后。'"

二、家内生活和妇女担当的角色

中国历史在某段不很明确的时间范围内，母系制度的部分从未被全部铲除过——妇女将她们的名字传递给孩子，丈夫只是一群妻子的中介。封建贵族制度的建立，发展出了一套与之相反的道德制度，婚姻似乎只是让妻子顺从丈夫，但另一方面，母亲却发展出一种权威，这种权威保存了先前母系制度的孑遗，跟父家长制权威越来越多地调适，越来越多地为之做出贡献。

1．家内生活

贵族出身的女孩子是在一种奇特的家庭环境中被教养成人的——她们是按照日后做人儿媳的标准接受教养的。从她们的童年时代起，她们就得学一些让自己的家族获得荣誉和声望的才艺，并且拥有一种能令她们的父兄避免必须为她们上场复仇的谦逊姿态，因为男孩的出生被认为是一种荣耀，而女孩的出生像是全家都将受到影响。小女孩出生后被搁置在地面上，跟她们的兄弟一样。[①] 女孩子不像男孩子一样能得到一块玉做玩具，她们玩的是大人给的纺锤锭子。她们穿的第一件长袍是适合夜间穿的，而不是像男孩那样为了大庭广众的礼仪而准备的长袍。她们出生时，为了让她们降临人世显得特别些，要在门上挂上一件衣服或一条布巾（生男孩门上挂的是弓箭）。女孩子的教养不是为了公共生活，也不是为了上战场，而是为了劳动，以及在妇女的内宅从事一些侍奉之事，她们长大将成为织妇，成为人妻。假如某个女孩子出生时有不祥之兆，比如说她脸色发红、多毛，将被遗弃于荒郊野地。[②] 当女孩子出生时有吉兆，她便被从地上抱起，日后将学习谦卑，并远离任何骄傲，她不能被抱到任何男性的床上。更令人惊异的是，父亲在女儿成长的任何更进一步的礼仪上都不给予任何指令。这个过程是由妇女（母亲）独自完成的，并且这些相关礼仪根本不不会提到男人乃至父亲，在小女孩抱给父亲时，礼仪也要求父亲如此。在举行礼仪时，父亲和女儿之间不能有任何接近的仪节。而女孩的名字尤其是个秘密，毫无疑问是由母亲

① 《诗经·小雅·斯干》："乃生女子，载寝之地。……"

② 《左传·襄公二十六年》："初，宋芮司徒生女子，赤而毛，弃诸堤下。"

取的。一个女孩是不能跟父系的男人混杂在一起的。当她牙牙学语时，她被教着用女孩子应有的谦卑语气说“是”，从此倾向于一种服从的命运。① 女孩子七岁之后，她便跟兄弟分开住了，七岁时女孩子长出智齿，这个年龄是一种新生活的开端。在旧时，女孩子被认为从七岁起就有了思考的能力了，从那时起，玩耍时也有了性别的禁忌：小女孩不能跟兄弟同坐一张席子，也不能跟他们共同进餐。十岁之后，这些性别禁忌更加严格了，几乎处于全封闭状态。这种禁忌跟对女孩子的劳作、措辞、仪态以及妇德的教育是一致的。这些教育是由保姆来进行的，记录礼典的作家要小心翼翼地，不将任何与之有关的东西记录到竹帛上（那样被认为是对妇女的不敬），因此我们只知道小女孩要学着服从，创造一种优雅温柔的气氛，比如说剥麻，织麻布，将丝带编成辫子，她还要学着做衣服，缝长袍，她同样还要学着准备祭祖的盛宴，以及种种有关的精细技艺。② 她能够许嫁的年龄是十五岁，尽管从理论上说，女孩子特有的生活从七岁就开始了，而且女孩子到十四岁便进入了青春期，跟男孩子不同的是，女孩子只要是能许嫁了，就等于宣布她已经成人。在及笄礼（将头发盘成发髻，并插上受赐簪子的礼仪）上她将获得一个新名字。③ 我们从文献记载中得不出任何有关这种女性礼仪的信息和细节。最有可能的是：及笄礼是逐渐产生的，在这个过程中，女孩子渐渐长到应遵守最严格的两性禁忌的年龄，这最严格的禁忌跟可以订婚许嫁本质上是一致的，于是逐渐产生了及笄礼。现在，订了婚的贵族女孩子必须过着一种完完全全受限制的生活：没有哪个男人可以来探望她，除非有重大理由。④ 为了

---

① 《礼记·内则》：“子生，男子设弧于门左，女子设帨于门右。三日始负子，男射女否。……子能食食，教以右手。能言，男唯女俞。男鞶革，女鞶丝。六年，教之数与方名。七年，男女不同席，不共食。……”

② 《礼记·内则》：“女子十年不出，姆教婉、娩、听从，执麻枲，治丝茧，织纴、组、紃，学女事，以共衣服。观于祭祀，纳酒浆、笾豆、菹醢，礼相助奠。十有五年而笄。二十而嫁，有故，二十三年而嫁。聘则为妻，奔则为妾。凡女拜，尚右手。”

③ 《礼记·曲礼上》：“女子许嫁，笄而字。”

④ 《礼记·内则》：“礼始于谨夫妇。为宫室，辨外内，男子居外，女子居内，深宫固门，阍寺守之，男不入，女不出。男女不同椸枷……”

让订了婚的她看上去与众不同，她必须在脖子上戴上一种绳子般的东西。只要是订了婚的女孩子，都有种看上去不可思议的寓意——在她未婚的、离群索居的岁月里，身体处于封闭状态，处于天地之间。大贵族的女儿要在宗庙离群索居上三个月，或者说，看来国君家族的女儿仿佛暂时占据了宗庙这一远离尘寰的神圣所在。订了婚暂时独居的女孩子被称为“纯净之女”，这很容易理解，因为她们保有着自己的纯净和贞洁。更有甚者，颂扬伟大祖先的歌谣让人们想起了农夫们的乡间的春日结社，当时，这结社有时被称做神巫之社。我们可以设想神巫主持着节庆期间的这种结社。这让我们相信贵族女子婚前的离群独居也是跟农夫们的乡间风俗有一定关系。

我们已经看见，青年男子时常被送到母亲的家族中去，而此刻待他们为宾客的母亲的家族正是他们日后娶妻之处，现在，这个家族得为这一“来客”提供一位妻子——这是当时的风俗习惯。人们希望她“近距离地、如仆从般侍奉他，这样她的心就跟他紧紧相连”。这种婚姻仿佛是主人和人质之间的联姻，它总是带有某种不稳定的特质，并且总有种交换的感觉夹杂其中。此前曾经有过这么个时代：年轻姑娘逐渐告别了母亲和嬷嬷的教导和保护，自己去摸索年轻的表兄弟的心思，因为这表兄或表弟是母亲做主定下的她命中注定的未来丈夫。但是，经过了这订婚后离群独居的礼仪，订了婚的姑娘此后的生活戒律更为严格，这些限制性律条被从另外的角度重新全面理解。“彼此陌生的男孩和女孩，当他们之间没有任何将走到一起（结婚）的迹象，彼此不能互通姓名。直到下了聘礼，他们之间才能没有任何拘束和限制地交往。”① 根据这一原则，男孩直到婚礼举行之前，是不能看见他未婚妻的脸长什么样的。这种谦卑含蓄的礼仪或许导致了多少既诱惑人心又充满冒险的场面。例如楚国（公元前505年被征服）的一位公子，他带着自己的家人出逃流亡，半路上，他的车陷在了泥潭里，在这困难当口，一位忠心耿耿的臣下钟建将主子的女儿背负在背上，最后，这位公子脱离了泥潭，回到了自己的国都，他为自己的女儿选了一位丈夫，但她声称，为了自己完整的体面和尊严，“当一个姑娘还

① 《礼记·曲礼上》：“男女非有行媒，不相知名。非受币，不交不亲。”

是未婚处子之际，必须离男人有一定距离……可是钟建背过我了！”她重复着这一点，于是她父亲把她嫁给了把她从沼泽地背负出来的人。①

贵族女子的婚姻同时也是一件准外交活动。这婚姻要巩固旧盟，或者是缔结新盟。因为在并不稳定的封建秩序下，家族间背叛旧盟、重缔新盟的现象屡屡发生。为了获得利益，一个人或一个家族必须求助于强大联盟中的得力家族。而这强大的联盟，原先就是由彼此通婚构成的，因此家族女子婚前的离群独居就显得格外重要，它成了外交手段之一。这一义务最终成了缔婚者的真正责任，这责任在于彼此提供婚姻对象以组成家室。在封建宗法时代，对婚姻的这一干涉似乎是十分必要的，因为旧的惯例（在当时仍然受到尊重，即便在事实上不受尊重，在理论上也是受尊重的）是这样：一桩婚姻只有是在两个结盟家族之间发生，且这两个家族间有互相通婚的惯例，这样的婚姻才是幸运的。② 这种婚姻实际上并不自由，它是以缔约的形式存在的：某家族来向一个姑娘求亲，是不能被拒绝的，除非他们之间有族间深仇。这种不幸一定会被避免，假如这两个家族抛开先前的各种企图，通过联姻达成某种一致。正式的结婚仪式直到达成一致之后才会举行。于是，准新郎的角色就成了一名身负使命的外交官，而他就成了代表自己这个家族的族长的使者，族长要参加婚礼，但在在新娘送到后直到婚礼之前，无论新郎还是新郎父亲都不露面。在这两种礼仪上，族长要跟新娘家族的族长交换一定规格的礼物。比如说，在第一场礼仪上，当他申明来意（“求亲”）时，对方回答他：“敝门小女，资质愚鲁，难望升迁。我的主人，您赐我恩荣，如此，小女实不敢拒。”③ 这些委婉谦卑的措辞具有事先就推诿任何责任的意思（万一这场婚姻日后不好呢）。而后，他们双方需要见证娶妻这一事情下蕴涵的古老的、义务性的传统。此时，第二位使者需要

① 《左传·定公四年》：“……王奔郧。钟建负季芈以从。……”《定公五年》：“……王将嫁季芈，季芈辞曰：‘所以为女子，远丈夫也。钟建负我矣。’以妻钟建，以为乐尹。”

② 《左传·僖公二十三年》：“男女同姓，其生不蕃。”《史记·仲尼弟子列传》裴骃《集解》：“同姓不婚。”

③ 《仪礼·士昏礼》：“某之子惷愚，又弗能教。吾子命之，某不敢辞。”

开口询问新娘的名字，因为在占卜是否吉祥之前必须知道她的名字。① 第三位使者上前告诉占卜的结果。第四位使者上前呈上用作祭祀的礼物：两张鹿皮（“皮”）、两卷帛（“币”）（这样，订了婚的姑娘就有了名正言顺的身份了）。第五位使者要“请期”，即问询结婚的日子。所有这些繁文缛节都不嫌多，因为双方缔结婚约这一荣耀必须认真对待并表示出来，并且有必要隐藏结婚中实际上属于结盟的那部分性质。在统治阶层，他们的脸面和荣誉是格外敏感的问题，非常重要。因为当娶妻这一事实越来越经常地在某些地区以双方家族反目而告终。晋平公，在跟齐国交战之后，跟齐国的一位女子少姜结了婚，但是，双方家族的仇恨在结婚之际几乎再次爆发，因为少姜被护送到晋国时，齐国没有为她准备跟晋国去给她下聘礼时那么隆重的礼物和妆奁。她婚后不久就死了。② 齐国被要求重新巩固这婚姻（虽然这婚姻失败了）之盟，（没有人怀疑国君会不去实践这项任务）齐国国君必须做这件事。他必须说：“我家室中还有同父所生的姐妹……她们都是普普通通的女孩……假如您屈尊选择她们中的一位成为您的妻子，我将非常荣幸。”③ 更完整些的套话还包括回答对方求婚的来意：“我妻子为我生下好几个女儿，我的妾媵也同样生有好几个（女儿）……同样，从我的叔伯家族看，我还有好几位姑姑以及堂姐妹。”④ 当这些公式般的套话跟春秋霸主齐桓公的威

---

① 《仪礼·士昏礼》：“致命，曰：‘敢纳采。’问名，曰：‘某既受命，将加诸卜，敢请女为谁氏?’”

② 《左传·昭公二年》：“齐陈无宇送女，致少姜。少姜有宠于晋侯，晋侯谓之少齐。谓陈无宇非卿，执诸中都。少姜为之请曰：‘送从逆班，畏大国也，犹有所易，是以乱作。’”

③ 《左传·昭公三年》：“齐侯使晏婴请继室于晋，曰：‘寡君使婴曰：“寡人愿事君，朝夕不倦，将奉质币，以无失时，则国家多难，是以不获。不腆先君之适，以备内官，焜耀寡人之望，则又无禄，早世陨命，寡人失望。君若不忘先君之好，惠顾齐国，辱收寡人，徼福于大公、丁公，照临敝邑，镇抚其社稷，则犹有先君之适，及遗姑姊妹，若而人。君若不弃敝邑，而辱使董振择之，以备嫔嫱，寡人之望也。”’”

④ 《左传·襄公十二年》：“灵王求后于齐，齐侯问对于晏桓子。桓子对曰：‘先王之礼辞有之。天子求后于诸侯，诸侯对曰：“夫妇所生若而人，妾妇之子若而人。”无女而有姊妹及姑姊妹，则曰：“先守某公之遗女若而人。”’齐侯许昏，王使阴里逆之。”

严联系在一起之际（齐桓公曾接连多次拒绝把他的姑姑、堂姐妹嫁出去），其蕴涵着所有的尊严。[1] 文献记载迂回曲折地暗示了齐桓公跟她们有乱伦关系。兄妹（姐弟）间的乱伦是齐国历任国君屡犯的过失（不过不光齐国国君如此），然而，这些家族间的结盟关系，无论是结婚前双方家族就已结盟还是没有结盟，都不妨碍双方家族在此次婚姻后继续结成同盟。[2] 齐桓公尤其跟乱伦这种声名狼藉的丑闻联系在一起，因为他作为霸主，希望剥夺作为竞争对手的其他国君家族通过跟齐国联姻而获得的种种权利。于是，这里便出现了一种奇怪的族内通婚现象，但事实上，当权者的家族看上去尤其有这个特点——展示出异族通婚的价值。女孩子必须嫁给家族之外的男子，因为对方家族有这个权利。假如在正常情况下，她们按照日后要为人妻的目标教养长大，家族宁可把她们像人质般交出去，而不是把儿子交出去：或者，更正确地说，因为最起初是把儿子交出去的，他们被养父好好款待，只有在交付了偿还（儿子的姐妹许给对方家族的男子作为妻室）之后他们才被放回。在贵族家族中，这些男孩子是家族荣誉的希望所在，但女儿则首先是换取荣誉和尊严的代替品。

不过女孩子也是家族声望的另一种来源。当一个家族在订婚仪式的帮助下确保了自己从另一个家族获取属于本家族的新娘之际，后一个家族便得通过支付一大笔妆奁来保持自己的体面和尊严。新娘妆奁若丰厚，婚礼若因此举行得风光排场，荣耀是属于新郎的，但陪嫁妆奁是种有利益的支出，这一点可以从婚庆喜歌中感觉出来："韩国公子将要娶妻——所娶的是汾君之女！——是蕨国国君之女！——韩国公子走近她！——他走到了蕨国的村庄！——一百辆马车陪伴着他，车轮辘辘，声音庄严而隆重！——马上的八只銮铃声音清脆，叮当作响！——还有什么比这更隆重，更辉煌！——陪嫁的姊妹衣袂如云！韩国公子看着她

---

① 《左传·僖公十七年》："齐侯好内，多内宠。"《管子·小匡》："(齐桓)公曰：'寡人有污行，不幸而好色，而姑姊妹有不嫁者。'"

② 此指齐、鲁之间的关系，如鲁桓公夫人文姜通于其兄齐襄公，最终导致鲁桓公被杀，但这并没有影响齐、鲁继续联姻，齐国将哀姜嫁给文姜之子鲁庄公，事见《史记·鲁周公世家》。

们！——她们的华彩充满了宫廷。”① 新娘子到底带了什么嫁妆，这里没有记载，不过最主要的嫁妆肯定是跟新娘身份相称的陪嫁姑娘和成群的仆从。我们可以看出有时国君会从陪嫁仆人中挑选臣下。② 我们可以从一首庆贺婚礼的喜歌中看出，他们（新郎及其家族）的眼睛都被陪嫁的姑娘（妾媵）照花了。陪嫁的妾媵的人数是衡量新郎身份高贵程度的一个标尺。在某些特定情况下，陪嫁妾媵是给那位丈夫脸上增光，但同样也是给新娘脸上增光。“成群的妾媵陪嫁，增加了新娘作为妻子的地位”，这地位“赐予她和她的家族声望”，然而，这陪嫁的人数必须不至于把同一辈人中的所有女孩子都一下子用光了，因为还要考虑到同一辈人的婚姻容量，毕竟要靠这样缔造家族。每个家族嫁女儿时不会有超过两位陪嫁之媵，因为三是个整数。这一原则有助于巩固原先的风俗——某位侄女要被当做两位姐妹的陪嫁之媵。我们知道这位侄女是被送来加强丈夫跟双方家族之间的联系的。作为结果，假如这个家族毫不犹豫地将自己家族的女儿慷慨而体面地陪嫁出去，那是因为女婿若从这个家族娶妻的话，注定要跟妻子分享进入家族宗庙的尊严。天子一次可娶九女，但并没有权利再去结第二次正式的婚。一夫多妻制的存在暗示了即便低级贵族也是一夫可娶二妻的：从他那方面来说，再娶妾从法律上是可以的，从事实上说也不断发生着，但再娶妾通常是被谴责的（但封建制度的不稳定性同样允许国君某些时候违反一夫一妻制原则）。当女婿娶的妻子接连去世，他有权再娶，严格意义上说这不叫再娶妾，因为不是纳妾。从联姻家族匆匆娶来的妻子简单地从属于前一位去世了的妻子。一夫一妻多妾的制度限制了丈夫婚姻的未来：妻子的家族在丈夫的有生之年，等于购买了他对双方家族的忠诚。与此同时，这种制度为他的孩子保障了一定的权利——所有的孩子都必须处在同一种坚强和有力的影响之下。因为家室内的每位女子，在她整个的职业就是妻子和母亲的人生阶段，艰难地履行着自己家族好女儿的角色。

当订了婚的姑娘被交付给自己丈夫之际，其实并没有真实的、权威性

---

① 《诗经·大雅·韩奕》：“韩侯取妻，汾王之甥，蹶父之子。韩侯迎止，于蹶之里。百两彭彭，八鸾锵锵，不显其光。诸娣从之，祁祁如云。韩侯顾之，烂其盈门。”

② 此为百里奚故事，见《史记·晋世家》：“晋灭虢，虢公丑奔周。还，袭灭虞，虏虞公及其大夫井伯百里奚以媵秦穆姬，而修虞祀。”百里奚后辅佐秦穆公称霸。

的交接仪式。丈夫并不完全臣服于妻子家族族长的权威。对妇女而言，“尊”既意味着尊敬本家族的族长，也意味着尊敬自己的丈夫。毫无疑问，在父家长制权威之下，丈夫的权威（丈夫被妻子称做“我的主人”）似乎表现为封建领主般的权威，否则，在“尊”的原则下，一个人必须首先懂得，妻子处于弱者的地位，社会上并没有为女儿、妻子这种角色留出地位。假如是寡妇，她得尊重自己的儿子，不过这并不能简单地被理解成儿子拥有对寡母的哪怕一丁点儿支配之权。他只是母亲的一种守护者，在母亲自己的父亲、丈夫相继去世之后接着守护她。丈夫对妻子的这种守护责任并不以任何方式告终，即便他成了父亲，拥有了做父亲的权利和各种责任之后。比如，我们或许会看见父家长制下的法理强加在一位已嫁出去的女儿身上，只是为了转移责任。毫无疑问的是，礼仪学家宣称这是违反夫权的例子。从另一方面讲，在对她的守护权进行交接的时候，没有任何东西是决定性的。有时，在女方守寡的情况下，并且经常是在受批判的案例中，守寡的女儿回到娘家接受娘家人的保护。当时律法的一项重要原则就是禁止批判任何没有依赖的妇女处于他人的保护之下。休妻意味着结束由婚姻达成的联盟。一队人陪着这被谴责的弃妇。程序化的谦卑礼仪在丈夫的使者和妻子家族的族长之间进行交换，他们的目的是阻止因为婚姻破裂而导致族间的流血冲突。同样，当新郎来迎娶新娘时，必须用程序化的牺牲献祭来礼敬新娘的父母，表示既不会放弃她，又不会把她的权威日后转移。新娘的父母很自然地用命令的语气对姑娘提一些忠告，这样，在她日后作为人妻和媳妇的新生活里，她就会避免做出一些将娘家的体面和尊严席卷在内的事情。因为她已被教导过如何避免引发两个家族间的冲突，妻子便属于两个结盟的家族，正如一件双方都拥有所有权的抵押品。妻子所处的这种地位简直犹如萨宾妇女一般，但很显然，她的父亲对她的关心比丈夫要深刻。女儿被教导记住她们父亲的谆谆教诲，这一点对丈夫而言简直像是在身边设下了埋伏。女儿会问母亲：“父亲和丈夫，谁才是最亲的人?”“谁都有可能成为丈夫，可父亲只有一个!”母亲毫不犹豫地给出这样的回答。但是妻子早已听见了她自己内在的孝心，因为她承认，在仔细取悦自己的丈夫之后，她已经成功地获取了（丈夫要对父亲不利的）情报，这情报让她能拯救自己的父亲，但会让丈夫送了性命。① 当她侍奉丈夫之际，妻子必须同时想着如何侍奉自己的父母双亲。这样，在婚后，丈夫和妻子生活在一种全副武装的和平气氛中。双方犹如在进行一场鏖战，都企图俘获对方，让对方的心灵和声望归自己的家族所有。这是一场深思熟虑的鏖战：一个人必须知道如何不去赢得太多的好处。比如说，蔡姬和她的丈夫齐桓公进行了一场船上的对决——遵照古老的礼仪，他们摇晃着船来自娱自乐。妻子蔡姬玩得大胆到得意忘形，丈夫看上去被船的剧烈摇晃吓坏了，他把这胆子大得出奇的妻子休回了娘家。于是，娘家非常生气，再次把女儿嫁了出去，此后，一场战争爆发于前后两个夫家之间。②

在联姻结盟基础上（良好的开端只是成功了一半），每件事都有条不紊，结盟的任何一方都不能先于对方、压倒对方地作决定。新郎必须亲自去迎娶新娘。新郎会住进当地的驿馆，此刻他是作为客人被招待，他将一只野雁放在他岳父的脚下，并双膝跪倒在他跟前磕头以示尊敬。他的前额要碰到地面，对这一示敬岳父泰然受之，并不会表示回报，并且也不会陪同他回去，但是他那已经订婚的未婚妻会由保姆引导着，一言不发地跟着他。尽管他此刻被称做女婿了，但这丈夫仍然在妻子跟前看上去没有丝毫谦卑，倒是在岳父跟前毕恭毕敬。他引导着迎亲的马车，邀请新娘登车，他拿出一根绳索帮助她。但新娘的保姆立刻拒绝这一姿态（因为新娘自己不能开口说话），而后女婿开始驱车。车轮启动三次后，新郎不再驱车，而由同来的一名臣下赶车，这名臣下起初乘着另一辆马车前来，此刻他担当起车夫的责任，赶着马车，领着路。③ 等到了自己的宫室，他就像

---

① 此为郑国祭仲之事。《左传·桓公十五年》："祭仲专。郑伯患之，使其婿雍纠杀之。将享诸郊。雍姬知之，谓其母曰：'父与夫孰亲？'其母曰：'人尽夫也，父一而已，胡可比也？'遂告祭仲曰：'雍氏舍其室而将享子于郊。吾惑之，以告。'祭仲杀雍纠，尸诸周氏之汪。公载以出，曰：'谋及妇人，宜其死也。'"

② 《史记·齐太公世家》："二十九年，桓公与夫人蔡姬戏船中。蔡姬习水，荡公，公惧，止之，不止，出船，怒，归蔡姬，弗绝。蔡亦怒，嫁其女。桓公闻而怒，兴师往伐。"

③ 《仪礼·士昏礼》："女次，纯衣纁袡，立于房中，南面。姆纚、笄、宵衣，在其右。女从者毕袗玄，纚笄，被纚黼，在其后。主人玄端，迎于门外，西面再拜。宾东面答拜。主人揖入，宾执雁从。至于庙门，揖入。三揖，至于阶，三让。主人升，西面。宾升，北面，奠雁，再拜稽首，降，出。妇从降，自西阶。主人不降送。婿御妇车，授绥，姆辞不受。妇乘以几，姆加景，乃驱。御者代。"

接受一位客人般接受了新娘，他弯下腰，让新娘进去。在两位新人共同进餐之前，双方都要在仆人帮助下净手。晋国的重耳从他的岳父家秦国收到礼物——一次赐予五名姬妾（而不是三名），这份礼物简直太大了，这责任也太重大了，他心里这样想。此外，这五名姬妾不过是暂时的，为某位在秦国做人质的亲戚所赠。正是她们帮助重耳开始这预备的洗礼（结婚）。其中一位以仆人的身份和地位，拿着盥手的水罐为他洗手。重耳坦然受之，他正好由此找回了自己的地位。当重耳示意她该下去的时候，他甩甩洗过的湿手，水珠溅到她身上，她发怒了："秦国、晋国是同等级的国家！你为什么这么藐视我？"重耳立即从肩膀上褪下袍子，像个俘虏一样站在她跟前。而她，在这场最初的对决中获胜了（这最初对决假如走得太远，弄不好会引发一场族间战争），于是立刻被当做正妻对待。尽管她只是五名姬妾中的一员。她的威信后来还能看得出来，当她后来成了孀妇之后，并且秦晋两国间也爆发了血腥的战争，她能够让晋国继嗣的国君释放被俘的三位秦国将领，回到她父亲那里去。①

新婚妻子被接到宫廷，她的脚已经踏上了地毯，但她的心仍然是陌生的，不过当她的心灵充满了对丈夫家族的各种好奇时，便暂忘了这种陌生。这些好奇和兴趣暂时将她和丈夫分开。她同样从先前对"性"的各种深刻禁忌中解放出来，因为婚礼结束了这些禁忌——也并没有能力强压这种禁忌。随后而来的是两个人之间进行的各种花招百出的较量，这些较量唤起了他们两个人对各自家族、各自性别的荣誉感。家庭生活实际上是缺乏亲昵的，这较量从两个人开始共同进餐之际就开始了。在这共同进餐的时刻，他们并不是肩并肩的，也不是面对面，样样事情都从头到尾安排好了，他们必须像同一个身体的各自一半那样——不过是一个身体分成两半罢了。他们各自都坐在一张独立的席垫上，他们吃同一种食物，不过不用同一个盘子；他们各自向神灵敬酒，并且他们各自都品尝送上来的成对的肺，以及递上给他们两个人的猪排骨中属于他的那部分（包括猪脊椎

---

① 《左传·僖公三十三年》："夏，四月，辛巳，败秦师于殽，获百里孟明视、西乞术、白乙丙以归。遂墨以葬文公。晋于是始墨。文嬴请三帅，曰：'彼实构吾二君。寡君若得而食之，不厌，君何辱讨焉，使归就戮于秦，以逞寡君之志，若何？'公许之。"

骨两侧的那部分)；他们都有自己的小米或粟稷，以及七条鱼；当他们品尝食物时，每人品尝三次；他们喝酒水时也是每人三次——最后一次(是仪式性的) 跟前面两杯不一样（前面两杯的杯子是用同一个葫芦的两半做成的)。当他们饮食或喝酒时要礼节性地向对方表示出敬意，这样他们才能离席，进而宽衣，不过各自待在自己的房间，当他们再次相逢(为了夜里同房)，还是各有各的席垫。在婚房附近，男女傧相都仍然守着，保持护卫。宫室中点着灯。整整三天，新娘的房里也要点上灯。看上去婚礼直到第三天才宣告结束：饱学通礼之士非常肯定地认为显赫之卿的婚礼要等到三个月后才算结束（两性结合的重要性随着贵族阶衔的升高而更加隆重)①，这样的结合真的要求万分谨慎。新娘在婚礼过程中必须始终用布蒙着头脸。无论是订婚仪式还是结婚仪式，都从没有在白天举行的，而是要在清晨拂晓或傍晚黄昏的时候。婚礼的第一种仪式在清晨拂晓(清晨是“阳”开始战胜“阴”的时候)，而庆贺活动则在黄昏。黄昏时刻举行的礼被称为“昏（婚）礼”（男性的“阳”处于女性的“阴”的下风)。因此“昏”这个字（黄昏）同样也意味着娶妻。同样的字也用于描述新娘的父母。这些字的不同含义表示出在古时候，婚礼是在新娘家里完成的。假如妻子仅仅是个身份简单的贵族，三天之后她要作为新媳妇去拜见公婆，而谒见宗庙中的先祖则要等到三个月之后（至少在高级卿大夫之间是这样，他们说要等上三个月婚礼真正进行完了之后)，更为重要的是，只有在谒见宗庙先祖之后，新娘子才有权享有“妇”这一描述已婚妇女的名分。假如她此前居然不幸去世，她便不能受到丈夫家族对妻子的哀悼待遇。在第三个月，根据传统礼仪，新媳妇要回娘家；同样在第三个月，女婿也必须去拜见他妻子的父母，虽然女儿结婚已永远跟娘家说了再见。② 在

① 《礼记·曾子问》孔子曰：“嫁女之家，三夜不息烛，思相离也。取妇之家，三日不举乐，思嗣亲也。三月而庙见，称来妇也。择日而祭于祢，成妇之义也。”

② 《仪礼·士昏礼》：“若不亲迎，则妇入三月，然后婿见，曰：‘某以得为外昏姻，请觌。’主人对曰：‘某以得为外昏姻之数，某之子未得濯溉于祭祀，是以未敢见。今吾子辱，请吾子之就宫，某将走见。’对曰：‘某以非他故，不足以辱命，请终赐见。’对曰：‘某得以为昏姻之故，不敢固辞，敢不从！’主人出门左，西面。婿入门，东面。奠挚，再拜，出。摈者以挚出，请受。婿礼辞，许，受挚，入。主人再拜受，婿再拜送，出。”

父家长制组织下，在新媳妇被丈夫的家族接纳之前，新婚后的三天以及三个月被认为是一段不怎么可靠的见习期。这段时间或许是个考验期，先前当夫妻还不能建立属于他们自己的家庭之际，便有这考验期的存在。这三个月的时光默默流逝。无论是在哪种情况下，通过夫妻互相接纳过程中的种种考验，这考验期的存在都被证明是合理的。在旧时，新娘在头三个月不能做任何事情（在后些时候，她直到第三天才下厨做饭）。同样，身为贵族的丈夫，也因为自己结婚成家离开了原先的家庭，他或许要有一年的时间不在大家族庭院里露面。这考验期是婚姻生活的开始，毫无疑问它要持续上三年。在这段时间里，因为夫妻已经结合为一体（他们从此失去了童贞），他们要像被隔离般远离别人而居，尤其是在婚姻生活的开始，这种隔离尤为严格。并且仍然有这么一种占统治地位的观念存在，那就是只有共同生活三年以上，他们的婚姻才有声望。事实上，三年并不是很长，尤其对于一个终将获得对妻子领导权的丈夫而言。在这三年期间，或许在互相磨合的种种困难中会发生各种逸事。有位女子（事实上她真的被丈夫制服了）只是在为丈夫生了两个孩子时，才跟丈夫说话。① 另一位结婚过程平平常常的女子（不过据说她非常美丽，她丈夫长得很一般）同样固执地保持沉默。这不受欢迎的丈夫最终也赢了。他们终于让妻子开口跟自己说话，对自己笑。他们在证明自己的威力和对妻子的忠诚追求中进入了婚姻的第三年。即便妻子被驯服了，这种生活此后也并不继续朝彼此更加亲密的方向发展。

涉及“性”的一切感觉，以及涉及家内生活之尊严的所有细节，无所不在地充斥着令人窒息的气氛，只有繁文缛节的礼仪存在，并保有这些的尊严。夫妻除了互相尊敬之外，从来不能互相称呼对方的名字，他们也从来不手对手地传递东西，当夫妻中的一人拿起一件东西（这件东西是另一人放置在他跟前的），他得很仔细地不要抓握住先前自己配偶抓握过的部位，要避免哪怕是不直接的接触。② 当妻子递给丈夫一杯酒时，他要

---

① 《左传·庄公十四年》：“楚子如息，以食入享，遂灭息，以息妫归。生堵敖及成王焉，未言。楚子问之，对曰：‘吾一妇人而事二夫，纵弗能死，其又奚言?’”

② 《礼记·祭统》：“君卷冕立于阼，夫人副袆立于东房。夫人荐豆执校，执醴授之，执镫。尸酢夫人执柄，夫人授尸执足。夫妇相授受，不相袭处，酢必易爵，明夫妇之别也。”

做出喝的样子，但必须在另一个杯子里喝掉。同样，他们之间一定不能有个人影响方面的任何互相比较和联系。婚姻生活并没有允许夫妻将各自的长袍挂在同一根钉子上，也不能将各自的衣服放在同一个篮子里。他们不能通用一条毛巾，也不能共享一把梳子。假如夫妻居然同浴，那简直伤风败俗到了极点。①

当夫妻结合之际，他们的威望便即刻上升了（他们的性生活并不自由，而是受到极其严格的限制）。夫妻之间的责任被加在丈夫身上，丈夫通过一套由礼仪学家制定和解说过的具体原则向他的每位妻妾施加影响。他们同样将给予梳洗打扮之事短暂的暗示，因为在这样的时刻是必需的——一位女子的梳洗打扮程度体现了她丈夫的贵族等级，也体现了她自己在妻妾群中的身份地位。比如，某位高阶衔之卿的次妻②在自己的主人跟前抛头露脸之前，必须斋戒，漱口，穿上新洗过的长袍，并将发髻梳成某种固定的格式，并在腰带上配上香袋。其中最重要的是，要认真地穿上鞋子，系好鞋带。有规律地进行房事也是一种责任，因为这涉及丈夫和妻子的贵族身份。但是，在某些设定的日子里，丈夫愿意将自己交给某位妻妾，那么正妻那保证她自己的尊严的责任就是在内宅树立起规矩，管理整个妻妾群。这无疑是种错误，因为它忽略或漠视了某位妻子（对于自然秩序和社会秩序都是这么一回事），正如硬让家中某位女儿没有丈夫那样是个错误。但是，古代中国哲学认为，两性之事到男子七十岁、女子五十岁就该停止了，到七十岁，丈夫终于从夫妇房事的义务中解脱，因为妻妾也五十岁了。到他七十岁时，各种责任都从身上卸下。③ 到那时，性的禁

---

① 《礼记·内则》："男不言内，女不言外。非祭非丧，不相授器。其相授，则女受以篚，其无篚，则皆坐奠之而后取之。外内不共井，不共湢浴，不通寝席，不通乞假。"

② 《礼记·内则》："妾虽老，年未满五十，必与五日之御。将御者，齐，漱，浣。慎衣服、栉，縰，笄，總角，拂髦，衿缨，綦屦。虽婢妾，衣服饮食必后长者。妻不在，妾御莫敢当夕。"

《礼记·内则》："妇事舅姑，如事父母。鸡初鸣，咸盥漱，栉，縰，笄，總，衣绅。左佩纷帨，刀砺，小觽，金燧；右佩箴，管，线，纩……"

③ 《礼记·王制》："五十不从力政，六十不与服戎，七十不与宾客之事。"《礼记·曲礼上》："七十曰老，而传。""大夫七十而致事。若不得谢，则必赐之几杖。"

忌也终于可以告终——七十岁的丈夫和五十岁的妻子再不用任何时候都分别而居了。他们终于可以将自己的东西放在同一处地方了。① 在婚姻生活中，夫妻间彼此亲密的关系只有在男女性别的区分被自然衰老抹杀之后才能建立，并且从此之后，夫妻双方进入了一个新的时代——为他们的将逝作准备的时代。当他们的肉体在坟墓中同穴合葬，牌位在宗庙中同堂受祭之际，他们便紧紧结成一体，是一对令子孙瞻仰的祖先。而后，妻子便明确地成为家族成员中的一位（可能是单独的），因为她的婚姻给予了她大家族中儿媳妇的名分，同时，她还是自己家庭中的母亲。

2. 家庭中的母亲

在一位姑娘成为众多新娘中的一员之际，当她按婚礼仪式要求尽着女子应尽的种种责任之际，她便从此成了自己丈夫妻妾群中的正妻。这正妻的丈夫是家族中的嫡长子，因此，她也在同辈人中拥有嫡长子正妻这个名分。我们已经知道，当嫡长子在主持家内孝敬长者和祖宗的仪式之际，当他在安排和指挥自己所有弟弟之际，必须有自己妻子的协助：她指挥和安排她所有的妯娌。而作为长媳，当她完成她神圣的责任之际，正逐渐走向家族中母亲的角色，这个角色将让她获得家族内的崇高声望和地位，因为在这个过程中，她的丈夫日益成为家族中具有无上权威的族长。有句中国格言解释了这样的事实：妻子（初次娶的正妻）仅仅通过婚姻，就将获得一种跟他丈夫在家族中的地位相称的家内地位。严格地说，这一公式在贵族阶层不断往下循环，并不断被强调是正确的。从一位已婚女子被认为倚靠她丈夫（她也称呼丈夫为自己的主人）那一刻开始，家庭女主人的地位和权威看上去就成了家族首领这一头衔的代理。而后，这种地位和权威便拥有封建领主般的特质，随之而来的结果是：内宅所有妻妾的身份等级都有了安排。她们处在正妻的统治之下，正妻就像统治仆人般统治其他妻妾，长媳则统帅她的妯娌，这源于她们各自的身份不同，并不是因为任何人让她们代理而获权。

这种有如司法地位般的家庭地位是正妻的特权，它来自结婚之前她自己就优于陪嫁女子（“媵”）的那种身份。她是长女，陪嫁女子则是妹妹

① 《礼记·内则》：“夫妇之礼，唯及七十，同藏无间。”

（或者侄女），从年幼时就仰望她的地位和权威。这种权威从旧时起就建立起来了，它是妻妾制度得以存在的基础。而妻妾制度在当时拥有如法令般制定秩序的功效和价值。也正是由于这一价值，仪式学家展开了争论，他们论证以姐妹嫁同一个丈夫的一夫多妻制的合理性。因为在姐妹之间不会有什么意见纷争的，她们自小就一起成长，存在服从与被服从的关系。“性方面的冲突就是嫉妒”，这种嫉妒要极力避免。出自同一家庭，受过同样教养的姐妹在合法性方面组成了一个联合，她们犹如具有同一人格的同一个人，一次婚姻就足以把她们都嫁出去了。而男子则并不是一个完完全全的鳏夫，除非他的同辈人已经全都去世。在妻子和妾媵之间，假如没有继承关系的话（在同一代人之内是不可能有继承关系的），妹妹要服从姐姐，即便姐姐不在了，每件事情仍然要继续下去，仿佛死亡从未发生过，仿佛一个人代表着整整一辈人在活着。这样，丈夫即便失去了初婚的正妻，他若寻求再次结婚的话，也不见得为人们接受，这样在人们的眼中是犯了重婚罪，因为妹妹还健在呢。① 相反，人们的谴责会降临到那后娶的新娘上来。有一则故事揭示出了这个道理：某种稳定性存在于以一夫多妻（甚至一妻多夫）为弹性的一夫一妻制下，它同样还表现出，在家内生活中，在这样的制度下会不时发生让人情绪起伏的各种生活琐事。一位卫国名士（公元前485年）为了获得更有利益的结盟（结婚）机会，他批评他妻子，而她妹妹和陪嫁的媵女都赞同他。因为这位丈夫是在当时既定礼俗之外缔结的婚姻，不过他依旧忠于自己的感情，他成功地将陪嫁的妹妹带回来（她已跟被休弃的姐姐一起离开了夫家），并跟她建立了新的家庭。“他这样简直就像有两个妻子一般”，新的新娘子的父亲（他曾鼓动女婿离婚，以便为自己的女儿留个合法的位置）立刻将女儿带回去了，因为在不合乎礼仪的情况下缔结的重婚必将是个坏的结果。② 在父家长制的律法之下（这父家长制律法试图将两代人联系在一起），一夫多妻制显

① 《春秋公羊传·庄公十九年》：“诸侯壹聘九女，诸侯不再娶。媵不书……”

② 《左传·成公八年》：“卫人来媵共姬，礼也。凡诸侯嫁女，同姓媵之，异姓则否。”《公羊传·庄公十九年》：“秋，公子结媵陈人之妇于鄄，遂及齐侯、宋公盟，媵者何？诸侯娶一国，则二国往媵之，以侄娣从。”

出了另一种面孔，它不再显得照顾姐妹间的脉脉温情。当陪嫁女子中有一位是侄女时，同嫁过来的正妻和妾媵之间不那么团结了——在侄女（长兄的女儿）或妹妹之间存在谁先谁后的问题，这个问题礼仪学家也犹犹豫豫地难以解决。礼仪学家的讨论认为，在整个家族浑然不可分割这一原则（这一原则统治着庶人的家庭，并且让兄弟之间和睦友爱）以及嫡长子继承制下（在贵族的大家族中，它是成功施行了的，并且确立了父家长制下的嫡长子继承权），即便是将侄女硬合并进娶第一个正妻时的陪嫁队伍，仍然是某种形式的重婚。同样，封建制下的国君或许一次结婚会娶进三群女子（三位正副妻以及她们的陪嫁媵女），从理论上说这只是一次结婚，因为妻妾出自同一姓氏，尽管她们出自有直系亲属关系的家庭。但事实上，妻妾之间的同质性就被打破了，因为这三组妻妾都希望让自己产生主导性的影响，于是便产生了错综复杂的竞争，尤其当娶进的妻妾姓氏不同之际，因为姓氏不同暗示着她们在婚礼仪式上必会有所竞争，或者更加糟糕的是，当丈夫为了不断跟其他家族结盟，便不断再婚，他的妻妾群也因而不断扩大，这是对寻常婚姻惯例的不断冒犯，因为一次次婚姻导致的结盟关系异常复杂，这种复杂关系存在于封建大家族上层之中。当旨在保护男权利益的等级制建立起来时，它还并不具有压倒一切的势头，妻妾的等级取决于丈夫喜好她们谁，谁能最聪明地哄转丈夫——随后，在满是恫吓气氛的恐怖咒语中，充满妒意的吵架就会爆发了，《诗经》记载了这样的例子。① 或者，丈夫的善良本性会被最强有势力的那位妻子终结，最终结果都是残酷的血族仇杀。在这仇杀中，那位妻子被毫不客气地休弃，跟她家族的结盟从此破裂。丈夫也懂得了让他的妻妾去找第一个正妻算账（而不是他自己），这位正妻的兄弟因为背信弃义而受到谴责。这个家族中其余的丈夫（与对方家族的女子、联姻的男子）则懂得了某位妻妾准

① 描述妻妾等级诗篇可见《诗经·召南·小星》："嘒彼小星，三五在东。肃肃宵征，夙夜在公，寔命不同。嘒彼小星，维参与昴。肃肃宵征，抱衾与裯，寔命不犹。"《诗经·召南·江有汜》诗序："《江有汜》，美媵也。勤而无怨，嫡能悔过也。文王之时，江沱之间，有嫡不以其媵备数，媵遇劳而无怨，嫡亦自悔也。"其诗曰："江有汜，之子归，不我以。不我以，其后也悔。江有渚，之子归，不我与。不我与，其后也处。江有沱，之子归，不我过。不我过，其啸也歌。"

备凭着婚姻权利试图降低最初那位正妻的地位，是因为她得宠。一位精通礼仪的司仪被问及这么一个事例，后来这位司仪根据旧礼仪的一贯原则这么回答：第一位妻子，也就是丈夫的家族与根据通常的旧贯例实行世代通婚的她的那个家族所出的妻子，这位司仪并没有能够改变丈夫的心意，因为必须同时承认允许媵妾存在的婚姻制度所能提供的稳定性，如果丈夫郑重其事地在初婚婚礼中认真履行了主要部分的仪式，那么当时的妻子就拥有正妻这一名分。正妻（以及她所生的孩子）就受到保护，即便她丈夫日后心猿意马。只是此后，妻妾的法理地位看上去仿佛不再因为她自己是否长女，而是来自结婚时的那个名分。

同样，正妻似乎在妯娌中拥有最高权威，这一权威跟她丈夫作为嫡长子的权威一致，尤其她有时还参与其中（比如祭祖礼）。然而，她的权威最初是一种独立的权威。事实上，在贵族阶层中实行的一夫多妻婚姻制度最初是从某种方式的族外婚演变而来。在这种婚姻方式下，一群兄弟和一群姐妹互为婚姻，这样建立起一种隐性的大规模家庭。在这家庭中，每个家庭成员除了能拥有相应异性群中的某一位并行使性权利（这是主要权利）之外，还有一项权利，就是能对相应异性群中的所有女子行使性权利。而男女之别，即存在于贵族阶层中的弟兄和妯娌之间的界限，禁止他们之间产生各种形式的接触，即便是口头的。其中最重要的是彼此之间服丧的制度十分严格，尤其是弟弟为长嫂服丧之际。然而，寡妇若嫁给亡夫的弟弟则有所区别：有些时候，嫡长子将把原先属于自己的这个女子传递给自己的弟弟；另一些时候，弟弟若希望替代去世了的长兄的权威，必须娶了嫂子。① 他必须看不见叔嫂之别，并且完全将这种礼教大防颠倒过来。作为下面弟弟的代表，他现在成了嫡长子，他得将族中妯娌联合起来，她们就成了他的妻妾（起初他对她们是享有第二种权利的）。而嫂子因为拥有正妻的名分，所以弟弟只能在嫂子的这一名分终结之后才能对嫂子行使这第二种权利（叔嫂通婚之后，但这种通婚很快就被禁止了）。从这一完全有可能的假设看，正妻的权力要高于妯娌，也即弟弟的妻子。这

---

① 《左传·哀公十一年》：“冬，卫大叔疾出奔宋。……卫人立遗，使室孔姞。”孔姞是遗的嫂子。

源于古时候最年长的新娘地位优于她的妹妹们。更为重要的是，在集体性婚姻中，这一由长女享有的最初的权利延伸到了弟弟已经所娶的妻子身上。正妻的控制之权可以涉及她丈夫的所有弟弟的家庭，而首当其冲的就是以她为长姐的那些家庭，因为他们承认她是这集体性质的婚姻中的女家族长，贵族阶层的婚礼只能用这个过程来解释。

在贵族阶层的婚礼中，新娘、新郎必须都有各自的伴娘、伴郎，但假如新娘依旧是按惯例以妹妹为伴娘，丈夫那边则已经不用弟弟当伴郎了，而用其他亲戚。因为婚姻起初是为了让两个家族结盟，并不是为单独的一对新郎、新娘服务，所以这对新人仍然在不能没有伴郎、伴娘的陪同的情况下自己走到一起去。这种用"男女交替的举措"为他们"开道"具有重要意义——新郎的某位伴郎为新娘提供一个大水罐，这水罐是为了她第一次新婚沐浴用的；新娘的某位伴娘则为新郎提供同样用途的大水罐。而新郎，当他在婚宴后宽去长衣，必须把长衣递给一位伴娘；而新娘则要遵从更令人瞩目的仪式：要把她的外衣给一名伴郎。娶妾的婚宴则不能跟娶妻比，在娶妾婚宴上，所有男女傧相是混在一起的。不过，伴郎和伴娘站在一处，跟新娘、新郎一样。但是这一节仪式完成之后，新郎馂余的食物交给伴娘，新娘馂余的则交给伴郎。除非是伴郎、伴娘被一些跟婚姻类似的方式联合起来，为双方家族的主角增加分量，否则这一整套仪式并没什么特别含义。我们可以猜想，一旦伴娘是新娘的妹妹，伴郎起初也一定是新郎的弟弟，这样我们就可以发现作为主角的新娘权力的来源：它跟正妻的权力并没有什么不同。因为她的地位跟嫡长子的身份联系在一起——正是因为丈夫是嫡长子，她才拥有比弟媳妇高贵的地位，这种地位也被封建制下结盟形成的家族联盟所承认，她获得了凌驾于新郎弟弟之上的地位：因为她带着自己的妹妹嫁过来，他们以认同新娘的地位并跟新娘的陪嫁媵女分享服从地位这一方式来承认这一家族间的联盟。但是，当长女嫁作正妻并拥有权威这一模式在父家长制权威下要被巩固成为制度时，假设某位封君——因为他拥有嫡长子身份的先天优势同时娶姐妹作为妻妾，并且，除了他本人受到格外尊敬之外，嫡系大宗这一支的势力格外加强了，叔叔就不能再娶嫂子了。最年长的嫂子不是被叔叔娶做妻子，而是要跟他们别居。因为除此之外，她在这里再没有别的权利了，婚姻给予她的权利超过了身为妇女的卑微地位。弟弟也不再屈从这位同辈中地位最高的妇女了，他们通过封建制所昭示的夫妇权利，不过也通过这么一种事实，在体现了忠孝的家内起居仪式中，他们似乎日益被推到跟先前的长兄差不多的地位上，随后便是他们的妻子也有相应地位。有句中国古代格言（它认为兄弟和妯娌之间不可能彼此完美地遵守服丧制度）解释了这种新奇情况（兄弟和妯娌之间居然能够完美地服丧），即便现在它也是反常的例子。在同父兄弟和他们的妻子之间，互相服丧只有在他们彼此之间不能互相直呼其名的情况下才可能，如果他们不是同一辈人，他们可以称呼彼此为父亲、母亲或者子侄、儿媳。假如同一辈的兄弟和妯娌之间存在服丧关系，那么有可能出现这种情况："假如弟弟的妻子被称做儿媳，那么，是否嫡长子之妻有必要被称呼为'母亲'"？这一原则体现了"名"这一合法性的无比重要性，它是家内生活中地位所在。长嫂在她有生之年便不能再有新的名分了，她仅仅是被寄予一个新的荣誉（嫂＝妪，即老妇的意思，是一个不带有任何名分色彩的字），很显然，目前她并不情愿地被称为母亲，并为她披上家族之母这么一层外衣，家族之母这个概念肯定会延伸到她的小叔子那里去，并且，要想再给她一个能暗示她和他们之间如同夫妻之间名分的那种名分，是不可能的事。与此相对，并且更为重要的是正妻仍然称呼所有她小叔子的妻子为"妹妹"（弟媳妇）①，尽管事实上，弟媳妇按照当时惯例通常跟她自己出自不同的家族。长嫂在弟媳陪伴之下，她们至少都拥有弟媳那个等级的阶衔，妯娌之间位置还有互相替代的可能性（比如，某位正妻去世了，第二次婚姻所娶的妻子，即便她来自跟第一位妻子不同的家族，对于第一位正妻的父母而言，她的地位也如同自己的女儿）。这样，关于妇女地位的法理原则就清楚了，但这种法理关系只存在于妇女所居的内宅之中。然而，这一法理原则的结果是，在每个次子的家庭，他们的妻子都要服从两种互相敌对的权威：一是丈夫的权威，因为丈夫是自己小家庭的一家之主（不过丈夫仍然要服从自己的长兄）；二是长嫂的权威，因为她总是被看做这个家族中的长女。因此，长嫂像是自己婆婆的助理一般（最终她也会熬成婆），正如嫡长子有时像是父亲的助

① 《尔雅·释亲》："长妇谓稚妇为娣妇，娣妇谓长妇为姒妇。"

理一样。

其实，家族长只有一个真正意义上的儿子，那就是嫡长子，不过这嫡长子是有弟弟的。同样，家族的婆母也只有一个真正意义上的儿媳妇，即嫡长子的正妻，不过她也是有“妹妹”（妯娌）的。嫡长子的正妻独自（尽管有数位女子陪嫁过来）成为公婆的儿媳妇，并且一旦繁琐的结婚仪式告一段落，就要去宗庙拜谒列祖列宗。丈夫在妻子向自己父母行进食之礼并接受他们馈赠之际并不出现，不过陪嫁过来的媵女会在场，新娘会首先品尝婆母馈赠的食物；她拒绝品尝公公给的，因为她被禁止跟自己公公接触，因为这样常常会导致公公介入儿子的婚姻——会导致公公在儿媳跟前的地位优于自己儿子在妻子跟前的地位。不过，因为类似结婚仪式上那种“男女交叉进行安排仪式”的惯例仍然存在，公公馂余（吃剩）的食品就由陪嫁的媵女分享了。同样，假如儿子没有在场，婆母馂余之食是由儿子的伴郎分享的，伴郎只是被动参加的亲戚，不过他们是代表了新郎的弟弟。现在，正如我们看见的那样，假如父亲有时抢夺为儿子定亲的未婚妻，或者儿子有时会娶父亲去世后留下的庶母（我们已经看见这例子了，这例子如同第二次结婚），那么，陪嫁女子跟公公之间的关系（也即古时婚姻的权利）很明显跟两代婚姻中的下一代有关（每代人的婚姻都是为了将他束缚在传宗接代这一联系两代人的义务上），我们可以设想陪嫁女子跟新郎母亲之间的关系是这关系中的第一环，而儿子和庶母之间的关系，正如我们都知道的那样，幼弟会后来代替长兄的位置（假如长兄不在了）。无论这些经历过各种仪式和名分变化的媵女、幼弟、庶母本身的价值如何，在某些家内仪式举行（这些仪式旨在建立父家长秩序，并唤起家族的整体性情感）之际，儿子不能参加这些仪式，儿媳当时也不能跟公公接触，否则地位比上文说的可以进行“异性交叉进行动作”的陪嫁媵女和伴郎还要地下。各种仪节的秩序通过“异性交叉进行动作”这种方式，彻头彻尾地被改变了过来，这实在是令人惊讶，正如让儿子跟他的伴郎那样，跟自己父亲联系；而陪嫁的伴娘则跟新娘一样，跟婆婆联系。事实上，仪式蕴涵了一种新精神，那就是在婆婆和儿媳之间创造出一种关系，这种关系让她通过臣服于婆婆而获得长媳这一名分。在“异性交叉进行动作”这一仪式结束之际，当公婆走下东面的台阶，通常主人都会站在那个位置：这一系列的仪式表明，通过这些仪节，她（新娘）日后居住的房舍已经被正式递交给了她。

新娘在接受公婆的欢迎以及到宗庙向祖宗献上第一次牺牲供奉之后（在此之前，新娘是没有事实上的名分的），甚至在“生下孩子之后”，才正式获得了做母亲的资格，也就是说，在家族中，嫡长媳总有一天要成为家族的主母，正如嫡长子总有一天要轮到他来主持家族的孝敬仪式，因为在家长制之下，母亲曾经是孝媳，父亲曾是孝子那般。这样，在一个家族群体中，嫡长子之妻是长媳，所以家族只能有一个全族的名义上的母亲（也即嫡长子只能有一个母亲），也就是说，她必须是为她的公婆生下孙子的、传宗接代的那位媳妇，而长孙的弟弟和堂弟，即便在他们各自母亲的眼里，也只能被看做侄子。相反，同一祖父所出的所有儿子中，嫡长子之正妻所生的长孙独自拥有他自己的真正母亲。而次妻所生的长子则可以尊重自己的母亲；但是，在他们的有生之年，他们不能主持家族的孝敬仪式，他们日后崇拜之源（自己的生母）不能在那时候就让他们把她当母亲看，或者，他们只能在敬重自己个人的“祖”时这么做。这种半私人的权利他并不拥有。至于凝聚整体家族的信仰，因为它是朝向母子之间关系如何确认的关键一步，所以即便是在格外受重视的一系单传的嫡长子那里，这种关系也是严格的。而另一方面，对弟弟而言，尽管父亲的正妻对他们负有的责任比任何次妻和妯娌所负有的都要多，但他们实际上并没有真正意义上的母亲——假如他是正妻之子，那么，正妻的幼子会隐而不显，他只能拥有次一级的名分；假如他是次妻之子，他只能将自己的生母当做姨母一般对待，与此同时，他的名分又是正妻的次子，尽管他必须像对待亲生母亲那样对待正妻，无论是什么程度，以及是否在私下场合。

最后的这种事例让我们看出了母子之间最初关系的含义，这含义完全如同封建制度习俗下长辈和晚辈关系内涵的不断演进和更迭。母亲的权力源于一群同家族的妯娌拥有一个不可分割的名分，她们共同组成一个群体，仿佛同一个妻子。这权利最初由嫡长子之妻施行，于是她便拥有了家族之母的地位。在她们臣服于她，承认她是正妻和家族的长媳之前，她已经拥有这一权威了。至于母亲的权威，最初是由天然直接的血缘关系决定的，后来它似乎要从公婆和丈夫的权威中衍生而出了。而后母亲的权威才能通过她的正妻名分施加到孩子身上，尤其施加到嫡长子——家族的继承者身上。这样，在必须开始确定个人亲属关系之际，天然的母性便逐渐从血缘关系确认原则中远离。虽然这只有天然的母性才能生出儿子，将他带到这个世界（对正妻、次妻而言，生儿育女都无比重要），但是（假如她不是正妻的话，即便她生的孩子也不能算是她的孩子），假如正妻生了个儿子，她也有可能再不能做这孩子的母亲：丈夫就足以批判她——比如说，在公婆的命令之下。同样丈夫也可以废黜她，另立正妻。后立的正妻将成为孩子的母亲，并且儿子所孝顺的将是后立的正妻。若按当时的习惯法，这千真万确——一位被废黜的母亲所生之子要么被杀，要么他自己也被废，他被归入下面那些子侄或庶出的儿子中去。礼仪学家寻求理由反对这些因为缔结婚姻造就的权威，以及过分的父家长制造成的权威，因为这些权威的过度会对继承制度造成混乱。另一方面，从礼仪学家的角度看，儿子和被废黜的母亲之间关系崩裂是很自然的事情，比如说，孔子的孙子是一位著名的哲学家，他以此言闻名于世："我的妻子同时也是我儿子的母亲，如果她被休弃了，她就不再是我儿子的母亲了。"① 这一事实并不能得到更多的证明：父母和孩子之间的关系在任何时候都是依靠父亲和儿子之间的纽带完成的，这种纽带所形成的关系更像君臣之间的关系。所以，跟母亲的关系只是限定在某种程度之内的关系，并且这种关系有可能被父亲废止。这样，我们或许会看见在某个家族中，父亲会把他的几位次妻所生的儿子赐予不同等级的"命"（至少当这些儿子会因为这受封的等级失去他们自然的生身母亲，并且他们的生身母亲在名分上不拥有这些孩子）。这样，受封了的儿子必须把名分上的母亲当做亲生母亲对待。同样，初婚所生的儿子在对待生母和庶母态度上一定不能有任何不同。婚姻的或是家长制的无所不能并不能解释这种名分和天然血缘关系中事实存在的不同。

当婚姻造成的权威是一种属于妇女法理地位的直接权利之际，母子间

① 《礼记·檀弓上》子思曰："昔者吾先君子无所失道，道隆则从而隆，道污则从而污。伋则安能？为伋也妻者，是为白也母。不为伋也妻者，是不为白也母。"

天然的血缘关系此时就是一种很次要的关系了，在认为同娶姐妹是合法的那种一夫多妻制下，这种对天然血缘关系的限制被解释成既能保护妇女，又能限制婚姻内部的嫉妒：当某位妻子生了儿子，其他的妻子也感到欣喜，因为这样就可以“多子多孙”，当这一制度受到认可并被遵守之际，正妻就能够很好地管理妻妾群，让她们各有秩序，并衷心欢迎丈夫，接纳丈夫纳的次妻和妾，这样她的声望便会增加。从生儿育女方面看，她是幸运的，因为她的名下拥有许多孩子——这要感谢次妻和侍妾的劳动。比如说，周文王之妻名义上有一百个儿子，并且还拥有永垂不朽的妇德。① 当通婚风俗变易之后，丈夫的妻妾群由来自不同家族的女子构成，作为母亲的彼此嫉妒和婚姻内部妻妾的彼此嫉妒加在一起，但这种嫉妒跟母性情感一样，是集体性质的，并不从个人感情中发出。一位致力于为自己孩子奋斗的母亲会不时将自己置于危险之上，因此她不会做吃醋这回事的，因为这样有损于自己孩子：她在新娘的威望和指挥下做一切事，她为自己的家庭做事，因为在丈夫身为一家之主的家里，她是这个家庭的代言人之一。在她那母性的热情之下，她或许会不管那些在我们看来应该属于一个母亲与生俱来的责任，把自己的孩子托付给比她更有教子热情的某个人。某位齐国国君（公元前 558 年）娶了鲁国（鲁国国君为姬姓家族）女子为妻，但正妻没有生孩子，于是鲁国又把正妻的某位侄女送来，她生了个儿子：于是这个儿子便拥有了嫡长子的身份——这身份是正妻及其陪嫁集团整体赐予的礼物。但齐国国君还有几位从宋国（宋国国君为子姓家族）嫁过来的妻妾，于是，一场激烈的斗争发生在姬姓鲁、子姓宋两个家族的妻妾之间。子姓家族的长女生有儿子，年少的妾则得国君宠爱，于是，孩子的生母便毫不犹豫地将孩子托付给得宠的那位子姓媵妾，她要毫不犹豫地极力为自己的孩子找个更有势力的母亲。但她自己的集团对孩子却不那么尽心，她们恨不得把孩子托付给竞争对手。果真，这被托付的母亲不如天然的母亲谨慎，她后来被害死了，而竞争对手则被胜利冲昏了头脑，还让她的尸体在公共场所曝尸三日——这跟礼仪律法下的谦和含蓄完全相反。最终，孩子被杀，但他名

① 《诗经·大雅·思齐》：“……大姒嗣徽音，则百斯男。……”

义上的母亲则逃脱了。①

从上面例子看，很显然，归根到底，在斗争中，母性的力量是集体性的，儿子仅仅是母亲增加声望的一个工具，甚至只是他自己的母亲增加个人声望的工具。古代中国的这条原则解释了妇女法理地位的由来。在这一原则的影响下，孩子，无论儿子还是女儿，注定要在自己父亲的家族中跟谁结成同盟。现在很明显，母亲（以及母系亲戚）在孩子的教育过程及婚姻中一直扮演着重要角色。在任何时候，母亲都会努力让儿子从自己娘家娶媳妇，她们毫无疑问地在维护这一古老惯例方面一再获胜，因为这一惯例是维护妇女权益的——即便父亲成功地让儿子成为卿大夫或封臣。女儿因为是在母亲所居的内闱长大的，仍然跟母亲保持着密切的关系。现在，按照惯例，年轻人只能从众人的深思熟虑中获得妻子，他的姐妹日后也必将嫁给他自己新娘的兄弟为妻。

在安排了女儿的婚姻之际，母亲就能够同时安排儿子的婚姻，并且主导着日后儿媳妇的选择。她们希望把自己兄弟的女儿（这女孩早就喊她“姑”，因为她是父亲的姊妹，“姑”又等于婆婆的意思）嫁给自己的儿子，这一习俗是被严格遵守的，它造就了日后婆婆对儿媳妇的无上权威。很显然，假如婆媳构成了一个有共同利益且一致对外的女性王朝，来自各个小家庭的妻子便形成了一个整体，她们都要共同维护传统习俗下的妇女法理地位。而丈夫，由不同辈分的婚姻分割成不同连续传宗接代的群体，他们只有一个办法在妻子跟前获得家内位置，那就是打破妇女集团（主要是婆媳）之间的同质性——也就是，尽量让婆媳不出自同一个家族。他们会努力这么做，当他们违反了跟单一家族通婚的惯例之际，他们便将出自不同家族的女子收入自己的妻妾群。儿子可能有时候会跟母亲或是母

① 指《左传·襄公十九年》齐侯娶于宋、鲁的故事。《左传·襄公十九年》：“齐侯娶于鲁，曰颜懿姬，无子。其侄鬷声姬，生光，以为大子。诸子仲子、戎子，戎子嬖。仲子生牙，属诸戎子。戎子请以为大子，许之。仲子曰：‘不可！废常，不祥，间诸侯，难。光之立也，列于诸侯矣。今无故而废之，是专黜诸侯，而以难犯不祥也。君必悔之！’公曰：‘在我而已。’遂东大子光。使高厚傅牙以为大子，夙沙卫为少傅。齐侯疾，崔杼微逆光。疾病，而立之。光杀戎子，尸诸朝，非礼也。妇人无刑。虽有刑，不在朝市。”

亲家族的亲戚结成同盟，以此来对抗父亲，但假如父亲不在世，儿子跟母亲对抗只能给自己带来实质性的伤害。因为母亲拥有声望，而且除非母亲放弃对他的影响，否则他自己永远毫无声望。而母亲，因为曾在丈夫阴影之下过了那么多年，此时她的权威完完全全成长了起来。当妻子能够熬过守寡的日子，拥有贵族孀妇的头衔时，它终于再不受到限制。父家长制权威其实只能在休弃第一个正妻且这一行为被完全接受的前提下才能完完全全建立。但在这种情况下，我们都知道，被休弃的妻子一旦守寡，她守孝着孝服的等级也将降低很多：通常是第二个正妻要去守这个寡，尽所有的守孝着孝服义务。渐渐，古代中国人尝试着在男子去世、女子因守寡而独揽一切大权的危机状况下仍然去维护父家长的权威，比如说，一旦儿子获得即位资格，父亲便事先留下遗诏处死尚在年轻的母亲。① 但在封建宗法时代，丈夫是不能对妻子使用阴谋诡计的，妻子是与他相对立的力量，因为背后还有她的家族，他娶妻时曾盟誓要跟她到死。有些极端的例子是贵族孀妇堕落放荡，这方面的记载是古代中国编年史不绝于书的重大内容，假如说有什么内容跟这有同等重要性的话，那就是夺爱，一个人会发现，即便是在封建秩序正常存在的情况下，妇女的法理地位也是如此仰赖于男人（对她的）的兴趣。而最初娶的正妻，因为得益于丈夫赐予的地位，成了丈夫后宫的主宰。假如她懂得如何固守自己的位置以及统帅其他妻妾，她最终会获得财政大权，这财政大权能跟她丈夫的指令之权分庭抗礼。她丈夫的指令之权是建立在拥有封地以及在宗庙之中跟祖先牢固的血缘关系基础之上的。正如我们所观察到的大家族的经济形势仿佛不太正常一般，因为妇女看上去拥有可观的物质财富——首饰、玉石、珍珠、宝石，这些可移动资产十分适合在互相争夺地位的内闱斗争中施加影响。可怜的是儿子，假如她在他身上多花些心思就好了！比如，宋昭公（公元前610年）的兄弟公子鲍，出身良好，并拥有良好的人际关系。他同样还拥有各种友好的家内关系。他的祖母让他离开家族，据说他拒绝了，但他肯定是机智地做了这一点，因为这位孀妇

① 北魏便执行了这项制度，即“子贵母死”，汉武帝亦考虑过这一点，处死了昭帝生母钩弋夫人。

（祖母）决心让她的另外一个孙子，不那么令人喜欢的并且“不能很好管理自己的”宋昭公作牺牲品，为自己的情人的晋升杀了他。① 宋昭公有一群仆从，他们必须照顾他所有的健康和安全，但是并没有保证：因为他祖母帮助自己的情人时“变得慷慨有雅量”。

一个家族的主母要像对待主人一样对待自己的丈夫，她必须是驯服的，并且从事妇功。在丈夫的妻妾群中，她是身份高贵的女士，她的身份跟丈夫是一样高贵的，在朝廷上和宗庙中都跟她丈夫享有同等级别的礼仪待遇。她的权威依赖于她父母的威望，正是因为这种威望，她才能够在丈夫和儿子跟前获得地位，假如她能够明智地安排他们的婚姻生活的话。她做儿媳妇的时候，相当于做牛做马的阶段，一旦她丈夫去世，她便解脱出来，成为拥有王后般地位的母亲，在家族中没有人的地位能与她的相匹敌。但是，她所有的声望和权威仍然都是习俗所允许的赋予女性的权威，她也仍然居住在内闱。这种对妇女的封闭实际上是界定妇女法理地位的一个主要原则。妇女的住处必须尽可能地远离街道，院门必须“严实地封闭着”，某位主要宦官掌管守卫此门，妇女不能走出此门，男子也不能入内。② 在任何情况下，穿着男子衣服都不能进入此门：因为有些时候游侠、盗客会乔装混进此门。而对于其他人而言，这是妇女拥有安全感的避难所在，但其中通常充满了阴谋和斗争。不过男人也有可能因内闱的女人而缔结友好关系，比如，当他们碰巧拥有同一个情人时，像陈国国君和他的两名臣下，他们三个人居然因为他们的情人夏姬结成牢固的联盟，他们居然会都兴致勃勃地穿着夏姬的内衣。③ 这一君臣共同狎猥放荡的行为所

---

① 《左传·文公十六年》：“公子鲍美而艳，襄夫人欲通之，而不可，夫人助之施。昭公无道，国人奉公子鲍以因夫人。于是华元为右师，公孙友为左师，华耦为司马，鳞鱹为司徒，荡意诸为司城，公子朝为司寇。……既，夫人将使公田孟诸而杀之。公知之，尽以宝行。荡意诸曰：‘盍适诸侯？’公曰：‘不能其大夫，至于君祖母以及国人，诸侯谁纳我？且既为人君，而又为人臣，不如死！’尽以其宝赐左右以使行。夫人使谓司城去公。对曰：‘臣之而逃其难。若后君何？’……”

② 在《礼记·内则》：“男子入内，不啸不指。夜行以烛，无烛则止。”《周礼·秋官·掌戮》：“墨者使守门，劓者使守关，宫者使守内……”

③ 《左传·宣公九年》：“陈灵公与孔宁、仪行父通于夏姬，皆衷其衵服，以戏于朝。……”

导致的最后结果是三个人都不得善终，表现了想打破妇女严格居于内闱的额外代价。一位妻子应是格外在乎她自己的名声的，她外出时必须蒙上面纱，并且有保姆陪同。她走路时走在道路的左边（右边是男人走的），这样就没有男子能够挤到她了，夜里她必须仔细保持点一盏灯。① 即便她年老了，假如宫室着火，她也只能等到宫室看护者来引导她离开才能离开。她身上发生任何事都会被原谅，只要她坚守礼仪。南子夫人受到国人的耻笑，因为她居然是自己兄弟的情人（她丈夫为了取悦她，还特地把这位兄弟召唤到朝廷）。② 她希望见一下著名圣贤孔子，孔子毫不犹豫地去见了她，并且没什么理由对此次会见不满意。事实上，南子是“在幔帐后面”接见他的，当孔子走过这幔帐，他面朝北方，拜倒稽首，行了作为一名臣下的礼。南子在帘子后，根据当时礼仪，回应两次。因为孔子可能会听到南子身上环佩叮当的声音。少数心怀叵测的人指责孔子怎么去见如此一位声名狼藉的女人，孔子自己则从不承认他做错了什么事。然而千真万确，南子以个人名义接见他时表现出了国君夫人对巨下说话的样子。她能掌控这位臣下，不过当然是应付酬劳。③ 妇女的美德由行礼时的谦卑和良好举止构成，否则她的名望一切就失去了。传世文献则用诗句勾勒出了一位拥有高阶衔的贵族妇女最令人心驰神往的形象，她就是庄姜。这诗句，假如他们对于古代中国人的体貌特征作过一些留意的话，至少看出从旧时（封建宗法时代）起，诗歌中的隐喻意义就被严格地偷换了概念，以及颂扬这位美人的诗歌流露的感情也被偷换了概念。当庄姜出现时，她的手指如同柔嫩的新枝；她的肌肤白皙得有如施粉抹过；她脖颈修长，如同一种形状优美的虫儿；她的牙齿如同瓠中整齐排列的种子一般又白又齐；她的前额宽阔；她的眉毛如同羽蛾的触角般细细弯弯。这首由诗警告国人三思，不要因为一些别的原因，让国君厌烦了这位美丽

① 《礼记·内则》：“女子出门，必拥蔽其面……道路，男子由右，女子由左。”

② 《左传·定公十四年》：“……卫侯为夫人南子召宋朝。会于洮……”

③ 《史记·孔子世家》：“灵公夫人有南子者，使人谓孔子曰：‘四方之君子不辱欲与寡君为兄弟者，必见寡小君。寡小君愿见。’孔子辞谢，不得已而见之。夫人在絺帷中。孔子入门，北面稽首。夫人自帷中再拜，环佩玉声璆然。”

的国君夫人。① 另一位国君夫人，宣姜，跟庄姜拥有同样的来自国人的羡慕和尊敬，当她出现时，根本不需要戴假发，只是带着镶着些假发的华丽头巾（“巾帼”），她的前额宽阔而白皙，前额上方戴着美丽的象牙簪子，耳朵则戴着珍贵的宝石耳坠。在她那奢华的礼服长袍上有河水的纹样，所有盛装的细节都体现了一种高贵，这位国君夫人的盛装唤起了国人宗教热忱般的尊敬（尽管有人会谴责她品德不好），他们呼喊着：“啊，她难道不是‘天’本身吗？她怎么可能不是国君夫人呢！”②

---

① 《诗经·卫风·硕人》：“硕人其颀，衣锦褧衣。齐侯之子，卫侯之妻，东宫之妹，邢侯之姨，谭公维私。手如柔荑，肤如凝脂，领如蝤蛴，齿如瓠犀，螓首蛾眉。巧笑倩兮，美目盼兮。……”

② 《诗经·鄘風·君子偕老》：“君子偕老，副笄六珈。委委佗佗，如山如河，象服是宜。子之不淑，云如之何！玼兮玼兮，其之翟也。鬒发如云，不屑髢也。玉之瑱也，象之揥也，扬且之皙也。胡然而天也？胡然而帝也？瑳兮瑳兮，其之展也。蒙彼绉絺，是绁袢也。子之清扬，扬且之颜也。展如之人兮，邦之媛也？”

第四编

帝国时代开端时期的社会

随着大一统帝国的建立，有一种非常重要但是几乎不为人知的社会变化在悄悄发生。我希望能将这种变化限定在描述它的主要开端的范围内。没有什么比新的帝王观念的产生更令人感兴趣的了。无论是它的起始，还是它的发展走向，这一观念自身都蕴涵了既特定的、又可变的元素。更重要的是，社会阶层进行了重新组合，这一组合影响深远，但从那时起，社会阶层的重新组合就加速了，它伴随着道德和礼仪的革新，身为传道的经师以及卫道士和政府的行为举措，分享着这种革新的责任。

第一章　皇　帝

第一位皇帝秦始皇出身于一个大的受封诸侯国——秦国。另一方面，后来汉高祖建立了新的大一统王朝西汉（但在汉高祖死后，西汉曾一度岌岌可危），但汉高祖只是一介平民。秦国公元前359年发生了卫鞅主导的变法，卫鞅是秦孝公的决策建议大臣，从卫鞅变法开始，关于国君及君权的新概念产生了。正如他的祖先秦孝公以及一些同时的当权者那样，秦始皇被认为是一个暴君。在文献记载中，他的统治是靠严刑峻法来维持的，也就是说，靠滥用惩罚叛国贼的刑罚和告密维持。事实上，秦始皇希望建立的那种新秩序的基础，是君主权威高于王室任何人权威这一点——汉朝自认为保留并继承了古老的传统，他们声称秦朝的暴政到此终结。汉朝是一个崭新王朝，再次发掘着古代政治资源中有关特权的部分，这个王朝的统治者希望人民将汉朝看做夏、商、周三代的继续，并且认为汉朝才真正继承了周朝的正统。他们建立起“天子”的威望。但假如他们假意保留诸侯国显赫的外在表征时（这外在表征表现为一种简单的领主制度），他们仍然保留了秦始皇发明的“皇帝”的称号。他们跟秦始皇一样，在或多或少的新实践举措之下，支持树立皇帝的权威。尽管他们急于想表现自己是三代古老传统的继承者而不是改变者，他们还是立刻吸取了“天子”这一名号以及在这一理念下的相应权威。要感谢皇帝手下那些饱学的循吏，是在他们统治下（这统治同样也是为了他们服务）才重建了古时候的各种典章制度。他们通过诠释“天子”为天的儿子以及国家和民族文明的明智主宰者这一点，成功地让天下人接受了“皇帝”（“天子”）这一新名号。

一、天下之主——天子

最饱学的中国人可以看到《周礼》（“周代的礼仪”）以及一些同类型理想化典籍描述了一个乌托邦，这乌托邦的理念后来为汉朝所用。① 对于学者而言，他们无疑是持批评态度的，但他们关心古代制度的重建，在细枝末节上，我只能是尽量将周代的制度（甚至还有殷商的制度）从纠缠的状态下理清。在汉代，人们认为存在着“天的儿子”——天子，假如周天子（在某段难以确定真实纪年的历史时期）真的是汉朝学者所说的天下主宰，那么就可以很容易说周王确实存在过。这些周天子，事实上，从古代中国的历史真正开始之际（春秋时期），便不再有任何政治地位了。虽然他们仍然在某种共同信仰的前提下，受到强大的诸侯国君的尊重，周天子分封诸侯最重要的目的就是使其成为周的屏障，但这一举措竟然简简单单地让周王室自己被这些强大的诸侯国包围，而这一虔诚复古的环节又几乎是三代更迭中历史的重现。一位怀有批评态度的分析家能够清楚区分汉朝以前“天子”的一些先行措施，尽管这些措施跟汉朝的措施纠缠在一起了。

具有明确纪年的编年史在任何时刻都没有为我们展示出周天子会展现出比他自己更高的权威。周天子跟其他诸侯贵族一样拥有先祖宗庙和社

---

① 见《法国远东学院院刊》，1924 年，496 页，胡适：“汉朝是一个大量伪造的经书出现的时代，从这些经书中，汉朝可以引经据典地进行改革，说是恢复古制。……”

神。他也跟他们一样，因自己的祖先（是一位为天下建立秩序而立功，并因此获得姓氏的英雄）建立的功业而自豪，周人的祖先名号为“后稷”（字面意思是“黍稷之王”），是主收获之王。他的后裔拥有同样的名号，继续着他的工作。每年他们都重新耕耘土地，以让土地重新获得肥力。即便最小的诸侯国也有这个责任。而另一方面，编年史记录了一个君临天下的有德之君与一般封建领主不同的其他明显特征，天子看上去似乎是古代中国各联邦进行战争时的主宰。由他下令（原则上）进行远征的那些战争是真正意义上的战争①，因为是跟未开化蛮夷进行的战争。每位贵族只要被抽调征发，他们面对蛮夷时都是一位战士，但他受自己的领主（封君或诸侯）调遣。

当华夏联盟与蛮夷联盟发生面对面冲突之际，天子独自指挥战争。在有明确纪年之前，有三位周王曾扮演过这方面的重要角色。现在，抒情诗或史诗的传统记载表现了这些周天子——昭王、穆王、宣王，都曾下令远征遥远边界地区的蛮夷。② 在春秋时期，只有强大的诸侯国君才下令远征蛮夷，或是会合各诸侯国。按礼仪传统，他们的行为通常是只有周王才能做的。当他们胜利之际，各封建领主欢呼雀跃。在诸侯国君中，最著名的进行过尊重周王，并对蛮夷进行过战争（尊王攘夷）的是第一位霸主齐桓公。他的功绩之一是消除了狄人的威胁。我们应注意到五霸之后的那段时间通常被描述成“雄主时代”，“雄主”这一头衔跟军事上互相吞并以建立绝对霸权是一致的。③ 华夏联盟中的战争主宰——周王，在兼并和诸侯国间的仇杀过程中被彻底抛弃，所以，周王的城邑反倒是一处太平的地

---

① 这些战争有时被称为“巡狩”。——译者注

② 此类诗可见：《诗经·小雅·六月》：“猃狁匪茹，整居焦获。侵镐及方，至于泾阳。……”《小雅·采芑》：“蠢尔蛮荆，大邦为雠。方叔元老，克壮其犹。……”《大雅·江汉》：“江汉浮浮，武夫滔滔。匪安匪游，淮夷来求。既出我车，既设我旟。匪安匪舒，淮夷来铺。……”《大雅·常武》：“……王奋厥武，如震如怒。进厥虎臣，阚如虓虎。铺敦淮濆，仍执丑虏。截彼淮浦，王师之所。……”等等。又《史记·周本纪》：“昭王之时，王道微缺。昭王南巡狩不返，卒于江上。”“（穆）王遂征之（犬戎），得四白狼四白鹿以归。自是荒服者不至。”

③ 参见《史记·齐太公世家》。

方。若有位贵族出发，准备在战场上适逢自己的竞争对手，他在周王城邑的城墙视线可及之处肯定不会带着兵器。武士仅仅跳下战车、脱下头盔还是不够的，他们的兵器要插入鞘中，要保持不被看见。而一般的诸侯，他们的责任是让华夏诸国保持和平。这些诸侯国君看上去似乎是在诸侯国的诉讼中承担裁决的角色。从理论上说，他至少要主持化解诸侯国间仇杀的“盟”，此外，要有一位普通贵族代替他来充当中间人。也就是说，他必须有一名代表王权和自己权威的代理人。①

天子的责任是在发生战争时作为主宰，诸侯则看上去拥有特殊的、宗教信仰般的资格和责任。这种资格和责任（是因为古代的美好事实被放大了，是因为古代历史经过了重新构建）似乎是某种拥有崇高声望的超级秩序的根源，对天子而言，它尤其是种贡献。当天子庆贺某种胜利或是主持某项维持封建制度（分封制度）秩序的仪式时，他就是某种额外光辉的拥有者。祖先神、社神跟胜利紧紧联系在一起，但天也是跟胜利联系在一起的，并且比任何一种神性都卓越，因为天是盟誓之神，是盟约之神，是见证同盟之神，是唯一的公平的、自然的神灵；同样，它也是唯一的人类的美德归属所向之神。可以设想它那人神同性的自然神属性表现为各种对它的牺牲献祭。天作为公正裁决一切的司法之神，要以活人血肉作为牺牲供奉来献祭于它。我们已经知道，根据传统，最初的惩罚性法律是在军事远征的过程中逐渐发布的，这些法律与对蛮夷的惩罚不能截然分开。这样，用人祭天这一最重要的事实保留在了人们对上古史实的追忆中，它跟征讨蛮夷的军事远征联系在一起。更重要的是，最初对天的崇拜揭示了神秘统治的存在——在特定的季节，在高山的四个主要方向进行。现在，仅仅只有一首诗歌能给予我们有关封建领主的崇高威望的信息。从诗歌看，他的身份是天下的抚慰者，他身上有着名山大川神灵的灵力保护（主要的山峦被称为“岳”）——这同样被解释成（是在一些特性化的方

---

① 如《左传·襄公二十六年》齐侯、郑伯到晋国，晋侯举行飨礼招待：“秋，七月，齐侯、郑伯为卫侯故如晋，晋侯兼享之。晋侯赋《嘉乐》，国景子相齐侯，赋《蓼萧》。子展相郑伯，赋《缁衣》。……”因此在礼典上，国景子是齐侯之相，子展是郑伯之相。

式上）天子的名号。“在需要的时候，我将身赴下国。——神圣的上天，他对待我如同亲子！”依传统所揭示，这首诗歌叙述了四季到四方巡狩的制度，要感谢这些资料，“天子巡游全国”，周王“播种和散布着他的功德”。① 有确切纪年的编年史并没有任何周天子巡狩并在高处祭祀山川的记载。相反，这些资料记载的是春秋五霸之中的第一位霸主齐桓公，他在天子般颐指气使地行驶了天子的部分权力并大获全胜之际，想要为他个人大大庆贺一番，到东方最主要的山——泰山（山东）去封禅。② 后来通过秦国的贵族，许多可进行祭祀的高处之地渐渐地矗立起神祀来（在那里，他们祭祀作为“天”局部的神灵）。③ 秦国贵族将这一尊贵名号加到了他们的某位祖宗——秦穆公身上。秦穆公曾下令用被征服的俘虏祭天，是由他开始这种用人作牺牲的“净化”行为④，在灵台（充满欢欣感的高台）中。在王室的都城中（且只有在某种特定仪式之后）有一处灵台，“明堂”是跟它相联系的建筑。当灵台因胜利而命名，并且在其中举行献俘

---

① 《诗经·周颂·时迈》：“时迈其邦，昊天其子之？实右序有周。薄言震之，莫不震迭。怀柔百神，及河乔岳。允王维后？明昭有周，式序在位。载戢干戈，载櫜弓矢。我求懿德，肆于时夏。允王保之。”

② 《史记·封禅书》：“秦缪公即位九年，齐桓公既霸，会诸侯于葵丘，而欲封禅，管仲曰：‘古者封泰山禅梁父者七十二家……皆受命然后得封禅。’桓公曰：‘寡人北伐山戎，过孤竹；西伐大夏，涉流沙，束马悬车，上卑耳之山；南伐至召陵，登熊耳山，以望江汉。兵车之会三，而乘车之会六，九合诸侯，一匡天下，诸侯莫违我。昔三代受命，亦何以异乎？’于是管仲睹桓公不可穷以辞，因设之以事，曰：‘古之封禅，鄗上之黍，北里之禾，所以为盛；江淮之间，一茅三脊，所以为藉也。东海致比目之鱼，西海致比翼之鸟，然后物有不召而自至者十有五焉。今凤皇麒麟不来，嘉谷不生，而蓬蒿藜莠茂，鸱枭数至，而欲封禅，毋乃不可乎？’于是桓公乃止。”

③ 这种高处之地在文献中被称为“畤”，为田间矗立之石，可以祭天。秦祭祀的是白帝，是“天”在西方的代表。《史记·封禅书》：“秦襄公既侯，居西垂，自以为主少皞之神，作西畤，祠白帝，其牲用騮驹、黄牛、羝羊各一云。其后十六年，秦文公东猎汧渭之间，卜居之而吉。文公梦黄蛇自天下属地，其口止于鄜衍。文公问史敦，敦曰：‘此上帝之征，君其祠之！’于是作鄜畤，用三牲郊祭白帝焉。”此外建立的还有吴阳上、下畤和陈宝畤等，均见《史记·封禅书》。——译者注

④ 《史记·太史公自序》穆公封崤山军旅之尸“以人为殉”。

之礼时，它同样也是证实上天神意的地方。相应地，明堂（传统文献说周人克商之后在明堂举行了庆祝胜利的仪式）既是分封诸侯集合参加祭祀的地方（天子主持这一祭祀），又是按惯例颁布“月令”（每个月的宜忌之令）的地方，“月令”施行于整个天下。① 这些“月令”安排着人们的生活，让人事和天象完全合一，都由“天”控制。“天”号令着四季的变易，“明堂”就是颁布“月令”的地方。周王在颁布“月令”之际，身份便是“天”的儿子，他必须在正方形的明堂中按照“月令”的规定，适应着指南针的方向居住不同方位的房屋。但明堂的屋顶必须是圆形的（像天），且只能用茅草盖顶，天子在明堂按方位转圈所居，是跟“天”对帝国的神秘统治一致的。两者都必须在这样的方式下执行——天子居于明堂东方之际，颁布春天之令；居于明堂南方之际，颁布夏天之令，如此等等。这样，就建立起季节和方位之间的双重顺序（在中国古代“德”的思想之下，就假定出一种时间和空间之间井井有条的顺序）。天子将他那有规律的无上之德延伸到整个帝国，因为在颁布“月令”的明堂之中，他的律令是按照天的名义进行统治的。而在按季节进行巡狩的时期，他要主持祭祀，所有受封的贵族都匍匐于他统治之下，他们的臣服显示了一种良好的秩序，这种秩序既和平，又理性。

在汉代，天子是历法的严肃主宰。因为主宰历法，所以他还是整个中国疆土的主要主宰者和推动者，这跟古时候的国君、帝王差异很大。在春秋时期，在任何时候，不同诸侯国的国君们使用的都不是同一种历法——假如编年史所展现的是同一种历法，那用的是周王室的历法，这要感谢后来缔造这些历史的帝国时代历史学家的虔诚，他们用这种方式从零星的古代编年史中获得了许多好处。另一方面，他们通过陈述天子的功能的那些史实（这些史实在他们笔下很极端，但其实并不那么重要）让我们了解了更为丰富的信息，仿佛周天子真的独自统治着中国，并且掌管着天下的所有时令。但没有任何文献支持这种说法——分封的诸侯国君住在茅草盖顶的明堂里面，下面的贵族按照某种特殊的惯例和仪式围绕着他，臣服于

① 见《礼记·月令》，以及《大戴礼记·明堂》、《管子·幼官》等篇。——译者注

他。很明显，任何一位天子自己都得在某个规律化的时间置身于这茅草盖顶的明堂中，或者必须住在某个地方，这样他个人就获得了跟自然的亲密联系。但是他自身承担的这种赎罪般的行为以及他表现出来的生机勃勃的美德并不是在任何角落都发光，在这些地方，即便是爵位最低的君主也是自己拥有这些美德。夏、商两个王朝的建立者禹和汤的功业很重要，但他们都是出身于历史关键时刻的普通贵族，这一传统非常重要。然而，各级封建领主面对君临天下的“余一人”时仍然拥有他自己的权利。君主个人是跟“天”相关联的，他身上担负着最繁重、也是最光荣的任务——代天下人赎一切过错。这一点通过成功地组成联邦以获得强大巩固的政治力量来完成。在表达胜利的乐舞跳起之际，由君主来领舞，并首先跟受祭的天沟通。他在所有贵族崇敬下，心里满怀虔诚。在文献记载中，他跟天的神圣性之间存在非常亲近的关系，他可以自称为他的儿子，“天子”一词的正确含义就是如此。历史传统开始于某个神秘地诞生的君主（后来成为一朝的开国之君）所开创的朝代，这位君主因天之神秘意志而诞生。尽管在宗庙先祖排位中，只有一位先祖能被解释成跟“天”之间的灵媒，虽然所有的受封诸侯都负有春季主持亲自耕种籍田的责任。然而，根据仪式决定者的意见，只有国君的正妻才有资格在春季充当她丈夫跟自然沟通的灵媒，而她唯一的丈夫，也恰是能跟宗庙先祖沟通的生者。各个朝代的创建者也是在天的示意及恩惠下才诞生出的。① 带有神秘色彩的仪式性歌谣赞颂着本朝的先妣，它们旋律庄严，唤起某种神圣的情感。毫无疑问，它们在来参加助祭的显赫诸侯心目中唤起神圣庄严的情感，这赞美诗让他们想起了先妣的伟大和崇高，跟先考的伟大并行不悖。他们是黎民百姓的父母，天上的月亮是王后的象征，学者极力想认为它不过是面镜子，但是，它是地上所有一切丰美之源。《周礼》也认为王后能够将万物的生命力保持在种子中。跟王（王是天子）相对应的是：王后应受的那部分尊

---

① 《礼记·祭统》：“凡天之所生，地之所长，苟可荐者，莫不咸在，示尽物也。外则尽物，内则尽志，此祭之心也。是故天子亲耕于南郊，以共齐盛。王后蚕于北郊，以共纯服。诸侯耕于东郊，亦以共齐盛。夫人蚕于北郊，以共冕服。天子、诸侯非莫耕也，王后、夫人非莫蚕也。身致其诚信，诚信之谓尽，尽之谓敬，敬尽然后可以事神明，此祭之道也。”

敬，要保留到大地母亲的那部分能量交付到她手中之际才能获得。

汉朝皇帝认为他们是中国的代表，是天子，他们认为汉朝的建立者汉高祖是在一种神奇的状况下由他母亲孕育而成的。① 公元前 113 年，汉武帝开创了一个新纪元，他穿着黄色礼服祭土地之神，祭祀它那能够播殖的"地母"之力。对它的祭祀是作为祭天神的地上对应而存在的。汉成帝（公元前 31 年）在首都长安城北郊建立起祭地的地坛（其实祭地之坛最初是在汾阴建造的），祭天则在南郊。其实，从不可确定的古老年代起，地神就表现为女性的形象，至少从公元前 7 世纪起就如此了。② 这种中国古代土地之神拟人化的观念是非常古老的，正如天神的拟人化非常古老一样。在有关祈祷或盟誓的古老记载中，土地之神就早已跟天神相对了。③这些记载又经过了汉人的修改，这说明汉人至少接受了某种信仰上的折中主义。中国学者很难相信（但是西方人比较容易相信这一点）是汉人编造出了整个这些史实。文献记载是汉武帝建立了后土（土地神）之祠，他是古代中国在信仰领域少数几位英明君主之一，因为他感觉到学术上、信仰上的折中主义会影响到在政治上也产生出折中主义，他切切实实地感觉到了这种影响的危险。因为依据这种折中主义，必须给予皇后或太后过多的权威，而这将威胁到帝国的根基。假如他对祭祀后土之神作了些改革——这些改革由皇帝亲自在公开场合主持，并且还要献祭，献祭时皇后（或许她一直待在后宫）必须也要向后土献祭。若汉武帝作了这些改革，听上去根本就是非常合理。然而若是皇后野心勃勃且精通伎俩，比如唐朝的武则天（684—704 在位）便首次宣称应该由她主持祭地，她是在她宣布自己郊天之前这么做的。由汉武帝开创的祭后土

---

① 《史记·高祖本纪》："高祖……母曰刘媪。其先刘媪尝息大泽之陂，梦与神遇。是时雷电晦冥，太公往视，则见蛟龙于其上。已而有身，遂产高祖。"

② 《礼记·郊特牲》说："社祭土而主阴气也。"《淮南子·说山川》高诱注："江淮谓母为社。"

③ 先秦文献中往往郊社并称，即祭天、祭社并提。见《礼记·仲尼燕居》："子曰：'郊社之义，所以仁鬼神也。……"《礼记·祭统》："昔者周公旦有勋劳于天下，周公既没，成王、康王追念周公之所以勋劳者，而欲尊鲁，故赐之以重祭。外祭则郊、社是也，内祭则大尝禘是也。"

之神，对之最可能的解释就是它的用意是为了让天子一人受益，不过根据信仰的威望所属（这威望毫无疑问属于皇后，因为她是阴性的妇女崇敬土地之神的代表），祭祀后土之神这一礼仪的重要性还隐而不显。

在汉武帝进行的封禅礼仪中，祭祀天地大神之礼的重要性表现得格外透彻。封禅礼仪的历史看上去比平常我们设想的要复杂得多。对于封禅的记载更体现了不能相信它是完全的创新。传统文献都经过汉代的改造，这些文献都将封禅礼仪描述成一种具有超级宗教功能的行为，它很清楚地揭示出他们相信封禅古礼是古代的礼仪跟庆贺成功的盛宴结合在一起的结果。在遥远神秘的先人那里，“封”是征服成功之后的庆祝之礼，并且在庆祝的同时也向上天赎罪。而现在，汉武帝的“封”是在泰山进行的，泰山是东方最显赫的名山。在当时，皇帝要确信大汉帝国统治着东方所有的郡国，第一位皇帝秦始皇，同样也是东方地区的第一位皇帝，曾经于公元前219年登过泰山。但汉朝历史学家告诉我们（不过他们所说的故事有些自相矛盾的地方），秦始皇并没有成功地登上泰山顶封禅①，上天的惩罚降临到这位专横的朝拜者身上——秦始皇在向东方地区巡游的过程中去世了（公元前210年），他的暴卒即是惩罚。汉武帝在一番犹豫之后继续了秦始皇的封禅，他在泰山进行了这一活动（公元前110年），此前一段时间（公元前119年），他最心爱的一位将军霍去病在俘获八十名蛮夷戎狄的酋长之后，为了占有他们的领地，曾在狼居胥山和姑衍山进行封禅。② 霍去病是卫皇后的外甥，她的哥哥（卫青）是西汉的大将军，她自己则是汉武帝嗣子（戾太子刘据）的母亲。文献记载很明确，有个人陪着汉武帝登上泰山，这个人就是霍去病的儿子。他（皇上汉武帝登上他的马车，他如同敬爱自己的父亲一样敬爱汉武帝）在祭祀仪式结束后离

---

① 《史记·封禅书》：“始皇之上泰山，中阪遇暴风雨，休于大树下。诸儒生既绌，不得与用于封事之礼，闻始皇遇风雨，则讥之。”

② 《史记·卫将军骠骑列传》：“骠骑将军亦将五万骑，车重与大将军军等，而无裨将。悉以李敢等为大校，当裨将，出代、右北平千余里，直左方兵，所斩捕功已多大将军。军既还，天子曰：‘骠骑将军去病率师，躬将所获荤粥之士，约轻赍，绝大幕，涉获章渠，以诛比车耆，转击左大将，斩获旗鼓，历涉离侯。……封狼居胥山，禅于姑衍，登临翰海。……’”

霍去病墓

（位于陕西兴平，法国诗人谢阁兰1914年拍摄）

奇地死去，历史学家解释得很清楚，他是封禅的牺牲品。[①] 这些事实是如此重要，因为（不考虑后来降临在卫后和她儿子头上的厄运）汉武帝任命的主要摄政者霍光（霍去病的弟弟，汉武帝交代他保护自己的继嗣）将自己的外孙女嫁给了汉昭帝，从汉昭帝去世之后开始，她便被尊为皇太后，她是因为霍家才谋得这个地位，因为霍家的一员（霍去病）曾经为汉朝征服戎狄，另一人（霍去病之子）则参加过汉武帝的封禅。

假如我们深入研究，会发现作为政治生活的基础性的重要意义，封禅揭示了承认男女各自地位的折中主义在政治生活和家庭生活中长期存在。这种折中主义还可以在礼仪方面找到。皇帝亲自在山巅祭天的典礼要重复进行一次，在山巅祭天叫“封”，但是这样并没有完全完成，要再进行一次名叫“禅”的祭祀，整个封禅典礼才算完成。根据中国古代传统，“禅”这个字的意思跟“让”（转让）是完全一样的。它在上古时期的意义我们本书前文早已陈说过了，这里这最后的术语描述了君主在拥有实权之前，先把它递交给主宰王朝气运的神秘力量——这种力量起着作用，有时是从他的妻妾中，有时从他的子嗣的监护大臣那里表现出某种迹象和暗示，但有时候这种迹象和暗示是从祭祀中表现出来。名为“禅”的祭祀活动，是“封”之前的预备工作，它是一场对土地的祭祀，在稍低矮些的小山上进行。我们知道在汾阴举行的祭祀后土的仪式中，祭祀地点的选择要选择像人的臀部那样的平地。而如此地貌的小山的平顶就是可以进行“让”（“让”字的写法跟意思为献祭、递交的禅让的“让”字完全一样）的地方，这里就是可以召唤神灵的地方，让它在一年中真正像个有效的土地大神一样，好好发挥作用。另一方面，“封”诠释了双重含义：一重含义是用卵石垒起的石堆，另一重含义是矗立着的象征胜利的高大石块。汉武帝在这次规模盛大的祭祀和庆贺活动中自己成了一名祈祷者，他被说成肯定能成仙，至少起码赞扬他是无比贤明的明君，但是，除此之外，封禅

---

① 霍去病子为奉车子侯。《汉书·郊祀志》：“礼（封禅）毕，天子独与侍中奉车子侯上泰山，亦有封。其事皆禁。”“天子既已封泰山，无风雨，而方士更言蓬莱诸神，若将可得，于是上欣然庶几遇之，复东至海上望焉。奉车子侯暴病，一日死。”

的象征意义对他个人而言足以表现出：皇帝也希望通过这些互相关联的仪节（比如穿着跟土地颜色一致的黄色衣服）从上天那里获得天子的权威。而唐朝的女皇武则天也非常懂得封禅这一礼仪在传统上具有的重大意义，当她以女性之身进行封禅时，饱学之士认为这是巨大的丑闻，而且她还准备独自主持只有皇帝能主持的“封”和“禅”两种仪式（公元695年）。公元666年她成功地主持了“禅”，因为她是作为后宫之首的皇后主持对地神的祭祀，此次是她的丈夫主持“封”这一仪式。

我们可以更进一步地看到，汉武帝主持的整个封禅过程跟改历法的准备联系在一起，此后一种跟新王朝相应的历法推行天下。公元前113年（祭祀土地神的那一年），汉武帝真正在“汉”这个名称之下，以天子的名义拥有整个帝国。那一年，他封了一块地给周王的后裔，这样，在他受封的域内，原先涉及周朝合法性的宗教信仰的那一整套东西就可以沿用下来。（假如没有分封更为遥远的前朝帝王的后代，那是因为这些遥远的前朝到汉代什么气运也没有了。）① 这一年，“天子首次巡狩”，从东巡泰山开始，这次巡狩似乎还伴随着一场对各处神圣场所的检查，无论巡狩还是检查，都是跟天子拥有天下的地位相称的。这一年的年终，冬至点落在新年第一天的夜半子时，这标志着一个新的纪元开始，从此又开始了一个新的大时间段。② 但封禅仪式不得不拖到公元前110年进行，因为征服南越（在东南方）的战争还没有结束。在继续巡狩了一阵子之后，战争结束，封禅也进行完毕，汉武帝便在明堂（颁布历法的宫殿）或据说是古代明堂的地方集合群臣。但是明堂的建立并使用是在公元前106年，在汉武帝第二次修封③之后。④ 在十一月甲子（六十甲子循环年的第一天）那天，这一

---

① 《史记·孝武本纪》：“天子遂至荥阳而还。过雒阳，下诏曰：‘三代邈绝，远矣难存。其以三十里地封周后为周子南君，以奉先王祀焉。’”

② 《史记·历书》：“至今上即位，招致方士唐都，分其天部；而巴落下闳运算转历，然后日辰之度与夏正同。乃改元，更官号，封泰山。因诏御史曰：‘……以至子日当冬至，则阴阳离合之道行焉。十一月甲子朔旦冬至已詹，其更以七年为太初元年。……’”

③ 封禅后要再次去修复先前的“封”，是为“修封”。——译者注

④ 《史记·封禅书》汉武帝听信了方士公玉带关于封禅的话之后：“天子既令设祠具，至东台山，［东］泰山卑小，不称其声，乃令祠官礼之，而不封禅矣。其后令带奉祠候神物。夏，遂还泰山，脩五年之礼如前，而加以禅石闾。”

天也跟冬至点完全吻合，于是汉武帝在明堂主持祭祀，他陈说道："时间从此革新，它再度开始！"这样，"那些推算历法的专家确定公元前 105 年 11 月 25 日是时间的一个新起点"。[①] 事实上，公元前 104 年的第五个月（夏至点所在的那个月），历法才真正改动。从那时起，黄色、数字五享有尊荣的地位，它们成了王朝的象征。这场历法改革包括整体的度量衡改革，尤其是律管的长度，因为它跟度量单位联系在一起。"一年的日月划分正确了，音声'羽'从此再度清澈，阴阳从此有规律地统一。"[②]

在这次改革中，非常有可能的是，所有关于货币方面的改革（这对于统治国家意义重大）可能跟王朝此次历法和度量衡的改革联系在一起。公元前 110 年，即第一次封禅那一年，由桑弘羊倡导的货币体制开始实施，制度设计者设想要保持汉帝国的经济平衡。[③] 所有这些事实都让我们思考，"天子"是由一种宗教信仰般的资格衍生而出的，帝王本人致力于让王朝获得文治武功的胜利，并献身于它，从而获得"天子"这一资格。在针对东南部蛮夷（南越）的战争幸运地获胜之后举行了庆祝，这一点十分关键。于是，"天子"的名望便拥有了一种浑一宇内的内涵，这一内涵后来成为中国文化的一部分。

"普天之下"说的是在整个华夏世界，天子受益于对天献祭的仪式——因而拥有独尊天下的名号。封禅、郊天是为了让天下人获得所有实质性利益，说得范围窄些，就是为天下所有的贵族谋福利。很明显，通过封禅，汉武帝因为表现出向天赎罪的姿态因而声望高涨，这是因为他为天下人谋利，它跟某种通过"天"代理的权力相当，而不跟君王完全自主掌权相一致。除此之外，祭天礼的力量因为它本身的自然属性，为受封诸侯以及受封国家带来一种在礼仪和传统方面都规律化的生活。从那时起，国君的任何举动只能代表他自己的权威，并分发着他的部分威望。他只能在名义上治理天下，尤其是他在承担军职时。在这种情况下，他必须让自

① 《史记·封禅书》："夏，汉改历，以正月为岁首，而色上黄，官名更印章为五字，为太初元年。"

② 《史记·历书》："自是以后，气复正，羽声复清，名复正变，以至子日当冬至，则阴阳离合之道行焉。"——译者注

③ 具体参见《史记·平准书》。

己的将军拥有全权，因为征讨蛮夷的行军行动并不那么容易受到严格限制。传统记载声称周天子眼睁睁看着他的权威被臣下（军队的领导者）蚕食。因此，皇帝必须当心他的大将军在任何形式下变成自己的竞争对手。从汉朝的历史看，大将军的权威在一点点增长。大将军并不经常由皇后的父亲或兄弟担任。皇后在皇帝跟前犹如一位人质，但一旦皇帝驾崩，皇后就成了太后，大将军则成了顾命大臣，假如皇帝年幼的话，大权就整个落入深宫的某位主宰手中。王朝只有通过周期性地牺牲最高军事首领（皇帝有时不得不赋予他全权）来保证各方面的平衡。但与此相对的是，大将军也能依靠自己的支持者生存。汉朝皇帝如同一位单纯的诸侯一般，不得不分封同姓诸侯，并且把他们看成自己的保护者，即王朝的“藩屏”。帝国就成了可能被这个家族瓜分的香饵，只有通过各种伎俩才有可能使分封制成为管理国家的行政制度。而原先表现出不过是单纯名义上的“天子”的皇帝，声称“所有过咎均在朕躬”，并不那么被动了，这就是汉文帝（前180—前157在位）采用了一些纯粹的仪式来证明自己的圣德的原因。这些仪式是饱学之士堆砌给他的。但是在汉文帝统治时期，分封制被重建了，并且少数民族的威胁加强，他的继任者差点失去权柄。正是在这个节骨眼上，汉朝的强势帝王汉武帝回归到了秦始皇的角色，他增强了秦始皇首创的天子在所有方面的威望，正是由于这一威望，在秦始皇统治的终末时期，他首创的皇帝制度让他享受到无上的尊严。

二、专制独裁的君主

在历史进程走向封建宗法时代终末之际（战国时期），出现了若干强大的诸侯，他们散发着新的勃勃气象。他们的主要大臣均是武士，对于通过执行礼仪细节和表现君子的谦卑来获得尊严完全不感兴趣。他们拥有巨大的胃口，梦想兼并，梦想获得更强的权力以及真真实实的财富。他们通过种种手段获取巨大的财富，或是通过开矿、煮盐，或是通过垄断山泽，或是通过占有新增的土地。这些土地有些是因跟蛮夷交战而得，有些则是因他们熟知如何保护自己的边界线而开垦出的。他们鼓励商人贸易，让财富通过流通增值。他们还拥有谷仓，拥有巨额资产。他们积累军备物资，囤积金属、玉石，因为这些财富可以在必要时用来巩固联盟。这是一个在奢靡方面竞争攀比的时代，同时攀比的还有毫无任何尺度限制的兼并野心。我们早已看见，那时形成了一种强权主导下的秩序，这种秩序属于各诸侯王，但是，饱学之士反对法家并斥骂他们，他们书写的历史认为当时出现的专事兼并的诸侯国都是对周王室的篡逆。势力巨大的诸侯王因他们膨胀到荒唐的骄傲而被丑化，他们被描述成让上古帝王的优秀传统走向毁灭的角色。在这些诸侯国王的都城中，以前围绕着国君的卿大夫不见了，取而代之的是远征的探险家、巫师、医生、星占学家、哲学家、受雇佣的流氓无赖、方言传译者、伶人、法学家等各色人等，每个人都为强权开出处方，并有可能成为君主每天的新宠。

朝廷上的政治生活似乎处在无休无止的争吵之中。在朝廷上，各种专业人士和游说集团互相尖锐地对立。贵族的气质也变了，变得犹如暴君一般。更为重要的是，按照制度，他是家族的继嗣，但这继嗣转变到了这种地步——他继承的除了阶衔名号外一无所有，并且君主本人看上去也是把精力放在个人事情上，而不是放在整个家族的利益上。君主所追求的名望不再来源于遵守“礼”惯例下的各种约束，也不来源于按规律进行的传统祭祀。对于这些声名显赫的诸侯王而言，使用巫术比使用传统宗教信仰来得更合适，更有效。他们不顾祖先遗留下来的、由世袭卿大夫的家族中掌管礼仪的司仪保留下来的已经非常可怜的那点礼仪知识，而是将信任赐予知识的暴发户，他们满脑子都是新知识，承诺将给君主带来无限量的成功。他们可能会将自己的机遇和运气委托在一个人身上，也可能委托于另外的一些巫术专家，他们在主子跟前拥有一人之下、万人之上的地位。他们向所效忠之主提供一半运气，而后让他们陷于跌落的灾难，或是陷于因太过渴望巨大的成功而造就的危险心灵状态之中。有时这些宠臣是幸运的，不过也不要太过专宠，他们是为了诸侯王的荣耀而服务的。他们被放逐，或是死亡。但即便是死亡，也要用与之截然相反的纯粹胜利和成功作为补偿。他们一会儿拥有辉煌显赫的声名，一会儿被旋即废黜，这些都是为了让诸侯王拥有新的辉煌，并且给他个人披上更为严格的尊荣外衣。

假如封建宗法时代最后充溢于记载的激烈兼并是真实的，当时通过兼并造就了堆积如山的财富和层出不穷的新巫术伎俩，与此同时，一些诸侯王获得了雄主的称号，这一事实似乎可与曾有过的历史对比——在封建宗法时代的最初，天子所需的名望也是通过竞争获得来的，在这些竞争中也借用了各种知识和价值的力量①，这些先后被利用的知识和价值虽然在一个神秘的体系中共存，但并不属于同一种传统的自然主义。战国时期的雄主不断寻求着君主威严的依据，此后的帝王则并不如此。无论古代中国的传统历史会怎么地说战国时期的那些为君主所利用的知识是在某段时间被想象出来的、颓废的无政府主义的新奇事物。事实上，创造封建秩序跟毁坏它一样，需要的是同一种关于宇宙自然秩序的知识。同样，君主尊严的来源跟声望的来源一样，两者被缔造出来都不是很晚的事情。对正统的批判主义而言，天子的威望来自儒家的礼典仪式，跟文明形成时期那种欢欣所拥有的智慧一致。而战国雄主则相反，他们的野心从虚幻的、带着颓废色彩的投机性道家学术中脱颖而出，这种道家学术显露出的并不是种种事实，而是将所有组成一个体系的价值观统统抹杀，并且，这些虚幻而颓废的道家学说甚至整个偏离传统的历史观点，于是，这些雄主所仰赖的理论和实践经验逐渐汇集成一种助长君主权威的学说，它们并不是晚近才形成的迷信，并且只有在正统学派建立之后，它们才能明确地以道家学说的面貌而存在。

秦始皇似乎是饱学之士的敌人，但不能把同样的判断也用在汉武帝身上，在宗教信仰领域，汉武帝对于任何宗教信仰都采取了折中主义的态度，并且给予赞助。若根据正统的历史观（这种历史观带有浓厚的帝王将相的限定色彩），汉高祖是一位平民英雄，并没有用任何方式致力于成为天子。这位幸运的冒险家成功地当上了皇帝，那是因为他懂得如何运用神秘的运势，因为这运势力量巨大，影响深刻。有一则暗示般的预言为这种说法添枝加叶：据说汉高祖左腿上有七十二颗黑痣，七十二是一个象征性数字。② 还有一项更为引人瞩目的事实，历史认为汉高祖比他的决策建议者张良（张良后来被认为是道家流派的主要人物之一）在占有天下的可能性上要更高，张良曾为汉高祖和后来执政的吕后提供政治决策③，他

---

① 即数术方技和阴阳五行知识。——译者注

② 《史记·高祖本纪》：“高祖为人，隆准而龙颜，美须髯，左股有七十二黑子。”

③ 《史记·留侯世家》：“留侯从上击代，出奇计马邑下，及立萧何相国，所与上从容言天下事甚众……”

的绝顶聪明足以让他逃脱大批得宠功臣遭到的厄运。他及时地隐退了，并且致力于长生不老之术。司马迁在叙述张良史迹时将他归入仙人赤松子所倡的道家修行学派。① 汉高祖描述张良时说“运筹策帷帐中，决胜千里外”。② 这事实上是君主无所不能之权威的一种迹象。张良由此知道皇帝渐渐变成了专制独裁的君主，于是他在某种道家禁欲修行的方式下全身而退，生活在一种荣耀的退隐状态中——用成仙这一方式来晋升他自己的生命的力量，这种力量等同于各种山川神灵那无边无际的力量——并且这种力量不需要任何别的代理和中介，只要其简单地发挥影响，就可以对所有人乃至整个宇宙产生影响。

秦始皇最初自己发明了“朕”这个称呼，意思是光辉荣耀。他走到哪里都不被人看见，他的声音也不能被人听见。③ 后来，在方士卢生的建议下，一位能召神的巫师来见秦始皇，于是秦始皇决心住到一个任何臣下和随从都不知道的地方，为的是没有任何不洁的东西能污染到他。④ 他搬到了一个比“明堂”还更是宇宙之核心的地方——毫无疑问，它有许许多多宫室，宫室的数量跟一年的天数一样多。那些胆敢泄露秦始皇所居宫室的人即刻被处死，同样，泄露了秦始皇所说言辞的人的命运也是如此。在他宫殿的二百里半径之内，所有道路都有墙遮挡围绕。而皇帝再不将国家大事分发下去跟臣下讨论了，他在自己宫墙环绕的秘密房间里处理政事。这样，秦始皇做了这么多为了跟“真人”直接沟通所必需的事情，他也不再自称“朕”了，而是自称“真人”。⑤ 同样，他的儿子秦二世，

---

① 《史记·留侯世家》：“（留侯曰）愿弃人间事，欲从赤松子游耳。”

② 《史记·留侯世家》：“高帝曰：‘运筹策帷帐中，决胜千里外，子房功也。……’”

③ 《史记·秦始皇本纪》：“乃令咸阳之旁二百里内宫观二百七十复道甬道相连，帷帐钟鼓美人充之，各案署不移徙。行所幸，有言其处者，罪死。”

④ 《史记·秦始皇本纪》：“始皇帝幸梁山宫，从山上见丞相车骑众，弗善也。中人或告丞相，丞相后损车骑。始皇怒曰：‘此中人泄吾语。’案问莫服。当是时，诏捕诸时在旁者，皆杀之。自是后莫知行之所在。听事，群臣受决事，悉于咸阳宫。”

⑤ 《史记·秦始皇本纪》：“始皇帝幸梁山宫，从山上见丞相车骑众，弗善也。中人或告丞相，丞相后损车骑。始皇怒曰：‘此中人泄吾语。’案问莫服。当是时，诏捕诸时在旁者，皆杀之。自是后莫知行之所在。听事，群臣受决事，悉于咸阳宫。”

为了避免听到“邪恶的言论”，并且“不向任何人表现出任何缺点”，也只待在自己的秘密宫室里，从不出来。① 他的父亲秦始皇对于外出巡游从来都是毫不犹豫的，不过他都是隐姓埋名，当他夜里到都城咸阳附近之际②，或者当他在密闭的马车中巡游整个帝国之际，都彻底隐姓埋名，哪怕他即将去世，车队中也没有一个人知道。

专制独裁的帝王在如此与世隔绝之中被密不透风地保护起来，远离任何可能的对他的污染，也远离任何对他能量的消释。这样，他自己就成了一个密闭的小宇宙，一个自成体系的微观世界。各种宇宙信息在这个微观的小世界里更加集中，更加浓缩，因为它们离宇宙的控制者——帝王更近。他的宫室就是一个小宇宙，其中，建筑通过表现银河以及河上的胜利之桥而展现了宇宙的神奇数度，在世界掌控者的宫室中伸手可及的地方表现出天的能量——这能量也是他理应拥有的。③ 皇室的车马、衣服以及他们自身，无不是构成世界的组成部分。正方形的马车车身本就是大地的象征，而圆形的车盖则象征着天。天上最重要的星辰则绘画在旌旗上，成为旗帜的象征。皇帝的衣服上则绘着日、月、星辰、闪电等等，他感觉到自己在直接跟最灵验的、最能给予保护的超自然力量沟通。

汉武帝没有停止在效仿秦始皇以上举动的层面上，他自由自在地让自己的宫室成为辉煌的宇宙中心。在天上，在地下，在水中，祥禽瑞兽在他的苑囿中自由出没。他的植物园中不刻意种植任何品种，池水中的波浪拍打着池中之岛的岸壁——这岛可能是仙人住的。宫殿中还有高高耸立、超尘脱俗的铜柱，上面有仙人托着盘，用来承接最纯净的露水。他可以通过螺旋形的复道登上仙人台之顶。他凝望着浩瀚无垠的天空，统治着整个宇宙。他通过自己肱股之臣的力量，得到了红色的汗血宝马；在他的神力

---

① 《史记·秦始皇本纪》秦二世二年：“赵高说二世曰：‘先帝临制天下久，故群臣不敢为非，进邪说。今陛下富于春秋，初即位，奈何与公卿廷决事？事即有误，示群臣短也。天子称朕，固不闻声。’于是二世常居禁中，与高决诸事。”

② 《史记·秦始皇本纪》秦始皇三十一年：“始皇为微行咸阳，与武士四人俱，夜出逢盗兰池，见窘，武士击杀盗，关中大索二十日。”

③ 《史记·秦始皇本纪》秦始皇三十七年：“以水银为百川江河大海，机相灌输，上具天文，下具地理。以人鱼膏为烛，度不灭者久之。”

下，六只赤雁聚集成一群，万物都等待着龙的降临，这龙将引导帝王超出昆仑，直到上天。早就遗失了的天子神鼎在河中一直找不到（据说它们是在那里消失了的）。这无关紧要，因为另有一件神鼎从地下被发现，这给汉武帝带来了更多的声望和光辉。而此时，天上一片黄云组成了皇冠的形状。① 正如黄帝那样——黄帝在“采集铜矿，铸成神鼎”的过程中，看见一条长须的龙垂下迎接他，他和他的妻子以及一些忠心耿耿的大臣坐了上去（有七十多人），他升天了——汉武帝早就准备好了接受别人对他的神化，甚至当这一切鼓吹自动进行时他都心情平静。“啊！若我能像黄帝那样，我会把离开妻子儿女看做跟脱鞋一样容易！”②

对于一个追求纯粹权力的人而言，放弃权力就是无与伦比的失去。汉武帝面对方士少翁时几乎耗尽了他的钱财，他对待少翁并不像对待一位方士，而像是在对待一位客人。少翁画了五色云气车，在这车中，青、赤、黄、白、黑五色云气组合在一起，充满必胜信心地散发而出，它们驱散恶鬼，并且只要是少翁所待并且能够驱使灵力的地方，都画着表示天上、地下的帛画。他不吃不喝，住在绝对纯净的地方，这样他就可以像客人一样到长生不死的仙人所居宫殿中拜访。在那仙人宫殿里，女巫（群巫之后）吸引着“神君”，而“神君”的降临都会唤起一阵可怕的狂风，“神君”的言辞被记录下来，称为“画法”（画下来的法律）。③ 而另一位方士栾大跟汉武帝的长女结了婚，汉武帝还给了自己的女儿万两黄金作为嫁妆。汉武帝有一颗玉做的印玺，使者穿着羽毛做成的衣服赐予栾大印玺，栾大自己也穿着羽毛做的衣服，站在一堆洁净的干草上受印。这一印玺的名号是“天道将军”，因为汉武帝希望栾大可以把自己也介绍给神仙。④ 秦始

---

① 《史记·孝武本纪》：“其夏六月中，汾阴巫锦为民祠魏脽后土营旁，见地如钩状，掊视得鼎。……上荐之。至中山，晏温，有黄云盖焉。”

② 《史记·封禅书》：“于是天子曰：‘嗟乎！吾诚得如黄帝，吾视去妻子如脱躧耳！’”

③ 《史记·封禅书》：“置寿宫、北宫，张羽旗，设供具，以礼神君。神君所言，上使人受书其言，命之曰‘画法’。其所语，世俗之所知也……”

④ 《史记·封禅书》：“于是天子又刻玉印曰‘天道将军’，使使衣羽衣，夜立白茅上，五利将军亦衣羽衣，夜立白茅上受印，以示不臣也。而佩‘天道’者，且为天子道天神也。”

皇曾经派遣数百童男童女入东海求仙，这数百童男童女就是秦始皇给仙人的见面礼。同样，汉武帝也竭尽全力，以到达极乐的岛屿和神山。汉武帝祭太一神时用了童男童女。从远处望着，童男童女手持物事，吸引神灵，他们在高台上唱歌起舞“与天沟通”，熊熊燃烧的火炬从远处望去犹如流星般光芒四射。① 正是因为这些举措，汉武帝才能使明亮的彗星出现，同时出现的还有巨大的星星，大得如同南瓜一般。② 同样，当汉武帝祭拜太一神（超级的至上神）时，通神的有司也大声宣布：“福德之星将它的光芒远远照耀了出去！……永寿之星……以它那穿透一切的光芒照耀着我们。”③ 并且，秦始皇在获得灵芝（从这灵芝中能提取出不死之神药）这件事上没有获得成功，尽管他派了上万方士去寻找④，仍然徒劳无功。而在汉武帝的宫殿中，甚至仅仅是在他准备斋戒的宫室里——在跟天沟通的九层高台上，出现了神圣的祥光——灵芝居然自动生长出来。灵芝是仙人无所不能的物质表现，而且这株灵芝形状完美，正好九个茎。⑤ 但是，因为欢乐总要付出代价的，当皇帝在求仙路上越走越远，而他那些求仙顾问（方士）的伎俩渐渐告穷，于是，汉武帝将他们变作了牺牲品，他处死了先前被他任命为文成将军的少翁，以及他的女婿、五利将军栾大。⑥

这些显贵了的幸运方士跟皇帝身边最亲近的公卿大臣是有区别的，因

---

①② 根据《史记·封禅书》和《汉书·郊祀志》的记载，汉武帝此次是在甘泉宫郊祀太一神。汉武帝从远处望去，因为汉武帝祭祀所待的竹宫距离郊祀太一坛数百步，所以原文中说“远远望去”，《史记·封禅书》：“十一月辛巳朔旦冬至，昧爽，天子始郊拜太一。……其祠列火满坛，坛旁亨炊具，有司云‘祠上有光焉’，公卿言‘皇帝始郊见太一云阳，有司奉瑄玉嘉牲荐飨。是夜有美光，及昼，黄气上属天’。”

③ 《史记·封禅书》祭汉武帝郊太一时，“太史公、祠官宽舒等曰：‘神灵之休，佑福兆祥，宜因此地光域立太畤坛以明应。令太祝领，秋及腊间祠。三岁天子一郊见。’”

④ 《史记·封禅书》：“及至秦始皇并天下，至海上，则方士言之不可胜数。始皇自以为至海上而恐不及矣，使人乃赍童男女入海求之。船交海中，皆以风为解，曰未能至，望见之焉。”

⑤ 《史记·封禅书》：“于是甘泉更置前殿，始广诸宫室。夏，有芝生殿房内中。……乃下诏：‘甘泉房中生芝九茎，赦天下，毋有复作。’”

⑥ 《史记·封禅书》：“五利妄言见其师，其方尽，多不雠。上乃诛五利。”

为他们的上升靠的仅仅是运气和主上的高兴，而不是凭礼仪化的规律。一位倡导神仙学说的方士在他成为集所有倒霉运于一身的使者之前，是能够博得王公贵族的欢心的，他们博得的欢心和获得的利益要比按传统管理主持礼仪的王侯公卿要多得多。按照方士提供的仙方，皇帝要在脑海里假想出神灵的形象——也就是说，他要意识到在他自己内部就有让他成仙的最大可能性。他成了“大人”，即巨大的人。他的生活每时每刻都被颂扬，被神化。① “大人”的生活实质和主体被限定在实践长生不老中，他是如此超凡脱俗，动用了所有能悬浮起来的物质和材料，他能够四处漂移和飞翔，不仅仅是在人们行走的道路上，也可以在神人所居的宫殿自由去来。在真正的神灵世界中，他忽大忽小，来回徘徊（远迂）。他指挥着风伯、雨师、雷公、河神等等，还有所有远离世俗欲望的欢怡之神，它们或来自江河，或来自银河，它们跟西王母（主死亡的女神以及长生不死之神）自如交谈，这些神灵都在他的智慧和协统之下。并且，当“大人”高兴时，所有毫无尘染的仙女（玉女）都敲击着天上神主的宫殿之门。假如要问皇帝是否像修仙方士那样品尝含有致醉剂的方药，是很不慎重的。虽然文人为官方所作的诗赋歌颂它们，它们是对神仙的颂歌，在这些颂歌中，一群俳优文人和舞者或献辞赋，或献歌舞，最重要的事情是：在神游八极的梦想的刺激下（并且文人和艺术家又夸大了这种梦想），神仙思想对完全独裁的汉武帝所产生的巨大影响力，跟修仙方士志在必得的那种心理力量完全一致。秦始皇希望能跟“真人”一样“入水不湿，入火不烧，腾身于云雾之上”。② 这大体上就是神仙方士首当其冲的伎俩，这就是道家方士最初对神灵超自然力量的证明，它们可能是一种古老的萨满主义的继承。他们最大的目标就是“长生不死，如同天地一般久长”。③ 当修行方士感到自己的愿望与宇宙完全一致时，他们便感觉到实现了这一点。而后，方士便拥有了不受限制的完满能量，他的意愿也同样不受限制，只要

---

① 葛氏对“大人”的理解有偏差。“大人”即德行高尚、禀赋超凡的神人，见司马相如的《大人赋》、司马迁的《史记·司马相如列传》。

②③ 《史记·秦始皇本纪》：“卢生说始皇曰：‘……真人者，入水不濡，入火不爇，陵云气，与天地久长。……’”

舞蹈和杂耍

（山东嘉祥武梁祠东汉画像石，沙畹1907年拓）

他愿意，他的意愿能让他用自己的灵力让季节倒转。① 但是君主跟方士一样，只有他能主宰自己之际，才是宇宙的主宰。假如他想保有一种纯粹的能量的话，他一定不可以反复无常。他的统治不应有任何武断和突兀的干涉；他治理天下时无为而治，任由各种有可能发生的事情自然发生——这并不是说他根本不去指挥。他能够指挥万事直到最小的细节，但并不在任何具体的方面使用他的能量。因为他的意愿跟宇宙秩序一致，在他那不可抗拒的支配性的影响下，所有万物也都跟宇宙秩序协调一致，如同反复变化的梦幻，而这反复变化的梦幻跟君主个人的意愿并没有关系。

他并不通过他所辖万物之间的彼此调停来维持万物对他的服从，也不把这种彼此调节当做一定的结果。这只是证明了他是个“大人”，或说“真人”，他内在的能量充满了整个天下，这力量能在一种稍纵即逝的精妙感应之下导致某种一致的愿望和行为。等于皇帝支撑着整个帝国，而整个帝国、整个世界的存在意义，只是为了增长皇帝独裁的权威和荣光。

三、宪法般的教条学说

作为天子，皇帝生来就有崇高的威望。当他的权力起作用时，同时也带来某种脆弱。传统的崇拜将他描述成“天”在人间的代理人，在所有仪式中，他的表现都是要唤起这种声望，让它复活。同样，忠心耿耿的臣下追随着他，分享着他的威望。诸侯国君在分封的等级制度中处于顶端，他能够让自己的权威扩散，但在危险的情况下，他自己的权力原则、统治权力（即便是代理的）变成了完整的，于是便产生出一种等级制度（有或多或少的可变性），但并不是一套管理制度，也并非一个国家。另一方面，独裁者看上去真正像个君主了，因为在神秘方术和神圣权力的双重作用下，他完全就是代表上天的统治者，假如这代表上天的统治者真正是通往理想世界的施展者（这施展者是宇宙真正的主宰）的话。然而另一方面，君主赐予的权力，尽管丝毫没有缩小，却变得不可传递，因为它是完完全全属于个人的，没有任何东西比君主的责任和他的疆土更紧密、更久远地将他牢牢拴住。在他君临天下之前，一切都是浮云尘埃，但一旦没有

① 我这里仅仅只研究君主个人的意愿所产生的影响，我希望在随后的工作中论证自己的观点。

哪一位封君能够拥有跟君主等势的权威，那么，任何一位拥有天启神秘旨意的幸运封君都能跟君主平起平坐。独裁的帝王君临于帝国之上，根本没有国家管理机构的存在位置，也没有“国家”这一概念。

在战国时期，法家利用了君主的观念编造了神秘的教条，企图建立某种国家形式。在各国诸侯王的贡献之中，战争（或是和平）的主宰者被包括进了一种模糊的权力学说中，这种模糊的权力学说蕴涵着某种公正理念，这种公正理念随时可被执行。更进一步的是，那些因开荒或是征服蛮夷新获得的土地，由于规避了封建习俗下对土地的管理方式，成为个人的领地。战国的雄主将自己选择的法规和律条加于这些土地之上，表现出法律制定者的姿态。而他们任命的法理学家通过创造出法家文明来让征服的喜悦合法化——这种文明炮制出一套有关君主的理论，他们不再是传统习惯法的继承者，因为传统习惯法仅仅着眼于维持和平。但在法家的自由立说者那里，他们创造出的文明是浑然一体的。①

在法家生活的世界上，无处不在的军事思想跟层出不穷的新鲜事物一起统治着这个世界。君主的权力看上去在自我解释它的合理性，最重要的是，在惩罚性的法律逐渐公开的过程中，法律的理念跟传统习俗产生了严格的对立，并且它还跟文明必须建立在强制力基础上这一理念结合在一起。法律的律条被认为是政府组织和管理的基础，而政府组织和管理的首要目的就是通过惩罚性手段来改变人们的不良行为习惯。在法家建立并完善这一学说的过程中，他们引入了各种各样的惩罚，尽管他们再次压迫着某种已经文明化了的企图，而这种企图也是构成君主权威的要素之一。

这种理念同样也是秦始皇赖以治理国家的理念。秦始皇被认为是位暴君，既因为他希望用神秘手段“压制百姓”，也因为他将法家（国家权力的首要捍卫者）的原则付诸实践。在他的刻石的主要内容中，他夸口说已经用法律改变了风俗：“……他怀着惕厉之心推行自己的权威——他制定法律，并且仰赖明确的法律——于是，他的主旨变得更加完美无缺（公元前 219 年）。”“他纠正并提升外域的风俗……他挪走错误，并修缮

① 法家理论的代表者是韩非子（去世于公元前 233 年）。

完成那些必做的事情（公元前219年）。”① “秦的圣人已将天下握于手中——他是第一位决定惩戒的人，也是第一位为万物命名的人。——万物都有适合自己的名字。——他那伟大的政府净化了道德风尚。——所有人都遵照他的制度和法则。——黎民百姓在同一的法度下感觉到欢欣——他们对于维护宇宙秩序感觉非常欢乐。——子孙后裔将怀着敬意接受他制定的法律（公元前211年）。”②

汉朝在秦朝的废墟上建立，汉朝跟秦朝一样也起用了法家，但是汉朝对法家理论有所批判。汉文帝（公元前179年）的第一批法令中有一条就是认可法律的作用，但为它们下了双重定义：它们毫无疑问具有“惩恶”的目的，但它们也必须“扬善”。稍晚些后，文帝未曾提及否定性的律法，他宣布天“为了百姓的利益”而选择帝王统治人间，这一本末倒置的统治理论加强了对法家理论的反省，并且揭示了之所以要如此反省的原因。他们把对君主权威的直接质问跟管理国家的经验混为一谈，因此制定出建立在君主独断专行基础上的法律。现在，无论是从传统风俗的实践中油然而生的天子权威，还是君主那排斥所有折中可能性的独裁权威，都能适合于一种“良好快乐”的理论。于是，汉朝必须为国家寻求一种理

---

① 此为秦始皇二十九年之罘刻石。《史记·秦始皇本纪》记其内容：“……大圣作治，建定法度，显箸纲纪。外教诸侯，光施文惠，明以义理。六国回辟，贪戾无厌，虐杀不已。皇帝哀众，遂发讨师，奋扬武德。义诛信行，威燀旁达，莫不宾服。烹灭强暴，振救黔首，周定四极。普施明法，经纬天下，永为仪则。大矣哉！……”又：“……圣法初兴，清理疆内，外诛暴强。武威旁畅，振动四极，禽灭六王。阐并天下，甾害绝息，永偃戎兵。皇帝明德，经理宇内，视听不怠。作立大义，昭设备器，咸有章旗。职臣遵分，各知所行，事无嫌疑。黔首改化，远迩同度，临古绝尤。常职既定，后嗣循业，长承圣治。群臣嘉德，祗诵圣烈，请刻之罘。”

② 此为秦始皇三十七年的会稽刻石，见《史记·秦始皇本纪》：“……三十有七年，亲巡天下，周览远方。遂登会稽，宣省习俗，黔首斋庄。群臣诵功，本原事迹，追首高明。秦圣临国，始定刑名，显陈旧章。初平法式，审别职任，以立恒常。六王专倍，贪戾慠猛，率众自强。暴虐恣行，负力而骄，数动甲兵。阴通间使，以事合从，行为辟方。内饰诈谋，外来侵边，遂起祸殃。义威诛之，殄熄暴悖，乱贼灭亡。圣德广密，六合之中，被泽无疆。皇帝并宇，兼听万事，远近毕清。运理群物，考验事实，各载其名。……”

论，这种理论跟专制暴君那无所不及的强悍意志相一致，因为这强悍意志是对国家管理层面极其有限的技术（这技术是早先就设想好了的）的干涉，这理论必须让这种干涉合理化。

某种兼容并包理论（创建这种理论首先是学者的工作）的发明让他们走出了这一困境。它让这成为基础性的原则——天的表现及皇帝对人民的表现是平行的，并且两者可能处在互惠的方式上，首先是维持整个世界的秩序，其次是维持人类社会的秩序。在这样的理念下，最高权威属于君主这一认识是最紧要的，但是交叉表现出来的，它从神秘主义转移到道德层面。所有道德（不仅仅是出于神秘主义的）综合而成的能量，皇帝决心（通常是通过一种立刻的影响，这种立刻的影响归于不可抗拒的支配力量）要展开一种令人满意的对宇宙的控制，因为宇宙的良好物理秩序就是“浑然一体，不可分割”①。在这种由皇帝和天组成的官方学说体系中，“天”只是一个从属性的角色，皇帝的权威是第一位的。“天”那宗教性的权威是为了保持皇帝的权威，最终，在这种学说的组成结构中，灾异就是“天”的某种责备，这种责备由超自然的神圣力量来解释。但事实上，宇宙的秩序不能受到任何方式的打搅，并且当君主处于尽力维持正面道德时，“天”也将保持正面的状态，涵盖了所有处在某种纯粹道德观外衣下的神秘主义因素。

皇帝占有“一个处于所有事物、所有王公之上，无条件受信任的位置”，他必须是美德崇高的，否则他的统治将既不平稳，也不会得到上天的任何恩惠。他对自己的下属和臣民的幸福负有责任，而且原则上，他应一个人承担这种责任。当我们不再认为皇帝的威严处在某种始终无条件存在的神秘辉光之下，那么，从此刻起，皇帝的威严就受到了限制。因为它肯定不能证明独裁统治的合法化，也不能让君权为个人目的服务变得合理。当汉武帝举行封禅大典，通过程序化的礼节让这祈祷者（汉武帝自己）从上天那里获得无所不能的能耐时，他的内心从未停息过勃勃的野

---

① 关于中国古代历史的资料（见本书第一编第一部分）以及这种重新建构过的古代历史，由《尚书》的某一特别值得注意的篇章《洪范》尤其引发出高潮，一些中国学者将《洪范》的这些理论上推到周代（见本书第一编第一部分）。

心。这祈祷者是神秘的，也就是说，他首先是个人进行的。文献记载汉武帝向仙人问询，希望获得绝对的权力，并且，假如他封禅的陪伴者在封禅后很快就去世了，是因为君主能够将这威胁他自身的灾难转移到同行者身上。但是唐朝（公元 725 年）再不希望保持封禅祈祷者（皇帝）的神秘姿态了，唐朝的封禅典礼在“为黎民百姓祈福”中结束。而早在西汉文帝时期（公元前 167 年）便定下了规矩：“根据我所知晓的‘天道’，灾异是因为皇帝坏的行为举止，而快乐和幸福则是美德的自然结果。官员所有的错失肯定在我这里会有根源。现在，官员控告这秘密的祈祷者（皇帝）将灾祸转嫁到他们身上，这么做就是显示了我无德。”所以他废除了主掌“移过”的神秘灵媒的席位。① 然而，我们应该注意到公元前 178 年，汉文帝使用了一种更有弹性的语气：“假如帝国的秩序有恙，只跟我自己有关系，或许还有几个人应该像我的臂膀一般，掌管国家的秩序。”② 在封建宗法时代的漫长实践中，正是因为臣子如同国君的臂膀一样帮助国君治理国家，并且这些肱股之臣还是国君的兄弟，他们才在君主的意志下紧密团结，如同一个人身体的各个部分，因此臣下能够替代国君承受天灾。汉文帝仍然保存了为自己转嫁灾难的可能性，但他懂得如何将天谴仅限制在管理国家的高级公卿身上。然而原则上，在天子承认天灾是自己的过咎造成的之后，在皇帝的威严显出无限仁慈的姿态下，高级公卿必须被罢免。一套晋升和周期性赦免的机制代替了秦朝那种镇压性的机制，这种周期性的赦免伴随着家族长在某种特殊阶段获得等级身份上的进益，他们的母亲会获得一份特殊的礼物——牛肉或一壶酒。③ 在这种理论下，这种

---

① 《史记·孝文本纪》：“十三年夏，上曰：‘盖闻天道祸自怨起而福繇德兴。百官之非，宜由朕躬。今秘祝之官移过于下，以彰吾之不德，朕甚不取。其除之。”

② 《史记·孝文本纪》：“（文帝二年）十二月望，日又食。上曰：‘朕闻之，天生蒸民，为之置君以养治之。人主不德，布政不均，则天示之以菑，以诫不治。乃十一月晦，日有食之，适见于天，菑孰大焉！朕获保宗庙，以微眇之身托于兆民君王之上，天下治乱，在朕一人，唯二三执政犹吾股肱也。……’”

③ 《史记·孝文本纪》记文帝元年即位后大赦：“朕初即位，其赦天下，赐民爵一级，女子百户牛酒，酺五日。”大赦的表现包括豁免租税（同上文所引），并由帝国粮仓中分发谷物。

机制后来变成了国家表示恩惠和仁慈的长期性行为，皇帝通过施行这项政策来表现他拥有整体宇宙资源的权力和无上高贵。

国家的管理体系仰赖于同样的原则。在公元前 178 年颁布的诏令中，汉文帝在谦卑地颁布诏书承认日食是因为自己的过咎造成的之后，下令每个人“都反省自己可能存在的错误，以及自己知识、行为、思想的不完美之处”，并且“清清楚楚把它们揭示出来”。① 同年，文帝又称许了进行批评的好处，并废除了惩罚“不假思索的言辞”的法令②，让自由的批评合法化，这样就避免了“平民百姓对皇帝的祝诅，包括通过盟誓诅咒皇帝。”除了这一非常重要但意义消极的结果，皇帝“允许每个人表露自己的感受程度”，从帝国最遥远的角落，“人民惠受恩泽”，也就是说，官员推行着真诚的道德观。“号令人民明智、善良，行为正确，积极向上，能够正直、诚实地说话，并能表达不满。”③ 官员跟公卿一样，是建议者，而不仅仅是执行皇帝意思的代理人。而皇帝，包括他下面所有帮助他治理国家的人，他们的主要功能是让合乎天命的正直决策顾问家浮现出政治舞台。我们看见了法家和财政专家推行他们的主张，获得了作为王朝决策引导者的盛名，且这盛名光前裕后。官员表现被认为是帝国道德良心的具体表现。更准确地说，是映射出皇帝的道德良心。从道德上说，只要皇帝的道德配得起，真诚就会在帝国任何一个角落找到，它如同给予了帝国本身真诚程度的尺准。君主威严所产生的功效表现为某种道德的能量，它表现为一个更为有道德的管理者之躯，并通过吸纳新吏员表现出它单纯而强大的影响，并保持着新鲜活力，源源不断地把这种道德能量洒向百姓。

此后，无论是国家管理的功能，还是君主的统治功能，看上去都减弱

---

① 《史记·孝文本纪》文帝二年诏书：“……乃十一月晦，日有食之，适见于天，菑孰大焉！……朕下不能理育群生，上以累三光之明，其不德大矣。令至，其悉思朕之过失，及知见思之所不及，匄以告朕。及举贤良方正能直言极谏者，以匡朕之不逮，因各饬其任职，务省繇费以便民。……”

② 即“妖言令”。——译者注

③ 《史记·孝文本纪》记录文帝二年诏：“上曰：‘古之治天下，朝有进善之旌，诽谤之木，所以通治道而来谏者。今法有诽谤妖言之罪，是使众臣不敢尽情，而上无由闻过失也。将何以来远方之贤良？其除之。……’”

到仅仅是给予指示和引导的地步。王朝的“德”保存在它对人民进行教诲和启迪实质中，并且有时君主的任务看上去也在一种禁欲的面貌下，朝着教诲和启迪天下人的方向发展。比如说，我们知道汉文帝（公元前162年）说：“我夙兴夜寐，将全副精力都投身于帝国的治理之上！为了我的百姓，我备感折磨和痛苦！”① 但这一赎罪般的呼喊是以诏令的形式从庙堂宫殿里发出的，而假如皇帝的悔过一直都像是在履行重大的禁欲主义，为了完完全全地有效，它必须保持沉默。事实上，在饱学之士的影响下，封建传统的继承者（即便他们使用了古代的神秘主义传统）的教诲任务就是将它变成简单的教化工作。皇帝再不是一个在万事万物的变易中毫不泄露自己丝毫神力的掌管者了，他跟帝国那些建议者和备顾问者（他们总希望从朝廷上的秘密决议中炮制出他们自己喜好的决策）一样，担当着这一切的鼓吹者和导师的角色。王朝的布道用同样的神秘主义配方，在同样的谆谆教诲中不断传播出去。这再不是一个让国家扮演下命令的角色，或是将君权思虑为一种高压强制的力量这么一种问题了，只要可能，皇帝是必须忍住不去随意立法的，他要用充满仁慈的诏令向自己提出恳请，废除不良但是合法的规定，或者用经常性的大赦来废除先前法律的影响。在这让诏令法律逐渐规范化的席位上，他教化着天下，他的官员则劝诫百姓，而不是仅仅下命令。整个的国家管理伪装得好像是某种进行教化的学校，它护卫着这种精神，假如与此种教化性约束有任何微小的抵触的话。它希望任何事物都能从某种抬高了的教化律条的影响下自然涌现，这一律条，在它的基础内涵促使皇帝的所有臣民转变成“忠厚诚实的人”（“君子”）之前就已定下并稳固存在，而“君子”先前仅仅是贵族的权利。一位领主或国君将贵族的生活方式和生活艺术教给他直接的追随者。天子则设想，他某个方位的诸侯从在他不断宣教布道的影响下，把自己的全体臣民都变成君子一般高贵化的时刻起——也就是说，一旦他为了宣教古老的文化理念，吸收了国家管理的工作，并且把国家的第一要务定为完成文化和风教的传播，天子就已在道德感情上完完全全理解古代的风教了。

---

① 《史记·孝文本纪》记文帝后元二年诏：“……今朕夙兴夜寐，勤劳天下，忧苦万民，为之怛惕不安，未尝一日忘于心……”

第二章　社会的变化

大约是在公元前后，古代中国社会的发展经历了一场完整的转型。贵族和庶民之间的区分，有财产者和无财产者曾经的区分都失去了重要性。贫富之间的对立变成了社会阶层划分的重要原则。战国时期被认为是骄奢淫逸的时代，无论是在什么方面上，汉代都是一个宣称与骄奢作对的伟大时代。正是因为这些最后的痛苦声调揭示了古代中国社会经历的危机是多么深重，我们几乎没有证据来见证这些危机以及它们是如何引起的，还有它们的结果如何，我们都不清楚。但是这些满满的结果在汉武帝的时代都显现了，并且似乎从汉武帝的时代开始，这些不断发展的危机便逐渐沉淀下去，社会运动的主要线索可以从试图平抑这些危机的或多或少的手段中区分而出，可以大致推测出它们的影响以及它们的起始点。看上去这些危机自有根源——首先，古老的贵族制度的孑遗经过战国时期的大规模战争被破坏殆尽，而后（这是首当其冲的），由战国雄主开始的殖民并且驯服土地的工作，带着附加值被后来的皇帝继承。对土地的安排显出新的面貌，既伴随着新资源的出现，又伴随着对它的新胃口。而这新继任者在朝堂上和乡村中的影响带走了任何旧贵族时代的典型生活方式，这样就创造出一种新的时代背景，这时代背景跟变革之后的礼仪和风俗方式相应。

一、庙堂和皇室的贵族

战国的雄主以及后来的皇帝都居住庙堂之中。这庙堂是庭院式的，庭院数量众多。这些庙堂可能位于卑微的乡野，那里是大贵族和早期的封建宗主的都邑所在。封建村落稀疏地分布，且非常有限，人口也很稀少。假如这堡垒般的都邑周长达到 3 000 尺，那么，它就是非常大的都邑了。①公元前 256 年，周王统治着 30 000 臣民，他们被安排在 36 处城邑里。②

---

① 《左传·隐公元年》："祭仲曰：'都城过百雉，国之害也。先王之制，大都不过参国之一，中五之一，小九之一。……'"《公羊传·定公十二年》："雉者何？五板而堵，五堵而雉，百雉而城。"

② 《史记·周本纪》记周赧王五十九年："西周君奔秦，顿首受罪，尽献其邑三十六，口三万。秦受其献，归其君于周。"

这一事实并不能阻止《周礼》将理想中的天下分为六个接受管理的组成部分。① 其中一个仅仅（首当其冲的那个——只包括王宫及其中的人们，不过不包括王宫中的所有人）包括3 000处宫室和内务机关。这些服务性机构的整体数目可能会充满一个像秦始皇的宫室那样规模庞大的首都。事实上，秦始皇迁徙了12万户居民（豪强和富户）到他的首都咸阳。② 这样，秦始皇就能让居民充实自己的首都。更进一步的是，他每灭一个诸侯国，都将其宫室的样子画下来，并在自己的都城中按样子重建，目的是为了将六国宫室中的嫔妃和战利品安置在那里。很显然，帝国的都城所具有的意义已经超出了神秘性质，它是整个帝国的集中体现。它包括从整个华夏地区略取的战利品，以及足以对各郡产生影响的各种因素。汉朝沿袭了秦朝的制度，这些制度即便是在汉文帝（公元前179年）的举措之下也几乎没有被松动，它承认了一些大贵族或者他们后裔的裂土分封，他们可以在自己的封国之内像君王般生活。汉文帝担心都邑会在拥挤中凋零，在从整个帝国搜集来的珍奇物品的堆积下，都邑迅速富庶起来，与此同时，裂土分封的诸侯贵族居住在长安，受到监督，并成了长安的土著，他们已经转变成了都邑中朝堂上的贵族。

留在朝堂上的贵族获得的仅仅是荣誉的职位和相应的办公处所。所有具有积极意义的要职都被新贵占领了，在汉武帝统治时期，这是一条被严格遵守的规定。后来成为高级公卿的公孙弘是从狱吏起家的，并且事实上他还曾是个放猪人。主父偃起家之前是个流浪汉，而兒宽则是个守门人，他们共同形成了皇帝身边即刻出现的随从集团的一部分。同样，金日磾是汉王朝的仇人，他是汉王朝的俘虏，起初做的是马夫的工作。③ 还有更惊心动魄的："作为武士的勇敢"最易叩开仕途的大门，并且占有辉煌的位置，一名优秀的战士能够被封爵，这样的例子比如霍去病。而他的舅父卫

---

① 《周礼》设官分职，将职官分为天、地、春、夏、秋、冬六官，统治天下，与正文微有出入。——译者注

② 《史记·秦始皇本纪》记秦始皇二十六年"徙天下豪富于咸阳十二万户"。

③ 《史记·平津侯主父列传》班固称曰："……群臣慕向，异人并出。卜式试于刍牧，弘羊擢于贾竖，卫青奋于奴仆，日磾出于降虏，斯亦曩时版筑饭牛之朋矣。……"

青官拜大将军，其最初不过是个私生子，在青年时代被他的兄长们当做奴隶对待，去放羊。① 这样，在白手起家并进行任何可能形式的交易之后，就有可能升到最高位置，这些“后来功名显赫的人们的成功是不确定的，他们的交易也是临时的”，一部分当时的人们把这些视做丑闻，他们追慕古代，鼓吹稳定的贵族阶层制度，因为在那种制度下，无论是贵族的身份还是几乎不用本钱的交易，一切都是世袭的。在那些欢乐幸福的时代，具有某个职位的人会一直待在那个职位上，直到他们的儿子、孙子长大成人；那些承担公共功能的工作来源于他们的家族姓氏，所有人都对自己得到的份额心满意足，因为他们事先就知道会因身份获得相应的这些。而在帝国时代的制度下，一切都正好相反，“官员晋升的制度整个颠倒了过来”“（出生微贱的）人们能够不论他们的无能而进入公职席位”，他们可以获得贵族封爵。这一制度由秦开创，汉朝继承。“因为获得公职的手段和方法多种多样，公职就失去了其应有的价值。”这些是思想保守的司马迁的怨言，他炫耀自己出自一个渊源古老的世家，拥有“司马”（将军）这一公职，他继承自己的父亲担任太史令这一职位，在三代时期，太史令是封建宗法时代朝堂中的一项要职，但是在汉武帝那里，他的父亲被看做“玩物”，君主“跟他逗乐”，并且像“对待倡优一般对待他”。②

苟延残喘的旧贵族和新涌现的新贵在朝廷上角逐着，所有的事情依凭的并不是出身，而是利益。一个人假如证明他自己有利用价值，哪怕是通过无所目的的压赌和偶然的撞大运，那么，他就与众不同了。虽然“鲁太后早已放宽了对商人的歧视和限制……但在过去，商贾的后代是不能从政的”。③ 汉武帝统治时期，很显然，富人因为他们的富有而日益引人注

---

① 《史记·卫将军骠骑列传》：“（卫）青为侯家人，少时归其父，其父使牧羊。先母之子皆奴畜之，不以为兄弟数。……”

② 原书云出自《史记·太史公自序》，按，此应出自《汉书·司马迁传》中的《报任安书》：“……仆之先人非有剖符丹书之功，文史星历近乎卜祝之间，固主上所戏弄，倡优畜之，流俗之所轻也。……”——译者注

③ 《史记·平准书》：“天下已平，高祖乃令贾人不得衣丝乘车，重租税以困辱之。孝惠、高后时，为天下初定，复弛商贾之律，然市井之子孙亦不得仕宦为吏。”

目，“从这时候起，人们在成功地追逐利益方面，变得更加聪明”。[①] 事实上，从帝国建立开始就需要庞大的财政支持，财政事务成了帝国政务中的当务之急。公元前120年，汉王朝建立了财政部，当时立即任命了三名公卿作为高官：“东郭咸阳是一名齐地的大盐商，孔仅则是南阳的大铸铁商。他们俩都是从数千金幸运地起家的。因为这个原因，大农[②]（国家经济的总管）向皇帝推荐了他们。桑弘羊是洛阳商人的儿子，因为他善于计算，十三岁就做了侍中。当这三个人（东郭咸阳、孔仅、桑弘羊）讨论起财政问题之际，能够将问题分析得明察秋毫。”[③]“那些早先最富有的盐商和铸铁商成了著名官吏”，官吏生涯这样就被赋予了新的、奇怪的因素。一个人（因出生而来）的价值再不是任用时的唯一律条，而商人又大量存在。司马迁追溯了春秋五霸的第一位领袖齐桓公的时期，新的力量致富了，根据司马迁的原则，那就是后来的暴君雄主开始最初的萌芽。从此刻起，财富被赐予了最高的阶衔，谦卑则退到了最后。封建宗法时代的朝堂秩序颠覆了，帝国时代的朝堂再不是贵族以饱含谦逊的优雅礼仪互相竞技的舞台，各种炫耀和显摆统治了这个地方。都邑中所有的妇女都在跟贵族封君的公主妃子攀比，所有的男人则跟公侯骑士相攀比。庙堂上的情景显示出一种最极端的嘈杂拥挤——高官显爵者、郡国长吏、富商大贾跟蛮夷地区遣送来的使者在那里济济一堂。[④] 这些奢侈华丽的人们被皇帝邀

---

① 《史记·平准书》：“及王恢设谋马邑，匈奴绝和亲，侵扰北边，兵连而不解，天下苦其劳，而干戈日滋。行者赍，居者送，中外骚扰而相奉，百姓抏獘以巧法，财赂衰耗而不赡。……”

② 原文此处有误。《史记·平准书》作“大农陈藏钱经耗”，“藏钱”二字下有《集解》韦昭注一条，意思是大农汇报积累的府库之钱经不起消耗之意思，而原文将“陈藏钱”误作大农之名，此处据《史记·平准书》改。——译者注

③ 《史记·平准书》：“于是以东郭咸阳、孔仅为大农丞，领盐铁事；桑弘羊以计算用事，侍中。咸阳，齐之大煮盐；孔仅，南阳大冶，皆致生累千金，故郑当时进言之。弘羊，雒阳贾人子，以心计，年十三侍中。故三人言利事析秋豪矣。”

④ 《后汉书·班彪传》班固《两都赋》第一部分：“于是既庶且富，娱乐无疆，都人士女，殊异乎五方，游士拟于公侯，列肆侈于姬、姜。乡曲豪俊游侠之雄，节慕原、尝，名亚春、陵，连交合众，骋骛乎其中。若乃观其四郊，浮游近县，则南望杜、霸，北眺五陵，名都对郭，邑居相承，英俊之域，黻冕所兴，冠盖如云，七相五公。……”

请到他那广大的宫殿苑囿中去赴宴，宦官指挥着乐队和倡优进行表演。皇帝的后宫嫔妃包括了歌姬、舞女，她们之中最聪明的或许还可能成为皇后或宠妃。这样，在汉武帝的统治下，出现了卫后和李夫人。卫后是一名聪慧的歌姬，李夫人则擅舞。而雄奇的建筑，太一殿，则完全是为了歌舞所建。那里会上演规模宏大的角抵戏，这些玩意儿刚刚在华夏的观剧场兴起。① 方士能够在那里显现出让雪落下、让云升起的奇景，划破长空的闪电让人们感觉到上天那强大神秘的力量是如此近在咫尺。仙人和异兽列队而过，跟方士的方术混杂在一起，方士或爬上柱子耍把戏，或让自己变轻。表演戏法者或吞下刀剑，或从口中吐出火焰，或在地上画出印子，地上就会有水涌出。他们还耍蛇，长袖起舞的伎女则身披薄纱，跳起色情淫逸的舞蹈。在杂耍的桅杆之巅则栖着一辆马车，杂耍者倒立过来，或在转动不停的轮子上倒立着。他们还从各个方向朝着西方昆仑之处射箭——只要是能够令皇帝高兴的地方。远足去游猎或捕鱼同样也是庆贺胜利的方式。这些规模盛大的奢侈宴会并不是专为君主独享的，统治小块封地的封君也拥有壮丽的宫殿，宫殿的天花板上装饰着四方的镶嵌板，中间则是一圈圆形的藻井，藻井中央雕刻着花朵，其中有莲花和罂粟花的纹样。横梁上绘饰着卷曲的云朵，柱础上则装饰着蟠龙。朱鸟栖息在最高的横梁上，张开它的翅膀。门楣上则是蟠龙缠绕。蛮夷长着硕大的头颅，把眼睛睁得如同兀鹰般大大的，以他们为模本的人物形象蜷伏在所有交错的横梁上。墙壁上绘画着山神和海神，各涂抹着合乎它们性质的颜色，除此之外，整个世界的历史也在壁画上描绘出来，从天地剖判分开开始。“那些拥有封地的皇室成员以及王公贵族、拥有高官厚禄者，还有他们底下的随从，通过这些壁画竞相攀比着宅邸的阔绰。他们在乡村的座位以及他们的马车装备甚至僭越了皇室的规格，这方面没有任何法度存在了。”②

---

① 《文选》卷二张衡《西京赋》：“大驾幸乎平乐，张甲乙而袭翠被。攒珍宝之玩好，纷瑰丽以侈靡。临迥望之广场，程角抵之妙戏。”

② 《史记·平准书》：“当此之时，网疏而民富，役财骄溢，或至兼并豪党之徒，以武断于乡曲。宗室有土公卿大夫以下，争于奢侈，室庐舆服僭于上，无限度。”

诗人和伦理学者绝不会夸张他们看见的史实——他们发现在汉朝，对奢侈的贪欲在整个中国社会迅速膨胀开来。这一贪欲跟奢侈工艺品的发展过程相一致，跟近代日本的考古发掘为我们提供资料类似。这些考古发掘在朝鲜半岛北部一处提督府进行，这处提督府的年代可以追溯到汉武帝征服时期，这一事实已经被发掘出的丰富随葬品所证实。好几样发掘品都可以追溯到公元前，它们制作得极其精致。有些漆器的碎片以及金银器的制作证明了当时存在令人瞩目的工艺水平。漆器有时是木胎，有时表面上涂着一层漆，经常装饰着银或镀金的铜，这些器物上通常有毛笔绘画的花纹，或者是认真雕刻着纹饰。在某些器物碎片上，比如说在一片细薄的金子上，可以看出漆得亮亮的鸟兽图案。器物上的文字提示了它们的制作——上面有参与制作工匠的名字，其中一位事先准备，另一位制作出胎子的样子，还有一位制作了胎的边缘，另一位则绘制纹样，还有的人往上刷红色的漆。所有这些工序都完成后，由两位工匠完成最后的工序，并将这件器物最终完工。而在某处墓葬中发现了一个大盒子，盒子中有一面拴着软滑绳子的镜子，镜子下面是几根簪子。又如另外一处墓穴出土了一些小盒子，盒子中盛有红色和白色的粉末。所发现的最精美的一件工艺品是一件腰带，腰带的带钩由大块黄金制成，上面镶嵌着绿松石，还装饰有两条互相交缠的龙，它表现出工匠所掌握错金银技术的高超水准。镀金铜熊或各种各样釉陶的鸟兽雕像作为桌腿，这桌腿同样为汉朝手工艺的发展提供了见证。身为艺术家的工匠拥有最高超的技术水平，他们在国家官吏的管理下工作，其身份卑贱不值得记录。更为重要的是，在这边陲地区的府邸上能积聚如此众多的财物兼艺术品，说明这里再也不是一个落伍的边陲村镇了，这里的农业人口占一半，零星存在的要塞将他们彼此隔开。这一切说明，财富和奢侈品在整个帝国流通，所有郡县的长吏都追随着朝堂上的兴趣和意味。幸运的人们则跟那里的人们做交易，因为他们也渴望由此获得爵位，跻身于贵族的行列。

在封建宗法时代，工匠和商人住在封建城邑的边缘地带，他们那日益增长的重要性还可以通过一些遗迹看出。某项旧传统记载宣称一位小贩获

漆饰和金腰带

［日本在朝鲜半岛考古发掘所得，梅原（Umehara）拍摄］

得了齐桓公的信任，并成了他的辅相。① 工匠被贵族残酷地剥削，但他们也不甘愿总是被当做负重的牲口对待。公元前471年，卫国的工匠起来反抗国君。② 然而，在帝国大一统之前，看来工匠阶层似乎不被计算在编户人口之内，伴随着包括计算工匠数量的编户之数，这或许是帝王雄主军事政策的更张，似乎是这些政策导致了工商业的急剧发展。

帝国存在的原因之一就是要跟四境蛮夷作斗争。为了让斗争取得胜利，必须掌控一支机动的、供给精良的军队。封建宗法时代的那种征兵方式——由少数马车出发，少数日子就完成战争——已经结束。帝国军队的力量存在于它的轻骑兵中，这轻骑兵能够到大草原深处进行广泛而纵深的袭击。这些轻骑兵需要马匹、武器、粮草的供给，帝国的第一需要就是使这些的机动供给变得便利，这就是计算编户人口和劳力的措施出现的原因，这些措施在帝国大一统的过程中出现。对未垦荒地的安排渐渐使一些互相比较近的邑落中心出现，虽然它们仍然是各自孤立的状态。而采用同一种文字书写，采用同一套度量衡制度等等，跟安排土地导致的是同样结果。还有两项伟大的工程是修建驿道和开筑运河。秦始皇和汉武帝都将都城建在错综复杂、四通八达的道路网的中心。他们可以通过这种办法为宫廷和军队提供给养。他们同样还建立起一套中央的谷仓、工艺作坊和军械库，这些能够为开赴不同边界地区的军队按需要提供不同的给养。他们的主要任务首先是提供粮食。毫无疑问，这被解释成由秦朝立法所决定的，秦朝的立法压制了古典时代的各种制度。为了将农民束缚在土地上，国家希望能够尽量提高土地的产量，并且按平准规定进行谷物交易被认为是终结了封建宗法时代的理念——收获的谷物不得出华夏之境，这样，帝国粮仓的容量就进一步提高了。

---

① 《史记·管晏列传》司马贞《索隐》引《吕氏春秋》："管仲与鲍叔同贾南阳，及分财利，而管仲尝欺鲍叔，多自取。鲍叔知其有母而贫，不以为贪也。"又《淮南子·脩务训》："百里奚转鬻，管仲束缚，孔子无黔突，墨子无暖席。是以圣人不高山，不广河，蒙耻辱以干世主……"

② 此事应在鲁哀公二十五年，即公元前470年。《左传·哀公二十五年》："故褚师比、公孙弥牟、公文要、司寇亥，司徒期因三匠与拳弥（人名）而作乱……"——译者注

所有这些手段看上去都是为了有利于农业生产，也就是说，农业是一直被强调的最光荣的职业。“最低贱的职业”是工匠和小商贾，他们是靠农业养活和受惠的。四海之内尽数统一，道路桥梁畅通无阻，山泽之禁被废除了，这就是为什么富有的大商贾能够在帝国境内来来往往的原因，没有什么物品不通达整个帝国。皇帝开始赞成转输贸易，并亲近为军队提供货品的承包商。在一片升腾的混乱中，商人来到一些巨大机遇的门口，创建了规模巨大的产业，没有这些产业，皇帝的军事计划不可能成功。在汉武帝统治时期，匈奴袭击北方边境，当地的库存物资根本不足以让新建的军事殖民地区保持活力，这些地区受到了限制。于是，很自然地需要“求助于普通民众，谁能够运输粮食谷物到边境地区，谁就能获得爵位，他们能获得的最高爵位是‘大庶长’”。① “大庶长”这一爵位是军功爵中最高级的爵衔之一（第十八级），最高级的爵位是授予权贵的，在军功爵的上面只有极少数的公、侯。当无数人民被送到新开发的地区殖民之际，国家更需要转输的承包商人。司马迁说，他们之中的一些人能够组成“数百辆车的运输队”，这位历史学家记下了这值得注意的史实，那就是这些转输者同时也是大商人。在同一段文字中，司马迁还说到了盐铁商人面临的重大机遇。均输商人和军事承包商带着他们长长车队来到首都，他们都在汉朝的国家工商机关任职，同样也大大帮助了汉朝开疆拓土，建立大帝国。

盐铁生产是帝国的主要手工业。我们已经看见了铸造商和大盐商获得了王朝的高等爵位。大铸造商，尤其是铸铁商人，是为军队服务的。同样还有理由保持某种倚靠大规模生产的军需秩序的存在，这些大规模的生产包括羊群、马匹，它们成群繁殖，欣欣向荣。而一场战役中轻骑兵的袭击，就可能损失十万匹马，这就需要大量的马匹，然而帝国本身的马群是不足以提供的。这些国家所有的马匹具有非同寻常的重要意义。公元前119年，汉朝从邻国搜集马匹“数量达到数万”②，但它们并不完全来自

---

① 《史记·平准书》：“匈奴数侵盗北边，屯戍者多，边粟不足给食当食者。于是募民能输及转粟于边者拜爵，爵得至大庶长。”

② 《史记·平准书》：“天子为伐胡，盛养马，马之来食长安者数万匹，卒牵掌者关中不足，乃调旁近郡。……”

国家的豢养，也有私人养的马匹。在西汉初年，高级公卿自己只能乘坐牛车。① 汉武帝时期，即便是在普通百姓住的巷陌中也能看见马匹。② 同样，饲养羊群也扩展到相当的规模，因为军队给养中必须有肉食。司马迁愤怒地记录了一些人因为向国家提供羊群而获得了“郎”（一种官）的身份——有位大牧羊人卜式就是这么发迹的。他把自己一半的财产献给了汉武帝的王朝，他获得了“郎”的身份，掌管着帝国牧羊事业。此后他成了一名高官，即帝国的御史大夫，是地位最高的三公之一。③ 很显然，大数量的生产，比如盐铁的生产和贸易，给相应的人们带来了荣誉和地位。

因为大数量（羊群、马匹等）的生产需要大量的土地，这一点跟官府工商业需要大量劳力和大量转运人员一样。现在，起初那些注定会刺激土地增长和谷物流通的措施出现了先前没有预期到的结果，那就是大农场主的结盟和奴隶制度的发展。在农民还仅仅是佃农之际，他们不能出卖自己的土地，也不能出卖跟自己相关的人口。一旦秦朝开始打破了农民与土地之间的束缚关系，国家为了维持大规模的劳作（比如修建长城）和远距离殖民的需要，频繁地征发民夫从事这些强制性的劳动，这些使得农民背井离乡。④ 他们失去了土地，或者是饥寒交迫——（公元前113年）发生了严重的饥荒，人们彼此相食，穷人经常不得不出卖他们的祖产、他们自己，甚至他们的儿女。于是便出现了“富人的田地阡陌相连，穷人没有哪怕像锥子那么点的地方立足”。⑤ 国家自身也需要奴隶来进行护送物

---

① 《史记·平准书》：“自天子不能具钧驷，而将相或乘牛车。”“马一匹则百金”。

② 《史记·平准书》：“至今上即位数岁，汉兴七十余年之间，国家无事，非遇水旱之灾，民则人给家足，都鄙廪庾皆满，而府库余货财。京师之钱累巨万，贯朽而不可校。太仓之粟陈陈相因，充溢露积于外，至腐败不可食。众庶街巷有马，阡陌之间成群，而乘字牝者傧而不得聚会。……”

③ 《史记·平准书》：“列侯坐酎金失侯者百余人。乃拜式为御史大夫。”

④ 《史记·平准书》：“（武帝）因南方楼船卒二十余万人击南越，数万人发三河以西骑击西羌，又数万人度河筑令居。初置张掖、酒泉郡，而上郡、朔方、西河、河西开田官，斥塞卒六十万人戍田之。中国缮道馈粮，远者三千，近者千余里，皆仰给大农。”

⑤ 《法国远东学院院刊》，1924年，467页。原文见《汉书·食货志》：“至秦则不然，用商鞅之法，改帝王之制，除井田，民得卖买，富者田连仟伯，贫者亡立锥之地。又颛川泽之利，管山林之饶，荒淫越制，逾侈以相高……”

品以及充当军队的仆从等，并且需要大量的人员，一般派遣刑徒从事这些。同时，刑律中还有允许罚金抵罪的条文存在，这一切使汉朝国家成了残酷的法律制定者。据司马迁揭露，“几乎帝国内的所有人都在私自铸钱”，帝国的问询官员很容易地可以用私自铸钱的罪名判上百万民众的罪（公元前 115 年）。① 这些不幸的人们在被大赦之后就成了充实边区殖民的人口，或是为军队提供军需的官府僮仆。但为漕运服务的官奴隶人口有必要经常更新。帝国于是征发普通百姓，并认可了私人奴隶制度的存在。公元前 128 年，爵位被授予那些把自己的奴隶献给国家为官奴隶的人们。② 这项举措，对于在变动不断的机遇跟前被封为贵族的人们所具有的新特点，是一种承认和赏识。

汉帝国在容忍了私人奴隶制的同时，也预料到了农业危机的存在。正是这农业危机最终横扫两汉，导致它们的灭亡，三国时代这一危机达到顶峰，导致封建制度的重建。从汉武帝统治时期开始，帝国高级公卿之间便出现了这样的抱怨：“富人通过垄断土地使穷人变为奴隶”，各种问题频繁地增加和累积，集中在“非法兼并”、“牵涉到当权者”、“牵涉到因利益结盟且武断乡曲的豪强”等症结上。③ 人们采用各种各样的权宜手段试图跟这些带垄断倾向的人作斗争：起诉他们，为了国家的利益没收他们的土地和奴隶等等。出现的垄断政策企图跟私人的手工业和商业贸易竞争。公元前 119 年采取的一项措施表现了帝国的公卿感觉到了这些危机的严重以及它背后深刻的原因。商人们被禁止投资土地，无论是直接投资还是通过媒介。④ 然而，没有任何举措能够让已经开始的兼并停止下来，正如没有任何手段能够停止财产的自由流动和转移一样。毫无疑问，秦始皇企图

---

① 《史记·平准书》：“至是岁四十余年，从建元以来，用少，县官往往即多铜山而铸钱，民亦间盗铸钱，不可胜数，钱益多而轻……”

② 《史记·平准书》：“乃募民能入奴婢得以终身复，为郎增秩，及入羊为郎，始于此。”

③ 《史记·平准书》：“当此之时，网疏而民富，役财骄溢，或至兼并豪党之徒，以武断于乡曲，宗室有土公卿大夫以下，争于奢侈，室庐舆服僭于上，无限度，物盛而衰，固其变也。”

④ 《史记·平准书》：“贾人有市籍者，及其家属，皆无得籍名田，以便农。”

阻止这一倾向，他缔造了一项使用重分量货币的金属货币制度，这样钱用起来就很不方便。① 汉朝使用的铜钱分量很轻，他们频繁地改变着流通铜钱的分量，并创造了新的度量衡制度，他们承认了私人自由铸钱的合法性，随后又禁止私铸；他们似乎作过一切尝试，让动产和积蓄的转移变得非法，他们仅仅成功地刺激了货物的囤积和投机买卖。在试图“降低他们（商人）社会地位”，“禁止他们乘马车、穿丝绸”，“向他们收税”②等等之后，他们发现自己不得不承认钱的重要性。在一家接一家的不同资产被以税收的方式征收之后，允许（如同古老的农业贡赋征收谷物和丝绸那样）商人进入仕途便成了必然。在进入仕途的过程中，国家成功地再次吸收了财产的组成部分。这样做的结果是，这些商人获得了每个商人都想梦获得的爵位——假如他想要把先前商人的卑贱烙印和暴发户身份清洗得一干二净的话。这样就承认了社会上高阶层的重组包括了居于城中的富有居民。他们住在城中，即便是通过中介获得大量的土地。拥有大量土地的经营者保持着跟都城的联系，在那里可能有良好的机遇，还可能获得爵位。所有帝国的新贵都是城邑的居民，居住在官府附近，从那里他们可以知晓弥漫于整个官吏阶层的官场规则。

二、道德和风俗的变易

旧的贵族制度毁灭了，失去了所有的地位和荣耀；经过长期的兼并战争和人口迁徙之后，各色人等混杂在了一起，在皇帝的号令之下，城邑修建起来，进行公共管理和商业服务的城市带着活力迅速兴起，城中聚集着各种人——交了好运的士兵、手工业主和商人，他们都整体地离开了旧的封建传统；尽管到底什么会从这新的社会中呼之欲出并成为主流道德风尚还不清楚。帝国的贵族制度效仿封建贵族制度建立，后者的余烬在传统思想带来灵感的传播过程中终结。

这种思想的传播应大部分归根于官方的压力。然而，它的传播方式多

① 《史记·平准书》“秦钱重难用”句，《索隐》：“顾氏按：《古今注》云：‘秦钱半两，径一寸二分，重十二铢。’”

② 《史记·平准书》：“天下已平，高祖乃令贾人不得衣丝乘车，重租税以困辱之。”

种多样。秦始皇在刻石中宣称自己“淳化了风俗”，“纠正和提升了蛮夷之俗”，这首先是指婚娶之俗而言。秦始皇还宣称自己重新确立了“别男女”这一从伏羲和女娲时代就开始的古老风俗。他的刻石宣称他“彻底将天下生活中的内部事务与外部事务分开”，并且“男女遵从各自的礼仪”，“男子欢乐地在田地里耕作——妇女致力于她们自己的事务——万事万物都各有位置和条理”，因为皇帝“让内外有别——他禁止游手好闲——男女皆遵守这一规则，正直而善良”。① 秦始皇希望为他自己赢得如同周朝建立者之一周文王那般的声望——在他的“德”的直接影响之下（这“德”首次让他节制他自己的生活），即便到南方的卑湿之地，也实践着他那完美的“德”。② 古代中国学者相信秦始皇对于自己在百越之地重建良好美德是感到自豪的，他开疆拓土，让百越再次属于中国——那里的百姓从越王句践开始，就忘记了周文王以来的风俗教化，因为越王句践采用的生育政策跟正常的婚姻传统毫无共同之处。③ 但是，当我们从史籍记载中看到了越人百姓保持了有特色的未分化大家族——年长妇女可以嫁青年男子，年长男人可以娶年轻妻子。正如我们前文所见的风俗那样，即便是封建宗法时代贵族中也存在这样的传统。句践禁止了这些通婚风俗，是企图通过青年男女的更好结合，产生出多子多孙的大家族，他没有阻止男女在仪式上必须严格分离这一点，他的措施帮助家长制大家族从未分化的家族中脱胎而出。秦始皇的措施继续沿着这个倾向，他所规定两性之间的分离具有重要的意义，婚姻的权威和父权都由此得到发展。他希望压制住婚姻的不稳定性：“假如一位女子私奔再嫁别的丈夫，孩子就不再有母亲了！”他严厉地谴责通奸行为：“假如一位男子走进并不是他的屋子，并做些见不得人的勾当——无论谁杀了他都无罪。”他禁止寡妇再嫁（至少带了孩子的寡妇），认为是一种背弃先前婚姻的行为，“假如一位有孩子的寡妇再嫁——她便背叛了死者，不贞

---

①② 见《史记·秦始皇本纪》始皇三十七年会稽刻石：“……防隔内外，禁止淫泆，男女絜诚。……”

③ 见沙畹译：《史记·越王句践世家》，188 页注释 1。又见《国语·越语上》“句践灭吴”条：“生丈夫，二壶酒，一犬；生女子，二壶酒，一豚。”

洁了!”① 最终——这最后的事实清楚地表现出秦始皇企图移风易俗，在公元前214年征服广东的过程中，在为征服广东的军需事业服务的征召队伍（他们之中包括流氓无赖、小商贩，以及赘婿等等）中推行移风易俗。②

不过，秦始皇并没有成功地摧毁旧的风俗，而且在农民的圈子里，经常会有儿子离开他们的父系家族，靠为妻子的父母工作而维持生计。而秦始皇残酷的决定证明了，他的目的在于加强父系在整个社会中的地位，让男子成为家内秩序的唯一主干。

秦始皇自己是贵族一系的子孙后裔，他很自然试图把贵族阶层的父家长制原则加于整体百姓身上。汉朝则由普通百姓出身的汉高祖建立，在这方面没看出多少举措。他们不情愿立法，也不情愿惩罚。他们几乎不干涉家内的法律，除非可能适当放松家内成员与家族之间过分严格和被动的束缚关系。汉文帝通过一项著名的法令（然而它只是一个毫无效果的姿态）（公元前179年）废除了“收孥相坐”律令③，禁止了仅仅因为存在亲属关系的连坐法，一个人犯罪，他的父母妻子兄弟就要共同治罪这些律条。秦朝的法家仔细地保存了夷三族的法律，这项法律是造就兄弟和睦，凝聚宗族，使“心灵紧密团结”的宗族法律的对应部分。我们必须毫无疑问地从汉文帝颁布的法令中看出一种迹象，那就是（受株连的）家族规模在缩小，并且希望停留在父子之间这么个层次上，而不是间接的亲属都要治罪。这一演进或许就是城市生活的相应结果之一。起初，在父系宗族聚族而居的土地上，兄弟亲属关系在他们各自家族组成的社区中是起作用的，《仪礼》早就承认了这一点，对于兄弟而言，并

---

① 《史记·秦始皇本纪》始皇三十七年会稽刻石：“……有子而嫁，倍死不贞。……”

② 《史记·秦始皇本纪》：“三十三年，发诸尝逋亡人、赘婿、贾人略取陆梁地，为桂林、象郡、南海，以适遣戍。”

③ 《史记·孝文本纪》：“上曰：‘法者，治之正也，所以禁暴而率善人也，今犯法已论，而使毋罪之父母妻子同产坐之，及为收帑，朕甚不取，其议之。’……有司皆曰：‘陛下加大惠，德甚盛，非臣等所及也。请奉诏书，除收帑诸相坐律令。’”

不拥有个人财产，但至少他们有权以个人名义使用它。我们不可能确定这一风俗可以追溯到什么时候——当为父亲守孝的丧期结束之后，兄弟瓜分财产进而分家，这也是家族社区终结的期限。但有可能的是，这一风俗从土地所有权可以变动开始就产生了。兄弟之间分家，各自独立门户，看上去成了与古代城市生活和商贸相匹配的习惯法。更进一步的是，这一习惯法合理地演绎出以下内容，那就是：直到那些最郑重其事地支持古典传统和未分化大家族的惯例的当事人完全消失之前，无论父系的还是姻亲的影响都不能波及核心小家庭。现在从汉朝开始，夫权和父权看上去开始变得绝对的了，或者说，它们只是被寻求平衡的整体道德所限制。

汉朝开始的风俗变易，是跟整个王朝的“宪法”的变化相一致的，而汉朝的“宪法”包括了风俗变易这部分道德的宣传。面对着日新月异的奢侈主义，汉朝统治者回到古时候的单纯上来。最出名的记载就是一段班固描述东汉建立者光武帝的盛德和荣耀的内容。这位明智的帝王懂得如何通过自己的恩泽来教化人民，淳化风俗。他害怕挥霍浪费所产生的精神力量，以及它对农业生产带来的消极影响。他下令审判案例要适度，且要考虑经济开支，并且要遵循最简单的原则。在这位神话般的君主所树立的榜样之下，他将黄金埋在山里，珍珠埋在河湾中。他和臣下商量讨论，共同鄙视使用贵重物品和挥霍浪费的行为，使用陶土或瓠做成的水罐，并且穿最简单的衣服。因为这样，人才能将他自己从欲望和恶习中解放出来，以一种纯净的方式生活，从粗俗的激情中解脱，保持平静和自己的方向。① 早在公元前122年，汉武帝就想这样教化人民，但是他并不身体力行，而是通过树立间接的典型进行，这个典型就是公孙弘，他是“帝国的良好榜样”，“他穿的是麻布衣服，每餐只有一道菜”，司马迁怀有

---

① 班固《两都赋》之《东都赋》：“于是圣上亲万方之欢娱，又沐浴于膏泽，惧其侈心之将萌，而怠于东作也。乃申旧章，下明诏，命有司，班宪度，昭节俭，示太素。去后宫之丽饰，损乘舆之服御，抑工商之淫业，兴农桑之盛务。遂令海内弃末而反本，背伪而归真。女修织纴，男务耕耘，器用陶匏，服尚素玄。耻纤靡而不服，贱奇丽而弗珍，捐金于山，沉珠于渊。于是百姓涤瑕荡秽而镜至清，形神寂漠，耳目弗营，嗜欲之源灭，廉耻之心生。莫不优游而自得，玉润而金声。”

敌意地记载道："这样的举措没有一样能提升道德水平，人们还是渐渐地越来越热衷于求取利禄。"① 榜样的力量是不够的，于是不得不用图文宣传来规范人们这方面的欲望。在这方面作出贡献的是刘向（公元前1世纪末期的人），他是一位令人怀疑真实性的图书馆学家，很明显地拥有许多具有欺诈性的篡改古书的嫌疑，但另一方面，他又是一位写有关道德风俗书籍的卓越作家，这些作品是一些举具体事例的逸事集，这些片段历史在当时广为流传，很大众化，它们不受限制地复制了许多份，就如为一定主旨的课文服务的插图一般。在年代为东汉的墓葬中发现了许多这种逸事集，这些集子经过沙畹先生研究。更大的部分是从古代遗物中借鉴而来的，正是从古代遗物和精神中才产生了汉朝的政府。这里有一些妇女的榜样，如一位非常美丽、非常贤德的女子，她是梁国人，丈夫去世，她成了一名带着一个十岁儿子的寡妇。好几位贵族男子打算娶她，但她都拒绝了。后来，梁王本人爱上了她，他派遣信使给她送订婚礼物。她申明一位女子必须对自己的第一个丈夫保持忠诚，并一手拿了镜子，一手拿了刀，割掉了自己的鼻子，并说自己之所以不自杀，是因为不愿意自己的孩子成为孤儿，她必须照顾儿子。既然她自残肢体到跟受某种肉刑（割鼻的劓刑）一样的程度，梁王毫无疑问马上放弃了她。既然这位女子如此忠诚，梁王赏赐她"高行"这样一种名号。②"一位名叫秋胡子的鲁国男子，在新婚五天后就将妻子撇下，到了外国，并在那里待了五年。当他回来后，在进入家门之前的路上，看见他妻子采桑叶，他们彼此都没有认出对方。秋胡子被眼前这位青年女子迷住了，对她提出了不忠诚的婚姻要求，她愤怒地拒绝了。于是他继续上路，到家后进门要跟妻子离婚，当妻子出现后，他惊呆了，因为她就是路上碰上的采桑女子。妻子一见是他，怒斥了自己的丈夫并离家出

① 《史记·平准书》："公孙弘以汉相，布被，食不重味，为天下先。然无益于俗，稍骛于功利矣。"

② 《列女传·梁寡高行》："高行者，梁之寡妇也。其为人荣于色而美于行。夫死早寡不嫁，梁贵人多争欲取之者，不能得。梁王闻之，使相聘焉。……［高行］乃援镜持刃以割其鼻……王大其义，高其行，乃复其身，尊其号曰高行。"

走，投了河。"① 这书里还有孝子的典范故事。"闵子骞和他的弟弟失去了母亲。他们的父亲又娶了一位带着两个儿子的继母。有一天，闵子骞驾着他父亲的马车，他松开了缰绳。他父亲抓着他的手，并注意到他的衣服非常单薄。父亲回到家，把继母生的儿子叫到跟前，抓住他们的手，看到他们的袍子非常厚实。而后他对妻子说：'我跟你结婚是为了对儿子有所好处，可你欺骗了我，你走吧，再也不要留在这儿了！'闵子骞说：'母亲如果在这里，只是我一个人穿单薄衣服，但假如她走了，几个孩子就都要挨冻。'父亲沉默不语。"② 还有老莱子的故事。"老莱子是楚国人，当他七十岁的时候，他的父母仍然健在。他对父母非常非常孝顺，总是穿着零碎布拼成的百家衣（像婴儿的衣服那样），当他端汤给父母时，他假装在上厅堂时绊倒了，而后他躺在地上，像小孩一般哭起来。"还有，为了使他年迈的父母恢复青春，他在他们跟前保持像儿童一样玩耍，甩着长长的袖子，或者是自己跟小鸡玩，让父母开心。③

这些道德典范寻求着戏剧性的影响。它很容易地从戏剧性色彩变成令人感觉肉麻和恐怖——从那别出心裁的儿子为他那没了牙齿的父亲咀嚼

① 《列女传·鲁秋洁妇》："洁妇者，鲁秋胡子妻也。既纳之五日，去而宦于陈，五年乃归。未至家，见路旁妇人采桑，秋胡子悦之，下车谓曰：'若曝采桑，吾行道远，愿托桑荫下餐，下赍休焉。'妇人采桑不辍，秋胡子谓曰：'力田不如逢丰年，力桑不如见国卿。吾有金，愿以与夫人。'妇人曰：'嘻！夫采桑力作，纺绩织纴，以供衣食，奉二亲，养夫子。吾不愿金，所愿卿无有外意，妾亦无淫泆之志。收子之赍与笥金。'秋胡子遂去。至家，奉金遗母，使人唤妇至，乃向采桑者也。秋胡子惭。妇曰：'子束发修身，辞亲往仕，五年乃还，当所悦驰骤。扬尘疾至，今也乃悦路傍妇人，下子之粮，以金予之，是忘母也。忘母不孝。好色淫泆，是污行也。污行不义。夫事亲不孝则事君不忠，处家不义则治官不理。孝义并亡，必不遂矣！妾不忍见子改娶矣，妾亦不嫁。'遂去而东走，投河而死。"

② 《艺文类聚》卷二十："闵子骞兄弟二人。母死，其父更娶，复有二子。子骞为其父御车，失辔。父持其手，衣甚单。父则归，呼其后母儿，持其手，衣甚厚温。即谓其妇曰：'吾所以娶汝，乃为吾子，今汝欺我，去无留！'子骞前曰：'母在一子单，母去四子寒。'其父默然，故曰：'孝哉！闵子骞，一言其母还，再言三子温。'"

③ 此为"戏彩娱亲"故事。《艺文类聚》卷二十引《列女传》："老莱子孝养二亲，行年七十，婴儿自娱。着五色采衣，尝取浆上堂，跌扑，因卧地为小儿啼，或弄乌鸟于亲侧。"

食物，从那英雄气概的贫困儿子身上——这个儿子（“二十四孝”中的郭巨）穷到难以同时养活老母亲和自己儿子，他妻子尚在哺乳时他留下了儿子，但在儿子断奶后他就准备埋了儿子——而挖掘埋坑时挖出了一罐金子，因为上天知道如何奖赏这位孝子的美德。① 所有这些故事都渐渐成为学校里教育的典范。因为在都邑或乡村建立学校，君主必须以仁、义、礼教化百姓，教育教的是优秀的举止，这就是汉武帝时董仲舒最终提出的意见。他毫不犹豫地宣称这就是古时天子国君施行过的政策。而且事实上我们发现，在逐渐浸入汉朝社会生活的一些仪式中，有程式化的养老礼来礼敬最年高的耄耋老人。② 在乐器都摆好之后，伴随着“释奠”③ 的仪节，在这一学年中将赐宴席予老人，还伴随着雅乐。在这种场合下，会向先师们献上一些芹菜，学生们开始唱诵《诗经》中的一些歌谣，而后“在鼓点的伴奏之下，从他们的书箧中拿出书和其他用具。他们开始默默地工作，（因为）梓木和荆棘早就准备好，让他们的心中充满尊敬”。④ “教育内容要根于季节而变化”，“春、夏季学生学习操戈盾的舞（武舞），秋、冬学习手持羽毛和笛子的舞（文舞）”。⑤ 春日，他们学习唱诗；秋天，他们学习弹奏弦乐器。同样，秋天在盲人乐师的指导之下，还要教授“礼”。冬季，则在学校中学习历史。这样的学习要持续九年。学生每年要通过一次考试。起初，“他们要懂得根据字面意思来论述一些著者含有格言警句的篇章，并根据他们的体悟说出其蕴藏的褒贬含义”。在毕业的

---

① 《太平御览》卷四一一引刘向《孝子图》曰：“郭巨，河内温人，甚富。父没，分财两千万为两，分与两弟，己独取母供养。妻产男，虑举之则妨供养，乃令妻抱儿，欲掘地埋之，于土中得金一釜，上有铁券云：‘赐孝子郭巨。’遂得兼养儿。”

② 参见《礼记》的《王制》、《文王世子》、《内则》等篇。

③ 释奠，为释菜奠币之意，《十三经》多见。——译者注

④ 《礼记·文王世子》：“凡学，春官释奠于其先师，秋、冬亦如之。凡始立学者，必释奠于先圣先师。”

⑤ 《礼记·文王世子》：“凡学世子及学士必时，春、夏学干戈，秋、冬学羽钥，皆于东序。小乐正学干，大胥赞之。籥师学戈，籥师丞赞之。胥鼓《南》。春诵夏弦，大师诏之。瞽宗秋学《礼》，执礼者诏之。冬读《书》，典书者诏之。《礼》在瞽宗，《书》在上庠。”

考试中他们要表现出“懂得事物发生的原因，并能够将事物分门别类”。“于是，他们的性格就形成了”，并且“他们从此稳健地走在一条充满责任的路上”。事实上，他们知道“六类知识”① （第一，五种礼仪②；第二，六种雅乐；第三，五种射箭的方法；第四，五种驾驭马车的方式；第五，六种字体的书写；第六，九种计算方法）、“六种威仪”（第一，牺牲祭祀时慎重庄严的态度；第二，待客时的谦恭尊敬；第三，身在庙堂时端正的态度；第四，从军入伍时的严肃态度……第六，驾车时的惕厉态度）、“三德”（诚、惕、孝）、“三行”③（孝敬、友爱、尊师）。事实上，我们对封建宗法时代学校教育的细节一无所知，对随后的汉代教育也所知甚少，除了知道先前五种礼仪是必教的，并且在学生尚年幼的时候伴有实际的实践，随后，要学习修辞、涵养和优美的仪节，这些都要具体实践。④ 首当其冲的事实就是：都是纯粹书面上的东西指导着这些东西。“导师们目前自己满足的学习内容就是唱着自己眼皮底下书本上的诗句。”

“十三能织素，十四学裁衣，十五弹箜篌，十六颂《诗》、《书》，十七为君妇。”⑤ 这生动的诗歌表现了即便是女孩子的教育，也包括书面的文化教育。而对于任何有志于仕途的男子而言，这方面的教育更为严格。没有什么比这一点更为重要了，因为从东汉时期的一些铭刻、画像石资料看，都有对官吏这种个人素质的赞扬。比如，我们读到武荣（去世于公元 167 年）墓志上的铭文：“这位尊贵的贤者名叫荣，他致力于学习鲁《诗》，在韦经师的引导下分析辞句。成人之后，他教授鲁《诗》，分析章句。同时《孝经》、《论语》、《汉书》、《史记》、《国语》这些经籍，无不遍览，并洞悉其精微之处。经籍之要义他尽数吸收，从无遗漏。他入学之后，学之不辍，持之以恒。

---

① 文献称做“六艺”。——译者注

② 吉、凶、军、宾、嘉五礼。——译者注

③ 即三种实践。

④ 《礼记·内则》：“礼帅初，朝夕学幼仪，请肄简谅。十有三年，学乐诵《诗》，舞《勺》。成童，舞《象》，学射御。二十而冠，始学礼，可以衣裘帛，舞《大夏》。”

⑤ 这是一首公元 3 世纪的古诗，即《孔雀东南飞》，出自《玉台新咏》，题为《古诗为焦仲卿妻作》。

他品格崇高，端正庄严，几乎无人能与他比肩。他学满之后晋身仕途，成功而称职。……当他三十六岁时，郡守蔡……注意到了他，因他的孝悌正直而征召他，他被召为执金吾丞。看着那些谋求高位，占据要路津的——他才真正拥有治国之才和军事之才！他的才能如同向天空发出一道绚丽红光！它像一阵雷霆，一道闪电！——他传播悚肃，他长啸如虎，令人印象至为深刻！”①

沙畹认为，从汉武帝时期起，“古代中国的那种试图从经书中寻求所有智慧原则的精神开始浮出水面”。我们必须加上一条，“以及所有关于社会美德的记载和律条”都试图从经书中寻找。包括《武英碑》所记载的那种勇敢。极有可能的是，这种排他的重要性根据的是一种严格的书面文化，这种书面文化渊源非常久远。我们甚至有理由相信，某种大胆无畏的精神曾经认为这种文化渊源很危险。我们都知道秦始皇曾尽了巨大努力来保持各种技艺（包括医药、方剂、农业、园艺），但唯独禁止《诗经》、《尚书》。毫无疑问，他觉得明确而具体的实用性知识对于新建立的帝国是有用的，但是，在朝廷上讨论国家大事就跟在战场上征战差不多，朝臣若引经据典地引用《诗经》、《尚书》会削弱统治的力量。汉初的一些作者谴责秦始皇“焚烧诸子百家之书，以愚黔首”。② 事实上，汉朝认可的在君臣关系中唯一能体现反映抗议意思的律条，就是在“天”那丝毫毕见的洞察之下。在汉武帝统治的时期，公孙弘“以《春秋》（孔子写定的编年史）来统治吏民”。③ 在《春秋》这种非常零星片段的有关古代的知

① 见《隶释》卷十二《执金吾丞武荣碑》：“君讳荣，字含和，治《鲁诗》经韦君《章句》，阙帻传讲《孝经》、《论语》、《汉书》、《史记》、《左氏国语》，广学甄微，靡不贯综。久斿大学，藐然高厉，鲜于双匹。学优则仕，为州书佐、郡、曹史、主簿、督邮、五官掾功曹、守从事。年卅六，汝南蔡府君察举孝廉，□□郎中，迁执金吾丞。……天降雄彦，资才卓茂。仰高钻坚，允文允武。内干三署，外□师旅。□勒屯守，奋威□武。旌旗绛天，雷震电举。敷耀赫然，陵惟哮虎，当遂股肱，□之元辅。天何不吊，降此□咎。痛乎我君，仁如不寿。爵不副德，位不称功。咸怀伤怆，远近哀同。身没□□，万世讽诵。”

② 出自《史记·陈涉世家》褚先生曰引贾谊《过秦论》：“于是废先王之道，燔百家之言，以愚黔首。”

③ 《史记·平准书》：“自公孙弘以《春秋》之义绳臣下取汉相，张汤用峻文决理为廷尉，于是见知之法生，而废格沮诽穷治之狱用矣。”

老莱子戏彩娱亲

（山东嘉祥武梁祠东汉画像石，沙畹1907年拓）

识的强大影响下，在一种相应的自然主义和天人感应象征之下，它均匀地将历史分成一些“统”的片段①，公孙弘发现他自己通晓全部的知识体系，无论是物理的还是政治的，这些知识让他能够未卜先知，能够治理国家。同样还是这位公孙弘被当做榜样鼓吹，他教育傲慢自大的富人，单纯的态度和习惯是一个诚实君子的标记。王侯大臣必须规范和节制他们的生活，要跟他们的祖先相比。对于富人而言，他们若拉帮结派是令人生畏的，汉朝下令要学习谦逊的美德以及一些额外的仪式，这些仪式证明了它们的用处。它们曾经规范和限制封建贵族的情绪和行为，将他们变成彬彬君子。而后，汉朝施行与秦朝相反的政策，它教化自己的人民按照古代的足迹前进，生活在一种对过去充满敬意的气氛中。汉朝统治者并不把目标放在“愚民”上面，而是希望让他们开化。他们谴责过分技术化的教育，因为这样只能迎合富人的口味，只能造就对暴力强制的迷信，在日益富庶的、住满了新贵的城市之中，汉朝在授予民爵的制度造就的贵族化背景下提出，应该过一种完全合乎经典教育的生活。

① 三统即黑统、白统、赤统。三统说认为终始循环的基本段落有三，历法、统色等都在循环中发生周而复始的规律性变化。具体参见董仲舒《春秋繁露·三代改制质文》。——译者注

结　语

我在概括本书时，必须限定古代中国礼貌和风俗的范围。但是，在我表述出一套成体系的历史观点之前，这样做可能吗？这种限定在我完成此书得出结论之前，是不可能成型的。在我呈给读者的这部书中，有必要坚持首先描述对于古代中国人而言别有特点的生活方式，本书独自成篇地描述这一切，当然也必须冒一定风险，这风险就是有可能给读者一种并不正确的，甚至立刻就得去纠正的印象。

自然亲情的缺失是中国古代家族组织中最占统治地位的特征。在家内的夫妇之间、父子之间的关系中，它是一种最重要的特征，并且是所有家族处理内部关系的准则。在尊敬这一情感的统治之下，整个家族的美德最终看上去似乎跟家族生活的礼仪融为一体。另一方面，社会关系起初由家族间的竞争或是对声名的热望而激发，最终它似乎处在封闭性的、繁文缛节的礼貌的统治之下。公民的美德朝过于矫情饰貌的方向发展，它似乎单单在男子中建立组织，建立起一种有规律的关系，在这组织和关系中，各种年龄段的男子都自有合适的举止，并且这些举止合乎礼仪和习惯法。在男女两性各自的阵营中，各人的举止都要符合各自阵营的社会条件和各自的真实情况。最终，在政治生活中，政治舞台上鼓吹着国家意志——这些史不绝书，似乎任何事物只要严格地顺从传统主义者的意向就足够了。所以，当帝国时代的开端来临之际，中国文明看上去达到了某个成熟点——任何事物都能通力合作，让此前“礼”统治下形式主义的束缚有所减轻。

但是，什么样才算是真正忍受这一整套惯例呢？在引导整个国家政治生活的借口下倾向于重建古代制度？当我们这么思考——是不是这种思想导致了社会的贫穷和枯竭，并让整个古代中国的道德生活日益干涸？是否可以进一步这样肯定：它对官员阶层产生了这样的影响，它深思熟虑地将旨趣一致的合适礼仪引入，正如向忠厚老实的人们引入能改变他们的唯一律法体系那样。从这一点上说，我们是否必须在读完仅有的那些宣传布道般的著作以及著名人物的传记之后修正自己的观点？假如忽略这一点——所有这些知识都来自葬礼上的颂词，并且，采取布道的音调陈说这些并给予定论是给自己打气的一种方式。然而，我们很难从这样的感觉中逃脱——古代中国道德观的演进伴随着渐进的干涸，并且在道德生活中，在日益增长的繁文缛节惯例中，感情的自发性减弱最终到了什么都算不上的地步。传统的思想自己就可以引导出这样的信念，那就是：与之相反，被忠厚老实的人们所接受的某种协调一致的态度，因为它局部地保存了生活时应该有的精神态度，以及深深根植着巨大的可塑性的隐蔽独立性。

但我们现在可以指出一些事实了，这些事实将足够显示出礼仪那形式主义理想的局限性。我们早已指出君主朝堂上和庭院中进行的那些由神秘主义指引着的仪式。参加的众人所履行那部分礼仪的重要性一点也不逊色。假如这一点几乎看不出来，那是因为王朝的编年史作者只对他们自己在朝堂上的政治生活以及身居高位的人们的生活和行为感兴趣。比如说，公元前 3 年发生的那次重大神秘主义危机（是作为朝堂上政治生活的插曲偶然记录下来的）肯定不是一场孤立的危机，我们仅仅知道这场危机的一些细节，但所有这些细节都表现出：可以远远追溯到长者那里的某种神秘主义理念在农夫们的圈子里被完全鲜活地保存着。另一方面，在动荡不断的三国时期，古老的封建精神似乎忽然间焕发出了活力。我们可以这样假设：在汉朝统治那辽阔版图的广大乡村中，在不那么偏远的地方，生活习惯和某种道德律条一直保持着。毫无疑问，古老的封建宗法时代的道德观是正统史观和教育所要维护的主要思想，然而，历史对这些没有记载，它拒绝注册这些信息，并且我们不知道社会生活中任何这种封建元素的持久性。简而言之，在城市化生活中，道德和风俗在演进，历史记载在这方面同样几乎不给我们任何信息（除了在官吏阶层）。而且在这种城市化生活的气氛中，开始出现一种尤其对商人而言的新风尚，它很有特点，看上去似乎是在某种联合和垄断的精神下以某种公正意见为形式而存在。我们可以设想它对整个中国古代社会生活的影响是不能忽略不计的，虽然，对于古代而言，我们几乎不知道任何真正的手工业阶层的生活以及乡村生活在整体经济生活中所占的位置，我们也几乎不知道城邑区域内道德上、司法上的演进——假如这些之中存在的各种生动的理想不被详细描述出来，假如它们的活跃性被减少到仅仅成为体系化正统思想的各种礼仪的实践之际，这种演进将格外特别。官吏阶层的举措一定不能被低估了，但是，在本书结束之际，我们还是可以估计一下——随着一种贵族政治传统的渐渐出现，历史记载忽略了记载以上这些普通百姓的道德风尚和社会风俗的演进。在离封建宗法时代尚不遥远的帝国时代，中国文明肯定在走向成熟，但是，尽管正统史观的拥护者通过不断界定传统思想那日益增长的严格性，希望这些社会生活内容在正统思想和历史观拥有静态尊严的情况下存在，它们仍然大量地保存着——在年轻一代的各种信仰渠道中。

参考书目

下文列出的参考书目并不是吹毛求疵般精确性的。在下文列出的书中，有作者认为是重要的文章著作，同样，也有作者认为参考价值不那么重要的书著。

期　刊

Asia Major（亚洲专刊） AS.

Bulletin de l'École française d'Extrême Orient（法国远东学院院刊） BEFEO.

China Review（中国观察） ChR.

Journal Asiatique（亚洲学刊） JA.

Journal of the Peking Oriential Society（东方学会杂志） JPOS.

Journal of the Royal Asiatic Society（皇家亚洲学会会刊） JRAS.

Mémoires concernant l'Asie orientale（东亚丛刊） MAO.

Mitteilungen des Seminars für orientalische Sprachen（德国汉学通报） MSOS.

New China Review（新中国评论） NChR.

Ostasiatische Zeitschrift（东亚研究季刊） OZ.

Ostasiatische Studien（亚洲研究） OS.

Shinagaku（支那学） Sh.

T'oung Pao（通报） TP.

Vairiétés sinologiues（汉学杂刊） VS.

论 著

J. G. ANDERSSON, *An Early Chinese Culture*, Pekin, 1923

J. G. 安特生. 中国早期文明. 北京, 1923

——*Preliminary Report on Archoeological Research in Kansu*, Pekin, 1925

——甘肃史前考古报告. 北京, 1925

H. D' ARDENNE DE TIZAO, *L'art chinois classique*, Paris, 1928

H. 阿登纳. 中国古典艺术. 巴黎, 1928

ARNE, *Painted Stone Age Pottery from the Province of Honan, China*, Pekin, 1925

阿恩. 中国河南石器时代的彩陶文化. 北京, 1925

L. ASHTON, *An Introduction to the Study of Chinese Sculpture*, London, 1924

L. 阿什顿. 中国雕刻艺术介绍. 伦敦, 1924

L. AUROUSSEAU, *La première conquête chinoise des pays annamites*, BEFEO, 1923

L. 奥罗休. 从中国到安南的第一次征服. 法国远东学院院刊, 1923

E. BIOT, *Le* Tcheou li *ou les rites des Tcheou*, Paris, 1851

E. 毕奥 .《周礼》中记载的周代礼典. 巴黎, 1851

——*Recherches sur les moeurs des anciens Chinois d'après ls* Che king (JA, 1843)

——《诗经》所反映的中国古代风俗研究. 亚洲学刊, 1843

BLACK, *The Human Skeleton Remains from Sha kuo t' un*, Pekin, 1925

布莱克. 西水泉地区的人骨研究. 北京, 1925

——A *Note on Physical Characters of the Prehistoric Kansu Race*, Pekin, 1925

——史前甘肃地区人种的体质特质研究. 北京, 1925

E. BOERSOHAN, *Chinesische Architektur*, Berlin, 1926

E. 伯斯卡. 中国考古. 柏林, 1926

BRETSOHNEIDER, *Botanicon Sinicum* (Journal of the China Branch of the R. A. S. , XXV)

布雷斯特赛德. 中国植物. R. A. S 中国分支研究期刊, 第 25 期

S. W. BUSSHEL, *Chinese Art*, London, 1914

S. W. 布什尔. 中国艺术. 伦敦, 1914.

CHALFANT, *Early Chinese Writing*, Chicago, 1906

切尔冯特. 早期中国书契. 芝加哥, 1906

ED. CHAVANNES, *Les mémoires historiques de Se-ma Ts'ien*, 5 vols., Paris, 1895—1905 [Ssu ma Ch'ien]

沙畹 . 司马迁著《史记》. 五卷本, 巴黎, 1895—1905

——*La sculpture sur pierre au temps des deux dynasties Han*, Paris, 1893

——两汉画像石研究. 巴黎, 1893

——*Le T' ai chan*, Paris, 1910

——泰山——一种中国崇拜之专论. 巴黎, 1910.

——*Mission archéologique dans la Chine septentrionale*, Paris, 1913

——华北考古记. 巴黎, 1913

——*Le jet des Dragons* (MAO, III), Paris, 1919

——投龙. 东亚丛刊,第 3 卷. 巴黎, 1919

——*Confucius* (Revue de Paris, 1903)

——孔子. 巴黎周刊, 1903

——*La divination par l' écaille de tortue dans la haute antiquité chinoise d'après un livre de M. Lo Tchen-yu* (JA, 1911)

——关于罗振玉的《殷墟书契考释》研究. 亚洲学刊, 1911

——*Trois généraux chinois de la dynastie Han* (TP, 1906)

——中国汉朝的三位将军. 通报, 1906

——*Les documents chinois découverts par Aurel Stein dans les sables de Turkestan*, Oxford, 1913

——斯坦因在新疆沙漠中发现的汉文文书. 牛津, 1913

——*De l'expression des voeux dans l'art populaire chinois*, Paris, 1922

——中国大众的祝愿表达方式. 巴黎, 1922

CONRADY, *China*, Berlin, 1902

孔拉迪. 中国. 柏林，1902

H. CORDIER, *Histoire générale de la Chine et de ses relations avec les pays étrangers*, Paris, 1920

H. 高第. 中国通史与对外关系. 巴黎，1920

TOHANG HONG-TOHAO DEMIÉVILLE, Che ya, *Lapidarium sinicum* (BEFEO, 1924)

T. 戴密微 . 雅：中国石谱. 法国远东学院院刊，1924

——*La méthode d'architecture de* LI MING-TOHONG *des Song* (BEFEO, 1925)

——李杜诗歌的结构研究. 法国远东学院院刊，1925

HCU-CHE DEMIÉVILLE, *Tchang che tsi* (BEFEO, 1924)

H. 戴密微. 岑参的唐诗. 法国远东学院院刊，1924

R. DVORAK, *China's Religionen*, Munster, 1903

R. 德伏莱克. 中国的宗教. 蒙斯特，1903

EDKINS, *The Evolution of Chinese Language* (JPOS, 1887)

艾约瑟. 中国语言的发展. 东方学会杂志，1887

ERKES, *Das Weltbild des Huai-nan-tze* (OZ, 1917)

何可思.《淮南子》的世界观研究. 东亚研究季刊，1917

——*Das älteste Dokument z. chines. u. Kunstgeschichte*: *T 'ien-wen*; *die "Himmelsfragen" des K'üh Yuan*, Leipzig, 1928

——中国艺术史的古书：谈天；货币的“天问”. 莱比锡，1928

ESOARRA and GERMAIN, *La conception de la loi et les théories des légistes à la veille des Ts'in*, Pekin, 1925

爱斯嘉拉，杰曼. 律法的概念和秦以前法家理论. 北京，1925

Études asiatiques, publiées à l'occasion du XXVe anniversaire de l' École française d'Extrême Orient, Paris, 1925

亚洲考察. 法国远东学院二十五周年纪念日，巴黎，1925

A. FORKE, *Lun-Heng. Selected Essays of the Philosopher Wang Ch'ung* (MSOS, 1911)

A. 佛尔克.《论衡》，王充文选. 德国汉学通报，1911

——*Mo Ti, des Socialethikers und seiner Schüler philosophische Werke* (MSOS, 1923)

——社会批评家墨翟及其门人的哲学著作. 德国汉学通报, 1923

——*The World Conception of the Chinese*, London, 1925

——中国人的世界观. 伦敦, 1925

——*Yang Chu, the Epicurean in his Relation to Lieh-tse the Pantheist* (JPOS, III)

——杨朱, 从伊壁鸠鲁到列子的泛神论. 东方学会杂志, 第3期

——*Geschichte der alten chinesischen Philosophie*, Hamburg, 1927

——中国古代哲学史. 汉堡, 1927

——*Der Ursprung der Chinesen*

——中华源流

A. FRANKE, *Das Confuzianische Dogma und die chinesische Staatsreligion*, 1920

A. 福兰格. 儒家学说与中国的国教. 1920

FUJITA, *The River Huang in the Reign of Yu* (Sh., 1921)

藤田. 大禹时代的黄河. 支那学, 1921

Q. v. d. GABELENTZ, *Beiträge z. chines. Grammatik* (Abhandl. d. Sachsischen Gesells. f Wissens., 1888)

Q. v. d. 格伯莱茨. 中文语法评论. 论述撒克逊知识社会, 1888

——*Confucius und seine Lehre*, Leipzig, 1888

——孔子与他的理论. 莱比锡, 1888

GIESLER, *La tablette* Tsong *du* Tcheou li (Rev. Arch., 1915)

杰斯勒.《周礼》的宗喀巴记事. 古书, 1915

H. A. GILES, *History of Chinese Literature*, London, 1901

H. A. 翟理斯. 中国文学史. 伦敦, 1901

——*Chuang Tsu, Mystic Moralist and Social Reformer*, London, 1889

——庄子: 神秘主义者、道德家与社会改革家. 伦敦, 1889

——L*ao Tzu and the* Tao to king (Adversaria sinica, III)

——老子与《道德经》. 耀山笔记, 第3卷

H. A. GILES, *The Remains of Lao Tzu* (ChR, 1886—1889)

H. A. 翟林奈.《老子》遗集. 中国观察, 1886—1889

——*Religion of Ancient China*, London, 1905

——古代中国的宗教. 伦敦, 1905

——*Confucianism and its Rivals*, London, 1915

——儒家学说及其反对派. 伦敦, 1915

M. GRANET, *Fêtes et chansons anciennes de la Chine*, Paris, 1919

M. 葛兰言. 中国古代的祭礼歌谣. 巴黎, 1919

——*La Polygynie sororale et le Sororat dans la Chine féodale*, Paris, 1920

——中国古代的婚姻制度和亲缘关系. 巴黎, 1920

——*La religion des Chinois*, Paris, 1922

——中国人的宗教. 巴黎, 1922

——*Danses et légendes de la Chine ancienne*, Paris , 1926

——中国古代的舞蹈与传说. 巴黎, 1926

——*Coutumes matrimoniales de la Chine antique* (TP, 1912)

——中国古代婚姻习俗. 通报, 1912

——*Quelques particularités de la langue et de la pensée chinoises* (Rev. philos. , 1920)

——中国人语言与思维的一些特征. 哲学, 1920

——*La vie et la mort, croyances et doctrines de l'antiquité chinoise* (Ann. de I'Eo. des Hautes Études. 1920)

——生与死：上古中国的信仰与教义. 蒙特利尔高等商学院年鉴, 1920

——*Le dépôt de l'enfant sur le sol* (Rev. arch. , 1922)

——婴儿放置在石头上. 考古, 1922

——*Le langage de la douleur d'après le rituel funéraire de la Chine classique* (Rev. de Psychologie, 1922)

——古代中国葬礼后表达悲痛的语言. 心理学, 1922

R. GROUSSET, *Histoire de l'Asie*, Paris, 1922

R. 格罗塞. 亚洲史. 巴黎, 1922

J. J. M. DE GROOT, *The Religious System of China*, Leyden, 1892—1921

J. J. M. 歌罗特. 中国的宗教体系. 莱顿，1892—1921

——*The Religion of the Chinese*, New York, 1910

——中国宗教. 纽约，1910

——*Universismus*, Berlin, 1918

——宇宙一元论. 柏林，1918

——*Sectarianism and Religious Persecution in China*. Amsterdam, 1903

——中国宗教教派及宗教迫害. 阿姆斯特丹，1903

——*Chinesische Urkunden z. Gesch. Asiens*, 1921

——亚洲历史中的中国标记. 亚洲人，1921

GRUBE, *Geschichte der chinesischen Literatur*, Leipzig, 1902

顾路柏. 中国文学史. 莱比锡，1902

——*Die Religion der alten Chinesen*, Tübingen, 1908

——古代中国的宗教. 图宾根，1908

——*Religion und Cultus der Chinesen*, Leipzig, 1908

——中国的宗教和祭祀. 莱比锡，1908

G. HALOUN, *Contribution to the History of the Clan Settlement in Ancient China* (As. Maj., 1926)

G. 哈隆. 对古代中国部落定居历史的贡献. 亚洲专刊，1926

——*Seit wann kannten die Chinesen die Tocharer* (As. Maj., 1926)

——从何时起：中文和吐火罗文. 亚洲专刊，1926

HAUER, *Die Chinesische Dichtung*, Berlin, 1909

哈尔. 中国诗歌. 柏林，1909

HAVRET and CHAMBEAU, *Notes concernani la chronologie chinoise* (VS, 1920)

哈维特，尚博. 中国编年史注释. 汉学杂刊，1920

HIRTH, *The Ancient History of China to the End of the Chou Dynasty*, New York, 1909

夏德. 中国古代史：至周代末年. 纽约，1909

—— *Chinese Metallic Mirrors*, New York, 1906

——中国铜镜. 纽约, 1906

HONDA, *On the Date of Compilation of the* Yi king (Sh., 1921)

本田. 关于《易经》的成书年代. 支那学, 1921

HOPKINS, *Chinese Writings in the Chou Dynasty in the Light of Recent Discoveries* (JRAS, 1911)

霍普金斯. 从近期发现看中国周代文学. 皇家亚洲学会会刊, 1911

——*Metamorphic Stylization and the Sabotage of Signification, a Study in Ancient and Modern Chinese Writing* (JRAS, 1925)

——格式的变化和含义的蓄意破坏, 中国古代和现代写作研究. 皇家亚洲学会会刊, 1925

HU SHIH, *The Development of Logical Method in Ancient China*, Shanghai, 1922

胡适. 中国古代哲学方法之进化史. 上海, 1922

IMBAULT-HUART, *La légende des premiers papes taoïstes* (JA, 1884)

古里莫·于阿尔. 道教初期关于天师的传说. 亚洲学刊, 1884

B. KARLGREN, *Études sur la phonologie chinoise*, Leyden and Stockholm, 1913

高本汉. 汉语音韵学研究. 莱顿, 斯德哥尔摩, 1913

——*Sound and Symbol in China*, London, 1923

——中国的声音与符号. 伦敦, 1923

——*Analytic Dictionary*, Paris, 1923

——分析字典. 巴黎, 1923

——*On the Authenticity and Nature of the Tso chuan*, Göteborg, 1923

——论老庄的真实性与自然. 哥德堡, 1923

——*Philology and Ancient China*, Oslo, 1926

——哲学与古代中国. 奥斯陆, 1926

——*Le protochinois, langue flexionnelle* (JA, 1920)

——原始汉语: 有词形变化的语言. 亚洲学刊, 1920

L. LALOY, *La musique chinoise*, Paris

L. 拉卢瓦. 中国音乐. 巴黎

B. LAUFER, *Jade, a Study in Chinese Archaeology and Religion*, Chicago, 1912

B. 劳费尔．玉：中国考古与宗教研究．芝加哥，1912

——*Chinese Pottery of the Han Dynasty*, Leyden, 1909

——汉代陶瓷．莱顿，1909

——*Ethnographische Sagen der Chinesen* (*in* Festsch. f. Kuhn)

——中国人种学谈话．见：库恩文集

PÈRE DE MAILLA, *Histoire Générale de la Chine*, translated from the Tong-kien-kang-mou, Paris, 1777—1789

冯秉正．中国通史．（译自《通鉴纲目》）．巴黎，1777—1789

MARTIN, *Diplomacy in Ancient China* (JPOS, 1889)

丁韪良．中国古代的外交．东方学会杂志，1889

H. MASPERO, *La Chine antique*, Paris, 1927

H. 马伯乐．古代中国．巴黎，1927

——*Les origines de la civilisation chinoise* (Ann. de géographie, 1926)

——中国文明的起源．中国河南石器时代的彩陶文化，1926

——*Les légendes mytholgiques dans le* Chou king (JA, 1924)

——《书经》中的神话．亚洲学刊，1924

——*Notes sur la logique de Mo tseu* (TP, 1927)

——墨子及其学派的逻辑．通报，1927

——*Le mot* ming (JA, 1927)

——明代词话．亚洲学刊，1927

——*Le saint et la vie mystique chez Lao-tseu et Tchouang-tseu* (Bull. de l'Assoc. franç. des amis de l'Orient, 1922)

——《老子》和《庄子》中的圣人和神秘生活．法国东方合作通报，1922

——*Le songe et l'ambassade de l'empereur Ming* (BEFEO, 1910)

——明朝皇帝的梦想和遣使．法国远东学院院刊，1910

P. MASSON-OURSEL, *La philosophie comparée*, Paris, 1923

P. 梅生．比较哲学，巴黎，1923

——*Études de logique comparée* (Rev. Philos., 1927)

——逻辑学比较研究. 哲学，1927

——*La demonstration confucienne* (Rev. d'hist. des relig., 1916)

——儒学展演. 宗教史，1916

MASSON-OURSEL and KIA KIEN-TOHOU, Yin Wen-tsen (TP, 1914)

梅生，奇雅建拓. 尹文子. 通报，1914

MAYERS, *Chinese Reader's Manual*

梅辉立. 中国读者手册

——*Mémoires concernant les Chinois, par les missionnaires de Pekin*, Paris, 1776-1814

——北京传教士关于中国人的回忆录. 巴黎，1776—1814

E. MESTRE, *Quelques resultats d'une comparaison entre les caractères chinois modernes et les siao-tchouan*, Paris, 1925

E. 梅斯特. 现代汉字与小篆比较的若干结果. 巴黎，1925

NAITO, *On the Compilation of the* Shoo King (Sh., 1923)

内藤. 论《书经》的成书. 支那学，1923

PARKER, *Kwan-tze* (NChR, 1921)

庄延龄.《管子》. 新中国评论，1921

——*Hwai-nan-tze* (NChR, 1919)

——《淮南子》. 新中国评论，1919

P. PELLIOT, *Le* Chou king *en caractères anciens et le Chang chou che wen* (MAO), Paris, 1919

伯希和. 古文《尚书》与《尚书》释文. 东亚丛刊，巴黎，1919

——*Jades archaïques de la collection C. T. Loo*, Paris, 1921

——卢芹斋收集的古玉. 巴黎，1921

——*Notes sur les anciens itinéraires chinois dans l'Orient romain* (JA, 1921)

——东罗马中国游记小议. 亚洲学刊，1921

——*Meou tseu ou les Doutes levés* (TP, 1818-1819)

——牟子理惑论. 通报，1818—1819

PLATH, *Fremde barbarische Stämme in alten China*, Munich, 1874

帕拉特. 古代中国野蛮部落，慕尼黑，1874

PRZYLUSKI，*Le sino-tibétain*（*in* Langues du monde，Paris，1924）

普集鲁斯基.《大唐西域记》. 世界语言，巴黎，1924

RICHTHOFEN，*China*，Berlin，1877—1912

李希霍芬男爵. 中国. 柏林，1877—1912

ROSTHORN，*Geschichte China*，Stuttgart，1923

纳色恩. 中国历史. 斯图加特，1923

L. DE SAUSSURE，*Le système astronomique des Chinois*，Geneva，1919

L. 索绪尔. 中国人的天体系统. 日内瓦，1919

B. SCHINDLER，*On the Travel*，*Wayside and Wing Offerings in Ancient China*（As. Maj.，I）

B. 沈德勒. 漫游，中国古代的边缘祭品和方式. 亚洲研究，5 月第 1 期

——*The Development of Chinese Conception of Supreme Beings*（As. Maj.，1923）

——中国“帝”观念之发展. 亚洲研究，5 月第 1 期

——*Das Priestertum im alten China*，Leipzig，1919

——中国古代之祭祀. 莱比锡，1919

E. SCHMITT，*Die Grundlagen der chinesischen Che*，1927

E. 施密特. 中国人的基础. 1927

J. STEELE，I Li，*or the Book of Etiquette and Ceremonial*，London，1917

J. 斯蒂尔.《仪礼》，书写礼俗和仪式的书. 伦敦，1917

SUZUKI，*A Brief History of Early Chinese Philosophy*，London，1914

铃木. 中国早期哲学简史. 伦敦，1914

TCHANG FONG，*Recherches sur les os du Ho-nan et quelques caractères de l'ècriture ancienne*，Paris，1925

杜峰. 殷墟甲骨以及早期书写特征研究. 巴黎，1925

PÈRE M. TCHANG，*Synchronismes chinois*（VS，1905）

M. 佩尔. 中国的同步性. 汉学杂刊，1905

TERRIEN DE LACOUPERIE，*Western Origin of Chinese Civilization*，London, 1894

拉克伯里. 中国文明的西方起源. 伦敦, 1894

——*Language of China before the Chinese*, London, 1887

——汉语之前的中国语言. 伦敦, 1887

PÈRE TSCHEPPE, *Histoire du Royaume de Wou* (VS, 1896)

佩尔. 吴国历史. 汉学杂刊, 1896

——*Histoire du royaume de Tch'ou* (VS, 1903)

——楚国历史. 汉学杂刊, 1903

——*Histoire du royaume de Ts'in* (VS, 1909)

——秦国历史. 汉学杂刊, 1909

——*Histoire du royaume de Tsin* (VS, 1910)

——晋国历史. 汉学杂刊, 1910

——*Histoire des trois royaumes de Han, Wei et Tchao* (VS, 1910)

——韩、赵、魏三国历史. 汉学杂刊, 1910

G. TUCCI, *Storia della filosofia cinese antica*, Bologna, 1922

G. 图齐. 古代中国的哲学史. 博洛尼亚, 1922

UMEHARA, *Deux grandes découvertes archéologiques en Corée* (Rov. des arts asiatiques, 1926)

梅原. 朝鲜的两个重大考古发现. 亚洲艺术, 1926

M. W. DE VISSER, *The Dragon, in China and Japan*, Amsterdam, 1913

M. W. 卫斯林. 中国与日本的“龙”. 阿姆斯特丹, 1913

E A. VORETZCH, *Altchnesische Bronzen*, Berlin, 1924

E. A. 沃莱兹. 古代中国青铜器. 柏林, 1924

A. WALEY, *The Temple and Other Poems* , London, 1923

A. 韦利. (白居易)游悟真寺诗及其他. 伦敦, 1923

WEDEMAYER, *Schauplätze und Vorgänge der alten chinesischen Geschichte* (As. Maj., Prel. V)

魏德迈. 中国古代史的表演和演进. 亚洲研究, 第5期序

E. T. C. WERNER, *Myths and Legends of China*, London, 1924

E. T. C. 倭讷. 中国的神话和传奇. 伦敦, 1924

PÉRE L. WIEGER, *Histoire des croyances religieuses et des opinions philosophiques en Chine*, *depuis l'orgine jusqu'à nos jours*, Hien-hien, 1917

L. 戴遂良. 中国宗教信仰及哲学观点通史. 轩, 1917

——*Les Pères du système taoïste*, Hien-hien, 1913

——道教体系的宗祖. 轩, 1913

——*La Chine à travers les âges*, Hien-hien, 1920

——中国通史. 轩, 1920

——*Textes historiques*, Ho-kion-fu, 1902

——史学文本. 河内还剑湖, 1902

——*Caractères* (Rudiments, V, 12), Ho-kien-fu, 1903

——汉字. 基础, 第 5 期, 12, 河内还剑湖, 1903

R. WILHELM, *Dchuang dsi* , *das wahre Buch vom südlischen Blutenland*, Jena, 1920

R. 卫德明. 《庄子》:《南华真经》. 耶拿, 1920

——*Lia dsi*, *das wahre Buch vom quellenden Urgrund*, Jena, 1921

—— 《列子》:《冲虚真经》. 耶拿, 1921

——*Lu Puh-wei*, *Frühling und Herbst*, Jena, 1927

—— 《吕氏春秋》. 耶拿, 1927

WYLIE, *Notes on Chinese Literature*, Shanghai , 1902

卫礼. 汉籍解题/中国文献简释. 上海, 1902

CHAUOER. YUAN, *La philosophie politique de Mencius*, Paris, 1927

楚立阳. 孟子的政治哲学. 巴黎, 1927

E. VON ZACH, *Lexicographische Beiträge*, Pekin 1902

E. 查赫. 词典编纂的贡献. 北京, 1902

PÉRE ZOTTOLI, *Cursus litteraturoe*, *sinicoe*, Shanghai, 1879—1882

晁德莅. 中国文学选集. 上海, 1879—1882

译后记

法国著名汉学家葛兰言先生的《中国文明》的中译本终于要跟读者见面了。这本《中国文明》是葛兰言先生的名作，作为著名汉学大师沙畹的弟子，葛兰言的研究风格继承了侧重社会学、人类学分析的风格，许多地方的精妙分析历历道来时如同亲眼所见，比如乡村农民的生活细节，以及他们于难以形容的贫穷中挣扎生存时的喜怒哀乐，还有贵族拘谨而道貌岸然的日常生活细节等等。这些精妙自然、浑然天成而又细致入微的笔触，读时深深震撼人们的心灵，相信读者阅读时能体会到这一点。

在此有两点得稍作交代。一是葛兰言先生在写作中引用的中国古代典籍大部分为法文本，如书中征引频率最高的《史记》为沙畹译的五卷本。此外《诗经》、《左传》、《礼记》、《仪礼》等亦均为外文译本。译者在感叹葛兰言先生学识宏富的同时，也发现了一些明显与中文典籍原本不同之处，这些地方都根据中文典籍原文作了改正，译者注部分大都说明了这一点。此外，考虑到本书面对的是中国读者，因此译者在翻译过程中将作者征引的古代文献均改用了国内学者熟悉的版本，相信能得到读者的理解。此外不得不提的是，译者在翻译过程中，发现原文在引用中文资料（包括文献、地图）时，存在着不少讹误，如引用《左传》时人名的张冠李戴、引用《诗经》时偏离了诗句的本意，如此等等。这些情况在译者注中大多已经指出。而原文的数张地图中，更是出现了不同历史时期的地名在一张图中混杂的情况。如“唐努乌梁海”为清代始有的地名，它出现在原书地图中。不过总的说来，这些讹误的存在并不影响葛兰言此书的整体价值。葛兰言先生在那个年代的资料条件下所做出的学术贡献，才应是我们主要看重的。另外，由于译者水平的局限，肯定会有一些翻译错误，这一点期盼广大读者在阅读过程中批评指正。

另外值得一提的是葛兰言先生对于中国古代文献史料价值的判断。不难看出这否定性的判断带着深深的时代烙印——当时新兴的“古史辨”派东周以上无史的观点迎合了作者以西方为中心的价值观。因此，葛兰言先生才会在本书序言中说“其实，我们根本不拥有任何确认无疑、而且没有经过任何篡改的第一手资料”，事实证明，他的这一断言为时过早。半个多世纪以后，文献学本身的进步，以及简牍、帛书等第一手文献的大量出土，使我们确确实实拥有了大量“确认无疑，而且没有进行过任何篡改的第一手资料”，而这些第一手资料再次证实了中国古代传世文献的价值，以及被葛兰言先生所批驳的古代中国“正统史观”所记的历史框架大体不虚。因此，相信读者能够正确看待葛兰言先生在当时资料条件和研究风气之下在行文中对“中国文明”的婉转贬抑。

总之，葛兰言先生作为异域学者来研究中国史，能有如此高屋建瓴、征引宏富的作品，是我们该虚心学习的。作者深厚的社会学素养，以及在写作时游刃有余的功力和态势，堪为我辈之师，这亦是中国学者应该了解，应该学习的。

最后，感谢中国社会科学院研究生院刘凯、赵茜苒同学在查核资料方面的工作，此外，要大力感谢中国人民大学出版社谭徐锋、吕鹏军先生的努力，使这本半个多世纪前的学术著作能以中文的形式跟中国读者见面，在此一并致谢！

杨英

2011 年于北京

图书在版编目（CIP）数据

中国文明/［法］葛兰言著；杨英译. —北京：中国人民大学出版社，2012.6
（海外中国研究文库）
ISBN 978-7-300-15958-4

Ⅰ.①中… Ⅱ.①葛…②杨… Ⅲ.①文化史-中国 Ⅳ.①K203

中国版本图书馆 CIP 数据核字（2012）第 120110 号

海外中国研究文库
中国文明
［法］葛兰言 著
杨英 译
Zhongguo Wenming

出版发行	中国人民大学出版社		
社　　址	北京中关村大街 31 号	**邮政编码**	100080
电　　话	010－62511242（总编室）		010－62511398（质管部）
	010－82501766（邮购部）		010－62514148（门市部）
	010－62515195（发行公司）		010－62515275（盗版举报）
网　　址	http://www.crup.com.cn		
	http://www.ttrnet.com（人大教研网）		
经　　销	新华书店		
印　　刷	北京联兴盛业印刷股份有限公司		
规　　格	160 mm×230 mm　16 开本	**版　　次**	2012 年 7 月第 1 版
印　　张	28.75 插页 2	**印　　次**	2012 年 7 月第 1 次印刷
字　　数	432 000	**定　　价**	68.00 元